序　文

　鎌倉時代の研究をすすめる上で，「吾妻鏡」が有力な根本史料の一つであることは言を俟たない。近時，この鎌倉時代に関する研究が進展する中で，「吾妻鏡」の史料批判も活発となったが，その意味での「吾妻鏡」の史料的価値は一層高まりこそすれ，決して低下したものとは考えられない。

　「吾妻鏡」は，幕府政治の内容を詳述するばかりではなく，鎌倉御家人社会の研究の上でも，最も重要な史料である。ところが現在までのところ，本書にあらわれる多数の人名，とくに御家人についての詳細な考証は少なく，しかもほとんどは未完のものか，あるいは不完全きわまるものである。そうした仕事を完遂する上での隘路の一つとして，「吾妻鏡」の人名索引が完全な形で公刊されたことのない事実を指摘し得ると思う。従って「吾妻鏡」の人名索引の作成・公刊は，鎌倉時代史研究のために，何らかの意義を持つものと確信する。

　しかしながら，この索引の作成はかなり困難なことで，到底一個人が短時日の中に為しとげ得るものではない。それにもかかわらず，ここに本書を刊行し得たのは次の事情による。

　われわれ「御家人制研究会」と称する共同研究グループが生まれたのは数年前のことであるが，この共同研究で鎌倉御家人社会・御家人制度などに関する研究を続ける間に，かなりの長期的計画のもとに，「鎌倉御家人名簿」なるものを作成することとなり，全国をいくつかの地域に分け，それぞれを各研究分担者の責任担当とすることに定めた。この際に「吾妻鏡」に名の出ている御家人は，それなりに整理する必要がある

序　　文

　ことを考え，この名簿作成の仕事の一部として「吾妻鏡人名索引」を作ることとなって，その部門を安田が担当したのである。こうした事情で，人名索引の作成を始めたが，それは予想をはるかに越えるほどの難事で，そのためにかなりの年月を費してしまった。まだまだ推考の余地が残ってはいるが，本書の誤謬は利用者による御指摘・御訂正を期待し，ここで公刊に踏み切ったのである。その間，とくに人名のカード取りから始めて最終的な原稿整理に至るまで，前後4ヵ年にわたり，学習院大学史学科の学生諸兄姉30数名の助力を得て，ようやく完成原稿を作ることができた。またその中の一部の方々には，最終的点検や印刷の際の校正に多大の労力を提供していただいた。これらの協力なしには到底本書の誕生を見なかったわけで，その積極的援助には心から感謝する次第である。また最近公刊された国学院大学日本史研究会編「吾妻鏡人名索引」も参考させていただいたことをお断わりしたい。

　そしてこの面倒な書物の出版を心よく引き受けられ，積極的な協力をして下さった吉川弘文館社長吉川圭三氏，同社編集部の方々の御厚意も忘れることはできない。記して謝意を表したい。

　なお本書の刊行は，昭和45年度文部省科学研究費補助金（研究成果刊行費）によるものである。

　　昭和46年1月

御家人制研究会代表
編集責任者　安　田　元　久

第5刷の刊行に際して

　本書を発刊したのは昭和46年3月のことである。それ以後今日に至るまで多くの研究者の方々に広く利用され，本書を公刊した目的はほぼ達成されたものと自負している。

　しかし人名索引の作成が極めて難事であることはすでに発刊の際の「序文」にも触れた通りであり，当初，多くの誤謬を犯していることは充分に自覚したところで，その「序文」にも「本書の誤謬は利用者による御指摘・御訂正を期待する」という趣旨を述べたのであった。そして本書の第2刷以後，第4刷の間に至るまで，誤植はもとより，明らかな誤謬と思われるものについて逐次訂正を加えてきたのであるが，その第4刷の発行以後すでに10年以上を経過し，その間より多くの誤謬を利用者の方々により指摘される場合も少なくなかった。とくに同名異人あるいは同一人の異称の場合などについては，いわゆる人名の考証が必要であり，利用者の御指摘とあい俟って私自身も多くの不備な点が残っていることを認めざるを得なかった。

　ここに出版社の御協力により，第5刷の発刊が可能となったので，この際に第4刷以後の誤謬の修正に努めたが，その件数はかなりの量にのぼった。しかしこれで全く完璧なものとはいい得ないし，本書の本来の目的が『吾妻鏡』における人名の索引の作成であるところからみても，人名の考証にどこまでたちいる必要があるか，という点にも若干の疑問が残り，現段階における明らかな誤謬を訂正することを主旨とした。多くの利用者を得ている今日，全くの誤謬は訂正すべきであり，同一人の異称についての考証の不備，また同名異人についての確定などに関しては，必ずしも最終的な決定と訂正を行わず，従来のまま保留した部分もある。利用者が本書の誤謬を見出すべく大いに人名考証を進めていただくことを再び期待するところである。

　このような次第で，本書の編集責任者として従来残されていた誤謬につ

第5刷の刊行に際して

いては深くお詫びするとともに，新しく第5刷を刊行するにあたっての主旨を，ここに明らかにしたいと思う。

　平成4年1月

安　田　元　久

例　言

1. この「吾妻鏡人名索引」は鎌倉時代史研究上，必須の史料としての「吾妻鏡」における人名を検索することを第一の目標とする。従って「吾妻鏡」にあらわれる人物を可能な限りその本名によって検索し得るように配慮するとともに，「吾妻鏡」編纂に際しての誤謬，あるいは伝写中の誤記と判断されるものについて，索引利用者の注意を促すべく考慮した。
2. 「吾妻鏡」には諸系統の諸本があり，巻数及び内容について若干の異同欠脱の存すること周知の通りであるが，この索引は国書刊行会本（吉川本）「吾妻鏡」を基本に据えながら，他の諸本にも利用し得ることを考え，人名の所在を巻数あるいは頁数をもって示すことはせず，もっぱら当該人名のある条文の年・月・日をもって検索する方法をとった。
3. この索引は上記の如く，国書刊行会本（吉川本）を基本として作製したが，とくに新訂増補国史大系本「吾妻鏡」は，これを充分に対校し，また他の諸本，とくに慶長・寛文・寛永等の古版本や若干の写本をも参照・校合した。
4. なお，諸本と校合した結果，明らかに「吉川本」の誤りであると確認された場合は，これを訂正し，人名の場合も，その正しいものを索引の項目として掲げた。
5. 以上の方針によって編纂した本書は，人名検索の便宜を考え，全体を三部に分け，第Ⅰ部人名索引（除女子名），第Ⅱ部通称・異称索引及び法名索引，第Ⅲ部女子名索引とした。
6. 第Ⅰ・第Ⅱ・第Ⅲの各部についての凡例は，それぞれの部の冒頭に示すが，本書全体に共通するものについては，以下に列挙する。
   (1) 年月日の記載は，これを略し，数字のみを「・」で区切って並列した。
   〔例えば，治承4年12月18日→治承4・12・18〕また閏月は○で囲んだ

例　　言

　　数字で表わした。〔閏2月→②〕
⑵　諸巻の首書にある人名を示す場合，第何巻首書とはせず，便宜上当該巻の冒頭の年を基準とし，「何年首」と示した。〔吉川本巻35首書→寛元2年首〕
⑶　第Ⅰ部及び第Ⅲ部においては，単に人名所在の年月日を示すのみではなく，それぞれの箇所における表現を必要な限り本文のまま記載した。
⑷　人名その他の記載事項について諸本により相異のある場合，〈　〉の記号をもって当該箇所にその内容を示した。

目　　次

第Ⅰ部　人名索引（除女子名）……………………………… 1

第Ⅱ部　(1)通称・異称索引………………………… 451

　　　　(2)法名索引………………………… 536

第Ⅲ部　女子名索引……………………………… 539

第Ⅰ部　人名索引(除女子名)

── 凡　　例 ──

1. 人名の配列は音読とし，五十音順とした。
2. 同音異字の場合は画数の少ないものを先として配列した。
3. 明らかに誤りと推定される人名・通称・官職等は，その条項を正しい人名の項にいれ，本文のままに記載した。この場合(マヽ)の符号を付けた。
4. 吾妻鏡本文には本名があらわれない場合でも，これを推定しえた時は，当該人名の項に記載した。
5. 姓・家名・苗字等の明らかなものは，人名の次にこれを掲げた。
6. 同一人で名称を異にするとき，あるいは人名を誤って記載されたものと推定されるときには，正しい人名の項に統一記載した。この場合，原文のままの人名の項もたててあるが，「→」の符号をもって正しい人名を指摘した。
　　例：時連→北条時房，胤経→相馬胤継
7. 前項の場合の如く明確に判断しうるときのほか，同一人であるか否かが疑わしい場合には〔○○参照〕と記した。
　　例：為佐〔狩野為光参照〕

第Ⅰ部　人名索引（あ・い）

あ

悪　路　王
　　文治5・9・28　賊主悪路王

安　家　仙波
　　文治1・10・24　仙波次郎
　　建久1・11・7　仙波次郎

安　資　大屋
　　養和1・3・19　大屋中三安資
　　元暦1・4・3　大屋中三安資
　　建久6・3・10　大屋中三

安　時
　　元久2・⑦・29　安時三島大祝

安徳天皇
　　治承4年首　安徳天皇
　　寿永1・12・2　若君
　　元暦1・2・20　旧主，主上
　　文治1・1・6　大やけ
　　　　1・2・19　先帝
　　　　1・3・24　先帝
　　　　1・4・11　先帝
　　　　5・3・5　先帝
　　建久6・3・12　安徳天皇
　　建保6・4・29　安徳天皇
　　貞永1・7・8　安徳天皇

安　任　大江
　　元久2・⑦・29　安任江四郎大夫

安　念
　　建保1・2・15　阿静房安念
　　　　1・2・16　安念法師

安　能
　　文治2・4・3　安楽寺別当安能僧都
　　　　2・6・15　安楽寺別当安能僧都
　　　　2・8・18　鎮西安楽寺別当安能

安　平　藤原
　　文治2・1・5　美濃藤次安平
　　　　2・5・29　美濃藤次安平
　　　　2・6・2　美濃藤次安平

安　利　土師
　　文治3・4・23　散位土師宿禰安利

安　利
　　暦仁1・2・28　番長安利

い

以　安
　　寛元4・2・16　以安

以　基　大江
　　文暦1・7・6　弾正忠大江以基
　　建長3・6・5　新江民部大夫以基
　　　　4・4・30　新江民部大夫以基
　　　　5・12・21〈22〉　新江民〈式〉部大夫
　　　　6・12・1　江民部大夫
　　弘長1・3・20　江民部大夫以基

以　広　橘
　　文治1・1・1　右馬助以広
　　　　1・9・5　橘判官代以広
　　　　1・10・24　橘右馬助以広
　　正治2・2・26　前右馬助以広

以　康　橘
　　嘉禄1・12・21　橘以康

以　康　大江
　　文暦1・7・6　散位大江以康
　　仁治2・5・10　江民部大夫以康

以　長
　　寛元2・3・30　医師以長
　　　　3・2・10　医道以長
　　　　3・3・14　医師以長
　　　　3・9・29　以長朝臣
　　　　3・10・13　医師以長

以　通　大中臣
　　寿永1・5・19　三〈参〉河御目代大中臣蔵人以通

以　仁　王

— 3 —

第Ⅰ部　人名索引（い）

　　治承4・4・9　　一院第二宮
　　　　4・4・27　高倉宮，一院第二皇
　　　　　　　　　子
　　　　4・5・15　茂仁王
　　　　4・5・16　宮
　　　　4・5・19　高倉宮
　　　　4・5・26　宮御年三十
　　　　4・6・19　高倉宮
　　　　4・8・9　　高倉宮
　　　　4・8・19　新王
　　　　4・10・18　新皇
　　　　4・12・11　三条宮
　　養和1・②・23　高倉宮
　　　　1・5・8　　高倉宮
　　元暦1・11・23　皇子
　　文治1・1・6　　三条高倉宮
　　　　2・4・4　　三条宮
　　建保6・10・27　三条宮

以　　平
　　嘉禎1・12・20　陰陽少允以平
　　仁治1・4・27　以平
　　　　1・6・15　以下平(マヽ)
　　　　2・7・8　　以平
　　寛元1・3・2　　以平
　　　　1・8・24　以平
　　　　3・3・19　以平
　　建長4・4・21　以平
　　　　4・4・29　以平
　　　　4・5・5　　以平
　　　　4・5・7　　以平
　　　　4・5・17　以平
　　　　4・5・26　以平
　　　　4・8・6　　以平
　　　　4・8・23　以平
　　康元1・9・3　　以平
　　正嘉1・8・12　以平
　　　　1・9・24　以平
　　　　2・5・2　　以平
　　弘長1・2・2　　以平

以　　邦
　　承久1・1・27　蔵人大夫以邦

伊　基　　三条
　　建長3・7・4　　三条少将伊基

伊　周　　藤原
　　文治1・6・21　内大臣伊周

伊　信
　　建長3・7・4　　右馬権頭伊信

伊勢人　　藤原
　　暦仁1・②・16　藤原伊勢人

伊豆石丸　（莒根児童）
　　文治5・2・21　伊豆石丸

伊豆熊　　（舞童）
　　建久3・8・15　伊豆熊

伊　輔　　藤原
　　建久1・12・1　右中将伊輔朝臣

伊　頼　　藤原
　　建長3・7・4　　右中将伊頼

医　王
　　承元3・3・21　医王

為　安　　片切
　　元暦1・6・23　片切太郎為安

為　遠　　藤原
　　元暦1・1・22　豊前守為遠

為　家　　伊佐
　　文治5・8・8　　同（常陸入道念西子
　　　　　　　　　息）四郎為家
　　建久2・2・4　　伊達四郎
　　　　6・3・10　常陸四郎
　　建暦2・6・8　　伊達四郎
　　承久1・1・27　伊達右衛門尉為家
　　嘉禎3・3・8　　伊佐右衛門尉
　　仁治1・8・2　　伊佐右衛門尉

為　家　　藤原
　　建保1・3・6　　近衛次将左為家
　　弘長3・7・5　　入道民部卿為家
　　　　3・7・23　入道民部卿
　　　　3・10・28　民部卿入道融覚

為　基　　須細

— 4 —

第Ⅰ部 人名索引(い)

建久 1・10・25	須細治部大夫為基
1・10・28	須細大夫為基

為　義　源
治承 4・4・9	廷尉為義
4・8・24	六条廷尉禅室
4・9・11	廷尉禅門
4・11・26	廷尉禅室
4・12・19	六条廷尉禅室
文治 1・2・19	六条廷尉禅門為義
1・12・30	廷尉禅室
2・5・25	大夫尉為義
3・11・25	六条廷尉禅室,六条殿
建久 1・10・29	故六条廷尉禅門
6・10・11	故六条廷尉禅門
貞応 1・4・27	六条廷尉禅門

為　久　石田
元暦 1・1・20	石田次郎

為　久　藤原
元暦 1・1・22	下総権守藤原為久
1・4・18	下総権守為久
1・8・19	下総権守為久
文治 1・8・23	為久

為　経
嘉禎 2・8・4	紀伊次郎兵衛〈衛門〉尉
寛元 1・7・17	紀伊次郎左衛門尉
1・8・16	紀伊次郎左衛門尉
2・8・16	紀伊次郎左衛門尉
宝治 1・5・14	紀伊次郎左衛門尉
建長 3・1・20	紀伊次郎右衛門尉
3・8・15	紀伊五郎左衛門尉為経
3・10・19	紀伊五郎左衛門尉
5・1・16	紀伊次郎左衛門尉為経
6・1・22	紀伊次郎左衛門尉為経
6・6・16	紀伊次郎左衛門尉
6・8・15	紀伊次郎左衛門尉為経
康元 1・6・29	紀伊次郎左衛門尉
正嘉 1・2・2	紀伊次郎左衛門尉為経
正嘉 2・1・1	紀伊次〈二〉郎左衛門尉
2・1・7	紀伊次郎左衛門尉
2・6・4	紀伊次郎左衛門尉為経
文応 1・1・1	紀伊次郎左衛門尉
弘長 1・1・1	紀伊次郎左衛門尉
1・8・15	紀伊次郎左衛門尉為経
3・1・1	紀伊次郎左衛門尉
3・1・7	紀伊次郎左衛門尉為経

為　経　深利
仁治 2・4・29	深利五郎為経

為　経　吉田
建長 4・3・19	吉田中納言為経

為　景　長尾
宝治 1・6・22	同(長尾)次郎兵衛尉為景

為　継　三浦
建保 1・5・2	三浦平太郎為継

為　広　狩野
嘉禎 2・8・4	狩野五郎左衛門尉
3・6・23	狩野五郎左衛門尉
暦仁 1・2・17	狩野五郎左衛門尉
仁治 1・8・2	狩野五郎左衛門尉
2・11・4	狩野五郎左衛門尉
寛元 1・7・17	狩野五郎左衛門尉
2・8・16	狩野五郎左衛門尉
建長 3・10・19	狩野五郎左衛門尉
4・4・3	狩野五郎左衛門尉為広
4・4・14	狩野五郎左衛門尉為広
4・8・1	狩野五郎左衛門尉為広
4・8・6	狩野五郎左衛門尉為広
4・8・14	狩野五郎左衛門尉為広
4・9・25	狩野五郎左衛門尉為

— 5 —

第Ⅰ部　人名索引（い）

	広	
建長4・11・11	狩野五郎左衛門尉為広	
4・11・20	狩野五郎左衛門尉為広	
4・12・17	狩野五郎左衛門尉為広	
5・1・3	狩野五郎左衛門尉為広	
5・8・15	狩野五郎左衛門尉為広	
6・1・1	狩野五郎左衛門尉為広	
6・1・22	狩野五郎左衛門尉為広	
6・6・16	狩野五郎左衛門尉	
6・8・15	狩野五郎左衛門尉	
康元1・6・29	狩野五郎左衛門尉	
正嘉2・1・1	狩野五郎左衛門尉	
2・1・7	狩野五郎左衛門尉	
2・6・17	狩野五郎左衛門尉	
文応1・1・1	権〈狩〉野五郎左衛門尉	
1・4・1	狩野五郎左衛門尉	

為　　光　　狩野
嘉禄1・12・20　狩野藤次兵衛尉
安貞2・1・8　狩野藤次兵衛尉
　　2・2・3　狩野藤次兵衛尉
　　2・7・5　狩野藤次兵衛尉為光
　　2・7・18　狩野藤次兵衛尉
　　2・7・23　狩野藤次兵衛尉
　　2・10・15　狩野藤二右衛門尉
寛喜1・6・20　狩野藤次兵衛尉

為　　光　　→為佐

為　　行　　宅磨
寛喜3・10・6　宅磨左近将監為行

為　　孝
文治5・2・22　前兵衛尉為孝
　　5・3・20　前兵衛尉為孝
　　5・4・21　ためのり

為　　綱　　山方
元暦1・10・12　山方介為綱

為　　綱　　佐野
承久3・6・19　同（佐野）次郎入道

為　　佐　　藤原〔狩野為光参照〕
天福1・1・3　摂津左衛門尉為光
文暦1・6・19　左衛門少尉為光
嘉禎1・1・12　摂津左衛門尉
　　1・1・15　摂津左衛門尉為光
　　1・6・29　摂津左衛門尉為光
　　1・⑥・15　摂津左衛門尉為光
　　2・8・4　摂津左衛門尉
　　3・3・8　摂津民部大夫
　　3・3・10　摂津民部大夫為光
　　3・4・22　摂津民部大夫
嘉禎3・6・23　肥後守為佐
暦仁1・1・2　肥後守為佐
　　1・2・17　肥後前司
　　1・6・5　肥後前司為佐
仁治1・1・15　大宰少貳
　　1・8・2　大宰権少貳
　　1・⑩・5　大宰少貳為佐
　　1・11・29　大宰少貳
　　2・1・2　大宰少貳為佐
　　2・1・14　大宰少貳
　　2・2・4　大宰少貳為佐
　　2・2・16　大宰少貳為佐
　　2・8・25　大宰少貳
　　2・10・22　大宰少貳為佐
　　2・11・4　大宰少貳
　　2・12・21　大宰少貳
寛元1・1・10　前大宰少貳
　　1・1・19　大宰少貳
　　1・2・26　大宰少貳
　　1・7・17　前大宰少貳
　　2・1・16　（為成）父前大宰少貳為佐
　　2・4・21　前大宰少貳
　　2・5・29　前大宰少貳為佐
　　2・8・15　前大宰少貳為佐
　　3・8・15　大宰少貳為佐〈祐〉
　　4・2・28　前大宰少貳
　　4・5・24　大宰少貳
　　4・6・7　前大宰少貳為佐
　　4・7・11　前大宰少貳為佐
　　4・8・15　前大宰少貳
建長2・1・16　前大宰少貳為佐
　　2・3・1　大宰少貳

— 6 —

第Ⅰ部 人名索引 (い)

建長 2・3・25　前大宰少貳
　　 3・1・1　前大宰少貳為佐
　　 4・4・14　前大宰少貳為佐
　　 4・4・24　前大宰少貳為佐
　　 4・11・11　前大宰少貳為佐
　　 4・11・20　前大宰少貳為佐
　　 4・12・17　前大宰少貳為佐
　　 5・1・3　前大宰少貳為佐
　　 5・1・16　前大宰少貳為佐
　　 5・8・15　前大宰少貳為佐
　　 5・12・21〈22〉　前大宰少貳為佐
　　 6・1・1　前大宰少貳為佐
　　 6・12・1　前大宰少貳
　　 6・12・12　前大宰少貳為佐
康元 1・1・1　前大宰少貳
　　 1・6・29　前大宰少貳
　　 1・8・15　前大宰少貳為佐
正嘉 1・1・1　前大宰少貳為佐
　　 1・③・2　前大宰少貳為佐
　　 1・8・15　前大宰少貳為佐
　　 2・6・17　前大宰少貳
弘長 3・8・14　前大宰少貳正五位下
　　　　　　　藤原朝臣為佐法名蓮祐
　　　　　　　卒年八十三

為　氏
暦仁 1・2・28　左少将為氏

為　時　北条　→時弘
建長 2・3・25　相模式部大夫
　　 6・6・16　相模式部大夫

為　時　藤原 (大宰少貳為佐男, 為成兄)
建長 3・8・15　肥後次郎左衛門尉為
　　　　　　　時
　　 3・10・19　肥後次郎左衛門尉
　　 3・11・13　肥後次郎左衛門尉
　　 4・1・1　肥後次郎左衛門尉
　　 4・4・3　肥後次郎左衛門尉為
　　　　　　　時
　　 4・8・1　肥後次郎左衛門尉為
　　　　　　　時
　　 4・8・14　肥後次郎左衛門尉為
　　　　　　　時
　　 4・11・12　肥後次郎左衛門尉
　　 4・12・17　太宰肥後次郎左衛門
　　　　　　　尉為時

建長 5・8・15　太宰肥後次郎左衛門
　　　　　　　尉為時
　　 6・6・16　肥後次郎左衛門尉
　　 6・8・15　肥後次郎左衛門尉為
　　　　　　　時
康元 1・1・1　肥後次郎左衛門尉
　　 1・1・2　肥後次郎左衛門尉為
　　　　　　　時
　　 1・1・11　肥後次郎左衛門尉為
　　　　　　　時
　　 1・6・29　同(大宰)次〈二〉郎左
　　　　　　　衛門尉
　　 1・7・17　肥後次〈二〉郎左衛門
　　　　　　　尉為時
正嘉 1・1・2　肥後次郎左衛門尉為
　　　　　　　時
　　 1・1・3　肥田次郎左衛門尉(ママ)
　　 1・2・2　肥後次郎左衛門尉為
　　　　　　　時
　　 1・10・1　肥後次郎左衛門尉為
　　　　　　　時
　　 2・1・1　太宰肥後次郎左衛門
　　　　　　　尉
　　 2・1・2　肥後次郎左衛門尉為
　　　　　　　時
　　 2・1・7　太宰肥後次〈二〉郎左衛
　　　　　　　門尉
　　 2・3・1　肥後次郎左衛門尉為
　　　　　　　時
　　 2・4・4　肥後次郎左衛門尉為
　　　　　　　時
　　 2・6・17　太宰次郎左衛門尉
　　 2・8・15　肥後次郎左衛門尉為
　　　　　　　時
文応 1・1・1　甲斐守, 甲斐守為成
　　　　　　　(ママ)
　　 1・1・11　甲斐守為時
　　 1・4・1　甲斐守
　　 1・11・27　甲斐守為成(ママ)
弘長 1・1・1　甲斐守
　　 1・1・7　甲斐守

為　重　平佐古
治承 4・8・20　平佐古太郎為重
元暦 1・2・5　平佐古太郎為重
建久 1・11・7　平佐古太郎
　　 6・3・10　平佐古太郎

— 7 —

第Ⅰ部　人名索引（い）

為　重　　中山
　文治1・10・24　　中山五郎
　　　5・7・19　　同（中山）五郎為重
　建久1・11・7　　中山五郎
　　　2・2・4　　同（中山）五郎
　　　6・3・10　　中山五郎
　正治2・2・26　　中山五郎為重
　建仁3・9・2　　中山五郎為重

為　重　　伊達　（伊達朝宗次男）
　文治5・7・19　　常陸次郎為重
　　　5・8・8　　同（常陸）次郎為重
　建久6・3・10　　伊達次郎

為　重　→藤原為成
　寛元2・1・16　　肥後三郎左衛門尉為
　　　　　　　　　重

為　俊　　遠藤
　貞応2・7・9　　遠藤左近将監為俊
　嘉祿1・2・24　　遠藤左近将監為俊
　　　1・12・20　遠藤左近将監
　安貞1・11・24　遠藤左近将監為俊
　　　2・7・23　　遠藤左近将監
　　　2・8・11　　遠藤左近将監
　　　2・10・15　遠藤左近将監

為　信　　大須賀
　仁治2・1・14　　大須賀六郎左衛門尉
　弘長3・7・13　　大須賀六郎左衛門尉
　　　3・8・4　　大須賀六郎左衛門尉

為　親
　仁治2・8・25　　白河判官代為親
　宝治1・6・22　　白河判官代
　建長2・3・1　　白河判官代入道跡

為　親　　安倍
　寛元2・5・26　　為親
　宝治1・4・26　　為親
　　　1・8・13　　為親朝臣
　建長3・8・1　　為親
　　　4・4・5　　為親
　　　4・4・21　　為親
　　　4・4・29　　為親
　　　4・5・5　　為親
　　　4・5・7　　為親

　建長4・5・17　　為親
　　　4・5・26　　為親
　　　4・8・6　　為親
　　　4・8・21　　前大膳亮為親
　　　4・8・23　　為親
　　　4・8・27　　前大膳亮為親
　　　4・11・11　大膳亮為親
　　　4・11・14　陰陽師為親
　　　4・11・17　前大膳亮為親
　　　4・12・13　為親朝臣
　　　5・6・13　　為親朝臣
　　　6・3・29　　前大膳亮為親朝臣
　　　6・4・4　　為親朝臣
　　　6・5・7　　為親
　　　6・8・15　　為親朝臣
　　　6・9・4　　為親
　康元1・7・26　　天文博士為親朝臣
　　　1・9・3　　為親
　　　1・11・11　天文博士為親朝臣
　正嘉1・2・2　　為親朝臣
　　　1・7・13　　天文博士為親朝臣
　　　1・8・18　　為親
　　　1・9・4　　為親朝臣
　　　1・9・24　　為親
　　　1・10・16　陰陽師為親
　　　2・5・2　　為親
　　　2・8・5　　為親
　文応1・2・14　　天文博士為親朝臣
　　　1・3・14　　為親朝臣
　　　1・6・19　　天文博士為親朝臣
　　　1・8・7　　為親朝臣
　　　1・8・17　　天文博士為親朝臣
　　　1・8・26　　為親朝臣
　　　1・9・5　　為親朝臣
　　　1・11・27　権天文博士為親朝臣
　弘長1・6・7　　為親
　　　1・6・18　　為親
　　　1・8・10　　為親朝臣

為　成　　鎌田
　義和1・②・23　鎌田七郎為成

為　成　　（舞女徴妙の父）
　建仁2・3・8　　右兵衛尉為成

為　成　　藤原（大宰少貳為佐男，為時弟）
　仁治2・8・25　　大宰三郎左衛門尉

— 8 —

第 I 部　人名索引 (い)

寛元 1・7・17　大宰三郎左衛門尉
　　 2・1・16　肥後三郎左衛門尉為重(マヽ)
宝治 1・5・14　大宰三郎左衛門尉
康元 1・6・29　同(大宰)三郎左衛門尉
正嘉 1・1・2 　同(肥後)三郎左衛門尉
　　 1・2・2 　太宰肥後左衛門三郎為成
　　 1・8・15　肥後三郎為成
　　 1・10・1 　太宰肥後三郎為成,
　　　　　　 同(肥後)三郎左衛門尉
　　 1・12・24　肥後三郎左衛門尉,
　　　　　　 大宰肥後三郎
　　 2・1・1 　同(太宰肥後)三郎左衛門尉
　　 2・1・2 　同(肥後)三郎左衛門尉
　　 2・1・7 　同(太宰肥後)三郎左衛門尉
　　 2・1・10　肥後三郎左衛門尉
　　 2・3・1 　肥後三郎左衛門尉為成
　　 2・6・4 　肥後左〈右〉衛門尉為成, 同(肥後)三郎左衛門尉為成
　　 2・6・11　肥後三郎左衛門尉為成
　　 2・8・15　肥後三郎左衛門尉為成
文応 1・1・20　甲斐三郎左衛門尉為成
　　 1・2・20　甲斐三郎左衛門尉
弘長 1・1・1 　甲斐三郎左衛門尉, 甲斐三郎左衛門尉為成
　　 1・4・24　甲斐三〈次〉郎左衛門尉
　　 1・4・25　甲斐三郎左衛門尉
　　 1・7・12　甲斐三郎左衛門尉
　　 1・8・15　甲斐三郎左衛門尉
　　 1・9・20　甲斐三郎左衛門尉
　　 1・10・4 　甲斐三郎左衛門尉
　　 3・1・1 　甲斐三郎左衛門尉, 甲斐三郎左衛門尉為成
弘長 3・1・3 　甲斐三郎左衛門尉為成
　　 3・1・7 　甲斐三郎左衛門尉為成
　　 3・1・23　甲斐三郎左衛門尉
文永 2・6・23　甲斐三郎左衛門尉為成
　　 2・7・16　甲斐三郎左衛門尉
　　 3・7・4 　甲斐三郎左衛門尉為成

為　成　→藤原為時
文応 1・1・1 　甲斐守為成
　　 1・11・27　甲斐守為成

為　政
建長 3・1・11　出雲権守為政
正嘉 2・1・1 　白河出雲権守
　　 2・1・7 　出雲権守

為　清　(為保父)
文治 2・6・9 　為清法師

為　盛
建保 6・6・21　池前兵衛佐為盛朝臣
　　 6・6・27　前左兵衛佐為盛朝臣
　　 6・7・5 　前兵衛佐為盛

為　宗　長尾
治承 4・8・23　長尾新五為宗
　　 4・10・23　長尾新五郎為家〈宗〉
建久 6・3・10　長尾五郎

為　宗　伊佐　(伊達朝宗子息)
文治 5・6・9 　皇后宮権少進
　　 5・8・8 　常陸冠者為宗
建久 4・5・1 　伊佐為宗
　　 5・1・7 　皇后宮権大進為宗
　　 5・6・10　皇后宮権大進為宗
　　 5・⑧・8 　皇后宮大進為宗
　　 5・12・26　皇后宮大夫為宗

為　村　長尾
安貞 2・7・23　長尾三郎
宝治 1・6・22　同(長尾)三郎為村

— 9 —

第Ⅰ部 人名索引（い）

為　　泰　　惟宗
建長5・8・30　宗兵衛尉為泰

為　　忠　　山形
元久1・7・26　山形五郎為忠

為　　忠
文永2・6・11　壱岐五郎左衛門尉為忠

為　　長　　源
文治2・4・20　故為長

為　　長　　菅原
承久3・⑩・10　為〈好〉長卿
元仁1・12・4　式部大輔為長卿
寛喜1・3・25　大蔵卿為長卿
天福1・4・23　大蔵卿為長卿
文暦1・3・10　大蔵卿為長卿
嘉禎1・6・29　大蔵卿為長
延応1・3・5　大蔵卿為長

為　　朝　　源
建久2・8・1　鎮西八郎

為　　朝
承久1・1・27　為朝

為　　定
文治2・1・29　神祇少副為定

為　　定
建長4・4・3　肥後前司為定

為　　定　　藤原　（大宰少貳為佐子息か）
文応1・11・27　甲斐五郎左衛門尉為定
弘長1・8・15　甲斐五郎右〈左〉衛門尉為定
　　3・1・1　甲斐五郎左衛門尉
　　3・1・3　同(甲斐)五郎左衛門尉為定
　　3・1・23　同(甲斐)五郎左衛門尉

為　　貞
治承4・9・22　兵衛志為貞

為　　保
寿永1・5・16　豊受太神宮禰宜為保

為　　保　　(為清子)
文治2・6・9　為保
　　4・7・13　為保

為　　末
暦仁1・2・28　府生為末

為　　茂　　橘
文治3・12・10　橘次為茂

為　　頼　　源
文治2・4・20　源刑部丞為頼（故為長親者）
　　2・5・13　紀伊刑部丞為頼

為　　連　　長馬
建保6・10・27　長馬新大夫為連

唯　　観
弘長3・3・17　唯観房唯観

惟　　安　　南郷
養和1・2・29　南郷大宮司惟安

惟　　栄　　緒方
養和1・2・29　緒方三郎惟能(ママ)
文治1・1・12　緒方三郎惟栄
　　1・1・26　惟栄
　　1・10・16　緒方三郎惟栄

惟　　義　　大内
元暦1・2・5　大内右衛門尉惟義
　　1・3・20　大内冠者惟義
　　1・5・15　大内右衛門尉惟義
　　1・7・5　大内冠者惟義
　　1・7・18　大内冠者
　　1・8・2　大内冠者
　　1・8・3　大内冠者
文治1・8・29　惟義, 相模守
　　1・9・3　惟義
　　1・10・24　相模守惟義
　　3・3・3　相模守惟義
　　5・5・19　相模守
　　5・6・9　相模守惟義

第Ⅰ部 人名索引（い）

文治5・7・19　相模守惟義
建久1・11・7　相模守
　　1・11・11　相模守惟義
　　2・2・4　相模守
　　2・3・4　相模守
　　2・6・9　惟義
　　2・11・27　相模守
　　3・6・21　相模守惟義
　　3・7・27　相模守
　　3・11・22　相模守
　　3・11・25　相模守惟義
　　3・11・29　相州
　　3・12・5　相模守
　　4・1・1　相模守惟義
　　4・12・1　相模守惟義
　　5・2・2　相模守惟義
　　5・⑧・10　相模守惟義
　　5・12・26　相模守惟義
　　6・1・1　相模守惟義
　　6・3・6　相模守惟義
　　6・3・10　相模守
　　6・3・12　相模守惟義
　　6・4・15　相模守惟義
　　6・5・3　相模守
　　6・5・20　相模守惟義
　　6・6・3　相模守惟義
　　6・6・28　相模守惟義
　　6・10・17　相模守惟義
正治2・1・6　相模守惟義朝臣
　　2・1・24　惟義
　　2・2・26　相模守惟義
建暦2・3・20　惟義
　　2・7・7　駿河前司惟義
建保1・6・3　駿河守惟義
　　1・8・20　駿河守惟義
　　1・8・26　駿河守義信(マヽ)
　　2・5・7　駿河前司惟義朝臣
　　2・7・27　前駿河守惟義
　　2・10・3　前駿河守惟義朝臣
　　6・6・27　前駿河守惟義朝臣
　　6・7・8　前駿河守惟義朝臣
承久1・1・27　修理権大夫惟義朝臣

惟　義　→大内惟信
承久2・4・3　大夫尉惟義

惟　広　塩谷

元暦1・2・5　塩谷五郎惟広
文治1・5・8　塩谷五郎

惟　広　橘
承元2・12・12　橘三蔵人
建暦1・1・10　橘三蔵人
　　2・4・18　橘三蔵人
建保1・3・16　橘三蔵人惟広
　　1・4・28　橘三蔵人惟広
　　1・8・20　橘三蔵人惟広
　　1・8・26　橘三蔵人惟広
　　1・12・10　橘三蔵人惟広
　　2・7・27　橘三蔵人

惟　広　橘
宝治1・6・22　橘大膳亮惟広

惟　光　土肥　→小早河惟平
正治1・10・28　土肥先次郎惟光
　　2・2・26　土肥先次郎惟光
　　2・11・4　土肥先次郎惟光
　　2・12・27　土肥先二〈次〉郎惟光
建仁3・9・2　土肥先次〈二〉郎惟光

惟　光　鹿嶋田
建長6・1・3　鹿嶋田左衛門尉惟光

惟　幸
建久1・4・19　惟幸

惟康親王
文永2・11・17　若宮
　　3・1・25　将軍家若宮
　　3・1・29　若宮
　　3・2・9　若宮
　　3・6・23　若宮

惟(維)時　平賀
建長2・12・27　平賀新三郎
　　4・4・3　平賀新三郎惟時
　　4・8・1　平賀新三郎
　　4・8・6　平賀新三郎惟時
　　4・11・11　平賀新三郎惟時
　　6・8・15　平賀新三郎惟時
康元1・1・1　平賀新三郎
　　1・1・11　平賀新三郎惟時
　　1・6・29　平賀新三郎

— 11 —

第Ⅰ部　人名索引（い）

康元1・7・17　平賀新三郎惟時
　　1・8・13　平賀新三郎
　　1・8・15　平賀新三郎惟時
正嘉1・2・2　平賀新三郎惟時
　　1・8・15　平賀新三郎維時
　　1・10・1　平賀新三郎惟時
　　1・12・24　平賀新三郎
　　1・12・29　平賀新三郎維時
　　2・1・1　平賀新三郎
　　2・1・7　平賀新三郎
　　2・1・10　平賀新三郎維時
　　2・3・1　平賀新三郎維時
　　2・6・4　平賀新三郎惟時
文応1・1・11　平賀三郎左衛門尉維時
　　1・2・20　平賀三郎左衛門尉
　　1・4・1　平賀三郎左衛門尉
弘長1・1・1　平賀三郎左衛門尉
　　1・1・7　平賀三郎左衛門尉
　　3・1・1　平賀三郎左衛門尉
　　3・1・7　平賀三郎左衛門尉惟明（マヽ）
　　3・4・26　平賀三郎左衛門尉時
　　3・7・13　平賀三郎左衛門尉
　　3・8・9　平賀三郎左衛門尉惟忠（マヽ）
　　3・8・15　平賀三郎左衛門尉惟時

惟　　時　　土肥
　建長4・8・14　土肥左衛門尉惟時

惟　　守　　塩屋〈谷〉
　建久1・11・7　塩屋三郎
　建保1・5・2　塩屋三郎惟守
　　　1・5・6　塩屋〈谷〉三郎

惟〈維〉重　　中原
　治承4・8・20　中四郎惟重
　　　4・8・23　中四郎惟重
　　　4・9・29　中四郎惟重
　寿永1・2・8　中四郎維重
　文治5・7・19　中四郎是重
　建久4・3・13　中四郎惟重

惟　　重　　五十嵐

延応1・5・2　五十嵐小豊次大郎惟重
　　1・5・3　惟重

惟　　信　　大内
　元久2・9・20　帯刀長惟信
　建保1・8・14　惟信
　　　1・8・20　左衛門大夫惟信
　　　1・8・26　駿河左衛門大夫惟信
　　　2・8・13　大夫判官惟信
　承久2・4・3　大夫尉惟義（マヽ）
　　　2・10・11　大夫尉惟信
　　　2・12・20　惟信
　　　3・5・21　大夫尉惟信
　　　3・6・3　大夫判官惟信
　　　3・6・5　惟信

惟　　仲
　文治5・9・6　惟仲

惟〈雅〉忠
　貞応2・6・12　武蔵目代次郎兵衛尉惟〈雅〉忠

惟　　忠　　大瀬
　康元1・1・4　大瀬三郎左衛門尉
　　　1・1・9　大瀬三郎左衛門尉
　弘長1・1・1　大瀬三郎左衛門尉惟忠

惟　　忠　→平賀惟時
　弘長3・8・9　平賀三郎左衛門尉惟忠

惟　　貞　　船越
　正治2・1・20　船越三郎
　　　2・1・23　船越三郎

惟　　能　→緒方惟栄
　養和1・2・29　緒方三郎惟能

惟　　繁
　文治2・3・12　讃岐判官代惟繁

惟　　平　　岡崎
　文治5・7・19　岡崎先次郎惟平

惟　　平　　小早河（土肥）

第Ⅰ部　人名索引（い）

建久2・1・28　小早河次郎惟平
　　6・3・10　土肥先次〈二〉郎
　　6・4・15　土肥先次〈二〉郎
　　6・5・20　土肥先次〈二〉郎惟平
正治1・10・28　土肥先次郎惟光（マヽ）
　　2・2・26　土肥先次郎惟光（マヽ）
　　2・11・4　土肥先次郎惟光（マヽ）
　　2・12・27　土肥先二〈次〉郎惟光（マヽ）
建仁3・9・2　土肥先次〈二〉郎惟光（マヽ）
元久1・10・14　土肥先次〈二〉郎
建保1・5・2　土肥先次郎左衛門尉惟平
　　1・5・3　惟平
　　1・⑨・19　土肥先次郎左衛門尉維平

惟　明　→平賀惟時
弘長3・1・7　平賀三郎左衛門尉惟明

惟　頼　藤原
文治4・11・21〈22〉（隠岐）前司惟頼

惟　隆　臼杵
文治1・1・12　臼杵次郎惟隆
　　1・1・26　惟隆
　　1・10・16　臼杵次郎惟隆

惟　隆〈澄〉　→臼杵惟隆
文治5・3・20　惟隆〈澄〉

維　基　平
元久1・3・9　雅楽助平維基

維　久　由利
建保1・5・3　由利中八大郎維久
　　1・5・5　由利中八太郎維久
　　1・5・7　由利中八大郎

維　業　広田
建久2・3・3　大和守維業

維〈惟〉弘　大江
承元2・5・29　大江維〈惟〉弘

維　光　大江
建保4・⑥・14　散位従四位上大江朝臣維光

維　行
康元1・8・29　維行
弘長1・2・2　維行

維　康　橘
文治3・7・3　山城守橘維康

維　真
建長5・4・26　大夫竪者維真

維　清
文治4・6・4　維清

維　清　工藤
承久3・12・3　工藤右馬允
貞応1・9・22　工藤右馬允

維(惟)盛　平
治承4・5・26　権亮少将維盛朝臣
　　4・9・22　左近少将惟盛朝臣
　　4・9・29　小松少将
　　4・10・16　小松少将惟盛朝臣
　　4・10・19　小松羽林
　　4・10・20　左少将惟盛
　　4・10・21　小松羽林
　　4・11・2　小松少将惟盛朝臣
養和1・2・27　左少将維盛朝臣
　　1・3・10　左少将維盛朝臣
　　1・10・3　頭中将維盛朝臣
　　1・11・5　維盛朝臣
文治1・12・17　権亮三位中将惟盛卿
　　1・12・24　故維盛卿
建久5・4・21　維盛卿

維　定　藤原
嘉禄1・12・21　藤原維定

維　度
文治3・4・29　式部大夫維度

— 13 —

第Ⅰ部　人名索引（い）

維(惟)範
　　承元1・6・29　陰陽師左京亮維範
　　安貞2・5・21　天文博士維範朝臣
　　寛喜2・12・11　天文博士維範朝臣
　　嘉禎3・5・29　陰陽頭惟範朝臣
　　暦仁1・2・22　陰陽頭維範朝臣
　　　1・②・13　陰陽頭維範朝臣
　　　1・②・15　維範朝臣
　　　1・10・13　陰陽頭維範朝臣
　　　1・11・14　維範朝臣
　　　1・11・29　維範朝臣
　　　1・12・9　経〈維〉範朝臣
　　　1・12・19　陰陽頭維範朝臣
　　延応1・2・16　経範朝臣(ママ)
　　　1・3・15　維範
　　　1・4・24　維範(朝臣)
　　　1・5・5　維範朝臣
　　　1・5・11　陰陽頭維範朝臣
　　　1・5・23　陰陽頭維範朝臣
　　　1・8・8　大膳権大夫維範朝臣
　　　1・8・10(11)　維範朝臣
　　　1・10・17　維範
　　　1・10・21　維範朝臣
　　　1・10・28　維範朝臣
　　　1・11・6　維範朝臣
　　　1・11・21　陰陽頭大膳権大夫維
　　　　　　　　範朝臣
　　　1・12・13　維範朝臣
　　　1・12・15　維範
　　仁治1・1・14　維範朝臣
　　寛元2・9・19　維範
　　　2・9・20　大膳権大夫維範朝臣
　　　3・2・9　維範朝臣

維(惟)平
　　治承4・8・20　中八惟平
　　養和1・3・6　中八維平
　　文治2・3・27　ちうはち

維　平　由利(泰衡郎従)
　　文治5・9・7　由利八郎
　　　5・9・13　由利八郎
　　　5・12・24　由利中八維平
　　建久1・1・6　由利中八維平
　　　1・1・18　由利中八維平
　　　1・1・19　中八
　　　1・1・29　維平

維　平　土肥
　　建長4・4・3　土肥三郎左衛門尉維
　　　　　　　　平
　　　6・7・20　土肥三郎左衛門尉
　　康元1・6・29　土肥三郎左衛門尉
　　　1・7・29　土肥三郎左衛門尉

維　茂　平
　　文治4・9・14　鎮守府将軍維茂　貞盛
　　　　　　　　　　　　　　　　朝臣弟

一条天皇
　　文治1・6・21　一条天皇
　　　2・3・12　一条院
　　　4・6・4　一条院

一　幡　源
　　建仁3・1・2　将軍若君一幡君
　　　3・8・27　御長子一幡君六才
　　　3・9・2　一幡君，若君
　　　3・9・3　故一幡君
　　　3・9・5　若君

乙　鶴
　　文永2・3・9　乙鶴

乙　若　（源為義息）
　　建久1・10・29　乙若

乙　若　藤原
　　寛元1・1・5　乙若君
　　　2・4・26　両若君
　　　2・5・26　乙若君
　　　2・5・29　若君
　　　2・5・30　若君
　　　2・6・26　若君御前
　　　2・6・29　若君
　　　2・6・30　若君
　　　2・12・8　大納言家乙若君御前
　　　3・3・19　若君御前
　　　3・3・20　若君御前
　　　3・3・22　若君
　　　3・12・24　若君
　　　4・1・4　若君御前
　　宝治1・1・3　若君御前
　　建長3・1・1　若君御前
　　　3・1・15　若君御前

— 14 —

第Ⅰ部　人名索引（い）

　　建長3・5・3　　若君御前
　　　　3・6・19　若君御前
　　　　4・1・3　　若君御前
　　　　4・3・21　若君御前
　　　　4・4・3　　若君御前〈所〉

尹　　明
　　文治1・4・11　兵部少輔平〈尹〉明
　　　　1・6・2　　前兵部権少輔尹明
　　　　5・5・17　前兵部少輔尹明入道

印　　円
　　暦仁1・4・25　法印印円

印　　教
　　正嘉2・6・4　　権少僧都印教
　　弘長1・2・20　安祥寺僧正弟子印教

印　　景
　　養和1・1・18　相模国毛利庄住人印景

印　　尊
　　元久1・2・13　摩尼房阿闍梨
　　承元2・12・17　摩尼房印尊
　　　　4・12・15　摩尼房

院　　円　　（仏師）
　　嘉禎2・11・25　六条法印院円
　　寛元3・2・9　　院円法印
　　　　3・7・5　　院円法印

院　　性　　（仏師）
　　文治2・3・3〈2〉院性

院　　尊　　（仏師）
　　建久2・5・12　院尊法印
　　　　5・3・22　仏師院尊

胤　　家　　木内
　　承久1・7・19　木内次郎
　　　　3・6・18　木内次郎
　　寛元1・7・17　木内次〈二〉郎
　　　　2・8・15　木内次郎胤家
　　　　4・8・15　木内下野次郎

胤　　家　　佐原

　　嘉禎1・1・12　佐原新左衛門尉
　　　　1・6・29　佐原新左衛門尉胤家
　　　　2・1・1　　佐原新左衛門尉
　　　　2・8・4　　佐原新左衛門尉
　　　　3・3・8　　佐原太郎左衛門尉
　　暦仁1・2・17　佐原太郎左衛門尉
　　　　1・2・23　肥前太郎左衛門尉胤
　　　　　　　　　家
　　延応1・1・1　　佐原太郎左衛門尉家
　　　　　　　　　胤（ﾏﾏ）
　　仁治1・1・1　　佐原太郎左衛門尉胤
　　　　　　　　　家
　　　　2・8・25　肥前太郎左衛門尉胤
　　　　　　　　　家
　　寛元1・7・17　肥前大郎左衛門尉
　　　　2・6・13　佐原肥前太郎左衛門
　　　　　　　　　尉
　　　　2・8・15　肥前太郎左衛門尉胤
　　　　　　　　　家
　　　　2・12・8　佐原肥前太郎左衛門
　　　　　　　　　尉
　　　　3・8・16　肥前大郎左衛門尉
　　　　4・7・11　肥前大郎左衛門尉胤
　　　　　　　　　家
　　　　4・8・15　肥前大郎左衛門尉
　　宝治1・5・14　肥前太郎左衛門尉
　　　　1・6・22　肥前大郎左衛門〈尉〉
　　　　　　　　　胤家

胤　　家　　矢木(千葉)
　　宝治2・1・3　　矢木式部大夫

胤　　義　　三浦
　　元久2・6・22　同(三浦)九郎胤義
　　　　2・⑦・19　同(三浦)九郎胤義
　　建保1・1・2　　三浦九郎左衛門尉
　　　　1・1・3　　三浦九郎右〈左〉衛門
　　　　　　　　　尉胤義
　　　　1・5・2　　同(三浦)弟九郎右衛
　　　　　　　　　門尉胤義
　　　　1・5・7　　平九郎左衛門尉
　　　　1・8・20　三浦九郎右衛門尉胤
　　　　　　　　　義
　　　　1・8・26　三浦九郎右衛門尉胤
　　　　　　　　　義
　　　　1・11・5　三浦平九郎右衛門尉
　　　　　　　　　胤義

— 15 —

第Ⅰ部　人名索引（い）

　　　　建保2・7・27　三浦九郎右〈左〉衛門
　　　　　　　　　　　　尉胤義
　　　　　　4・7・29　三浦九郎右〈左〉衛門
　　　　　　　　　　　　尉胤義
　　　　　　6・3・24　三浦右衛門尉胤義
　　　　　　6・6・27　平九郎右〈左〉衛門尉
　　　　　　　　　　　　胤義
　　　　承久3・5・19　廷尉胤義義村弟
　　　　　　3・5・21　廷尉胤義
　　　　　　3・6・3　平判官胤義
　　　　　　3・6・5　胤義
　　　　　　3・6・12　平判官
　　　　　　3・6・14　胤義
　　　　　　3・6・15　胤義
　　　　　　3・6・18　平九郎判官

胤　景　　長尾
　　　　建保1・5・3　（定景子息）次郎胤景
　　　　承久1・1・27　同（定景子息）次郎胤
　　　　　　　　　　　　景
　　　　宝治1・6・22　同（長尾）次郎左衛門
　　　　　　　　　　　　尉胤景

胤　景　　海上
　　　　建長4・7・8　海上弥次郎胤景
　　　　　　4・11・11　海上弥次郎胤景
　　　　　　4・12・17　海上弥次郎胤景
　　　　　　5・1・16　海上弥次郎胤景
　　　　　　5・8・15　海上弥次郎胤景
　　　　弘長3・8・9　海上弥〈孫〉次郎胤景

胤　継　　相馬
　　　　寛元2・6・13　相馬次郎兵衛尉
　　　　　　4・8・15　相馬次郎兵衛尉
　　　　建長4・4・3　相馬次郎兵衛尉胤経
　　　　　　　　　　　　〈継〉
　　　　康元1・6・29　相馬次郎兵衛尉
　　　　　　1・7・17　相馬次〈二〉郎兵衛尉
　　　　　　　　　　　　胤継
　　　　正嘉2・6・17　相馬次郎兵衛尉

胤　継　　椎名
　　　　建長3・1・20　椎名六郎胤継

胤　行　　東
　　　　建保6・11・27　胤行
　　　　寛喜2・3・19　平胤行

　　　　貞永1・11・29　中務丞胤行
　　　　寛元1・7・17　東中務丞
　　　　宝治1・6・6　東中務入道素暹
　　　　　　1・6・7　素暹
　　　　　　1・6・11　東入道素暹
　　　　　　2・9・20　東中務入道素暹
　　　　弘長3・8・6　索〈素〉暹法師

胤　康　　風早（千葉）
　　　　承久3・6・18　風早四郎

胤　綱　　千葉
　　　　承久1・7・19　千葉介
　　　　　　2・12・1　千葉介成胤（ﾏヽ）
　　　　　　3・5・25　千葉介胤綱
　　　　　　3・6・25　千葉介胤綱
　　　　　　3・8・1　千葉介胤綱
　　　　元仁1・3・19　千葉介胤綱
　　　　安貞2・5・28　千葉介胤綱他界　年廿
　　　　　　　　　　　　一

胤　綱　　相馬
　　　　暦仁1・6・5　相馬次郎左衛門尉胤
　　　　　　　　　　　　綱

胤　国　　麻生
　　　　建久5・8・20　麻生平太胤国

胤　氏　　大須賀
　　　　暦仁1・2・17　大須賀左衛門次郎
　　　　寛元2・8・15　大須賀左衛門尉胤氏
　　　　　　3・8・15　大須賀次郎左衛門尉
　　　　　　　　　　　　胤氏
　　　　宝治1・6・6　大須賀左衛門尉胤氏
　　　　　　1・6・7　胤氏
　　　　　　1・11・15　大須賀左衛門尉
　　　　　　2・12・10　大須賀次郎左衛門尉
　　　　　　　　　　　　胤氏
　　　　建長2・1・16　大須賀左衛門尉朝氏
　　　　　　　　　　　　（ﾏヽ）
　　　　　　2・3・25　大須賀左衛門尉
　　　　　　2・12・27　大須賀左衛門尉
　　　　　　3・1・1　大須賀次郎左衛門尉
　　　　　　　　　　　　胤氏
　　　　　　3・11・13　大須賀左衛門尉
　　　　　　4・4・3　大須賀次郎左衛門尉
　　　　　　　　　　　　胤氏

— 16 —

第Ⅰ部 人名索引（い）

胤　氏
建長4・8・1　大須賀次郎左衛門尉胤氏
　　4・11・11　大須賀次郎左衛門尉胤氏
　　4・11・20　大須賀次郎左衛門尉胤氏
　　5・1・3　大須賀左衛門尉胤氏
　　5・1・16　大須賀左衛門次郎胤氏
　　5・8・15　大須賀次郎左衛門尉胤氏
　　6・1・1　大須賀次郎左衛門尉胤氏
　　6・1・22　大須賀次郎左衛門尉胤氏
　　6・7・20　大須賀次郎左衛門尉胤氏
康元1・1・1　大須賀右〈左〉衛門尉
　　1・6・29　大須賀次〈二〉郎左衛門尉
　　1・7・17　大須賀次郎左衛門尉胤氏
　　1・8・15　大須賀次郎左衛門尉胤氏

胤　氏　武石(千葉)
建長2・8・18　武石四郎
　　3・8・15　武石四郎胤氏
　　4・8・1　武石四郎胤氏
　　4・11・20　武石四郎胤氏
　　4・12・17　武石四郎胤氏
　　5・8・15　武石四郎胤氏
康元1・6・29　武石四郎
　　1・7・6　武石四郎
　　1・7・17　武石四郎胤氏
正嘉1・12・29　武藤〈石〉四郎左衛門尉胤氏

胤　時　千葉
嘉禎3・4・19　千葉八郎
　　3・6・23　千葉八郎胤時
暦仁1・2・17　千葉八郎
　　1・2・28　千葉八郎胤時
　　1・6・5　千葉八郎胤時
仁治1・8・2　千葉八郎
寛元1・7・17　千葉八郎
　　4・8・15　千葉八郎胤時
宝治1・5・14　千葉八郎

胤　秀　大須賀(千葉)
建久4・1・1　胤秀
安貞2・1・2　大須賀左衛門尉
　　2・3・9　大須賀次郎左衛門尉
　　2・7・23　大須賀次郎左衛門尉
寛喜1・1・2　大須賀左衛門尉
嘉禎1・6・29　大須賀次郎左衛門尉
　　2・1・3　大須賀左衛門尉
　　2・8・4　大須賀左衛門尉
　　3・6・23　大須賀次郎左衛門尉胤秀
仁治2・11・4　大須賀左衛門尉
寛元1・1・19　大須賀左衛門尉

胤　重　武石(千葉)
建久6・5・20　千葉三郎次郎

胤　重　国分
建長3・1・20　国分二郎胤重

胤　重　東
建長4・4・14　東中務少輔胤重
　　4・4・17　東中務少輔胤重
　　4・7・23　東中務少輔胤重
　　4・9・25　東中務少輔胤重

胤　信　大須賀(千葉)
治承4・9・17　(常胤子息)四郎胤信
　　　　　　　　　　大須賀
寿永1・8・18　(常胤)四男胤信
文治1・10・24　千葉四郎
　　3・11・11　千葉四郎胤通(ﾏﾏ)
　　5・6・9　同(千葉)四郎胤信
　　5・8・12　同(千葉)四郎胤信
　　5・11・17　千葉四郎胤信
　　5・11・18　千葉四郎胤信
建久1・9・15　千葉四郎胤信
　　1・12・5　胤信
　　2・1・1　千葉四郎胤信
　　2・7・28　千葉四郎胤信
　　4・1・1　胤信
　　6・3・10　千条〈葉〉四郎胤信
　　6・3・30　千葉四郎胤信
元久2・6・22　大須賀四郎胤信
建暦2・1・19　大須賀四郎胤信
建保1・5・7　大須賀四郎
建長2・3・1　大須賀四郎跡

— 17 —

第Ⅰ部　人名索引（い）

胤　　正(政)　　千葉
　治承4・9・9　　（常胤)子息胤正
　　　4・9・17　 (常胤)子息太郎胤正
　　　4・10・3　 千葉小太郎胤正
　　　4・12・12　同(千葉)太郎胤正
　養和1・4・7　　千葉太郎胤政
　寿永1・3・9　　小太郎胤政
　　　1・7・12　 千葉小太郎胤正
　　　1・8・18　 (常胤)嫡男胤正
　文治1・10・24　千葉太郎胤正
　　　2・10・24　千葉小太郎胤正
　　　3・9・27　 千葉新介胤正
　　　3・10・4　 千葉新介胤正
　　　4・7・10　 胤正
　　　5・6・9　　千葉太郎胤政
　　　5・8・12　 太郎胤正
　建久1・1・13　 千葉新介胤正
　　　1・2・5　　千葉新介胤正
　　　1・2・12　 千葉新介
　　　1・2・23　 胤正
　　　1・3・10　 胤正
　　　1・11・7　 千葉新介
　　　1・11・9　 千葉新介胤正
　　　1・11・11　千葉新介胤正
　　　1・11・29　千葉新介胤正
　　　1・12・3〈1〉千葉新介胤正
　　　2・1・1　　新介胤正
　　　3・11・25　千葉新介胤正
　　　5・2・2　　千葉新介胤正
　　　5・8・8　　千葉新介胤正
　　　5・12・26　千葉新介胤正
　　　6・3・3　　千葉新介胤正
　　　6・3・10　 千葉新介
　　　6・3・12　 千葉新介胤正
　　　6・4・15　 千葉新介胤正
　　　6・5・20　 千葉新介胤正
　正治1・10・28　千葉太郎胤正
　建保6・4・10　 千葉介胤正

胤　　盛　　武石(千葉)
　治承4・9・17　 (常胤子息)三郎胤盛
　　　　　　　　武者〈石〉
　寿永1・8・18　 (常胤)三男胤盛
　文治5・8・12　 同(千葉)三郎胤盛
　建久2・1・1　　三郎胤盛

胤　　村　　三浦

　嘉禎3・4・22　 同(駿河)八郎胤村
　　　3・6・23　 同(駿河)八郎左衛門
　　　　　　　　尉
　　　3・8・15　 (義村)六男胤村
　暦仁1・1・2　　同(駿河)八郎左衛門
　　　　　　　　尉
　　　1・2・17　 同(駿河)八郎左衛門
　　　　　　　　尉
　　　1・6・5　　同(駿河)八郎左衛門
　　　　　　　　尉胤村
　仁治1・4・12　 胤村
　　　2・1・14　 同(駿河)八郎左衛門
　　　　　　　　尉
　　　2・1・23　 駿河八郎左衛門尉
　寛元1・7・17　 駿河八郎左衛門尉
　　　2・1・2　　同(駿河)八郎左衛門
　　　　　　　　尉
　宝治1・6・20　 駿河八郎左衛門尉胤
　　　　　　　　村
　　　1・6・22　 駿河八郎左衛門尉胤
　　　　　　　　村出家
　　　1・6・28　 駿河八郎左衛門尉胤
　　　　　　　　村入道
　弘長1・6・22　 駿河八郎入道式部大夫
　　　　　　　　家村子(マヽ)

胤　　村　　相馬
　寛元1・7・17　 相馬左衛門五郎
　　　2・8・15　 相馬五郎左衛門尉胤
　　　　　　　　村
　　　3・8・16　 相馬小五郎
　建長4・11・20　相馬孫五郎左衛門尉
　　　　　　　　胤村
　康元1・6・29　 同(相馬)孫五郎左衛
　　　　　　　　門尉
　　　1・8・15　 相馬弥五郎左衛門尉
　　　　　　　　胤村
　正嘉2・6・4　　相馬五郎左衛門尉胤
　　　　　　　　村
　　　2・6・17　 同(相馬)五郎左衛門
　　　　　　　　尉
　　　2・7・24　 相馬孫五郎左衛門尉
　　　　　　　　胤村
　　　2・8・15　 相馬孫五郎左衛門尉
　　　　　　　　胤村
　弘長1・7・29　 相馬孫五郎左衛門尉
　　　3・8・9　　相馬孫五郎左衛門尉

— 18 —

第Ⅰ部 人名索引（い）

胤村

胤　　泰　　三浦
　延応1・1・3　同(平)四郎
　仁治1・1・2　同(平)四郎
　寛元2・1・1　同(平)四郎
　　　2・1・3　同(平)四郎
　宝治1・6・22　同(平)四郎胤泰

胤　　泰　　→千葉泰胤
　建長2・8・15　千葉次郎胤泰

胤　　長　　和田
　正治2・②・8　和田平太胤長
　建仁1・1・12　和田平太胤長
　　　2・1・3　和田平太胤長
　　　2・9・21　和田平太胤長
　　　2・9・29　胤長
　　　3・1・3　和田平太胤長
　　　3・6・1　和田平太胤長
　　　3・10・9　和田平太胤長
　元久1・1・10　和田平太胤長
　　　1・2・12　和田平太
　　　2・1・3　和田平太
　承元3・1・6　和田平太胤長
　　　4・5・21　胤長
　建暦1・1・9　和田平太
　　　1・4・16　胤長
　　　2・1・11　和田平太
　　　2・3・3　和田平太
　建保1・2・16　和田平太胤長
　　　1・3・9　胤長
　　　1・3・17　和田平太胤長
　　　1・3・21　和田平太胤長
　　　1・3・25　和田平太胤長
　　　1・4・2　胤長
　　　1・5・9　和田平太胤長
　嘉禄1・9・12　和田平太
　仁治2・3・25　平太胤長

胤　　通(道)　　国分(千葉)
　治承4・9・17　(常胤子息)五郎胤道
　　　　　　　　　国分
　寿永1・8・18　(常胤)五男胤道
　元暦1・2・5　国分五郎胤道
　文治3・11・11　千葉四郎胤通(胤氏の
　　　　　　　　　誤か)
　　　4・3・15　千葉五郎
　　　4・7・10　千葉五郎
　　　5・8・12　同(千葉)五郎胤通
　建久2・1・1　千葉五郎胤道
　　　4・1・1　胤道
　　　6・3・10　同(千条〈葉〉)五郎
　元久2・6・22　国分五郎胤通
　建長2・3・1　国分五郎跡
　正嘉2・3・1　国分五郎跡

胤　　方　　海上
　建長4・12・17　海上次郎胤方

胤　　有　　海上
　安貞2・7・23　海上五郎
　仁治1・8・2　海上五郎
　寛元1・7・17　海上五郎
　　　2・8・15　海上五郎胤有

胤　　頼　　東(千葉)
　治承4・6・27　千葉六郎大夫胤頼
　　　4・9・9　(常胤子息)胤頼
　　　4・9・13　東六郎大夫胤頼
　　　4・9・17　(常胤子息)六郎大夫
　　　　　　　　　胤頼東
　　　4・12・12　同(千葉)六郎大夫胤
　　　　　　　　　頼
　寿永1・7・12　同(千葉)六郎胤頼
　　　1・8・18　(常胤)六男胤頼
　元暦1・2・5　東六郎胤頼
　文治1・10・24　同(千葉)六郎大夫胤
　　　　　　　　　頼
　　　2・1・3　散位胤頼
　　　2・6・10　胤頼
　　　4・3・15　千葉大夫胤頼
　　　4・7・10　胤頼
　　　5・6・9　千葉大夫胤頼
　　　5・8・12　同(千葉)六郎大夫胤
　　　　　　　　　頼
　　　5・8・25　千葉六郎大夫胤頼
　建久1・10・3　六郎大夫
　　　2・1・1　六郎大夫胤頼
　　　2・2・4　千葉六郎大夫
　　　3・11・25　千葉大夫胤頼
　　　4・1・1　千葉大夫胤頼
　　　5・8・8　千葉六郎大夫胤頼
　　　5・10・29　東六郎大夫胤頼

― 19 ―

第I部 人名索引（い・う・え）

　　　　建久5・12・26　東大夫胤頼
　　　　　　6・3・10　同(千葉)六郎大夫
　　　　承元2・④・27　胤頼
員　　時　　富士
　　　　弘長3・1・8　富士三郎五郎
　　　　　　3・1・12　富士三郎五郎員時
員　　村　　三浦
　　　　貞応2・10・13　三浦駿河三郎
　　　　暦仁1・2・17　同(三浦)三郎
　　　　寛元3・1・9　駿河三郎
　　　　宝治1・6・14　三浦駿河三郎員村
　　　　　　1・6・22　三浦三郎員村

う

禹　　王
　　　　寿永1・2・8　禹王
　　　　正嘉2・9・2　禹
雲　　慶　　(仏師)
　　　　文治5・9・17　雲慶
　　　　建保4・1・17　雲慶
　　　　　　6・12・2　雲慶
　　　　貞応2・8・27　雲慶
運　　慶　　(仏師)
　　　　承久1・12・27　運慶法印

え

永　　寛
　　　　文治4・7・13　永寛
永　　実　　(筥根山別当行実弟僧)
　　　　治承4・8・24　永実
　　　　　　4・8・25　永実
永　　実　　(叡山飯室谷竹林房住侶)
　　　　文治4・8・17　来光房永実
永　　俊　　日田
　　　　建長2・3・1　日田四郎跡

永　　助　　久万
　　　　元久2・⑦・29　永助久万太郎
永　　禅
　　　　文治3・9・20　永禅
永　　平　　草野
　　　　文治2・⑦・2　草野大夫永平
　　　　　　2・8・6　草野大夫永平
　　　　　　2・8・7　草野次郎大夫永平
　　　　　　2・12・10　草野次郎大夫永平
　　　　建久5・7・20　大宮司草野大夫永平
　　　　建長2・3・1　草野大夫跡
永　　用　　→城長茂
　　　　寿永1・9・28　城四郎永用
　　　　　　1・10・9　城四郎永用
栄　　光
　　　　寿永1・12・7　法師栄光
栄　　西
　　　　正治1・9・26　葉上房律師栄西
　　　　　　2・1・13　葉上房律師栄西
　　　　　　2・②・13　葉上房律師栄西
　　　　　　2・7・6　葉上房
　　　　　　2・7・15　当寺(寿福寺)長老葉
　　　　　　　　　　　上房律師栄西
　　　　建仁2・2・29　栄西律師
　　　　　　2・3・14　栄西律師
　　　　　　2・8・15　栄西律師
　　　　　　2・8・24　栄西律師
　　　　　　3・9・2　葉上律師
　　　　元久1・2・28　寿福寺方丈
　　　　　　1・12・18　金剛寿福寺方丈葉上
　　　　　　　　　　　坊
　　　　　　2・3・1　寿福寺方丈
　　　　　　2・5・25　寿福寺長老
　　　　承元4・9・25　寿福寺方丈
　　　　建暦1・10・19　大阿闍梨葉上房律師
　　　　　　　　　　　栄西
　　　　　　1・10・22　葉上房律師
　　　　　　1・12・25　葉上房律師栄西
　　　　　　1・12・28　葉上房律師栄西
　　　　　　2・6・20　(寿福寺)方丈
　　　　建保1・6・2　寿福寺長老栄西
　　　　　　2・2・4　葉上僧正

— 20 —

第Ⅰ部　人名索引（え）

建保 2・6・3　　葉上僧正
　　　2・7・1　　葉上僧正
　　　2・7・27　葉上僧正栄西
　　　2・10・15　葉上僧正
　　　3・6・5　　寿福寺長老葉上僧正
　　　　　　　　　栄西入滅

栄　　俊
　弘長 3・3・17　観法房栄俊

栄　　坊〈増〉
　文治 1・2・19　僧栄坊〈増〉

円　　意
　承久 3・5・27　如意寺法印円意
　寛元 2・1・8　　如意寺法印円意
　　　2・6・3　　如意寺法印
　　　3・2・25　法印円意

円恵法親王
　文治 1・1・6　　鳥羽の四宮

円　　海
　承元 2・7・15　威光寺院主僧円海
　寛喜 1・10・9　長尾寺院主円海
　正嘉 1・10・1　大法師円海

円　　金　→円全
　延応 1・7・15　円金法橋

円　　暁
　寿永 1・9・20　中納言法眼円暁 号宮
　　　　　　　　　眼法（マヽ）
　　　1・9・23　中納言法眼坊（鶴岡
　　　　　　　　　別当職）
　元暦 1・1・1　　別当法眼
　　　1・10・15　若宮別当法眼
　　　1・11・6　　別当
　文治 1・12・11　若宮別当法眼
　　　1・12・28　若宮別当法眼坊
　　　2・1・8　　若宮別当法眼
　　　2・2・1　　別当
　　　2・2・4　　若宮法眼
　　　3・1・1　　別当法眼
　　　3・4・4　　若宮別当法眼
　　　3・8・9　　若宮別当法眼
　　　4・10・20　若宮別当

文治 5・3・3　　別当法眼円暁
　　　5・6・5　　若宮別当法眼
　　　5・6・9　　法眼円暁若宮別当
　　　6・5・11　若宮別当
　　　5・7・8　　鶴岡別当
　　　5・10・25　鶴岡別当法眼
　建久 1・4・19　若宮別当法橋
　　　1・8・15　別当法眼円暁
　　　2・2・17　鶴岡別当
　　　2・3・13　別当法眼
　　　2・7・23　別当法眼, 若宮別当
　　　2・10・25　当(鶴岡)宮別当
　　　3・2・13　鶴岡別当法眼円暁, 号
　　　　　　　　　宮法眼
　　　3・6・18　鶴岡別当法眼
　　　3・7・3　　若宮別当
　　　3・8・9　　宮法眼
　　　4・2・7　　若宮別当
　　　4・3・3　　当(鶴岡)宮別当
　　　4・3・13　若宮別当
　　　5・3・15　別当法眼
　　　5・11・13　当(鶴岡)宮別当法眼
　　　5・11・14　別当法眼円暁
　正治 2・10・26　鶴岳八幡宮別当法眼
　　　　　　　　　円暁号宮法眼入滅
　建仁 1・2・1　　法眼円暁

円　　玄
　嘉禎 3・6・23　東北院僧正円玄
　　　3・7・11　東北院僧正円玄
　暦仁 1・8・2　　東北院僧正円玄

円　　西
　弘長 3・3・17　法蔵房円西

円　　識
　建仁 1・5・6　　円識法師

円　　信
　嘉禄 1・1・14　座心房円信
　寛喜 3・5・17　座心房律師円信

円　　審
　正嘉 2・6・4　　権律師円審

円　　親
　嘉禄 2・8・7　　宰相律師

第Ⅰ部　人名索引（え）

```
        安貞1・4・29    宰相律師
            1・9・9     宰相律師
            1・11・15   宰相律師
            1・11・24   宰相律師
            1・12・13   宰相律師
            2・5・22    宰相律師
            2・10・30   宰相律師
        寛喜1・5・15    宰相律師
            3・9・25    宰相律師
        貞永1・⑨・10   宰相法印
        嘉禎1・6・29    宰相律師円親
            1・12・24   宰相律師円親
        延応1・11・21   宰相僧都
        仁治1・1・17    円親法印
            2・9・15    円親法印

円　仙
        嘉禎3・10・16   大貳律師円仙

円　全
        安貞1・2・27    法橋円全
        寛喜3・6・15    法橋円全
            3・10・19   法橋円全
        貞永1・1・23    法橋円全
            1・5・14    法橋円全
            1・12・5    円全
        嘉禎2・3・13    法橋円全
        延応1・7・15    円金法橋(マヽ)
        正嘉2・6・4     大法師円全

円　珍
        元暦1・11・23   智証大師
        建保2・5・7     智証大師

円　勇
        建長5・5・13    円勇
        文永2・10・7    参河阿闍梨円勇

円　誉
        弘長1・2・20    円誉

円　良
        文治4・8・17    法印円良

延　俊    源
        暦仁1・9・24    民部権少輔源延俊
```

```
延　末
        建久1・4・4     美濃犬丸公文延末

延　朗
        文治2・3・26    松尾延朗上人

遠　安
        元久2・⑦・29   遠安衛〈藤〉三大夫

遠　義〈茂〉   波多野 （義景祖父）
        文治4・8・23    筑後権守遠義〈茂〉

遠　義    浅利〔長義参照〕
        文治5・6・9     浅利冠者遠義
            5・7・19    浅利冠者遠義

遠　義
        建久5・2・2     信濃守遠義
            5・12・26   信濃守遠義

遠　久    友野
        承久3・6・8     友野右馬允
            3・6・18    友野右馬允遠久

遠　景    天野
        治承4・8・6     天野藤内遠景
            4・8・20    天野藤内遠景
            4・8・24    天野藤内遠景
            4・10・19   天野藤内遠景
            4・10・23   遠景
        元暦1・6・16    天野藤内遠景
            1・8・8     天野藤内遠景
        文治1・1・26    天野藤内遠景
            1・3・11    天野藤内遠景
            1・10・24   天野藤内遠景
            2・2・22    天野藤内遠景
            2・2・28    天野藤内遠景
            2・6・17    藤内遠景
            2・12・10   藤原遠景
            3・2・20    遠景
            3・9・22    天野藤内遠景
            3・11・5    天野藤内遠景
            4・2・21    天野藤内遠景
            4・5・17    遠景
        建久2・1・15    内舎人藤原朝臣遠景
                       号天野藤内、左衛門〈兵衛〉
                       尉
```

第Ⅰ部　人名索引（え）

建久 6・3・10　天野藤内
　　　6・3・12　天野民部丞遠景
正治 1・10・28　天野民部丞遠景入道
建仁 3・9・2　　天野民部入道蓮景
承元 1・6・2　　天野民部入道蓮景 俗
　　　　　　　　　名遠景

遠　　兼
安貞 2・7・23　加賀前司
　　　2・10・15　加賀前司遠兼
寛喜 2・5・21　加賀前司遠兼

遠　　元　　足立
治承 4・10・2　足立右馬允遠元
　　　4・10・8　足立右馬允遠元
寿永 1・4・5　足立右馬允
元暦 1・6・1　足立右馬允遠元
　　　1・8・28　足立右馬允
　　　1・10・6　足立右馬允藤内遠元
文治 1・4・13　右馬允遠光(マ、)
　　　1・6・7　足立馬允
　　　1・9・5　右馬允遠元
　　　1・10・24　足立右馬允遠元
　　　2・1・3　足立右馬允遠元
　　　2・1・28　足立右馬允遠元
　　　2・12・1　遠元
　　　3・8・15　足立右馬允遠元
　　　3・9・9　遠元
　　　4・3・15　足立右馬允
　　　4・7・10　足立右馬允
　　　4・7・15　遠元
　　　5・4・18　足立右馬允遠元
　　　5・6・9　足立右馬允遠元
　　　5・7・19　足立右馬允遠元
建久 1・4・11　遠元
　　　1・11・7　足立右馬允
　　　1・11・11　足立右馬允遠元
　　　1・11・29　足立右馬允遠元
　　　1・12・3〈1〉　前右馬允遠元
　　　1・12・11　藤原遠元前右馬允
　　　2・6・9　遠元
　　　2・8・18　足立左衛門尉
　　　3・11・25　足立左衛門尉遠元
　　　3・11・29　遠元
　　　4・3・13　足立左衛門尉遠元
　　　5・2・2　足立左衛門尉遠元
　　　5・8・8　足立左衛門尉遠光

〈元〉
建久 5・12・26　足立左衛門尉遠元
　　　6・3・10　足立左衛門尉
　　　6・4・15　足立左衛門尉遠元
　　　6・5・20　足立左衛門尉遠元
　　　6・8・15　足立左衛門尉遠元
正治 1・4・12　足立左衛門尉遠元
　　　1・6・30　足立左衛門尉
　　　1・10・28　足立左衛門尉遠元
建仁 3・10・9　足立左衛門尉遠元
　　　3・11・15　足立左衛門尉
　　　3・12・14　足立左衛門尉
元久 2・1・1　足立左衛門尉
　　　2・6・22　足立右馬允遠元
承元 1・3・3　遠元

遠　　光　　加々美
文治 1・1・6　かがみ殿，(かがみ)
　　　　　　　次郎
　　　1・8・29　遠光信濃守
　　　3・8・15　信濃守遠光
　　　4・3・15　信濃守
　　　4・7・4　信濃守遠光〈元〉
　　　4・9・1　信濃守遠光
　　　5・5・19　信濃守
　　　5・7・19　信濃守遠光
建久 3・8・15　信濃守遠光
　　　3・11・25　信濃守遠光
　　　3・11・29　遠光
　　　3・12・5　信濃守

遠　　光　　→足立遠元
文治 1・4・13　右馬允遠光

遠　　綱　　岸本
建久 2・4・30　岸本十郎遠綱
　　　2・5・8　岸本十郎遠綱

遠　　時　　足立
弘長 3・1・1　足立右衛門五郎
　　　3・1・23　足立左衛門五郎
　　　3・4・26　足立左衛門五郎遠時

遠〈達〉　式　　宮道
建久 5・8・20　前右馬允宮道遠〈達〉
　　　　　　　式

— 23 —

第Ⅰ部 人名索引（え・お）

遠　信　　足立
　　嘉禎1・7・29　兵衛尉遠信

遠　親　　足立
　　嘉禎2・7・25　足立木工助遠親
　　暦仁1・2・17　足立木工助
　　仁治1・8・2　 足立木工権介

遠　政　　大方
　　建保1・5・2　 同(大方)大郎遠政

遠　政　　足立
　　嘉禎1・7・29　右衛門尉遠政
　　　　2・9・9　 右衛門尉遠政

遠　直　　萩原
　　寛元4・2・29　同(萩原九郎資盛)父
　　　　　　　　　遠直

遠　定
　　建久2・4・30　源太三郎遠定
　　　　2・5・8　 源太三郎遠定

遠　平　　小早河(土肥)
　　治承4・8・20　同(土肥)弥太郎遠平
　　　　4・8・28　土肥弥太郎遠平
　　　　4・9・2　 土肥弥太郎遠平
　　寿永1・8・11　土肥弥太郎
　　文治2・2・6　 土肥弥太郎
　　　　2・7・24　土肥弥太郎
　　　　5・2・30　土肥弥太郎遠平
　　　　5・3・13　遠平
　　　　5・7・19　同(土肥)弥太郎遠平
　　建久1・4・19　早河太郎遠平
　　　　1・8・19　土肥弥太郎遠平
　　　　2・1・11　小早河弥太郎遠平
　　　　2・2・4　 小早河弥太郎
　　　　2・6・9　 遠平
　　　　3・2・5　 土肥弥太郎
　　　　3・11・25　土肥弥太郎遠平
　　　　5・12・15　小早河弥太郎
　　正治2・1・13　土肥弥太郎

　　建仁2・5・30　土肥弥太郎遠平

遠　保
　　嘉禎2・2・22　遠江掾遠保

遠　茂　　橘
　　治承4・8・25　駿河国目代橘遠茂
　　　　4・10・1　当国(駿河)目代橘遠
　　　　　　　　　茂
　　　　4・10・13　駿河目代
　　　　4・10・14　駿河目代，遠茂
　　　　4・10・18　駿河目代，目代遠茂
　　文治3・12・10　遠茂

遠　隆　　宇佐那木
　　文治1・1・26　宇佐那〈郡〉木上七遠
　　　　　　　　　隆

縁　快
　　寛喜3・4・11　宰相法印
　　仁治1・1・8　 宰相僧正
　　　　1・1・20　宰相僧正
　　寛元2・5・29　宰相法印縁快
　　　　4・7・11　宰相僧正

お

王　鶴
　　建久3・8・14　王鶴

応神天皇
　　承久1・7・25　応神天皇

往阿弥陀仏
　　貞永1・7・12　往阿弥陀仏

押松丸
　　承久3・5・19　押松丸
　　　　3・5・27　押松丸
　　　　3・6・1　 押松

第Ⅰ部　人名索引 (か)

か

加世丸　源 (源広綱子息)
　　建久 2・11・27　駿河守童加世丸

花山天皇
　　建久 3・12・11　花山法皇
　　嘉禄 1・12・9　華山院

家〈宗〉員　→比企時員
　　正治 2・2・26　比企判官四郎家〈宗〉員

家　胤　→佐原胤家
　　延応 1・1・1　佐原太郎左衛門尉家胤

家　員　白石
　　元久 2・⑦・29　家員白石〈名〉三郎

家　季　三上
　　文治 1・10・9　三上弥六家季 (昌俊弟)

家　基　大野
　　養和 1・2・29　大野六郎家基

家　基　六角
　　康元 1・11・11　六角侍従
　　正嘉 1・2・2　六角侍従家基

家　義　飯田
　　治承 4・8・23　飯田五郎家義
　　　　 4・8・24　家義
　　　　 4・10・20　飯田五郎家義
　　　　 4・10・22　飯田五郎家能
　　　　 4・10・23　家義
　　正治 2・1・20　飯田五郎
　　　　 2・1・23　飯田五郎

家　教　藤原〔長教・季教参照〕
　　文応 1・1・20　美作兵衛蔵人家教
　　　　 1・2・2　美作兵衛蔵人
　　　　 1・2・20　美作兵衛蔵人
　　弘長 1・1・1　兵衛蔵人
　　　　 1・4・24　美作兵衛蔵人

　　弘長 1・7・12　美作兵衛蔵人
　　　　 1・10・4　美作兵衛蔵人家教
　　　　 3・1・1　美作左近蔵人家〈宗〉教
　　　　 3・4・26　美作左衛門蔵人家〈宗〉教
　　文永 2・6・23　美作左衛門蔵人家教
　　　　 2・7・16　美作左衛門蔵人

家　業　宮城 (伊沢家景弟)
　　正治 2・8・21　宮城四郎
　　　　 2・10・13　宮城四郎

家　経　塩谷
　　承久 3・6・18　塩谷民部大夫
　　建長 2・3・1　塩谷民部大夫跡

家　景　伊沢
　　文治 1・10・24　右近将監家景
　　　　 3・2・28　右近将監家景
　　　　 5・7・19　伊沢左近将監家景
　　建久 1・3・15　左近将監家景号伊沢
　　　　 1・10・5　留守家景
　　　　 4・7・24　左近将監家景
　　　　 5・6・25　左近将監家景
　　　　 6・3・10　伊沢左近将監
　　　　 6・9・3　伊沢左近将監家景
　　　　 6・9・29　伊沢左近将監

家　継　平田
　　元暦 1・8・2　平田太郎家継入道

家　兼
　　建保 1・3・6　家兼

家　賢　深勾
　　承久 3・5・29　深勾八郎家賢

家　光　伊東 (藤)〔成親参照〕
　　文治 5・6・9　伊藤四郎家光
　　建久 1・11・7　伊東四郎
　　　　 2・3・3　伊東四郎
　　　　 2・11・22　家光

家　光　塩屋 (谷)
　　文治 5・7・19　塩屋太郎家光
　　建久 1・11・7　塩谷太郎

— 25 —

第1部 人名索引 (か)

　　　　建保1・5・6　同(塩屋〈谷〉)大郎
　　　　承久3・6・18　同(塩谷)太郎

家　行
　　　　建保1・3・6　近衛次将左家行〈行家〉

家　恒　　藤原
　　　　元仁1・10・29　従五位下行備前守藤
　　　　　　　　　　　　家恒

家　康
　　　　治承4・8・23　豊三家康
　　　　建久1・1・20　豊三

家　綱　　足利
　　　　養和1・9・7　散位家綱

家　綱　　蓮池
　　　　寿永1・9・25　蓮池権守家綱
　　　　　　1・11・20　家綱
　　　　文治1・3・27　蓮池権守家綱
　　　　建久1・7・11　蓮池権守

家　綱
　　　　文治3・6・29　員部大預〈領〉家綱
　　　　　　3・10・13　員弁大領家綱
　　　　　　5・7・10　員弁大領家綱

家　綱　　平〈手〉越
　　　　文治5・10・5　平〈手〉越平太家綱

家　衡　　清原
　　　　治承4・10・21　清原四郎家衡
　　　　建保1・5・2　家衡

家　衡
　　　　嘉禄1・8・27　主馬判官
　　　　暦仁1・2・28　主馬大夫判官家衡

家　国
　　　　元暦1・2・7　家国

家　国　　→宗国
　　　　正嘉1・③・2　甲斐前司家国

家　氏
　　　　暦仁1・9・1　家氏

　　　　延応1・3・5　家氏

家　氏　　完戸(後藤)
　　　　寛元2・6・13　壱岐次郎左衛門尉
　　　　　　4・8・15　壱岐次郎右衛門尉
　　　　　　　　　　　　宗氏(マヽ)
　　　　宝治1・11・15　壱岐次郎左衛門尉
　　　　建長4・12・17　完戸壱岐次郎左衛門
　　　　　　　　　　　　尉家氏
　　　　　　5・8・15　壱岐次郎左衛門尉家
　　　　　　　　　　　　氏
　　　　　　6・1・1　壱岐次郎左衛門尉
　　　　　　6・1・22　壱岐次郎左衛門尉家
　　　　　　　　　　　　氏
　　　　　　6・6・16　完戸次郎左衛門尉
　　　　弘長1・8・15　完戸次郎左衛門尉家
　　　　　　　　　　　　氏
　　　　　　3・8・9　完戸壱岐次郎左衛門
　　　　　　　　　　　　尉家氏

家　氏　　足利
　　　　寛元3・8・15　足利三郎家氏 (利氏の
　　　　　　　　　　　誤、または太郎の誤ならむ)
　　　　建長2・1・2　足利太郎家氏
　　　　　　2・8・15　足利三郎家氏 (利氏の
　　　　　　　　　　　誤、または太郎の誤ならむ)
　　　　　　3・1・3　足利三郎家氏 (利氏の
　　　　　　　　　　　誤、または太郎の誤ならむ)
　　　　　　3・1・11　足利三郎家氏 (利氏の
　　　　　　　　　　　誤、または太郎の誤ならむ)
　　　　　　3・8・15　足利三郎家氏 (利氏の
　　　　　　　　　　　誤、または太郎の誤ならむ)
　　　　　　4・4・1　足利大郎家氏
　　　　　　4・4・14　足利大郎家氏
　　　　　　4・7・8　足利大郎家氏
　　　　　　4・8・1　足利大郎家氏
　　　　　　4・11・11　足利大郎家氏
　　　　　　4・11・20　足利大郎家氏
　　　　　　4・12・17　足利大郎家氏
　　　　　　5・1・2　足利太郎家氏
　　　　　　5・1・3　足利太郎家氏
　　　　　　5・1・16　足利太郎家氏
　　　　　　5・8・15　中務権大夫〈輔〉家氏
　　　　　　6・1・1　中務権大輔宗〈家〉氏
　　　　　　6・1・22　中務権大輔家氏
　　　　　　6・8・15　中務権大輔家氏
　　　　康元1・1・1　中務権大輔

— 26 —

第Ⅰ部　人名索引（か）

康元1・1・5	中務権大輔家氏	
1・1・11	中務大輔家氏	
1・6・29	中務権大輔	
1・8・15	中務権大輔家氏	
正嘉1・10・1	中務権大輔家氏	
2・1・1	中務大輔	
2・1・2	中務権大輔家氏	
2・1・10	中務権大輔家氏	
2・3・1	中務権大輔家氏	
2・6・4	中務権大輔家氏	
2・6・17	中務権大輔	
2・8・15	中務権大輔家氏	
弘長1・1・10	足利大夫判官家氏	
1・4・24	足利大夫判官	
1・7・12	足利大夫判官	
1・7・29	足利大夫判官家氏	
1・8・15	足利大夫判官	
3・1・10	足利大夫判官家氏	
3・8・9	足利大夫判官家氏	
3・8・13	足利大夫判官	
3・8・15	佐々木足利大夫判官家氏	
文永3・3・29	足利家氏	

家　資
　文治2・6・29　家資

家　嗣　　大炊御門
　暦仁1・7・20　内大臣家朝〈嗣〉

家　次　　柏木
　承元1・9・24　磐〈盤〉五家次
　　　1・10・2　磐〈盤〉五家次
　　　2・11・14　柏木伴五家〈郎〉次

家　実　　藤原　→資実
　文治5・5・17　宮内大輔家実
　　　5・9・9　蔵人宮内大輔藤原家実
　　　5・12・26　蔵人大輔家実
　建久1・8・9　右衛門権佐家実
　　　1・11・24　蔵人右少弁家実

家　実　　近衛
　建仁3年首　摂政左大臣家実,関白左大臣家実
　承久3・7・8　前関白家実

承久3・10・12	殿下	
元仁1・8・19	近衛殿下	
寛元2年首	猪熊摂政家実	
建長4年首	猪熊殿	

家　秀　　大見
　治承4・8・20　大見平二家秀
　　　4・10・23　家秀
　文治5・7・19　大見平次家秀
　建久1・1・18　大見平次家秀

家　秀
　貞応2・9・10　家秀

家　周　　完戸
　寛元2・8・15　完戸壱岐前司家周
　　　2・8・16　完戸壱岐前司
　　　4・8・15　完戸壱岐前司
　宝治1・12・29　完戸壱岐前司
　　　2・4・30　完戸壱岐前司
　　　2・⑫・10　完戸壱岐前司国家（ママ）
　建長2・11・28　完戸壱岐前司

家　脩　　山口　（家任父）
　文治3・11・25　家脩

家　重
　文治3・4・23　筑前冠者家重,筑前太郎家重

家　重　→宗重
　建長3・11・15　御厩舎人家重

家　重　　大屋
　嘉禄2・10・9　駿河前司郎従大屋中太家重
　　　2・10・12　家重

家　重　　飯田
　延応1・1・3　飯田五郎家重
　寛元2・1・3　飯田五郎

家　重
　仁治2・5・29　悪別当家重

— 27 —

第Ⅰ部　人名索引（か）

家　　助　　富田
　元暦1・8・2　　富田進士家助

家　　常　　由井
　建久3・5・19　由井七郎
　　　3・6・28　由井七郎

家　　信
　建保1・3・6　　近衛次将右家信

家　　真　　和海
　建長2・12・21　和海三郎家真

家　　正
　建久6・11・21　菊太三郎家正

家　　成　　中御門(藤原)
　元暦1・2・14　故中御門中納言家成

家　　政　　完戸
　建久4・5・8　　完戸四郎

家　　清
　元暦1・8・2　　家清入道

家　　清
　建久1・4・19　家清

家　　清　　岩本
　仁治2・3・25　岩本太郎家清

家　　盛　　佐久満(間)
　元久2・6・22　佐久間〈満〉太郎
　承久3・5・22　佐久満太郎
　　　3・6・14　佐久満太郎

家　　盛
　暦仁1・2・28　刑部少輔家盛
　　　1・10・12　刑部少輔家盛

家　　宣　　→平宗宣
　建暦2・7・8　　家宣

家　　宗　　完戸
　弘長3・8・9　　完戸壱岐左衛門大郎

家　　村

文治1・4・11　右馬允家村
　　　1・5・16　家村

家　　村　　三浦
　貞応1・7・3　　駿河四郎家村
　　　2・10・13　駿河四郎
　元仁1・1・1　　駿河四郎家村
　　　1・2・11　駿河四郎家村
　　　1・12・15　駿河四郎家村
　嘉禄1・12・20　同(三浦駿河)四郎
　安貞2・7・25　駿河四郎
　寛喜1・1・2　　駿河四郎
　　　1・1・15　駿河四郎
　　　1・2・22　四郎家村
　　　1・6・27　駿河四郎家村
　　　1・10・22　駿河四郎
　　　2・①・23　三浦四郎
　　　2・2・19　駿河四郎
　貞永1・7・15　駿河四郎左衛門尉
　嘉禎1・6・29　駿河四郎左衛門尉家村
　　　2・8・4　　駿河四郎左衛門尉
　　　3・1・2　　駿河四郎左衛門尉
　　　3・1・6　　駿河四郎左衛門尉
　　　3・4・19　駿河四郎左衛門尉
　　　3・4・22　駿河四郎左衛門尉
　　　3・6・23　駿河四郎左衛門尉宗〈家〉村
　　　3・8・15　(義村)四男家村
　暦仁1・2・17　駿河四郎左衛門尉
　　　1・2・22　駿河四郎左衛門尉家村
　　　1・2・28　駿河四郎左衛門尉家村
　　　1・6・5　　駿河四郎左衛門尉家村
　　　1・12・3　駿河四郎左衛門尉
　延応1・7・20　駿河四郎左衛門尉
　仁治1・4・12　左衛門尉家村
　　　2・1・23　駿河四郎左衛門尉
　　　2・8・11　駿河四郎式部丞家村
　　　2・8・25　駿河式部大夫家村
　　　2・9・14　駿河式部大夫
　　　2・11・4　駿河式部大夫
　　　2・11・29　四郎式部大夫家村
　　　2・11・30　駿河四郎式部大夫家村

第Ⅰ部　人名索引（か）

仁治2・12・5	駿河四郎式部大夫家村
寛元1・7・17	駿河式部大夫
2・1・2	駿河式部大夫
2・4・21	駿河式部大夫家村
2・6・13	駿河式部大夫家村
2・7・16	家村
2・7・20	三浦式部大夫家村
2・8・15	駿河式部大夫家村
3・8・15	駿河式部大夫家村
4・6・6	駿河四郎式部大夫家村
4・8・15	駿河式部大夫
4・8・16	駿河式部大夫家村
4・10・19	駿河式部大夫
宝治1・2・23	駿河四郎式部大夫
1・6・5	家村
1・6・6	家村
1・6・8	四郎式部大夫家村
1・6・14	家村
1・6・22	駿河式部大夫家村
弘長1・6・22	式部大夫家村

家　村　→三浦泰村
　　暦仁1・1・10　若狭守家村

家　忠　伊庭
　　養和1・2・12　伊庭冠者家忠

家　忠　金子
　　文治1・2・19　金子十郎家忠
　　　1・10・24　金子十郎
　　　3・3・19　金子十郎
　　建久1・11・7　金子十郎
　　　1・11・11　金子十郎家忠
　　　2・2・4　金子十郎
　　　6・3・10　金子十郎

家　長　庄
　　元暦1・2・5　庄太郎家長
　　建久1・11・7　庄太郎
　　　6・3・10　庄太郎

家　長　中条(小野)
　　元暦1・2・5　中条藤次家長
　　　1・8・8　中条藤次家長
　　文治1・1・26　中条藤次家長

文治1・10・24	中条藤次家長
4・3・15	中条右馬允
5・7・19	中条藤次家長
建久1・2・12	藤次
1・11・7	中条藤次
2・1・24	右馬允小野家長
4・3・13	前右馬允宗〈家〉長
6・1・8	中条右馬允家長
6・3・10	中条右馬允
正治2・2・26	中条右馬允家長
建仁3・10・8	中条右衛門尉家長
3・10・19	中条右衛門尉家長
3・11・15	中条右衛門尉
元久2・6・22	中条藤右衛門尉家長
承元4・2・1	中条右衛門尉
建保1・8・20	中条右衛門尉家長
1・8・26	中条左衛門尉家長
2・7・27	中条右衛門尉家長
6・6・20	中条右衛門尉家長
6・6・27	中条右衛門尉家長
承久1・1・27	中条右衛門尉家長
1・7・19	中条右衛門尉
2・12・1	家長
3・5・23	中条右衛門尉家長
貞応1・1・2	中条右衛門尉家長
1・1・8	中条右衛門尉家長
2・12・20	出羽守家長
元仁1・1・1	出羽守家長
1・1・21	出羽守
1・4・28	出羽守家長
1・⑦・1	出羽守
1・9・16	出羽守
1・10・1	出羽守
1・12・19	出羽前司家長
嘉禄1・12・20	中条出羽前司
2・1・1	出羽前司家長
2・9・22	出羽前司
安貞2・1・2	前出羽守家長
2・1・19	家長
2・2・3	出羽前司
2・5・23	出羽前司家長
寛喜1・8・15	出羽前司
2・1・4	出羽前司家長
2・6・6	出羽前司家長
3・1・16	出羽前司
3・10・6	出羽前司
3・10・27	出羽前司家長

第Ⅰ部　人名索引（か）

　　　貞永1・7・10　　前出羽守藤原家長
　　　　1・⑨・10　　出羽前司
　　　　1・11・28　　出羽前司
　　　天福1・1・2　　出羽前司家長
　　　文暦1・1・1　　出羽前司家長
　　　　1・3・5　　出羽前司家長
　　　嘉禎1・1・1　　出羽前司家長
　　　　1・2・10　　出羽前司
　　　　1・6・29　　出羽前司家長
　　　　1・8・21　　家長
　　　　2・8・5　　出羽前司家長
　　　　2・8・25　　前出羽守従五位下藤
　　　　　　　　　　原朝臣家長卒年七十二
　　　建長2・3・1　　中条出羽前司跡

家　通　藤原
　　　文治1・6・23　　別当家通
　　　　2・1・7　　別当家通
　　　　2・6・15　　権中納言藤原朝臣成
　　　　　　　　　　通（マヽ）
　　　　2・9・15　　別当家通

家　通　近衛
　　　元仁1・8・19　　左府家通，近衛殿下
　　　　　　　　　　御嫡子

家　貞　平
　　　文治3・9・22　　筑後守家貞〈員〉

家　人　大麻
　　　元暦1・9・19　　大麻藤太家人

家　任　山口
　　　文治3・11・25　　山口太郎家任
　　　　4・3・15　　山口太郎

家　能　　→飯田家義
　　　治承4・10・22　　飯田五郎家能

家　能
　　　元暦1・8・2　　前兵衛尉家能

家　範　小嶋
　　　康元1・1・4　　小嶋又次〈二〉郎
　　　　1・1・9　　小嶋弥次郎
　　　正嘉2・1・6　　小嶋弥次郎
　　　　2・1・11　　小嶋弥次郎家範

　　　正嘉2・1・15　　小嶋弥次郎家範
　　　弘長1・1・9　　小嶋又次郎
　　　　1・1・14　　小嶋弥次郎家範
　　　　3・1・8　　小嶋弥次〈五〉郎
　　　　3・1・11　　小嶋弥次郎家範

家　平　吉〈告〉木
　　　元久2・⑦・29　　家平吉〈告〉木三郎

家　平　中条
　　　元仁1・1・1　　中条出羽二〈次〉郎家
　　　　　　　　　　平
　　　寛喜1・1・3　　出羽左衛門尉家平
　　　　2・2・17　　出羽左衛門家平
　　　嘉禎1・12・24　　出羽左衛門尉
　　　　3・1・1　　出羽左衛門尉
　　　暦仁1・2・17　　出羽判官
　　　　1・4・16　　家平
　　　　1・6・5　　出羽判官家平
　　　延応1・8・16　　出羽判官家平
　　　仁治1・8・16　　出羽判官家平
　　　　2・1・14　　出羽判官

家　平　源
　　　嘉禄2・12・10　　源左近大夫家平

家　平
　　　暦仁1・2・28　　少志家平

家　房　庄田
　　　文治3・4・29　　庄田太郎家房

家　房　藤原
　　　文治4・2・2　　新中将殿
　　　建久2・12・24　　三位中将家房

家　茂　梶原
　　　承元3・5・28　　梶原兵衛大郎家茂
　　　　3・6・13　　家茂
　　　建保1・5・6　　梶原大郎

家　隆　藤原
　　　文治2・1・7　　越中守藤家隆
　　　元久2・9・2　　家隆

家　良　衣笠（藤原）
　　　建保1・3・6　　三位家良

— 30 —

第Ⅰ部　人名索引（か）

　　　仁治1・⑩・3　　大臣 内家良，近衛流衣笠内府也

家　連　　佐原
　　　安貞2・5・16　　三浦三郎左衛門尉家連
　　　　　2・6・26　　佐原三郎左衛門尉
　　　　　2・7・23　　佐原三郎左衛門尉
　　　　　2・7・25　　佐原三郎左衛門尉
　　　　　2・8・15　　佐原三郎左衛門尉
　　　　　2・10・15　佐原三郎左衛門尉
　　　寛喜1・1・1　　佐原三郎左衛門尉
　　　　　1・4・17　　佐原三郎左衛門尉
　　　　　1・10・26　佐原三郎左衛門尉
　　　貞永1・4・11　　佐原三郎左衛門尉
　　　天福1・1・1　　佐原三郎左衛門尉家連
　　　文暦1・1・1　　佐原三郎左衛門尉
　　　嘉禎1・12・24　佐原三郎左衛門尉
　　　　　3・1・1　　佐原三郎左衛門尉家連
　　　暦仁1・2・17　　佐原肥前前司
　　　　　1・6・5　　佐原肥前前司家連
　　　延応1・1・1　　肥前守家連
　　　寛元1・7・17　　佐原肥前前司

家〈実〉蓮
　　　元久2・⑦・29　家〈実〉蓮真善〈贈〉房

蝦　夷　　蘇我
　　　文治1・6・21　　大臣蝦夷
　　　建保2・6・5　　大臣蝦夷馬子大臣男

雅　家　　源
　　　建久3・7・26　加賀守源雅家

雅　具
　　　承久3・⑩・10　少将雅具

雅　経　　飛鳥井（藤原）
　　　文治2・1・7　　近江守藤雅経
　　　元久2・9・2　　雅経朝臣
　　　建暦1・10・13　雅経朝臣
　　　建保1・3・6　　近衛次将左雅俊〈経〉
　　　　　1・8・17　　二条中将雅経朝臣
　　　　　1・11・23　二条中将雅経
　　　　　2・8・29　　二条中将雅経朝臣

　　　嘉禄1・8・27　　参議雅経
　　　弘長1・1・10　　雅経卿

雅　賢　　源
　　　文治2・1・7　　参議源雅賢 元蔵人頭右中将

雅　賢
　　　弘長1・2・20　永福寺雅賢

雅　光　　→葉室光雅
　　　元暦1・1・26　頭弁雅光朝臣

雅　綱　　佐野
　　　承久3・6・19　同（佐野）三郎入道

雅　衡
　　　寛元4・1・28　主税頭雅衡

雅　信〈清〉
　　　建保1・3・6　　近衛次将右雅信〈清〉

雅　親　　源
　　　建保1・3・6　　中納言雅親

雅尊親王
　　　康元1・10・2　　四宮雅〈椎〉尊親王薨御
　　　　　1・10・26　彼宮（御年三歳）

雅　忠
　　　暦仁1・10・12　雅忠朝臣

雅　長　　藤原
　　　文治1・12・6　　参議雅長卿
　　　　　2・1・7　　藤宰相雅長
　　　　　3・10・7　　国司雅長卿

雅　任
　　　建長3・7・4　　法性寺少将雅任

雅　有　　二条
　　　建長2・3・26　大夫雅為〈有〉十歳
　　　正嘉1・2・2　　二条侍従雅有
　　　　　1・6・1　　二条少将雅有朝臣
　　　　　1・6・24　二条侍従雅有
　　　　　1・10・1　　二条侍従雅有
　　　　　1・12・24　二条侍従

— 31 —

第Ⅰ部　人名索引（か）

　　正嘉2・1・10　二条侍従雅有
　　　　2・6・4　二条侍従雅有
　　文応1・2・20　二条少将
　　　　1・3・21　一条少将雅有朝臣
　　　　　　　　　（マヽ）
　　　　1・4・3　二条少将雅有朝臣
　　　　1・11・27　二条少将雅有朝臣
　　弘長1・1・7　二条少将雅有朝臣
　　　　1・1・10　二条少将雅有
　　　　3・1・10　二条少将雅有朝臣
　　　　3・8・1　二条少将雅有朝臣
　　文永2・1・15　同(二条)少将雅有朝
　　　　　　　　　臣

雅　　頼　　源
　　文治2・1・7　前中納言雅頼卿

雅　　隆　　藤原
　　建久2・12・24　藤三位雅隆

戒　　光
　　養和1・1・21　戒光字大頭八郎房

戒　　寿　　→北条時頼
　　嘉禎3・4・22　左京兆孫小童字戒寿,
　　　　　　　　　故修理亮時氏二男

快　　雅
　　寛喜3・4・11　卿法印
　　　　3・12・5　卿法印
　　貞永1・11・29　卿僧正快雅
　　嘉禎2・8・6　功徳院僧正快雅
　　　　2・9・13　功徳院僧正
　　　　3・3・9　快雅僧正
　　仁治1・5・12　卿僧正
　　　　2・8・25　卿僧正快雅
　　　　2・9・13　卿僧正快雅
　　寛元1・7・15　卿僧正
　　　　2・1・8　卿僧正
　　　　3・2・9　卿僧正
　　　　3・2・25　卿僧正
　　　　3・12・24　卿僧正快雅

快　　実
　　承久3・6・12　小松法印
　　　　3・6・18　熊野法印
　　　　3・6・25　熊野法印号小松

快　　舜
　　正嘉1・10・1　大法師快舜

快　　深
　　嘉禎1・6・29　帥法橋快深

快　　能
　　文治5・9・11　快能

快　　誉
　　建保2・5・7　快誉阿闍梨

覚　　淵
　　治承4・7・5　文陽房覚淵
　　　　4・8・19　文陽房覚淵
　　文治4・2・23　専光坊覚淵

覚　　憲
　　建久2・7・23　別当覚憲僧正
　　　　6・3・12　興福寺別当僧正覚
　　　　　　　　　憲, 同(興福)寺権別
　　　　　　　　　当大僧都覚憲

覚　　玄
　　寛元2・1・8　大貳法印
　　　　2・5・29　大貳法印
　　弘長3・3・17　大貳阿闍梨覚玄
　　　　3・11・23　大貳法印

覚　　順
　　嘉禎3・8・13　覚順

覚　　助　　（南都大仏師職）
　　文治2・3・3〈2〉　覚助

覚　　乗
　　弘長3・8・25　権律師覚乗

覚　　朝
　　弘長1・7・18　覚朝僧正

覚　　明　　→信救
　　建久6・10・13　大夫房覚明

覚　　隆
　　弘長3・3・17　蓮浄房覚隆

第Ⅰ部 人名索引（か）

鶴　　丸
　　承元2・5・29　鶴丸

鶴　次　郎
　　文治1・12・16　雑色鶴次郎
　　　　2・1・7　御使雑色鶴二郎
　　　　2・10・16　雑色鶴二郎
　　　　2・11・17　雑色鶴二郎
　　建久3・8・14　鶴次郎
　　　　3・9・17　雑色鶴次郎
　　　　6・2・4　雑色鶴次郎

鶴　太　郎
　　治承4・10・16　雑色鶴太郎
　　元暦1・5・21　雑色鶴太郎

鶴　太　郎　　大河（兼任嫡子）
　　建久1・1・6　鶴太郎

桓武天皇
　　元暦1・1・10　桓武天皇
　　文治1・6・21　桓武天皇
　　元久2・10・13　桓武天皇
　　承久2・4・3　桓武天皇
　　暦仁1・②・16　桓武天皇

寛　　位
　　正嘉2・6・4　権少僧都寛位

寛　　基　→観基
　　安貞1・2・15　大進僧都寛基
　　　　1・3・24　大進僧都寛基
　　　　1・3・27　大進僧都寛基

寛　　喜　→観基
　　承久1・7・19　大進僧都寛喜
　　　　2・8・6　大進僧都寛喜

寛　　信
　　貞永1・1・23　阿闍梨寛信

寛〈定〉尊
　　寛喜2・3・5　備中法橋
　　　　3・9・25　備中法橋寛〈定〉尊
　　貞永1・4・1　備中法橋

寛　　耀

嘉禎3・6・22　佐僧都寛耀

幹　　重　　豊田
　　寿永1・1・28　豊田太郎
　　建久1・11・7　豊田太郎
　　　　2・2・4　豊田太郎
　　　　3・11・2　豊田太郎
　　建保1・2・16　豊田太郎幹重

幹　　盛　　高柳
　　文永2・5・23　高柳弥次郎幹盛

観　　音　（舞童）
　　建久3・8・15　観音

観　　海
　　治承4・11・19　慈音坊観海

観　　基　（源国基子）
　　承久1・7・19　大進僧都寛喜(ママ)
　　　　2・8・6　大進僧都寛喜(ママ)
　　貞応1・2・12　大進僧都観臺(ママ)
　　　　1・12・12　大進僧都観基
　　　　2・5・14　大進僧都観基
　　　　2・9・10　大進僧都観基
　　　　2・9・24　大進僧都観基
　　元仁1・1・21　大進僧都
　　　　1・4・27　観基僧都
　　　　1・6・26　大進僧都観基
　　　　1・10・16　大進僧都
　　安貞1・2・15　大進僧都寛基(ママ)
　　　　1・3・24　大進僧都寛基(ママ)
　　　　1・3・27　大進僧都寛基(ママ)
　　　　1・4・29　大進僧都
　　　　1・9・9　大進僧都
　　　　1・11・15　大進僧都
　　　　1・11・24　大進僧都
　　　　1・12・13　大進僧都
　　　　2・2・14　大進僧都
　　　　2・5・22　大進僧都
　　　　2・10・30　大進僧都
　　寛喜1・1・27　大進僧都観基
　　　　1・3・1　大進僧都
　　　　1・5・15　大進僧都
　　　　1・9・18　大進僧都観基
　　　　2・11・8　大進僧都観基
　　　　3・4・11　大連〈進〉法印

— 33 —

第Ⅰ部 人名索引 (か・き)

寛喜 3・5・7　大進僧都観基
　　3・9・25　大進僧都
貞永 1・3・15　権大僧都観基入滅

観　厳
承久 3・6・12　美濃竪者観厳
　　3・6・25　観厳

観　豪
承久 1・2・4　少納言律師観豪

観　西
弘長 3・3・17　定蓮房律師観西

観　修
寿永 1・8・12　大法師観修

観　性
文治 5・6・3　中納言法橋観性
　　5・6・5　観性法橋
　　5・6・7　導師
　　5・6・8　中納言法橋
　　5・6・9　法橋観性
　　5・6・11　中納言法橋
　　5・6・18　中納言法橋観性

観　清
建仁 1・7・6　少将法眼観清
　　1・10・2　親〈観〉清法眼

観　臺　→観基
貞応 1・2・12　大進僧都観臺

観　能
文治 1・3・18　観能

き

希義　源
寿永 1・9・25　土佐冠者希義
寿永 1・11・20　土佐冠者
文治 1・3・27　武衛舎弟土佐冠者希義
　　1・5・2　土佐冠者, 故希義
　　3・1・19　希義
　　3・5・8　土佐冠者希義

　　3・8・20　故土佐冠者希義
建久 1・7・11　土佐冠者

希　世
寛喜 2・6・14　右中弁希世朝臣

季　遠
建久 1・2・10　季遠

季　義　星野
建長 3・1・11　星野出羽前司季義

季　久　海老名
元暦 1・2・5　海老名太郎

季　教　藤原〔家教参照〕
文永 3・7・4　同(親家)子息左衛門
　　　　　　大夫季教, 同(親家)
　　　　　　子息左衛門大夫秀致
　　　　　　〈景教〉

季　経　藤原
文治 4・4・9　宮内卿藤原朝臣
　　4・12・11　宮内卿藤原朝臣
建久 2・12・24　前宮内卿季経

季　継
嘉禎 1・7・24　季継宿禰

季　賢　腰滝口
承久 3・5・29　腰滝口季賢

季　厳
文治 1・12・30　(大江)広元弟秀厳阿
　　　　　　闍梨（マヽ）(補石清水別
　　　　　　当職)
　　3・1・15　阿闍梨季厳
　　3・10・26　別当季厳阿闍梨
建久 3・10・15　別当季厳
　　5・8・12　季厳阿闍梨

季　弘　安倍
元暦 1・8・20　掃部頭安倍季弘朝臣
　　1・9・28　季弘朝臣
建久 2・12・24　掃部頭安倍季弘朝臣

— 34 —

第 I 部　人名索引（き）

　嘉禎 3・5・29　季弘朝臣

季　　光　　毛呂　(藤原季仲孫)
　治承 4・12・12　毛呂冠者季光
　文治 2・2・2　毛呂太郎藤原季光
　　　 2・6・1　豊後守季光
　　　 4・3・15　豊後守
　　　 5・6・9　豊後守季光
　　　 5・7・19　豊後守季光
　建久 1・9・29　豊後守
　　　 1・11・7　豊後守
　　　 2・3・5　武蔵毛呂豊後守
　　　 3・11・25　豊後守季光
　　　 4・5・29　豊後前司
　　　 5・12・2　豊後守季光
　　　 5・12・26　豊後守季光
　　　 6・1・8　豊後守季光
　　　 6・3・9　豊後守季光
　　　 6・3・10　豊後前司
　　　 6・3・12　豊後守季光
　　　 6・4・15　豊後守季光
　　　 6・5・20　豊後守季光
　　　 6・8・15　豊後守季光
　　　 6・10・7　豊後守季光

季　　光　　毛利(大江)
　建保 6・6・27　左近大夫季光
　　　 6・7・8　左近大夫季光
　承久 3・6・5　毛利蔵人大夫入道西阿
　　　 3・6・7　毛利入道
　　　 3・6・13　毛利入道
　　　 3・6・14　毛利入道
　　　 3・6・29　毛利入道
　嘉禄 1・4・30　毛利蔵人大夫入道西阿
　貞永 1・10・22　毛利蔵人大夫入道西阿
　天福 1・11・3　蔵人大夫大江季光法師法名西阿
　嘉禎 1・1・21　毛利蔵人大夫入道西阿
　　　 1・8・21　西阿
　　　 1・12・24　毛利入道
　　　 2・11・22　蔵人大夫入道西阿
　　　 2・11・23　蔵人大夫入道
　　　 3・1・6　毛利蔵人

　嘉禎 3・4・22　毛利蔵人
　暦仁 1・1・18　毛利蔵人大夫入道西阿
　　　 1・2・17　毛利蔵人
　　　 1・12・28　毛利蔵人大夫入道
　延応 1・11・2　毛利蔵人大夫入道西阿
　仁治 1・3・9　蔵人大夫入道西阿
　　　 2・10・22　毛利蔵人大夫入道西阿
　　　 2・11・4　毛利蔵人大夫入道
　寛元 1・3・15　毛利蔵人大夫入道西阿
　　　 1・12・10　毛利蔵人大夫入道
　　　 4・1・10　毛利蔵人大夫入道西阿
　　　 4・1・12　毛利入道西阿
　宝治 1・1・3　毛利蔵人大夫入道西阿
　　　 1・6・4　毛利入道西阿
　　　 1・6・5　毛利蔵人大夫入道西阿
　　　 1・6・11　毛利入道西阿
　　　 1・6・22　毛利蔵人大夫入道西阿

季　　高
　元暦 1・2・23　前右馬助季高

季　　康　　藤原
　承元 2・5・26　藤内左衛門尉季康 御台所侍
　　　 2・7・22　藤内左衛門尉季康
　建保 1・1・2　藤内左衛門尉
　　　 1・5・7　藤内左衛門尉
　　　 1・10・2　藤内左衛門尉

季　　綱　　海老名
　文治 1・4・15　兵衛尉季綱
　建久 1・11・7　海老名兵衛尉
　　　 6・3・10　海老名兵衛尉
　建保 1・5・6　海老名兵衛

季　　綱　　→秀綱
　文治 5・8・8　金剛別当季綱

季　　綱　　毛呂　(季光子)

— 35 —

第Ⅰ部　人名索引（き）

　　建久4・2・10　毛呂太郎季綱
　　　　6・3・10　毛呂太郎

季　　綱　　諸
　　正治1・10・28　諸次〈二〉郎季綱

季　　衡　　平　（盛国父）
　　文治2・7・25　下総守季衡

季　　衡　　比爪　（俊衡弟）
　　文治5・9・15　五郎季衡
　　　　5・9・18　比爪五郎季衡
　　　　5・12・6　季衡

季　　国　　源
　　建久2・5・12　源季国

季　　氏　　源
　　承元4・10・16　源兵衛尉季氏
　　承久1・1・27　源四郎右衛門尉季氏

季　　氏　　清原
　　嘉禄1・11・20　弾正忠季氏
　　　　2・12・13　平三郎左衛門尉〈清右衛門志弾〉正忠
　　安貞1・2・27　弾正忠季氏
　　　　1・3・13　弾正忠季氏
　　寛喜1・1・8　弾正忠季氏
　　　　1・10・14　弾正忠季氏
　　　　1・12・10　源〈弾〉正忠季氏
　　　　2・6・6　弾正忠季氏
　　　　2・6・14　弾正忠季氏
　　　　2・12・9　季氏
　　貞永1・3・3　季氏
　　　　1・⑨・8　季氏
　　　　1・12・5　季氏
　　嘉禎1・1・21　清判官季氏
　　　　1・2・10　清判官季氏
　　　　1・⑥・28　清原季氏
　　　　2・4・4　季氏
　　　　2・6・27　清左衛門大夫季氏
　　暦仁1・12・19　清右衛門大夫季氏
　　仁治1・1・15　清右衛門大夫
　　寛元1・9・20　散位従五位下清原真人季氏死去年六十五

季　　時　　中原
　　建久5・4・3　右京進季時
　　　　5・5・4　右京進季時
　　　　5・⑧・1　右京進季時
　　　　5・10・13　右京進季時
　　　　5・12・2　右京進季時
　　　　5・12・13　右京小進季時
　　　　5・12・26　右京進季時
　　　　6・5・20　右京進季時
　　　　6・6・3　右京秀時(マヽ)
　　正治2・2・26　中右京進季時
　　元久1・3・3　駿河守季時
　　　　1・7・15　駿河守季時
　　　　2・2・17　駿河守
　　　　2・3・1　季時
　　　　2・8・15　駿河前司季時
　　　　2・8・16　季時
　　　　2・10・10　駿河前司季時
　　承元2・④・26　季時
　　　　4・3・10　駿河前司季時
　　建暦1・3・23　駿河守季時
　　建保3・9・21　駿河守季時
　　　　4・2・19　季時
　　　　4・5・18　駿河守
　　　　6・1・17　駿河守季時 京都守護
　　　　6・6・27　駿河守季時
　　承久1・1・27　前駿河守季時
　　　　1・1・28　前駿河守季時
　　　　3・5・23　駿河入道行阿
　　安貞1・3・24　駿河入道
　　寛喜2・1・17　駿河入道行阿
　　　　2・①・29　駿河入道
　　貞永1・7・27　駿河入道
　　　　1・8・6　駿河入道
　　　　1・⑨・10　駿河入道
　　嘉禎1・12・24　駿河入道
　　　　2・4・6　前駿河守従五位下藤原朝臣季時法師 法名行阿卒
　　建長2・3・1　駿河入道

季　　実
　　建長3・1・11　近江前司季実
　　正嘉1・2・2　近江前司季実
　　　　1・10・1　前近江守季実
　　　　2・1・1　近江前司
　　　　2・1・10　近江前司季実
　　　　2・6・4　近江前司季実

— 36 —

第 I 部　人名索引（き）

文応1・8・26　近江前司季実

季　　重　　平山
　治承4・11・4　平山武者所季重
　　　4・11・7　平山武者所季重
　元暦1・2・5　平山武者所季重
　　　1・2・7　平山武者所季重
　文治1・4・15　右衛門尉季重
　　　5・7・19　平山左衛門尉季重
　建久3・8・9　平山右衛門尉季重
　　　6・3・10　平山右衛門尉

季　　重　　榛谷
　元久2・6・23　（重朝子）次郎季重
　　　　　　　　（討たる）

季　　尚
　嘉禎3・5・19　季尚
　　　3・5・29　季尚朝臣
　暦仁1・②・13　権天文博士季尚朝臣
　　　1・10・13　季尚
　延応1・3・5　天文道季尚
　寛元3・8・2　季尚朝臣

季　　宗　　平
　元暦1・6・1　左衛門〈右兵衛〉尉季宗

季　　村　　伊賀
　嘉禄1・9・12　伊賀四郎季村

季　　村　　加世
　仁治2・2・25　加世五郎季村

季　　仲　　藤原　（毛呂季光祖父）
　文治2・2・2　太宰権帥季仲

季　　忠
　建保1・1・1　兵衛大夫季忠
　　　1・8・20　兵衛大夫季忠
　承久1・7・19　兵衛大夫

季　　忠　　柏間〔行泰参照〕
　文応1・1・12　柏間左衛門次郎
　　　1・1・14　柏間左衛門次郎季忠
　弘長3・1・8　柏間左衛門次郎

季　　長〈氏〉　源
　文治2・1・7　伊与守源季長〈氏〉
　　　3・4・29　伊予守

季　　長
　文治5・1・3　修理進季長
　建久3・10・29　修理少進季長

季　　長　　日野(平)
　寛元2・7・16　平五郎季長法師　法名妙蓮
　建長2・3・1　日野平五入道

季　　貞　　海老名
　治承4・8・23　海老名源八〈三〉季貞

季　　貞　　源
　文治1・4・11　源大夫判官季貞
　　　1・5・16　季貞前廷尉
　　　1・6・5　前廷尉季貞

季　　能　　藤原
　文治4・4・9　右京大夫兼因幡権守藤原朝臣
　　　4・12・11　右京大夫兼因幡権守藤原朝臣
　建久2・12・24　左京大夫季能

季　　範　　藤原
　治承4年首　熱田大宮司散位藤原季範
　寿永1・9・25　季範
　文治4・11・9　季範朝臣
　建久4・9・26　季範朝臣
　弘長1・9・4　熱田大宮司散位季範

季　　隆　　愛甲
　治承4・12・20　愛甲三郎季隆
　寿永1・4・5　愛甲三郎
　　　1・6・7　愛甲三郎
　元暦1・3・18　愛甲三郎秀〈季〉隆
　　　1・4・1　季隆
　文治1・10・24　愛甲三郎季隆
　　　4・1・6　愛甲三郎季隆
　建久2・3・13　愛甲三郎
　　　2・9・21　愛甲三郎
　　　3・1・5　愛甲三郎季隆

— 37 —

第Ⅰ部　人名索引（き）

建久4・5・8　愛甲三郎
　　4・5・16　愛甲三郎季隆
　　4・5・28　愛甲三郎
　　4・11・27　愛甲三郎季隆
　　5・8・8　愛甲三郎季隆
　　5・⑧・1　愛甲三郎季隆
　　5・10・9　愛甲三郎季隆
　　5・11・21　愛甲三郎季隆
　　5・12・26　愛甲三郎
　　6・3・12　愛甲三郎季隆
　　6・8・16　愛甲三郎
建仁3・10・9　愛甲三郎季隆〈澄〉
元久1・2・12　愛甲三郎
　　2・6・22　愛甲三郎季隆
建暦1・1・9　愛甲三郎
　　2・1・11　愛甲三郎
建保1・5・6　愛甲三郎
嘉禎3・7・19　愛甲三郎季隆

飯　寂
寛喜3・4・20　留守代飯寂

紀　六
建久3・8・14　紀六（相撲内取手）

鬼　王
建久3・8・14　鬼王（相撲内取手）

鬼童丸
承元4・8・16　鬼童丸西浜住人

記〈親〉源
建長5・5・23　記〈親〉源

基　員　斎藤
建久4・10・10　野本斎藤左衛門大夫尉基員
　　6・7・17　斎藤左衛門尉基員〈貞〉

基　雅　中山（藤原）
建長3・7・4　左中将基雅

基　経　→後藤基綱
安貞2・10・15　後藤左衛門尉基経

基　広　中原

養和1・2・9　右衛門少尉中原基広

基　広　後藤
正嘉2・6・4　後藤次郎基広
弘長1・8・15　後藤壱岐二郎左衛門尉基広
　　3・1・1　後藤壱岐二郎左衛門尉
　　3・1・7　後藤壱岐二郎左衛門尉基広

基　行　二階堂（藤原）
建保1・4・28　山城判官次郎基行
　　1・5・4　山城判官次郎
　　5・12・25　山城判官次郎基行
　　6・12・26　山城左衛門尉基行
承久1・1・27　隠岐左衛門尉基行
　　3・5・23　隠岐左衛門入道行阿
仁治1・12・15　左衛門尉藤原基行法
師法名行阿死年四十二
　　1・12・21　故隠岐次郎左衛門入道行阿

基　綱　佐野
養和1・②・23　佐野太郎基綱
　　1・7・20　佐野太郎忠家（マヽ）
寿永1・1・1　佐野太郎忠家（マヽ）
　　1・4・5　佐野太郎
　　1・8・11　佐野太郎
文治3・4・29　佐野太郎忠家（マヽ）
　　3・8・20　佐野太郎基綱
　　4・1・1　佐野太郎基綱
　　4・3・15　佐野太郎
　　5・7・19　佐野太郎基綱
建久6・3・10　佐野太郎
承久3・6・19　佐野太郎
建長2・3・1　佐野太郎跡

基　綱　後藤
正治2・2・26　後藤兵衛尉基綱
建保1・2・2　後藤左衛門尉
　　6・6・27　後藤左衛門尉基綱
承久1・1・27　後藤左衛門尉基綱
　　1・7・19　後藤左衛門尉
　　1・8・26　後藤左衛門尉基綱
　　2・12・1　後藤左衛門尉基綱
　　3・6・16　後藤左衛門尉

第Ⅰ部　人名索引（き）

承久 3・6・18　後藤左衛門尉
　　 3・7・2　 (基清)子息左衛門尉
　　　　　　　　基綱
貞応 1・1・2　 後藤左衛門尉基綱
　　 2・1・2　 後藤左衛門尉
　　 2・10・13　後藤左衛門尉
嘉禄 1・10・28　後藤左衛門尉
　　 1・10・29　後藤左衛門尉基綱
　　 1・11・20　後藤左衛門尉
　　 1・12・5　 後藤左衛門尉
　　 1・12・20　後藤左衛門尉
　　 1・12・29　後藤左衛門尉基綱
安貞 1・2・8　 後藤左衛門尉基綱
　　 1・4・21　後藤左衛門尉
　　 1・6・8　 後藤左衛門尉
　　 1・7・28　後藤左衛門尉
　　 1・7・29　後藤左衛門尉基綱
　　 1・8・10　後藤左衛門尉基綱
　　 1・9・9　 後藤左衛門尉
　　 1・12・13　後藤左衛門尉
　　 2・2・3　 後藤左衛門尉
　　 2・4・21　後藤左衛門尉基綱
　　 2・5・16　後藤左衛門尉基綱
　　 2・7・23　後藤左衛門尉
　　 2・8・2　 後藤左衛門尉基綱
　　 2・10・8　後藤左衛門尉基綱
　　 2・10・15　後藤左衛門尉基経
　　　　　　　　(ママ)
　　 2・10・18　後藤左衛門尉
　　 2・10・19　後藤左衛門尉
　　 2・10・25　後藤左衛門尉
　　 2・12・30　後藤左衛門尉
寛喜 1・3・26　新判官基綱
　　 1・5・23　後藤判官
　　 1・6・20　新判官
　　 1・8・15　後藤判官基綱
　　 2・2・17　後藤判官基綱
　　 2・3・19　廷尉基綱
　　 2・6・9　 後藤判官
　　 2・6・28　後藤判官
　　 3・1・9　 大夫判官基綱
　　 3・8・15　大夫判官基綱
　　 3・9・13　基綱
貞永 1・2・20　大夫尉基綱
　　 1・4・11　大夫判官基綱
　　 1・7・10　左衛門少尉藤原基
　　　　　　　　綱

貞永 1・7・12　後藤大夫判官
　　 1・7・15　後藤大夫判官
　　 1・8・15　(廷尉)基綱
　　 1・⑨・6　 後藤大夫判官基綱
　　 1・⑨・8　 後藤大夫判官
　　 1・10・22　後藤大夫判官
　　 1・11・21　後藤大夫判官
　　 1・11・29　大夫判官基綱
　　 1・12・27　後藤大夫判官基綱
天福 1・4・17　大夫判官基綱
　　 1・5・5　 後藤大夫判官
　　 1・9・13　基綱
文暦 1・3・5　 大夫判官基綱
嘉禎 1・1・26　大夫判官基綱
　　 1・2・9　 後藤大夫判官基綱
　　 1・2・10　基綱
　　 1・3・25　廷尉基綱
　　 1・6・29　後藤大夫判官基綱
　　 1・9・10　後藤大夫判官基綱
　　 2・2・28　大夫判官基綱
　　 2・3・21　後藤大夫判官基綱
　　 2・5・24　佐渡守基綱
　　 2・8・4　 佐渡守
　　 2・8・20　佐渡守基綱
　　 2・10・5　佐渡守基綱
　　 2・12・29　佐渡守基綱
　　 3・3・9　 佐渡守
　　 3・3・10　佐渡守基綱
　　 3・4・22　佐渡前司
　　 3・6・23　佐渡前司基綱
　　 3・8・16　佐渡前司基綱
暦仁 1・1・2　 玄蕃頭基綱
　　 1・1・10　玄蕃頭
　　 1・1・18　玄蕃頭基綱
　　 1・2・17　玄蕃頭
　　 1・6・5　 玄蕃頭基綱
　　 1・11・17　基綱
　　 1・12・16　基綱
延応 1・5・5　 後藤佐渡前司
　　 1・7・20　佐渡前司基綱
　　 1・8・15　佐渡前司基綱
　　 1・11・21　佐渡前司基綱
仁治 1・1・1　 佐渡前司基綱
　　 1・1・15　佐渡前司
　　 1・1・27　基綱，前佐渡守
　　 1・5・6　 基綱
　　 1・5・12　佐渡前司

— 39 —

第Ⅰ部　人名索引（き）

仁治1・5・20　佐渡前司基綱
　　1・6・22　佐渡前司基綱
　　1・8・2　佐渡前司
　　1・10・19　佐渡前司
　　1・10・22　佐渡前司基綱
　　1・11・29　佐渡前司
　　2・1・1　佐渡前司基綱
　　2・1・14　佐渡前司
　　2・1・24　佐渡前司
　　2・2・4　佐渡前司基綱
　　2・2・23　佐渡前司
　　2・6・17　基綱
　　2・8・25　佐渡前司
　　2・9・13　佐渡前司
　　2・10・11　基綱
　　2・10・22　佐渡前司基綱
　　2・11・4　佐渡前司
　　2・11・25　佐渡前司
　　2・11・27　佐渡前司
　　2・11・29　佐渡前司基綱
　　2・12・21　佐渡前司
寛元1・1・19　佐渡前司
　　1・2・26　佐渡前司
　　1・7・17　佐渡前司
　　1・9・5　佐渡前司基綱
　　1・10・7　佐渡前司
　　1・12・10　佐渡前司
　　2・3・28　佐渡前司
　　2・4・21　前佐渡守基綱
　　2・8・15　佐渡前司基綱
　　2・8・16　佐渡前司
　　2・8・24　佐渡前司
　　3・4・22　佐渡前司基綱
　　3・4・27　基綱
　　3・8・16　佐渡前司
　　4・6・7　前佐渡守基綱
　　4・7・11　前佐渡守基綱
　　4・8・15　佐渡前司
宝治1・12・29　後藤佐渡前司
建長2・1・2　佐渡前司基綱
　　2・1・16　佐渡前司基綱
　　2・3・1　佐渡前司
　　2・3・25　後藤佐渡前司
　　2・3・26　後藤佐渡前司基繩
　　　　　　　〈綱〉
　　2・5・9　佐渡前司
　　2・12・27　佐渡大夫判官

建長2・12・29　後藤佐渡前司
　　3・1・1　佐渡前司基綱
　　3・2・24　佐渡前司基綱
　　4・4・1　後藤佐渡前司基綱
　　　　　　　〈経〉
　　4・4・14　後藤佐渡前司基綱
　　4・4・24　佐渡前司
　　4・4・30　佐渡前司基綱
　　4・5・26　佐渡前司基綱
　　4・6・2　前佐渡守基綱
　　4・8・1　佐渡前司
　　4・12・17　佐渡前司基綱
　　5・1・3　佐渡前司基綱
　　5・1・16　後藤佐渡前司基綱
　　5・8・15　佐渡前司基綱
　　5・12・21〈22〉佐渡前司基綱
　　6・1・1　佐渡前司
　　6・1・22　佐渡前司基綱
　　6・7・14　佐渡前司基綱
　　6・7・20　後藤佐渡前司
　　6・12・1　佐渡前司
　　6・12・12　佐渡前司基綱
康元1・6・29　佐渡前司
　　1・7・17　佐渡前司
　　1・11・28　前佐渡守正五位下藤
　　　　　　　原朝臣基綱卒年七十六

基　　綱　　多田
承久3・6・20　多田蔵人基綱

基　　綱　　→後藤基政
建長6・8・15　壱岐前同基綱

基　　衡　　藤原
文治3・10・29　出羽押領使基衡
　　5・9・9　基衡
　　5・9・10　基衡
　　5・9・17　基衡
　　5・9・23　基衡
承元4・5・25　基衡
宝治2・2・5　基衡

基　　国　　村上
文治4・3・15　村上判官代
建久1・11・7　同(村上)判官代
　　2・2・4　村上判官代
　　2・3・4　村上判官代

— 40 —

第Ⅰ部 人名索引(き)

建久3・11・25	村上判官代義国(マ、)
6・5・20	村上判官代基国

基　治　　佐藤
文治5・8・8　信夫佐藤庄司又号湯庄司, 是継信忠信等父也
5・10・2　佐藤庄司

基　時　　押垂(斎藤)
承久3・6・18　押垂三郎兵衛尉
嘉禎1・6・29　稈垂左衛門尉時基(マ、)
2・4・23　押垂左衛門尉
2・8・4　押垂三郎左衛門尉晴基(マ、)
3・3・8　斎藤左衛門尉
3・6・23　押垂左衛門尉時基(マ、)
暦仁1・2・17　押垂三郎左衛門尉
寛元1・7・17　押垂左衛門尉
2・8・16　押垂左衛門尉
3・8・15　斎藤右〈左〉衛門尉基時
宝治1・5・14　押垂左衛門尉
建長4・4・14　押垂左衛門尉基時
4・8・6　押垂左衛門尉基時
4・8・14　押垂左衛門尉基時
4・12・17　押垂左衛門尉時基(マ、)
5・1・16　押垂左衛門尉基時
康元1・6・29　押垂左衛門尉

基　時　　後藤
嘉禎2・8・4　後藤四郎左衛門尉
暦仁1・2・17　後藤四郎左衛門尉

基　時　　藤原
建長3・7・4　藤少納言基時

基　実　　藤原
治承4年首　六条摂政
文治2・4・20　中摂政殿
正治1年首　普賢寺京極摂政殿

基　秀　　後藤
文応1・11・27　佐渡左衛門大郎基秀

弘長3・8・8　佐渡大郎左衛門尉

基　重　　日野
建久5・7・28　廷尉基重右衛門忠

基　俊
承元2・5・29　左金吾基俊

基　親　　平
文治1・8・13　左少弁平朝臣
2・1・7　権右中弁平基親元左少
2・8・26　基親朝臣
4・4・9　修理右宮城使右中弁平朝臣

基　親　　後藤
嘉禎1・6・29　後藤次郎左衛門尉基親
2・8・4　後藤次郎左衛門尉
3・6・23　佐渡次郎左〈右〉衛門尉基親
暦仁1・2・17　佐渡二郎左衛門尉
1・6・5　佐渡二郎左衛門尉基親
寛元2・8・15　後藤次郎左衛門尉基親
正嘉2・6・17　後藤次郎左衛門尉
文応1・4・1　後藤次郎左衛門尉
1・11・20　後藤次郎左衛門尉
弘長1・1・1　後藤二郎左衛門尉
1・1・7　後藤次郎左衛門尉

基　成　　藤原
文治4・4・9　前民部少輔藤原基成
4・8・9　前民部少輔基成
4・10・25　前民部少輔藤原基成
4・12・11　前民部少輔藤原基成
5・3・20　基成朝臣
5・④・30　民部少輔基成朝臣
5・5・22　民部少輔, 前民部少輔基成
5・8・25　前民部少輔基成
5・9・3　前民部少輔藤原基成
5・9・18　前民部少輔基成
5・9・26　前民部少輔基成

基　政　　後藤

— 41 —

第Ⅰ部　人名索引（き）

嘉禎3・3・8	後藤佐渡左衛門尉
3・4・22	佐渡帯刀左衛門尉
3・6・23	佐渡帯刀左衛門尉基政
暦仁1・2・17	佐渡帯刀左衛門尉
1・2・22	佐渡帯刀左衛門尉基政
1・2・23	佐渡帯刀左衛門尉基政
1・2・28	佐渡帯刀左衛門尉基政
1・4・16	基政
1・6・5	後藤佐渡判官基政
1・11・17	基政
延応1・1・11	佐渡判官基政
1・9・30	佐渡判官
仁治2・1・14	佐渡判官
2・8・15	佐渡大夫判官
2・8・16	大夫尉基政
2・8・25	佐渡大夫判官
2・9・13	佐渡大夫判官
2・10・11	基政
2・11・4	後藤大夫判官
寛元1・1・19	佐渡大夫判官
1・7・17	佐渡大夫判官
建長2・8・18	佐渡大夫判官
3・8・15	後藤壱岐守基政
3・10・19	後藤壱岐守
3・12・3	佐渡大夫判官基政
4・4・1	後藤壱岐前司基政
4・4・3	壱岐前司基政
4・4・14	後藤壱岐前司基政
4・7・23	壱岐守基政
4・11・11	後藤壱岐守基政
4・11・12	後藤壱岐守
4・11・20	壱岐守基政
4・12・17	後藤壱岐前司基政
5・1・3	壱岐守基政
5・1・16	後藤壱岐前司基政
5・6・13	後藤壱岐前司基政
5・8・15	壱岐守基政
6・1・1	壱峡守基政
6・1・22	壱岐守基政
6・6・16	後藤壱岐前司
6・8・15	壱岐前司基綱(マヽ)
6・10・10	後藤壱岐前司
康元1・6・29	後藤壱岐前司
康元1・8・15	後藤壱岐前司基政
1・8・23	後藤壱岐前司基政
正嘉1・8・25	壱岐前司基政
1・9・18	基政
1・11・22	壱岐前司
1・12・24	後藤壱岐前司
2・1・1	後藤壱岐前司
2・1・1	後藤壱岐前司
2・1・10	後藤壱岐前司
2・6・4	壱岐前司基政
2・6・11	後藤壱岐前司
2・6・17	後藤壱岐前司
2・8・15	壱岐前司基政
文応1・1・1	後藤壱岐前司基政
1・1・11	後藤壱岐前司基政
1・1・20	後藤壱岐前司
1・2・20	後藤壱岐前司
1・4・3	壱岐前司基政
1・7・29	壱岐前司基政
1・8・15	壱岐前司基政
1・11・19	後藤壱岐前司
1・11・21	後藤壱岐前司
1・11・27	壱岐前司
1・12・26	壱岐前司基政
弘長1・1・1	後藤壱岐前司基政
1・1・7	後藤壱岐前司
1・1・26	後藤壱岐前司基政
1・2・29	後藤壱岐前司基政
1・3・20	壱岐前司基政
1・3・25	後藤壱岐前司基政
1・4・24	後藤壱岐前司
1・5・5	後藤壱岐前司
1・7・12	後藤壱岐前司
1・7・13	後藤壱岐前司
1・7・22	壱岐前司基政
1・8・15	後藤壱岐前司
1・9・20	後藤壱岐前司
1・10・4	後藤壱岐前司
3・1・1	後藤壱岐前司基政
3・1・7	後藤壱岐前司
3・1・10	後藤壱岐前司基政
3・1・18	後藤壱岐前司
3・4・3	後藤壱岐前司
3・4・14	後藤壱岐前司
3・4・26	後藤壱岐前司基政
3・6・2	壱岐前司基政

第Ⅰ部　人名索引（き）

基　　清　　後藤
　元暦1・6・1　　後藤新兵衛尉基清
　文治1・2・19　同(後藤)養子新兵衛
　　　　　　　　　尉基清
　　　1・4・15　兵衛尉基清
　　　1・5・17　後藤新兵衛尉基清
　　　1・10・24　後藤兵衛尉基清
　　　1・12・17　後藤兵衛尉基清
　　　2・6・22　兵衛尉基清
　　　3・4・29　兵衛尉基清
　　　5・7・16　後藤兵衛尉基清
　建久1・11・4　基清
　　　1・12・3〈1〉前左兵衛尉〈衛門〉
　　　　　　　　　基清
　　　2・4・26　後藤兵衛尉基清
　　　2・4・30　基清
　　　3・11・25　後藤兵衛尉基清
　　　4・3・16　兵衛尉基〈泰〉清
　　　4・9・7　基清
　　　4・11・27　後藤左衛門尉基清
　　　5・12・26　後藤兵衛尉基清
　　　6・3・10　後藤兵衛尉
　　　6・4・15　後藤左衛門尉基清
　　　6・5・20　後藤左衛門尉基清
　　　6・8・6　後藤左衛門尉基清
　正治1・3・5　後藤左衛門尉基清
　　　2・2・20　基清
　　　2・2・26　後藤左衛門尉基清
　元久2・⑦・26　後藤左衛門尉基清
　建保1・1・1　大夫判官基清
　　　1・8・14　検非違使基清
　　　6・1・12　後藤大夫判官基清
　　　6・9・29　基清
　承久3・7・2　後藤検非違使従五位
　　　　　　　　上行左衛門少尉藤原
　　　　　　　　朝臣基清(梟首)

基　　盛
　弘長1・3・25　持明院少将基盛

基　　村　　後藤
　暦仁1・2・17　後藤三郎左衛門尉
　寛元1・7・17　後藤三郎左衛門尉
　宝治1・5・14　後藤三郎左衛門尉

基　　泰　　立河
　暦仁1・2・17　立河兵衛尉

　暦仁1・2・28　立河三郎兵衛尉基泰
　　　1・6・5　立河三郎兵衛尉
　寛元2・8・15　立河兵衛尉基泰

基　　長　　二条
　弘長3・1・10　二条侍従基長
　　　3・8・11　侍従基長

基　　朝　　藤原
　正嘉1・6・1　藤三位基朝

基　　通　　近衛
　治承4年首　　　摂政内大臣基通公
　　　4・9・22　摂政家
　文治2・1・24　近衛殿
　　　2・1・26　当執柄
　　　2・2・27　当摂政殿
　　　2・3・24　前摂政家
　　　2・4・13　前摂政殿
　　　2・4・20　前摂政殿
　　　2・5・18　前接政
　　　4・4・12　前摂政家
　　　4・6・4　前摂政家
　建久2・6・22　前摂政家
　正治1年首　　　摂政前内大臣基通
　建仁3年首　　　普賢寺入道前摂政
　天福1・6・8　近衛禅定殿下
　　　1・6・12　禅定殿下

基　　度　　富田(平)
　元久1・4・21　進士三郎基度(誅さる)
　承元1・9・24　富田三郎基度
　　　1・11・17　富田三郎基度

基　　道　　後藤
　弘長3・1・1　佐渡新左衛門尉
　　　3・1・7　佐渡新左衛門尉基道

基　　範　　藤原
　建久3・3・26　中将基範

基　　繁
　文治1・10・24　所雑色基繁
　　　2・1・3　所雑色基繁
　建久2・3・13　所雑色基繁
　　　3・11・25　所雑色基繁
　　　5・11・21　所雑色基繁

— 43 —

第 I 部 人名索引（き）

基繁
　建久6・5・20　所雑色基繁

基　平　近衛
　建長6・2・12　近衛大殿(兼経)若君基平

基　輔　坊門
　正嘉2・6・4　坊門中将基輔朝臣
　弘長1・1・7　坊門三位基輔卿
　文永2・3・4　従二位基輔卿

基　房　藤原
　治承4年首　菩提院禅閣
　文治2・4・20　松殿
　　　2・5・18　入道関白

基　頼　後藤
　宝治2・1・3　壱岐新左衛門尉
　建長3・10・19　壱岐新左衛門尉
　　　4・4・14　壱岐新左衛門尉基頼
　　　4・8・1　壱岐新左衛門尉
　　　4・8・14　壱岐新左衛門尉基頼
　　　6・1・22　後藤壱岐新左衛門尉
　康元1・6・29　同(後藤壱岐)新左衛門尉
　　　1・7・17　壱岐新左衛門尉基頼
　　　1・8・15　後藤壱岐新左衛門尉基頼
　　　1・8・23　後藤壱岐新左衛門尉基頼
　正嘉1・8・15　後藤壱岐左衛門尉基頼
　　　1・12・24　壱岐新左衛門尉，後藤壱岐左衛門尉
　　　1・12・29　壱岐新左衛門尉基頼
　　　2・1・1　後藤壱岐新左衛門尉
　　　2・1・2　壱岐新左衛門尉基頼
　　　2・1・10　後藤壱岐新左衛門尉基頼
　　　2・6・4　後藤壱岐左衛門尉基頼
　　　2・6・17　同(後藤壱岐)新左衛門尉
　　　2・8・15　壱岐新左衛門尉基頼
　文応1・1・1　後藤壱岐新左衛門尉，壱岐新左衛門尉基頼
　　　1・1・11　後藤壱岐左衛門尉基頼
　文応1・1・20　壱岐新左衛門尉基頼
　　　1・2・20　後藤壱岐左衛門尉
　　　1・4・1　後藤壱岐新左衛門尉
　　　1・11・27　後藤壱岐左衛門尉基頼
　弘長1・8・15　同(後藤壱岐)新左衛門尉
　　　3・1・1　後藤壱岐左衛門尉〈前司〉基頼
　　　3・1・7　同(後藤壱岐)大郎左衛門尉基頼
　　　3・1・23　後藤壱岐左衛門尉

基　隆　後藤
　暦仁1・2・17　佐渡五郎左衛門尉
　仁治1・8・2　佐渡五郎左衛門尉
　　　2・11・4　佐渡〈原〉五郎左衛門尉
　寛元2・5・11　佐渡五郎左衛門尉基隆
　　　2・8・15　佐渡五郎左衛門尉基隆
　　　3・8・15　佐渡五郎左衛門尉基隆
　　　4・8・15　佐渡五郎左衛門尉
　宝治1・11・15　佐渡五郎左衛門尉
　　　1・12・10　佐渡五郎左衛門尉
　　　2・12・10　佐渡五郎左衛門尉基隆
　建長2・8・18　佐渡五郎左衛門尉
　　　2・12・27　佐渡五郎左衛門尉
　　　4・4・3　同(壱岐)五郎左衛門尉基隆
　　　4・8・14　佐渡五郎左衛門尉
　　　4・11・12　後藤五郎左衛門尉
　　　5・8・15　佐渡五郎左衛門尉基〈景〉隆
　　　5・8・16　佐渡五郎左衛門尉
　　　6・8・15　佐渡五郎左衛門尉基隆
　康元1・6・29　同(佐渡)五郎左衛門尉
　　　1・8・15　佐々木〈後藤〉佐渡五郎左衛門尉基隆
　　　1・8・20　佐渡五郎左衛門尉
　　　1・8・23　佐渡五郎左衛門尉基

第Ⅰ部 人名索引（き）

　　　　　　　　　隆
　　正嘉1・6・1　佐渡五郎左衛門尉
　　　　1・12・24　佐渡五郎左衛門尉
　　　　1・12・29　佐渡五郎左衛門尉基
　　　　　　　　　隆
　　　　2・1・1　佐渡五郎左衛門尉
　　　　2・1・2　佐渡五郎左衛門尉基
　　　　　　　　　隆
　　　　2・1・10　佐渡五郎左衛門尉基
　　　　　　　　　隆
　　　　2・8・15　佐渡五郎左衛門尉基
　　　　　　　　　隆
　　文応1・1・20　佐渡五郎左衛門尉基
　　　　　　　　　隆
　　　　1・2・20　佐渡五郎左衛門尉
　　弘長1・7・29　佐渡五郎左衛門尉
　　　　3・1・10　佐渡大夫判官基隆
　　　　3・1・23　佐渡大夫判官
　　　　3・7・13　佐渡大夫判官
　　　　3・8・9　佐渡大夫判官基隆
　　　　3・8・12　大夫判官基隆

亀　　菊
　　建久3・8・15　亀菊

亀山天皇
　　建長4年首　　亀山院御諱恒仁
　　　　4・2・20　上皇第三宮
　　　　4・3・5　三歳宮結䏴
　　正嘉2・8・19　当帝御弟御年十

喜　　撰
　　元久1・9・15　喜撰法師

義　　印
　　正治1・11・19　義印
　　　　2・6・16　加賀房
　　建仁1・9・11　加賀房義部〈印〉
　　　　1・10・1　義部〈印〉
　　　　1・10・21　義部〈印〉
　　　　2・1・10　義部〈印〉
　　　　2・4・13　義部〈印〉
　　　　2・6・25　加賀房義印
　　　　2・7・29　義印
　　　　2・9・10　義印
　　　　3・2・16　義印
　　　　3・3・4　義印

　　建仁3・3・26　義印
　　　　3・4・21　義印
　　　　3・5・29　義印
　　　　3・7・18　義印
　　　　3・9・4　加賀房義印

義　　胤　　和田
　　元暦1・8・8　同（和田）四郎義胤
　　文治1・1・26　同（和田）四郎義胤

義　　胤　　市河
　　正治2・9・2　市河四郎義胤

義　　胤　　相馬
　　元久2・1・1　相馬五郎
　　　　2・6・22　相馬五郎義胤
　　安貞2・7・23　相馬五郎

義　　員　　→比企能員
　　建久5・2・2　比企右衛門尉義員

義　　円
　　養和1・3・10　義円号郷〈卿〉公

義　　遠　　阿佐利
　　建仁1・6・29　阿佐利与一義遠

義　　家　　源
　　治承4・7・5　八幡太郎
　　　　4・9・30　故陸奥守
　　　　4・10・12　陸奥守同（源）朝臣義
　　　　　　　　　家
　　　　1・10・21　陸奥守源朝臣義家
　　　　4・11・26　八幡殿
　　寿永1・9・20　陸奥守源朝臣義家
　　文治5・9・2　祖父将軍
　　建久1・12・8　八幡殿
　　建仁2・1・14　陸奥守義家朝臣
　　建保1・5・2　八幡殿
　　　　2・5・7　鎮守府将軍義家朝臣

義　　幹　　豊田
　　文治1・4・15　豊田兵衛尉
　　　　5・7・19　豊田兵衛尉義幹
　　建久1・11・7　下総豊田兵衛尉

義　　幹　　多気

— 45 —

第Ⅰ部　人名索引（き）

```
文治 5・8・12   多気太郎
建久 1・11・7   多気太郎
     4・5・1    多気太郎義幹
     4・6・5    多気太郎義幹
     4・6・12   義幹
     4・6・22   多気義幹
     4・7・3    多気義幹
     1・9・1    多気義幹
     5・11・19  多気義幹

義　季　　佐竹
  治承 4・11・5   佐竹蔵人
       4・11・7   佐竹蔵人
  文治 3・3・21   佐竹蔵人
  建久 1・11・7   佐竹別当
       2・4・9    佐竹別当
       6・3・10   佐竹別当
  承久 3・6・18   佐竹別当

義(能)季　海老名
  文治 2・6・25   海老名四郎能季
       5・7・19   海老名四郎義季
  建久 1・11・7   海老名四郎
  建保 1・5・6    同(海老名)四郎
  暦仁 1・2・17   海老名四郎

義　季　　苅田(平)
  元久 2・6・22   苅田平右衛門尉義季
  貞応 2・1・2    苅田右衛門尉
       2・4・29   苅田右衛門尉
       2・10・4   苅田右衛門尉

義　基　　源
  養和 1・2・9    前武蔵権守義基

義　久　　大多和
  治承 4・8・22   大多和二〈三〉郎義久
       4・8・26   大多和三郎義久
  寿永 1・11・10  大多和五郎義久
       1・11・12  義久

義　久　　愛甲
  建保 1・5・6    愛甲小太郎

義　経(行, 顕)　源
  治承 4・10・21  九郎
  養和 1・7・20   源九郎
```

```
養和 1・11・5    九郎義経
元暦 1・1・20    源九郎義経
     1・1・21    源九郎義経
     1・1・27    源九郎義経
     1・2・2     源九郎
     1・2・5     源九郎義経
     1・2・7     源九郎
     1・2・9     源九郎
     1・2・11    義経
     1・2・13    源九郎
     1・2・15    源九郎義経
     1・2・25    義経
     1・3・2     源九郎
     1・4・10    源九郎
     1・4・22    源九郎
     1・6・21    源九郎
     1・7・3     源九郎
     1・8・3     源九郎
     1・8・17    源九郎
     1・8・26    源廷尉
     1・9・9     源廷尉
     1・9・14    源廷尉
     1・9・28    源廷尉義経
     1・10・24   源廷尉
     1・11・14   源廷尉
     1・11・26   大夫判官義経
     1・12・3    源廷尉, 判官殿
     1・12・20   源廷尉
文治 1・1・6     九郎判官
     1・2・16    廷尉義経
     1・2・18    廷尉
     1・2・19    廷尉義経
     1・2・21    義経
     1・3・8     源廷尉義経
     1・3・9     義経
     1・3・21    廷尉, 義経朝臣
     1・3・22    廷尉
     1・4・4     源廷尉義経
     1・4・5     義経朝臣
     1・4・11    廷尉
     1・4・12    廷尉
     1・4・15    判官殿
     1・4・21    廷尉
     1・4・24    大夫判官義経
     1・4・26    廷尉
     1・4・29    廷尉
     1・5・4     廷尉
```

— 46 —

第Ⅰ部　人名索引（き）

文治1・5・5	廷尉，義経		文治1・12・7	義経
1・5・7	源廷尉		1・12・8	予州
1・5・9	廷尉		1・12・15	予州
1・5・15	廷尉		1・12・23	義経
1・5・17	廷尉		1・12・26	与州
1・5・19	廷尉		2・1・3	予州
1・5・24	源廷尉義経，左衛門少尉源義経		2・1・5	予州
			2・1・17	予州，義経
1・6・9	廷尉		2・1・26	伊予守義経
1・6・13	廷尉		2・1・29	予州
1・6・21	廷尉		2・2・6	予州
1・6・23	源廷尉		2・2・7	義経
1・7・12	廷尉		2・2・18	予州
1・7・19	源廷尉		2・2・27	義経
1・8・29	義経伊与守		2・3・1	予州
1・9・2	伊与守義経		2・3・6	予州
1・10・6	伊予守，義経		2・3・7	義経
1・10・9	伊予守義経		2・3・14	前伊予守源義経
1・10・13	伊予大夫判官義経		2・3・15	伊予前司義経
1・10・17	伊予大夫判官義経		2・3・18	予州
1・10・18	左衛門少尉同(源)朝臣義経		2・3・22	予州
			2・3・26	義経，予州
1・10・22	義経		2・4・8	与州
1・10・23	伊予守		2・4・20	義経
1・10・25	義経		2・4・21	予州
1・10・26	予州		2・5・13	義経
1・10・29	予州		2・5・14	与州
1・11・2	予州		2・6・7	与州
1・11・3	伊予守義経		2・6・13	与州
1・11・5	予州		2・6・21	義経
1・11・6	義経		2・6・22	予州
1・11・7	義経		2・6・28	義経
1・11・8	義経		2・⑦・10	前伊与守，義行
1・11・10	義経		2・⑦・26	予州，義行
1・11・11	義経		2・⑦・28	義行
1・11・12	九郎		2・⑦・29	予州
1・11・15	義経		2・8・3	予州
1・11・17	予州，九郎大夫判官今伊与守		2・9・15	予州
			2・9・16	予州
1・11・18	予州		2・9・22	与州
1・11・20	伊予守義経		2・9・29	予州
1・11・22	予州		2・10・10	義行 本名義経，去比改名
1・11・25	前伊予守同(源)義経		2・10・16	伊予守義行
1・11・26	義経		2・11・5	予州，義行
1・11・29	予州		2・11・29	義行改義顕
1・12・1	義経		2・12・11	義顕
1・12・6	義経		2・12・15	義顕

— 47 —

第Ⅰ部 人名索引（き）

文治3・1・20	伊予守義経
3・1・23	義顕
3・2・10	前伊予守義顕
3・3・5	予州義顕
3・3・8	予州
3・3・18	義顕
3・4・4	予州
3・5・15	伊予守義顕
3・7・19	義顕
3・8・8	九郎判官
3・8・27	義経
3・9・4	前伊予守
3・9・22	予州
3・10・3	義顕
3・10・5	伊予前司義顕
3・10・29	前伊予守義顕
3・11・25	予州
4・1・18	与州
4・2・2	大夫判官
4・2・29	与州
4・4・9	源義経
4・6・11	予州
4・8・9	予州
4・10・17	予州
4・10・25	前伊与守源義経
4・12・11	源義経
4・12・16	予州
5・2・12	源与州
5・2・22	伊与守, 義顕
5・2・26	与州, 義顕
5・3・20	義顕
5・4・19	義顕
5・④・21	義経〈顕〉
5・④・30	前伊予守従五位下源朝臣義経 改義行又義顕 年三十一
5・5・22	与州, 義経
5・6・7	与州
5・6・8	義顕
5・6・13	与州
5・6・24	与州, 義顕
5・6・26	与州
5・7・9	義経朝臣
5・7・16	義顕
5・8・26	伊与国司
5・12・23	与州
建久1・1・6	伊予守義経

建久1・3・9	義経
2・11・14	前予州義顕
2・12・15	故予州
6・2・12	大夫判官義顕
建仁2・6・26	伊予守義経
宝治2・2・5	伊予守義経〈顕〉
2・8・10	伊予大夫判官義経〈顕〉, 廷尉

義　経　　山本(源)
治承4・12・1	山本前兵衛尉義経
4・12・10	山本兵衛尉義経
養和1・2・12	兵衛尉義経
元暦1・1・20	伊賀守義経

義　経　　→波多野義常
養和1・1・5	右馬允義経
文治4・4・3	故波多野右馬允義経

義　景　　長江
治承4・8・26	長江太郎義景
寿永2・8・8	長江太郎義景
文治1・10・24	長江太郎義景
3・8・15	長江太郎義景

義　景　　波多野
文治4・8・23	波多野五郎義景
5・7・14	波多野五郎義景
5・7・19	波多野五郎義景
建久2・2・4	波多野五郎
3・11・2	波多野五郎
4・5・8	波多野五郎
6・3・10	波多野五郎
建永1・6・21	波〈持〉多野五郎義景

義　景　　安達
安貞1・3・27	城太郎
2・3・9	城太郎
2・6・26	城太郎
2・7・23	城太郎
2・7・24	城太郎
2・10・15	城太郎
寛喜1・10・22	城太郎
2・2・19	城太郎

— 48 —

第Ⅰ部　人名索引（き）

寛喜3	・10・19	城太郎
貞永1	・⑨・10	城太郎
文暦1	・7・26	城太郎
嘉禎1	・1・3	城太郎
	1・1・21	城太郎
	1・6・29	城太郎義景
	2・1・2	城太郎義景
	3・1・3	城太郎義景
	3・3・9	城太郎
	3・4・22	城太郎義景
	3・6・23	城太郎義景
	3・8・15	城太郎
暦仁1	・1・20	秋田城介
	1・2・17	秋田城介
	1・2・28	秋田城介義景
	1・6・5	秋田城介義景
	1・12・28	秋田城介
延応1	・1・2	秋田城介義景
仁治1	・1・2	秋田城介義景
	1・1・15	秋田城介
	1・5・12	秋田城介
	1・8・2	秋田城介
	1・11・29	秋田城介
	2・1・2	秋田城介義景
	2・1・14	秋田城介
	2・2・4	秋田城介義景
	2・3・17	秋田城介
	2・8・25	秋田城介
	2・10・22	秋田城介義景
	2・11・4	秋田城介義景
	2・11・27	秋田城介
	2・12・21	秋田城介
寛元1	・1・5	秋田城介
	1・1・19	秋田城介
	1・2・26	秋田城介
	1・3・2	秋田城介
	1・7・17	秋田城介
	1・9・5	秋田城介
	2・1・1	秋田城介義景
	2・1・5	秋田城介
	2・4・21	秋田城介義景
	2・6・13	秋田城介義景
	2・8・15	秋田城介義景
	2・8・16	城介
	3・8・15	秋田城介義景
	4・1・4	秋田城介義景
	4・5・22	秋田城介義景

寛元4	・5・25	秋田城介義景
	4・5・26	秋田城介
	4・6・10	秋田城介
	4・8・15	秋田城介
宝治1	・4・11	秋田城介義景
	1・4・28	秋田城介義景
	1・5・5	秋田城介義景
	1・5・18	秋田城介義景
	1・6・5	(景盛)子息秋田城介義景
	1・6・26	秋田城介
	1・6・27	秋田城介
	1・7・27	秋田城介義景
	1・12・29	秋田城介
	2・1・1	秋田城介
	2・1・3	秋田城介
	2・1・7	秋田城介
建長2	・1・1	秋田城介
	2・1・16	秋田城介
	2・2・26	秋田城介
	2・3・1	秋田城介
	2・3・25	秋田城介
	2・3・26	秋田城介義景
	2・4・2	秋田城介
	2・4・4	秋田城介
	2・7・18	秋田城介義景
	2・12・3	秋田城介
	2・12・5	秋田城介
	2・12・13	秋田城介義景
	3・1・3	秋田城介
	3・1・5	秋田城介義景
	3・1・21	秋田城介義景
	3・6・5	秋田城介義景
	3・6・20	秋田城介
	3・8・21	秋田城介
	3・8・24	秋田城介
	3・10・19	秋田城介
	4・1・1	秋田城介
	4・1・3	秋田城介
	4・4・1	秋田城介義景
	4・4・2	秋田城介義景
	4・4・14	秋田城介義景
	4・4・20	秋田城介
	4・4・24	秋田城介義景
	4・4・30	秋田城介藤原義景
	4・6・25	秋田城介
	4・7・4	秋田城介義景

— 49 —

第Ⅰ部 人名索引（き）

建長 4・7・10　秋田城介
　　 4・8・1　 秋田城介義景
　　 4・8・6　 秋田城介義景
　　 4・8・21　秋田城介義景
　　 4・11・11　秋田城介義景
　　 4・11・20　秋田城介義景
　　 4・12・17　秋田城介義景
　　 5・1・1　 秋田城介義景
　　 5・1・3　 秋田城介義景
　　 5・1・16　秋田城介義景
　　 5・5・2　 秋田城介義景
　　 5・5・13　秋田城介 義景 素懐
　　　　　　　法名顕智
　　 5・6・3　 秋田城介従五位上藤
　　　　　　　原朝臣義景法師 法名
　　　　　　　顕智 卒年四十四
　　 5・9・14　城介入道
　　 5・12・21〈22〉義景入道
　　 6・6・3　 故城介入道顕智
文永 2・6・3　 故秋田城介義景

義　景　長江
寛元 4・8・15　長江三郎左衛門尉義
　　　　　　　景

義　継　三浦
正治 2・6・21　三浦庄司義継

義　継〈経〉里見
宝治 2・8・15　里見伊賀弥大郎義継
　　　　　　　〈経〉
　　 2・⑫・11　里見弥大郎

義　慶
文治 4・1・8　 若宮供僧義慶房
　　 4・3・15　義慶房阿闍梨 号伊与
　　 4・3・21　若宮伊与阿闍梨義慶
　　 4・4・23　阿闍梨義慶
建久 3・3・19　義慶房阿闍梨
　　 3・5・1　 義慶房
　　 3・8・9　 義慶坊
　　 4・3・13　阿闍梨義慶

義　兼　柏木
治承 4・12・1　柏木冠者義兼

義　兼　足利

治承 4・12・12　足利冠者義兼
養和 1・2・1　 足利三郎義兼
　　 1・11・5　足利冠者義兼
寿永 1・1・3　 足利冠者
　　 1・4・5　 足利冠者
元暦 1・5・1　 足利冠者義兼
　　 1・8・6　 足利蔵人
　　 1・8・8　 足利蔵人義兼
文治 1・1・26　足利蔵人義兼
　　 1・6・7　 足利冠者
　　 1・8・29　義兼 上総介
　　 1・10・24　上総介義兼
　　 3・12・16　上総介義兼
　　 4・1・6　 上総介義兼
　　 4・1・20　上総介
　　 4・3・15　上総介
　　 5・7・19　上総介義兼
　　 5・9・18　上総介義兼
建久 1・1・13　上総介義兼
　　 1・2・11　源義兼
　　 1・2・12　足利上総前司
　　 1・8・3　 義兼
　　 2・1・28　上総介義兼
　　 2・2・4　 上総介
　　 2・7・28　上総介
　　 2・8・1　 足利上総介
　　 2・8・6　 上総介
　　 2・8・18
　　 3・8・15　上総介義兼
　　 3・11・25　上総介義兼
　　 3・12・5　 上総介
　　 4・1・1　 上総介義兼
　　 4・5・8　 上総介
　　 4・5・16　上総介
　　 4・5・29　上総介
　　 4・9・11　上総介
　　 5・1・1　 上総介義兼
　　 5・2・2　 上総介義兼
　　 5・8・8　 上総介義兼
　　 5・⑧・1　上総介義兼
　　 5・10・18　上総介義兼
　　 5・11・13　上総前司義兼
　　 5・11・14　上総前司義兼
　　 5・12・26　上総介義兼
　　 6・1・1　 上総前司義兼
　　 6・1・13　上総前司
　　 6・3・9　 上総介義兼

— 50 —

第Ⅰ部 人名索引（き）

```
建久 6・3・10     上総介
     6・3・12    上総介義兼
     6・5・20    上総介義兼
元久 1・8・4      上総前司
宝治 2・⑫・28    総州

義 兼  新田
文治 1・10・24   新田蔵人義兼
     4・1・20    新田蔵人
     4・3・15    新田蔵人
     5・4・18    新田蔵人義兼
     5・6・6     新田蔵人義兼
     5・6・9     新田蔵人義兼
     5・7・19    新田蔵人義兼
建久 1・1・3      新田蔵人
     1・11・7   新田蔵人
     2・2・4     新田蔵人
     3・10・19  新田蔵人義兼
     3・11・25  新田蔵人義兼
     5・⑧・8     新田蔵人義兼
     6・3・10    新田蔵人
     6・5・20    新田蔵人義兼

義 賢  源
治承 4・9・7      帯刀先生義賢
     4・10・13   義賢
     4・12・24  （義仲）亡父
元暦 1・1・20    春宮帯刀長義賢

義 賢  →二階堂行資
康元 1・8・23    出羽三郎左衛門尉義
                 賢

義 顕  →源義経
文治 2・11・29   義行改義顕
     2・12・11   義顕
     2・12・15   義顕
     3・1・23    義顕
     3・2・10    前伊予守義顕
     3・3・5     予州義顕
     3・3・18    義顕
     3・5・15    伊予守義顕
     3・7・19    義顕
     3・10・3    義顕
     3・10・5    伊予前司義顕
     3・10・29  前伊予守義顕
     5・2・22    義顕
```

```
文治 5・2・26    義顕
     5・3・20    義顕
     5・4・19    義顕
     5・④・21   義経〈顕〉
     5・④・30   前伊予守従五位下源
                 朝臣義経 改義行又義顕
                 年三十一
     5・6・8     義顕
     5・6・24    義顕
     5・7・16    義顕
建久 2・11・14   前予州義顕
     6・2・12    大夫判官義顕
宝治 2・2・5     伊予守義経〈顕〉
     2・8・10    伊予大夫判官義経
                 〈顕〉

義 広  志太(源)
治承 4・11・7    志太三郎先生義広
養和 1・2・28    志太三郎先生義広
     1・②・20   志太三郎先生義広
     1・②・23   義広
     1・②・25   義広
     1・②・27   三郎先生,義広
     1・②・28   義広,三郎先生
     1・9・7     三郎先生義広
元暦 1・1・20    三郎先生義広
     1・4・23    三郎先生義広
     1・5・15    志太三郎先生義広
建久 3・9・12    三郎先生義広
元久 2・8・7     志太三郎先生

義 広  山本(源)
元暦 1・1・20    検非違使右衛門権
                 少尉源朝臣義広,
                 錦織判官

義 広  紺戸(源)
養和 1・2・9     紺戸先生義広

義 光  源
治承 4・10・21   左兵衛尉義光
     4・12・10   刑部丞義光
建保 2・5・7     刑部丞義光

義 行  筑井
治承 4・8・22    筑井次郎義行
```

― 51 ―

第Ⅰ部　人名索引（き）

義　　行　　→原宗行能
　治承4・8・23　同（原宗）四郎義行

義　　行　　奈胡
　文治1・10・24　奈胡蔵人義行
　　　4・1・20　奈胡蔵人
　建久1・11・7　奈胡蔵人
　　　2・2・4　奈胡蔵人
　　　3・11・25　奈胡蔵人義行
　　　6・3・10　奈胡蔵人
　　　6・5・20　奈胡蔵人義行

義　　行　　→源義経
　文治2・⑦・10　義行
　　　2・⑦・26　義行
　　　2・⑦・28　義行
　　　2・10・10　義行 本名義経,去比改名
　　　2・10・16　伊予守義行
　　　2・11・5　義行
　　　2・11・29　義行改義顕

義　　行　　別府
　建久1・11・7　別府太郎

義　　行　　横溝
　貞応1・1・7　横溝六郎義行
　　　1・2・6　横溝六郎
　　　1・7・3　同（横溝）六郎
　　　2・1・5　横溝六郎
　元仁1・2・11　横溝六郎
　嘉禄2・9・22　横溝六〈太〉郎
　安貞2・3・9　横溝六郎
　　　2・6・26　横溝六郎
　寛喜1・1・15　横溝六郎
　嘉禎1・2・9　横溝六郎
　　　2・8・6　横溝六郎
　　　3・1・11　横溝六郎
　暦仁1・1・20　横溝六郎
　延応1・1・5　横溝六郎
　仁治1・1・6　横溝六郎
　　　2・1・5　横溝六郎
　　　2・1・23　横溝六郎
　　　2・11・27　横溝六郎

義　　行　　苅田
　元仁1・1・1　苅田右衛門三郎義行

義　　行　　佐竹

　暦仁1・2・17　佐竹六郎次郎
　寛元2・8・15　佐竹六郎次郎

義　　行　　東
　建長3・1・20　東四郎義行

義　　高　　志水（源）
　元暦1・4・21　志水冠者
　　　1・4・26　志水冠者
　　　1・5・1　故志水冠者義高
　　　1・5・2　志水冠者
　　　1・6・27　志水冠者
　建久1・1・6　朝日冠者
　　　5・7・29　志水殿
　　　5・⑧・8　志水冠者

義　　綱　　加地
　建保1・8・20　加地五郎兵衛尉義綱
　承久1・7・19　加地兵衛尉

義　　綱　　土肥
　貞永1・8・16　土肥左衛門尉義綱

義　　国　　→村上基国
　建久3・11・25　村上判官代義国

義　　国　　源
　建仁2・1・14　式部大夫義国

義　　氏　　足利
　元久2・6・22　足利三郎義氏
　建保1・5・2　上総三郎義氏,足利三郎義氏
　　　1・5・3　上総三郎義氏
　　　6・6・27　前武蔵守義氏
　　　6・7・8　前武蔵守義氏
　承久1・1・27　前武蔵守義氏
　　　1・7・19　武蔵守義氏
　　　2・5・20　前武州
　　　2・12・1　武蔵前司義氏,前武州
　　　3・5・19　前武州
　　　3・5・22　前武州
　　　3・5・25　武蔵前司義氏
　　　3・6・5　武蔵前司義氏
　　　3・6・13　武蔵前司義氏
　　　3・6・14　武蔵前司

— 52 —

第 I 部 人名索引（き）

貞応1・1・1	足利武蔵前司義氏	
1・1・2	足利前武州	
1・2・6	足利前武州	
元仁1・6・10	足利陸奥守	
1・6・26	陸奥守義氏	
1・9・9	陸奥守義氏	
嘉禄1・12・29	陸奥守義氏	
寛喜3・2・11	左馬頭	
嘉禎2・1・23	足利左馬頭	
3・3・9	足利左典厩	
3・4・19	左馬頭義氏朝臣	
暦仁1・2・9	足利左馬頭	
1・10・18	左馬頭義氏朝臣	
仁治1・1・19	足利左馬頭朝臣	
1・1・23	足利左典厩	
1・7・26	左馬頭義氏朝臣	
2・1・2	左馬頭義氏朝臣	
寛元1・1・1	足利左馬入道	
3・4・21	左馬頭入道正義	
3・8・15	左馬頭入道正義	
宝治1・7・14	足利左馬頭正義	
1・12・29	足利左馬頭入道	
2・⑫・10	足利左馬頭入道正義	
2・⑫・28	足利左馬頭入道正義, 足利〈僕卿〉禅門	
建長2・1・2	足利左馬頭入道	
2・3・1	足利左馬頭入道	
3・1・3	左馬頭入道正義	
3・12・2	右馬頭入道正義(ママ)	
3・12・7	左馬頭入道	
4・1・3	左馬頭入道	
4・4・3	足利左馬頭入道正義	
5・1・2	入道左馬頭義氏朝臣	
6・1・2	左馬頭入道	
6・11・16	足利左馬頭入道正義	
4・11・21	入道正四位下行左馬頭源朝臣義氏法名正義卒	

義　資　　石河
養和1・2・9	石河判官代義資	
元暦1・1・21	石川判官代	
1・6・4	石河兵衛判官代義資	
建久3・11・25	兵衛判官代義資	

義　資　　安田　（義定子）

文治1・8・29	義資越後守	
1・10・24	越後守義資	
2・4・21	義資冠者	
4・3・15	越後守	
5・6・9	越後守義資	
5・7・19	越後守義資	
建久1・1・3	越後守	
1・11・7	越後守	
1・11・11	越後守義資	
2・2・4	越後守	
2・3・3	越後守	
2・7・28	越後守	
3・11・25	越後守義資	
4・11・28	従五位下守越後守源朝臣義資(巣首)	
5・8・19	義資	

義　時　　北条
治承4・8・20	同(北条)四郎	
4・8・24	同(北条)四郎	
4・8・27	同(北条)四郎	
4・12・12	同(北条)四郎	
養和1・4・7	江間四郎	
寿永1・11・14	江間殿	
元暦1・8・8	北条小四郎	
文治1・1・26	北条小四郎	
1・2・1	北条小四郎	
1・2・16	北条小四郎	
1・3・11	北条小四郎	
1・10・24	北条小四郎義時	
2・7・19	江間四郎	
4・7・10	江間殿	
5・4・18	江間殿	
5・6・9	北条小四郎	
5・7・5	江間小四郎	
5・7・19	同(北条)小四郎	
建久1・11・7	北条小四郎	
1・11・11	北条小四郎	
1・11・28	江間殿	
1・12・3〈1〉	北条小四郎	
2・1・5	江間殿	
2・1・28	江間四郎	
2・2・4	江間殿	
2・3・3	江間殿	
2・3・4	江間殿	
2・7・28	江間四郎殿	
2・11・21	江間殿	

第Ⅰ部　人名索引（き）

建久3・5・26	江間殿	
3・6・13	江間殿	
3・8・9	江間四郎	
3・9・25	江間殿	
3・11・29	江間殿	
4・1・1	江間殿	
4・3・12	江間殿	
4・3・21	江間四郎	
4・5・8	江間殿	
4・5・16	江間殿	
4・5・29	江間殿	
4・9・11	江間殿	
4・10・1	江間殿	
5・2・2	江間殿，江馬小四郎殿	
5・2・6	江間殿	
5・2・18	江間殿	
5・7・23	江間殿	
5・8・8	北条小四郎	
5・⑧・7	江間殿	
5・11・10	江間殿	
5・11・18	江間殿	
5・11・23	江間殿	
5・12・26	北条小四郎	
6・3・10	北条小四郎	
6・3・12	北条小四郎義時	
6・3・27	北条小四郎義時	
6・4・15	北条小四郎義時	
6・5・20	北条小四郎義時	
6・7・10	江間殿	
6・8・13	江間殿	
正治1・4・12	同(北条)四郎	
1・6・30	江間殿	
2・3・3	江間四郎	
2・4・10	江間殿	
2・5・25	江間殿	
2・9・2	江間殿	
建仁1・1・4	江間〈馬〉四郎	
1・7・6	江間四郎	
1・9・15	江間四郎	
2・9・10	江間四郎	
3・2・4	江間四郎	
3・4・3	江間四郎	
3・9・2	江間四郎	
3・9・6	江間殿	
3・9・15	江間四郎	
3・10・8	江間四郎	

建仁3・11・15	江間四郎	
元久1・1・18	江間四郎	
1・1・22	江間殿	
1・2・12	江間四郎	
1・2・25	江間四郎	
1・4・18	四郎	
1・7・24	相州	
1・9・15	相州	
2・2・17	相州	
2・6・21	相州	
2・6・22	相州	
2・6・23	相州	
2・6・29	相州	
2・⑦・19	相州	
2・⑦・20	相州	
2・8・7	相州	
2・8・11	相州	
2・8・19	相州	
建永1・2・4	相州	
1・3・13	相州	
1・5・6	相州	
1・6・16	相州	
1・6・21	相州	
1・10・24	相州	
1・12・23	相州	
承元1・1・22	相州	
1・4・16	相州	
1・6・2	相州	
1・8・17	相州	
1・12・3	相州	
2・7・5	相州	
2・12・17	相州	
3・3・3	相州	
3・5・20	相州	
3・8・15	相州	
3・10・10	相州	
3・10・13	相州	
3・10・17	相州	
3・11・4	相州	
3・11・5	相州	
3・11・7	相州	
3・11・8	相州	
3・11・14	相州	
4・1・1	相州	
4・2・5	相州	
4・3・22	相州	
4・5・6	相州	

— 54 —

第Ⅰ部 人名索引（き）

承元4・6・3	相州
4・7・20	相州
4・8・15	相州
4・8・16	相州
4・9・9	相州
4・11・24	相州
建暦1・1・1	相州
1・1・3	相州
1・1・15	相州
1・4・13	相州
1・4・21	相州
1・8・15	相州
1・8・16	相州
1・10・22	相州
1・12・17	相州
2・1・1	相州
2・1・19	相州
2・2・3	相州
2・2・28	相州
2・3・9	相州
2・4・6	相州
2・4・8	相州
2・4・18	相州
2・5・7	厳閣
2・7・2	相州
2・10・11	相州
2・12・29	相州
建保1・1・1	相州
1・1・2	相州
1・1・4	相州
1・1・10	相州
1・1・22	相州
1・2・15	相州
1・2・16	相州
1・3・6	正五位下平義時
1・3・9	相州
1・4・2	相州
1・4・4	相州
1・4・27	相州
1・4・28	相州
1・4・29	厳閣
1・5・2	相州
1・5・3	相州
1・5・4	相州
1・5・5	相州
1・5・6	相州
1・5・7	相州
建保1・5・8	相州
1・5・9	相州
1・5・10	相州
1・5・17	相州
1・6・26	相州
1・7・7	相州
1・7・11	州相
1・8・1	相州
1・8・3	相州
1・8・20	相模守義時，相州
1・8・26	相模守義時
1・9・12	相州
1・10・2	相州
1・10・3	相州
1・12・28	相州
2・1・22	相州
2・2・23	相州
2・4・18	相州
2・6・3	相州
2・7・27	相模守義時
2・9・29	相州
2・10・2	相州
2・10・3	相州
3・1・1	相州
3・3・5	相州
3・8・22	相州
3・9・15	相州
3・10・1	相州
3・10・30	相州
3・11・8	相州
3・11・24	相州
3・12・16	相州
4・3・30	相州
4・5・18	相州
4・7・29	相州
4・8・19	相州
4・8・24	相州
4・9・18	相州
4・9・20	相州
4・10・29	相州
4・11・12	相州
4・11・24	相州
5・1・26	相州
5・2・19	右京兆
5・4・17	右京兆
5・6・21	右京兆
5・11・9	右京兆

― 55 ―

第Ⅰ部 人名索引（き）

建保5・11・17	右京兆
5・12・24	右京兆(兼陸奥守)
6・3・23	右京兆
6・6・27	右京権大夫義時朝臣
6・7・8	右京兆
6・7・9	右京兆
6・8・21	右京兆
6・12・2	右京兆
6・12・20	右京兆
承久1・1・23	右京兆
1・1・27	右京権大夫義時朝臣
1・1・30	右京兆
1・2・1	京兆
1・2・2	右京兆
1・2・8	右京兆
1・2・14	右京兆
1・2・19	右京兆
1・3・9	右京兆
1・3・12	右京兆
1・7・19	右京権大夫義時朝臣
1・10・20	右京兆
2・5・20	右京兆
2・8・6	右京兆
2・9・25	右京兆
2・12・1	右京兆, 京兆
2・12・15	京兆
3・1・27	右京兆
3・5・19	右京兆
3・5・21	京兆
3・5・22	京兆
3・5・23	右京兆
3・5・25	京兆
3・5・26	右京兆
3・6・8	右京兆
3・6・9	右京兆
3・6・16	右京兆
3・6・24	右京兆
3・8・2	前右京兆
3・8・7	右京兆
3・8・10	右京兆
3・9・16	右京兆
3・⑩・1	右京兆
3・⑩・29	右京兆
3・11・3	右京兆
3・11・23	右京兆
3・12・3	右京兆
3・12・11	右京兆

貞応1・1・1	奥州
1・1・10	奥州
1・1・16	奥州
1・2・6	奥州
1・2・12	奥州
1・5・25	奥州
1・9・22	奥州
1・10・15	前奥州
1・11・25	前奥州
1・12・12	奥州
2・1・1	奥州
2・1・2	奥州
2・1・20	奥州
2・1・23	奥州
2・1・24	奥州
2・1・25	奥州
2・1・26	奥州
2・2・8	奥州
2・4・29	奥州
2・5・5	奥州
2・5・14	奥州
2・5・18	奥州
2・6・20	奥州
2・6・28	奥州
2・7・25	奥州
2・8・20	奥州
2・9・5	奥州
2・9・25	奥州
2・10・4	奥州
2・10・6	奥州
2・11・29	奥州
2・12・3	奥州
2・12・20	奥州
元仁1・1・1	前奥州
1・1・4	前奥州
1・1・6	前奥州
1・1・15	前奥州
1・1・21	前奥州
1・2・11	前奥州
1・2・23	前奥州
1・2・29	奥州
1・3・19	前奥州
1・4・27	前奥州
1・4・28	前奥州
1・5・8	奥州
1・5・18	奥州
1・6・12	前奥州

第Ⅰ部　人名索引（き）

元仁 1・6・13　前奥州(出家, 卒去)
　　 1・6・18　前奥州禅門
　　 1・6・28　前奥州禅室
　　 1・7・5　 奥州
　　 1・7・16　奥州
　　 1・7・17　奥州
　　 1・7・18　故大夫殿
　　 1・⑦・3〈8〉奥州
　　 1・8・1　 奥州禅室
　　 1・8・8　 故奥州禅室
　　 1・8・15　奥州禅室
　　 1・8・22　故奥州禅室
　　 1・8・29　前奥州
　　 1・9・5　 前奥州,右京権大夫,
　　　　　　　 故奥州禅室
　　 1・11・18 故右京兆
　　 1・12・24 右京兆
嘉禄 1・5・12　故右京兆
　　 1・6・13　故京兆
　　 1・7・23　京兆
　　 2・6・13　右京兆
安貞 1・2・19　右京兆
寛喜 2・6・14　右京兆
　　 3・1・14　故左京兆(マヽ)
　　 1・10・25 右京兆
貞永 1・1・7　 右京兆
嘉禎 2・5・27　故右京兆
　　 2・6・5　 右京兆
暦仁 1・5・5　 右京兆
　　 1・12・28 前右京兆
延応 1・8・11　故員外右京兆
仁治 2・12・30 右京兆
寛元 1・2・2　 故前左〈右〉京兆
　　 2・2・3　 故前右京兆
宝治 2・⑫・13 右京兆
　　 2・⑫・28 右京兆于時江間小四郎
建長 2・12・29 右京兆
弘長 3・3・10　故右京兆

義　実　　岡崎
治承 4・8・6　 岡崎四郎義実
　　 4・8・12　岡崎四郎義実
　　 4・8・20　岡崎四郎義実
　　 4・8・27　岡崎四郎義実
　　 4・10・7　岡崎平四郎義実
　　 4・10・21 義実
　　 4・10・23 岡崎四郎義実

治承 4・12・12 岡崎四郎義実
養和 1・6・19　岡崎四郎義実
　　 1・7・5　 岡崎四郎義実
文治 1・10・24 岡崎四郎義実
　　 2・7・25　岡崎平田四郎義実
　　 2・9・7　 岡崎四郎義実
　　 2・12・1　義実
　　 3・7・23　岡崎四郎
　　 3・10・2　岡崎四郎
　　 4・8・23　岡崎四郎義実
　　 4・9・21　岡崎四郎義実
　　 5・4・18　岡崎四郎義実
　　 5・6・9　 岡崎四郎義実
　　 5・7・19　岡崎四郎義実
建久 1・11・7　岡崎平四郎
　　 2・1・2　 岡崎四郎
　　 2・7・18　岡崎四郎
　　 2・8・1　 岡崎四郎
　　 4・8・24　岡崎四郎義実
　　 5・2・2　 岡崎四郎
　　 6・3・10　岡崎四郎
正治 1・10・28 岡崎四郎義実入道
　　 2・②・12 岳崎四郎義実
　　 2・3・14　岡崎四郎義実入道
　　 2・6・21　岡崎四郎〈平〉義実法
　　　　　　　 師卒年八十九
建保 1・5・3　 岡崎四郎義実

義　実　　→和田宗実
治承 4・8・22　同(和田)三郎京〈義〉
　　　　　　　 実
建久 6・5・20　和田三郎義実

義　秀　　河村
治承 4・8・23　河村三郎義秀
　　 4・10・23 河村三郎義秀
　　 4・10・26 河村三郎義秀
文治 5・8・12　義秀
建久 1・8・16　河村三郎義秀
　　 1・9・3　 河村三郎義秀
　　 1・11・7　河村三郎
　　 2・2・4　 河村三郎
　　 3・11・2　河村三郎
　　 4・5・8　 河村三郎
　　 6・3・10　河村三郎
承久 3・6・18　同(河村)三郎

第Ⅰ部　人名索引（き）

義　秀　　徳河
　　文治4・1・20　徳河次〈三〉郎
　　　5・6・9　　徳河三郎義秀
　　建久1・11・7　徳河三郎
　　　6・3・10　　徳河三郎

義　秀　　朝夷名(和田)
　　正治2・9・2　　朝夷名三郎義秀
　　建保1・4・27　義秀
　　　1・5・2　　（義盛）三男朝夷名三
　　　　　　　　　郎義秀
　　　1・5・3　　朝夷名三郎義秀卅八
　　　1・5・4　　義秀
　　　1・5・6　　あさいなの〈朝夷名〉三
　　　　　　　　　郎
　　嘉禎3・4・19　朝夷名三郎
　　仁治2・12・27　朝夷名三郎義秀

義　重　　新田
　　治承4・9・30　新田大炊助源義重入
　　　　　　　　　道法名上西
　　　4・12・22　新田大炊助入道上西
　　養和1・9・7　　新田冠者義重
　　寿永1・4・5　　新田冠者
　　　1・7・14　　新田冠者義重
　　建久4・4・28　式部大夫入道上西
　　建仁2・1・14　入道従五位下行大炊
　　　　　　　　　助源朝臣義重法名上西
　　　　　　　　　卒
　　　2・1・29　故仁田入道上西

義　重　　和田
　　建保1・2・16　和田六郎兵衛尉義重
　　　1・3・8　　義重
　　　1・5・2　　（義盛）五男同（和田）
　　　　　　　　　五郎兵衛尉義重
　　　1・5・3　　同(義盛)男五郎兵衛
　　　　　　　　　尉義重年卅四
　　　1・5・6　　同（和田）五郎兵衛

義　重　　波多野
　　承久3・6・6　　波多野五郎義重
　　　3・6・18　　波多野五郎
　　寛元4・1・10　波多野出雲前司義重
　　宝治1・11・15　波多野出雲前司
　　　1・11・16　出雲前司義重
　　　1・11・17　出雲前司義重

　　宝治2・⑫・10　波多野出雲前司義重
　　建長3・8・21　波多野出雲前司
　　　3・8・24　　出雲前司
　　　3・11・13　出雲前司
　　　4・4・1　　波多野出雲前司義重

義　重　　長江
　　宝治1・6・22　長江次郎左衛門尉義
　　　　　　　　　重

義　春　　小田島
　　建長3・8・15　小田島五郎左衛門尉
　　　　　　　　　義春

義　勝
　　建久1・2・12　中条義勝法橋

義　常(経)　　波多野
　　治承4・7・10　波多野右馬允義常
　　　4・7・23　　波多野右馬允義常
　　　4・10・17　波多野右馬允義常
　　　　　　　　　(自殺)
　　　4・11・20　右馬允義常
　　養和1・1・5　　右馬允義経
　　文治4・4・3　　故波多野右馬允義経

義　信　　大内(平賀)
　　元暦1・5・21　義信
　　　1・6・20　　武蔵守源義信
　　　1・6・21　　義信
　　　1・7・20　　武蔵守義信
　　　1・8・17　　義信
　　文治1・6・7　　武蔵守
　　　1・8・24　　武州
　　　1・9・3　　武蔵守義信号平賀冠者
　　　1・10・24　武蔵守義信
　　　2・1・3　　武蔵守義信
　　　2・7・28　　武蔵守
　　　3・8・15　　武蔵守義信
　　　4・1・20　　武州
　　　4・7・10　　武蔵守
　　　4・7・15　　武州
　　　5・4・18　　武州
　　　5・5・19　　武州
　　　5・6・9　　武州
　　　5・7・19　　武蔵守義信
　　建久2・6・7　　武蔵守

— 58 —

第Ⅰ部　人名索引（き）

```
        建久2・7・28　武蔵守
           2・8・6　武蔵守
           3・4・2　武蔵守義信
           3・7・26　武蔵守
           3・8・10　武蔵守
           3・11・25　武蔵守義信
           3・11・29　武州
           3・12・5　武蔵守
           3・12・29　武州
           4・3・13　武蔵守義信
           4・6・1　武蔵守義信
           4・7・2　武蔵守義信
           5・2・2　武蔵守義信
           5・8・8　武蔵守義信
           5・12・26　武蔵守義信
           6・7・16　義信朝臣
        建仁2・3・14　入道武蔵守源義信朝
                   臣
           3・10・8　前武蔵守義信
        承元1・2・22〈20〉故武蔵守義信入道
        建暦1・11・3　前武蔵守源義信
           2・2・14　入道武蔵守義信
        建保1・8・26　駿河守義信（椎義の誤
                   か）

義　　信　　源　（対馬守義親男）
        文治2・3・26　対島太郎義信

義　　信　　和田
        建保1・5・2　（義盛）六男同（和田）
                   六郎兵衛尉義信
           1・5・3　同（義盛）男六郎兵衛
                   尉義信丗八
           1・5・6　同（和田）六郎兵衛

義　　信　　泉
        正嘉2・7・10　泉又大郎蔵人義信

義　　親　　源
        治承4・9・22　対馬守源義親
        文治2・3・26　対馬守義親

義　　成　　大多和
        治承4・8・22　（義久）子息義成
        元暦1・8・8　大多和次郎義成
        文治1・1・26　大多和三郎義成
           1・3・9　大多和次〈二〉郎
```

```
        建久3・3・23　大多和三郎
        建長2・3・1　大多和次郎跡

義　　成　　里見
        治承4・12・22　里見太郎義成
        文治3・10・4　里見冠者義成
           4・1・20　里見冠者
           4・3・15　里見冠者義成
           4・7・10　里見冠者義成
           5・6・6　里見冠者義成
           5・6・9　里見冠者義業〈成〉
        建久1・11・7　里見大郎
           2・7・28　里見太郎義成
           3・10・19　里見冠者義成
           4・3・21　里見太郎
           4・5・8　里見冠者
           4・5・15　里見冠者義成
           4・5・29　里見冠者
           5・1・1　里見冠者義成
           5・2・2　里見冠者義成
           5・4・4　里見冠者義成
           5・8・8　里見冠者義成
           5・⑧・1　里見冠者義成
           6・3・12　里見太郎義成
           6・4・15　里見太郎義成
           6・5・20　里見太郎義成
           6・8・16　里見太郎
        文暦1・11・28　前伊賀守従五位下源
                   朝臣義成卒 七十八，号
                   里見

義　　成　　小野
        建久3・1・5　野三左衛門尉義成
           3・8・9　野三左衛門尉義成
           3・11・25　野三左衛門尉義成

義　　成　　→中野能成
        建仁3・9・19　中野五郎義成

義　　成　　小野
        承元2・4・23　小野大夫判官義成
           2・④・3　鴨河使判官従五位下
                   行左衛門少尉小野朝
                   臣義成卒
           2・8・20　故大夫判官義成
        建保1・5・22　大夫尉義盛〈成〉
```

— 59 —

第Ⅰ部　人名索引（き）

義　政　佐竹
　治承 4・10・21　佐竹太郎義政
　　　 4・11・4 　太郎義政
　文治 1・10・28　佐竹太郎
　　　 5・11・8 　佐竹太郎

義　政　北条
　建長 6・6・16　陸奥六郎
　　　 6・7・20　陸奥六郎
　康元 1・1・1 　同(陸奥)六郎
　　　 1・1・5 　同(陸奥)六郎義政
　　　 1・6・29　同(陸奥)六郎
　　　 1・8・16　陸奥六郎義政
　正嘉 1・1・1 　陸奥六郎義政
　　　 1・2・2 　陸奥六郎義政
　　　 1・2・26　陸奥六郎義政
　　　 1・6・23　陸奥六郎義政
　　　 1・10・1 　陸奥六郎義政
　　　 1・12・24　陸奥六郎
　　　 1・12・29　陸奥六郎義政
　　　 2・1・1 　陸奥六郎
　　　 2・6・4 　陸奥六郎義政
　　　 2・6・11　陸奥六郎義政
　　　 2・6・17　陸奥六郎
　文応 1・1・1 　陸奥左近大夫将監義政
　　　 1・1・11　陸奥左近大夫将監義政
　　　 1・1・20　陸奥左近大夫将監義政
　　　 1・2・20　陸奥左近大夫将監
　　　 1・3・21　左近大夫将監義政
　　　 1・7・29　陸奥左近大夫将監義政
　　　 1・8・12　陸奥左近大夫将監
　　　 1・8・15　左近大夫将監義政
　　　 1・11・21　陸奥左近大夫将監義政
　　　 1・11・27　陸奥左近大夫将監義政
　弘長 1・1・1 　陸奥左近大夫将監義政
　　　 1・1・26　左近大夫将監義政
　　　 1・2・25　陸奥左近大夫将監
　　　 1・5・5 　陸奥左近大夫将監
　　　 1・6・25　陸奥左近大夫将監
　　　 1・7・12　陸奥左近大夫将監

　弘長 1・8・15　陸奥左近大夫将監
　　　 1・10・4 　陸奥左近大夫将監
　　　 3・1・1 　陸奥左近大夫将監義宗(マヽ)
　　　 3・8・8 　陸奥左近大夫将監
　　　 3・8・9 　左近大夫将監義政朝臣
　　　 3・11・8 　陸奥左近将監義政
　　　 3・12・24　義政，大夫将監
　文永 2・1・3 　左近大夫将監義政
　　　 2・6・11　左近大夫将監平義政
　　　 3・2・10　左近大夫将監義政

義　清　土屋
　治承 4・8・20　次郎義清
　養和 1・2・28　土屋次郎義清
　　　 1・②・17　義清
　　　 1・3・1 　土屋次郎義清
　寿永 1・8・13　土屋兵衛尉義清
　文治 5・6・9 　土屋次郎義清
　　　 5・7・19　土屋次郎義清
　建久 1・11・7 　土屋兵衛尉
　　　 2・2・4 　土屋兵衛尉
　　　 4・3・21　土屋兵衛尉
　　　 4・5・8 　土屋兵衛尉
　　　 5・8・8 　土屋兵衛尉義清
　　　 5・11・21　土屋兵衛尉義清
　　　 6・3・10　土屋兵衛尉
　　　 6・3・12　土屋兵衛尉義清
　　　 6・4・15　土屋兵衛尉義清
　　　 6・5・20　土屋兵衛尉義清
　正治 1・10・28　土屋次郎義清
　　　 2・2・26　土屋次郎義清
　　　 2・②・12　土屋次郎義清
　　　 2・②・13　義清
　建仁 1・3・10　土屋次〈二〉郎
　承元 4・1・26　義清
　建暦 2・3・16　土屋大学助
　建保 1・5・2 　土屋大学助義清
　　　 1・5・3 　土屋大学助義清，つち屋のひやうゑ
　　　 1・5・6 　大学助
　　　 2・11・25　大学助義清

義　清　佐々木
　治承 4・8・26　佐々木五郎義清
　　　 4・12・26　佐々木五郎義清

— 60 —

第Ⅰ部 人名索引（き）

元暦1・8・2	五郎義清	
文治5・7・19	同(佐々木)五郎義清	
建久1・11・7	佐々木五郎	
2・4・6	同(佐々木)五郎	
2・8・18	佐々木五郎義清	
3・11・25	佐々木五郎義清	
4・5・8	同(佐々木)五郎	
5・8・8	佐々木五郎義清	
5・11・21	佐々木五郎義清	
6・3・10	佐々木五郎	
正治2・10・10	佐々木五郎義清	
建永1・11・20	佐々木五郎義清	
建暦2・6・7	佐々木五郎	
建保1・5・3	佐々木五郎義清	
承久1・1・27	佐々木五郎左衛門尉義清	
安貞2・10・15	佐々木左衛門尉	
延応1・12・29	佐々木隠岐入道	
宝治1・12・29	佐々木隠岐前司	
建長2・12・29	佐々木隠岐前司義清	
弘長1・5・13	隠岐守義清	

義　清　安田
　建久5・8・19　安田冠者義清

義　清　大多和
　弘長3・8・9　大多和左衛門尉義清

義　盛　→源行家
　治承4・4・9　陸奥十郎義盛
　文治2・5・25　前備前守従五位下源朝臣行家，大夫尉為義十男 本名義盛

義　盛　和田
治承4・8・22	和田太郎義盛
4・8・26	和田太郎義盛
4・9・4	和田小太郎義盛
4・9・6	義盛
4・10・23	義盛
4・11・4	和田太郎義盛
4・11・8	義盛
4・11・17	和田小太郎義盛（補侍所当）
4・12・12	和田小太郎義盛
4・12・20	和田太郎義盛
養和1・1・6	義盛
養和1・2・28	和田小太郎義盛
1・②・17	義盛
1・7・21	和田太郎義盛
1・11・5	和田小太郎義盛
寿永1・1・3	和田小太郎義盛
1・4・5	和田小太郎
1・6・7	和田太郎
1・8・13	和田太郎義盛
元暦1・4・3	和田小太郎義盛
1・5・1	義盛
1・8・8	和田太郎義盛
文治1・1・12	和田小太郎義盛
1・1・26	和田小太郎義盛
1・3・9	和田太郎
1・4・21	和田小太郎義盛
1・5・8	義盛
1・10・24	義盛
2・6・11	和田太郎義盛
3・8・20	和田小太郎義盛
3・10・2	義盛
3・11・15	義盛
4・6	和田太郎義盛
4・7・10	和田太郎義盛
5・1・9	和田小太郎義盛
5・3・13	義盛
5・4・18	和田太郎義盛
5・6・9	和田太郎義盛
5・6・13	和田太郎義盛
5・6・27	義盛
5・7・17	義盛
5・7・19	和田太郎義盛
5・8・10	和田小太郎義盛
5・8・11	義盛
5・8・20	和田太郎
5・9・6	義盛
建久1・4・11	義盛
1・6・27	義盛
1・9・15	和田大郎義盛
1・9・29	義盛
1・11・6	義盛
1・11・8	義盛
1・11・9	和田太郎義盛
1・11・11	和田太郎義盛
1・11・18	和田太郎義盛
1・12・3〈1〉	和田太郎義盛
1・12・11	左衛門尉 平義盛
2・1・5	和田左衛門尉義盛

— 61 —

第Ⅰ部　人名索引（き）

建久2・1・15	左衛門少尉平朝臣義盛
2・2・4	和田左衛門尉
2・3・3	和田左衛門尉
2・3・13	義盛
2・7・28	和田左衛門尉
2・8・18	和田左衛門尉
2・9・21	和田左衛門尉, 義盛
2・11・21	義盛
2・12・6	左衛門尉義盛
3・1・21	義盛
3・2・24	義盛
3・8・9	和田左衛門尉義盛
3・11・25	和田左衛門尉義盛
3・11・29	義盛
3・12・5	和田左衛門尉
4・3・21	和田左衛門尉
4・5・8	和田左衛門尉
4・5・28	義盛
4・5・29	和田左衛門尉
4・11・27	和田左衛門尉義盛
5・1・9	和田左衛門尉義盛
5・2・2	和田左衛門尉義盛
5・5・24	義盛
5・6・10	左衛門尉義盛
5・8・8	和田左衛門尉義盛
5・8・20	和田左衛門尉義盛
5・8・21	義盛
5・⑧・1	和田左衛門尉義盛
5・9・11	和田左衛門尉
5・10・9	和田左衛門尉
5・11・21	左衛門尉義盛
5・12・15	和田左衛門尉
5・12・26	和田左衛門尉義盛
6・1・8	和田左衛門尉義盛
6・2・10	和田左衛門尉義盛
6・3・9	和田左衛門尉義盛
6・3・10	和田左衛門尉
6・3・11	義盛
6・3・12	和田左衛門尉義盛
6・5・15	和田左衛門尉義盛
6・5・20	和田左衛門尉義盛
6・6・3	左衛門尉義盛
6・10・27	和田左衛門尉義盛
正治1・2・4〈6〉	和田左衛門尉義盛
1・4・12	和田左衛門尉義盛
1・8・16	和田左衛門尉義盛
正治1・9・23	和田左衛門尉
1・10・27	和田左衛門尉
1・10・28	和田左衛門尉義盛
1・11・10	和田左衛門尉, 義盛
1・12・18	和田左衛門尉義盛
2・1・15	左衛門尉義盛
2・2・2	義盛
2・2・5	和田左衛門尉
2・2・6	和田左衛門尉
2・2・20	義盛
2・2・26	和田左衛門尉義盛
2・10・22	義盛
建仁1・3・10	和田左衛門尉
1・4・3	義盛
1・4・6	義盛
1・5・14	義盛
1・6・28	義盛
1・12・3	左衛門尉義盛
2・8・27	義盛
2・10・29	和田左衛門尉
3・9・2	和田左衛門尉義盛
3・9・3	和田左衛門尉義盛
3・9・5	和田左衛門尉義盛
3・10・8	和田左衛門尉義盛
3・10・9	和田左衛門尉義盛
3・10・27	和田左衛門尉義盛
3・11・15	和田左衛門尉
3・11・23	和田左衛門尉
3・12・25	義盛
元久1・2・10	義盛
1・11・17	和田左衛門尉
2・6・22	和田左衛門尉義盛
2・7・1	和田左衛門尉
建永1・6・21	議盛(ﾏﾏ)
承元1・3・3	義盛
2・7・19	和田左衛門尉義盛
3・1・6	左衛門尉義盛
3・5・12	和田左衛門尉義盛
3・5・23	左衛門尉義盛
3・5・28	義盛
3・6・13	義盛
3・11・20	義盛
3・11・27	和田左衛門尉義盛
3・12・11	侍所別当義盛
4・2・29	和田左衛門尉
4・6・3	義盛
建暦1・4・16	義盛

第Ⅰ部　人名索引（き）

建暦1・5・10　義盛
　　1・6・7　左衛門尉義盛
　　1・12・20　和田左衛門尉義盛
　　2・1・19　和田左衛門尉義盛
　　2・2・19　義盛
　　2・6・7　和田左衛門尉
　　2・6・24　和田左衛門尉義盛
　　2・7・9　和田左衛門尉
　　2・8・18　和田左衛門尉義盛
建保1・1・1　和田左衛門尉義盛
　　1・1・4　和田左衛門尉義盛
　　1・3・8　和田左衛門尉義盛
　　1・3・9　義盛
　　1・3・19　和田左衛門尉義盛
　　1・3・25　左衛門尉義盛
　　1・4・2　和田左衛門尉義盛
　　1・4・16　義盛
　　1・4・18　義盛
　　1・4・24　和田左衛門尉義盛
　　1・4・27　和田左衛門尉，義盛
　　1・5・2　和田左衛門尉義盛
　　1・5・3　和田左衛門尉義盛
　　1・5・4　義盛
　　1・5・5　義盛
　　1・5・6　和田左衛門尉
　　1・5・8　義盛
　　1・6・25　義盛
　　1・7・11　義盛
　　1・7・20　故和田左衛門尉義盛
　　1・⑨・19　義盛
　　1・12・3　左衛門尉義盛
　　2・11・25　和田左衛門尉義盛
　　3・11・25　義盛
　　5・5・27　義盛
安貞1・3・7　和田左衛門尉義盛
嘉禎1・9・10　義盛
　　3・7・19　和田義盛
仁治2・2・7　和田左衛門尉義盛
　　2・3・25　和田左衛門尉義盛
　　2・12・27　和田左衛門尉義盛
宝治1・5・29　義盛

義　盛　関瀬
文治1・10・24　関瀬修理亮義盛
　　4・3・15　関瀬修理亮
建久2・7・28　修理亮義盛
　　3・11・25　修理亮義盛

建久5・8・8　関〈開〉瀬修理亮義盛
　　5・⑧・8　修理亮義盛
　　5・12・26　修理亮義盛
　　6・3・10　関〈開〉瀬修理亮
　　6・5・20　修理亮義盛

義　宗　→北条義政
弘長3・1・1　陸奥左近大夫将監**義宗**

義　宗
文永2・11・20　陸奥孫四郎
　　3・1・3　陸奥孫四郎義宗

義　村　三浦
寿永1・8・11　三浦平六
元暦1・8・8　平六義村
文治1・1・26　同(三浦)平六義村
　　1・10・24　三浦平六
　　2・11・12　三浦平六義村
　　3・8・15　三浦平六義村
　　4・3・15　同(三浦)平六義村
　　4・7・10　義村
　　5・6・3　三浦平六
　　5・7・19　同(三浦)平六義村
　　5・8・9　三浦平六義村
　　5・9・4　義村
建久1・11・7　三浦平六
　　1・11・29　三浦平六義村
　　1・12・11　右兵衛尉平義村
　　2・1・2　三浦平六義村
　　2・2・4　三浦平六兵衛尉
　　2・⑫・7　平六兵衛尉義村
　　3・7・4　義村
　　3・8・9　義村
　　3・8・20　三浦兵衛尉
　　3・10・19　同(三浦)兵衛尉義村
　　3・11・5　三浦兵衛尉
　　4・5・8　同(三浦)平六兵衛尉
　　4・8・16　三浦平六兵衛尉
　　5・8・8　三浦兵衛尉義村
　　5・⑧・1　三浦兵衛尉義村
　　5・11・21　三浦兵衛尉義村
　　5・12・26　同(三浦)兵衛尉義村
　　6・3・10　三浦平六兵衛尉
　　6・3・27　三浦平六兵衛尉義村
　　6・4・1　三浦平六兵衛尉義村

— 63 —

第Ⅰ部 人名索引(き)

建久 6・4・15 三浦兵衛尉義村
正治 1・10・27 前右兵衛尉義村
　　 1・10・28 三浦兵衛尉義村
　　 1・12・18 三浦兵衛尉義村
　　 2・1・20 三浦兵衛尉
　　 2・2・26 三浦平六兵衛尉義村
　　 2・10・22⟨21⟩ 義村
建仁 1・6・28 義村
　　 1・9・15 前右兵衛尉義村
　　 2・8・23 三浦兵衛尉
　　 2・10・29 三浦兵衛尉義村
　　 3・8・4 平六兵衛尉義村(補土佐国守護職)
　　 3・9・2 三浦平六兵衛尉義村
　　 3・9・10 三浦兵衛尉義村
　　 3・9・15 三浦兵衛尉義村
　　 3・11・6 三浦兵衛尉義村
　　 3・11・10 三浦兵衛尉義村
　　 3・11・15 三浦兵衛尉
　　 3・12・14 三浦兵衛尉
元久 1・5・8 左衛門尉義村
　　 2・1・1 三浦兵衛尉
　　 2・6・1 三浦兵衛尉義村
　　 2・6・22 三浦平六兵衛尉義村
　　 2・6・23 三浦平六兵衛尉義村
　　 2・⑦・19 三浦兵衛尉義村
建永 1・10・20 三浦平六兵衛尉義村
承元 1・3・3 義村
　　 3・12・15 三浦兵衛尉義村
　　 4・6・3 義村
　　 4・9・20 義村
建暦 1・2・4 三浦平六兵衛尉義村
　　 1・5・19 三浦平六兵衛尉義村
　　 1・7・8 三浦兵衛尉
　　 2・1・19 三浦兵衛尉義村
　　 2・2・19 義村
　　 2・2・28 義村
建保 1・1・4 三浦左衛門尉義村
　　 1・5・2 三浦平六左衛門尉義村
　　 1・5・4 三浦左衛門尉義村
　　 1・5・7 義村,平六兵衛⟨左衛門⟩尉
　　 1・8・20 三浦左衛門尉義村
　　 1・8・26 三浦左衛門尉義村
　　 1・9・12 三浦平六左衛門尉義村

建保 1・9・22 三浦左衛門尉
　　 1・10・2 三浦左衛門尉
　　 1・12・28 三浦左衛門尉義村
　　 1・12・30 左衛門尉義村
　　 2・1・22 三浦左衛門尉義村
　　 2・7・27 三浦左衛門尉義村
　　 3・3・5 義村
　　 3・11・5 義村
　　 3・12・30 三浦左衛門尉義村
　　 4・1・15 三浦左衛門尉義村
　　 4・1・28 三浦左衛門尉義村
　　 4・4・9 義村
　　 4・7・29 三浦左衛門尉義村
　　 5・9・13 左衛門尉義村
　　 6・6・27 三浦左衛門尉義村
　　 6・7・8 三浦左衛門尉義村
　　 6・7・22 三浦左衛門尉義村
　　 6・9・14 三浦左衛門尉義村
承久 1・1・27 義村
　　 1・7・19 三浦左衛門尉
　　 2・12・1 駿河守義村
　　 3・5・19 駿河前司義村
　　 3・5・22 駿河前司
　　 3・5・25 駿河前司義村
　　 3・6・5 駿河前司義村
　　 3・6・7 義村
　　 3・6・13 駿河前司
　　 3・6・14 駿河前司
　　 3・6・15 義村
　　 3・6・29 駿河前司
貞応 1・1・1 駿河前司義村
　　 1・1・2 駿河前司義村
　　 1・1・10 駿河前司義村
　　 1・2・6 駿河前司義村
　　 1・2・12 駿河前司義村
　　 1・5・25 駿河前司
　　 2・1・1 駿河前司義村
　　 2・1・20 駿河前司
　　 2・1・24 駿河前司
　　 2・4・29 駿河前司義村
　　 2・5・5 駿河前司
　　 2・5・19 駿河前司
　　 2・10・4 駿河前司義村
　　 2・10・6 駿河前司
　　 2・12・20 駿河前司義村
元仁 1・1・1 三浦駿河前司義村
　　 1・1・2 三浦駿河前司

第Ⅰ部 人名索引（き）

元仁 1・1・18　三浦駿河前司義村
　　 1・1・23　三浦駿河前司
　　 1・4・27　前司義村
　　 1・6・22　三浦駿河前司
　　 1・7・5 　駿河前司義村
　　 1・7・17　駿河前司義村
　　 1・7・18　駿河前司義村
　　 1・⑦・1 　義村
　　 1・9・5 　三浦駿河前司義村
　　 1・9・16　三浦駿河前司
　　 1・10・1 　駿河前司義村
　　 1・12・19　三浦駿河前司義村
嘉禄 1・1・1 　駿河前司義村
　　 1・5・1 　駿河前司義村
　　 1・9・3 　駿河前司義村
　　 1・9・8 　三浦駿河前司
　　 1・10・28　三浦駿河前司
　　 1・12・5 　三浦駿河前司義村
　　 1・12・20　三浦駿河前司
　　 1・12・21　駿河前司
　　 2・1・1 　駿河前司義村
　　 2・1・3 　駿河前司義村
　　 2・1・9 　駿河前司
　　 2・9・2 　駿河前司
　　 2・9・22　駿河前司
　　 2・10・9 　駿河前司
安貞 1・1・3 　三浦駿河前司
　　 1・2・14　三浦駿河前司義村
　　 1・2・19　駿河前司
　　 1・3・24　駿河前司
　　 1・12・8 　駿河前司義村
　　 2・1・13　駿河前司
　　 2・1・19　義村
　　 2・1・29　義村
　　 2・2・3 　駿河前司
　　 2・2・13　三浦駿河前司義村
　　 2・2・18　駿河前司
　　 2・3・9 　三浦駿河前司
　　 2・4・16　駿河前司
　　 2・4・22　駿河前司義村
　　 2・6・22　駿河前司義村
　　 2・6・25　義村
　　 2・7・20　駿河前司義村
　　 2・7・23　駿河前司義村
　　 2・7・25　義村
　　 2・7・26　駿河前司
　　 2・10・15　駿河前司

安貞 2・10・18　駿河前司
寛喜 1・1・3 　駿河前司
　　 1・1・13　駿河前司義村
　　 1・2・20　駿河前司義村
　　 1・2・21　駿河前司
　　 1・2・22　駿河前司
　　 1・4・17　駿河前司
　　 1・5・23　駿河前司
　　 1・8・15　駿河前司
　　 1・9・17　駿河前司
　　 1・10・26　駿河前司
　　 1・12・10　駿河前司
　　 2・1・10　三浦駿河前司
　　 2・2・6 　駿河前司
　　 2・2・19　駿河前司
　　 2・3・19　駿河前司
　　 2・6・14　駿河前司義村
　　 3・1・1 　駿河前司
　　 3・7・9 　駿河前司義村,駿州
　　 3・9・23　駿河前司
　　 3・9・27　駿河前司
　　 3・10・6 　駿河前司
　　 3・10・27　駿河前司義村
貞永 1・4・11　駿河前司義村
　　 1・7・10　前駿河守平義村
　　 1・7・12　駿河前司
　　 1・⑨・8 　駿河前司
　　 1・⑨・20　駿河前司
　　 1・10・22　駿河前司
天福 1・12・29　駿河前司
文暦 1・3・5 　駿河前司義村
嘉禎 1・1・1 　駿河前司義村
　　 1・1・3 　駿河前司
　　 1・2・4 　駿河前司
　　 1・2・9 　駿河前司
　　 1・2・10　駿河前司
　　 1・6・29　駿河前司義村
　　 1・8・21　義村
　　 1・9・10　駿河前司義村
　　 2・2・2 　駿河前司
　　 2・2・3 　駿河前司
　　 2・3・14　駿河前司義村
　　 2・8・4 　駿河前司
　　 3・1・1 　駿河前司義村
　　 3・4・7 　駿河前司
　　 3・4・22　駿河前司
　　 3・6・23　駿河前司義村

— 65 —

第Ⅰ部 人名索引（き）

　　嘉禎3・7・19　駿河前司
　　　　3・8・15　駿河前司
　　暦仁1・1・2　駿河前司義村
　　　　1・1・10　三浦駿河前司
　　　　1・1・20　義村
　　　　1・2・7　駿河前司義村
　　　　1・2・17　駿河前司
　　　　1・6・5　駿河前司義村
　　　　1・12・28　駿河前司
　　延応1・5・2　駿河前司義村
　　　　1・12・5　前駿河守正五位下平
　　　　　　　　　朝臣義村卒
　　仁治1・4・12　義村
　　寛元4・8・16　義村
　　宝治1・6・8　故駿河前司
　　　　1・6・28　義村
　　　　1・6・29　駿河前司義村
　　弘長1・6・22　故駿河前司義村

義　　泰　　大曾禰
　　正嘉1・1・1　大曾禰上総三郎美
　　　　　　　　　〈義〉泰
　　　　1・8・15　大曾禰上総三郎義泰
　　　　1・10・1　同（大曾禰上総）三
　　　　　　　　　〈二〉郎右〈左〉衛門尉義
　　　　　　　　　泰
　　　　1・12・24　上総三郎左〈右〉衛門
　　　　　　　　　尉
　　　　1・12・29　上総三郎右〈左〉衛門
　　　　　　　　　尉茂泰（マヽ）
　　　　2・6・4　同（上総）三郎左衛門
　　　　　　　　　尉義泰
　　　　2・6・11　上総三郎左衛門尉義
　　　　　　　　　泰
　　　　2・6・17　同（上総）三郎左衛門
　　　　　　　　　尉
　　　　2・8・15　上総三郎右衛門尉義
　　　　　　　　　泰
　　文応1・1・1　上総三郎右衛門尉
　　　　1・2・20　上総三郎左衛門尉
　　　　1・3・21　上総三郎左衛門尉義
　　　　　　　　　泰
　　　　1・4・3　上総三郎左衛門尉義
　　　　　　　　　泰
　　　　1・11・20　上総三郎左衛門尉
　　弘長1・1・1　上総三郎右衛門尉義
　　　　　　　　　泰

　　　　弘長1・1・7　同（上総）三郎左衛門
　　　　　　　　　尉

義　　泰　　波多野
　　弘長1・1・2　同（出雲）六郎義泰

義　　仲　　木曾（源）
　　治承4・9・7　源氏木曾冠者義仲
　　　　4・10・13　木曾冠者義仲
　　　　4・12・24　木曾冠者義仲
　　養和1・8・13　木曾義仲
　　　　1・8・15　木曾冠者
　　　　1・8・16　木曾冠者
　　　　1・9・3　木曾冠者義仲
　　　　1・9・4　木曾冠者
　　寿永1・9・15　木曾冠者義仲
　　　　1・10・9　木曾冠者義仲
　　元暦1・1・10　伊予守義仲（兼征夷大
　　　　　　　　　将軍）
　　　　1・1・20　征夷大将軍従四位下
　　　　　　　　　行伊予守源朝臣義仲
　　　　　　　　　年卅一（誅さる）
　　　　1・1・21　義仲
　　　　1・1・23　義仲
　　　　1・1・26　伊予守義仲
　　　　1・1・27　義仲
　　　　1・2・1　木曾
　　　　1・2・20　源義仲
　　　　1・2・21　木曾殿
　　　　1・2・22　義仲朝臣
　　　　1・3・1　左馬頭義仲朝臣
　　　　1・4・10　義仲
　　　　1・4・21　亡父
　　　　1・5・15　義仲
　　　　1・6・4　義仲
　　　　1・11・23　義仲
　　　　1・12・25　義仲朝臣
　　文治1・1・6　木曾
　　　　1・3・3　左馬頭義仲朝臣
　　　　1・4・15　木曾
　　　　1・5・1　故伊予守義仲朝臣
　　　　1・5・3　木曾
　　　　1・5・9　義仲朝臣
　　　　1・5・24　木曾義仲
　　　　1・11・2　木曾
　　　　3・11・25　木曾左馬頭、左典厩
　　　　5・12・23　木曾左典厩

— 66 —

第Ⅰ部 人名索引（き）

建久1・1・6　　左馬頭義仲
　　1・6・29　　義仲
　　2・5・3　　義仲
　　2・10・1　　義仲
　　3・6・13　　木曾典厩
　　6・10・13　故木曾左馬頭義仲朝
　　　　　　　　臣
建仁2・6・26　伊予守義仲

義　忠　　岡崎（佐奈田）
治承4・8・12　同（岡崎）与一義忠
　　4・8・20　同（岡崎）余一義忠
　　4・8・23　佐那田余一義忠
　　4・9・29　佐那田余一義忠
養和1・7・5　　佐奈田余一義忠
文治3・10・2　故余一義忠
建久1・1・20　佐奈田余一
正治2・3・14　義忠冠者
建保1・5・2　　直〈実〉田与一義忠
　　4・8・24　故佐奈田与一義忠
建長2・4・16　佐那田余一義忠

義　忠　　本間
文治5・7・19　本間右馬允義忠
建久1・11・7　本間右馬允
　　1・11・11　本間右馬允義忠
　　2・2・4　　本間右馬允
　　6・3・10　本間右馬允
　　6・3・30　本間右馬允

義　長
治承4・10・13　河内五郎義長
文治1・5・23　河内五郎義長
　　1・6・14　河内五郎義長
　　4・3・15　河内五郎義長
建久1・11・7　河内五郎
　　6・3・10　河内五郎

義　長　　和田
文治1・11・24　同（和田）五郎
建久1・11・7　和田五郎
　　6・3・10　和田五郎
　　6・5・20　和田五郎
　　6・8・16　三浦和田五郎

義　長　　鎌田
建長3・8・15　鎌田兵衛三郎義長

建長4・4・3　　鎌田兵衛三郎義長
　　4・7・23　鎌田三郎義長
　　4・11・11　鎌田兵衛三郎義長
　　4・12・17　鎌田三郎
　　5・1・3　　鎌田兵衛三郎義長
　　6・1・1　　鎌田三郎義長
　　6・6・16　鎌田兵衛三郎
　　6・8・15　鎌田兵衛三郎
康元1・1・1　　鎌田三郎左衛門尉
　　1・1・5　　鎌田三郎左衛門尉義
　　　　　　　　長〈氏〉
　　1・1・11　鎌田三郎左衛門尉
　　1・6・29　鎌田三郎左衛門尉
　　1・8・15　鎌田三郎左衛門尉義
　　　　　　　　長
　　1・8・23　鎌田三郎左衛門尉義
　　　　　　　　長
正嘉1・1・1　　鎌田三郎兵衛尉義長
　　1・2・2　　鎌田三郎左衛門尉義
　　　　　　　　長
　　1・6・1　　鎌田三郎左衛門尉
　　1・6・23　鎌田三郎左衛門尉義
　　　　　　　　長
　　1・10・1　鎌田三郎左衛門尉義
　　　　　　　　長
　　1・12・24　鎌田三郎左衛門尉
　　1・12・29　鎌田三郎左衛門尉義
　　　　　　　　長
　　2・1・1　　鎌田三郎左衛門尉
　　2・1・2　　鎌田三郎左衛門尉義
　　　　　　　　長
　　2・1・10　鎌田三郎左衛門尉義
　　　　　　　　長
　　2・3・1　　鎌田三郎左衛門尉義
　　　　　　　　長
　　2・6・11　鎌田三郎左衛門尉義
　　　　　　　　長
　　2・6・17　鎌田三郎左衛門尉
　　2・8・15　鎌田三郎左衛門尉義
　　　　　　　　長
文応1・1・1　　鎌田三郎左衛門尉義
　　　　　　　　長
　　1・1・11　鎌田三郎左衛門尉義
　　　　　　　　長
　　1・2・20　鎌田三郎左衛門尉
　　1・4・1　　鎌田三郎左衛門尉
　　1・4・2　　鎌田三郎左衛門尉

— 67 —

第Ⅰ部　人名索引（き）

文応1・4・3　鎌田三郎左衛門尉義長
　　1・11・27　鎌田三郎左衛門尉義長
弘長1・1・1　鎌田三郎左衛門尉義長
　　1・1・7　鎌田三郎左衛門尉
　　1・4・24　鎌田三郎左衛門尉
　　3・7・13　鎌田三郎左衛門尉
　　3・8・8　鎌田三郎左衛門尉
　　3・8・15　鎌田三郎左〈右〉衛門尉義長

義　朝　源
治承4年首　従四位下行左馬頭兼播磨守義朝
　　4・8・9　左典厩
　　4・8・24　左典厩
　　4・9・11　左典厩
　　4・9・17　故左典厩
　　4・10・7　故左典厩
　　4・10・17　左典厩
寿永1・4・20　左典厩
　　1・9・25　故左典厩
元暦1・2・20　義朝朝臣
　　1・2・21　左典厩
　　1・3・28　父
　　1・6・23　故左典厩
文治1・2・5　故左典厩
　　1・5・24　故頭殿
　　1・8・20　故左典厩
　　1・8・30　故左典厩
　　1・9・3　故左典厩
　　1・10・19　左典厩
　　2・⑦・22　故左典厩義朝
　　3・2・9　左典厩
　　3・6・13　故左典厩
　　5・④・30　左馬頭義朝朝臣
　　5・9・7　故左典厩
建久1・10・25　故左典厩
　　1・10・29　故左典厩
　　3・2・5　故左典厩
　　4・8・2　故左馬頭殿
　　5・9・23　故左典厩
　　5・10・25　故大僕卿，故左典厩
正治2・②・12　下野国司
建仁2・2・29　故大僕卿義朝

義　澄　三浦
治承4・6・27　三浦次郎義澄
　　4・8・22　三浦次郎義澄
　　4・8・24　義澄
　　4・8・26　次郎義澄
　　4・8・27　義澄
　　4・9・3　三浦二郎義澄
　　4・10・4　義澄
　　4・10・19　三浦二郎義澄
　　4・10・21　義澄
　　4・10・23　義澄
　　4・11・4　義澄
　　4・12・20　三浦介義澄
養和1・1・1　三浦介義澄
　　1・2・18　義澄
　　1・②・27　三浦介義澄
　　1・3・7　義澄
　　1・6・19　義澄
　　1・6・21　義澄
寿永1・1・3　三浦介義澄
　　1・2・14　三浦介義澄
　　1・2・15　義澄
元暦1・6・1　三浦介義澄
　　1・8・8　三浦介義澄
文治1・1・26　三浦介義澄
　　1・3・22　三浦介義澄
　　1・10・24　三浦介義澄
　　2・2・1　三浦介
　　3・2・25　三浦介義澄
　　3・8・9　義澄
　　3・8・15　義澄
　　3・9・9　義澄
　　3・11・15　義澄
　　4・1・20　三浦介義澄
　　4・3・15　三浦介
　　4・6・11　義澄
　　4・7・10　三浦介義澄
　　5・1・19　三浦介，義澄
　　5・4・18　三浦介義澄
　　5・5・19　三浦介
　　5・6・9　三浦介義澄
　　5・7・8　三浦介義澄
　　5・7・19　三浦介義澄
　　5・8・10　義澄
　　5・8・21　三浦介
　　5・9・4　三浦介義澄
建久1・4・11　三浦介

— 68 —

第Ⅰ部　人名索引（き）

建久1・11・7　　三浦介
　　1・11・9　　三浦介義澄
　　1・11・11　 三浦介義澄
　　1・11・29　 三浦介義澄
　　1・12・3⟨1⟩三浦介義澄
　　1・12・11　 義澄
　　2・1・2　　 三浦介義澄
　　2・1・11　　三浦介
　　2・2・4　　 三浦介
　　2・3・3　　 三浦介
　　2・6・9　　 義澄
　　2・6・17　　三浦介
　　2・7・28　　三浦介
　　2・8・1　　 三浦介
　　2・8・18　　三浦介
　　2・11・3　　三浦介
　　2・12・1　　三浦介
　　2・⑫・7　　三浦介義澄
　　3・3・23　　三浦介
　　3・7・4　　 三浦介
　　3・7・24　　三浦介
　　3・7・26　　三浦義澄
　　3・8・9　　 三浦介義澄
　　3・8・10　　三浦介
　　3・8・24　　義澄
　　3・11・29　 義澄
　　3・12・5　　三浦介
　　4・1・20　　三浦介
　　4・5・8　　 三浦介
　　4・5・16　　三浦介
　　4・5・29　　三浦介
　　4・11・27　 三浦介義澄
　　5・1・15　　三浦介義澄
　　5・2・2　　 三浦介義澄
　　5・2・22　　三浦介
　　5・4・22　　三浦介
　　5・8・8　　 三浦介義澄
　　5・⑧・1　　三浦介義澄
　　5・12・2　　三浦介義澄
　　5・12・15　 三浦介
　　5・12・26　 三浦介義澄
　　6・1・4　　 三浦介義澄
　　6・1・16　　三浦介義澄
　　6・1・25　　義澄
　　6・3・9　　 三浦介義澄
　　6・3・10　　三浦介
　　6・3・12　　三浦介義澄

建久6・5・15　　三浦介義澄
　　6・5・20　　三浦介義澄
　　6・7・20　　三浦介義澄
　　6・8・15　　三浦介義澄
　　6・9・28　　義澄
　　6・10・27　 義澄
　　6・11・19　 三浦介義澄
正治1・2・4⟨6⟩三浦介義澄
　　1・4・12　　三浦介義澄
　　1・5・13　　三浦介
　　1・6・30　　三浦介
　　1・10・28　 三浦介義澄
　　2・1・3　　 三浦介義澄
　　2・1・23　　三浦介平朝臣義澄
承元3・12・15　 義澄
建保6・7・8　　 三浦介義澄

義　　直　　村上(源)
治承4・9・7　　 村山七郎義直
養和1・5・16　　村山七郎源頼直(ママ)
建久1・11・7　　村山⟨上⟩七郎
　　1・11・11　 村山七郎頼直(ママ)
　　6・3・10　　村山七郎
　　6・5・20　　村山七郎義直

義　　直　　和田
建暦1・7・8　　 和田四郎
建保1・2・16　　和田四郎左衛門尉義直
　　1・3・8　　 義直
　　1・4・16　　四郎左衛門尉義直
　　1・4・18　　義直
　　1・5・2　　 (義盛)四男和田四郎左衛門尉義直
　　1・5・3　　 和田四郎左衛門尉義直
　　1・5・6　　 同(和田)四郎左衛門尉

義　　直　　→大友能直
建保1・8・20　　大友左衛門尉義直

義　　通　　波多野
治承4・10・17　 義通
養和1・1・5　　 故波多野次郎義通
文治4・8・23　　義通

― 69 ―

第Ⅰ部　人名索引（き）

義　　定　　安田
　治承4・8・25　安田三郎義定
　　　4・10・13　安田三郎義定
　　　4・10・21　安田三郎義定
　　　4・10・23　義定
　養和1・2・27　安田三郎義定
　　　1・②・17　安田三郎義定
　　　1・3・13　安田三郎
　　　1・3・14　義定
　　　1・4・30　安田三郎義定
　寿永1・5・12　安田三郎
　　　1・5・16　安田三郎義定
　元暦1・1・27　遠江守義定
　　　1・2・5　遠江守義定
　　　1・2・7　遠江守義定
　　　1・2・15　遠江守義定
　　　1・3・1　遠江守義定朝臣
　文治1・10・14　義定朝臣
　　　1・10・24　遠江守義定
　　　2・4・21　遠江守義定朝臣
　　　3・8・15　遠江守義定
　　　3・8・26　遠江守義定
　　　4・3・19　遠江守義定
　　　4・7・11　遠江守
　　　5・4・18　遠江守義定
　　　5・5・19　遠江守
　　　5・6・9　遠江守義定
　　　5・7・19　遠江守義定
　建久1・2・10　遠江守義定
　　　1・2・25　下総守義定
　　　1・6・29　義定
　　　2・5・2　遠江守義定朝臣
　　　2・5・3　遠江守義定
　　　3・11・25　遠江守義定
　　　4・11・28　遠江守義定
　　　4・12・5　遠江守義定
　　　5・8・19　安田遠州，遠江守従
　　　　　　　　五位下源朝臣義定 年
　　　　　　　　六十一(梟首せらる)
　　　5・8・20　遠江守
　　　5・⑧・7　義定朝臣
　　　6・7・2　義定朝臣

義　　定　　波多野
　養和1・1・5　同(波多野)三郎義定
　　　　　　　　義通孫

義　　定
　文治1・10・24　宇治蔵人三郎
　　　3・5・26　宇治蔵人三郎義定
　建久1・11・7　宇治蔵人三郎

義　　貞　　里見
　宝治2・⑫・11　同(里見)蔵人三郎

義　　典
　建保6・12・5　白河左衛門尉義典
　承久1・2・6　白河左衛門尉
　　　1・2・21　白河左衛門尉義典

義　　範　　山名
　治承4・12・12　山名冠者義範
　元暦1・2・5　山名三郎義範
　文治1・8・29　伊豆守義範
　　　1・10・24　義範
　　　4・3・15　伊豆守
　　　5・7・19　伊豆守義範
　建久1・11・7　伊豆守
　　　1・11・11　伊豆守義範
　　　2・1・11　伊豆守
　　　2・2・4　伊豆守
　　　2・3・3　伊豆守
　　　2・7・28　伊豆守
　　　3・7・27　伊豆守
　　　3・11・25　伊豆守義範
　　　3・12・5　伊豆守
　　　4・5・8　伊豆守
　　　4・5・29　伊豆守
　　　4・9・11　伊豆守
　　　5・2・2　伊豆守義範
　　　5・8・8　伊豆守義範
　　　5・11・13　伊豆守
　　　6・3・10　伊豆守
　　　6・3・12　伊豆守義範
　　　6・5・20　伊豆守義範
　　　6・6・3　伊豆守義範
　　　6・8・15　伊豆守義範
　　　6・10・7　伊豆守義範

義　　範
　　　2・4・30　義範
　　　2・5・3　義範

義　　部　　→義印
　建仁1・9・11　加賀房義部〈印〉
　　　1・10・1　義部〈印〉

— 70 —

第 I 部　人名索引（き）

建仁1・10・21　義部〈印〉
　　2・1・10　義部〈印〉
　　2・4・13　義部〈印〉

義　平　　源
　治承4・9・7　悪源太義平
　寿永1・7・14　悪源太殿武衛舎兄

義　房　　足利
　治承4・5・26　足利判官代義房

義　明　　三浦
　治承4・6・27　義明
　　4・8・20　三浦介義明
　　4・8・26　義明
　　4・8・27　三浦介義明
　　4・10・4　三浦介義明
　養和1・2・18　三浦介義明
　　1・6・19　義明
　建久3・7・26　義明
　　5・9・29　故介義明
　正治2・1・23　三浦大介義明
　承元3・12・15　祖父義明
　宝治1・6・8　義明

義　明　　荏〈養〉浦
　養和1・2・12　荏〈養〉浦冠者義明兵衛尉義経男

義　茂　　和田
　治承4・8・22　同(和田)次郎義茂
　養和1・4・7　和田次郎義茂
　　1・9・7　和田次郎義茂
　　1・9・13　和田次郎義茂
　　1・9・18　和田次郎義茂
　　1・9・28　和田次郎義茂
　寿永1・6・7　和田次郎
　　1・12・7　和田次郎
　建保1・5・2　和田次郎義茂

義　茂　　佐竹
　承久3・6・18　佐竹六郎

義　茂　　神山
　寛喜3・6・15　神山弥三郎義茂

義　有　　平
　宝治1・6・22　平判官大郎左衛門尉義有

義　隆　　毛利
　治承4・9・17　陸奥六郎義隆
　文治1・9・3　毛利冠者義隆

義　良　　富山
　文治1・7・22　富山二郎大夫義良

義　連　　三浦(佐原)
　治承4・8・22　同(三浦)十郎義連
　　4・8・26　十郎義連
　養和1・4・7　三浦十郎義連
　　1・6・19　三浦十郎義連
　　1・9・7　三浦十郎義連
　寿永1・4・5　三浦十郎
　　1・6・7　三浦十郎
　　1・8・11　佐原十郎
　元暦1・2・5　三浦十郎義連
　　1・2・7　三浦十郎義連
　文治1・10・24　三浦十郎義連
　　3・8・20　三浦十郎義連
　　3・10・2　義連
　　4・3・15　三浦十郎義連
　　4・7・10　三浦十郎義連
　　5・1・9　三浦十郎義連
　　5・2・28　三浦十郎義連
　　5・4・18　三浦十郎義連
　　5・6・9　三浦十郎義連
　　5・7・19　佐原十郎義連
　　5・8・10　義連
　　5・8・20　三浦十郎
　　5・9・4　義連
　　5・12・1　三浦十郎
　建久1・9・15　三浦十郎義連
　　1・11・7　三浦十郎
　　1・11・9　三浦十郎義連
　　1・11・11　三浦十郎義連
　　1・11・29　三浦十郎義連
　　1・12・2　三浦十郎義連
　　1・12・11　平義連
　　2・1・2　三浦左衛門尉義連
　　2・1・11　三浦左衛門尉
　　2・2・4　三浦左衛門尉
　　2・3・3　三浦左衛門尉
　　2・7・28　三浦左衛門尉義連

— 71 —

第Ⅰ部　人名索引（き）

建久3・3・23	三浦左衛門尉
3・8・9	佐原十郎左衛門尉義連
3・10・19	三浦左衛門尉義連
3・11・25	三浦左衛門尉義連
3・12・5	佐原左衛門尉
4・3・21	三浦左衛門尉
4・5・8	三浦十郎左衛門尉
4・5・29	佐原十郎左衛門尉
4・9・11	三浦十郎左衛門尉義連
5・2・2	三浦左衛門尉義連
5・8・8	三浦左衛門尉義連
5・12・26	三浦左衛門尉義連
6・3・10	三浦十郎左衛門尉
6・3・12	三浦十郎左衛門尉義連
6・3・30	三浦十郎左衛門尉義連
6・5・15	佐原左衛門尉義連
6・5・20	三浦左衛門尉義連
正治1・5・13	三浦十郎左衛門尉
2・②・8	三浦十郎義連
元久1・4・18	三浦左衛門尉
承元1・6・24	佐原十郎左衛門尉義連

義　連　長
建長4・8・14	長次郎左衛門尉義連
4・11・20	長次郎右衛門尉義連
5・1・3	長次左〈右〉衛門尉義連
5・8・15	長次右衛門尉
6・1・22	長次右衛門尉
康元1・6・29	同長次郎右衛門尉
正嘉2・8・15	長次左〈郎右〉衛門尉義連
弘長1・1・1	長右衛門尉
1・1・7	長次右衛門尉
1・8・15	長次右衛門尉義連
3・8・9	長次郎左〈右〉衛門尉義連
3・8・15	長次右衛門尉義連

義　廉
| 文治1・4・15 | 兵衛尉義廉 |

吉　持〈扶〉
| 文治1・4・29 | 雑色吉持〈扶〉 |

吉　助　藤原
| 文治2・9・25 | 藤三次郎吉助丸，吉助 |

吉祥丸　毛利
| 宝治1・6・22 | 同（毛利経光）子息吉祥丸 |

吉　盛
| 元久2・⑦・29 | 吉盛別宮七郎大夫 |

久〈文〉永
| 寛元3・8・20 | 久〈文〉永朝臣 |

久　家　大江
文治5・7・19	江右近次郎
建久2・12・19	山城江次久家
3・3・4	江次久家
4・7・18	江右〈左〉近将監久家〈宗〉
4・10・7	左〈右〉近将監久家
4・11・5	右近将監久家
5・11・4	右近将監大江久家

久　季　糟屋
| 承久3・6・3 | 糟屋四郎右〈左〉衛門尉久季 |
| 3・6・5 | 久季 |

久　経　中原
治承4・10・17	典膳大夫久経
養和1・2・28	散位久経
文治1・2・5	典膳大夫中原久経
1・3・4	典膳大夫久経
1・5・25	典膳大夫
1・6・16	典膳大夫
1・7・12	久経
1・8・13	久経，中原久経
1・12・6	久経

久　経　丸嶋
| 正嘉2・3・1 | 丸嶋弥太郎久経 |

久　兼

— 72 —

第Ⅰ部　人名索引（き）

```
         文治 1・ 7・23  山城介久兼
            2・ 3・16  山城介久兼
            3・ 4・29  山城介久兼
            3・ 6・29  山城介久兼
            3・10・13  山城介久兼
            5・ 2・21  山城介
            5・ 7・10  山城介久兼

久　康　　大江
         嘉禎 3・ 7・ 8  江左〈右〉近次郎久康
            3・ 7・10  久康

久　綱　　鏡
         承久 3・ 6・ 3  鏡右衛門尉久綱
            3・ 6・ 6  鏡右衛門尉久綱

久　時　　嶋津
         建長 4・ 4・ 3  嶋津大隅修理亮久時
         康元 1・ 6・29  同(大隅)修理亮
            1・ 7・ 6  大隅修理亮
            1・ 7・17  大隅修理亮
         正嘉 1・12・24  大隅修理亮
            1・12・29  大隅修理亮久時
            2・ 1・ 1  大隅修理亮
            2・ 1・ 7  大隅修理亮
            2・ 2・25  修理亮久時
            2・ 3・ 1  大隅修理亮久時
            2・ 6・ 4  修理亮久時
            2・ 6・17  同(大隅)修理亮
            2・ 8・15  大隅修理亮久時
         文応 1・ 1・20  大隅修理亮久時
            1・ 2・20  大隅修理亮
            1・ 4・ 1  大隅修理亮
         弘長 1・ 1・ 1  大隅修理亮
            1・ 1・ 7  大隅修理亮
            1・ 4・24  大隅修理亮
            1・ 4・25  大隅修理亮
            1・ 7・12  大隅修理亮
            1・ 8・15  大隅修理亮
            3・ 1・ 1  大隅修理亮久時
            3・ 1・ 7  大隅修理亮久時
            3・ 1・23  大隅修理亮

久　実
         文治 1・ 5・27  久実
            1・10・21  久実

久　重　　平井
         治承 4・ 8・24  紀六久重
         養和 1・ 1・ 6  平井紀六
            1・ 4・19  平井紀六

久　長　　(久実息男)
         文治 1・10・21  久長

久　良　　藤原
         承久 3・ 6・18  大和藤内
         嘉禄 2・12・13  大和左衛門尉
         安貞 1・11・24  大和右衛門尉久良
         貞永 1・ 7・28  大和左衛門尉久
                       良
            1・ 8・ 6  久良
            1・⑨・10  大和左衛門尉
            1・10・ 7  大和藤内左衛門尉久
                       良

久　良
         寛元 2・ 7・ 5  肥前々司久良

久　連　　長
         建長 3・12・26  長次郎左衛門尉久連

求　仏
         建久 4・ 3・13  阿闍梨求仏
         嘉禄 3・ 6・13  求仏房
         寛喜 3・ 7・11  求仏房

宮　王　　北条
         正嘉 1・12・12  武蔵国司(長時)子息
                       宮王

筥　王　　→曾我時致
         建久 1・ 9・ 7  筥王

筥王丸
         建久 1・11・ 7  筥王丸

筥　熊　　(筥根児童)
         文治 5・ 2・21  筥熊

魚　名　　藤原
         文治 1・ 6・21  左大臣魚名

教　家　　九条(藤原)
```

— 73 —

第Ⅰ部 人名索引（き）

　　　正嘉2・2・19　弘誓院亜相

教　　雅　→定雅
　　　承久3・9・29　大蔵卿僧都定雅 改教雅

教　経　平
　　　元暦1・2・7　能登守教経
　　　　　1・2・13　教経
　　　　　1・2・15　教経

教　経
　　　宝治2・7・10　教経

教　時　北条
　　　寛元4・10・16　遠江六郎
　　　宝治1・2・23　遠江六郎
　　　建長2・1・3　遠江六郎教時
　　　　　2・8・18　遠江六郎
　　　　　2・12・27　遠江六郎
　　　　　3・1・2　遠江六郎教時
　　　　　3・1・11　遠江六郎教時
　　　　　3・1・20　遠江六郎
　　　　　3・8・15　遠江六郎教時
　　　　　4・1・1　遠江六郎
　　　　　4・4・1　遠江六郎教時
　　　　　4・4・3　遠江六郎教時
　　　　　4・7・23　遠江六郎教時
　　　　　4・11・11　遠江六郎教時
　　　　　4・11・20　遠江六郎
　　　　　4・12・17　遠江六郎教時
　　　　　5・1・1　遠江六郎教時
　　　　　5・1・3　遠江六郎教時
　　　　　5・1・16　遠江六郎
　　　　　5・3・18　遠江六郎
　　　　　6・1・1　遠江六郎
　　　　　6・1・3　遠江六郎
　　　　　6・1・22　遠江六郎
　　　　　6・6・16　遠江六郎
　　　　　6・8・15　遠江六郎教時
　　　康元1・1・1　刑部少輔
　　　　　1・1・2　刑部少輔教時
　　　　　1・1・5　刑部少輔
　　　　　1・1・11　刑部少輔教時
　　　　　1・6・29　刑部少輔
　　　　　1・7・17　刑部少輔教時
　　　　　1・8・15　刑部少輔教時

　　　康元1・8・23　刑部少輔教時
　　　正嘉1・1・1　刑部少輔教時
　　　　　1・2・2　刑部少輔教時
　　　　　1・2・26　刑部少輔教時
　　　　　1・③・2　刑部少輔教時
　　　　　1・4・9　中務権大輔教時
　　　　　1・6・23　刑部少輔教時
　　　　　1・6・24　刑部少輔教時
　　　　　1・8・15　刑部少輔教時
　　　　　1・10・1　刑部少輔教時
　　　　　1・12・24　刑部少輔
　　　　　1・12・29　刑部少輔教時
　　　　　2・1・1　刑部少輔
　　　　　2・1・2　刑部少輔教時
　　　　　2・1・10　刑部少輔教時
　　　　　2・5・29　刑部少輔教時
　　　　　2・6・4　刑部少輔教時
　　　　　2・6・11　刑部少輔教時
　　　　　2・6・12　刑部少輔教時
　　　　　2・6・17　刑部少輔
　　　　　2・7・4　刑部少輔教時
　　　　　2・8・15　刑部少輔教時
　　　　　2・11・19　刑部少輔教時
　　　文応1・1・1　刑部少輔教時
　　　　　1・1・11　刑部少輔教時
　　　　　1・1・20　刑部少輔
　　　　　1・2・20　刑部少輔教時
　　　　　1・4・3　刑部少輔教時
　　　　　1・7・29　刑部少輔教時
　　　　　1・12・26　刑部少輔教時
　　　弘長1・1・1　刑部少輔教時
　　　　　1・1・2　刑部少輔教時
　　　　　1・1・5　刑部少輔
　　　　　1・1・7　刑部少輔
　　　　　1・3・20　刑部少輔教時
　　　　　1・4・24　刑部少輔
　　　　　1・7・12　刑部少輔
　　　　　1・8・15　刑部少輔
　　　　　1・9・20　刑部少輔
　　　　　1・10・4　刑部少輔
　　　　　1・11・11　刑部少輔
　　　　　3・1・1　中務権大輔教時
　　　　　3・1・3　中務権大輔教時
　　　　　3・1・7　中務権大輔教時
　　　　　3・1・10　中務権大輔教時
　　　　　3・1・23　中務権大輔
　　　　　3・8・9　中務権大輔教時

— 74 —

第Ⅰ部　人名索引（き）

```
文永2・1・2    中務権大輔教時
   2・1・15   中務権大輔教時
   2・6・11   中務権大輔平教時
   2・6・23   中務権大輔
   2・7・16   中務権大輔
   2・8・16   中務権大輔教時
   3・2・9    中務権大輔教時
   3・3・6    中務権大輔教時
   3・7・4    中務権大輔教時朝臣

教　実　　九条(藤原)
寛喜3・7・16   左府御年廿二
貞永1・8・13   殿下
嘉禎1・4・1    殿下
   1・4・2    前摂政殿
   1・4・3    摂政殿
   1・4・6    前殿下
   1・8・18   殿下

教　重　　藤原
建久5・11・13  藤原教重号三位判官代

教　成　　山科
建久3・3・26   少将教成

教　盛　　平
文治1・3・24   前中納言教盛,号門脇
   1・4・11   門脇中納言教盛
建久6・6・25   門脇中納言教盛卿

教　尊
文応1・11・27  伊予法眼教尊

教　長　　藤原
文治5・9・17   参議教長卿

教　通　　藤原
貞永1・1・23   殿下

教　定　　藤原
嘉禄1・8・27   二条侍従教定参議雅経子
   1・12・29  二条侍従教定
   2・1・1    二条侍従教定
安貞1・6・30   石山侍従
   2・2・3    石山侍従教定
寛喜3・1・9    二条侍従
```

```
貞永1・⑨・20   石山侍従教定
嘉禎1・1・26   石山侍従
   2・8・4    二条侍従教定
   3・1・6    二条侍従
暦仁1・2・28   二条少将教定
寛元1・9・5    二条中将
   2・4・21   二条中将教定朝臣
建長2・3・26   教定朝臣
   3・2・24   二条中将
   4・5・19   右兵衛督教定朝臣
   4・5・26   右兵衛督
   4・7・8    右兵衛督教定朝臣
   4・9・25   右武衛
   4・11・11  右兵衛督教定朝臣
正嘉1・2・2    前兵衛督教定
   1・4・9    二条三位(品)
   1・10・1   二条三位教定卿
   2・1・10   二条三位教定
   2・6・4    二条三位教定卿
文応1・4・3    二条三位教定卿
弘長3・7・23   前右兵衛督教定卿
   3・8・11   前右兵衛督教定卿
文永2・1・15   二条三位教定卿
   3・3・30   二条左兵衛督教定
   3・4・8    前左兵衛督正三位藤
              原朝臣教定卒

教　隆　　清原
寛元2・5・26   三河前司教隆
   3・4・21   教隆
   3・8・1    参河守教隆
   3・10・11  孝〈教〉隆
   4・4・5    三河前司教隆
建長2・2・26   参河前司
   2・5・20   教隆真人
   4・2・28   三河前司教□
   4・4・30   参河前司教隆
   5・11・29  参川〈河〉守教隆真人
   5・12・21〈22〉参川前司教隆
   6・12・1   参河前司
康元1・1・14   参河守教隆,真人
   1・7・26   参河守教隆
   1・10・26  参河守教隆
正嘉1・③・2    参河前司朝〈教〉隆
   1・8・21   教隆真人
   1・10・1   参河前司教隆真人
   2・1・1    参河前司
```

— 75 —

第Ⅰ部　人名索引（き）

正嘉2・3・1	参河前司教隆	
2・6・4	参河前司教隆	
弘長1・4・24	三河前司	
3・6・26	参河前司教隆	
3・12・24	三河前司教隆	
文永2・7・18	前三河守正五位下清	
	原真人教隆卒<small>年六七</small>	

教　　隆
　弘長1・1・1　直講
　　　1・3・20　直講教隆

業　遠　　寺尾
　建久2・1・1　寺尾大夫業遠

業　経
　嘉禎3・5・19　業経

業　綱　　宇都宮
　文治5・7・19　同(宇都宮)次郎業綱
　建久1・11・7　同(宇都宮)次郎業朝
　　　　　　　　（マヽ）

業　氏
　寛元2・1・20　陰陽師業氏朝臣（殺害さる）
　　　3・8・2　右京亮重〈業〉氏（季尚嫡男）

業　時　　佐藤(藤原)
　寛喜3・10・27　相模大掾業時
　貞永1・7・10　相模大掾業時
　天福1・11・10　民部丞業時
　嘉禎2・11・15　佐藤民部大夫
　仁治1・1・15　佐藤民部大夫
　　　2・5・20　佐藤民部大夫業時
　　　2・5・26　散位業時
　寛元1・7・20　佐藤民部大夫業時

業　時　　北条
　嘉禎3・1・2　陸奥七郎
　暦仁1・1・3　陸奥七郎
　仁治1・1・2　陸奥七郎時尚（マヽ）
　　　1・1・3　陸奥七郎時尚（マヽ）
　　　2・1・3　陸奥七郎景時（マヽ）
　寛元1・7・17　陸奥七郎
　建長2・8・18　陸奥七郎

　建長4・4・1　陸奥七郎業時
　　　4・4・3　陸奥七郎業時
　　　5・1・2　同(陸奥)七郎業時
　　　5・1・3　同(陸奥)七郎業時
　　　6・6・16　同(陸奥)七郎
　　　6・7・20　七郎
　　　6・8・15　陸奥七郎業時
　康元1・1・1　同(陸奥)七郎
　　　1・1・2　同(陸奥)七郎業時
　　　1・1・5　同(陸奥)七郎業時
　　　1・1・11　同(陸奥)七郎業時
　　　1・6・29　同(陸奥)七郎
　　　1・8・23　陸奥七郎業時
　正嘉1・1・1　陸奥六〈七〉郎業時
　　　1・1・2　陸奥七郎業時
　　　1・2・2　同(陸奥)七郎業時
　　　1・6・23　同(陸奥)七郎業時
　　　1・8・15　陸奥七郎業時
　　　1・10・1　陸奥七郎業時
　　　1・11・22　陸奥七郎
　　　1・12・24　陸奥七郎
　　　1・12・29　同(陸奥)七郎業時
　　　2・1・1　陸奥七郎業時
　　　2・1・2　陸奥七郎業時
　　　2・1・3　陸奥七郎業時
　　　2・1・10　陸奥七郎業時
　　　2・2・25　陸奥七郎業時
　　　2・3・1　陸奥七郎業時
　　　2・6・4　陸奥七郎業時
　　　2・6・11　同(陸奥)七郎業時
　　　2・6・17　同(陸奥)七郎
　　　2・8・15　陸奥七郎業時
　文応1・1・1　弾正少弼業時
　　　1・1・11　弾正少弼業時
　　　1・1・20　弾正少弼業時
　　　1・2・20　弾正少弼
　　　1・3・21　弾正少弼業時
　　　1・4・3　弾正少弼業時
　　　1・11・21　弾正少弼業時
　　　1・11・27　弾正少弼業時
　　　1・12・26　弾正少弼業時
　弘長1・1・1　弾正少弼業時
　　　1・1・7　弾正少弼
　　　1・2・7　弾正少弼業時
　　　1・4・24　弾正少弼
　　　1・7・12　弾正少弼
　　　1・8・15　弾正少弼

— 76 —

第Ⅰ部　人名索引（き）

　　　弘長1・10・4　　弾正少弼業綱
　　　　3・1・1　　　弾正少弼業時
　　　　3・1・10　　 弾正少弼業時
　　　　3・1・18　　 弾正少弼
　　　　3・8・6　　　弾正少弼
　　　　3・8・9　　　弾正少弼業時
　　　　3・8・15　　 弾正少弼業時
　　　文永2・6・11　 弾正少弼業時
　　　　2・6・23　　 弾正少弼
　　　　2・7・16　　 弾正少弼
　　　　2・8・16　　 弾正少弼業時
　　　　2・11・16　　弾正少弼
　　　　2・12・18　　弾正少弼
　　　　3・2・9　　　弾正少弼業時
　　　　3・2・10　　 弾正少弼業時
　　　　3・3・11　　 弾正少弼業時朝臣
　　　　3・7・4　　　弾正少弼業時

業　　昌
　　　弘長3・12・24　業昌
　　　文永2・4・22　 主殿助業昌朝臣
　　　　2・5・10　　 業昌朝臣
　　　　2・7・28　　 業昌
　　　　2・8・16　　 業昌朝臣
　　　　2・9・21　　 業昌
　　　　3・1・12　　 業昌
　　　　3・2・20　　 業昌主殿助

業　　盛　平
　　　元暦1・2・7　　業盛
　　　　1・2・13　　 業盛
　　　　1・2・15　　 業盛

業　　宗〈盛実〉藤原
　　　文治2・1・7　　陸奥守藤業宗〈盛実〉

業　　忠　平
　　　文治1・11・10　右馬権頭業忠
　　　　1・12・6　　 右〈左〉馬権頭業忠
　　　　2・1・7　　　左馬権頭平業忠
　　　　2・6・9　　　業忠

業　　忠
　　　建久3・3・26　 大膳大夫業忠
　　　建暦2・9・2　　大膳大夫業忠年五十三
　　　　　　　　　　　飯蒙〈叔〉〈泉〉

業　　朝　　→宇都宮業綱
　　　建久1・11・7　 同(宇都宮)次郎業朝

業　　連　佐藤
　　　弘長1・3・20　 佐藤民部次郎業連
　　　文永2・1・6　　佐藤民部次郎業連

近　　吉　金子
　　　建保1・5・6　　金子与一大郎

近　　常　本田
　　　文治5・7・19　 本田次郎
　　　元久2・6・22　 本田次郎近常

近　　清　　→藤沢清親
　　　文治3・8・20　 藤沢次郎近清

近　　則　金子
　　　文治1・2・19　 同(金子)余一近則

近　　村　一村
　　　建保1・2・16　 一村小次郎近村

近　　仲　藤原
　　　承久1・7・25　 右近将監藤近仲

近　　忠　　→親忠
　　　正嘉2・1・15　 山城三郎左衛門尉近
　　　　　　　　　　　忠

近　　任　中臣
　　　承久1・1・27　 中臣近任

近　　文　佐伯
　　　建久1・12・3〈1〉近文

近　　利　源
　　　承元3・6・19　 源近利

金〈全〉　淵
　　　養和1・3・1　　専性房金〈全〉淵

金　　王　　（舞童）
　　　建久3・8・15　 金王

金王丸
　　　承元2・5・29　 金王丸

— 77 —

第Ⅰ部 人名索引（き・く・け）

金 石 丸
　　養和1・3・10　金石丸

金 太 郎
　　建保1・2・16　金太郎

金　　武
　　建久1・12・1　院御厩舎人金武
　　　　2・5・12　厩舎人金武

金　連　　中臣
　　文治1・6・21　右大臣金連

く

九 条 院
　　建久1・6・23　九条院

駒 王 丸　　三浦
　　宝治1・6・22　同（光村）子息駒王丸

駒 若 丸　　→三浦光村
　　建保6・9・14　駒若丸光村是也
　　承久1・1・27　義村息男駒若丸

駒 石 丸　　三浦
　　宝治1・5・6　泰村次男駒石丸
　　　　1・6・22　同（泰村子息）駒石丸

具　　実　　堀河(源)
　　承久3・6・8　具実朝臣
　　暦仁1・10・13　堀河大納言具実卿

具　　忠　　唐橋
　　弘長1・1・7　唐橋少将具忠
　　文永2・3・4　唐橋少将具忠

空　　海
　　元暦1・7・2　大師
　　正治2・12・3　高野大師
　　安貞2・3・13　弘法大師
　　嘉禄1・5・1　弘法大師

空　　𦙾　　（重源弟子、宋人）
　　建久2・7・23　空𦙾

堀河天皇
　　寛嘉3・10・19　堀河院

け

恵　　眼
　　文治1・9・3　恵〈慈〉眼房
　　　　2・1・8　恵眼
　　建久2・9・3　恵眼房
　　　　3・4・4　恵〈慈〉眼房阿闍梨
　　　　3・4・28　恵〈慈〉眼房阿闍梨
　　　　5・⑧・8　阿闍梨恵眼密蔵
　　正治1・5・17　勝長寿院別当恵眼房
　　　　1・6・2　恵眼房
　　　　2・3・29　勝長寿院前別当恵眼房阿闍梨入滅

恵　　源
　　暦仁1・4・9　天台座主恵源僧正

恵　　良
　　寛元2・6・3　大僧正
　　　　3・2・25　大僧正御房
　　　　3・5・23　大僧正御房恵良
　　　　3・10・9　大僧正御房

経　　伊　　村上
　　文治1・11・20　禅師経伊

経　　家　　波多野
　　文治1・4・14　波多野四郎経家　号大友

経　　家　　六条(藤原)
　　文治4・4・9　内蔵頭藤原朝臣
　　　　4・12・11　内蔵頭藤原朝臣
　　建久2・12・24　六条三位経家

経　　基　　源
　　文治1・10・6　六孫王

経　　業　　村上
　　文治1・10・24　村上右馬助経業
　　　　1・11・20　村上右馬助経業
　　建久1・11・7　村上右馬助
　　　　1・11・11　村上右馬助経業

— 78 —

第Ⅰ部 人名索引（け）

経業
建久5・12・26 右馬助経業
　　6・3・10 源右馬助

経業
弘長3・5・9 蔵人左〈右〉衛門権介〈佐〉経業

経景
文治1・4・11 飛騨左衛門尉経景
　　1・5・16 経景

経景　石原
貞永1・2・26 石原源八経景

経景　都筑(小野姓横山党)
貞永1・11・29 都筑九郎経景
天福1・4・17 都筑九郎経景
　　1・5・5 都筑九郎経景
嘉禎3・3・9 都筑右衛門尉経景
暦仁1・2・17 都筑右衛門尉経景
建長2・3・1 都筑右衛門跡

経兼　横山(小野)
文治5・9・6 横山野大夫経兼

経兼　藤原
建保6・3・16 左衛門権佐藤経兼

経玄
建保1・9・18 永福寺別当美作律師経玄入滅

経厳
正嘉1・10・1 権律師経厳

経広　大江
養和1・2・9 左衛門府生大江経広
文治1・6・23 府生経広

経光　勘解由小路(藤原)
仁治2・1・19 右大弁経光

経光　毛利
寛元4・7・11 毛利蔵人経光
宝治1・6・22 同(毛利)三郎蔵人

経光
宝治2・8・15 遠江新左衛門尉経光
建長2・3・25 同(遠江)新左衛門尉
　　2・8・18 遠江新左衛門尉
　　2・12・27 遠江新左衛門尉
　　3・1・1 同(遠江)新左衛門尉経光
　　3・1・3 同(遠江)新左衛門尉経光
　　3・8・21 遠江新左衛門尉
　　3・8・24 遠江新左衛門尉

経幸
建長6・6・3 経幸
　　6・6・15 備中已講経幸
　　6・6・23 備中已講経幸

経高　佐々木
治承4・8・17 同(佐々木)次郎経高
　　4・8・20 佐々木次郎経高
　　4・8・26 次郎経高
　　4・10・23 経高
寿永1・10・17 佐々木次郎経高
文治3・11・11 佐々木次郎経高
　　5・7・17 佐々木次郎
　　5・10・11 佐々木次郎
建久1・6・23 経高
　　1・11・11 佐々木次郎経高
　　3・9・17 佐々木中務丞経高
　　3・10・15 中務丞経高
　　4・4・29 経高
　　4・9・7 経高
　　5・8・8 佐々木中務丞経高
　　5・⑧・1 佐々木中務丞経高
　　5・12・26 佐々木中務丞経高
　　6・3・10 佐々木中務丞
　　6・3・12 佐々木中務丞経高
　　6・5・20 佐々木中務丞経高
　　6・6・3 佐々木中務丞経高
正治2・7・27 佐々木中務丞経高
　　2・8・2 佐々木中務丞経高
建仁1・5・6 佐々木中務入道経蓮
　　1・5・13 経蓮
　　1・7・10 佐々木中務丞重〈経〉高法師
　　1・11・13 佐々木中務入道経蓮
　　1・12・3 中務入道経蓮
　　3・10・26 佐々木中務丞経高

第Ⅰ部　人名索引（け）

　　　承久3・6・16　佐々木中務入道経蓮
経　高
　　　建保1・3・6　権弁経高

経　康　　中原
　　　建久2・5・12　中原経康

経　綱　　宇都宮
　　　寛元3・8・15　下野七郎経綱
　　　　　4・8・15　宇都宮下野七郎
　　　宝治1・11・15　下野七郎
　　　　　1・12・10　下野七郎
　　　建長2・12・27　下野七郎
　　　　　3・1・2　下野七郎経綱
　　　　　3・11・13　下野七郎
　　　　　4・4・3　下野七郎経綱
　　　　　4・8・1　下野七郎経綱
　　　　　6・6・16　下野七郎
　　　　　6・7・20　下野七郎
　　　康元1・6・27　宇都宮七郎経綱
　　　　　1・6・29　同(下野)七郎
　　　正嘉1・10・1　下野七郎経綱

経　衡　　新田
　　　文治5・6・13　新田冠者高衡〈平〉（マ、）
　　　　　5・9・15　新田冠者経衡
　　　　　5・9・18　新田冠者経衡
　　　　　5・12・6　経衡

経　衡
　　　建長3・7・4　右馬権助経衡

経　時　　北条
　　　文暦1・3・5　北条弥五郎経時
　　　　　1・8・1　北条弥五〈四〉郎経時
　　　嘉禎1・6・29　北条弥四郎経時
　　　　　2・8・4　北条弥四郎
　　　　　2・8・9　北条弥四郎
　　　　　2・12・26　北条弥四郎
　　　　　3・4・2　弥四郎
　　　　　3・4・22　北条大夫将監経時
　　　　　3・6・23　北条左近大夫将監
　　　　　3・7・25　北条左親衛
　　　暦仁1・1・2　北条左近大夫将監
　　　　　1・2・17　北条左近大夫将監

　　　暦仁1・2・28　北条左近大夫将監経時
　　　　　1・6・5　北条左近大夫将監経時
　　　　　1・12・3　北条左親衛
　　　　　1・12・12　北条左親衛
　　　延応1・1・2　北条左近大夫将監経時
　　　　　1・8・16　左近大夫将監経時
　　　　　1・9・30　北条左親衛
　　　　　1・10・8　左親衛
　　　仁治1・1・2　北条左近大夫将監経時
　　　　　1・3・7　北条大夫将監経時，親衛
　　　　　2・1・1　北条左近大夫将監経時
　　　　　2・1・14　北条大夫将監
　　　　　2・1・23　北条左近大夫将監
　　　　　2・2・9　北条大夫将監経時
　　　　　2・2・22　北条大夫将監
　　　　　2・6・28　北条左親衛
　　　　　2・7・6　北条左親衛
　　　　　2・8・25　北条左近大夫将監
　　　　　2・9・3　北条大夫将監，左親衛
　　　　　2・9・14　北条左親衛
　　　　　2・9・22　左親衛
　　　　　2・11・4　北条大夫将監
　　　　　2・11・21　北条大夫将監
　　　　　2・11・25　北条親衛
　　　　　2・11・30　北条左親衛
　　　　　2・12・5　左親衛
　　　寛元1・2・26　左親衛
　　　　　1・5・23　左親衛
　　　　　1・6・15　北条左親衛
　　　　　1・7・18　北条親衛，武蔵守
　　　　　1・8・26　武州経時，武州禅門
　　　　　1・9・5　武州
　　　　　1・9・19　武州
　　　　　1・12・2　武州
　　　　　1・12・29　武州
　　　　　2・1・1　武州
　　　　　2・3・14　武州
　　　　　2・3・28　武州
　　　　　2・3・30　武州
　　　　　2・4・21　武州

— 80 —

第Ⅰ部　人名索引（け）

寛元2・5・5	武州
2・5・11	武州
2・7・20	武州
2・12・7	武州
2・12・8	武州
2・12・26	武州
3・1・1	武州
3・1・9	武蔵守
3・1・28	武州
3・4・22	武蔵守
3・5・22	武州
3・5・29	武州
3・6・19	武州
3・6・27	武州
3・7・13	武州
3・7・24	武州
3・7・26	武州
3・8・5	武州
3・8・15	武州
3・8・18	武州
3・9・4	武州
3・9・27	武州
3・10・11	武州
4・1・1	武州
4・1・4	武州
4・1・10	武州
4・3・21	武州
4・3・23	武州
4・3・27	武州
4・4・19	武州
4・④・1	入道正五位下行武蔵守平朝臣経時卒 法名安楽，年三十三
4・④・2	禅室
宝治1・3・20	故武州禅室経時
1・5・14	故武州禅室経時
1・7・17	故入道武州経時
1・10・14	武州前司禅室
2・3・29	故武州禅門，経時
正嘉2・2・13	故中武州
2・3・23	故武州経時
文応1・5・4	故武州禅門

経　重　秩父
暦仁1・2・17　秩父右〈左〉衛門太郎

経　重　渋谷

寛元2・8・15　渋谷十郎経重

経　重　河越
康元1・6・29	河越次郎
1・7・17	河越次郎経重
1・8・15	河越次〈四〉郎経重
正嘉1・8・15	河越次郎経重
1・10・1	河越次郎経重
2・6・17	河越次郎
文応1・1・20	河越次郎経重
弘長1・8・15	河越次郎経重
3・8・8	河越次郎経重
3・8・9	河越次郎経重
文永3・7・4	河越遠江権守経重

経　俊　山内
治承4・7・10	山内首藤滝口三郎経俊
4・8・23	滝口三郎経俊
4・10・23	滝口三郎経俊
4・11・26	山内滝口三郎経俊，滝口三郎藤原経俊
元暦1・5・15	山内滝口三郎
1・7・18	滝口三郎経俊
文治1・4・15	刑部丞経俊
1・10・23	山内滝口三郎経俊
3・4・29	刑部丞経俊
5・7・19	山内三郎経俊
建久6・3・10	山内刑部丞
正治1・10・28	山内刑部丞経俊
2・2・26	山内刑部左衛門尉経俊〈山内刑部丞経俊〉
元久1・3・9	山内首藤刑部丞経俊
1・5・6	山内首藤刑部丞経俊
1・5・10	経俊
2・⑦・26	刑部大夫経俊
2・9・20	首藤刑部丞経俊
建保1・5・8	山内刑部大夫経俊
1・8・20	山内刑部大夫経俊
1・8・26	山内刑部大夫経俊
2・1・22	刑部大夫経俊
4・7・29	刑部大夫経俊

経　俊　平
元暦1・2・7	若狭守経俊
1・2・13	経俊
1・2・15	経俊

— 81 —

第Ⅰ部　人名索引 (け)

経　俊　　藤原
　建長3・7・4　　同(藤原)経俊

経　昌
　寛喜3・11・9　　経昌
　貞永1・5・17　　経昌
　　　1・⑨・10　　経昌
　嘉禎1・12・20　　右京権亮経昌
　　　1・12・27　　前右京亮経昌

経　章
　寛元3・10・9　　治部権少輔
　　　3・10・10　治部権少輔
　建長3・1・11　　前治部少輔経章

経　親
　康元1・4・18　　駿河蔵人次郎
　正嘉1・1・1　　駿河蔵人次郎経親
　　　1・12・24　駿河蔵人次郎
　　　2・1・1　　駿河蔵人次郎

経　正　　平
　養和1・8・15　　但馬守経正
　　　1・11・21　但馬守経正
　元暦1・2・7　　但馬前司経正
　　　1・2・13　　経正
　　　1・2・15　　経正

経　成　　藤原
　建久3・7・26　　石見守藤原経成

経　成
　建長3・6・5　　越前四郎経成
　　　3・6・20　　越前四郎
　　　4・4・30　　越前四郎経友〈朝〉
　　　5・12・21〈22〉越前四郎
　　　6・12・1　　越前四郎

経　盛　　平
　文治1・3・24　　前参議経盛
　　　1・4・11　　平宰相経盛
　　　2・7・27　　経盛卿

経　盛　　塩谷
　承久3・6・18　　塩谷五郎

経　宗　　藤原
　文治1・10・18　左大臣経宗
　　　1・11・5　　左府
　　　1・11・10　左府
　　　1・12・17　左府
　　　1・12・26　左府
　　　2・1・17　　左府
　　　4・4・9　　別当左大臣藤原
　　　4・12・11　別当左大臣藤原

経　泰　　豊嶋
　建長3・1・20　　豊嶋平六経泰

経　泰　　三浦
　建長6・12・25　三浦大炊助太郎

経　中
　建久2・12・24　経中播磨守

経　仲　　高階
　文治1・8・13　　右馬頭高階朝臣
　　　1・10・14　右馬頭
　　　1・12・6　　左〈右〉馬頭経仲
　　　1・12・29　右馬頭高階朝臣経仲

経　忠　　南条
　嘉禎3・4・22　　南条兵衛次郎経忠

経　忠　　楊梅(藤原)
　建長3・7・4　　楊梅少将経忠

経　長　　藤原
　建保1・5・3　　左衛門佐経長 (出雲守長定父)

経　長
　延応1・3・11　　内匠頭経長

経　朝　　波多野
　正治2・1・18　　波多野次郎経朝 忠綱男
　　　2・②・8　　波多野次郎経朝
　建仁3・10・8　　波多野次郎経朝
　建暦2・3・16　　波多野次郎
　建保1・2・2　　波多野次郎
　　　1・5・2　　波多野中務次郎経朝
　　　1・5・4　　忠綱子息経朝
　　　1・5・7　　(忠綱)子息次郎経朝

― 82 ―

第Ⅰ部　人名索引（け）

```
建保 1・6・25  波多野中務次郎経朝      建暦 2・1・19  相模権守経定
承久 2・12・1  経朝                    建長 2・7・27  相模権守経定
     3・6・6  波多野中務次郎経朝           6・6・27  相模権守経定
     3・6・18 波多野中務次郎           承久 1・1・27  相模権守経定
安貞 1・3・9  波多野中務次〈二〉郎     経　任
                経朝                    弘長 3・12・9  右少弁経任朝臣
     1・3・19 波多野次〈二〉郎経朝          3・12・13 右少弁経任朝臣
天福 1・5・5  波多野次郎経朝           文永 2・1・6  経任朝臣
嘉禎 2・8・4  波多野中務次郎
                                      経　範　　→維範
経　朝　　真板                          暦仁 1・12・9  経〈維〉範朝臣
 寛元 1・1・10 真板五郎次郎             延応 1・2・16 経範朝臣
     2・1・5  真板五郎次郎
     4・1・6  真板五郎二郎             経　範
 建長 3・1・8  真板五郎二郎             正嘉 1・8・21 経範卿
     3・1・10 真板五郎二郎経朝
     4・1・14 真板五郎次郎経朝         経　房　　吉田（藤原）
     4・4・14 真板五郎次郎経朝         文治 1・3・4  藤中納言
     4・11・18 真板五郎次郎                1・4・24 藤中納言経房
     4・11・21 真板五郎次郎大仲            1・5・16 経房卿
                〈中〉臣経朝               1・8・13 権中納言藤原朝臣
     5・1・9  真板五郎次郎                 1・9・18 新藤中納言経房卿
     5・1・14 真板五郎次郎                 1・11・10 帥納言経房
                                           1・11・11 太宰権帥
経　朝　　氏家                              1・11・25 帥中納言
 寛元 2・6・13 氏家余三                    1・11・26 帥中納言
 建長 5・8・15 氏江余三                    1・11・28 藤中納言経房卿
 康元 1・6・2  氏家余三                    1・11・29 帥中納言
     1・7・17 氏家余三経朝                 1・12・6  帥中納言経房卿
 正嘉 1・12・29 氏家左衛門尉経朝            1・12・15 帥中納言
 弘長 3・8・9  氏家左衛門尉                1・12・23 帥中納言
                                           2・1・5  帥中納言
経　直　　高                                2・1・7  帥, 経房
 文治 1・6・14 高次郎大夫経直               2・1・11 帥中納言
                                           2・1・24 帥中納言
経　直　　岩原                              2・1・29 経房卿
 承久 3・6・18 岩原源八                    2・2・2  経房卿
 寛喜 3・4・2  岩原源八経直                2・2・9  帥中納言, 太宰帥
 建長 2・3・1  岩原源八入道                2・2・21 帥中納言
                                           2・2・22 帥中納言
経　通                                     2・2・28 帥中納言
 建保 6・5・9  宰相中将経通                2・3・1  帥中納言
                                           2・3・2  帥中納言
経　通　　河野                              2・3・7  帥中納言
 弘長 3・4・16 通行子息九郎経通             2・3・13 帥中納言
                                           2・3・16 帥中納言
経　定
```

— 83 —

第Ⅰ部　人名索引（け）

文治2・3・23	帥中納言
2・3・24	帥中納言
2・3・27	帥中納言
2・4・1	帥中納言
2・4・5	帥中納言
2・4・20	帥中納言
2・5・13	帥中納言
2・5・18	帥中納言，経房
2・6・9	帥中納言
2・6・21	帥中納言
2・6・29	帥中納言
2・7・18	都督
2・7・28	帥中納言
2・⑦・2	帥中納言
2・⑦・26	帥中納言
2・8・5	帥中納言
2・8・6	帥中納言 種経〈経房〉卿，太宰帥
2・8・26	太宰権帥経房
2・10・1	帥中納言
2・11・5	帥中納言
3・1・23	黄門経房
3・3・2	経房
3・4・1	帥中納言
3・4・18	帥卿
3・6・21	帥中納言経房
3・8・19	帥中納言経房
3・8・26	権黄門経房
3・10・3	太宰権帥藤経房
3・10・8	帥中納言
3・11・28	太宰権帥藤原経房
3・12・18	帥中納言
4・2・18	帥中納言
4・4・9	権中納言藤原朝臣
4・4・12	太宰権帥藤経房
4・6・4	帥中納言経房
4・6・9	経房
4・6・14	帥中納言
4・7・13	帥中納言経房
4・9・22	帥中納言
4・11・18	帥中納言
4・12・6	帥殿
4・12・11	権中納言兼太宰権帥藤原朝臣
4・12・12	帥中納言
4・12・24	帥中納言
5・3・11	帥中納言
文治5・3・20	太宰権帥藤
5・3・22	帥中納言
5・4・19	帥中納言経房
5・4・22	帥中納言
5・④・21	帥中納言
5・5・19	帥中納言
5・5・29	帥中納言経房
5・6・8	帥中納言
5・6・9	帥卿
5・7・9	帥中納言，太宰権帥都督
5・7・16	帥中納言
5・9・8	帥中納言
5・9・9	帥中納言
5・9・18	帥中納言
5・10・24	帥中納言
5・11・3	太宰権帥
5・11・6	帥中納言
5・11・7	帥卿
5・12・6	中納言経房
5・12・26	帥中納言
建久1・2・10	中納言
1・2・22	帥中納言
1・2・25	権中納言経房
1・3・9	権中納言藤
1・3・14	権中納言経房
1・4・4	権中納言
1・5・13	権中納言
1・7・27	権中納言
1・8・28	民部卿経房，戸部
1・9・17	民部卿経房
1・9・20	民部卿経房，戸部
1・11・2	民部卿経房，戸部
1・11・8	民部卿経房
1・11・9	民部卿経房，戸部
1・11・13	戸部
1・11・22	経房
1・11・24	経房
1・12・5	戸部経房
2・12・12	民部卿経房
2・12・29	戸部経房
3・3・26	民部卿経房
4・5・7	吉田中納言
5・5・29	民部卿経房
5・7・3	民部卿経房
6・4・12	民部卿経房

— 84 —

第Ⅰ部　人名索引（け）

経　　友〈朝〉　→経成
　建長4・4・30　越前四郎経友〈朝〉

経　　連　　佐原　（盛連一男）
　貞応1・1・7　佐原太郎経連
　安貞2・3・9　佐原太郎
　寛元1・7・17　佐原大炊助
　宝治1・6・2　佐原太郎経連

景　　員　　加藤
　治承4・8・20　加藤五郎景員
　　　4・8・24　加藤五郎景員
　　　4・8・27　加藤五郎景員
　　　4・10・23　景員入道
　元暦1・7・18　加藤五郎景員入道
　文治1・2・29　加藤五郎入道

景　　員〈貞〉
　文治1・4・15　兵衛尉景員〈貞〉

景　　員　　荻野
　元久2・1・3　荻野次郎
　建保6・12・26　荻野次〈二〉郎景員
　承久1・1・27　荻野次郎景員

景　　益　　安西
　治承4・9・1　安西三郎景益
　　　4・9・4　安西三郎景益
　寿永1・8・11　安西三郎
　元暦1・8・8　安西三郎景益
　文治1・1・26　安西三郎景益
　　　1・10・24　安西三郎景益
　建久6・3・10　安西三郎

景　　益　　江戸
　嘉禎1・6・29　江戸八郎太郎
　　　2・8・4　江戸八郎太郎
　暦仁1・2・17　江戸八郎太郎
　　　1・6・5　江戸八郎太郎景益

景　　遠　　大江
　文治2・2・26　長門江七景遠
　建久3・4・11　景遠
　　　6・3・10　長門江七

景　　家
　元久1・9・2　和泉掾景家

景　　家　　深沢
　建保1・5・2　深沢三郎景家

景　　家　　市村
　寛元2・6・5　市村小次郎景家

景　　家　　伊賀（藤原）
　建長2・12・27　伊賀四郎
　　　5・1・16　伊賀四郎景家
　　　5・7・17　伊賀四郎
　文応1・2・2　伊賀左衛門四郎
　弘長3・1・1　筑後〈伊賀〉四郎左衛門尉
　　　3・1・7　伊賀四郎左衛門尉景家
　　　3・4・26　伊賀四郎左衛門尉景家
　　　3・8・9　筑後伊賀四郎左衛門尉景家

景　　季　　梶原
　養和1・4・7　梶原源太景季
　寿永1・7・12　梶原源太景季
　　　1・8・13　同(梶原)源太景季
　　　1・11・14　梶原源太
　元暦1・1・20　梶原源太景季
　　　1・2・5　同(梶原)源太景季
　文治1・4・15　左衛門尉景季久日源三郎
　　　1・9・2　梶原源太左衛門尉景季
　　　1・9・12　景季
　　　1・10・6　梶原源太左衛門尉景季
　　　1・10・24　梶原源太左衛門尉景季
　　　2・8・15　景季
　　　4・3・15　梶原源太左衛門尉景季
　　　4・7・10　梶原源太左衛門尉景季
　　　5・2・28　梶原源太景季
　　　5・4・18　梶原源太左衛門尉景季
　　　5・6・9　梶原左衛門尉景季
　　　5・7・19　同(梶原)源太左衛門尉景季

— 85 —

第Ⅰ部　人名索引（け）

文治5・7・29	景季	
建久1・9・15	梶原左衛門尉景季	
1・11・7	梶原左衛門尉	
1・11・9	梶原左衛門尉景季	
1・11・11	梶原左衛門尉景季	
1・11・29	梶原左衛門尉景季	
2・2・4	梶原左衛門尉	
2・7・28	梶原左衛門尉	
2・11・19	景季	
3・7・4	梶原源太左衛門尉景季	
3・8・9	景季	
3・8・20	梶原左衛門尉	
3・10・19	梶原左衛門尉景季	
3・11・5	梶原源太左衛門尉	
3・11・25	左衛門尉景季	
4・1・1	梶原左衛門尉景季	
4・3・21	梶原左衛門尉	
4・5・8	同(梶原)源太左衛門尉	
4・5・16	梶原源太左衛門尉景季	
4・8・10	梶原源太左衛門尉景季	
3・8・15	梶原源太左衛門尉景季	
4・11・27	梶原源太左衛門尉景季	
4・11・28	梶原源太左衛門尉景季	
5・8・8	梶原左衛門尉景季	
5・⑧・1	梶原左衛門尉景季	
5・11・4	梶原左衛門尉景季	
5・12・26	梶原左衛門尉景季	
6・2・11	梶原源太左衛門尉景季	
6・3・9	梶原源太左衛門尉景季	
6・3・10	梶原源太左衛門尉	
6・3・12	梶原源太左衛門尉景季	
6・4・15	梶原左衛門尉景季	
6・5・20	梶原左衛門尉景季	
6・6・3	景季	
6・8・15	梶原源太左衛門尉景季	
正治2・1・20	源太左衛門尉景季	

正治2・1・23　源太左衛門尉

景　基　　梶原
康元1・1・2　梶原左衛門太郎景基

景　義　　→大庭景能
治承4・8・20　大庭平太景義
　　4・10・9　大庭平太景義
　　4・10・11　景義
　　4・10・12　景義
　　4・10・15　景義
　　4・10・17　景義
　　4・10・23　景義
　　4・10・26　大庭平太景義
　　4・11・20　大庭平太景義
　　4・12・12　景義
養和1・1・1　大庭平太景義
寿永1・4・24　景義
　　1・8・12　大庭平太景義
　　1・9・26　大庭平太景義
文治1・3・6　大庭平太景義
　　2・11・12　大庭平太景義
建久4・8・24　大庭平太景義

景　義　　→梶原景茂
建久3・10・19　同(梶原)兵衛尉景義〈茂〉
　　5・⑧・1　梶原三郎兵衛尉景義

景　義　　(蛭河(佐原)景連の長子)
建保1・1・2　佐原又太郎

景　義　　加藤
嘉禎1・8・21　加藤七郎左衛門尉景義

景　久　　俣野
治承4・8・23　俣野五郎景久
　　4・8・25　俣野五郎景久
　　4・10・18　景久
　　4・10・26　五郎景久
建久6・11・19　故俣野五郎景久

景　経　　天野
仁治1・8・2　和泉七郎左衛門尉
　　2・11・4　和泉七郎左衛門尉景経
寛元1・7・17　和泉七郎左衛門尉
建長2・12・27　和泉七郎左衛門尉
　　4・12・17　和泉七郎左衛門尉景

第Ⅰ部 人名索引（け）

　　　　　経
建長 6・6・16　和泉七郎左衛門尉
正嘉 2・1・1　和泉七郎左衛門尉
　　 2・1・7　和泉七郎左衛門尉
文応 1・1・1　和泉七郎左衛門尉
　　 1・4・1　同(和泉)七郎左衛門尉
弘長 3・1・7　同(和泉)七郎左衛門尉景経
　　 3・1・23　同(和泉)七郎左衛門尉
　　 3・8・9　同(和泉)七郎左衛門尉景経

景　　経　　加藤
建長 2・12・27　加藤三郎
　　 4・4・3　加藤左衛門三郎景経
　　 4・4・14　加藤三郎景綱(ﾏヽ)
　　 4・7・8　加藤三郎景経
　　 4・7・20　加藤三郎
　　 4・7・23　加藤三郎景経
　　 4・8・1　加藤三郎
　　 4・8・6　加藤三郎景経
　　 4・9・25　加藤三郎景経
　　 4・11・11　加藤三郎景経
　　 5・1・3　加藤左衛門尉景経
　　 5・8・15　加藤三郎景経
　　 6・1・1　加藤左衛門三郎景経
　　 6・1・22　加藤左衛門三郎景経
　　 6・⑤・1　加藤三郎
　　 6・7・20　加藤左衛門三郎
　　 6・8・15　加藤左衛門三郎景経
正嘉 1・12・29　加藤左衛門尉景経
　　 2・1・1　加藤左衛門尉
　　 2・1・10　加藤左衛門尉景経
　　 2・3・1　加藤左衛門尉景経
文応 1・1・1　加藤左衛門尉景経
　　 1・1・11　加藤左衛門尉景経
　　 1・1・20　加藤左衛門尉
　　 1・2・20　加藤左衛門尉
　　 1・4・3　加藤左衛門尉景経
　　 1・12・26　加藤左衛門尉景経
弘長 1・1・1　加藤左衛門尉
　　 1・1・7　加藤左衛門尉
　　 3・1・1　加藤左衛門尉
　　 3・1・7　加藤左衛門尉景経

弘長 3・8・8　加藤左衛門尉
　　 3・8・9　加藤左衛門尉景経
　　 3・8・15　加藤左衛門尉景経
文永 2・1・15　加藤左衛門尉景経

景　　経
弘長 3・8・9　出羽六〈三〉郎右衛門尉景経

景　　継　　荻野
建暦 2・11・21　萩〈荻〉野三郎景継
承久 3・6・18　荻野三郎

景　　兼　　大庭
建保 1・5・2　大庭小次郎景兼
　　 1・5・6　大庭小次郎

景　　弘　　佐伯
文治 3・6・3　厳島神主安芸介景弘

景　　弘
文治 4・2・29　院庁官景弘
　　 4・4・9　院庁官景弘

景　　弘　　椎宗
建久 3・7・26　左衛門少志椎宗景弘

景　　光　　工藤
治承 4・8・25　工藤庄司景光
　　 4・10・18　工藤庄司景光
　　 4・10・23　景光
　　 4・12・12　工藤庄司景光
養和 1・1・6　工藤庄司景光
　　 1・7・20　工藤庄司景光
文治 1・10・24　工藤庄司景光
　　 1・10・27　工藤庄司
　　 2・1・3　工藤庄司景光
　　 5・4・18　工藤庄司景光
　　 5・6・9　工藤庄司景光
　　 5・7・19　公〈エ〉藤庄司景光
建久 1・11・7　工藤庄司
　　 2・8・1　工藤庄司
　　 3・11・25　工藤庄司景光
　　 3・11・29　景光
　　 4・5・8　工藤庄司
　　 4・5・16　工藤庄司景光
　　 4・5・27　工藤庄司景光

— 87 —

第Ⅰ部 人名索引（け）

	正治2・10・22〈21〉	景光	
	嘉禎3・7・19	工藤景光	

景　光　　梶原
　　文治1・5・15　景光

景　光　　堀
　　文治1・6・21　堀弥太郎景光
　　　　1・11・3　堀弥太郎景光
　　　　1・11・6　堀弥太郎
　　　　2・9・22　堀弥太郎景光
　　　　2・9・29　堀弥太郎

景　光
　　建仁1・9・15　雅楽允景光

景　光　　安東
　　弘長1・1・1　安東宮内左衛門尉
　　　　3・1・3　安東宮内左衛門尉景光

景　行　　毛利
　　治承4・8・23　毛利太郎景行
　　建保1・5・6　毛利太郎

景　高
　　養和1・②・10　大夫判官景高
　　文治2・7・27　景高

景　高　　梶原
　　寿永1・8・11　梶原平次
　　元暦1・2・5　梶原平次景高
　　　　1・11・6　梶原平次
　　文治1・10・24　梶原平次景高
　　　　4・3・15　梶原平次
　　　　5・4・18　梶原平次兵衛尉景高
　　　　5・7・19　梶原平次兵衛尉景高
　　　　5・8・21　梶原平次景高
　　建久1・9・15　梶原平次景高
　　　　2・1・11　梶原兵衛尉景高
　　　　4・5・8　同（梶原）平次
　　　　4・5・22　梶原平次左衛門尉景高
　　　　5・8・8　梶原三郎兵衛尉景高
　　　　　　　　　（景茂の誤か）
　　　　5・11・21　梶原兵衛尉景高（景定の誤か）
　　建久6・3・10　梶原平次左衛門尉
　　　　6・3・27　梶原平次〈次〉左衛門尉景高
　　正治2・1・20　梶原平次左衛門尉景高
　　　　2・1・23　梶原平次左衛門尉
　　　　2・6・29　故梶原平次左衛門尉景高
　　建暦2・11・21　梶原平次左衛門尉景高
　　建保6・12・26　梶原平次左衛門尉景高

景　高　　→梶原景定
　　文治1・4・15　兵衛尉景高

景　康　　中原
　　嘉禎3・7・8　左近将監中原景康
　　　　3・7・10　景康

景　綱
　　元暦1・2・7　飛騨三郎左衛門尉景綱

景　綱　　尾藤
　　建保1・5・3　景綱尾藤次郎
　　承久3・5・22　尾藤左将監
　　　　3・6・13　尾藤左近将監景綱
　　　　3・6・14　尾藤左近将監
　　元仁1・2・23　尾藤左近将監景綱
　　　　1・6・27　尾藤左近将監景綱
　　　　1・6・28　尾藤左近将監
　　　　1・⑦・29　尾藤左近将監景綱
　　　　1・8・28　左近将監景綱
　　　　1・11・8　左近将監景綱
　　嘉禄1・10・27　尾藤左近将監
　　　　2・10・12　尾藤左近将監
　　　　2・12・5　尾藤左近将監
　　安貞1・5・10　尾藤左近将監
　　　　1・6・15　尾藤左近将監
　　　　1・6・18　尾藤左近将監景綱
　　　　　　　　　（出家）
　　　　1・11・4　尾藤左近将監入道道然
　　　　2・5・21　尾藤左近入道
　　寛喜2・1・26　尾藤左近入道道然
　　　　2・2・30　尾藤左近入道

— 88 —

第Ⅰ部 人名索引（け）

	寛喜2・10・16	左近入道道然
	3・10・16	尾藤右近入道
	貞永1・2・26	左近入道道然
	1・8・9	尾藤左近入道
	文暦1・3・5	尾藤左近将監入道
	1・4・5	尾藤左衛門入道道然
	1・8・21	尾藤左近入道道然
	1・8・22	左近将監藤原景綱法師法名道然死去

景　綱　四方田
暦仁1・2・17　四方田三郎左衛門尉
正嘉1・9・18　四方田三郎左衛門尉景綱

景　綱　梶原
寛元2・8・15　梶原左衛門太郎景綱
　　4・8・15　梶原右衛門太郎景綱
建長2・1・16　梶原左衛門太郎〈左衛門尉〉景綱
　　4・4・14　梶原右衛門太郎景綱
　　5・1・16　梶原右衛門太郎景綱
　　5・8・15　梶原左衛門太郎景綱
　　6・1・1　梶原左衛門太郎景綱
　　6・1・2　梶原左衛門太郎景綱
　　6・1・22　梶原左衛門太郎景綱
　　6・8・15　梶原上野大郎景綱
康元1・1・1　上野右衛門尉
　　1・1・2　上野太郎景綱
　　1・1・3　梶原上野太郎景綱
　　1・6・29　同（梶原上野）太郎左衛門尉
　　1・7・29　上野太郎左衛門尉
正嘉1・1・2　梶原上野太郎左衛門尉景綱
　　1・8・15　上野太郎左衛門尉景綱
　　1・12・24　上総〈野〉大郎左衛門尉
　　2・1・1　上野大郎左衛門尉
　　2・1・2　梶原太郎左衛門尉景綱
　　2・1・7　上野大郎左衛門尉
　　2・1・10　梶原太郎左衛門尉景綱
　　2・6・4　梶原上野太郎左衛門尉景綱

正嘉2・6・17　同（梶原）太郎左衛門尉
　　2・8・15　梶原太郎左衛門尉景綱
文応1・1・1　上野大郎左衛門尉
　　1・3・21　梶原大郎左衛門尉景綱
弘長1・1・1　上野大郎左衛門尉
　　1・1・2　梶原太郎左衛門尉景綱
　　1・7・12　上野大郎左衛門尉
　　1・8・15　梶原太郎左衛門尉景綱
　　1・9・20　上野大郎左衛門尉景綱
　　3・1・1　梶原上野太郎左衛門尉，梶原大郎左衛門尉景綱〈経〉
　　3・1・3　梶原太郎左衛門尉景綱
　　3・1・7　梶原太郎左衛門尉景綱
　　3・8・8　上野太郎左衛門尉
　　3・8・9　梶原大郎左衛門尉景綱
　　3・8・13　上野太郎左衛門尉

景　綱　宇都宮
建長4・4・1　下野四郎景綱
　　4・4・14　下野四郎景綱
　　5・3・18　下野四郎景綱
康元1・6・29　同（下野）四郎
　　1・7・17　下野四郎景綱
　　1・8・23　下野四郎景綱
正嘉1・1・1　下野四郎景綱
　　1・8・15　下野四郎景綱
　　1・12・24　下野四郎
　　1・12・29　下野四郎景綱
　　2・1・1　下野四郎
　　2・1・10　下野四郎景綱
　　2・6・17　同（下野）四郎
　　2・8・15　下野四郎景綱
文応1・1・20　下野四郎左衛門景綱
　　1・2・20　下野四郎左衛門尉
　　1・4・3　下野四郎左衛門尉景綱

— 89 —

第Ⅰ部 人名索引（け）

　　　弘長3・1・10　下野左衛門尉景綱
　　　　　3・8・8　下野四郎
　　　　　3・8・9　下野四郎左衛門尉景
　　　　　　　　　　綱

景　　綱　　→加藤景経
　　　建長4・4・14　加藤三郎景綱

景　　綱　　阿曾沼
　　　康元1・8・13　阿曾沼五郎
　　　文応1・7・6　五郎
　　　弘長3・7・13　（光綱）子息五郎

景　　衡　　藤原
　　　文治5・12・6　景衡

景　　衡　　梶原
　　　建保1・5・2　同（梶原）次郎景衡

景　　国　　大江
　　　文治2・8・5　景国
　　　　　2・10・23　長門江太景国
　　　建久3・4・11　長門江太景国
　　　　　3・5・19　長門江太景国

景　　国　　梶原
　　　正治2・1・20　六郎景国
　　　　　2・1・23　梶原六郎

景　　氏　　梶原
　　　建保1・5・2　同（梶原）七郎景氏

景　　氏　　天野〔藤原為時参照〕
　　　安貞2・7・23　天野次〈二〉郎左衛門
　　　　　　　　　　尉
　　　　　2・8・13　天野次〈二〉郎左衛門
　　　　　　　　　　尉
　　　　　2・10・15　天野次〈二〉郎左衛門
　　　　　　　　　　尉
　　　文暦1・7・26　和泉二郎左衛門尉
　　　嘉禎1・6・29　和泉次郎左衛門尉
　　　　　3・4・22　和泉次郎左衛門尉
　　　　　3・6・23　和泉次郎左衛門尉景
　　　　　　　　　　氏
　　　暦仁1・2・17　和泉次郎〈新〉左衛門
　　　　　　　　　　尉
　　　　　1・2・23　和泉次郎左衛門尉景

　　　　　　　　　　氏
　　　暦仁1・6・5　和泉次郎左衛門尉景
　　　　　　　　　　氏
　　　仁治1・3・7　景氏
　　　　　2・1・14　和泉次郎左衛門尉
　　　　　2・8・25　和泉次郎左衛門尉景
　　　　　　　　　　氏
　　　寛元1・7・17　和泉次郎左衛門尉
　　　　　2・8・15　天野和泉次郎左衛門
　　　　　　　　　　尉景氏
　　　　　3・8・15　肥後次郎左衛門尉景
　　　　　　　　　　氏
　　　　　3・8・16　肥後次郎左衛門尉
　　　宝治2・8・15　肥後次郎左衛門尉景
　　　　　　　　　　氏
　　　建長2・1・16　肥後次郎左衛門尉忠
　　　　　　　　　　綱（ママ）
　　　　　2・8・18　肥後次郎左衛門尉
　　　　　2・12・27　肥後次郎左衛門尉
　　　　　3・1・1　肥後次郎左衛門尉景
　　　　　　　　　　氏
　　　　　3・1・5　肥後次郎左衛門尉景
　　　　　　　　　　氏
　　　　　4・8・14　肥後三郎左衛門尉景
　　　　　　　　　　氏
　　　　　4・12・17　天野肥後左衛門尉景
　　　　　　　　　　氏
　　　　　5・8・15　天野肥後次郎左衛門
　　　　　　　　　　尉景氏
　　　　　6・6・16　肥後次郎左衛門尉
　　　　　6・8・15　肥後次郎左衛門尉景
　　　　　　　　　　氏
　　　康元1・6・29　肥後次郎左衛門尉
　　　文応1・1・11　肥後 矢野新左衛門尉
　　　　　　　　　　景氏（景茂の誤ならむ）
　　　　　1・1・20　肥後新左衛門尉景氏
　　　　　　　　　　（景茂の誤ならむ）

景　　氏　　尾藤
　　　寛喜2・1・4　尾藤太景氏
　　　嘉禎2・12・19　尾藤太郎
　　　寛元3・7・26　尾藤太景氏
　　　　　4・5・25　尾藤太平三郎左衛門
　　　　　　　　　　尉
　　　　　4・6・10　尾藤太平三郎左衛門
　　　　　　　　　　尉
　　　弘長3・11・19　尾藤太法名浄心

— 90 —

第I部　人名索引（け）

弘長3・11・20　尾藤太

景　　氏
　貞永1・8・16　兵衛尉景氏

景　　氏　　→長尾景茂
　嘉禎3・6・23　長尾平内左衛門尉景氏

景　　氏　　梶原
　寛元3・8・15　梶原右衛門三郎景氏
　建長3・1・11　梶原右衛門三郎景氏
　　　3・1・20　梶原右衛門三郎景氏
　康元1・1・3　同(梶原)左衛門三郎景氏
　正嘉1・1・2　同(上野)三郎景氏
　　　1・2・2　梶原上野三郎景氏
　　　1・8・15　梶原上野三郎景氏
　　　1・10・1　梶原上野三郎
　　　1・12・29　梶原上野三郎
　　　2・1・1　梶原上野三郎
　　　2・1・2　同(梶原)三郎景氏
　　　2・1・7　梶原上野三郎
　　　2・6・4　同(梶原)三郎左衛門尉景氏
　　　2・6・17　同(梶原)三郎左衛門尉
　弘長1・8・15　梶原三郎左衛門尉
　　　3・1・7　梶原三郎左衛門尉景氏

景　　氏
　建長3・7・4　左馬権頭景氏

景　　氏　　柂〈桃〉野
　文応1・1・20　柂〈桃〉野四郎左衛門尉景氏

景　　氏　　→狩野景茂
　弘長3・1・7　狩野四郎左衛門尉景氏

景　　時　　梶原
　治承4・8・24　梶原平三景時
　養和1・1・11　梶原平三景時
　　　1・3・7　景時
　　　1・5・24　景時

　養和1・7・20　梶原平三景時
　　　1・7・21　梶原平三景時
　　　1・9・16　梶原平三
　　　1・9・18　梶原平三
　寿永1・7・12　梶原平三景時
　　　1・8・13　梶原平三景時
　元暦1・1・27　景時
　　　1・2・5　梶原平三景時
　　　1・2・7　景時
　　　1・2・18　景時
　　　1・3・10　梶原平三景時
　　　1・3・27　景時
　　　1・4・29　梶原平三景時
　　　1・10・27　梶原平三景時
　文治1・2・14　梶原平三
　　　1・2・22　梶原平三景時
　　　1・4・21　梶原平三景時
　　　1・4・26　景時
　　　1・5・4　梶原平三景時
　　　1・10・6　景時
　　　1・10・24　景時
　　　2・3・24　景時
　　　2・4・13　景時
　　　2・6・9　景時
　　　3・3・10　梶原平三景時
　　　3・8・8　梶原平三景時
　　　3・11・15　梶原平三景時
　　　3・11・21　景時
　　　3・12・7　梶原平三景時
　　　4・3・6　梶原平三景時
　　　4・3・15　梶原平三景時
　　　4・3・21　梶原平三
　　　4・6・4　景時
　　　4・6・5　景時
　　　4・7・13　景時
　　　4・9・14　景時
　　　5・3・13　景時
　　　5・4・18　梶原平三景時
　　　5・4・19　梶原平三景時
　　　5・6・9　梶原平三景時
　　　5・6・13　梶原平三景時
　　　5・6・27　景時
　　　5・7・17　景時
　　　5・7・19　梶原平三景時
　　　5・7・28　景時
　　　5・9・6　景時
　　　5・9・7　景時

― 91 ―

第Ⅰ部 人名索引（け）

文治 5・9・9　景時
　　　5・10・28　景時
　　　5・12・9　景時
　　　5・12・28　景時
建久 1・4・11　景時
　　　1・4・19　景時
　　　1・9・15　梶原平三景時
　　　1・9・29　景時
　　　1・10・3　景時
　　　1・10・18　平景時
　　　1・11・6　景時
　　　1・11・7　梶原平三
　　　1・11・8　景時
　　　1・11・9　梶原平三景時
　　　1・11・11　梶原平三景時
　　　1・12・3〈1〉梶原平三景時
　　　1・12・11　景時
　　　2・1・11　梶原平三
　　　2・1・15　平景時 梶原平三
　　　2・2・4　梶原平三
　　　2・3・13　景時
　　　2・4・16　梶原平三景時
　　　2・4・26　景時
　　　2・5・20　景時
　　　2・7・28　梶原平三
　　　2・8・1　梶原平三
　　　2・8・18　梶原平三
　　　2・11・14　梶原平三景時
　　　2・11・21　景時
　　　2・12・6　景時
　　　2・⑫・25　景時
　　　3・1・21　景時
　　　3・6・13　景時
　　　3・11・25　梶原平三景時
　　　3・11・29　景時
　　　4・5・8　梶原平三
　　　4・5・28　景時
　　　4・5・29　梶原平三
　　　4・7・2　景時
　　　4・7・3　景時
　　　4・8・18　梶原平三
　　　4・9・30　梶原平三景時
　　　4・11・28　景時
　　　5・2・2　景時
　　　5・4・10　梶原景時
　　　5・5・24　景時
　　　5・6・28　梶原平三景時

建久 5・8・8　梶原平三景時
　　　5・12・2　梶原平三景時
　　　5・12・15　梶原平三
　　　5・12・26　梶原平三景時
　　　6・2・10　梶原平三景時
　　　6・3・10　梶原平三
　　　6・3・11　景時
　　　6・3・12　梶原平三景時
　　　6・4・1　梶原平三景時
　　　6・4・27　梶原平三景時
　　　6・5・15　景時
　　　6・5・20　梶原平三景時
正治 1・2・4〈6〉梶原平三景時
　　　1・4・12　景時
　　　1・4・20　梶原平三景時
　　　1・5・13　梶原平三
　　　1・6・30　梶原平三
　　　1・8・16　梶原平三景時
　　　1・9・17　景時
　　　1・10・27　景時
　　　1・10・28　景時
　　　1・11・10　景時
　　　1・11・12　景時
　　　1・11・13　梶原平三景時
　　　1・11・18　景時
　　　1・12・9　梶原平三景時
　　　1・12・18　景時
　　　2・1・20　梶原平三郎景時
　　　2・1・21　景時
　　　2・1・23　梶原平三, 景時
　　　2・1・24　平景時
　　　2・1・25　景時
　　　2・1・26　景時
　　　2・1・28　景時
　　　2・2・2　景時
　　　2・2・5　景時
　　　2・2・6　景時
　　　2・2・20　景時
　　　2・2・22　景時
建仁 1・12・29　景時
元久 2・6・22　景時
承元 3・5・20　故梶原平三景時
　　　3・6・13　景時
寛喜 2・2・6　平景時

景　　時　　→北条業時

仁治 2・1・3　陸奥七郎景時

— 92 —

第Ⅰ部　人名索引（け）

景　　実
　建長4・4・14　伊豆八郎景実

景　　実　　大曾禰　(長泰四男)
　弘長1・1・1　上総四郎
　　　1・1・7　同(上総)四郎
　　　1・8・15　上総四郎

景　　秀　　長江
　仁治2・1・23　長江八郎四郎
　寛元1・7・17　長江八郎四郎
　　　2・8・16　子息(長江)八郎四郎
　正嘉2・6・4　長江八郎四郎景秀
　弘長3・8・9　長江四郎左衛門尉

景　　秀　　→千葉秀景
　宝治1・6・7　(秀胤)四男六郎景秀

景　　重　　片切
　治承4・12・19　片切小八郎大夫
　元暦1・6・23　小八郎大夫

景　　重　　高屋
　文治2・8・27　刑部丞景重

景　　俊　　豊田
　治承4・8・20　豊田五郎景俊
　承久3・6・18　同(豊田)五郎

景　　俊　　加藤
　元仁1・1・1　加藤左衛門三郎景俊

景　　俊　　梶原
　嘉禎1・6・29　梶原左〈右〉衛門尉景俊
　　　2・8・4　梶原右衛門尉
　　　2・8・9　梶原右衛門尉
　　　3・4・19　梶原右衛門尉
　　　3・4・22　梶原右衛門尉
　　　3・6・23　梶原右衛門尉景俊
　暦仁1・2・17　梶原右衛門尉
　　　1・6・5　梶原右衛門尉景俊
　延応1・1・2　梶原右衛門尉景俊
　　　1・1・3　梶原右衛門尉景俊
　仁治2・8・25　梶原左衛門尉景俊
　寛元1・1・19　梶原右衛門尉
　　　1・7・17　梶原左衛門尉
　　　1・8・15　梶原左衛門尉景俊
　　　2・1・1　梶原右衛門尉
　　　2・6・13　梶原右衛門尉景俊
　　　2・8・15　梶原右衛門尉景俊
　　　3・8・15　梶原左〈右〉衛門尉景俊
　宝治1・11・15　梶原右衛門尉
　　　2・12・10　梶原右衛門尉景俊
　建長2・8・15　梶原右衛門尉景俊
　　　2・8・18　梶原右衛門尉
　　　2・12・27　梶原右衛門尉
　　　3・1・11　梶原右衛門尉景俊
　　　3・1・20　梶原右衛門尉
　　　3・8・15　梶原右衛門尉景俊
　　　3・10・19　梶原〈右〉衛門尉
　　　3・11・13　梶原右衛門尉
　　　4・4・2　梶原右(右)衛門尉景俊
　　　4・4・3　梶原右衛門尉景俊
　　　4・4・14　梶原〈右〉衛門尉景俊
　　　4・8・1　梶原右衛門尉景俊
　　　4・8・14　梶原〈右〉衛門尉景俊
　　　4・11・11　梶原右衛門尉景俊
　　　4・11・12　梶原右衛門尉
　　　4・11・20　梶原右衛門尉景俊
　　　4・12・17　梶原右衛門尉景俊
　　　5・1・3　梶原右衛門尉景俊
　　　5・1・16　梶原右衛門尉景俊
　　　5・8・15　梶原右衛門尉景俊
　　　6・1・1　梶原右衛門尉景俊
　　　6・8・15　梶原上野介景俊
　康元1・6・29　梶原上野介
　正嘉1・8・15　梶原上野前司景俊
　　　2・1・1　上野介
　　　2・1・7　梶原上野介
　　　2・6・17　梶原上野前司
　文応1・4・1　梶原上野前司
　弘長1・1・1　上野介

景　　親　　大庭
　治承4・8・2　大庭三郎景親
　　　4・8・9　大庭三郎景親
　　　4・8・10　景親
　　　4・8・11　景親
　　　4・8・23　大庭三郎景親

— 93 —

第Ⅰ部　人名索引（け）

治承4・8・24	大庭三郎景親	
4・8・25	大庭三郎景親	
4・8・26	景親	
4・8・27	景親	
4・9・3	景親	
4・9・28	景親	
4・9・29	景親	
4・10・18	大庭三郎景親	
4・10・22	景親	
4・10・23	大庭三郎景親	
4・10・26	景親	
4・11・12	景親	
4・11・26	景親	
文治1・10・29	景親	
5・8・12	景親	
建久1・8・16	景親	
5・3・25	景親	

景　政　鎌倉
寿永1・2・8　権五郎景政
文治1・12・28　景政
建久6・11・19　権五郎景政

景　清　藤原
元暦1・2・7　悪七兵衛尉景清

景　清
文治1・3・2　景清

景　盛　安達
正治1・7・16	安達弥九郎景盛
1・7・20	景盛
1・7・26	景盛
1・8・18	安達九郎景盛
1・8・19	景盛
1・8・20	景盛
1・10・27	景盛
1・10・28	藤九郎景盛
2・2・26	安達九郎景盛
建仁3・10・8	安達九郎左衛門尉景盛
3・11・6	安達左〈右〉衛門尉景盛
3・11・15	安達右衛門尉
3・12・14	安達右衛門尉
元久2・2・17	安達右衛門尉景盛
2・6・22	安達藤九郎右衛門尉
	景盛
元久2・⑦・20	藤九郎右衛門尉
2・8・7	景盛
承元1・1・22	足達九郎右衛門尉
1・3・3	景盛
4・9・11	安達九郎右衛門尉景盛
建暦1・7・8	安達右衛門尉
2・8・27	安達左衛門尉
建保1・2・2	安達左衛門尉
1・2・16	安達右〈左〉衛門尉景盛
1・2・25	景盛
1・8・20	藤右衛門尉景盛
1・8・26	藤右衛門尉景盛
2・2・3	安達藤右衛門尉景盛
3・1・11	藤右衛門尉景盛
3・4・2	安達右衛門尉景盛
3・11・8	藤右衛門尉景盛
6・3・16	藤右衛門尉景盛
6・6・27	秋田城介景盛
6・7・8	秋田城介景盛
6・10・27	秋田城介景盛
6・11・25	景盛
承久1・1・24	秋田城介景盛
1・1・27	秋田城介景盛
1・1・28	秋田城介景盛
3・1・27	秋田城介景盛入道
3・5・19	秋田城介景盛
3・6・5	城介入道
3・6・7	城介入道
宝治1・4・4	秋田城介入道覚地
1・4・11	高野入道覚地
1・6・5	高野入道覚地
2・5・18	秋田城介入道号高野道，法名覚地卒，従五位下行出羽権介藤原朝臣景盛法名覚地，号大蓮房
文応1・5・10	秋田城介入道覚智（マヽ）

景　盛　梶原
建保1・5・2　梶原三郎景盛
安貞2・7・23　梶原三郎
寛喜1・1・2　梶原三郎

— 94 —

第Ⅰ部 人名索引 (け)

景　盛　　菅野
　建保6・6・27　将曹菅野景盛
　承久1・1・27　将曹菅野景盛

景　節　　大江
　建久6・11・10　江左衛門尉景節

景　宗　　大庭
　文治4・11・27　景宗

景　宗　　梶原
　正治2・1・20　(梶原)七郎景宗

景　則　　梶原
　正治2・1・20　(梶原)八郎景則
　　　2・1・23　梶原八郎

景　村　　天野
　嘉禎1・6・29　和泉六郎左衛門尉景村
　寛元2・8・16　和泉六郎左衛門尉
　建長5・1・16　同(和泉)六郎左衛門尉景村
　康元1・6・29　同(和泉)六郎左衛門尉
　正嘉2・1・1　同(和泉)六郎左衛門尉
　　　2・1・7　同(和泉)六郎左衛門尉
　文応1・1・1　同(和泉)六郎左衛門尉
　　　1・4・1　同(和泉)六郎左衛門尉
　弘長1・7・9　同(和泉)六郎左衛門尉
　　　3・1・7　同(和泉)六郎左衛門尉景村
　　　3・1・23　和泉六郎左衛門尉
　　　3・8・8　和泉六郎左衛門尉
　　　3・8・9　和泉六郎左衛門尉景村

景　村
　仁治2・5・10　兵衛次郎景村

景　村　　三浦
　寛元3・8・15　若狭次郎景村

　宝治1・6・22　同(若狭)次郎景村

景　村　　安達
　建長2・8・18　城三郎
　　　2・12・27　城三郎
　　　3・11・13　城三郎
　　　4・4・3　城三〈二〉郎
　　　4・8・1　城三郎
　　　6・6・16　同(城)三郎
　康元1・1・1　同(城)三郎
　　　1・6・29　同(城)三郎
　正嘉2・6・17　同(城)三郎

景　泰　　長江
　正嘉1・10・1　長江八郎景泰

景　泰　　武藤
　正嘉2・8・15　武藤次郎左衛門尉景泰(頼泰の誤ならむ)
　文永3・7・4　武藤新左衛門尉景泰

景　忠　　長尾
　宝治1・6・5　(長尾)四郎景忠

景　長　　和田
　建仁3・9・2　和田小四郎景長

景　長　　加藤
　建保1・8・26　加藤左衛門尉景長
　　　2・7・27　加藤左衛門尉景長
　　　3・8・15　加藤新左衛門尉景長
　　　6・6・27　加藤左衛門尉景長

景　長　　加藤
　貞応2・10・13　加藤六郎兵衛尉
　元仁1・1・1　加藤六郎兵衛尉景長

景　長　　遠山
　弘長1・8・15　遠山孫太郎景長
　　　3・8・15　遠山孫太郎左衛門尉景長

景　朝　　遠山(加藤)
　建仁3・9・2　加藤太郎景朝
　承久1・7・19　遠山左衛門尉

— 95 —

第Ⅰ部　人名索引（け）

承久3・6・25	遠山左衛門尉景朝	
3・7・5	遠山左衛門尉景朝	
安貞2・7・23	遠山左衛門尉	
2・10・15	遠山左衛門尉	
嘉禎1・8・21	加藤判官景朝	
3・7・11	大夫判官景朝	
3・8・16	大夫判官景朝	
暦仁1・6・5	大蔵少輔景朝	
延応1・8・15	前大蔵少輔景朝	
仁治2・1・3	遠山大蔵少輔景朝	
2・8・25	遠山前大蔵少輔	
2・11・4	遠山前大蔵少輔	
2・12・21	遠山大蔵少輔	
寛元1・7・17	遠山前大蔵少輔	
3・8・2	大蔵権少輔景朝	
3・8・15	遠江大蔵少輔景朝	
3・8・16	遠江大蔵少輔	
宝治1・12・29	遠山前大蔵少輔	
建長2・1・16	大蔵権少輔景朝	
3・1・1	遠山前大蔵少輔景朝	
3・1・11	遠山大蔵少輔景朝	
3・1・20	遠山前大蔵少輔	
3・10・19	遠山前大蔵少輔	
5・1・3	遠山大蔵少輔景朝	
6・1・1	大蔵権少輔景朝	

景　朝
|暦仁1・2・17|大和守|
|1・2・28|大和守景朝|

景　朝　長江
宝治2・1・3	長江七郎
建長2・12・27	長江七郎
3・1・20	長江七郎景朝
弘長3・8・9	長江七郎

景　澄
|養和1・②・23|湊河庄司太郎景澄|

景　直　新野
建久1・11・7	新野太郎
6・3・10	新野太郎
建保1・5・2	新野左近将監景直

景　通　藤原
|建久3・4・11|修理少進景通|

景　通　那珂
嘉禄2・12・10	珂左衛門尉
暦仁1・2・17	珂左衛門尉
仁治2・5・29	那河左衛門入道々願
建長2・3・1	那河左衛門入道

景　定　梶原
文治1・4・15	兵衛尉景高（ﾏﾏ）
2・10・24	梶原兵衛尉景定
2・11・12	梶原兵衛尉景定
4・3・15	梶原兵衛尉
5・7・19	同（梶原）兵衛尉定景（ﾏﾏ）
建久1・11・7	梶原兵衛尉
2・2・4	梶原兵衛尉
3・8・20	梶原兵衛尉刑部丞（朝景）子
3・11・25	景定
4・5・8	同（梶原）兵衛尉
4・11・27	同（梶原）刑部左衛門尉定景（ﾏﾏ）
5・11・21	梶原兵衛尉景高（ﾏﾏ）
6・3・10	梶原刑部兵衛尉

景　能（義）　大庭
治承4・8・20	大庭平太景義
4・10・9	大庭平太景義
4・10・11	景義
4・10・12	景義
4・10・15	景義
4・10・17	景義
4・10・23	景義
4・10・26	大庭平太景義
4・11・20	大庭平太景義
4・12・12	景義
養和1・1・1	大庭平太景義
1・4・1	大庭平太景能
1・5・12〈13〉	大庭平太景能
1・5・24	景能
1・7・8	景能
寿永1・4・24	景義
1・8・12	大庭平太景義
1・9・26	大庭平太景義
元暦1・8・28	大庭平太景能

— 96 —

第Ⅰ部 人名索引（け）

```
       文治1・3・6   景義
          1・8・27  景能
          2・11・12 大庭平太景義
          4・4・3   景能
          4・10・20 景能
          4・11・1  景能
          4・11・18 大庭平太景能
          4・11・27 景能
          5・6・30  大庭平太景能
          5・7・17  大庭平太
       建久1・8・16  景能
          1・9・3   大庭平太景能
          1・10・3  大庭平太景能
          2・8・1   大庭平太景能
          4・8・24  大庭平太景義
          5・12・2  大庭平太景能
          6・2・9   大庭平太景能入道
          6・3・10  懐崎〈駿島〉平権守入
                   道
       建仁1・3・10  懐嶋平権守
       承元4・4・9   懐嶋平権守景能入道
                   （卒）

景  平   中村
       治承4・8・20  中村太郎景平

景  弁
       文永2・5・5   権律師景弁

景  方   梶原
       弘長1・1・2   同（梶原）五郎景方
          3・1・3   同（梶原）五郎景方

景  房   →原宗宗房
       治承4・8・23  原宗三郎景房

景  房
       嘉禄1・5・6   源内左衛門尉景房
          1・12・9  源内左衛門尉景房

景  明   肥田
       建長2・3・1   肥田次郎跡

景  茂   梶原
       文治2・5・14  梶原三郎景茂
          2・11・12 梶原三郎景茂
          5・7・19  梶原三郎景茂
```

```
       建久1・12・2  梶原三郎景茂
          1・12・11 梶原景茂
          2・7・28  梶原三郎兵衛尉景茂
                   〈義〉
          2・8・18  梶原兵衛尉景茂
          3・10・19 同（梶原）兵衛尉景義
                   〈茂〉
          3・11・25 梶原兵衛尉景茂
          4・5・8   同（梶原）三郎兵衛尉
          4・8・16  梶原次〈三〉郎兵衛尉
          5・5・2   梶原三郎兵衛尉
          5・8・8   梶原三郎兵衛尉景高
                   （マヽ）
          5・⑧・1   梶原三郎兵衛尉景義
          6・3・10  梶原三郎兵衛尉
          6・3・30  梶原三郎兵衛尉景茂
          6・6・3   景茂
          6・8・16  梶原三郎兵衛尉
       正治1・11・13 （梶原）三郎兵衛尉景
                   茂
          1・11・18 梶原三郎兵衛尉景茂
          2・1・20  梶原三郎兵衛尉景茂
          2・1・23  （梶原）三郎兵衛尉景
                   茂

景  茂   長尾
       建保1・5・3   （定景）子息大郎景茂
       承久1・1・27  （定景）子息太郎景茂
       嘉禎1・6・29  長尾平内左衛門尉
          3・6・23  長尾平内左衛門尉景
                   氏（マヽ）
       暦仁1・2・17  長尾平内左衛門尉
          1・6・5   長尾平内左衛門尉景
                   茂
       仁治1・8・2   長尾平内左衛門尉
       寛元2・6・5   平内左衛門尉
       宝治1・6・5   平内左衛門尉景茂
          1・6・22  長尾平内左衛門尉景
                   茂

景  茂   多賀谷
       建長4・1・14  多賀谷五郎景茂
       康元1・1・13  多賀谷弥五郎景義
                   〈茂〉（重茂の誤ならむ）

景  茂   梶原
       建長6・1・2   同（梶原）三〈二〉郎景
```

第Ⅰ部 人名索引（け）

茂

景　茂　狩野
　　建長6・8・15　狩野左衛門四郎景茂
　　正嘉1・12・24　狩野左衛門四郎
　　　　2・1・10　狩野左衛門四郎景茂
　　　　2・3・1　狩野四郎景茂
　　　　2・6・4　狩野左衛門四郎景茂
　　　　2・8・15　狩野左衛門四郎景茂
　　文応1・1・1　権〈狩〉野四郎左衛門尉
　　　　1・1・11　狩野四郎左衛門尉
　　　　1・2・20　狩野四郎左衛門尉
　　　　1・4・1　同(狩野)四郎左衛門尉
　　　　1・8・7　狩野四郎左衛門尉
　　弘長1・1・1　狩野左衛門四郎
　　　　1・10・4　狩野四郎左衛門尉景茂
　　　　3・1・1　狩野四郎左衛門尉景茂
　　　　3・1・7　狩野四郎左衛門尉景氏(マヽ)
　　　　3・8・9　狩野四郎左衛門尉景茂

景　茂　天野
　　正嘉1・12・29　肥後新左衛門尉景重〈茂〉
　　　　2・6・17　天野肥後新左衛門尉
　　文応1・1・1　肥後　天野新左衛門尉
　　　　1・1・11　肥後　矢野新左衛門尉景氏(マヽ)
　　　　1・1・20　肥後新左衛門尉景氏(マヽ)
　　　　1・4・1　天野肥後新左衛門尉
　　弘長1・1・1　天野　肥後新左衛門尉
　　　　3・8・9　肥後新左衛門尉景茂

景　茂
　　正嘉2・1・1　備中右近大夫
　　　　2・1・7　備中右近大夫
　　　　2・1・10　備中右近大夫将監景茂

景〈朝〉友　→梶原朝〈友〉景
　　文治5・7・19　同(梶原)刑部丞景

〈朝〉友

景　頼
　　承元2・5・29　景頼

景　頼　武藤
　　貞永1・2・24　武藤左衛門尉資頼(マヽ)
　　嘉禎1・6・29　武藤左衛門尉景頼
　　　　2・8・4　武藤左衛門尉
　　　　3・3・8　武藤左衛門尉
　　　　3・4・22　武藤左衛門尉
　　暦仁1・2・17　武藤左衛門尉
　　　　1・2・28　武藤左衛門尉景頼
　　仁治1・8・2　武藤左衛門尉
　　　　2・8・25　武藤左衛門尉
　　　　2・10・22　武藤左衛門尉頼親(マヽ)
　　　　2・11・4　武藤左衛門尉
　　寛元1・7・17　武藤左衛門尉
　　　　1・8・16　武藤左衛門尉
　　　　2・1・1　武藤左衛門尉
　　　　2・8・15　武藤左衛門尉景頼
　　　　2・8・16　武藤左衛門尉景頼
　　　　4・7・11　武藤左衛門尉景頼
　　宝治1・6・5　武藤左衛門尉景頼
　　　　1・6・9　左衛門尉頼
　　　　1・6・12　武藤左衛門尉景頼
　　　　1・6・22　武左衛門尉
　　　　1・11・11　武藤左衛門尉景頼
　　　　2・1・3　武藤左衛門尉
　　　　2・10・6　武藤左衛門尉景頼
　　　　2・12・10　武藤左衛門尉景頼
　　建長2・1・16　武藤左衛門尉景頼
　　　　2・2・26　武藤左衛門尉
　　　　2・3・25　武藤左衛門尉
　　　　2・3・26　武藤左衛門尉
　　　　2・8・7　武藤左衛門尉
　　　　2・8・18　武藤左衛門尉
　　　　2・12・27　武藤左衛門尉
　　　　3・1・1　武藤右衛門尉景頼
　　　　3・1・11　武藤左衛門尉
　　　　3・1・20　武藤左衛門尉
　　　　3・6・5　武藤左衛門尉景頼
　　　　3・6・20　武藤左衛門尉
　　　　3・8・15　武藤左衛門尉景頼
　　　　3・12・26　武藤左衛門尉景頼

— 98 —

第Ⅰ部　人名索引（け）

建長4・2・20	武藤左衛門尉景頼		正嘉1・8・15	大宰権少貮景頼
4・3・5	武藤左衛門尉景頼		1・8・28	大宰少貮景頼
4・3・24	景頼		1・10・1	太宰権少貮景頼
4・4・3	武藤左衛門尉景頼		2・1・1	武藤少卿
4・4・14	武藤左衛門尉景頼		2・1・2	太宰権少貮景頼，武藤少卿景頼
4・4・30	武藤左衛門尉景頼		2・1・10	太宰権少貮景頼
4・5・5	景頼		2・3・1	太宰少貮景頼
4・6・23	武藤左衛門尉景頼		2・6・11	武藤少卿景頼
4・7・6	景頼		2・6・17	武藤少卿景頼
4・7・8	武藤左衛門尉景頼		2・8・6	武藤少卿景頼
4・7・23	武藤左衛門尉景頼		文応1・1・1	武藤少卿景頼
4・8・1	武藤左衛門尉景頼		1・1・11	大宰少貮景頼
4・8・6	武藤左衛門尉景頼		1・1・20	武藤少卿景頼
4・8・14	武藤左衛門尉景頼		1・2・14	太宰少貮景頼
4・8・25	武藤左衛門尉景頼		1・2・20	武藤少卿
4・9・25	武藤左衛門尉景頼		1・4・3	大宰少卿景頼
4・11・11	武藤左衛門尉景頼		1・4・18	武藤少卿景頼
4・11・20	武藤左衛門尉景頼		1・4・19	武藤少卿景頼
4・12・17	武藤左衛門尉景頼		1・7・25	武藤少卿景頼
5・1・3	武藤左衛門尉景頼		1・8・15	大宰権少貮景頼
5・1・16	武藤左衛門尉景頼		1・10・8	武藤少卿景頼
5・6・25	武藤左衛門尉景頼		1・11・19	武藤少卿
5・7・17	武藤左衛門尉		1・11・21	武藤少卿景頼
5・8・13	武藤左衛門尉景頼		1・11・27	大宰少貮景頼
5・12・21〈22〉	武藤左衛門尉景頼		1・12・17	武藤少卿景頼
6・1・1	武藤左衛門尉景頼		1・12・26	武藤少卿景頼
6・1・22	武藤左衛門尉景頼		1・12・29	武藤少卿
6・3・12	景頼		弘長1・1・1	武藤少卿景頼
6・⑤・11	武藤少卿景頼		1・1・2	太宰権少貮景頼
6・6・16	武藤左衛門尉		1・1・4	武藤少卿
6・11・17	景頼		1・1・7	武藤少卿
6・12・1	武藤左衛門尉		1・2・7	武藤少卿景頼
康元1・1・5	武藤左衛門尉景頼		1・3・20	大宰権少貮景頼
1・6・29	武藤少卿		1・4・24	武藤少卿
1・7・5	景頼		1・6・12	武藤少卿景頼
1・7・17	武藤少卿景頼		1・6・18	大宰権少貮景頼
1・8・15	武藤少卿景頼		1・6・30	景頼
1・8・23	武藤少卿景頼		1・7・2	景頼
1・10・26	大宰権少貮景頼		1・7・9	景頼
1・11・11	大宰権少貮景頼		1・7・12	武藤少卿
正嘉1・1・1	武藤少卿景頼		1・7・29	武藤少卿景頼
1・1・3	権少貮景頼		1・7・30	景頼
1・2・2	太宰少貮景頼		1・8・1	景頼
1・2・26	太宰権少貮景頼		1・8・13	景頼
1・③・2	武藤少卿景頼		1・8・14	景頼，武藤少卿
1・6・1	太宰権少貮		1・8・15	武藤少卿
1・6・23	武藤少卿景頼			

— 99 —

第Ⅰ部　人名索引（け）

　　　弘長1・9・20　武藤少卿
　　　　　1・10・4　武藤少卿景頼
　　　　　1・11・22　武藤少卿景頼
　　　　　3・1・1　武藤少卿
　　　　　3・1・3　太宰権少貳景頼
　　　　　3・1・25　武藤少卿景頼
　　　　　3・3・13　武藤少卿
　　　　　3・4・14　武藤少卿景頼
　　　　　3・4・26　武藤少卿景頼
　　　　　3・8・9　武藤少卿景頼
　　　　　3・11・16　大宰少貳景頼
　　　　　3・11・22　大宰権少貳景頼
　　　　　3・11・23　太宰少貳景頼
　　　　　3・12・10　太宰少貳景頼入道
　　　文永2・1・6　大宰権少貳入道心蓮
　　　　　2・6・3　武藤少卿入道心蓮
　　　　　2・12・16　大宰権少貳入道心蓮
　　　　　3・3・6　少卿入道心蓮
　　　　　3・7・3　少卿入道心蓮
　　　　　3・7・4　大宰権少貳景泰〈頼〉

景　良　　中原
　　　建久3・7・26　勅使長官肥後介中原
　　　　　　　　　　景良
　　　　　3・7・29　景良

景　連　　佐原
　　　建久1・11・7　三浦十郎太郎
　　　　　2・1・2　（三浦）太郎景連
　　　　　2・2・4　三浦太郎
　　　　　2・11・27　三浦太郎景連
　　　　　2・⑫・7　（三浦）太郎景連
　　　　　3・8・9　三浦太郎
　　　　　3・8・20　同（三浦）太郎
　　　　　6・3・10　佐原太郎
　　　元久1・10・14　佐原太郎
　　　　　2・1・1　佐原太郎
　　　建暦1・5・19　佐原太郎兵衛尉
　　　　　1・7・8　佐原兵衛尉
　　　嘉禎1・6・29　佐原太郎兵衛尉
　　　暦仁1・2・17　佐原太郎兵衛尉

景　連　　梶原
　　　正治2・1・20　九郎景連
　　　　　2・1・23　梶原九郎

景　廉　　加藤

　　　治承4・8・6　加藤次景廉
　　　　　4・8・17　加藤次景廉
　　　　　4・8・20　同（加藤）藤次郎景廉
　　　　　4・8・24　加藤次景廉
　　　　　4・8・27　景廉
　　　　　4・8・28　景廉
　　　　　4・10・13　同（加藤）藤次景廉
　　　　　4・10・14　景廉
　　　　　4・10・18　藤次景廉
　　　寿永1・6・7　加藤次景廉
　　　　　1・6・8　景廉
　　　文治1・1・26　加藤次景廉
　　　　　1・2・29　景廉
　　　　　1・3・6　景廉
　　　　　1・3・11　加藤次景廉
　　　　　1・10・24　加藤次景廉
　　　　　4・3・15　同（加藤）藤次
　　　　　5・7・17　加藤次景廉
　　　　　5・7・19　同（加藤）藤次景廉
　　　　　5・8・8　加藤次景廉
　　　　　5・8・10　景廉
　　　建久1・11・7　加藤次
　　　　　1・11・9　加藤次景廉
　　　　　1・11・11　加藤次景廉
　　　　　1・11・29　加藤次景廉
　　　　　1・12・2　加藤次景廉
　　　　　2・2・4　加藤次
　　　　　3・11・25　加藤次景廉
　　　　　3・11・29　景廉
　　　　　4・5・8　同（加藤）藤次
　　　　　4・11・28　加藤次景廉
　　　　　4・12・5　景廉
　　　　　5・2・2　加藤次景廉
　　　　　5・8・8　加藤次景廉
　　　　　6・3・10　加藤次
　　　　　6・3・12　加藤次景廉
　　　　　6・3・30　加藤次景廉
　　　　　6・5・20　加藤次景廉
　　　正治2・1・24　加藤次景廉
　　　建仁3・9・2　加藤次〈次郎〉景廉
　　　　　3・9・6　加藤次景廉
　　　建保2・7・27　加藤左〈右〉衛門尉景
　　　　　　　　　　廉〈広〉
　　　　　6・12・2　大夫判官景廉
　　　承久1・1・27　大夫判官景廉
　　　　　1・1・28　大夫尉景廉
　　　　　3・5・23　加藤大夫判官入道覚

— 100 —

第Ⅰ部 人名索引（け）

　　　　　　　蓮
　承久3・8・3　検非違使従五位下行
　　　　　　　左衛門少尉藤原朝臣
　　　　　　　景廉法師 法名覚蓮房妙
　　　　　　　法 卒
　嘉禎1・8・21　亡父景廉，覚蓮，覚
　　　　　　　蓮房
　宝治1・11・23　大夫尉景廉

敬　　月
　承久3・6・16　敬月法師

継　　信　　佐藤
　治承4・10・21　継信
　文治1・2・19　佐藤三郎兵衛尉継信
　　　2・9・22　継信
　　　5・8・8　継信

慶　　幸
　承久1・3・1　永福寺別当三位僧都
　　　　　　　慶幸（遷補鶴岳別当職）
　　　2・1・16　鶴岳別当三位僧都慶
　　　　　　　幸入滅 去年八月廿一日補
　　　　　　　別当，世号之一年別当

慶　　俊
　元暦1・11・23　権都維那大法師慶俊

慶　　尊
　正嘉1・10・1　権律師慶尊
　　　2・6・4　権律師慶尊

黥　　布
　寿永1・2・8　黥布

犬房丸　　（工藤祐経息童）
　建久4・5・29　犬房丸
　　　4・6・1　祐経妻子

兼　　伊
　建長6・6・3　兼位〈伊〉
　　　6・6・23　三位律師兼伊
　正嘉1・10・1　権少僧都兼伊
　弘長1・2・20　兼伊
　文永2・5・5　権少僧都兼伊

兼　　遠　　中原

　治承4・9・7　中三権守兼遠

兼　　家　　藤原
　延応1・12・15　藤原朝臣兼家 法興院殿
　　　　　　　六十二

兼　　雅　　花山院(藤原)
　文治4・4・9　権大納言藤原朝臣
　　　4・12・11　権大納言兼右近衛大
　　　　　　　将藤原朝臣
　建久1・11・24　右丞相兼雅

兼　　季
　建保6・5・9　三位兼季

兼　　義　　芝田
　承久3・6・14　芝田橘六兼義
　　　3・6・17　兼義

兼　　教　　二条(藤原)
　建長2・3・26　二条少将兼教朝臣
　　　3・1・11　二条少将兼教
　　　4・4・14　二条少将兼教朝臣
　　　4・4・17　二条中将兼教
　　　4・4・24　二条少将兼教朝臣

兼　　経　　中原
　建久5・⑧・16　兵衛尉兼経

兼　　経　　近衛(藤原)
　嘉禎3・2・26　近衛左府
　　　3・8・7　接〈摂〉録
　暦仁1・4・25　摂政殿
　　　1・6・26　摂政殿
　　　1・7・9　摂政殿
　　　1・9・18　殿下
　　　1・9・19　殿下
　仁治2・1・19　摂政殿
　寛元2年首　　摂政左大臣 兼経
　宝治1・6・14　執柄
　建長4年首　　摂政左大臣 兼経公，猪
　　　　　　　隈殿三男，法名真理
　　　4・1・8　殿下
　　　4・3・5　殿下
　　　4・3・17　殿下
　　　4・3・18　殿下
　　　6・2・12　近衛大殿

― 101 ―

第Ⅰ部　人名索引（け）

```
                文応1・2・5  故岡屋禅定殿下 兼経
                                           公
兼　　継
   寛元2・6・10  有志良〈久有志良〉左衛
                門三郎兼継

兼　　見
   寛元1・8・16  左府生兼見

兼　　光
   養和1・9・7   鎮守府将軍兼阿波守
                兼光

兼　　光　　樋口
   元暦1・1・21  樋口次郎兼光
       1・1・26  兼光
       1・2・2   樋口次郎兼光

兼　　光　　日野(藤原)
   文治1・8・14  左大弁兼光
       1・12・6  兼光卿
       2・1・7   左大弁兼光
       2・4・30  左大弁宰相
       4・4・9   権中納言藤原朝臣
       5・④・1   藤中納言兼光
       5・5・29  新藤中納言兼光
   建久3・12・14 権中納言兼光卿

兼　　光〈元〉源
   建久3・7・26  大膳進源兼光〈元〉

兼　　恒
   元久2・⑦・29 兼恒髙野小大夫

兼　　康　　紀
   養和1・2・9   右衛門府生紀兼康
   文治1・6・23  府生兼康

兼　　康
   暦仁1・2・23  治部権大輔兼康
       1・2・28  治部権大輔兼康

兼　　綱　　源
   治承4・5・15  検非違使兼綱
       4・5・26  兼綱
```

```
兼　　綱　　明石
   寛元3・10・6  明石左近将監兼綱
       4・3・13  明石左近将監兼綱
   宝治2・5・15  明石左近将監
       2・⑫・18 明石右〈左〉近将監
   建長2・4・20  明石右〈左〉近将監兼
                綱
       3・6・5   明石左近将監義〈兼〉
                綱
       3・6・20  明石左近将監
       4・4・30  明石左近将監兼綱
       5・12・21〈22〉明石左近将監
       6・12・1  明石左近将監
   正嘉1・③・2   明石左近大夫兼綱
   弘長1・3・20  明石左近大夫兼綱

兼　　衡　　平
   元暦1・8・26  信兼子息左衛門尉兼
                衡

兼　　衡　　樋(比)爪
   文治5・9・15  次郎兼衡
       5・9・18  次郎兼衡
       5・12・6  兼衡

兼　　豪
   暦仁1・9・24  兼豪法印

兼　　佐　　藤原
   貞応2・9・5   藤内所兼佐
       2・12・20 藤内所兼佐

兼　　氏　　足利
   寛元3・8・15  足利次郎兼氏
       4・8・15  足利次郎兼氏
   宝治2・1・1   同(足利)次郎
       2・⑫・11 同(足利)次郎
   建長2・1・2   同(足利)次郎兼氏
       4・11・20 同(足利)次郎兼氏
       4・12・17 足利次郎兼氏
       5・1・2   同(足利)次郎兼氏
       6・1・22  足利次郎兼氏
   康元1・1・1   足利次〈二〉郎，足利
                次郎兼氏
       1・1・3   足利次郎兼氏
       1・1・5   足利次郎兼氏
       1・6・29  足利次郎
```

— 102 —

第Ⅰ部　人名索引（け）

　　康元1・7・17　足利次郎兼氏
　　　　1・8・15　足利次郎兼氏
　　　　1・8・20　足利次郎
　　　　1・8・23　足利次〈二〉郎兼氏

兼　　時　　平
　　元暦1・8・26　(信兼子息)三郎兼時

兼　　時　　北条
　　建長4・4・14　駿河四郎兼時
　　　　4・8・14　駿河四郎兼時
　　　　5・8・15　駿河四郎兼時
　　　　6・7・20　駿河四郎
　　康元1・1・1　駿河四郎
　　　　1・1・11　駿河四郎兼時
　　　　1・6・29　駿河四郎
　　正嘉2・6・17　駿河四郎
　　文応1・1・1　駿河四郎
　　　　1・4・1　駿河四郎
　　弘長1・1・1　駿河四郎
　　　　3・1・1　駿河四郎兼明〈時〉

兼　　実　　九条(藤原)
　　治承4年首　　摂政左〈右〉大臣兼実公
　　文治1・11・7　右府
　　　　1・11・10　右府
　　　　1・12・6　右大臣
　　　　1・12・7　右府
　　　　2・1・7　右大臣
　　　　2・2・27　右府
　　　　2・4・13　当執柄
　　　　2・4・20　摂政殿
　　　　2・4・30　接〈摂〉政家
　　　　2・5・25　接政
　　　　2・6・9　接政
　　　　2・11・5　接〈摂〉政家
　　　　4・2・21　執柄家
　　　　4・6・4　接政殿
　　　　5・3・20　摂政
　　　　5・4・19　摂政
　　　　5・7・16　摂政
　　建久1・9・13　殿下
　　　　1・11・9　接〈摂〉政殿
　　　　1・11・22　殿下
　　　　1・12・1　摂政殿
　　　　2・12・24　摂政殿
　　　　6・3・30　殿下
　　　　6・4・5　殿下
　　　　6・4・17　殿下
　　　　6・5・22　殿下
　　　　6・11・25　殿下

　　正治1年首　　月輪関白殿
　　暦仁1・4・25　九条殿

兼　　守　　渋河
　　建保1・2・16　渋河刑部六郎兼守
　　　　1・2・25　渋河刑部六郎兼守
　　　　1・2・26　兼守

兼　　種　　秦
　　寛元2・8・16　秦次郎府生兼種
　　　　3・8・16　秦次〈二〉　府生

兼　　秀　　岩国
　　文治3・3・10　岩国二郎兼秀

兼　　重
　　元暦1・1・17　神主兼重

兼　　重　　大鹿
　　文治3・4・29　散位大鹿兼重

兼　　俊
　　康元1・10・13　阿闍梨兼俊

兼　　信　　板垣
　　治承4・10・13　三郎兼頼
　　元暦1・2・5　板垣三郎兼信
　　　　1・3・17　板垣三郎兼信
　　文治2・1・3　板垣三郎兼信
　　　　5・5・22　板垣三郎兼信
　　建久1・8・13　兼信板垣三郎
　　　　1・8・19　板垣三郎兼信
　　　　1・9・13　板垣三郎兼信
　　　　1・9・17　兼信
　　　　1・11・2　兼信
　　　　5・7・28　兼信

兼　　盛
　　嘉禎1・2・15　兼盛法印
　　　　1・6・29　左大臣法印兼盛
　　仁治1・1・20　左大臣法印

兼　　村　　秦
　　承久1・1・27　同(秦)兼村

兼　　忠　　壬生(源)
　　文治1・4・24　権右中弁兼忠朝臣
　　　　1・5・6　弁兼忠朝臣
　　　　1・12・6　兼忠朝臣, 右忠弁
　　　　2・1・7　右中弁源兼忠元権, 従
　　　　　　　　　四位下源兼忠

— 103 —

第Ⅰ部　人名索引（け）

文治 2・2・7　　右中弁兼忠
　　 2・6・15　　右中弁源朝臣
　　 4・8・30　　蔵人頭右中弁兼忠
建久 3・7・26　　参議兼忠卿
　　 5・9・23　　源宰相

兼　　朝
　正嘉 1・10・1　　阿闍梨兼朝
　文永 2・5・5　　（権律師）兼朝

兼　　道
　治承 4・10・9　　知家事兼道

兼　　任　　大河
　建久 1・1・6　　大河次郎兼任
　　　 1・1・7　　大河次郎兼任
　　　 1・1・18　兼任
　　　 1・1・19　兼任
　　　 1・1・27　兼任
　　　 1・2・6　　兼任
　　　 1・2・12　兼任
　　　 1・2・23　兼任
　　　 1・3・1　　兼任
　　　 1・3・10　大河次郎兼任
　　　 1・3・25　兼任
　　　 1・9・9　　兼任

兼　　能　　源
　文治 1・10・27　筑前介兼能
　　　 2・2・28　筑後介兼能
　　　 2・4・5　　兼能
　　　 2・5・29　筑前介兼能

兼　　平　　今井
　元暦 1・1・20　今井四郎兼平
　　　 1・1・26　兼平

兼　　平　　秦
　建久 1・5・29　左府生秦兼平
　　　 1・11・26　右府生秦兼平
　　　 1・12・1　秦兼平左府生
　　　 1・12・2　兼平
　　　 1・12・3〈1〉兼平

兼　　平　　鷹司（藤原）
　暦仁 1・7・9　　摂政殿御弟大納言殿
　　　 1・11・28　右大将兼平公

建長 4 年首　　摂政左大臣兼平公
　　 4・1・8　　左大臣兼平
　　 4・3・18　左大臣兼平
　　 4・4・5　　左大臣

兼　　弁
　文永 2・5・5　　権律師兼弁

兼　　保　　渋河
　文治 5・7・19　渋河五郎兼保
　建久 1・11・7　渋河弥五郎
　　　 6・3・10　渋河太〈五〉郎

兼　　保　　瀬尾
　建久 4・5・28　瀬尾太郎兼保

兼　　峯　　秦
　建久 1・12・3〈1〉秦兼峯兼平男
　　　 2・10・2　左府生兼峯
　承久 1・1・27　秦兼峯

兼　　房　　藤原
　文治 2・3・12　二位大納言

兼　　末　　岩国
　文治 3・3・10　同（岩国）三郎兼末

兼　　祐
　承元 1・2・11　上総国姉前社住人兼祐

兼　　頼　　→板垣兼信
　治承 4・10・13　三郎兼頼

兼　　頼　　武藤　〔頼村参照〕
　嘉禎 1・2・18　武藤左近将監
　寛元 2・1・1　　同（武藤）左近将監
　　　 2・6・13　武藤右近将監
　　　 2・8・15　武藤右近将監兼頼
　建長 4・4・3　　武藤右近将監兼頼
　　　　　　　　　〔以上再考を要す〕
　　　 4・4・14　武藤七郎兼頼
　　　 4・7・8　　武藤七郎兼頼
　　　 4・8・6　　武藤七郎兼頼
　　　 4・11・12　武藤七郎
　　　 5・1・16　武藤七郎兼頼
　　　 5・8・15　武藤七郎兼頼

— 104 —

第 I 部　人名索引（け）

　　建長6・1・22　武藤七郎兼頼
　　　　6・6・16　同(武藤)右近将監
　　康元1・1・1　武藤左近将監
　　　　1・6・29　武藤右近将監
　　　　1・8・23　武藤左〈右〉近将監兼
　　　　　　　　　頼
　　正嘉1・1・1　武藤左〈右〉近将監兼
　　　　　　　　　頼
　　　　1・2・2　武藤右近将監兼頼
　　　　1・6・23　武藤右近将監兼頼
　　　　1・8・15　武藤右近将監兼頼
　　　　1・10・1　武藤右近将監兼頼
　　　　1・12・24　武藤左近将監
　　　　2・1・1　武藤左近将監
　　　　2・1・2　武藤左近将監兼頼
　　　　2・1・10　武藤左近将監兼頼
　　　　2・6・11　武藤左〈右〉近将監
　　　　2・6・17　武藤左〈右〉近将監
　　文応1・2・20　武藤右近将監
　　　　1・4・1　武蔵右近将監(マヽ)
　　弘長1・1・7　武藤右近将監

兼　　頼　　源
　　仁治2・6・16　源八兼頼

兼　　隆　　平
　　治承4・8・4　散位平兼隆 前廷尉，号
　　　　　　　　　山木判官
　　　　4・8・6　兼隆
　　　　4・8・12　兼隆
　　　　4・8・13　兼隆
　　　　4・8・16　兼隆
　　　　4・8・17　兼隆(没)
　　　　4・8・19　兼隆
　　　　4・8・25　前廷尉兼隆
　　建仁1・5・6　大夫尉兼隆

兼　　隆　　藤原
　　建保3・1・20　中宮大進藤兼隆

献〈猷〉聖
　　寛元3・10・9　献〈猷〉聖法印

憲　　実
　　建久4・9・21　憲実法眼
　　　　4・9・26　憲実法眼

憲　　信　　藤原
　　建久5・8・8　上野介憲信
　　　　5・10・25　上野介憲信
　　　　5・12・26　上野介憲信

憲　　清　　佐藤
　　文治2・8・15　佐藤兵衛尉業〈憲〉清
　　　　　　　　　法師，号西行
　　　　2・8・16　西行上人
　　嘉禎3・7・19　佐藤兵衛尉憲清入道
　　　　　　　　　西行

憲　　清
　　嘉禎1・2・15　憲清僧都

賢　　□
　　建久4・3・13　密蔵房賢□

賢　　信
　　寛元4・5・14　按察法印賢信

賢　　長
　　嘉禎3・6・22　大夫法印賢長
　　延応1・11・21　大夫僧都
　　仁治1・1・17　賢長法印
　　寛元2・1・8　大夫法印賢長
　　　　2・6・3　大夫法印，法印賢長
　　　　3・2・25　大夫法印

賢　　弁
　　文永2・5・5　権律師賢弁

顕　　雅　　藤原
　　建長3・7・4　藤原顕雅
　　　　4・1・8　左中弁顕雅
　　　　4・3・19　右中弁顕雅朝臣

顕　　教　　六条
　　文永2・3・4　六条侍従顕教

顕　　氏　　紙屋河(六条)
　　仁治2・1・19　内蔵頭顕氏朝臣
　　正嘉1・2・2　仁和寺三位顕氏卿
　　　　1・10・1　仁和寺三位顕氏
　　　　2・1・10　仁和寺三位顕氏
　　　　2・6・4　六条二位顕氏卿
　　弘長1・1・7　六条二位顕氏卿

— 105 —

第Ⅰ部　人名索引（け）

　　弘長1・1・26　紙屋河二位顕氏
　　　　1・5・5　紙屋河二位
　　文永2・3・4　従二位顕氏卿

顕　　氏　　足利
　　建長3・1・3　同(足利)次郎顕氏
　　　　4・4・1　足利次郎顕氏
　　　　4・4・3　足利次郎顕氏
　　　　5・8・15　足利次郎顕氏

顕　　時　　北条〔時方参照〕
　　文応1・1・20　同(越後)四郎顕時
　　　　1・2・20　越後四郎
　　　　1・4・3　越後四郎顕時
　　弘長1・1・1　越後四郎顕時
　　　　1・1・3　越後四郎顕時
　　　　1・1・7　同(越後)四郎
　　　　1・1・9　(実時)子息四郎
　　　　1・2・7　越後四郎顕時
　　　　1・4・24　越後四郎
　　　　1・8・3　越後四郎
　　　　1・8・15　越後四郎
　　　　1・9・20　越後四郎
　　　　1・10・4　越後四郎
　　　　3・1・1　越後四郎顕時
　　　　3・1・2　越後四郎顕時
　　　　3・1・7　越後四郎顕時
　　　　3・1・10　越後四郎顕時
　　　　3・4・21　越後四郎
　　　　3・4・26　越後四郎顕時
　　　　3・8・9　越後四郎顕時
　　　　3・8・15　越後四郎顕時
　　　　3・8・16　越後四郎顕時
　　文永2・1・1　越後四郎顕時
　　　　2・1・2　越後四郎顕時
　　　　2・6・13　左近大夫将監顕時
　　　　2・6・23　越後左近大夫将監
　　　　2・7・16　越後左近大夫将監
　　　　2・8・16　左近大夫将監顕時
　　　　3・1・2　左近大夫将監顕時

顕　　実　　土御門(源)
　　文永3・7・4　同(顕方)子息中将

顕　　真
　　建久2・5・8　天台座主御房

顕　　盛　　安達
　　正嘉1・1・1　城六郎顕盛
　　　　1・12・24　城六郎
　　　　1・12・29　城六郎顕盛
　　　　2・1・1　同(城)六郎
　　　　2・6・11　同(城)六郎顕盛
　　　　2・6・17　同(城)六郎
　　　　2・8・15　城六郎顕盛
　　文応1・1・1　同(城)六郎顕盛
　　　　1・1・3　城六郎顕盛
　　　　1・1・11　城六郎顕盛
　　　　1・1・20　同(城)六郎顕盛
　　　　1・2・20　城六郎
　　　　1・4・3　城六郎顕盛
　　　　1・11・21　城六郎顕盛
　　　　1・12・26　城六郎顕盛
　　弘長1・1・1　城六郎，同(城)六郎
　　　　　　　　　顕盛
　　　　1・1・3　城六郎顕盛
　　　　1・1・7　城六郎
　　　　1・2・7　秋田六郎顕盛
　　　　1・4・24　城六郎
　　　　1・7・12　城六郎
　　　　1・8・15　城六郎顕盛
　　　　1・10・4　城六郎顕盛
　　　　3・1・1　城六郎兵衛尉顕盛
　　　　3・1・2　城六郎兵衛尉顕盛
　　　　3・1・7　城六郎兵衛尉顕盛
　　　　3・1・23　城六郎兵衛尉
　　　　3・8・8　城六郎兵衛尉
　　　　3・8・15　城六郎兵衛尉顕盛
　　文永2・1・1　城六郎兵衛尉顕盛
　　　　2・1・2　城六郎兵衛尉顕盛
　　　　2・6・23　城六郎兵衛尉
　　　　2・7・16　城六郎左衛門尉〈兵衛尉〉

顕　　方　　土御門(源)
　　建長4・3・19　土御門宰相中将顕方卿
　　　　4・4・1　土御門宰相中将顕方卿，相公羽林
　　　　4・4・14　土御門宰相中将顕方卿
　　　　4・4・17　土御門宰相中将顕方卿
　　　　4・4・24　土御門宰相中将

— 105 —

第Ⅰ部 人名索引（け）

建長4・7・8	宰相中将顕方卿		文永2・1・2	前大納言
4・11・11	土御門宰相中将顕方卿		2・1・3	前黄門(マヽ)
5・1・1	土御門宰相中将顕方		2・1・15	土御門大納言
5・1・2	宰相中将		2・2・3	土御門大納言
5・1・3	土御門宰相中将顕方、相公羽林		2・3・4	土御門大納言
			2・6・23	前大納言
5・2・30	土御門宰相中将		2・8・16	土御門大納言
5・8・15	土御門宰相中将顕方		2・12・16	土御門大納言
6・1・1	土御門宰相中将		3・1・1	前大納言
6・6・3	顕方		3・1・2	前大納言
康元1・1・2	土御門中納言顕方		3・1・3	前大納言
1・1・3	黄門		3・2・10	土御門大納言
1・8・23	土御門中納言顕方		3・7・4	土御門大納言
正嘉1・2・2	土御門中納言顕方卿			
1・2・26	土御門中納言顕方		顕　名	紙屋河(六条)
1・6・1	土御門中納言		正嘉1・2・2	紙屋河兵衛佐顕名
1・6・24	土御門中納言顕方		文永2・3・4	六条少将顕名
1・10・1	土御門中納言			
2・1・1	土御門中納言		元　業	中原
2・1・2	土御門黄門		寛元2・7・5	中民部大夫元業
2・1・10	土御門中納言顕方			
2・2・25	土御門中納言		元　氏	足立〔光氏参照〕
2・3・1	土御門中納言顕方		安貞2・7・23	足立三郎
2・4・19	土御門中納言		2・8・13	足立三郎
2・6・2	土御門黄門		貞永1・⑨・10	足立三郎
2・6・4	土御門中納言顕方		建長3・1・20	足利左衛門三郎元氏(マヽ)
2・6・11	土御門中納言		3・8・15	足立左衛門三郎元氏
2・7・4	土御門中納言顕方		4・4・14	足立三郎左衛門尉元氏
文応1・1・1	右衛門督		4・8・1	足立三郎左衛門尉元氏
1・1・2	右衛門督		4・8・6	足立三郎左衛門尉元氏
1・1・3	右金吾		4・8・14	足立三郎左衛門尉元氏
1・3・21	土御門中納言		4・9・25	足立三郎左衛門尉道氏(マヽ)
1・4・3	土御門中納言方		4・12・17	足立三郎右〈左〉衛門尉元氏
1・11・19	新右衛門督		5・7・17	足立三郎左衛門尉
1・11・27	新右衛門尉〈督〉顕方		6・1・1	足立三郎右〈左〉衛門尉
1・12・27	土御門中納言		6・8・15	足立三郎左衛門尉
弘長1・1・1	土御門中納言		康元1・6・29	足立三郎左衛門尉
1・1・2	土御門中納言		弘長1・8・15	足立三郎左衛門尉
1・1・7	土御門中納言顕方		3・7・13	足立三郎左衛門尉
1・4・24	土御門中納言			
1・10・4	土御門中納言			
3・1・1	土御門大納言			
3・1・2	土御門大納言			
3・1・3	土御門大納言			
3・4・21	土御門大納言			
3・4・26	土御門大納言			
文永2・1・1	土御門大納言			

第Ⅰ部　人名索引（け）

　　　弘長3・8・8　足立三郎左衛門尉
　　　　　3・8・9　足立三郎左衛門尉

元　春　足立
　　建仁3・10・10　足立八郎
　　元久2・1・1　足立八郎
　　建暦1・3・23　足立八郎元春
　　建保1・1・3　足立八郎兵衛尉
　　　　4・3・26　足立八郎元春
　　　　6・6・27　足立左衛門尉元春
　　承久1・1・27　足立左衛門尉元春
　　　　1・7・19　足立八郎左衛門尉

元正天皇
　　貞永1・8・10　元正天皇

元　政　→伊賀光政
　　建長4・11・11　式部兵衛大郎元政

元　忠　本間
　　安貞1・7・12　本間左衛門尉元忠
　　天福1・1・1　同(本馬)三郎左衛門
　　　　　　　　　尉
　　文暦1・1・1　本間三郎左衛門尉
　　嘉禎2・1・1　本間三郎左衛門尉
　　　　3・1・1　本間式部丞
　　　　3・3・8　本間式部丞
　　　　3・4・19　本間式部丞元忠
　　暦仁1・1・1　本間式部丞
　　延応1・4・14　山城前司
　　仁治1・1・1　山城前司元忠
　　　　1・3・7　前山城守元忠
　　　　1・5・7　山城前司元忠
　　寛元2・1・2　本間山城前司

元　直　→足立直元
　　建長4・12・17　足立大郎左衛門尉元
　　　　　　　　　直

元　文　→文元
　　嘉禎2・8・4　前大監物元文

玄　信
　　養和1・10・6　大法師玄信

源三翔
　　承元2・5・29　源三翔

源　重
　　正嘉2・6・4　阿闍梨源重

源　信
　　文治2・1・8　大法師源信
　　　　4・9・14　恵心僧都
　　建久5・1・7　源信

源　性
　　正治1・11・18　大輔房源性
　　　　2・12・3　大輔房源性
　　　　2・12・28　源性
　　建仁1・7・6　大輔房源性
　　　　1・9・11　大輔房源性
　　　　1・10・1　源性
　　　　1・10・21　源性
　　　　2・1・10　源性
　　　　2・4・13　源性
　　　　2・5・20　源性
　　　　2・6・25　大輔房源性
　　　　2・7・29　源性
　　　　2・9・10　源性
　　　　3・2・16　源性
　　　　3・3・4　源性
　　　　3・3・26　源性
　　　　3・4・21　源性
　　　　3・5・29　源性
　　　　3・7・18　源性
　　　　3・9・3　大輔房源性
　　承元3・3・21　大輔房源性

源　忠
　　文治5・9・11　源忠已講
　　　　5・9・17　源忠已講

厳　海
　　嘉禎1・6・29　助法印厳海
　　　　1・7・18　助法印厳海
　　　　3・6・11　助僧正厳海
　　　　3・6・22　助僧正厳海
　　　　3・6・23　助僧正厳海
　　延応1・4・15　助僧正厳海
　　　　1・11・20　助僧正厳海
　　仁治1・4・10　助僧正厳海

厳　懐　→厳瑜
　　寛元2・5・29　幡〈播〉磨僧都厳懐

— 108 —

第Ⅰ部　人名索引（け・こ）

厳　　恵
　　建長 4・11・22　左大臣法印厳恵
　　　　 6・4・4　　厳恵法印
　　　　 6・6・3　　左⟨右⟩大臣法印厳恵
　　　　 6・6・16　左大臣法印厳恵
　　　　 6・8・11　左大臣法印
　　康元 1・6・7　　左大臣法印厳恵
　　　　 1・7・18　左大臣法印厳恵
　　　　 1・9・3　　右⟨左⟩大臣法印厳恵
　　正嘉 1・7・13　左大臣法印厳恵
　　　　 1・10・1　左大臣法印厳恵
　　　　 2・5・5　　左大臣法印厳恵
　　　　 2・6・4　　左大臣法印厳恵
　　文応 1・4・22　左大臣法印
　　　　 1・7・2　　左大臣法印
　　　　 1・8・8　　左大臣法印
　　弘長 1・2・20　左大臣法印厳恵
　　　　 1・7・10　左大臣法印
　　　　 3・1・14　左大臣法印
　　　　 3・2・5　　左大臣法印
　　文永 3・6・24　左大臣法印厳恵

厳　　斉　（北条時村兄）
　　弘長 1・6・23　相模禅師厳斉入滅
　　　　 1・6・27　阿闍梨

厳　　瑜
　　仁治 1・1・20　厳瑜僧都
　　寛元 2・5・29　幡⟨播⟩磨僧都厳懐（マヽ）

厳（蔵）耀
　　文治 5・6・29　別当蔵⟨厳⟩耀
　　建久 4・3・13　法橋厳耀

こ

五郎丸
　　文治 2・⑦・10　小舎人童五郎丸
　　　　 2・⑦・26　五郎丸
　　建久 4・5・28　小舎人童五郎丸

後一条天皇
　　寛喜 3・10・19　後一条院

後堀河天皇
　　承久 3・7・9　新帝持明院二宮
　　安貞 1・11・23　主上
　　天福 1・9・29　仙洞
　　文永 3・3・29　後堀河院

後高倉院　（守貞親王）
　　文治 1・3・24　若宮今上兄
　　　　 1・4・11　若宮
　　　　 1・4・28　若宮今上兄
　　承久 3・7・8　持明院入道親王守貞
　　　　 3・7・9　持明院
　　貞応 2・5・18　大上法皇崩御四十五歳

後嵯峨天皇
　　寛元 2年首　後嵯峨院諱邦仁
　　建長 4年首　後嵯峨院
　　　　 4・2・20　上皇
　　　　 4・8・6　仙洞
　　文応 1・6・25　一院
　　　　 1・6・26　院
　　　　 1・7・2　　院
　　　　 1・7・24　院
　　弘長 1・1・10　当院

後三条天皇
　　寿永 1・9・20　後三条院
　　正治 1・10・27　後三条院
　　仁治 1・6・11　後三条院
　　正嘉 1・7・10　後三条院

後朱雀天皇
　　文治 1・3・24　朱雀院（マヽ）
　　正治 1・10・27　後朱雀院
　　承元 4・12・5　後朱雀院

後深草天皇
　　寛元 1・6・18　皇子
　　　　 1・10・21　皇子
　　　　 2年首　後深草院諱久仁
　　　　 4・2・9　皇太子
　　　　 4・3・24　新帝
　　建長 4年首　院御諱久仁,御法名素実
　　正嘉 2・8・19　当帝

後鳥羽天皇
　　治承 4年首　後鳥羽院
　　建久 1・11・9　主上

— 109 —

第Ⅰ部　人名索引（こ）

建久1・12・1	主上
2・5・3	主上
3・6・18	主上
正治1年首	後鳥羽院
1・7・23	仙洞
2・2・22	仙洞
2・7・27	上皇
建仁1・9・7	上皇
3年首	後鳥羽院
元久1・3・1	上皇
承元2・5・26	上皇
2・5・29	上皇
2・7・22	上皇
2・10・21	上皇
4・5・29	上皇
建保1・3・6	上皇
4・3・24	上皇
4・6・14	上皇
5・7・24	上皇
5・7・26	院
5・8・25	院
6・5・5	上皇
承久1・2・20	上皇
1・3・8	上皇
3・6・8	上皇
3・6・9	上皇
3・6・10	上皇
3・6・20	上皇
3・7・6	上皇
3・7・8	上皇
3・7・13	上皇
3・7・27	上皇
3・8・5	上皇
3・9・17	法皇
3・⑩・10	一院
安貞1・3・9	隠岐院
寛喜3・10・19	後鳥羽院
貞永1・1・4	後鳥羽院
延応1・3・17	去二月廿二日隠岐法皇於遠嶋崩御春秋六十
寛元2・6・3	後鳥羽院
2・6・4	後鳥羽院
2・9・15	後鳥羽院
3・6・3	後鳥羽院
3・6・10	後鳥羽院
宝治1・4・25	後鳥羽院
1・6・14	後鳥羽院

建長4・1・12	隠岐法皇
文永3・3・29	後鳥羽法皇
後白河天皇	
治承4年首	法皇
4・4・9	一院
4・4・27	上皇，一院
養和1・3・7	院
寿永1・2・8	一院
元暦1・2・20	法皇
1・3・28	仙洞
1・4・6	院
1・7・3	仙洞
1・9・9	院
1・9・20	院
1・9・28	仙洞
1・11・23	禅定法皇
1・12・1	院
文治1・2・19	仙洞
1・3・7	法皇
1・4・4	仙洞
1・4・26	法皇
1・8・30	法皇
1・10・13	仙洞
1・10・17	仙洞
1・10・19	法皇
1・10・20	仙洞
1・11・3	仙洞
2・1・21	法皇
2・2・28	上皇
2・3・1	院
2・3・8	仙洞
2・3・12	院
2・3・21	法皇
2・3・24	公家
2・4・7	法皇
2・7・24	仙洞
2・⑦・19	公家
2・⑦・26	院
2・8・4	上皇
2・9・5	院
3・2・16	法皇
3・4・2	太上法皇
3・4・17	仙洞
3・4・18	院
3・4・29	院
3・5・15	上皇

— 110 —

第Ⅰ部　人名索引（こ）

文治3・5・26　仙洞
　3・8・28　仙洞
　3・10・1　法皇
　3・10・6　法皇
　3・10・28　仙洞
　3・12・2　法皇
　4・3・17　院
　4・4・2　仙洞
　4・7・13　院
　4・7・17　院
　4・9・3　院
　5・2・22　上皇
　5・3・20　法皇
　5・4・22　法皇
　5・6・5　仙洞
　5・6・6　院
　5・6・7　仙洞
　5・6・8　院
　5・6・9　仙洞
　5・11・3　院
　5・11・8　仙洞
建久1・1・3　仙洞
　1・4・18　院
　1・5・12　仙洞
　1・5・23　仙洞
　1・6・27　院
　1・9・15　仙洞
　1・11・7　法皇
　1・11・9　法皇
　1・11・19　法皇
　1・11・26　院
　1・11・30　院
　1・12・1　院
　1・12・2　院
　1・12・3　院
　1・12・9　院
　2・5・12　上皇，院
　2・11・3　仙洞
　2・⑫・27　法皇
　3・2・4　太上法皇
　3・2・22　法皇
　3・3・16　太上法皇 (去十三日崩御，宝算六十七)
　3・3・19　法皇
　3・3・20　法皇
　3・4・28　法皇
　3・5・8　法皇

建久3・6・18　法皇
　3・7・26　法皇
　4・1・14　旧院
　4・2・3　旧院
　4・3・4　法皇
　4・3・13　旧院
　4・3・21　旧院
　4・4・11　旧院
　4・9・7　法皇
　4・10・28　旧院
　6・3・12　太上法皇
　6・3・29　旧院
　6・4・12　旧院
　6・4・21　故院
　6・5・23　旧院
　6・6・13　故院
暦仁1・10・11　後白河院
建長5・11・29　後白河法皇
弘長1・1・10　後白河院
文永3・3・29　後白河法皇

後冷泉天皇
治承4・10・12　後冷泉院
正治1・10・27　東宮後冷泉
建保6・3・16　後冷泉院

公　胤　（源実俊子息）
建久1・6・10　寺僧都御房公胤
承元3・9・29　園城寺明王院僧正公胤
　3・10・10　明王院僧正公胤
　3・10・13　明王院僧正
　3・10・15　明王院僧正
　3・10・17　権僧正
　4・2・21　明王院僧正公胤
　4・3・13　公胤
建保2・4・25　園城寺長吏僧正公胤
　2・5・7　公胤僧正
　4・⑥・29　前大僧正法務公胤入滅年七十二
　5・6・20　明王院僧正公胤
承久1・1・27　公胤僧正
弘長1・7・18　公胤僧正

公　員　橘
延応1・11・5　薩摩与一公員
寛元3・8・15　橘薩摩余一公員

― 111 ―

第Ⅰ部　人名索引（こ）

　　　宝治1・6・5　　橘薩摩余一公員
　　　建長2・8・15　 橘薩摩余一公員
　　　　　6・⑤・1　 橘薩摩余一

公　員　→工藤祐広
　　　正嘉2・1・10　薩摩十郎公員

公　陰　高倉
　　　建長3・7・4　　高倉中将公陰

公　益　八条
　　　建長3・7・4　　八条小将公益

公　宴
　　　嘉禎1・2・18　興福寺東南院法印公
　　　　　　　　　　宴

公　縁
　　　弘長1・9・4　　公縁僧正

公　雅
　　　天福1・6・19　公雅卿

公　覚
　　　暦仁1・1・28　少将〈公覚〉僧都

公　赫〈清〉
　　　建保1・3・6　　近衛次将左公赫〈清〉

公　寛　中御門
　　　正嘉1・10・1　中御門中将公寛朝臣
　　　　　2・1・10　 中御門中将公寛朝臣
　　　　　2・6・4　　中御門中将公寛朝臣
　　　文永2・3・7　　中御門三位公寛

公　基　万里小路
　　　建長3・7・4　　万里小路大納言公基
　　　　　5・4・20　 右大将公基卿

公　義　橘
　　　宝治1・6・5　　橘薩摩十郎公義

公　久　橘
　　　元久2・⑦・29　公久橘六

公　暁
　　　建仁2・11・21　将軍家若君 字善哉，三
歳
　　　元久2・12・2　 故左金吾将軍若公 号
善哉公
　　　建永1・6・16　左金吾将軍若君 善哉
公
　　　　　1・10・20　左金吾将軍御息若君
善哉
　　　承元4・7・8　　善哉公
　　　建暦1・9・15　金吾将軍若宮 善哉公,
法名公暁
　　　　　1・9・22　 禅師公暁
　　　建保5・6・20　阿闍梨公暁 頼家卿息
（補鶴岡別当）
　　　　　5・10・11　阿闍梨公暁
　　　　　6・12・5　 鶴岡別当
　　　承久1・1・27　別当阿闍梨 公 暁（梟
首）
　　　　　1・1・30　 別当
　　　　　1・2・6　　故鶴岳別当闍梨
　　　　　1・2・21　 別当
　　　嘉禄2・5・4　　若宮禅師公暁

公　業　小鹿島（橘）
　　　治承4・12・19　橘二公成
　　　　　4・12・20　橘次公成
　　　元暦1・9・19　橘次公業
　　　文治4・1・6　　橘次公成
　　　　　4・3・15　 橘次
　　　　　5・1・9　　橘次公成
　　　　　5・7・19　 橘次公業
　　　建久1・1・18　小鹿島橘次公成
　　　　　1・1・19　 橘次
　　　　　1・1・27　 小鹿嶋橘次公成
　　　　　1・1・29　 公成
　　　　　3・1・5　　橘次公成
　　　　　5・⑧・1　 橘次公業
　　　　　5・10・9　 小鹿島橘次公業
　　　　　5・11・21　小鹿島橘次公業
　　　　　6・3・4　　小鹿島橘次公業
　　　正治2・1・7　　小鹿島橘次公業
　　　承元3・12・11　小鹿島左衛門尉公業
　　　　　3・12・17　公業
　　　建保4・12・23　橘左衛門尉公業
　　　承久3・6・6　　小鹿島橘左衛門尉公
成
　　　嘉禎2・2・22　薩摩守公業法師

— 112 —

第Ⅰ部　人名索引（こ）

公　経　　西園寺（藤原）
　建久1・12・3〈1〉右〈左〉少将公経朝臣
　承久1・7・19　公経卿
　　　3・5・19　右幕下公経，右大将
　　　3・5・21　右幕下公経父子
　　　3・6・8　右幕下公経父子
　　　3・6・9　右幕下父子
　　　3・6・10　右幕下父子
　　　3・6・14　右幕下
　　　3・10・12　右幕下
　貞応1・10・26　内府公継（マヽ）
　嘉禄1・8・27　一条太政大臣
　安貞1・8・13　太政大臣家
　　　2・8・5　大相国
　貞永1・9・13　大相国
　　　1・12・24　大相国
　天福1・6・19　入道相国
　嘉禎2・2・22　常盤井入道太政大臣家
　　　2・6・11　大相国禅室
　　　3・6・23　大相国禅閣
　　　3・9・15　大閤
　　　3・10・25　大殿准后太政入道
　暦仁1・2・22　大相国
　　　1・②・3　大相国禅閣
　　　1・10・13　大相国禅閣
　寛元1・10・21　今出河入道相国
　　　2・8・24　今出河殿
　　　2・9・2　去月廿九日今出河相国禅閣薨御 御年七十七〈四〉
　　　2・9・3　相国
　　　2・9・5　今出河殿
　　　2・10・3　大相国禅閣
　　　3・9・29　故大相国公経

公　経　　→西園寺公相
　暦仁1・2・28　三位中将公経

公　景　　宮内
　嘉禎2・8・4　宮内左衛門尉
　　　3・4・19　宮内左衛門尉
　　　3・4・22　宮内左衛門尉
　暦仁1・2・17　宮内左衛門尉
　　　1・2・28　宮内左衛門尉公景
　仁治1・8・2　宮内左衛門尉
　　　2・5・10　宮内左衛門尉
　　　2・6・9　宮内左衛門尉公景
　寛元1・7・16　宮内左衛門尉公景
　　　1・7・17　宮内左衛門尉
　　　3・8・16　宮内左衛門尉

　宝治1・5・14　宮内左衛門尉
　　　1・6・22　宮内左衛門尉公重（マヽ）

公　継　　徳大寺（藤原）
　承元2・④・25　右大将

公　継　　→西園寺公経
　貞応1・10・26　内府公継

公　賢
　建保1・3・6　近衛次将右公賢

公　顕
　文治1・9・10　本覚院僧正公顕
　　　1・10・20　本覚院僧正坊公顕
　　　1・10・24　公顕
　　　4・2・4　法務大僧正公顕
　建久1・3・20　前大僧正公顕
　　　3・11・25　法務大僧正公顕
　　　3・12・2　本覚院宰相僧正公顕
　建保2・5・7　公顕僧正

公　幸　　橘
　貞応1・1・7　橘新左衛門尉公幸

公　高　　橘
　嘉禄2・7・1　橘右馬允公高
　暦仁1・1・1　橘右馬允
　延応1・1・1　橘右馬允公高

公　国　　徳大寺（藤原）
　文治4・4・9　左近衛権少将藤原朝臣
　　　4・12・11　左近衛権少将藤原朝臣

公　佐　　三条（藤原）
　文治1・6・25　侍従公佐朝臣
　　　1・10・24　侍従公佐
　　　1・12・6　侍従公佐
　　　1・12・7　公佐朝臣
　　　2・1・7　右馬頭藤公佐元侍従
　建久3・9・5　右馬権頭公佐朝臣
　　　5・12・26　右馬権頭公佐朝臣

公　氏　　宮内

— 113 —

第Ⅰ部 人名索引（こ）

建暦1・6・3　宮内兵衛尉公氏
建保1・1・1　宮内兵衛尉公氏
　　1・4・27　宮内兵衛尉公氏
　　1・4・28　宮内兵衛尉公氏
　　1・5・3　公氏
　　1・9・12　宮内兵衛尉
　　2・3・9　宮内兵衛尉公氏
　　3・4・1　公氏
　　5・12・25　公氏
承久1・1・27　宮内兵衛尉公氏
　　1・1・28　公氏
寛喜2・5・27　宮内兵衛尉

公　持　　一条(藤原)
建長3・7・4　一条中納言公持

公　時　　滋野井(藤原)
文治1・4・24　左中将公時朝臣
建久1・6・10　新宰相中将公時
　　1・8・13　藤宰相中将公時
　　1・11・24　右宰相中将公時卿
　　2・12・24　藤宰相中将公時

公　時　　名越(北条)
宝治2・4・20　尾張次郎
建長2・1・3　尾張次郎大〈公〉時
　　2・3・25　尾張次郎
　　2・5・10　尾張次郎
　　2・8・18　尾張次郎
　　2・12・27　尾張次郎
　　3・1・2　尾張次郎公時
　　4・1・1　尾張二郎
　　4・4・1　尾張次郎公時
　　4・4・14　尾張次郎公時
　　4・8・1　尾張次郎公時
　　4・8・6　尾張次郎公時
　　4・11・11　同(尾張)次郎公時
　　4・12・17　尾張次郎公時
　　5・1・3　尾張次郎公時
　　5・1・16　尾張次郎公時
　　5・8・15　尾張次郎公時
康元1・1・1　尾張次〈二〉郎
　　1・1・2　尾張次郎公時
　　1・1・5　尾張次郎公時
　　1・1・11　尾張次郎公時
　　1・8・23　尾張左近大夫将監公時

正嘉1・1・1　尾張左近大夫将監公時
　　1・2・2　尾張左近大夫将監公時
　　1・2・26　左近大夫将監公時
　　1・6・23　尾張左近大夫将監公時
　　1・8・15　尾張左近大夫将監公時
　　1・12・24　尾張左近大夫将監
　　1・12・29　尾張左近大夫将監公時
　　2・1・1　尾張左近大夫将監
　　2・1・2　尾張右〈左〉近大夫将監公時
　　2・1・3　左近大夫将監公時
　　2・1・10　尾張左近大夫将監公時
　　2・2・25　左近大夫将監公時
　　2・6・4　左近大夫将監公時
　　2・6・9　尾張左近大夫将監
　　2・6・17　同(尾張)左近大夫将監
　　2・8・15　尾張左近大夫将監公時
文応1・1・1　尾張左近大夫将監
　　1・1・3　左近大夫将監公時
　　1・1・11　尾張左近大夫将監公時
　　1・1・20　尾張左近大夫将監公時
　　1・2・20　尾張左近大夫将監
　　1・4・3　左近大夫将監公時
　　1・7・29　尾張左近大夫将監公時
　　1・11・21　尾張左近大夫将監公時
　　1・11・27　尾張左近〈左近大夫〉将監公時
弘長1・1・1　尾張左近大夫将監公時
　　1・1・2　左近大夫将監公時
　　1・1・3　左近大夫将監公時
　　1・1・7　同(尾張)左近大夫将監
　　1・2・7　同(尾張)左近大夫将監

— 114 —

第Ⅰ部　人名索引（こ）

弘長1・4・24　尾張左近大夫
　　　1・7・12　尾張左近大夫
　　　1・8・15　尾張左近大夫将監
　　　3・1・1　尾張左近大夫将監公時
　　　3・1・3　左近大夫将監公時
　　　3・1・7　尾張左近大夫将監公時
　　　3・1・10　左近大夫将監公時
　　　3・8・9　左近大夫将監公時
　　　3・12・24　公時(大夫将監)
　　　3・12・28　左近大夫将監公時朝臣
文永2・1・2　左近大夫将監公時
　　　2・1・3　左近大夫将監公時
　　　2・6・11　左近大夫将監平公時
　　　2・6・23　尾張右近大夫将監
　　　2・9・21　左近大夫将監公時
　　　2・12・16　左近大夫将監公時
　　　3・1・2　左近大夫将監公時

公　実　六条
建長3・1・11　六条侍従公実

公　秀
建久2・11・22　府生公秀

公　重　→宮内公景
宝治1・6・22　宮内左衛門尉公重

公　春
建長3・7・4　近衛新少将公春

公　信　泉
建保1・5・6　泉六郎

公　信　氏家（公頼子息）〔公頼参照〕
貞応1・2・6　氏家太郎
安貞2・3・9　氏家太郎
　　　2・7・23　氏家太郎
　　　2・7・24　氏家太郎
　　　2・8・13　氏家太郎公信
寛喜1・6・27　氏家太郎
嘉禎1・6・29　氏家太郎公信
暦仁1・2・17　氏家太郎
　　　1・6・5　氏家太郎公信
仁治2・1・23　氏家太郎

公　親　三条(藤原)
建長3・7・4　三条大納言公親

公　成　→小鹿島(橘)公業
治承4・12・19　橘二公成
　　　4・12・20　橘次公成
文治4・1・6　橘次公成
　　　5・1・9　橘次公成
建久1・1・18　小鹿島橘次公成
　　　1・1・27　小鹿島橘次公成
　　　1・1・29　公成
　　　3・1・5　橘次公成
承久3・6・6　小鹿島橘左衛門尉公成

公　宣　大中臣
文治2・1・19　神祇大副大中臣公宣
　　　2・6・7　神祇権大副公宣

公　相　西園寺(藤原)
暦仁1・2・28　三位中将公経(マヽ)
仁治1・2・29　大宮大納言公相卿
建長3・7・4　右大将公相
正嘉1・10・1　右丞相

公　仲　橘
元暦1・12・7　橘五

公　仲　中御門(藤原)
建長3・1・20　中御門少将
　　　6・8・11　中御門少将
康元1・9・19　中御門少将公仲朝臣
文永2・6・23　中御門少将
　　　3・2・10　中御門少将公仲

公　仲　阿野
建長4・11・11　阿野少将公仲朝臣
正嘉1・12・24　阿野少将
文応1・2・20　阿野少将

公　忠　橘
治承4・12・19　橘太公忠
　　　4・12・20　橘太公忠
建久4・8・18　橘太左衛門尉

公　長　橘
治承4・12・19　右馬允橘公長

― 115 ―

第Ⅰ部　人名索引（こ）

　　治承4・12・20　公長
　　元暦1・6・1　橘右馬允公長
　　文治1・6・9　橘馬允
　　　　1・6・21　右馬允公長
　　　　1・7・2　橘右馬允
　　　　5・6・9　橘右馬允公長
　　建久2・7・28　橘右馬允公長
　　　　3・11・25　橘右馬大夫公長

公　　朝　　大江
　　文治1・6・23　公朝
　　　　1・8・30　江判官公朝
　　　　1・9・1　廷尉公朝
　　　　1・9・4　江判官公朝
　　　　1・10・19　江判官公朝
　　　　2・5・2　廷尉公朝
　　　　2・5・14　廷尉公朝
　　　　2・6・21　廷尉公朝
　　　　3・1・21　江廷尉公朝
　　　　3・3・15　江判官公朝
　　　　3・3・25　公朝
　　　　3・8・27　江大夫判官
　　　　3・10・3　公朝
　　　　3・12・18　大夫尉公朝
　　　　4・2・2　廷尉公朝
　　　　4・2・8　廷尉公朝
　　　　5・6・5　江大夫判官公朝
　　　　5・6・6　公朝
　　　　5・6・11　江廷尉
　　建久1・6・23　廷尉公朝
　　　　1・8・3　江大夫判官，公朝
　　　　2・5・12　大夫尉大江公朝

公　　朝
　　弘長3・3・10　遠江僧都公朝

公　　直　　藤原
　　建長4・4・14　伊予中将公直朝臣
　　　　4・11・11　伊予中将公直朝臣
　　　　5・8・15　伊予中将
　　　　6・8・15　伊予中将公直朝臣

公　　通
　　文治2・4・3　宇佐大宮司公通

公　　定　　三条
　　正治2・11・1　頭弁公定朝臣

公　　冬　　一条
　　弘長1・1・7　一条侍従公冬

公　　棟
　　建保1・3・6　近衛次将左公棟

公　　敦　　坊城（藤原）
　　正嘉1・2・2　近衛少将公敦
　　　　1・10・1　公敦坊城少将
　　　　2・1・10　坊城少将公敦
　　弘長1・1・7　坊城中将公敦
　　　　3・4・21　近衛中将公敦朝臣
　　　　3・4・26　近衛中将公敦朝臣
　　　　3・6・26　近衛中将公敦朝臣

公　　武　〈氏〉　秦
　　承久1・1・27　秦公武〈氏〉

公　　房
　　文治1・5・8　宇佐大宮司公房
　　　　4・2・18　大宮司公房

公　　房　　三条（藤原）
　　建保1・3・6　右大将
　　　　6・10・19　大政大臣公房

公　　明　　藤原
　　文治2・1・7　美作守藤公明

公　　友
　　文治1・6・20　香椎社前大宮司公友

公　　頼　　氏家　〔公信参照〕
　　建久1・11・7　氏家太郎
　　　　4・8・16　氏家五郎
　　　　4・11・27　氏家五郎公頼
　　　　5・4・16　氏家五郎
　　　　5・10・9　氏家五郎公頼
　　　　6・3・12　氏家太郎公頼
　　　　6・5・20　氏家太郎公頼
　　　　6・8・16　氏家太郎
　　建長2・3・1　氏家五郎跡

公　　頼　　藤原
　　承久2・12・20　参議公頼

公　　良　　菅原

— 116 —

第Ⅰ部　人名索引（こ）

寛喜2・12・25　文章博士菅原公良

公　　連　　六条
　正嘉1・10・1　六条侍従公連

広　　胤　　佐貫(藤原)
　承久3・6・18　佐貫七郎
　建長3・1・20　佐貫七郎広経(マヽ)
　　4・11・18　佐貫七郎
　　4・11・21　佐貫七郎藤原広胤
　　5・1・9　佐貫七郎
　　5・1・14　佐貫七郎
　　6・1・4　佐貫七郎
　　6・1・14　佐貫七郎広胤
　文応1・1・12　佐貫七郎
　　1・1・14　佐貫七郎広胤
　　1・1・20　佐貫七郎広胤

広　　雅　　長田
　寛元3・10・28　長田兵衛太郎
　建長3・6・5　長田兵衛太郎広雅
　　3・6・20　長田兵衛太郎
　　4・4・30　長田兵衛太郎広雅
　　5・12・21〈22〉　長田〈江〉兵衛太郎
　　6・⑤・1　長田兵衛太郎
　　6・12・1　長田兵衛太郎
　正嘉1・③・2　長田兵衛太郎広雅
　　2・1・1　長田左衛門尉
　弘長1・3・20　長田左衛門尉広雅

広　　義　　佐貫(藤原)
　文治1・10・24　佐貫六郎
　　5・7・19　佐貫六郎広義
　建久1・11・7　佐貫六郎

広　　経　　長田
　元暦1・3・10　長田兵衛尉実経　後日改広経

広　　経
　嘉禎2・10・13　広経
　　3・3・30　広経
　　3・4・23　広経
　延応1・10・20　陰陽師広経
　　1・10・21　広経
　仁治1・1・19　広経

広　　経　　→佐貫広胤
　建長3・1・20　佐貫七郎広経

広　　賢　　→広資
　正嘉1・5・18　広賢

広　　元　　大江
　元暦1・6・1　安芸介
　　1・8・20　安芸介広元
　　1・8・28　安芸介広元
　　1・10・6　安芸介中原広元
　　1・10・24　因幡守広元
　　1・11・21　広元
　　1・11・23　因幡守広元
　　1・11・26　因幡守
　文治1・1・22　広元
　　1・3・6　因幡前司
　　1・4・11　因幡守
　　1・4・13　因幡守広元
　　1・5・7　因幡前司広元
　　1・5・8　因幡前司
　　1・5・16　因州
　　1・5・24　因幡前司広元
　　1・6・7　因幡前司
　　1・6・13　因幡前司広元
　　1・9・5　前因幡守広元
　　1・9・10　因幡前司
　　1・10・3　因幡前司
　　1・10・21　因幡守広元
　　1・10・24　因幡守広元
　　1・11・12　因幡前司広元
　　1・12・6　広元
　　1・12・30　広元
　　2・1・3　因幡守広元
　　2・2・7　広元
　　2・3・4　因幡前司
　　2・3・29　因幡前司広元
　　2・6・21　因幡前司広元
　　2・7・27　因幡前司広元
　　2・⑦・19　因幡前司広元
　　2・10・1　広元
　　3・4・14　因幡前司
　　3・4・29　因幡前司広元
　　3・5・20　広元
　　3・6・21　因幡前司広元
　　3・8・19　広元
　　3・8・25　因幡前司広元

― 117 ―

第Ⅰ部　人名索引（こ）

文治3・10・25	因幡前司	
3・10・29	前因幡守中原	
3・11・28	広元	
4・12・12	因幡前司広元	
5・6・5	因幡前司	
5・6・9	因幡守広元	
5・10・24	因幡前司	
5・11・7	因幡前司広元，因州	
5・11・8	因幡前司広元	
建久1・2・25	広元	
1・3・9	広元	
1・3・14	広元	
1・3・20	因幡前司広元	
1・4・2	広元	
1・4・19	因州，広元	
1・6・29	広元	
1・9・15	因幡前司広元	
1・9・21	因幡前司	
1・11・2	因幡前司広元	
1・11・7	因幡前司広元	
2・1・15	前因幡守平朝臣広元	
2・4・5	広元朝臣	
2・5・2	大夫尉広元	
2・5・12	大夫尉広元，廷尉	
2・6・9	広元	
2・10・10	大夫判官広元	
2・10・20	広元朝臣	
2・11・3	広元朝臣	
2・12・24	大夫判官広元	
3・2・4	大夫尉広元，廷尉	
3・2・22	広元朝臣	
3・3・2	正五位下行左衛門大尉中原朝臣広元	
3・6・21	別当前因幡守中原	
3・8・5	前因幡守中原朝臣広元	
3・8・9	因幡前司	
3・8・14	因幡前司	
3・9・12	別当前因幡守中原朝臣	
3・11・25	前因幡守広元，因幡前司広元	
3・11・29	因州	
3・12・28	因幡前司藤民部丞	
4・1・27	広元	
4・2・3	因幡前司	
4・2・7	因幡前司	
建久4・6・22	因幡前司広元
4・8・2	因幡守広元
4・11・12	因幡前司広元
4・11・30	因幡前司広元
5・4・21	因幡前司広元
5・5・29	因幡前司広元
5・8・8	因幡前司広元
5・9・28	広元朝臣
5・10・25	因幡前司広元
5・11・14	因幡前司広元
5・12・2	因幡前司広元
5・12・26	前因幡守広元
6・3・10	因幡前司
6・4・12	因幡前司
6・5・20	前因幡守広元
6・9・23	広元
正治1・2・4〈6〉	兵庫頭広元朝臣
1・3・6	広元朝臣
1・3・23	兵庫頭
1・4・12	兵庫頭広元朝臣
1・4・27	広元
1・5・7	兵庫頭
1・5・16	兵庫頭広元
1・6・26	兵庫頭
1・6・30	兵庫頭
1・8・15	兵庫頭広元朝臣
1・8・19	広元朝臣
1・9・9	広元朝臣
1・9・17	広元朝臣
1・10・24	広元朝臣
1・10・28	広元朝臣
1・11・10	兵庫頭広元朝臣
1・11・12	広元朝臣
2・1・4	兵庫頭広元朝臣
2・1・7	広元朝臣
2・1・20	兵庫頭
2・1・23	広元朝臣
2・1・24	広元朝臣
2・2・6	広元朝臣
2・2・22	掃部頭広元朝臣
2・2・26	掃部頭広元
2・4・10	掃部頭広元朝臣
2・4・11	広元朝臣
2・5・5	大膳大夫広元朝臣
2・6・16	大官令
2・6・17	大官令
2・8・10	広元

第Ⅰ部　人名索引（こ）

正治 2・8・16	大膳大夫	
2・8・21	広元朝臣	
2・9・2	広元朝臣	
2・12・28	広元朝臣	
建仁 1・2・1	大官令	
1・2・3	大官令	
1・4・3	広元朝臣	
1・5・13	広元朝臣	
1・9・7	大膳大夫広元朝臣	
1・9・9	広元朝臣	
1・9・15	大膳大夫広元朝臣	
1・10・27	大官令	
2・2・29	大官令	
2・8・18	大官令	
2・9・11	広元朝臣	
2・⑩・15	広元朝臣	
2・11・9	広元朝臣	
3・2・11	大官令	
3・3・10	広元朝臣	
3・8・15	大膳大夫広元朝臣	
3・8・16	大膳大夫広元朝臣	
3・8・29	広元朝臣	
3・9・2	大膳大夫広元朝臣	
3・9・12	広元朝臣	
3・9・21	大官令	
3・10・8	前大膳大夫広元朝臣	
3・10・9	広元朝臣	
3・11・9	前大膳大夫広元朝臣	
3・11・15	前大膳大夫	
元久 1・2・9	前大膳大夫広元朝臣	
1・3・29	広元朝臣	
1・4・1	広元朝臣	
1・4・18	広元朝臣	
1・5・5	広元朝臣	
1・5・10	広元朝臣	
1・5・19	広元朝臣	
1・7・26	広元朝臣	
1・10・17	広元朝臣	
1・12・17	前大膳大夫広元朝臣	
2・6・22	広元朝臣	
2・⑦・20	前大膳大夫属入道	
2・8・7	広元朝臣	
2・8・11	大官令	
2・9・19	広元朝臣	
建永 1・2・20	前大膳大夫	
1・2・22	前大膳大夫	
1・3・2	前大膳大夫	

建永 1・3・13	大官令	
1・5・6	広元朝臣	
1・5・24	前大膳大夫	
1・6・21	大官令	
1・7・3	広元朝臣	
承元 1・1・22	大膳大夫	
1・3・20	広元朝臣	
1・6・2	大官令	
1・6・24	広元朝臣	
1・8・17	広元朝臣	
1・12・3	大官令	
2・2・3	前大膳大夫広元朝臣	
2・④・26	広元朝臣	
2・7・5	前大膳大夫	
2・9・3	広元朝臣	
2・11・7	大膳大夫広元朝臣	
2・11・14	広元朝臣	
2・12・17	大官令	
3・2・3	広元朝臣	
3・5・23	大官令	
3・10・10	前大膳大夫	
3・10・15	前大膳大夫	
3・10・17	大官令	
3・11・7	大官令	
3・12・15	広元	
4・1・26	広元朝臣	
4・2・21	広元朝臣	
4・5・6	広元朝臣	
4・5・25	広元	
4・7・20	広元朝臣	
4・8・12	広元朝臣	
4・9・14	広元朝臣	
4・10・15	広元朝臣	
4・11・24	広元朝臣	
建暦 1・1・2	前大膳大夫広元朝臣	
1・1・15	前大膳大夫	
1・3・3	前大膳大夫広元朝臣	
1・4・3	広元朝臣	
1・8・8	大膳大夫	
1・12・1	広元朝臣	
1・12・10	広元	
1・12・20	広元朝臣	
1・12・25	広元朝臣	
2・1・2	前大膳大夫広元朝臣	
2・1・19	前大膳大夫	
2・2・28	広元朝臣	
2・3・9	前大膳大夫	

— 119 —

第Ⅰ部　人名索引（こ）

建暦2・3・20	広元朝臣
2・4・18	大官令
2・6・15	広元朝臣
2・7・2	大官令
2・11・8	広元朝臣
2・12・29	前大膳大夫
建保1・1・1	広元朝臣
1・2・15	前大膳大夫
1・3・9	広元朝臣
1・4・1	広元朝臣
1・4・20	広元朝臣
1・4・28	広元朝臣
1・5・2	前大膳大夫
1・5・3	大膳大夫，大官令
1・5・4	大官令
1・5・5	大官令
1・5・6	前大膳大夫広元朝臣
1・5・7	大膳大夫
1・5・8	広元朝臣
1・5・9	広元朝臣
1・5・17	前大膳大夫
1・6・12	広元
1・6・25	広元朝臣
1・6・26	大官令
1・7・11	広元朝臣
1・8・1	大官令
1・8・17	広元朝臣
1・8・20	前大膳大夫広元朝臣
1・8・26	広元朝臣
1・8・29	広元朝臣
1・10・3	広元朝臣，前大膳大夫
1・10・14	広元朝臣
1・10・23	広元朝臣
1・12・1	前大膳大夫
1・12・15	広元朝臣
2・1・22	前大膳大夫
2・4・18	前大膳大夫広元
2・7・27	前大膳大夫広元
2・11・25	前大膳大夫
2・12・12	広元朝臣
3・3・5	大官令
3・5・5	前大膳大夫広元朝臣
3・8・16	前大膳大夫
3・12・16	大官令
4・4・7	広元朝臣
4・4・17	広元朝臣
建保4・6・8	広元朝臣
4・⑥・14	正四位下行陸奥守中原朝臣広元
4・⑥・24	陸奥守広元朝臣
4・7・29	陸奥守広元朝臣
4・9・18	広元朝臣
4・9・20	奥州
4・10・29	陸奥守広元朝臣
5・5・12	広元朝臣
5・5・20	陸奥守広元朝臣
5・5・25	広元朝臣
5・11・8	陸奥守広元朝臣
5・11・9	広元朝臣
5・11・10	陸奥守
5・12・10	前大膳大夫入道覚阿
6・2・10	広元朝臣
6・3・18	前大膳大夫入道
承久1・1・7	前大膳大夫入道覚阿
1・1・27	前大膳大夫入道
1・3・12	前大膳大夫入道
2・5・20	大官令禅門
2・6・12	入道前大膳大夫
3・4・29	大官令禅門
3・5・19	前大膳大夫入道，前大官令禅門，大官令覚阿
3・5・21	前大膳大夫入道
3・5・23	前大膳大夫入道覚阿
3・6・8	大官令禅門
3・6・23	大官令禅門
3・⑩・29	大官令禅門
貞応1・1・3	前大膳大夫入道覚阿
元仁1・6・28	前大膳大夫入道覚阿
1・⑦・3〈8〉	前大膳大夫入道覚阿
嘉禄1・6・10	前陸奥守正四位下大江朝臣広元法師　法名覚阿卒年七十八
貞永1・12・5	故入道前大膳大夫広元朝臣

広　光　　毛利

嘉禄1・12・20	兵衛蔵人広光
寛元2・1・3	毛利兵衛大夫広光
2・4・21	毛利兵衛大夫広光
2・6・13	毛利兵衛大夫広光
2・8・15	毛利兵衛大夫広光

— 120 —

第Ⅰ部 人名索引（こ）

寛元3・8・15　毛利兵衛大夫広光

広　光　窟平
　嘉祿2・12・10　窟平左衛門尉広光
　寛喜2・①・17　左衛門尉広光

広　行　大河戸
　養和1・2・18　大河戸太郎広行
　元暦1・2・5　大河戸太郎広行
　　　1・8・8　大河戸太郎広行
　文治1・1・26　大河戸太郎広行
　　　1・10・24　大河戸太郎
　　　5・7・19　大河戸太郎広行
　建久1・11・7　大河戸太郎
　　　6・3・10　大河戸太郎

広　綱　浅沼
　養和1・②・23　四男阿曾沼四郎広綱
　元暦1・8・8　阿曾沼四郎広綱
　文治1・1・26　浅沼四郎広縄(ママ)
　　　1・10・24　浅沼四郎広綱
　　　5・7・19　阿曾次郎広綱
　建保6・7・8　民部丞広綱,浅沼民
　　　　　　　　　部丞広〈光〉綱
　承久1・1・27　民部大夫広綱
　建長2・3・1　阿曾沼民部跡

広　綱　佐貫(藤原)
　養和1・7・20　佐貫四郎
　元暦1・2・5　佐貫四郎成〈広〉綱
　文治1・10・24　佐々木〈佐貫〉四郎太
　　　　　　　　　夫成〈広〉綱
　　　4・3・15　佐貫大夫広綱
　　　5・6・9　佐貫四郎大夫成〈広〉
　　　　　　　　　綱
　　　5・7・19　佐貫四郎成〈広〉綱
　　　5・8・10　成広(ママ)
　建久1・11・7　佐貫四郎
　　　1・12・2　佐貫四郎成〈広〉綱
　　　2・2・4　佐貫四郎
　　　2・2・17　佐貫四郎
　　　2・3・4　佐貫四郎
　　　2・3・13　佐貫大夫

　建久2・⑫・7　佐貫四郎
　　　3・1・21　佐貫四郎大夫
　　　3・6・13　佐貫四郎大夫
　　　3・11・13　佐貫大夫
　　　3・11・25　佐貫大夫成縄〈広綱〉
　　　4・5・8　佐貫四郎大夫
　　　6・3・10　佐貫四郎
　　　6・3・12　佐貫大夫広綱
　建暦1・7・8　佐貫右衛門尉
　建保1・8・26　佐貫兵衛尉広綱
　　　2・7・27　佐貫兵衛〈右衛門〉尉広
　　　　　　　　　綱
　　　4・7・29　佐貫右〈左〉衛門尉広
　　　　　　　　　綱
　　　6・6・27　佐貫右衛門尉広綱
　承久1・1・27　佐貫右衛門尉広綱
　建長2・3・1　佐貫左〈右〉衛門跡

広　綱　伏見(藤原)
　寿永1・5・12　伏見冠者藤原広綱
　　　1・7・14　伏見冠者広綱
　　　1・11・10　伏見冠者広綱
　　　1・11・12　広綱
　　　1・12・16　伏見冠者広綱

広　綱　源
　元暦1・5・21　広綱
　　　1・6・20　駿河守同(源)広綱
　　　1・6・21　広綱
　　　1・7・20　駿河守広綱
　文治1・6・7　駿河守
　　　1・10・24　駿河守広綱
　　　2・1・3　駿河守広綱
　　　3・8・15　駿河守広綱
　　　4・1・20　駿州
　　　4・3・15　駿河守
　　　5・4・18　駿河守広綱
　　　5・6・6　駿河守広綱
　　　5・6・9　駿河守広綱
　　　5・7・19　駿河守広綱
　建久1・1・3　駿河守
　　　1・11・7　駿河守
　　　1・11・11　駿河守広綱
　　　1・12・14　駿河守広綱(仲綱男)
　　　2・6・24　駿河守広綱

第Ⅰ部 人名索引（こ）

建久 2・11・27　駿河守，広綱

広　綱
　文治 5・9・6　七太広綱

広　綱　　佐々木
　建久 2・5・8　左兵衛尉広綱号小太郎
　正治 2・1・24　広綱
　　　 2・2・20　佐々木左衛門尉広綱
　　　 2・4・8　佐々木左衛門尉広綱
　　　 2・4・11　広綱
　建仁 1・5・17　広元〈綱〉
　　　 3・10・8　佐々木左衛門尉広綱
　　　 3・12・14　佐々木左衛門尉
　元久 2・⑦・26　佐々木左衛門尉広綱
　承元 3・9・29　広綱
　　　 4・9・20　佐々木左衛門尉広綱
　建暦 1・3・23　左衛門尉広綱
　　　 2・3・20　広綱
　建保 1・5・3　佐々木左衛門尉，広綱
　　　 1・5・9　佐々木左衛門尉広綱
　　　 1・5・22　佐々木左衛門尉広綱
　　　 1・8・6　佐々木太郎左衛門尉広綱
　　　 2・5・7　佐々木左衛門尉広綱
　　　 4・6・14　佐々木左衛門尉広綱
　　　 6・6・27　佐々木判官広綱
　　　 6・9・29　広綱
　　　 6・10・19　佐々木判官広綱
　　　 6・11・5　大夫判官広綱
　承久 3・5・21　山城守広綱
　　　 3・6・3　山城守広綱
　　　 3・6・5　広綱
　　　 3・6・12　山城守
　　　 3・7・2　佐々木山城守従五位下源頼臣広綱(梟首)
　　　 3・7・11　山城守広綱

広　綱　　結城
　建長 2・1・16　上野三郎左衛門尉広綱
　　　 3・1・2　上野三郎兵衛尉広綱
　　　 3・1・20　上野三郎兵衛尉
　　　 3・11・13　上野三郎兵衛尉
　　　 4・4・14　上野三郎兵衛尉広綱
　　　 4・4・24　結城上野三郎兵衛尉

広　綱
　正嘉 1・10・1　上野判官広綱
　　　 2・6・4　大夫判官広綱
　　　 2・7・4　上野五郎兵衛尉広綱
　文応 1・1・20　上野大夫判官広綱
　　　 1・8・16　大夫判官広綱
　弘長 1・1・10　上野大夫判官広綱
　　　 1・7・29　上野大夫判官広綱
　　　 1・8・15　上野大夫判官
　文永 3・3・29　広綱

広　綱
　文応 1・4・1　上総介
　弘長 3・8・9　上総介広綱

広　資
　寛喜 3・11・9　広資
　　　 3・12・28　広資
　嘉禎 1・6・28　広相朝臣(ママ)
　　　 1・12・20　広資
　　　 1・12・27　主計大夫広資
　　　 2・7・10　広資
　　　 2・8・3　広資
　　　 3・6・22　広資
　　　 3・8・15　広資
　延応 1・5・5　広相朝臣(ママ)
　　　 1・10・17　広資
　　　 1・11・21　広資
　仁治 1・4・27　広資
　　　 1・6・15　広資
　　　 2・2・4　広資
　　　 2・2・16　広資
　　　 2・4・2　広資
　　　 2・6・9　広資
　　　 2・7・8　広資
　寛元 1・3・2　広資
　　　 1・12・29　広資
　　　 2・3・17　広資
　　　 2・5・26　広資，広賢〈資〉
　　　 2・5・30　広資
　　　 3・2・20　広資
　　　 3・3・19　広資
　　　 3・12・24　広資
　　　 4・2・16　広資
　建長 3・11・13　散位広資朝臣
　　　 4・5・5　広資
　　　 4・5・7　広資

— 122 —

第Ⅰ部　人名索引（こ）

```
建長 4・5・17   広資
     6・3・26  広資朝臣
     6・9・4   広資
康元 1・9・3   広資
正嘉 1・5・18  広賢〈マヽ〉
     1・8・12  広資〈賢〉
     1・8・18  広資
     1・9・24  広資
     2・5・2   広資

広　持   →三善康持
建長 5・12・21〈22〉 備後前司広持

広　時
延応 1・7・15  広時
     1・8・11  広時
建長 3・1・11  少輔木工助広時

広　秀   中原
建保 4・⑥・14 従四位下行掃部頭中
               原朝臣広秀

広　俊
貞応 2・12・20 広俊

広　助
宝治 1・4・26  広助

広　将
寛元 4・2・28  備後前司広将

広　常   平
治承 4・8・24  上総権介広常
     4・9・1   上総介広常
     4・9・3   広常
     4・9・4   広常
     4・9・6   広常
     4・9・13  広常
     4・9・17  広常
     4・9・19  上総権介広常
     4・10・2  広常
     4・10・21 広常
     4・10・23 上総権介広常
     4・11・4  上総権介広常
     4・11・5  広常
     4・11・6  広常
     4・11・7  広常
```

```
治承 4・11・8  広常
     4・12・4  広常
     4・12・12 上総権介広常
養和 1・2・1   上総権介広常
     1・6・19  上総権介広常
寿永 1・1・23  広常
     1・4・5   上総権介
     1・8・12  上総権介広常
     1・8・16  上総介広常
元暦 1・1・1   広常
     1・1・8   故介広常
     1・1・17  上総権介平朝臣広常
     1・2・14  広常
     1・3・13  故上総介広常
文治 5・4・18  故広常
     5・8・9   上総権介広常

広　縄   →浅沼広縄
文治 1・1・26  浅沼四郎広縄

広　信   佐貫（藤原）
建長 2・12・27 佐貫弥四郎
     3・1・8   佐貫弥四郎
     4・11・18 佐貫弥四郎
     4・11・21 佐貫弥四郎藤原広信
     5・1・9   佐貫弥四郎
     5・1・14  佐貫弥四郎

広　親   瀬下
治承 4・12・22 瀬下四郎広親

広　親   中臣
建久 2・12・26 禰宜中臣広親

広　親   金持
元久 2・⑦・26 金持六郎広親

広　盛   比田
宝治 1・6・2   比田次郎広盛

広　相   →広資
嘉禎 1・6・28  広相朝臣
延応 1・5・5   広相朝臣

広　相   橘
正嘉 2・2・19  橘贈納言広相
```

第Ⅰ部　人名索引（こ）

広　　仲
　　元仁1・7・11　大膳亮広仲
　　　　1・12・19　大膳亮広仲
　　嘉祿1・5・22　大膳亮広仲
　　　　1・12・20　大膳亮広仲

広　　忠　　甘糟
　　元暦1・8・18　武蔵国住人甘糟野次
　　　　　　　　　広忠
　　文治1・10・24　甘糟野次
　　建久6・3・10　甘糟野次

広　　長
　　寛元1・5・28　広長
　　　　1・10・1　医師広長
　　　　3・2・10　結番医道広長
　　　　3・3・14　医師広長
　　　　3・6・19　医師広長
　　　　3・10・13　広長
　　建長4・4・3　施薬院使広長
　　　　4・8・4　医師広長

広　　範
　　正嘉1・7・13　広範
　　　　1・8・21　広範
　　　　1・10・1　広範
　　文永2・4・22　広範

広　　方　　庄司
　　元暦1・2・5　庄司五郎広方

広　　房　　小槻
　　文治1・12・6　日向守広房
　　　　2・1・7　左大史小槻広房
　　　　2・2・23　大夫史広房
　　　　5・④・1　大夫史広房
　　建久3・7・26　河内守小槻広房

弘　　安　　土師
　　文治3・4・23　散位土師宿禰弘安

弘　　員　　秦
　　康元1・8・12　奏弘員
　　　　1・8・16　奏弘員

弘　　幹　　下妻
　　建久3・8・9　下妻四郎弘幹
　　　　4・12・13　下妻四郎弘幹

弘　　季　　四方田(庄)
　　承久3・6・18　庄四郎

弘　　基　　大江
　　正嘉1・③・2　江民部大夫弘基

弘　　元
　　文治2・8・5　豊西郡司弘元

弘　　綱　　源
　　文治1・4・4　源兵衛尉弘綱

弘　　綱〈經〉　片岡
　　文治1・11・3　片岡八郎弘綱〈經〉

弘　　綱　　四方田
　　文治3・4・29　四方田五郎弘綱
　　建長2・3・1　四方田五郎跡

弘　　持　　日奉
　　寛喜3・4・20　同(在庁散位日奉)弘
　　　　　　　　　持

弘　　正　　土師
　　文治3・4・23　散位土師宿禰弘正

弘　　成　　大内
　　建久3・1・19　大内介弘成

弘　　長　　中禅寺
　　文治1・6・5　中禅寺奥次郎弘長
　　建久6・3・10　中禅寺奥次

弘　　長　　四方田
　　文治1・10・24　四方田三郎
　　　　5・7・19　四方田三郎弘長
　　建久1・11・7　四方田三郎
　　　　6・3・10　四方田太郎(ヽヽ)

弘　　貞　　平
　　養和1・4・20　平太弘貞

弘文天皇
　　文治1・6・21　太政大臣大友皇子
　　　　3・12・7　大友皇子

— 124 —

第Ⅰ部 人名索引（こ）

弘　方　　賀陽
　　文治3・4・23　散位賀陽宿禰弘方

弘　末　　小河
　　建久1・11・7　小河次郎

光　安
　　建保6・9・29　大山寺神人船頭長光
　　　　　　　　　安

光　員　　加藤
　　治承4・8・20　加藤太光員
　　　　4・8・24　加藤太光員
　　　　4・8・27　光員
　　　　4・8・28　光員
　　　　4・10・13　加藤太光員
　　　　4・10・18　加藤太光員
　　文治1・5・10　加藤太光員
　　　　3・4・29　加藤太光員
　　　　3・6・20　加藤太光員
　　　　4・3・15　加藤太
　　　　5・7・19　加藤太光員
　　建久4・5・8　加藤太
　　　　4・5・28　加藤太
　　　　6・3・10　加藤太
　　元久1・6・8　光員
　　建永1・3・3　加藤判官光員
　　　　1・5・6　加藤左衛門尉光員
　　　　1・5・24　光員
　　建暦1・11・3　加藤判官光員
　　建保3・1・1　左衛門大夫光員
　　　　3・2・2　左衛門大夫光員
　　　　4・7・29　左衛門大夫光員
　　　　6・6・27　左衛門大夫光員
　　　　6・9・29　光員
　　承久1・1・27　左衛門大夫光員
　　　　1・2・21　加藤左衛門尉大夫光
　　　　　　　　　員
　　　　3・6・3　伊勢守光員
　　嘉禎1・8・21　故伊勢前司光員

光　栄
　　正嘉1・9・24　光栄

光　遠
　　建久3・3・26　主税頭光遠

光　家　　中原
　　治承4・6・24　小中太光家
　　　　4・8・20　小中太光家
　　寿永1・6・1　小中太光家
　　　　1・6・8　小中太
　　　　1・12・10　小中太光家
　　文治1・9・5　小中太光家
　　　　2・3・12　小中太光家
　　　　2・4・15　小中太光家
　　　　3・10・29　中原
　　建久2・1・15　中原光家岩手小中太
　　　　3・6・21　知家事中原
　　　　3・8・5　知家事中原光宗〈家〉
　　　　3・8・14　小中太
　　　　3・9・12　知家事中原
　　　　4・3・13　小中太光家
　　　　6・9・19　小中太光家

光　家　　天野
　　治承4・8・20　天野平内光家
　　　　4・8・24　天野平内光家
　　養和1・7・21　天野平内光家
　　文治1・10・24　天野平内

光　家　　源
　　養和1・3・10　（行家）子息蔵人太郎
　　　　　　　　　光家
　　文治2・5・25　備州男大夫尉光家，
　　　　　　　　　検非違使従五位下左
　　　　　　　　　衛門権少尉同（源）朝
　　　　　　　　　臣光家（被誅）

光　家　　→中条光宗
　　暦仁1・2・28　出羽四郎左衛門尉光
　　　　　　　　　家
　　寛元2・8・15　出羽四郎左衛門尉光
　　　　　　　　　家

光　雅　　葉室（藤原）
　　元暦1・1・26　頭弁雅光朝臣（ママ）
　　　　1・3・9　蔵人頭左中弁兼皇后
　　　　　　　　　宮亮藤原光雅
　　文治1・6・2　頭弁光雅朝臣
　　　　1・6・23　頭右大弁光雅朝臣
　　　　1・8・13　右大弁兼皇后宮亮藤
　　　　　　　　　原朝臣
　　　　1・10・18　蔵人頭左大弁兼皇后
　　　　　　　　　宮亮藤原光雅

第Ⅰ部　人名索引（こ）

```
         文治1・11・25  蔵人頭右大弁兼皇后
                      宮亮藤原光雅
            1・12・6   右大弁光雅
            2・1・19   光雅朝臣
            2・6・9    光雅朝臣
         建久2・12・24  大宮権大夫光雅
光　季
         元暦1・4・14   豊前々司光季
            1・4・22   豊前々司
光　季      伊賀(藤原)
         建仁3・2・4    所右衛門太郎光季
         建暦2・9・15   光季
         建保1・8・20   伊賀太郎兵衛尉光季
            1・8・26   伊賀太郎兵衛尉光季
            3・8・25   伊賀太郎左衛門尉光
                      季
            4・8・19   光季
            6・6・27   伊賀左衛門尉光季
         承久1・1・27   伊賀左衛門尉光季
            1・2・14   伊賀太郎左衛門尉光
                      季
            1・②・28  光季
            1・3・11   伊賀太郎左衛門尉光
                      季
            1・7・25   伊賀太郎左衛門尉光
                      季
            1・12・29  光季
            3・2・26   光季
            3・5・19   大夫尉光季,伊賀廷
                      尉
            3・5・21   光季
         貞応2・6・28   故伊賀大夫判官光季
         嘉禄1・9・12   故大夫判官光季
光　義      佐原(景連男)
         寛元2・1・3    同(佐原)兵衛三郎
光　義
         寛元2・8・15   隼人太郎左衛門尉光
                      義
光　業
         文永3・3・29   光業
光　経      藤原
         承久1・7・19   藤左衛門尉光経
```

```
光　経
         文永3・3・29   光経
光　景      長尾
         嘉禎1・6・29   同(長尾)三郎兵衛尉
            1・9・10   長尾三郎兵衛尉光景
         暦仁1・2・17   長尾三郎兵衛尉光景
            1・6・5    同(長尾)三郎兵衛尉
                      光景
         仁治1・8・2    長尾三郎兵衛尉
            2・11・4   長尾三郎兵衛尉光景
         寛元1・7・17   長尾三郎兵衛尉
         宝治1・6・22   長尾三郎左衛門尉光
                      景
光　景     →伊賀(藤原)光重
         寛元4・7・11   前隼人正光景
光　兼      小諸(室)
         文治1・5・3    小諸太郎光兼
            1・10・24  小室太郎
            2・1・3    小諸太郎光兼
            5・12・23  小諸太郎光兼
         建久1・1・22   小諸太郎光兼
            1・11・11  小諸太郎光兼
         建長2・3・1    小窪〈室〉太郎跡
光　兼      佐原
         嘉禎2・10・5   佐原七郎
         寛元4・1・6    佐原七郎
         宝治1・6・22   佐原七郎光兼
光　広      狩野
         正治2・②・8   狩野七郎
         承久1・1・27   狩野七郎光広
光　広      平塚
         宝治1・6・22   平塚左衛門尉光広
光　広      毛利
         宝治1・6・22   兵衛大夫光広
光　行      源
         元暦1・4・14   源民部大夫光行
            1・4・15   光行
            1・4・22   民部大夫光行
         建久6・3・10   源民部大夫
```

― 126 ―

第Ⅰ部　人名索引（こ）

　　正治1・2・4〈6〉前大和守光行
　　建仁3・11・15　大和前司
　　　　3・12・14　大和前司
　　元久2・12・24　光行

光　　行　　　南部
　　文治5・6・9　信乃三郎光行
　　　　5・7・19　南部次郎光行
　　建久1・11・7　信乃三郎
　　　　1・11・11　信濃三郎光行
　　　　3・11・5　信濃三郎
　　　　3・11・25　信濃三郎光行
　　　　6・3・10　南部三郎光行
　　　　6・4・15　南部三郎光行
　　　　6・5・20　南部三郎光行
　　暦仁1・2・17　南部三郎

光　　行　　　土岐
　　建保4・7・29　土岐左衛門尉光行
　　　　6・6・27　土岐左衛門尉光行
　　　　6・7・8　土岐左衛門尉光行
　　安貞1・11・25　土岐左衛門尉
　　嘉禎2・8・9　廷尉光行
　　建長2・3・1　土岐左衛門跡

光　　行
　　承久3・5・19　大監物光行
　　　　3・8・2　大監物光行
　　嘉禄1・5・6　大監物光行入道
　　　　1・12・9　大監物光行入道

光　　行　　　源
　　嘉禎1・1・26　河内前司光行入道
　　　　1・2・4　河内入道光行
　　　　1・6・30　河内入道

光　　高　　　藤原
　　元暦1・9・19　藤新大夫光高

光　　高　　　桜井
　　建仁3・10・8　桜井次郎光高
　　承久3・6・18　桜井次郎
　　嘉禄1・12・21　桜井次郎

光　　高　　　安倍
　　嘉禄1・12・21　安倍光高

光　　高　　　佐々宇
　　建長5・1・9　佐々宇左衛門三〈五〉
　　　　　　　　　郎
　　　　6・1・4　佐々宇左衛門三郎
　　　　6・1・14　佐々宇左衛門三郎光
　　　　　　　　　高

光　　綱
　　建久1・11・9　蔵人左京権大夫光綱

光　　綱　　　伊賀（藤原）
　　承久3・5・21　寿王冠者光綱

光　　綱　　　阿曾沼
　　寛元2・8・15　阿曾沼小次郎光綱
　　　　3・8・15　阿曾沼小次郎光綱
　　　　4・8・15　阿曾沼小次郎
　　宝治2・12・10　阿曾沼次郎光綱
　　建長2・8・18　阿曾沼小次郎
　　　　2・12・27　阿曾沼小次郎
　　　　3・1・20　阿曾沼小次郎
　　　　4・4・14　阿曾沼小次郎光綱
　　　　4・7・23　阿曾沼小次郎
　　　　4・8・1　阿曾沼小次郎
　　　　4・12・17　阿曾沼小次郎光綱
　　　　5・1・3　阿曾沼小次郎光綱
　　　　6・6・16　阿曾沼小次郎
　　　　6・8・15　阿曾沼小次郎光綱
　　康元1・6・29　阿曾沼小次郎
　　正嘉1・10・1　阿曾沼小次郎光綱
　　　　2・3・1　阿曾沼小次郎
　　　　2・6・4　阿曾沼小次郎光綱
　　　　2・8・15　阿曾沼小次郎光綱
　　文応1・1・20　阿曾沼小次郎光綱
　　　　1・7・6　阿曾沼小次郎光綱
　　　　1・7・7　光綱
　　　　1・11・27　阿曾沼小次郎光綱
　　弘長1・6・29　阿曾沼小次郎
　　　　1・7・2　阿曾沼小次郎
　　　　3・7・13　阿曾沼小次郎
　　　　3・8・8　阿曾沼小次郎
　　　　3・8・9　阿曾沼小次郎光綱

光　　衡　　　土岐
　　建久4・5・8　土岐三郎

光　　衡　　　渋江

第Ⅰ部　人名索引（こ）

建保1・5・17　渋江五郎光衡

光　　衡　　三善
　　承久1・7・19　善式部大夫光衡
　　嘉祿1・12・20　善式部大夫光衡

光　　郷　　藤原
　　建保3・9・14　散位光郷

光　　氏　　足立〔元氏参照〕
　　建長4・4・3　足立三郎右衛門尉光氏
　　弘長1・1・1　足立三郎右衛門尉
　　　　1・8・15　足立三郎右衛門尉

光　　氏　　中原
　　文永2・3・4　左〈右〉近将監中原光氏

光　　資　　伊賀(藤原)
　　建保1・1・2　伊賀三郎
　　貞応2・5・19　伊賀三郎左衛門尉光資
　　元仁1・1・23　伊賀三郎左衛門尉光資

光　　資　　加藤
　　建保1・1・2　加藤兵衛尉
　　　　1・5・7　加藤兵衛尉
　　　　6・9・29　加藤兵衛尉光資　光員男、後号加藤新左衛門尉
　　嘉祿1・12・20　加藤五郎兵衛尉

光　　時　　仙波
　　承久3・6・18　仙波弥次郎

光　　時　　北条
　　安貞2・6・26　越後太郎
　　寛喜1・1・2　越後太郎
　　　　1・1・3　越後太郎
　　　　2・1・4　越後太郎光時
　　天福1・1・2　越後太郎
　　　　1・1・3　越後太郎
　　文暦1・1・1　越後太郎
　　　　1・1・2　越後太郎
　　嘉禎1・1・2　越後太郎
　　　　1・6・29　越後太郎光時

嘉禎2・1・1　越後太郎光時
　　2・1・3　越後太郎
　　3・1・2　遠江式部丞
　　3・1・3　遠江式部丞
　　3・3・8　遠江式部丞
　　3・4・19　遠江式部大夫
　　3・4・22　遠江式部大夫
　　3・6・23　遠江式部大夫光時
暦仁1・1・3　遠江式部大夫光時
　　1・2・17　遠江式部丞
　　1・6・5　遠江式部大夫光時
　　1・11・29　周防守光時
延応1・1・1　周防右馬助光時
　　1・1・2　周防右馬助光時
　　1・1・3　周防右馬助光時
　　1・7・20　周防右馬助光時
　　1・8・16　左馬助光時
　　1・12・5　左馬助光時
仁治1・3・7　右馬助光時
　　2・1・3　周防左馬助
寛元1・8・15　越後守光時
　　1・9・5　越後守
　　2・4・21　越後守光時
　　2・6・13　越後守光時
　　2・8・15　越後守光時
　　2・12・8　越後守
　　4・2・28　越後守
　　4・5・25　越後守光時
　　4・6・13　入道越後守光時　法名蓮智

光　　時　　土屋
　　寛元2・6・13　土屋左衛門三郎
　　　　3・8・15　土屋新三郎光時
　　宝治2・1・3　土屋新三郎
　　　　2・12・10　土屋新三郎光時
　　建長3・1・20　土屋新三郎光時
　　　　4・7・23　土屋新三郎光時
　　　　5・1・16　土屋新三郎光時
　　　　5・7・17　土屋弥三郎
　　　　5・8・15　土屋新三郎光時
　　康元1・1・1　土屋新三郎
　　　　1・1・11　土屋弥三郎
　　弘長3・8・9　土屋新三郎左衛門尉

光　　時　　→波多野時光
　　建長3・1・2　出雲次郎光時

第Ⅰ部　人名索引（こ）

光　　秀
　承久3・8・2　豊前守光秀

光　　秀　　大胡
　寛元4・2・29　大胡五郎光秀
　　　4・8・15　大胡五郎

光　　脩　　下河辺　→行秀
　文治5・6・9　下河辺六郎
　建久4・8・16　下河辺六郎
　　　5・8・8　下河辺六郎光脩

光　　重　　渋谷
　承久1・7・19　渋谷太郎
　　　3・6・18　渋谷権守大郎

光　　重　　伊賀(藤原)
　貞応2・1・25　伊賀六郎右衛門尉光重
　　　2・4・30　伊賀六郎右衛門尉光重
　　　2・10・13　伊賀六郎右衛門尉
　元仁1・3・18　同(伊賀)六郎右衛門尉光重
　　　1・⑦・23　同(伊賀)六郎右衛門尉光重
　　　1・8・29　同(光宗舎弟)六郎右衛門尉光重
　　　1・11・9　同(伊賀)六郎右衛門尉光重
　嘉禄1・8・27　同(伊賀)六郎右衛門尉光重
　　　1・12・20　同(伊賀)六郎右〈左〉衛門尉
　安貞2・6・26　伊賀六郎左衛門尉
　　　2・7・23　同(伊賀)六郎左衛門尉
　　　2・7・24　伊賀六郎右衛門尉
　嘉禎1・6・29　伊賀六郎右衛門尉
　　　2・8・3　伊賀六郎右衛門尉
　　　2・8・4　伊賀六郎〈左〉衛門尉光重
　　　2・10・13　伊賀六郎右〈左〉衛門尉
　　　3・1・3　伊賀六郎左衛門尉
　　　3・3・8　伊賀六郎左衛門尉
　　　3・4・5　伊賀六郎右衛門尉光

　　　　　重
　暦仁1・2・17　伊賀判官
　　　1・4・16　光重
　　　1・6・5　伊賀左衛門大夫光重
　延応1・4・25　織部正光重
　　　1・7・20　織部正
　　　1・8・16　織部正光重
　仁治1・3・7　前隼人正光重
　　　1・7・26　前隼人正光重
　　　2・8・25　前隼人正光重
　　　2・11・4　前隼人正
　寛元1・7・17　前隼人正
　　　2・4・21　前隼人正光重
　　　2・6・13　隼人正光重
　　　2・8・15　隼人正光重
　　　3・8・15　隼人正光重
　　　3・8・16　前隼人正光重
　　　3・9・14　隼人正光重
　　　4・7・11　前隼人正光景(マヽ)
　弘長1・4・26　前隼人正従五位上藤原朝臣光重法師　法名光心卒

光　　俊　　葉室(藤原)
　建暦2・12・21　正五位下藤光俊
　承久2・12・20　右少弁光俊
　　　3・7・25　右大弁光俊朝臣
　建長6・6・15　光俊朝臣
　文応1・12・21　入道右大弁光俊朝臣　法名真観,光親卿息
　　　1・12・23　右大弁禅門
　弘長1・1・26　右大弁入道真親〈観〉
　　　1・5・5　右大弁入道
　　　3・2・8　右大弁入道真観,光俊朝臣
　　　3・6・30　右大弁入道
　　　3・7・16　右大弁入道真観
　文永2・10・18　右大弁入道真観
　　　2・12・5　右大弁入道
　　　3・3・29　光俊朝臣手時卿負佐

光　　助　　那須
　建久4・3・9　那須太郎光助
　　　4・4・2　那須太郎光助
　　　5・10・9　那須太郎光助
　　　6・3・10　那須太郎

— 129 —

第Ⅰ部　人名索引（こ）

光　助
　建保6・9・29　左近将監光助

光　上　　中原
　建長5・8・14　左〈右〉近将監中原光
　　　　　　　　上

光　親
　元暦1・1・3　権禰宜光親神主

光　親　　藤原
　建暦2・7・8　光親卿
　建保1・3・6　従二位藤光親
　　　4・3・22　光親卿
　承久3・5・19　按察使光親卿
　　　3・6・24　按察卿光親
　　　3・7・12　按察卿光親，去月〈日〉出
　　　　　　　　家，法名西親〈観〉
　　　3・7・13　按察卿
　文応1・12・21　光親卿（光俊父）

光　成　　安東
　承久3・6・24　安東新左衛門尉光成
　　　3・6・29　安東新左衛門尉光成
　貞応1・12・13　安東左衛門尉
　元仁1・6・28　安東左衛門尉
　嘉禄2・10・12　安東左衛門尉
　天福1・9・29　安東左衛門尉光成
　嘉禎2・12・19　安東左衛門尉
　仁治1・10・10　安東藤内左衛門尉
　建長4・1・14　安東左衛門尉光成
　　　4・5・26　安東藤内左衛門尉光
　　　　　　　　成
　　　4・10・3　安東左衛門尉光成
　　　6・2・4　安東藤内左衛門尉
　　　6・10・6　安東左衛門尉光成
　正嘉1・1・1　安東藤内
　　　1・8・17　安東左衛門尉光成
　　　1・8・18　光成
　　　1・9・18　安東藤左衛門尉光成
　弘長1・1・4　安東左衛門尉光成
　　　3・11・20　安東左衛門尉

光　政　　加藤
　正治2・1・7　加藤弥大郎光政
　　　2・2・26　加藤弥大郎光政

光　政　　伊賀（藤原）〔三浦光政参照〕
　寛元2・6・13　式部兵衛太郎
　　　2・8・15　式部兵衛太郎光政
　　　3・8・15　式部兵衛大郎光政
　建長2・4・4　式部兵衛太郎光政
　　　2・4・5　式部兵衛太郎光政
　　　2・12・27　同（式部）兵衛大郎
　　　4・4・3　式部兵衛大郎光政
　　　4・7・8　式部兵衛大郎光政
　　　4・11・11　式部兵衛大郎元政
　　　　　　　　（マヽ）
　　　4・11・12　式郎兵衛大郎(マヽ)
　　　4・12・17　式部兵衛大郎光政
　　　5・1・3　式部兵衛太郎光政
　　　5・1・16　伊賀 式部兵衛太郎光
　　　　　　　　政
　　　5・8・15　式部兵衛太郎光政
　　　6・1・1　式部兵衛太郎光政
　　　6・1・22　式部兵衛太郎光政
　康元1・1・1　式部太郎左衛門尉
　　　1・1・5　伊賀 式部太郎左衛門
　　　　　　　　尉光政
　　　1・1・11　式部太郎左衛門尉光
　　　　　　　　政
　　　1・6・29　式部太郎左衛門尉
　　　1・7・17　式部太郎左衛門尉光
　　　　　　　　政
　　　1・8・15　式部太郎左衛門尉光
　　　　　　　　政
　　　1・8・23　式部太郎左衛門尉光
　　　　　　　　政
　　　1・9・19　式部太郎左衛門尉光
　　　　　　　　政
　正嘉1・1・1　式部太郎左衛門尉光
　　　　　　　　政
　　　1・6・23　式部太郎左衛門尉光
　　　　　　　　政
　　　1・10・1　式部太郎左衛門尉光
　　　　　　　　政
　　　1・12・24　式部太郎左衛門尉
　　　1・12・29　式部太郎左衛門尉光
　　　　　　　　政
　　　2・1・1　式部太郎左衛門尉
　　　2・1・2　式部太郎左衛門尉光
　　　　　　　　政
　　　2・1・3　式部大郎左衛門尉光
　　　　　　　　政

― 130 ―

第Ⅰ部　人名索引（こ）

正嘉2・1・10　式部大郎左衛門尉光政
　　2・6・4　式部大郎左衛門尉光政
　　2・6・17　式部大郎左衛門尉
　　2・8・15　式部大郎左衛門尉政
文応1・1・1　式部大郎左衛門尉光政
　　1・1・3　式部大郎左衛門尉光政
　　1・1・11　式部大郎左衛門尉光政
　　1・1・20　式部大郎左衛門尉光政
　　1・2・20　式部大郎左衛門尉
　　1・4・1　式部大郎左衛門尉
　　1・4・2　式部大郎左衛門尉,光政
　　1・4・3　式部大郎左衛門尉光政
　　1・7・29　式部大郎左衛門尉政
　　1・11・21　式部大郎左衛門尉政
　　1・12・26　式部大郎左衛門尉政
弘長1・1・1　式部太郎左衛門尉政
　　1・1・7　式部太郎左衛門尉
　　1・3・20　式部太郎左衛門尉政
　　1・4・24　式部太郎左衛門尉
　　1・7・12　式部太郎左衛門尉
　　3・8・9　式部大郎左衛門尉政
文永2・1・2　式部太郎左衛門尉政
　　2・6・23　式部大郎左衛門尉
　　2・7・16　式部太郎左衛門尉
　　2・7・28　式部大郎左衛門尉政
　　2・9・1　式部太郎左衛門尉政

光　政　進士
　建長3・6・20　進士次郎蔵人

　建長4・4・30　進士次郎蔵人
　　　5・12・21⟨22⟩　進士次郎蔵人
　　　6・12・1　進士次郎蔵人
　正嘉1・③・2　進士次郎蔵人
　弘長1・3・20　進士次郎蔵人光政

光　政　三浦〔伊賀光政参照〕
　正嘉1・8・15　三浦　式部太郎左衛門尉光政
　文応1・7・4　三浦　式部太郎左衛門尉光政
　　　1・8・2　式部大郎左衛門尉

光　清　葛西
　宝治2・8・15　伯耆四郎左衛門尉光清
　建長2・8・18　伯耆四郎左衛門尉
　　　2・12・27　伯耆四郎左衛門尉
　　　4・8・14　伯耆四郎左衛門尉光清
　　　5・1・16　伯耆四郎左衛門尉光清
　康元1・6・29　伯耆四郎左衛門尉
　弘長1・8・5　伯耆四郎左衛門尉
　　　3・7・13　伯耆四郎左衛門尉

光　清
　正嘉2・6・4　伊賀前司光清

光　清　伊賀(藤原)
　弘長1・1・1　伊賀左衛門二郎
　文永3・2・9　伊賀左衛門次郎光清

光　盛　平
　元暦1・6・20　光盛
　文治1・10・24　光盛
　承久1・1・27　八条三位光盛

光　盛　井上
　元暦1・7・10　井上太郎光盛
　　　1・7・25　故井上太郎光盛

光　盛　伊賀(藤原)
　元仁1・⑦・23　伊賀左衛門太郎光盛

— 131 —

第Ⅰ部　人名索引（こ）

光　　盛　　佐原(三浦)
　嘉禎3・1・1　　佐原新左衛門尉
　　　3・1・3　　佐原新左衛門尉
　　　3・1・6　　佐原新左衛門尉
　　　3・6・1　　光盛
　　　3・6・23　 佐原新左衛門尉光盛
　暦仁1・2・17 佐原新左衛門尉
　　　1・2・28　 遠江次郎左衛門尉光盛
　　　1・6・5　　遠江次郎左衛門尉光盛
　寛元2・1・1　　遠江次郎左衛門尉
　　　2・4・21　 遠江次郎左衛門尉光盛
　　　2・6・13　 遠江次郎左衛門尉光盛
　　　2・8・15　 遠江次郎左衛門尉光盛
　　　4・8・15　 遠江次郎左衛門尉
　宝治1・6・2　　次郎左衛門尉光盛
　　　1・12・10　遠江次郎左衛門尉
　　　2・1・1　　遠江次郎左衛門尉
　　　2・1・3　　遠江次郎左衛門尉
　建長2・1・1　　遠江次郎左衛門尉光盛
　　　2・1・16　 遠江次郎左衛門尉光盛
　　　2・2・26　 遠江次郎左衛門尉
　　　2・3・25　 遠江次郎左衛門尉
　　　2・5・10　 遠江次郎左衛門尉
　　　2・8・18　 遠江次郎左衛門尉
　　　2・12・27　遠江次郎左衛門尉
　　　3・1・1　　遠江次郎左衛門尉光盛
　　　3・1・11　 遠江二郎左衛門尉光盛
　　　3・1・20　 遠江二郎左衛門尉
　　　3・8・15　 遠江次郎左衛門尉光盛
　　　3・8・21　 遠江次郎左衛門尉
　　　3・10・19　遠江二郎左衛門尉
　　　4・4・1　　遠江次郎左衛門尉光盛
　　　4・4・3　　遠江次郎左衛門尉光盛
　　　4・4・14　 遠江次〈二〉郎左衛門尉光盛

　建長4・7・8　　遠江次郎左衛門尉
　　　4・7・23　 遠江次郎左衛門尉光盛
　　　4・8・1　　遠江次郎左衛門尉光盛
　　　4・8・14　 遠江次郎左衛門尉光盛
　　　4・12・17　遠江次郎左衛門尉光盛
　　　5・1・1　　遠江次郎左衛門尉光盛
　　　5・1・16　 三浦遠江次郎左衛門尉光盛
　　　5・8・15　 遠江次郎左衛門尉
　　　6・8・15　 遠江守光盛
　康元1・1・1　　遠江守
　　　1・1・5　　遠江守光盛
　　　1・1・11　 三浦遠江守光盛
　　　1・6・29　 遠江守
　　　1・11・23　遠江守光盛
　弘長1・1・5　　遠江守

光　　盛　　藤原
　寛元4・7・11　 隼人太郎左衛門尉光盛

光　　宗　　伊賀(藤原)
　承元4・12・21 伊賀次〈二〉郎宗光(ヵ、)
　建暦1・5・4　　伊賀次郎光宗
　　　2・11・21　伊賀次郎
　建保1・1・2　　伊賀次郎兵衛尉
　　　1・2・1　　伊賀次郎兵衛尉
　　　1・2・2　　伊賀次郎兵衛尉
　　　1・5・7　　伊賀次〈二〉郎左衛門〈兵衛〉尉
　　　4・8・19　 光宗
　　　6・7・22　 伊賀次郎兵衛尉光宗
　承久1・9・6　　伊賀次郎左衛門尉光宗
　　　2・6・12　 伊賀左衛門尉光宗
　　　3・⑩・29　伊賀次郎左衛門尉光宗
　貞応1・1・3　　伊賀次郎左衛門尉光宗
　　　2・2・27　 伊賀次〈二〉郎左衛門尉光宗

— 132 —

第Ⅰ部　人名索引（こ）

貞応2・4・19　伊賀次〈二〉郎左衛門
　　　　　　　尉光宗
　　2・4・29　伊賀次郎左衛門尉
　　2・5・5　　伊賀次郎左衛門尉
　　2・9・25　伊賀次〈二〉郎左衛門
　　　　　　　尉光宗
元仁1・3・18　伊賀式部丞光宗
　　1・6・28　伊賀式部丞光宗
　　1・7・5　　光宗
　　1・7・17　式部丞光宗
　　1・7・18　光宗
　　1・⑦・3〈8〉光宗
　　1・⑦・29　伊賀式部丞光宗
　　1・8・27　伊賀式部丞光宗
　　1・8・29　伊賀式部丞光宗
嘉禄1・12・22　式部大夫光宗法師 法
　　　　　　　　　　　　　　　名光西
寛喜3・9・13　光西
　　3・10・6　　伊賀式部入道光西
　　3・10・16　式部大夫入道光西
　　3・10・20　伊賀式部入道光西
　　3・10・27　式部大夫入道光西
　　3・11・18　光西
貞永1・10・22　伊賀式部入道
天福1・5・5　　伊賀式部大夫入道
嘉禎1・1・21　伊賀式部入道光西
　　1・1・26　式部大夫入道光西
　　1・⑥・15　伊賀式部入道光広
　　　　　　　〈西〉
　　2・6・27　伊賀式部大夫入道光
　　　　　　　西
　　2・7・10　伊賀式部大夫入道光
　　　　　　　西
　　3・3・9　　式部大夫入道
　　3・8・15　伊賀式部大夫入道
延応1・9・30　伊賀式部大夫入道
仁治1・5・12　伊賀式夫大夫入道
　　1・⑩・28　伊賀式部大夫入道
　　1・11・12　伊賀式部大夫入道
　　2・8・15　伊賀式部大夫入道
　　2・9・13　伊賀式部大夫入道
　　2・10・11　光西
寛元2・5・5　　伊賀式部大夫入道光
　　　　　　　西
宝治2・1・7　　伊賀式部入道
建長2・3・1　　伊賀式部入道
　　2・4・5　　式部大夫入道光西

建長3・6・5　　伊賀式部大夫入道光
　　　　　　　西
　　3・6・20　伊賀式部大夫入道
　　4・4・30　伊賀式部入道光西
　　5・12・21〈22〉伊賀式部大夫入道
　　　　　　　光西
　　6・12・1　　伊賀式部大夫入道
正嘉1・1・25　伊賀散位従五位下藤
　　　　　　　原朝臣光宗法師法名
　　　　　　　光西年八十卒
　　1・11・22　式部大夫入道

光　　宗　　中条
嘉禎2・1・2　　同(出羽)四郎左衛門
　　　　　　　尉
　　2・8・4　　出羽四郎左衛門尉
　　3・4・22　出羽四郎左衛門尉
　　3・6・23　出羽四郎左衛門尉光
　　　　　　　宗
暦仁1・2・17　出羽四郎左衛門尉
　　1・2・28　出羽四郎左衛門尉光
　　　　　　　家(マヽ)
寛元2・8・15　出羽四郎左衛門尉光
　　　　　　　家(マヽ)
　　2・8・16　出羽四郎左衛門尉
建長2・8・18　中条出羽四郎左衛門
　　　　　　　尉
　　2・12・27　中条出羽四郎左衛門
　　　　　　　尉
　　3・1・20　出羽四郎左衛門尉
康元1・6・2　　出羽四郎左衛門尉
弘長3・8・9　　中条出羽四郎左衛門
　　　　　　　尉

光　　則　　宿屋
弘長3・11・19　宿屋左衛門尉法名最信
　　3・11・20　宿屋左衛門尉

光　　村　　三浦
建保6・9・14　駒若丸光村是也
承久1・1・27　義村息男駒若丸
　　2・12・1　　光村
貞応1・1・1　　同(駿河)三郎光村
　　2・4・13　駿河三郎光村
元仁1・1・1　　三浦三郎光村
　　1・5・8　　三浦駿河三郎光村
　　1・12・19　同(三浦駿河)三郎光

— 133 —

第Ⅰ部 人名索引(こ)

	村
嘉禄1・12・20	同(三浦駿河)三郎, 同(駿河)三郎
安貞2・7・25	駿河三郎
2・10・15	同(駿河)三郎
寛喜3・3・10	駿河三郎光村
3・4・29	新判官光村
3・8・15	駿河判官光村
3・10・6	駿河判官光村
貞永1・1・1	駿河判官光村
1・8・15	(廷尉)光村
1・8・16	光村
1・⑨・20	駿河判官
嘉禎1・2・9	駿河大夫判官
1・6・29	駿河大夫判官光村
1・8・16	光村
2・8・4	駿河大夫判官
3・1・6	駿河大夫判官
3・3・8	壱岐守
3・4・19	壱岐守光村
3・4・22	壱岐守
3・6・23	壱岐守光村〈時〉
暦仁1・1・3	壱岐守光村
1・2・17	壱岐前司
1・6・5	河内守光村
延応1・7・20	河内守
仁治1・4・12	河内前司光村
1・5・12	河内前司
2・1・14	河内前司
2・8・25	能登守
2・9・13	三浦能登守
2・11・4	三浦能登守
2・11・29	能登守光村
寛元1・1・19	能登守光村
1・3・2	能登守
1・7・17	能登守
1・8・16	能登前司
1・9・5	能登前司
1・12・10	能登前司
2・4・21	能登前司
2・5・5	能登前司光村
2・5・11	能登前司光村
2・7・16	光村
2・8・15	能登前司光村
2・8・16	能登前司
3・1・1	能登前司光村
3・8・15	能登前司光村

寛元3・8・16	能登前司
3・11・4	能登前司光村
4・2・28	能登前司光村
4・3・18	三浦能登前司光村
4・7・11	前能登守光村
4・8・12	能登前司光村
宝治1・1・1	能登前司
1・5・28	能登前司光村
1・6・5	能登前司光村
1・6・6	光村
1・6・8	光村
1・6・14	光村
1・6・22	能登前司光村
1・6・24	故能登前司光村
光 泰	伊賀(藤原)
嘉禎3・6・23	伊賀三郎左衛門尉光泰
寛元2・8・15	伊賀次郎左〈右〉衛門尉光泰(光房の誤ならむ)
光 泰	工藤
仁治2・1・5	工藤三郎
寛元2・1・5	工藤三郎
建長3・1・8	工藤三郎左衛門尉光泰
3・5・27	工藤三郎左衛門尉光泰
4・1・13	工藤三郎右衛門尉光泰
4・4・17	工藤次〈二〉郎左〈右〉衛門尉光〈元〉泰
4・4・24	工藤三郎左衛門尉光泰
正嘉1・9・18	工藤三郎右〈左〉衛門尉光泰
2・1・2	工藤三郎左衛門尉光泰
文応1・1・1	工藤三郎右衛門尉光泰
1・1・20	工藤三郎左〈右〉衛門尉光泰
1・2・2	工藤三郎右衛門尉
1・4・18	工藤三郎右〈左〉衛門尉光泰
1・7・6	工藤三郎右衛門尉光泰

— 134 —

第Ⅰ部　人名索引（こ）

文応1・7・7　光泰
　　1・7・29　工藤三郎右衛門尉光泰
　　1・12・29　光泰
弘長1・1・2　工藤三郎右衛門尉光泰
　　1・1・4　工藤三郎右衛門尉光泰
　　1・1・9　工藤三郎右衛門尉光泰
　　1・7・10　工藤三郎右衛門尉
　　1・7・13　工藤三郎右衛門尉光泰
　　1・7・29　光泰
　　1・8・13　工藤三郎右衛門尉光泰
　　1・9・3　工藤三郎右衛門尉光泰
　　1・9・19　工藤三郎右衛門尉光泰
　　3・1・11　工藤三郎左〈右〉衛門尉光泰
　　3・6・28　光泰
　　3・11・20　工藤三郎左〈右〉衛門尉
文永2・1・1　工藤三郎左衛門尉

光　泰　　高橋
寛元4・7・11　高橋右馬允光泰

光　泰　　→伊賀(藤原)光長
建長4・12・17　式部兵衛次郎光泰

光　達
元久2・⑦・29　光達新三郎

光　忠　　二宮
文治1・10・24　二宮小太郎
　　5・6・9　二宮小太郎光忠
建久1・11・7　二宮小太郎
　　2・2・4　二宮小太郎
　　6・3・10　二宮小太郎

光　忠　　本間
貞応1・1・7　本間四郎光忠
　　2・1・5　本間四郎
文暦1・1・1　同(本間)四郎左衛門尉
嘉禎1・2・10　同(本間)四郎
暦仁1・1・1　同(本間)四郎

光　長
治承4・5・15　検非違使光長

光　長　　逸見
治承4・10・13　逸見冠者光長
文治1・6・5　逸見冠者光長

光　長　　藤原
文治1・12・6　光長
　　2・1・7　左中弁藤光長，蔵人頭藤実長 従四位上（マ丶）
　　2・3・14　蔵人頭左中弁藤原光長
　　2・7・1　左中弁光長
　　2・11・24　修理左宮城使従四位上左中弁兼中宮権大進藤原朝臣
　　3・7・19　左中弁

光　長　　大井
承久3・6・18　大井太郎
暦仁1・2・17　大井太郎
　　1・6・5　大井太郎光長
仁治1・8・2　大井太郎
寛元4・1・6　大井太郎
建長2・3・1　大井太郎

光　長　　伊賀(藤原)
建長4・12・17　式部兵衛次郎光泰（マ丶）
康元1・6・29　同(式部)兵衛次郎
正嘉2・1・1　伊賀式部兵衛次郎
　　2・6・17　同(式部)兵衛次郎
　　2・8・15　式部兵衛次郎光長
文応1・1・2　式部次郎左衛門尉
　　1・1・3　式部次郎左衛門尉光長
　　1・4・1　式部次郎左衛門尉
弘長1・1・1　式部二郎左衛門尉
　　1・1・3　式部次郎左衛門尉光長
　　1・1・7　式部二郎左衛門尉

第Ⅰ部　人名索引（こ）

光　朝　　秋山
　治承4・10・19　秋山太郎

光　朝　　藤沢
　文応1・1・12　藤沢左衛門五郎
　　　1・1・14　藤沢左衛門五郎光朝

光　度
　建長4・11・11　前宮内大輔光度

光仁天皇
　文永3・2・1　光仁天皇

光　能　　藤原
　文治2・3・3〈2〉　故前宰相光能卿

光　範　　藤原
　文治1・10・21　式部大夫光範
　建久1・9・17　光範朝臣
　　　4・11・8　式部大輔光範卿

光　範
　建久3・8・9　上野九郎光範

光　範　　伊賀（藤原）　（光重男）
　文永2・1・2　隼人三郎左衛門尉光範

光　平
　建長4・5・11　伯耆前司光平

光　輔
　建久1・8・3　（河内）国司光輔
　　　1・12・1　河内守光輔

光　宝
　嘉禎1・2・15　光宝法印
　　　1・6・29　鳥羽法印光宝
　　　1・12・22　鳥羽法印光宝
　　　1・12・26　鳥羽法印
　　　2・9・13　鳥羽法印

光　房　　伊賀（藤原）
　暦仁1・2・17　伊賀次郎右〈左〉衛門
　　　　　　　尉
　仁治1・8・2　伊賀次郎右衛門尉
　　　2・8・25　伊賀次郎右衛門尉
　　　2・11・4　伊賀次郎左衛門尉
　寛元1・7・17　伊賀次〈二〉郎左〈右〉衛
　　　　　　　門尉
　　　2・8・15　伊賀次郎左〈右〉衛門
　　　　　　　尉光泰（マヽ）
　　　3・8・15　伊賀次郎左衛門尉光
　　　　　　　房
　宝治1・5・14　伊賀次郎左衛門尉
　　　1・11・15　伊賀次郎左衛門尉
　建長2・1・16　伊賀次郎左衛門尉光
　　　　　　　房
　　　2・12・27　伊賀次郎左衛門尉
　　　3・1・1　伊賀二郎衛門尉光
　　　　　　　房
　　　3・11・13　伊賀二郎左衛門尉
　　　4・4・3　伊賀次郎左衛門尉
　　　　　　　房
　　　4・11・12　伊賀次郎左衛門尉
　　　5・1・16　伊賀次郎左衛門尉光
　　　　　　　房
　　　6・8・15　伊賀次郎左衛門尉
　　　　　　　房
　康元1・1・1　伊賀次郎左衛門尉
　　　1・6・29　伊賀次郎左衛門尉
　　　1・8・15　伊賀次郎左衛門尉
　　　　　　　房
　弘長1・8・15　伊賀二郎右衛門尉
　　　3・8・9　伊賀次郎左衛門尉光
　　　　　　　〈久〉房

光　望〈生〉　→生倫
　文治3・1・20　合鹿大夫光望〈生〉

光　猷
　承久3・12・11　伊賀阿闍梨光猷

光　頼　　藤原
　文治3・2・28　九条入道大納言光頼

光　隆　　藤原
　文治1・12・6　光隆卿
　　　2・1・7　前中納言光隆卿
　　　2・3・12　前治部卿

弘長1・8・15　式部二郎左衛門尉光
　　　　　　長

— 136 —

第Ⅰ部　人名索引（こ）

光　　隆　　中御門
　　正嘉2・6・4　　中御門新少将光隆

光　　倫　　→生倫
　　養和1・10・20　太神宮権禰宜度会光
　　　　　　　　　倫号相鹿二郎太夫
　　文治2・1・19　光倫神主

光　　連　　佐原（政連子息，泰連弟）
　　安貞2・7・23　佐原四郎
　　　　2・7・25　佐原四郎
　　寛喜1・1・1　　佐原四郎
　　　　1・1・2　　佐原四郎
　　文暦1・1・1　　佐原四郎
　　暦仁1・2・17　同(佐原)四郎左衛門
　　　　　　　　　尉
　　延応1・1・1　　同(佐原)四郎左衛門
　　　　　　　　　尉光連
　　　　1・1・5　　三浦佐原四郎左衛門
　　　　　　　　　尉
　　仁治1・1・1　　同(佐原)四郎左衛門
　　　　　　　　　尉光連
　　　　1・8・2　　佐原四郎左衛門尉
　　宝治1・6・22　同(佐原)四郎兵衛尉
　　　　　　　　　光連

光　　連　　佐原（肥前守家連子息，胤家弟）
　　嘉禎3・4・22　肥前四郎左衛門尉
　　暦仁1・2・28　肥前四郎左衛門尉光
　　　　　　　　　連
　　寛元2・12・8　同(肥前)四郎左衛門
　　　　　　　　　尉
　　　　3・8・16　肥前四郎左衛門尉
　　宝治1・6・22　同(肥前)四郎左衛門
　　　　　　　　　尉光連

光　　連　　多々良
　　暦仁1・2・17　多々良次郎兵衛尉

行　　胤　　東(千葉)
　　安貞2・7・23　東六郎
　　　　2・8・13　東六郎
　　　　2・10・15　東六郎
　　嘉禎1・1・26　東六郎行胤

行　　胤　　千葉
　　建長3・1・20　千葉七郎次郎行胤

行　　胤　　→二階堂行忠
　　建長4・4・2　　信濃四郎左衛門尉行
　　　　　　　　　胤
　　　　4・4・3　　信濃四郎左衛門尉行
　　　　　　　　　胤

行　　遠
　　建久1・10・29　内記大夫行遠

行　　家　　源
　　治承4・4・9　　陸奥十郎義盛（補八条
　　　　　　　　　院蔵人，名字改行家）
　　　　4・4・27　八条院蔵人行家
　　　　4・11・7　十郎蔵人行家
　　養和1・3・10　十郎蔵人行家
　　　　1・3・19　侍中
　　　　1・11・5　十郎蔵人
　　寿永1・5・19　十郎蔵人行家
　　　　1・5・29　十郎蔵人，侍中
　　文治1・8・4　　前備前守行家
　　　　1・9・2　　備前々司行家
　　　　1・10・6　行家
　　　　1・10・13　前備前守行家
　　　　1・10・17　行家
　　　　1・10・18　前備前守源朝臣行家
　　　　1・10・22　前備前守行家
　　　　1・10・25　行家
　　　　1・10・29　備州
　　　　1・11・3　前備前守行家
　　　　1・11・6　行家
　　　　1・11・7　行家
　　　　1・11・8　行家
　　　　1・11・11　源行家
　　　　1・11・15　行家
　　　　1・11・20　前備前守行家
　　　　1・11・25　前備前守源行家
　　　　1・11・26　行家
　　　　1・12・6　行家
　　　　1・12・23　行家
　　　　2・1・17　行家
　　　　2・2・7　　行家
　　　　2・3・7　　行家
　　　　2・3・14　前備前守源行家
　　　　2・4・20　行家
　　　　2・5・13　行家
　　　　2・5・25　前備前守従五位下源
　　　　　　　　　朝臣行家，大夫尉為

— 137 —

第Ⅰ部　人名索引（こ）

　　　　　　　義十男本名義盛　　　　寛喜3・12・26　隠岐左衛門尉行義
　文治2・5・28　行家朝臣　　　　　天福1・1・2　隠岐三郎左衛門尉
　　　2・6・21　行家　　　　　　　　　1・4・15　隠岐三郎左衛門尉
　　　2・7・11　故前備前守行家　　　文暦1・1・2　隠岐三郎左衛門尉
　　　2・12・11　行家　　　　　　　嘉禎1・6・29　隠〈壱〉岐三郎左衛門
　　　3・1・23　行家　　　　　　　　　　　　　　尉行義
　　　3・8・27　行家　　　　　　　　　2・1・1　隠岐三郎左衛門尉
　　　4・6・17　前備前守行家　　　　　3・1・2　隠岐三郎左衛門尉
　建久6・2・12　前備前守行家　　　　　3・6・23　出羽守行義
行　　家　　　　　　　　　　　　　　暦仁1・4・2　出羽前司行義
　元久1・9・15　行家朝臣　　　　　延応1・8・15　出羽前司行義
行　　家　　　　　　　　　　　　　仁治1・1・3　出羽前司行義
　建長4・4・2　和泉三郎行家　　　　　1・1・15　出羽前司
行　　会〈命〉→行明　　　　　　　　　　1・7・1　出羽守行義
　文治5・5・17　前法眼行会〈命〉　　　　1・8・2　出羽前司
行　　快　　　　　　　　　　　　　　　1・11・29　出羽前司
　文治1・2・19　行快　　　　　　　　　2・1・14　出羽前司
行　　幹　　佐藤　　　　　　　　　　　2・1・23　出羽前司
　宝治2・9・22　民部丞行幹　　　　　　2・1・24　出羽前司
　正嘉2・1・1　佐藤民部大夫　　　　　2・2・16　出羽前司行義
　文応1・7・23　佐藤民部大夫行幹　　　2・8・25　出羽前司
　弘長1・1・1　佐藤民部大夫　　　　　2・9・7　出羽前司行義
　　　1・3・20　佐藤民部大夫行幹　　　2・10・22　出羽前司行義
行　　観〈親〉　　　　　　　　　　　　　2・11・4　出羽前司
　建保2・5・7　錦織僧正行観〈親〉　　　2・12・21　出羽前司
行　　基　　　　　　　　　　　　　寛元1・2・26　出羽前司
　建久5・8・8　行基　　　　　　　　　1・7・17　出羽前司
　　　6・3・12　行基大僧正　　　　　　1・10・7　出羽前司
行　　義　　大江　　　　　　　　　　　1・12・10　出羽前司
　建久4・5・7　大江行義　　　　　　　2・4・21　出羽前司
行　　義　　二階堂　　　　　　　　　　2・6・2　出羽前司
　嘉禄1・12・20　隠岐三郎左衛門尉　　　2・6・13　出羽前司行義
　安貞2・10・15　隠岐三郎左衛門尉　　　2・8・15　出羽前司行義
　寛喜2・2・17　隠岐三郎左衛門尉行　　　2・8・16　出羽前司
　　　　　　　義　　　　　　　　　　　3・8・15　出羽前司行義
　　　2・5・24　隠岐三郎左衛門尉　　　3・8・16　出羽前司
　　　2・6・10　隠岐三郎左衛門尉　　　3・10・6　出羽前司行義
　　　2・12・9　隠岐三郎左衛門尉　　宝治1・6・5　出羽前司行義
　　　　　　　　　　　　　　　　　　　1・6・27　出羽前司
　　　　　　　　　　　　　　　　　　　1・12・29　隠岐出羽前司
　　　　　　　　　　　　　　　　　　　2・1・3　出羽前司
　　　　　　　　　　　　　　　　　　　2・1・7　出羽前司
　　　　　　　　　　　　　　　　　　　2・8・1　出羽前司行義
　　　　　　　　　　　　　　　　　建長2・1・1　出羽前司行義
　　　　　　　　　　　　　　　　　　　2・12・29　出羽前司
　　　　　　　　　　　　　　　　　　　3・6・5　出羽前司行義
　　　　　　　　　　　　　　　　　　　3・6・20　出羽前司

第Ⅰ部　人名索引（こ）

建長3・8・15	出羽前司行義
3・10・19	出羽前司
3・11・13	出羽前司
4・1・2	出羽前司
4・4・1	出羽前司行義
4・4・3	出羽前司行義
4・4・5	出羽前司行義
4・4・14	出羽前司行義
4・4・24	出羽前司行義
4・4・30	出羽前司行義
4・5・5	出羽前司行義
4・5・26	出羽前司行義
4・6・2	前出羽守行義
4・7・23	出羽前司行義
4・8・1	出羽前司行義
4・8・6	前出羽守行義
4・8・21	出羽前司行義
4・12・13	出羽前司行義
4・12・17	出羽前司行義
5・1・3	出羽前司行義
5・8・15	出羽前司行義
5・12・21〈22〉	出羽前司行義
6・1・1	出羽前司行義
6・1・22	出羽前司行義
6・3・26	出羽前司行義
6・8・15	出羽前司行義
6・9・4	**行義**
6・12・1	出羽前司
康元1・1・1	出羽前司行義
1・1・5	出羽前司行義
1・1・11	出羽前司行義
1・1・14	出羽前司行義
1・6・29	出羽前司
1・7・17	出羽前司
1・8・15	出羽前司行義
1・8・23	出羽前司
1・8・26	出羽前司行義
正嘉1・1・1	出羽前司行義
1・③・2	出羽前司行義
1・4・9	出羽前司行義
1・9・24	出羽前司
2・1・1	出羽前司
2・1・2	出羽前司行義
2・1・10	出羽前司行義
2・4・19	出羽前司
2・6・17	出羽前司
文応1・1・1	出羽前司行義

弘長1・3・20	出羽前司入道々**空**
1・7・13	出羽入道
3・1・14	出羽入道々宣〈空〉
3・1・18	道宣〈空〉
3・8・9	出羽入道
3・10・14	出羽前司入道々空
文永2・1・6	出羽入道々空
3・3・6	出羽入道道空

行　　久　　二階堂
寛喜2・12・9	同(隠岐)四郎左衛門尉
天福1・1・2	同(隠岐)四郎左衛門尉
文暦1・1・2	同(隠岐)四郎左衛門尉
嘉禎1・4・6	隠岐四郎左衛門尉行久
1・5・4	隠岐四郎左衛門尉
2・1・3	隠岐四郎左衛門尉
2・8・4	隠岐四郎左衛門尉
3・1・2	同(隠岐)四郎左衛門尉
3・1・3	隠岐四郎左衛門尉
暦仁1・1・3	隠岐四郎左衛門尉
仁治1・8・2	隠岐判官
2・8・16	行久
2・8・25	隠岐大夫判官
2・11・4	隠岐大夫判官
寛元1・7・17	隠岐大夫判官
建長3・6・5	常陸入道日
3・6・20	常陸入道
4・4・30	常陸入道行円〈日〉
5・12・21〈22〉	常陸入道行日
6・12・1	常陸入道
康元1・8・15	常陸入道行日
正嘉1・③・2	常陸入道行日
1・8・12	常陸入道行日
1・9・30	常陸入道行日
弘長1・3・20	常陸介入道行日
1・7・13	常陸入道
1・7・29	常陸入道行日
3・1・18	常陸入道

行　　久　　所
建長2・3・26	行久
4・4・17	所右衛門尉行久

― 139 ―

第Ⅰ部　人名索引（こ）

行　　久　　秦
　康元1・8・12　秦行久
　　　1・8・16　秦行久

行　　恵
　建久5・1・7　法眼行恵
　　　5・8・3　法橋行恵
　　　5・⑧・8　法眼行恵

行　　経　　人見
　建久1・11・7　人見小三郎

行　　経
　建長4・3・18　下総前司行経

行　　経　　二階堂
　建長5・1・2　伊勢次郎行経
　康元1・1・1　伊勢次郎左衛門尉
　　　1・1・10　伊勢次郎左衛門尉
　正嘉1・8・15　伊勢次郎左衛門尉行経
　　　1・12・24　伊勢次郎左衛門尉
　　　1・12・29　伊勢次〈二〉郎左衛門尉行経
　　　2・1・1　伊勢次郎左衛門尉
　　　2・1・10　伊勢次郎左衛門尉行経
　　　2・3・1　伊勢次郎左衛門尉行経
　　　2・6・4　伊勢次郎左衛門尉行経
　　　2・6・17　伊勢次郎左衛門尉
　文応1・1・1　伊勢次郎左衛門尉行経
　　　1・1・11　伊勢次郎左衛門尉行経
　　　1・2・20　伊勢次〈四〉郎左衛門尉
　　　1・3・21　伊勢次郎左衛門尉行経
　　　1・4・3　伊勢次郎左衛門尉行経
　弘長1・7・12　伊勢二郎左衛門尉
　　　1・8・15　伊勢次郎左衛門尉
　　　3・1・1　伊勢次郎左衛門尉行経
　　　3・8・8　伊勢次郎左衛門尉

　弘長3・8・9　伊勢次郎左衛門尉行経
　　　3・8・15　伊勢次郎左衛門尉行経

行　　経　　→二階堂行宗
　弘長3・8・9　信濃次郎左衛門尉行経

行　　景　　源
　文治3・5・8　源内民部大夫行景
　　　3・8・20　民部大夫行景

行　　景　　山柄
　建仁1・9・7　紀内所行景
　　　1・9・9　行景
　　　1・9・11　行景
　　　1・9・15　行景
　　　1・10・1　紀内
　　　1・10・21　紀内
　　　2・1・10　紀内行景
　　　2・2・20　行景
　　　2・2・21　行景
　　　2・2・27　行景
　　　2・4・13　紀内行景
　　　2・4・27　行景
　　　2・5・20　紀内行景
　　　2・6・25　紀内，行景
　　　2・7・29　紀内
　　　2・9・10　紀内行景
　　　2・9・15　行景
　　　2・10・29　紀内行景
　　　3・2・16　紀内
　　　3・3・4　紀内
　　　3・3・26　紀内
　　　3・4・21　紀内所
　　　3・5・29　紀内所行景
　　　3・7・18　紀内行景
　　　3・9・12　行景
　承元3・3・21　行景

行　　景　　加藤
　嘉禄1・12・20　加藤左衛門尉
　安貞2・7・23　加藤左衛門尉
　　　2・10・15　加藤左衛門尉
　嘉禎3・4・22　加藤左衛門尉
　暦仁1・2・17　加藤左衛門尉

— 140 —

第Ⅰ部　人名索引（こ）

行　景
暦仁1・2・28　加藤左衛門尉行景
　　1・6・5　加藤左衛門尉行景
仁治1・8・2　加藤左衛門尉
　　2・8・25　加藤左衛門尉
　　2・11・4　加藤左衛門尉
寛元1・7・17　加藤左衛門尉
　　1・8・16　加藤左衛門尉
　　2・8・15　加藤左衛門尉行景

行　景　　所
正嘉1・6・1　行景

行　景〈重〉　→二階堂行資
正嘉1・8・15　出羽三郎左衛門尉行景〈重〉

行　景　　二階堂
正嘉1・10・1　隠岐三郎左衛門尉行景
　　1・12・24　隠岐三郎左衛門尉
　　1・12・29　隠岐三〈二〉郎左衛門尉
　　2・1・1　隠岐三郎左衛門尉
文応1・1・11　隠岐三郎左衛門尉行景
　　1・1・20　隠岐三郎左衛門尉行景
　　1・4・1　隠岐三郎左衛門尉
　　1・11・27　隠岐三郎左衛門尉氏（マヽ）
　　1・12・26　隠岐大夫判官行景
　　　　　　　（行氏の誤ならむ）
弘長1・4・24　隠岐三郎左衛門尉
　　1・7・12　隠岐三郎左衛門尉
　　1・8・15　隠岐三郎左衛門尉行景
　　1・10・4　隠岐三郎左衛門尉行景
文永2・6・23　隠岐三〈次〉郎左衛門尉行景

行　継
安貞1・7・22　刑部丞行継

行　継　　二階堂
正嘉1・1・3　出羽左衛門三郎

行　兼
承久1・7・19　主殿左衛門尉行兼

行　賢　　→二階堂行方
嘉禎1・7・11　隠岐五郎左衛門尉行賢
仁治2・1・14　大蔵少輔行賢

行　元　　大河戸
養和1・2・18　大河戸三郎行元　号高柳
元暦1・8・8　大河戸三郎
文治1・1・26　大河戸三郎
建久1・11・7　大河戸三郎
　　6・3・10　同（大河戸）三郎
元久2・6・23　大河戸三郎

行　弘
承元2・5・29　行弘

行　光　　工藤
治承4・8・25　同（工藤景光）子息小三〈次〉郎行光
　　4・12・20　工藤小次〈二〉郎行光
文治1・5・15　工藤小次郎行光
　　1・10・24　工藤小次郎
　　4・3・15　工藤小次郎
　　5・7・19　同（工藤）次郎行光
　　5・8・8　工藤小次郎行光
　　5・8・9　工藤小次郎行光
　　5・8・10　工藤小次郎行光
　　5・9・12　工藤小次郎行光
　　5・12・24　工藤小次郎行光
建久1・11・7　工藤小次郎
　　2・2・4　工藤小次郎
　　2・3・4　工藤小次郎
　　2・8・18　工藤小次郎行光
　　3・6・13　工藤小次郎
　　4・3・21　工藤小次郎
　　4・5・8　同（工藤）小次郎
　　4・11・27　工藤小次〈太〉郎行光
　　5・⑧・1　工藤小次郎行光
　　5・10・9　工藤小次郎行光
　　5・11・21　工藤小次郎行光
　　6・3・10　工藤小次郎
正治1・10・28　工藤小次〈二〉郎行光
　　2・1・7　工藤小次郎行光

— 141 —

第Ⅰ部　人名索引（こ）

正治2・1・18　工藤小次郎行光
　　2・1・20　工藤小次郎
　　2・1・25　工藤小次郎行光
　　2・7・8　工藤小次郎行光
　　2・10・13　工藤小次郎行光
　　2・10・22⟨21⟩　工藤小次郎行光
建仁1・1・12　工藤小次郎行光
　　2・9・21　工藤小次郎行光
　　2・9・29　行光
　　3・9・2　工藤小次郎行光
　　3・9・5　工藤小次郎行光
　　3・10・9　工藤小次郎行光
建暦1・1・9　工藤小次⟨二⟩郎
　　2・1・11　工藤小次郎

行　　光　　浅羽
文治3・8・15　浅羽⟨成相⟩小三郎行光
建久1・11・7　浅羽小三郎

行　　光　　二階堂
建久5・3・9　掃部允藤原行光
　　5・6・30　掃部允行光
正治1・2・4⟨6⟩　藤民部丞行光
　　1・6・30　藤民部丞
　　1・7・25　行光
　　1・8・19　行光
　　1・10・28　民部丞行光
　　2・2・6　行光
　　2・②・2　民部丞行光
　　2・②・12　民部丞行光
　　2・②・13　行光
　　2・3・14　行光
建仁1・5・14　行光
　　1・7・6　民部丞行光
　　2・1・29　行光
　　2・2・29　行光
　　3・8・29　行光
　　3・10・9　民部丞行光
　　3・11・15　藤民部丞
元久1・9・15　行光
　　2・11・3　行光
建永1・2・8　駿河民部大夫行光
承元1・8・15　民部大夫行光
　　1・8・17　行光
　　1・12・1　民部大夫行光
　　2・3・2　民部大夫行光

承元2・④・26　行光
　　2・7・5　行光
　　3・1・9　民部太夫行光
　　3・9・29　行光
　　3・10・10　民部大夫行光
　　4・10・13　行光
建暦1・1・10　行光
　　1・12・27　行光
　　2・9・15　行光
　　2・11・13　行光
　　2・11・15　行光
建保1・5・4　民部大夫行光
　　1・5・7　藤民部大夫
　　1・7・9　民部大夫行光
　　1・7・23　藤民部大夫
　　1・8・26　民部大夫行光
　　1・9・8　藤民部大夫行光
　　1・10・3　藤民部大夫行光
　　1・12・19　民部大夫行光
　　1・12・20　行光
　　1・12・21　行光
　　2・1・22　民部大夫行光
　　2・4・18　民部大夫行光
　　2・4・21　民部大夫行光
　　2・7・1　民部大夫行光
　　3・12・16　藤民部大夫
　　4・1・17　信濃守行光
　　4・1・28　行光
　　4・2・11　行光
　　4・3・5　行光
　　4・3・16　信濃守行光
　　4・3・25　信濃守行光
　　4・4・9　行光
　　4・⑥・14　行光
　　4・⑥・24　信濃守行光
　　4・7・29　信濃守行光
　　5・3・4　信濃守行光
　　5・4・17　信濃守行光
　　6・6・27　信濃守行光
　　6・12・2　信濃守行光
　　6・12・20　信濃守行光
承久1・2・13　信濃前司⟨守⟩行光
　　1・②・12　信濃前司行光
　　1・②・14　行光
　　1・3・28　信乃前司行光
　　1・9・6　信濃前司行光
　　1・9・8　前信濃守正⟨従⟩五位

— 142 —

第Ⅰ部　人名索引（こ）

	下藤原朝臣行光法師	
	卒年五十六	

行　光　　狩野
　建保1・8・20　狩野民部大夫行光
　　　1・8・26　狩野民部大夫行光

行　光　　藤原
　承久1・1・27　右馬助行光
　　　1・7・19　藤右馬助行光

行　光　　下河辺
　嘉祿2・9・22　下河辺左衛門尉
　寛喜2・2・19　下河辺左衛門尉
　嘉禎1・6・29　下河辺左衛門尉行光
　　　2・8・4　下河辺左衛門尉
　　　2・8・6　下河辺左衛門尉
　　　3・1・11　下河辺左衛門尉
　　　3・7・25　下河辺行光
　暦仁1・1・20　下河辺左衛門尉
　　　1・2・17　下河辺左衛門尉
　　　1・6・5　下河辺右衛門尉行光
　　　1・12・3　下河辺左衛門尉
　仁治1・8・2　下河辺左衛門尉
　　　2・1・5　下河辺左衛門尉
　　　2・1・23　下河辺左衛門尉
　　　2・9・14　下河辺左衛門尉
　　　2・9・22　下河辺左衛門尉行光
　建長2・3・1　下河辺左衛門跡

行　康　　藤田
　元暦1・3・5　藤田三郎行康

行　綱　　秩父
　元暦1・2・5　秩父武者四郎行綱

行　綱　　多田
　文治1・11・5　多田蔵人大夫行綱

行　綱　　進士
　建仁3・12・25　進士行綱
　元久1・2・10　伊勢国員弁郡司進士
　　　　　　　　行綱
　　　1・5・8　伊勢国員弁郡司進士
　　　　　　　　行綱

行　綱　　二階堂
　嘉禎1・6・29　信濃三郎左衛門尉
　　　2・1・2　同(信濃)三郎左衛門
　　　　　　　　尉
　　　2・1・3　同(信濃)三郎左衛門
　　　　　　　　尉
　　　2・8・4　同(信濃)三郎左衛門
　　　　　　　　尉
　　　3・1・1　同(信濃)三郎左衛門
　　　　　　　　尉
　　　3・1・3　信濃三郎左衛門尉
　　　3・4・22　信濃三郎左衛門尉
　　　3・6・23　信濃三郎左〈右〉衛門
　　　　　　　　尉行綱
　暦仁1・1・2　信濃三郎左衛門尉
　　　1・1・3　信濃三郎左衛門尉
　　　1・2・17　信濃三郎左衛門尉
　　　1・2・23　信濃三郎左衛門尉行
　　　　　　　　綱
　　　1・2・28　信濃三郎左衛門尉行
　　　　　　　　綱
　仁治1・1・2　信濃三郎左衛門尉行
　　　　　　　　綱
　　　1・1・3　信濃三郎左衛門尉行
　　　　　　　　綱
　　　1・8・2　信濃三郎左衛門尉
　　　2・1・1　信濃三郎左衛門尉
　　　2・1・5　信濃三郎左衛門尉
　　　2・1・23　信濃三郎左衛門尉
　寛元1・7・17　信濃大夫判官
　　　1・8・15　信濃大夫判官行綱
　　　1・8・16　信濃大夫判官
　　　1・9・19　信濃大夫判官行綱
　　　2・4・21　大夫判官行綱
　　　3・8・15　伊勢前司行綱
　　　4・8・15　伊勢前司
　宝治2・9・20　伊勢前司行綱
　　　2・12・10　伊勢前司行綱
　　　2・12・20　伊勢前司
　建長2・8・18　伊勢前司
　　　3・1・1　伊勢前司行綱
　　　3・1・11　伊勢前司行綱
　　　3・1・20　伊勢前司
　　　3・6・5　伊勢前司行綱
　　　3・6・20　伊勢前司
　　　3・11・13　伊勢前司
　　　3・11・22　伊勢前司行綱
　　　4・1・12　伊勢前司

— 143 —

第Ⅰ部　人名索引（こ）

```
       建長 4・4・2     伊勢前司行綱                      佐, 筑前左衛門尉行
          4・4・14    伊勢前司時家〈行綱〉                     佐
          4・4・30    伊勢前司行綱           正嘉 2・6・5    筑前四郎左衛門尉
          4・7・8     前伊勢〈予〉守行綱                     佐
          4・8・1     伊勢前司行綱              2・6・17  同(筑前)四郎左衛門
          4・8・14    伊勢前司行綱                      尉
          4・9・25    伊勢前司行綱           文応 1・1・1    同(筑前)四郎左衛門
          4・11・11   伊勢前司行綱                      尉行佐
          4・11・17   伊勢前司行綱              1・1・11   筑前四郎左衛門尉
          4・11・20   伊勢前司行綱                      祐〈佐〉
          4・12・17   伊勢前司行綱              1・1・20   筑前四郎左衛門尉
          5・1・3     伊勢前司行綱                      佐
          5・1・16    伊勢前司行綱              1・3・21   筑前四郎左衛門尉
          5・8・15    伊勢前司                         佐
          5・12・21〈22〉伊勢前司行綱              1・4・1    同(筑前)四郎
          6・12・1    伊勢前司           弘長 3・8・11   左衛門少尉行佐
       康元 1・6・29    伊勢前司              3・8・15   筑前四郎左衛門尉
          1・7・17    伊勢前司行綱                      佐
          1・8・15    伊勢前司行綱           文永 2・1・1    筑前四郎左衛門尉
          1・11・23   前伊勢守行綱法名行願                    佐
       正嘉 1・③・2    伊勢入道行願
       弘長 1・3・20    伊勢前司入道行願        行　氏       →海野幸氏
          1・8・2     伊勢入道行願        元久 1・1・10   海野小太郎行氏
          1・8・7     伊勢入道
          1・8・14    伊勢入道行願        行　氏       二階堂
       文永 2・1・6     伊勢入道行願        建長 3・1・20    隠岐三郎左衛門尉
          2・6・3     伊勢入道行願           4・4・3     隠岐三郎左衛門尉行
          2・12・16   伊勢入道行願                      氏
          3・3・6     伊勢入道行願           4・4・14    隠岐三郎左衛門尉行
                                                   氏
行　綱　　　宇都宮                          4・8・6     隠岐三郎左衛門尉行
       嘉禎 3・6・23    宇都宮藤四郎行綱                     氏
                                       4・9・25    隠岐三郎左衛門尉行
行　綱　　　上条                                              氏
       寛元 3・8・15    上条美作前司行綱          4・11・11   隠岐三郎左衛門尉行
                                                   氏
行　綱                                  5・1・3     隠岐三郎左衛門尉行
       文永 3・3・29    行綱                          氏
                                       5・1・16    隠岐三郎左衛門尉行
行　佐　　　二階堂                                           氏
       宝治 2・1・3     筑前四郎右〈左〉衛門        6・6・16    隠岐三郎左衛門尉
                   尉                 6・8・15    隠岐三郎左衛門尉行
       建長 2・8・18    筑前四郎                         氏
          2・12・27   筑前四郎           康元 1・1・1    隠岐三郎右衛門尉
       正嘉 2・1・1     筑前四郎左衛門尉          1・1・5     隠岐三郎左衛門尉
          2・1・7     筑前四郎左衛門尉                     氏
          2・6・4     筑前四郎左衛門尉行         1・1・11    隠岐三郎左衛門尉行
```

— 144 —

第Ⅰ部　人名索引（こ）

正嘉1・2・2	氏 隠岐三郎左衛門尉行氏
2・6・4	隠岐判官氏
文応1・8・16	大夫判官氏
1・11・27	隠岐大夫判官行氏,隠岐三郎左衛門尉氏(行景の誤ならむ)
1・12・26	隠岐大夫判官行景(マヽ)
弘長1・3・20	隠岐大夫判官行氏
1・7・29	隠岐大夫判官行氏
1・8・10	隠岐守行氏
1・8・15	隠岐守行氏
3・11・22	隠岐守行氏

行　資　　二階堂
宝治2・1・1	同(出羽)三郎
2・8・15	出羽三郎行資
2・12・10	出羽三郎行資
建長2・1・2	同(出羽)三郎行資
2・8・15	出羽三郎行資
2・8・18	出羽三郎
2・12・27	出羽三郎
3・1・1	出羽三郎行資
3・1・3	同(出羽)三郎行資
3・1・5	出羽三郎行資
3・1・20	出羽三郎
4・4・2	同(出羽)三郎行資
4・4・3	出羽三郎行資
4・4・14	出羽三郎行資
4・8・1	出羽三郎
4・12・17	出羽三郎行資
5・8・15	出羽三郎行資
6・8・15	出羽三郎行資
康元1・1・1	出羽三郎
1・1・5	出羽三郎行資
1・6・29	同(出羽)三郎左衛門尉
1・7・6	出羽三郎左衛門尉
1・7・17	出羽三郎左衛門尉行資
1・8・23	出羽三郎左衛門尉行資,出羽三郎左衛門尉義賢(マヽ)
正嘉1・8・15	出羽三郎左衛門尉行景〈重〉(マヽ)
正嘉1・12・24	出羽三郎左衛門尉
1・12・29	出羽三郎左衛門尉行資
2・1・1	出羽三郎左衛門尉行資
2・6・17	同(出羽)三郎左衛門尉
文応1・2・20	出羽三郎左衛門尉
弘長1・7・29	出羽三郎左衛門尉
3・8・15	出羽三郎左衛門尉行資

行　時　　下河辺(幸嶋)
建保2・7・27	下河辺四郎行時
4・7・29	下河辺四郎行時
承久1・7・19	幸嶋四郎
3・6・12	幸嶋四郎行時或号下河辺
3・6・14	幸嶋四郎
3・6・18	幸嶋四郎

行　時　　野本
建長2・12・9	野本次郎行時
3・1・20	野本二郎行時
3・7・4	左兵衛権佐行時

行　慈
文治2・7・11	行慈法橋
3・1・8	行慈法橋
建久3・4・2	題学房
3・5・1	題学房
3・8・9	大学房
4・3・13	法橋行慈
5・10・25	大学法眼行慈〈恵〉
5・11・20	導師
6・8・9	行慈法眼
6・10・7	大学法眼行慈
正治1・3・2	大学法眼行慈
2・1・8	法眼行慈
建仁1・11・13	趣〈題〉学房
2・8・18	大学房
元久1・9・13	別当大学房
建保1・1・1	大学法眼行慈
3・3・13	大学法眼行慈
寛喜2・4・17	大学法眼行慈
3・5・9	安楽房法眼行慈

— 145 —

第Ⅰ部 人名索引（こ）

行	実	
	治承4・8・24	箱根山別当行実
	4・8・25	行実
	4・10・16	別当行実
	養和1・3・1	箱根山別当行実
	建久4・6・18	箱根山別当行実坊

行	実	
	元暦1・12・16	行実
	建久4・3・13	阿闍梨行実

行	実	二階堂
	建長4・4・3	筑前三郎行実
	4・11・11	筑前三郎行実
	6・1・2	同(筑前)三郎行実
	康元1・1・5	同(筑前)三郎行実
	正嘉1・12・24	筑前三郎左衛門尉
	1・12・29	筑前三郎左衛門尉行実
	2・1・1	筑前三郎左衛門尉
	文応1・1・1	筑前三郎左衛門尉行実
	1・1・11	筑前三郎左衛門尉行実
	1・2・20	筑前三郎左衛門尉
	1・4・1	筑前三郎
	弘長1・1・1	筑前三郎左衛門尉行実
	3・1・1	筑前三郎左衛門尉行実
	3・1・7	筑前〈後〉三郎左衛門尉行実
	3・8・8	筑前三郎左衛門尉
	3・11・9	筑前三郎左衛門尉行実
	文永2・6・11	筑前三郎左衛門尉藤原行実

行	秀	下河辺 →光脩
	天福1・5・27	下河辺六郎行秀法師（号智定房）

行	秀	門居
	正嘉2・3・1	門居弥四郎行秀

行	秀	
	正嘉2・6・4	阿闍梨行秀

行	重	小山田(稲毛)
	元暦1・2・5	稲毛五郎行重
	建久1・11・7	小山田五郎
	2・2・4	小山田五郎
	6・3・10	小山田五郎

行	重	市河
	建仁2・1・3	市河五郎
	3・9・2	市河別当五郎
	3・10・9	市河五郎行重
	元久2・1・3	市河五郎
	建暦1・1・9	市河五郎
	2・1・11	市河五郎

行	重	中山
	建保1・5・2	同(中山)大郎行広〈重〉
	1・5・3	中山大郎行重

行	重	
	嘉禎1・12・21	摂津法眼行重

行	重	二階堂
	正嘉1・10・1	筑前五郎行重
	2・1・1	筑前五郎左衛門尉
	2・1・2	同(筑前)五郎行重
	2・1・7	同(筑前)五郎
	2・6・4	同(筑前)五郎行重
	文応1・1・20	筑前五郎左衛門尉行重
	弘長1・8・15	筑前五郎左衛門尉行重
	3・1・1	筑前五郎左衛門尉
	文永2・1・1	同(筑前)五郎左衛門尉行重
	2・6・23	筑前五郎左衛門尉行重

行	俊	鎌田
	宝治2・1・3	鎌田次郎兵衛尉
	建長2・12・27	鎌田次郎兵衛尉
	3・1・20	鎌田次郎兵衛尉
	3・2・24	鎌田次郎兵衛尉
	4・8・1	鎌田次郎兵衛尉
	6・6・16	同(鎌田)次郎兵衛尉
	康元1・1・1	鎌田次郎兵衛尉
	1・1・11	鎌田次郎兵衛尉行俊

— 146 —

第Ⅰ部　人名索引（こ）

康元1・6・29	鎌田次郎兵衛尉	
1・7・17	鎌田次郎兵衛尉行俊	
1・8・15	鎌田次郎兵衛尉行俊	
1・8・23	鎌田次〈二〉郎左衛門尉行俊	
正嘉1・1・1	鎌田次郎兵衛尉行俊	
1・2・2	鎌田三〈二〉郎兵衛尉行俊	
1・4・9	鎌田次郎兵衛尉行俊	
1・6・1	同(鎌田)次郎兵衛尉	
1・6・23	同(鎌田)次郎兵衛尉行俊	
1・8・15	鎌田次郎兵衛尉行俊	
1・10・1	鎌田次郎兵衛尉行俊	
1・12・29	鎌田次郎兵衛尉行俊	
2・1・1	鎌田次〈二〉郎兵衛尉	
2・1・2	同(鎌田)次郎左衛門〈兵衛〉尉行俊	
2・1・10	同(鎌田)次郎兵衛尉行俊	
2・3・1	鎌田次郎兵衛尉行俊	
2・6・4	鎌田次郎左衛門〈兵衛〉尉行俊,鎌田兵衛尉行俊	
2・6・11	鎌田次郎兵衛尉行俊	
2・6・17	鎌田次郎兵衛尉	
2・8・15	鎌田次郎兵衛尉行俊	
文応1・1・1	鎌田次郎左衛門尉行俊	
1・1・11	鎌田次郎左衛門尉行俊	
1・1・20	鎌田次郎兵衛尉行俊	
1・2・20	鎌田次郎左衛門尉	
1・4・3	鎌田次郎左衛門尉行俊	
1・11・27	鎌田次郎左衛門尉行俊	
弘長1・1・1	鎌田二郎左衛門尉行俊	
1・1・7	鎌田二郎左衛門尉	
1・1・26	鎌田次郎左衛門尉行俊	
1・3・25	鎌田次郎左衛門尉行俊	
1・7・12	鎌田次郎左衛門尉	
1・7・30	鎌田二郎左衛門尉	
1・8・1	鎌田二郎左衛門尉	
弘長1・9・20	鎌田次郎左衛門尉行俊	
1・10・4	鎌田次郎左衛門尉	
3・8・8	鎌田次郎左衛門尉	
3・8・11	左衛門尉行俊	
3・8・15	鎌田次郎左衛門尉行俊	
文永2・1・15	鎌田次郎左衛門尉行俊	
2・11・19	鎌田次郎左衛門尉儀〈俊〉	
3・7・3	鎌田次郎左衛門尉行俊	

行　章　　二階堂
寛元2・8・16	和泉次郎左衛門尉
3・8・15	和泉次郎左衛門尉行章
3・8・16	和泉次郎左衛門尉
4・8・15	和泉次郎左衛門尉
宝治1・11・15	和泉次郎左衛門尉
2・1・3	和泉次郎左衛門尉
建長2・1・16	和泉次郎左衛門尉行章
2・3・25	和泉次郎左衛門尉
2・8・18	和泉次郎左衛門尉
2・12・27	和泉次郎左衛門尉
3・1・1	和泉次郎左衛門尉行章
3・1・5	和泉二郎左衛門尉
3・1・20	和泉次郎右衛門尉
3・8・15	和泉次郎左衛門尉行章
3・10・19	和泉次郎左衛門尉
3・11・13	和泉二郎左衛門尉
4・4・2	和泉次郎左衛門尉行章
4・4・3	和泉次郎左衛門尉行章
4・4・14	和泉四郎左衛門尉行章
4・8・1	和泉次郎左衛門尉行章
4・9・25	和泉次郎左衛門尉行章
4・11・11	和泉次郎左衛門尉行

— 147 —

第Ⅰ部 人名索引（こ）

建長6・1・22 和泉次郎左衛門尉行章
　　6・6・16 同(和泉)次郎左衛門尉
　　6・8・15 和泉次郎左衛門尉行章
康元1・1・1 和泉次郎左衛門尉
　　1・1・5 和泉次郎左衛門尉行章
　　1・1・11 和泉次郎左衛門尉行章
　　1・6・29 同(和泉)次〈二〉郎左衛門尉
　　1・7・17 和泉三郎左衛門尉行章
　　1・8・15 和泉三郎左衛門尉行章
　　1・8・23 和泉次〈二〉郎左衛門尉行章
正嘉1・6・23 和泉三郎左衛門尉行章
　　1・8・15 和泉三郎左衛門尉行章
　　1・12・24 和泉三郎左衛門尉
　　1・12・29 和泉次〈二〉郎左衛門尉行章
　　2・1・1 和泉次郎左衛門尉
　　2・1・2 和泉三郎左衛門尉行章
　　2・6・17 同(和泉)三郎左衛門尉
文応1・1・1 和泉三郎左衛門尉行章
　　1・1・11 和泉三郎左衛門尉行章
　　1・1・20 和泉三郎左衛門尉行章
　　1・2・20 和泉三郎左衛門尉
　　1・7・23 和泉三郎左衛門尉行章
　　1・7・29 和泉三郎左衛門尉行章
　　1・11・21 和泉三郎左衛門尉行章
弘長1・1・1 同(和泉)三郎左衛門尉行章

弘長1・1・7 和泉三郎左衛門尉
　　1・2・7 同(和泉)三郎左衛門尉行章
　　1・7・12 和泉三郎左衛門尉
　　3・8・8 和泉三郎左衛門尉
　　3・8・9 和泉三郎左衛門尉行章
文永2・6・23 和泉左衛門尉
　　2・7・16 和泉左衛門尉
　　3・7・4 和泉左衛門尉行章

行　章
文応1・1・1 信濃三郎左衛門尉
文永3・7・3 信濃三郎左衛門尉行章

行　信
建長2・3・26 行信
　　4・4・17 滝口兵衛尉行信

行　真　河野
康元1・1・4 河野五郎兵衛尉行真
　　1・1・9 河野五郎兵衛尉
　　1・1・13 河野五郎兵衛尉行真

行　親　根井
養和1・9・4 根井太郎
元暦1・1・26 行親

行　親　鬼窪
文治1・3・14 鬼窪小四郎行親

行　親　金窪
建仁3・9・2 金窪太郎行親
元久1・7・24 金窪太郎行親
建保1・2・15 金窪兵衛尉行親
　　1・2・16 金窪兵衛尉行親
　　1・3・9 行親
　　1・4・2 行親
　　1・5・3 行親
　　1・5・4 行親
　　1・5・6 左衛門尉行親
　　1・5・7 金窪左衛門尉行親
　　1・7・11 金窪左衛門尉行親
　　1・8・3 行親
　　6・9・14 金窪兵衛尉行親
承久1・2・19 金窪兵衛尉行親

— 143 —

第Ⅰ部　人名索引（こ）

安貞1・3・9	金窪左衛門尉
寛喜2・5・5	金窪左衛門尉行親
嘉禎3・12・12	金窪右衛門大夫行親
延応1・5・2	金窪左衛門大夫行親
仁治2・8・15	金窪左衛門大夫行親
文永3・3・29	行親

行　世　　二階堂
弘長1・1・3	同(出羽)八郎左衛門尉行世
1・1・7	出羽八郎左衛門尉
1・8・15	出羽八郎左衛門尉
3・1・1	出羽八郎左衛門尉行世
3・1・2	出羽八郎左衛門尉行世
3・1・7	出羽八郎左衛門尉行世
3・4・14	出羽八郎左衛門尉
文永2・6・23	出羽八郎左衛門尉行世

行　成　　藤原
暦仁1・10・12	拾遺納言行成卿

行　政　　二階堂
元暦1・8・24	主計允
1・10・6	主計允藤原行政
文治1・4・13	主計允行政
1・5・8	主計允
1・9・5	主計允行政
1・9・29	主計允行政
1・10・21	主計允
1・10・24	行政
2・3・1	主計允
2・5・29	行政
2・6・11	主計允行政
2・10・3	主計允行政
3・5・20	藤原行政
3・8・1	行政
3・10・29	主計允
4・1・8	主計允行政
5・3・13	主計允行政
5・5・8	行政
5・5・19	行政
5・7・19	主計允行政
5・9・7	行政
文治5・9・8	主計允行政
建久1・1・7	行政
1・9・15	民部丞行政
1・9・21	行政
1・12・4	行政
1・12・13	行政
2・1・15	(政所)令主計允藤原朝臣行政
2・2・15	行政
2・3・8	行政
2・4・26	行政
2・4・27	行政
2・5・2	行政
2・10・25	行政
2・11・22	行政
3・4・28	行政
3・5・8	主計允行政
3・6・21	令民部少丞藤原
3・7・23	民部丞
3・8・5	(政所)令民部少丞藤原朝臣行政
3・8・24	行政
3・9・11	行政
3・9・12	令民部少丞藤原
3・10・15	行政
3・11・2	行政
3・12・10	民部丞行政
3・12・28	民部丞
4・1・27	行政
4・2・27	行政
4・3・13	主計允行政
4・10・3	行政
4・10・29	散位行政
4・11・11	行政
4・11・12	民部大夫行政
4・11・30	民部大夫行政
5・7・14	行政
5・8・1	行政
5・9・2	行政
5・11・26	行政
5・12・2	民部丞行政
5・12・17	行政
6・7・24	行政
6・8・29	行政
6・9・23	行政
6・10・1	散位行政
正治1・4・12	民部大夫行政

第Ⅰ部　人名索引（こ）

行　　政
　　建仁3・3・15　行政
　　建保3・9・15　山城前司行政
　　　　5・2・19　山城前司行政

行　　政　伊佐
　　文治5・6・9　伊佐三郎行政
　　建久1・11・7　伊佐三郎
　　　　2・2・4　伊佐三郎
　　　　6・3・10　伊佐三郎
　　承久3・6・6　伊佐三郎行政

行　　清　高階
　　建久1・12・1　皇后宮大進行清
　　　　1・12・2　行清

行　　清　佐竹
　　康元1・6・29　常陸次郎左衛門尉
　　文応1・1・1　常陸次郎左衛門尉
　　　　1・2・20　常陸次郎左衛門尉
　　　　1・4・3　常陸次郎左衛門尉行清
　　　　1・7・29　常陸次郎左衛門尉行清
　　弘長1・1・1　常陸次郎左衛門尉行清
　　　　1・1・7　常陸二郎左衛門尉
　　　　1・2・7　常陸二郎左衛門尉行清
　　　　1・4・24　常陸二郎左衛門尉
　　　　1・7・12　常陸二郎左衛門尉
　　　　1・8・12　常陸左衛門尉行清
　　　　1・8・15　常陸左衛門尉行清
　　　　3・1・1　常陸左衛門尉行清
　　　　3・1・7　常陸左衛門尉行清
　　　　3・8・8　常陸次郎左衛門尉
　　　　3・8・9　常陸左衛門尉行清
　　文永2・6・23　常陸左衛門尉

行　　盛　平
　　養和1・2・12　左馬頭行盛
　　　　1・11・21　左馬頭行盛
　　元暦1・12・7　左馬頭行盛
　　　　1・12・26　左馬頭平行盛
　　文治1・4・11　左馬頭行盛

行　　盛　二階堂
　　承久2・12・4　民部大夫行盛
　　　　3・5・23　民部大夫行盛
　　　　3・6・15　民部大夫行盛
　　　　3・8・23　民部大夫行盛
　　貞応1・9・21　藤民部大夫行盛
　　　　2・3・28　民部大夫行盛
　　　　2・8・20　民部大夫行盛
　　元仁1・6・11　藤民部大夫
　　　　1・⑦・29　藤民部大夫行盛
　　嘉祿1・3・24　民部大夫行盛
　　　　1・7・12　民部大夫行盛
　　安貞1・4・2　民部大夫入道行然
　　　　1・7・25　民部大夫入道行然
　　　　1・11・22　信濃民部大夫入道行然
　　　　1・11・28　民部大夫入道行然
　　　　1・12・26　信濃民部大夫入道行然
　　　　2・10・9　信濃民部大夫入道行然
　　　　2・10・15　信濃民部大夫入道
　　　　2・10・19　信濃民部大夫入道行然
　　　　2・11・14〈19〉信濃民部大夫入道行然
　　寛喜1・5・23　信濃民部大夫入道
　　　　1・12・27　信濃民部大夫入道行然
　　　　2・6・14　民部大夫入道行然
　　　　2・10・6　民部大夫入道行然
　　　　2・12・9　行然
　　　　3・4・19　民部大夫入道行然
　　　　3・5・5　行然
　　　　3・10・6　信濃民部入道
　　　　3・10・27　民部大夫入道行然
　　貞永1・4・9　信乃民部大夫入道行然
　　　　1・7・10　沙弥行然民部大夫
　　　　1・7・12　信乃民部大夫入道
　　　　1・10・7　信乃民部大夫入道行然
　　　　1・11・16　信濃民部大夫入道行然
　　　　1・11・17　民部大夫入道行然
　　　　1・11・28　民部大夫入道
　　嘉禎2・6・26　信濃民部入道行然
　　　　2・6・27　信濃民部大夫入道行然
　　　　2・8・5　行然

— 150 —

第Ⅰ部　人名索引（こ）

暦仁1・1・18　信濃民〈式〉部大夫入道行然
延応1・4・14　信濃民部大夫入道
　　1・5・5　　信濃民部大夫入道
仁治1・1・27　行然，沙弥
　　1・5・6　　行然
　　2・3・27　信濃民部大夫入道行然
　　2・10・22　民部大夫入道行然
　　2・11・25　信濃民部大夫入道
寛元1・2・26　信濃民部大夫入道
　　2・3・28　信濃民部大夫入道
　　2・6・2　　信濃民部大夫入道
　　2・8・16　信濃民部入道
　　3・8・16　信濃民部入道
　　3・11・4　信濃民部大夫入道
宝治1・3・28　信濃民部大夫入道行然
　　1・6・16　信濃民部大夫入道行然
　　1・6・25　信濃民部大夫入道行然
　　1・6・27　信濃民部大夫入道
　　1・12・29　信濃民部大夫入道
　　2・1・7　　信濃民部大夫入道
　　2・11・23　信濃民部大夫入道行然
　　2・12・20　信濃民部大夫入道
建長2・3・1　信濃民部入道
　　2・3・26　信濃民部大夫入道行蔵〈成〉（マヽ）
　　3・6・5　　信濃民部大夫入道行然
　　3・6・20　信濃民部大夫入道
　　4・1・5　　信濃民部大夫入道行然
　　4・4・30　民部大夫藤原行盛法師，信濃民部大夫入道行然
　　5・12・9　従五位下藤原朝臣行盛法師卒法名行然年七十三
　　5・12・21〈22〉行盛入道
文永3・3・29　行盛

行　盛　　清久
承久3・8・2　清久五郎行盛

行　宣　　紀
建長4・4・24　紀滝口行宣

行　宗　　二階堂　（行忠子息）
正嘉2・6・4　信濃次郎左衛門尉行宗
文応1・1・11　信濃判官次郎左衛門尉行宗
　　1・1・20　信濃判官〈五郎〉左衛門尉行宗
　　1・2・20　信濃判官次郎左衛門尉
　　1・3・21　信濃次郎左衛門尉行宗
　　1・4・1　　信濃判官次〈二〉郎左衛門尉
　　1・7・25　信濃次郎左衛門尉行宗
弘長1・2・7　信濃二郎左衛門尉
　　1・4・24　信濃判官二郎左衛門尉
　　1・4・25　信濃判官二郎左衛門尉
　　1・7・12　信濃判官二郎左衛門尉
　　1・8・15　信濃判官二郎左衛門尉
　　3・1・1　　信濃判官次郎左衛門尉行宗
　　3・1・7　　信濃判官次郎左衛門尉行宗
　　3・7・13　信濃判官次郎左衛門尉
　　3・8・4　　信濃次郎左衛門尉
　　3・8・8　　信濃次郎左衛門尉
　　3・8・9　　信濃次郎左衛門尉行宗〈経〉
　　3・8・13　信濃次郎左衛門尉
　　3・8・15　信濃判官次郎左衛門尉行宗
文永2・6・23　信濃次郎左衛門尉行宗

行　宗〈家〉　夜須
寿永1・9・25　夜須七郎行宗〈家〉
　　1・11・20　夜須七郎行宗〈家〉
文治3・3・10　夜須七郎行宗

— 151 —

第Ⅰ部　人名索引（こ）

```
　　　　　文治4・3・15　夜須七郎
　　　　　建久1・7・11　夜須七郎行宗

行　　村　　二階堂
　　　　　正治2・9・25　山城三郎行村
　　　　　　　2・11・7　山城次郎行村
　　　　　建仁1・9・15　山城左衛門尉行村
　　　　　元久2・12・24　行村
　　　　　建永1・1・27　行村
　　　　　承元3・3・3　山城左衛門尉行村
　　　　　建暦1・4・29　行村
　　　　　　　1・10・19　行村
　　　　　　　2・9・15　行村
　　　　　建保1・1・3　山城判官行村
　　　　　　　1・2・15　山城判官行村
　　　　　　　1・2・16　行村
　　　　　　　1・3・9　山城判官行村
　　　　　　　1・5・4　山城判官行村
　　　　　　　1・5・6　行村
　　　　　　　1・5・7　山城判官
　　　　　　　1・8・20　山城判官行村
　　　　　　　1・8・26　山城判官行村
　　　　　　　1・12・19　山城判官行村
　　　　　　　2・1・22　山城判官行村
　　　　　　　2・3・9　山城判官行村
　　　　　　　2・3・11　山城判官行村
　　　　　　　2・4・18　山城判官行村
　　　　　　　2・7・27　山城判官行村
　　　　　　　4・1・28　大夫判官行村
　　　　　　　4・2・11　行村
　　　　　　　4・7・15　大夫判官行村
　　　　　　　4・7・29　大夫判官行村
　　　　　　　5・3・10　大夫判官行村
　　　　　　　5・7・26　山城大夫判官行村
　　　　　　　5・8・25　山城廷尉
　　　　　　　5・12・25　行村
　　　　　　　6・3・24　大夫判官行村
　　　　　　　6・6・27　大夫判官行村
　　　　　　　6・7・8　大夫判官行村
　　　　　　　6・7・22　山城大夫判官行村
　　　　　　　6・8・20　行村
　　　　　　　6・12・2　大夫判官行村
　　　　　　　6・12・26　大夫判官行村
　　　　　承久1・1・27　隠岐守行村
　　　　　　　1・1・28　隠岐守行村
　　　　　　　3・1・27　隠岐守行村入道
　　　　　　　3・5・23　隠岐入道行西
　　　　　貞応2・1・2　隠岐入道
　　　　　　　2・1・20　隠岐入道
　　　　　　　2・4・19　隠岐入道行西
　　　　　　　2・4・29　隠岐入道
　　　　　　　2・6・12　行西
　　　　　　　2・11・27　隠岐入道行西
　　　　　　　2・12・20　隠岐入道行西
　　　　　元仁1・1・4　隠岐入道行西
　　　　　　　1・1・5　隠岐入道
　　　　　　　1・5・18　隠岐入道行西
　　　　　　　1・⑦・29　隠岐入道行西
　　　　　嘉禄1・5・1　隠岐入道行西
　　　　　　　1・6・21　隠岐入道
　　　　　　　1・9・3　隠岐入道行西
　　　　　　　1・10・4　隠岐入道行西
　　　　　　　1・12・5　隠岐入道行西
　　　　　　　1・12・21　隠岐入道
　　　　　　　2・9・2　隠岐入道行西
　　　　　安貞1・2・19　隠岐入道行西
　　　　　　　1・4・21　隠岐入道
　　　　　　　1・12・13　隠岐入道
　　　　　　　2・10・18　隠岐入道
　　　　　寛喜2・6・6　隠岐入道行西
　　　　　　　2・6・14　隠岐入道行西
　　　　　　　2・12・25　行西
　　　　　　　3・10・6　隠岐入道
　　　　　　　3・10・27　隠岐入道行西
　　　　　貞永1・7・10　沙弥行西隠岐守
　　　　　　　1・7・12　隠岐入道
　　　　　　　1・⑨・8　隠岐入道
　　　　　　　1・⑨・10　隠岐入道
　　　　　　　1・⑨・17　隠岐左衛門入道
　　　　　　　1・10・22　隠岐入道
　　　　　嘉禎1・8・21　行西
　　　　　暦仁1・1・18　隠岐入道行西
　　　　　　　1・2・16　正〈従〉五位下行隠岐
　　　　　　　　　　　　守藤原朝臣行村法師
　　　　　　　　　　　　法名行西卒年八十四
　　　　　建長2・3・1　隠岐入道跡

行　　村　　糟屋
　　　　　正嘉2・1・3　糟屋左衛門三郎行村
　　　　　文応1・1・3　糟屋左衛門三郎行村
　　　　　弘長1・1・3　糟屋左衛門三郎行村
　　　　　　　3・1・2　糟屋左衛門三郎行村

行　　泰　　二階堂
```

— 152 —

第Ⅰ部　人名索引（こ）

安貞 2・7・23　信濃次郎左衛門尉
　　 2・10・15　信濃次郎左衛門尉行
　　　　　　　　泰
寛喜 1・3・25　信濃次郎左衛門尉
天福 1・1・2　信濃左衛門尉
嘉禎 1・6・29　信濃次郎左衛門尉行
　　　　　　　　泰
　　 1・⑥・28　信濃左衛門尉行泰
　　 2・1・2　信濃次郎左衛門尉
　　 2・1・3　信濃左衛門尉
　　 2・8・4　信濃次郎左衛門尉
　　 3・1・1　信濃次郎左衛門尉
暦仁 1・2・17　信濃民部大夫
　　 1・6・5　信濃民部大夫行泰
仁治 1・3・7　信濃民部大夫行泰
　　 1・8・2　信濃民部大夫
　　 2・1・4　信濃民部大夫行泰
　　 2・1・14　信濃民部大夫
　　 2・8・25　信濃民部大夫
　　 2・11・4　信濃民部大夫
寛元 1・7・17　信濃民部大夫
　　 2・4・21　信濃民部大夫行泰
　　 3・8・15　筑前々司行泰
　　 4・7・11　前筑前守行泰
　　 4・8・15　筑前々司
宝治 1・7・24　筑前々司行泰
　　 2・1・3　筑前々司
　　 2・⑫・10　筑後前司行泰（ママ）
建長 2・3・25　筑前々司
　　 2・5・1　筑前々司
　　 2・8・18　筑前々司
　　 3・1・1　筑前々司行泰
　　 3・6・5　筑前々司行泰
　　 3・6・20　筑前々司
　　 4・4・3　筑前々司行泰
　　 4・4・30　筑前々司行泰
　　 4・7・23　筑前々司行泰
　　 5・1・16　筑前々司行泰
　　 5・7・17　筑前々司
　　 5・12・8　前筑前守行泰
　　 5・12・21〈22〉　前筑前守藤原行
　　　　　　　　泰，筑前々司行泰
　　 6・4・28〈29〉筑前々司
　　 6・10・17　筑前々司
　　 6・12・1　筑前々司
康元 1・6・29　筑前々司
　　 1・8・23　筑前々司行泰

康元 1・11・23　前筑前守行泰法名行善
正嘉 1・③・2　筑前々司行泰
　　 1・10・1　筑前入道
弘長 1・3・20　筑前々司入道行善
　　 1・7・13　筑前入道
　　 1・7・29　筑前入道行善
　　 3・4・24　筑前入道
文永 2・10・2　前筑前守従五位上藤
　　　　　　　　原朝臣行泰法師 法名
　　　　　　　　行善 卒年五十五

行　泰　栢間〔季忠参照〕
文永 2・1・12　栢間左衛門次郎行泰
　　 3・1・11　栢間左衛門次郎

行　忠
貞応 1・4・27　法橋行忠 長登兄

行　忠　二階堂
仁治 1・1・3　同（信濃）四郎左衛門
　　　　　　　　尉行忠
　　 2・1・1　同（信濃）四郎左衛門
　　　　　　　　尉
　　 2・11・4　信濃四郎左衛門尉
寛元 1・7・17　信濃四郎左衛門尉
　　 2・4・21　四郎左衛門尉行忠
　　 2・6・13　信濃四郎左衛門尉行
　　　　　　　　忠
　　 2・8・15　信濃四郎左衛門尉
　　　　　　　　忠
　　 3・8・15　信濃四郎左衛門尉行
　　　　　　　　忠
　　 3・8・16　（行盛）子息四郎左衛
　　　　　　　　門尉
　　 4・8・15　信濃四郎左衛門尉
宝治 1・5・14　信濃四〈七〉郎左衛門
　　　　　　　　尉
　　 1・6・5　信濃四郎左衛門尉行
　　　　　　　　忠
　　 1・11・15　信濃四郎左衛門尉
　　 1・12・10　信濃四郎左衛門尉
　　 2・1・3　信濃四郎左衛門尉
建長 2・1・2　信濃四郎左衛門尉行
　　　　　　　　忠
　　 2・8・18　信濃四郎左衛門尉
　　 2・12・27　信濃四郎左衛門尉
　　 3・1・20　信濃四郎左衛門尉

— 153 —

第Ⅰ部　人名索引（こ）

　　　　建長3・8・21　信濃四郎左衛門尉
　　　　　　3・8・24　信濃四郎左衛門尉
　　　　　　3・11・13　信濃四郎左衛門尉
　　　　　　4・4・2　信濃四郎左衛門尉行
　　　　　　　　　　　胤(マヽ)
　　　　　　4・4・3　信濃四郎左衛門尉行
　　　　　　　　　　　胤(マヽ)
　　　　　　4・4・14　信濃四郎左衛門尉行
　　　　　　　　　　　忠
　　　　　　4・8・1　信濃四郎左衛門尉行
　　　　　　　　　　　忠
　　　　　　4・8・6　信濃四郎左衛門尉行
　　　　　　　　　　　忠
　　　　　　4・8・14　信濃四郎左衛門尉行
　　　　　　　　　　　忠
　　　　　　4・11・12　信濃四郎左衛門尉
　　　　　　5・8・15　信濃四郎左衛門尉行
　　　　　　　　　　　忠
　　　　康元1・6・29　信濃四郎左衛門尉
　　　　　　1・7・17　延尉行忠
　　　　　　1・8・15　信濃判官行忠
　　　　　　1・11・23　信濃判官行忠法名行一
　　　　正嘉1・③・2　信乃判官入道行一
　　　　　　1・4・9　行忠入道
　　　　弘長1・3・20　信濃判官入道行一
　　　　文永2・6・3　信濃判官入道行一
　　　　　　2・12・16　信濃判官入道行一
　　　　　　3・3・6　信濃判官入道行一
　　　　　　3・7・3　信濃判官入道行一
　行　　忠　　布施
　　　　宝治2・1・15　布施三郎
　　　　建長3・1・8　布施三郎
　　　　　　3・1・10　布施三郎行忠
　　　　　　4・1・14　布施三郎行忠
　　　　　　4・11・18　布施三郎
　　　　　　4・11・21　布施三郎藤原行忠
　　　　　　6・1・4　布施三郎
　　　　　　6・1・14　布施三郎行忠
　　　　康元1・1・9　布施三郎
　行　　忠　　高柳
　　　　建長3・1・20　高柳四郎三郎行忠
　行　　忠　　→山名行直
　　　　正嘉1・③・2　山名進次〈二〉郎行忠

　行　　長　　浅羽
　　　　文治5・7・19　浅羽五郎行長
　　　　建久1・11・7　浅羽五郎
　行　　長　　二階堂
　　　　建長3・10・19　同(隠岐)四郎左衛門
　　　　　　　　　　　尉
　　　　弘長1・1・1　隠岐四郎左衛門尉
　　　　　　1・2・7　隠岐四郎左衛門尉行
　　　　　　　　　　　長
　　　　　　3・4・26　隠岐四郎左衛門尉行
　　　　　　　　　　　長
　　　　　　3・7・13　隠岐四郎兵衛尉
　　　　　　3・8・6　左兵衛尉行長
　　　　　　3・8・8　隠岐四郎左衛門〈兵衛〉尉
　　　　　　3・8・9　隠岐四郎兵衛尉行長
　　　　　　3・8・15　隠岐四郎兵衛尉行長
　　　　文永2・6・23　同(隠岐)四郎兵衛尉
　　　　　　　　　　　行長
　行　　長　　小笠原
　　　　正嘉1・10・1　小笠原十郎行長
　行　　朝　　太田
　　　　養和1・②・23　太田小権守行朝
　行　　朝
　　　　弘長3・8・8　出羽十郎
　　　　　　3・8・15　出羽十郎行朝
　行　　直　　山名
　　　　建長3・6・5　山名進二郎行直
　　　　　　3・6・20　山名進次郎
　　　　　　4・4・30　山名次郎行直
　　　　　　5・12・21〈22〉　山名進次郎
　　　　　　6・12・1　山名進次郎
　　　　正嘉1・③・2　山名進次〈二〉郎行忠
　　　　　　　　　　　(マヽ)
　　　　弘長1・3・20　山名進次郎行直
　行　　通　　惟宗
　　　　文暦1・7・6　惟宗行通
　行　　通(道)　小野寺
　　　　宝治2・1・3　小野寺新左衛門尉
　　　　　　2・1・20　小野寺新左衛門尉

— 154 —

第Ⅰ部　人名索引（こ）

建長2・1・16	小野寺新左衛門尉行通
2・12・27	小野寺新左衛門尉
4・7・23	小野寺新左衛門尉行通
5・1・16	小野寺新左衛門尉行通
5・8・15	小野寺新左衛門尉行道〈通〉
6・1・22	小野寺新左衛門尉道
6・8・15	小野寺新左衛門尉道
康元1・1・1	小野寺新左衛門尉
1・6・29	同（小野寺）新左衛門尉
1・7・17	小野寺新左衛門尉通
1・8・15	小野寺新左衛門尉行通
1・8・23	小野寺新左衛門尉行通
正嘉1・1・1	小野寺新左衛門尉行通
1・2・2	小野寺新左衛門尉行通
1・6・1	小野寺新左衛門尉
1・12・24	小野寺新左衛門尉
1・12・29	小野寺新左衛門尉行通
2・6・4	小野寺新左衛門尉行通
2・6・9	小野寺新左衛門尉
2・6・17	小野寺新左衛門尉
2・8・15	小野寺新左衛門尉行通
文応1・1・1	小野寺新左衛門尉通
1・1・11	小野寺新左衛門尉通
1・1・20	小野寺新左衛門尉通
1・2・20	小野寺新左衛門尉
1・4・1	小野寺新左衛門尉
弘長1・1・1	小野寺新左衛門尉通
1・1・7	小野寺新左衛門尉
弘長1・8・15	小野寺新左衛門尉行通
1・9・20	小野沢新左衛門尉行通（マヽ）

行　定	大見
寛元1・7・17	肥後四郎兵衛尉
2・8・16	肥後四郎兵衛尉
建長3・1・11	肥後四郎兵衛尉行定
3・1・20	肥後四郎兵衛尉行定
4・1・1	同（肥後）四郎左衛門尉
4・4・3	肥後四郎兵衛尉行定
4・4・14	肥後四郎兵衛尉行定
4・11・11	肥後四郎兵衛尉行定
4・12・17	肥後四郎兵衛尉行定
6・6・16	同（肥後）四郎兵衛尉
6・8・15	肥後四郎兵衛尉行定
康元1・1・11	大見 肥後四郎兵衛尉行定
1・6・29	同（大見肥後）四郎兵衛尉
1・8・15	肥後四郎兵衛尉行定
正嘉1・8・15	肥後四郎左衛門尉行定
1・10・1	大見肥後四郎兵衛尉行定
2・1・1	肥後四郎兵衛尉
2・3・1	肥後四郎左衛門尉行定
2・6・4	肥後四郎左衛門尉行定
弘長1・1・1	大見 肥後四郎左衛門尉
1・1・7	肥後四郎左衛門尉
1・7・12	肥後四郎左衛門尉
1・8・15	肥後四郎左衛門尉
1・9・20	肥後四郎左衛門尉行定
3・1・1	大見肥後四郎左衛門尉行定
3・1・7	大見肥後四郎左衛門尉行定
3・8・9	大見肥後四郎左衛門尉行定
文永2・6・23	肥後四郎左衛門尉行定

— 155 —

第Ⅰ部　人名索引（こ）

行　庭〈兼〉　→二階堂行廉
　正嘉1・10・1　同（隠岐）四郎行庭
　　　　　　　　　〈兼〉

行　藤　　二階堂
　文応1・1・1　出羽三郎兵衛〈左衛門〉
　　　　　　　　尉行藤
　　　1・1・3　同(出羽)次郎兵衛尉
　　　　　　　　行藤
　　　1・2・4　出羽判官次郎兵衛尉
　弘長3・8・15　備中次郎兵衛尉行藤
　文永2・1・2　備中次郎左衛門尉行
　　　　　　　　藤

行　道　→小野寺行通
　建長5・8・15　小野寺新左衛門尉行
　　　　　　　　道〈通〉
　　　6・1・22　小野寺新左衛門尉行
　　　　　　　　道
　　　6・8・15　小野寺新左衛門尉行
　　　　　　　　道

行　徳
　文治1・11・29　行徳〈多武峰悪僧〉

行　任　　白鳥
　文治5・9・27　白鳥八郎行任

行　忍
　文暦1・7・6　沙弥行忍

行　能　　原宗(惟宗)
　治承4・8・23　同（原宗）四郎義行
　　　　　　　　〈ママ〉
　文治3・8・8　原宗四郎行能，惟宗
　　　　　　　　行能
　建久1・4・19　行能
　　　2・2・4　厚〈原〉宗四郎
　　　2・3・10　同（原宗）四郎

行　範
　文治1・2・19　行範

行　文　　田河
　文治5・8・7　田河太郎行文
　　　5・8・13　田河太郎行文

行　平　　下河辺
　治承4・5・10　下河辺庄司行平
　　　4・9・3　下河辺庄司行平
　　　4・10・17　下河辺庄司行平
　　　4・10・23　下河辺庄司
　　　4・11・4　下河辺庄司行平
　　　4・12・20　下河辺庄司行平
　養和1・②・20　下河辺庄司行平
　　　1・②・23　下河辺庄司行平
　　　1・②・27　行平
　　　1・②・28　行平
　　　1・3・7　行平
　　　1・4・7　下河辺庄司行平
　　　1・7・20　行平
　寿永1・4・5　下河辺庄司
　　　1・6・7　下河辺庄司
　元暦1・2・5　下河辺庄司行平
　　　1・3・18　下河辺庄司行平
　　　1・4・1　行平
　　　1・6・1　下河辺庄司行平
　文治1・1・26　下河辺庄司行平
　　　1・2・1　下河辺庄司
　　　1・8・24　下河辺庄司行平
　　　1・10・24　下河辺庄司行平
　　　2・1・3　下河辺庄司行平
　　　2・7・28　下河辺庄司行平
　　　3・8・15　下河辺庄司行平
　　　3・8・19　下河辺庄司行平
　　　3・8・20　下河辺庄司行平
　　　3・8・27　下河辺庄司行平
　　　3・8・30　行平
　　　3・10・3　下河辺庄司
　　　3・10・8　下河辺庄司行平
　　　3・11・15　行平
　　　3・11・21　行平
　　　4・3・15　下河辺庄司行平
　　　4・7・10　下河辺庄司行平
　　　5・1・3　下河辺庄司行平
　　　5・1・9　下河辺庄司行平
　　　5・6・9　下河辺庄司行平
　　　5・7・8　下河辺庄司行平
　　　5・7・19　下河辺庄司行平
　　　5・8・10　行平
　　　5・8・14　下河辺庄司行平
　　　5・9・18　下河辺庄司
　建久1・4・7　下河辺庄司行平
　　　1・4・11　行平

— 156 —

第Ⅰ部　人名索引（こ）

建久1・11・7　　下河辺庄司
　　1・11・9　　下河辺庄司行平
　　1・11・29　下河辺庄司行平
　　2・1・3　　下河辺庄司行平
　　2・1・5　　下河辺庄司行平
　　2・2・4　　下河辺庄司
　　2・8・18　　下河辺庄司
　　2・9・21　　下河辺庄司
　　3・1・5　　下河辺庄司行平
　　3・8・13　　下河辺庄司行平
　　3・11・25　下河辺庄司行平
　　3・11・29　行平
　　3・12・5　　下河辺庄司
　　4・3・21　　下河辺庄司
　　4・5・8　　下河辺庄司
　　5・5・29　　下河辺庄司
　　4・8・9　　下河辺庄司行平
　　4・11・27　下河辺庄司行平
　　5・1・9　　下河辺庄司行平
　　5・2・2　　下河辺庄司行平
　　5・8・8　　下河辺庄司行平
　　5・⑧・1　　下河辺庄司行平
　　5・10・9　　下河辺庄司行平
　　5・12・26　下河辺庄司行平
　　6・3・9　　下河辺庄司行平
　　6・3・10　　下河辺庄司
　　6・3・12　　下河辺庄司行平
　　6・3・27　　下河辺庄司行平
　　6・5・20　　下河辺庄司行平
　　6・6・14　　下河辺庄司行平
　　6・11・6　　下河辺庄司行平
元久2・6・22　　下河辺庄司行平
嘉禎3・7・19　　下河辺行平

行　平　　大河戸（葛浜）
養和1・2・18　　四郎行平号葛浜〈頼〉
建久1・11・7　　大河戸四郎
　　2・2・4　　大河戸四郎

行　平　　小代
元暦1・2・5　　小代八郎行平
文治5・7・19　　小代八郎行平
建久1・11・7　　小代八郎
　　6・3・10　　小代八郎
元久1・7・26　　小代八郎
建保1・5・3　　下〈小〉代八郎行平

行　遍
建保6・9・29　　相模寺主行遍

行　方　　二階堂
嘉禎1・6・29　　隠岐五郎左衛門尉
　　1・7・11　　隠岐五郎左衛門尉行賢(マヽ)
　　2・1・1　　同(隠岐)五郎左衛門尉
　　2・1・3　　同(隠岐)五郎左衛門尉
　　2・8・4　　隠〈壱〉岐五郎左衛門尉行方
仁治2・1・14　　大蔵少輔行賢(マヽ)
　　2・11・4　　隠岐前大蔵少輔
寛元1・7・17　　前大蔵少輔行方，隠岐前大蔵少輔
　　1・8・16　　隠岐前大蔵少輔
　　2・5・11　　和泉前司行方
　　3・8・15　　和泉前司行方
宝治1・6・5　　和泉前司行方
　　2・⑫・10　和泉前司行方
建長2・2・26　　和泉前司
　　2・3・25　　和泉前司
　　2・5・27　　和泉前司
　　2・6・15　　和泉前司
　　2・6・19　　前司
　　3・6・5　　伊豆前司行方(マヽ)
　　3・6・20　　和泉前司
　　3・8・15　　和泉前司行方
　　3・10・19　和泉前司
　　3・11・13　和泉前司
　　4・1・3　　和泉前司
　　4・2・20　　和泉前司行方
　　4・3・5　　和泉前司行方
　　4・3・24　　行方
　　4・4・2　　和泉前司行方
　　4・4・3　　和泉前司行方
　　4・4・7　　和泉前司行方
　　4・4・14　　和泉前司行方
　　4・4・21　　和泉前司行方
　　4・4・30　　和泉前司行方
　　4・5・5　　行方
　　4・6・19　　和泉前司行方
　　4・7・6　　行方
　　4・7・8　　前和泉守行方
　　4・7・23　　和泉前司行方

— 157 —

第Ⅰ部　人名索引（こ）

建長 4・8・1	和泉前司行方
4・8・6	和泉前司行方
4・8・14	和泉前司行方
4・11・14	和泉前司行方
4・11・20	和泉前司行方
4・11・21	和泉前司行方
4・12・17	和泉前司行方
5・1・2	和泉前司行方
5・1・3	和泉前司行方
5・1・16	和田〈泉〉前司行方
5・8・15	和泉前司行方
5・12・21〈22〉	前和泉守藤原行方
6・1・2	和泉前司行方
6・1・22	和泉前司行方
6・3・26	和泉前司行方
6・⑤・11	和泉前司行方
6・6・16	和泉前司
6・8・15	和泉前司行方
6・9・4	行方
6・12・1	和泉前司
6・12・12	和泉前司行方
康元 1・1・1	和泉前司
1・1・3	和泉前司行方
1・1・5	和泉前司行方
1・1・11	和泉前司行方
1・6・29	和泉前司
1・7・17	和泉前司行方
1・7・26	和泉前司行方
1・8・15	和泉前司行方
1・8・23	和泉前司行方
正嘉 1・1・1	和泉前司行方
1・2・26	和泉前司行方
1・③・2	和泉前司行方
1・6・23	和泉前司行方
1・7・8	和泉前司行方
1・8・14	行方
1・8・15	和泉前司行方
1・8・28	和泉前司行方
1・10・1	和泉前司行方
1・12・16	和泉前司行方
1・12・18	和泉前司行方
2・1・1	和泉前司
2・1・2	和泉前司行方
2・1・3	和泉前司行方
2・1・10	和泉前司行方
2・3・1	和泉前司行方
2・6・1	和泉前司行方
正嘉 2・6・4	和泉前司行方
2・6・9	和泉前司行方
2・6・11	和泉前司行方
2・6・17	和泉前司
2・7・4	行方
2・7・23	行方
2・8・15	和泉前司行方
文応 1・1・1	和泉前司行方
1・1・3	和泉前司行方
1・1・11	和泉前司行方
1・1・20	和泉前司行方
1・2・2	和泉前司行方
1・2・20	行方, 和泉前司
1・3・25	和泉前司行方
1・3・28	和泉前司行方
1・4・3	和泉前司行方
1・4・18	和泉前司行方
1・6・18	和泉前司行方
1・6・26	和泉前司行方
1・7・6	和泉前司行方
1・7・7	行方
1・7・25	和泉前司行方
1・7・29	和泉前司行方
1・8・15	和泉前司行方
1・8・25	行方
1・9・5	和泉前司行方
1・11・8	和泉前司行方
1・11・11	和泉前司行方
1・12・26	和泉前司行〈借〉方
弘長 1・1・1	和泉前司行方
1・1・3	和泉前司行方
1・1・5	和泉前司
1・1・6	行方
1・1・7	和泉前司
1・1・25	行方
1・2・2	和泉前司行方
1・2・7	和泉前司行方
1・3・20	和泉前司行方
1・4・24	和泉前司
1・6・3	和泉前司
1・6・6	和泉前司
1・6・27	和泉前司行方
1・7・10	行方
1・7・12	和泉前司
1・7・13	和泉前司, 行方
1・8・10	和泉前司
1・8・13	行方

第Ⅰ部　人名索引（こ）

```
弘長 1・ 8・15    和泉前司                         尉
     1・ 9・20    和泉前司            宝治 2・ 1・ 1    出羽次郎左衛門尉
     1・10・ 4    和泉前司                 2・⑫・10    出羽次郎左衛門尉行
     3・ 1・ 1    和泉前司行方                      有
     3・ 1・ 2    和泉前司行方        建長 2・ 1・ 2    出羽次郎左衛門尉行
     3・ 1・10    和泉前司行方                      有
     3・ 2・ 5    和泉前司行方             2・ 1・16    出羽次郎左衛門尉行
     3・ 4・16    和泉前司                         有
     3・ 6・26    和泉前司行方             2・ 8・18    出羽次郎左衛門尉
     3・ 7・ 5    和泉前司行方             2・12・27    出羽次郎左衛門尉
     3・ 8・ 9    和泉前司行方             3・ 1・ 1    出羽次郎左衛門行有
     3・ 8・15    和泉前司行方             3・ 1・ 3    出羽次郎左衛門行有
     3・10・ 8    和泉前司行方             3・ 8・15    出羽二郎左衛門尉行
     3・12・11    和泉前司行方                      有
文永 3・ 3・ 6    和泉入道行空             3・10・19    出羽次郎左衛門尉
                                         3・11・13    出羽二郎左衛門尉
行　方　　庄田                            4・ 4・ 1    出羽次〈二〉郎左衛門
仁治 2・ 3・25    庄田四〈二〉〈次〉郎行方             尉行有
                                         4・ 4・ 2    出羽次郎左衛門尉行
行　房　　市河                                     有
治承 4・ 8・25    市川別当行房             4・ 4・ 3    出羽次郎左衛門尉行
     4・10・23    行房                             有
文治 2・ 1・ 3    市河別当行房             4・ 8・ 1    出羽次郎左衛門尉行
     3・ 4・29    一河別当                         有
建久 4・ 5・ 8    市河別当                 4・ 8・ 6    出羽次郎左衛門尉行
                                                  有
行　房                                    4・ 8・14    出羽次郎左衛門尉行
建久 5・ 5・20    下野国司行房                      有
                                         4・11・11    出羽次郎左衛門尉行
行　房                                             有
承元 2・ 5・29    左衛門少尉行房           4・11・20    出羽次郎左衛門尉行
                                                  有
行　明                                    4・12・17    出羽次郎左衛門尉行
文治 1・ 4・11    法眼行明熊野別当                    有
     1・ 6・ 2    法眼行明                 5・ 1・16    出羽次郎左衛門尉行
     5・ 5・17    前法眼行会〈命〉熊野                有
                 前別当                   5・ 8・15    出羽次郎左衛門尉行
                                                  有
行　有　　二階堂                   康元 1・ 6・29    同(出羽)次郎左衛門
寛元 1・ 7・17    出羽次〈二〉郎兵衛尉                尉
     2・ 8・15    出羽次郎兵衛尉行者〈有〉     1・ 7・17    出羽次郎左衛門尉行
     2・ 8・16    (行義)子息次郎兵衛尉                有
     3・ 8・15    出羽次〈六〉郎兵衛尉行有     1・ 8・15    出羽次郎左衛門尉行
     3・ 8・16    (行義)子息次〈二〉郎                有
                 兵衛尉                   正嘉 1・ 1・ 1    出羽次郎左衛門尉行
     4・ 8・15    出羽次郎兵衛尉                    有
宝治 1・ 5・14    出羽次郎兵衛〈左衛門〉      1・12・24    出羽次郎左衛門尉
```

— 159 —

第Ⅰ部　人名索引（こ）

正嘉1・12・29　出羽次〈二〉郎左衛門
　　　　　　　尉行有
　　2・1・2　出羽次郎左衛門尉行
　　　　　　　有
　　2・1・10　出羽次郎左衛門尉行
　　　　　　　有
　　2・6・4　大夫判官行有
文応1・1・20　出羽大夫判官行有
　　1・2・20　出羽大夫判官
　　1・7・29　出羽大夫判官行有
　　　　　　　〈方〉
　　1・8・16　大夫判官行有
　　1・11・21　出羽大夫判官行有
　　1・11・27　出羽大夫判官行有
　　1・12・26　出羽大夫判官行有
弘長1・1・5　出羽大夫判官
　　1・1・10　出羽大夫判官行有
　　1・7・29　出羽大夫判官行有
　　1・8・10　尾張守行有
　　1・8・15　尾張守行有
　　1・10・4　尾張守行有
　　3・1・10　備中守行有
　　3・8・9　備中守行有
　　3・8・15　備中守行有
文永2・1・2　備中守行有
　　2・1・15　備中守行有
　　2・6・11　備中守藤原行有
　　2・6・23　備中守
　　2・7・28　備中前司行有
　　2・9・1　行有
　　3・1・2　備中守行有
　　3・3・29　廷尉行有出羽

行　　有〈忠時〉→島津忠綱
建長4・8・14　豊後左衛門尉行有
　　　　　　　〈忠時〉

行　　勇
正治1・4・23　荘厳房阿闍梨行勇
建仁3・10・25　荘厳房行勇
元久1・6・1　荘厳房行勇
承元3・12・13　荘厳房行憲〈勇〉
　　4・7・8　荘厳房阿闍梨始若宮供
　　　　　　　僧、後寿福寺長老
　　4・11・25　荘厳房行勇
建暦1・6・18　庄〈荘〉厳房行勇
　　2・6・22　荘厳房

建保1・3・30　行勇律師
　　1・4・8　荘厳房
　　1・4・17　荘厳房
　　1・12・29　荘厳房行勇
　　3・1・25　行勇
　　3・11・25　行勇律師
　　4・1・28　荘厳房律師行勇
　　4・8・19　荘厳房律師行勇
　　5・5・12　荘厳房律師行勇
　　5・5・15　行勇
　　5・5・25　寿福寺長考
　　6・12・2　荘厳房律師行勇
承久1・1・28　荘厳房律師行勇
　　3・1・27　荘厳房律師行勇
　　3・5・20　荘厳房律師
元仁1・6・13　荘厳房律師行勇
　　1・7・11　荘厳房律師行勇
　　1・7・23　行勇律師
嘉禄1・8・27　荘厳房律師行勇
　　2・3・27　荘厳房律師
　　2・7・11　荘厳房律師行勇
安貞1・4・29　荘厳房律師
　　1・7・11　荘厳房律師行勇
嘉禎1・12・24　荘厳房律師行勇
　　2・1・9　行勇僧都
　　2・6・5　荘厳房僧都行勇
　　3・12・12　荘厳房律師行勇
仁治1・6・9　永福寺別当荘厳房僧
　　　　　　　都
　　1・12・21　荘厳房僧都行勇

行　雄　　二階堂
寛元3・8・15　常陸次郎兵衛尉行雄
宝治2・8・15　常陸次郎兵衛尉行雄
　　　　　　　〈雄〉
建長2・1・16　常陸次郎兵衛尉行雄
　　2・8・15　常陸次郎兵衛尉行雄
　　2・8・18　常陸次郎兵衛尉
　　2・12・27　常陸次郎兵衛門尉
　　　　　　　〈ア、〉
　　3・1・1　常陸次郎兵衛尉行雄
　　3・1・5　常陸二郎兵衛尉行雄
　　3・8・15　常陸二郎兵衛尉行雄
　　3・10・19　常陸二郎兵衛尉
　　4・4・3　常陸次郎兵衛尉行雄
　　4・8・1　常陸次郎兵衛尉行雄
　　4・8・6　常陸兵衛尉行雄

— 160 —

第Ⅰ部 人名索引(こ)

建長4・8・14	常陸次郎兵衛尉行雄
4・11・11	常陸次郎兵衛尉行雄
4・11・20	常陸次郎兵衛尉行雄
4・12・17	常陸次郎兵衛尉行雄
5・1・3	常陸次郎兵〈左〉衛門尉行雄
5・1・16	常陸次郎兵衛尉行雄
5・8・15	常陸次郎兵衛尉行雄
6・1・1	常陸次郎兵衛尉行雄
6・⑤・1	常陸次郎兵衛尉
6・7・20	常陸次郎兵衛尉
康元1・6・29	常陸次郎兵衛尉
1・8・15	常陸次郎兵衛尉行雄
1・8・20	常陸次郎兵衛尉
1・8・23	常陸次郎兵衛尉行雄
正嘉1・8・15	常陸次郎兵衛尉行雄
1・10・1	常陸次郎兵衛尉行雄
1・12・24	常陸兵衛尉
1・12・29	常陸次〈二〉郎兵衛尉行雄
2・1・1	常陸次郎兵衛尉
2・1・2	常陸次郎左衛門〈兵衛〉尉行雄
2・6・4	常陸次郎兵衛尉行雄
2・6・11	常陸次郎兵衛尉行雄
2・8・15	常陸次郎兵衛尉行雄

行　雄
建長4・4・14　上次郎兵衛尉行雄

行　頼　源
養和1・3・10　同(行家子息蔵人)次郎

行　頼　源　(国基父)
貞永1・3・15　大宮大進行頼

行　頼　二階堂
寛元2・4・21　同(信濃)次郎行頼
建長2・1・2　筑前次郎左衛門尉行頼
2・1・16　筑前次郎左衛門尉行頼
2・12・27　筑前次郎左衛門尉
3・1・5　筑前二郎左衛門尉行頼
3・1・20　筑前次郎左衛門尉

建長4・4・3	筑前次郎左衛門尉行頼
4・11・11	筑前次郎左衛門尉行頼
4・11・20	筑前次郎左衛門尉行頼
5・1・2	筑前次郎左衛門尉行頼
5・1・3	筑前次郎左衛門尉行頼
5・1・16	筑前次郎左衛門尉行頼
6・1・2	筑前次郎左衛門尉行頼
6・8・15	筑前次郎左衛門尉行頼
康元1・1・1	筑前次郎左衛門尉
1・1・5	筑前次郎左衛門尉行頼
1・6・29	同(筑前)次〈二〉郎左衛門尉
1・7・17	筑前次郎左衛門尉行頼
1・8・15	筑前次郎左衛門尉行頼
正嘉1・8・25	筑前次郎左衛門尉行頼
1・10・1	筑前次郎左衛門尉行頼
1・12・29	筑前次〈二〉郎左衛門尉行頼
2・1・1	筑前次郎左衛門尉
2・1・2	筑前次郎左衛門尉行頼
2・3・1	筑前次郎左衛門尉行頼
2・6・4	筑前次郎左衛門尉行頼
2・6・17	筑前次〈二〉郎左衛門尉
文応1・1・1	筑前次郎左衛門尉行頼
1・1・20	筑前次郎左衛門尉行頼
1・4・1	筑前次〈三〉郎左衛門尉
1・11・22	加賀守行頼

— 161 —

第Ⅰ部　人名索引（こ）

```
           弘長1・4・24   加賀守
              1・6・17   筑前次郎左衛門尉
              1・8・13   筑前次郎左衛門尉行
                        頼
              1・8・15   加賀守
              3・1・1    加賀前司
              3・8・9    加賀前司行頼
              3・8・15   加賀前司行頼
              3・9・10   加賀前司殿
              3・11・9   加賀前司行頼
              3・11・10  前加賀守従五位下藤
                        原朝臣行頼卒年三十四
行　　頼　　二階堂
   建長4・11・11   出羽七郎行頼
       6・1・4    出羽七郎
   康元1・1・4    出羽七郎
       1・6・29   同(出羽)七郎
       1・7・17   出羽七郎行頼
       1・7・29   出羽七郎左衛門尉
       1・8・23   同(出羽)七郎行頼
   正嘉1・12・24  出羽七郎
       2・1・1    同(出羽)七郎行頼
       2・1・7    出羽七郎
       2・6・17   同(出羽)七郎
   文応1・1・1    出羽七郎左衛門尉行
                 頼
       1・1・11   出羽〈土屋〉七郎左衛
                 門尉行頼
       1・1・20   出羽七郎左衛門尉行
                 頼
       1・2・20   出羽七郎左衛門尉
       1・4・3    出羽七郎左衛門尉行
                 頼
   弘長1・1・1    出羽七郎左衛門尉行
                 頼
       1・1・3    出羽七郎左衛門尉行
                 頼
       1・1・7    出羽七郎左衛門尉
       1・2・7    出羽七郎左衛門尉行
                 頼
       1・4・24   出羽七郎左衛門尉
       1・7・2    行頼
       1・7・12   出羽七郎左衛門尉
       1・8・12   出羽七郎左衛門尉行
                 頼
       1・8・15   出羽七郎左衛門尉行
                 頼
```

```
                        頼
      弘長1・9・20   出羽七郎左衛門尉
         3・7・13   出羽七郎左衛門尉
      文永2・1・2    出羽七郎左衛門尉行
                    頼
         3・7・4    出羽七郎左衛門尉
行　　隆　　藤原
   治承4・5・15   蔵人右少弁行隆
   文治2・1・7    右大弁藤行隆
行　　倫　　三善
   建久5・10・1   大舎人允三善行倫
行　　廉　　二階堂
   正嘉1・10・1   同(隠岐)四郎行庭
                 〈兼〉
   文応1・11・27  同(隠岐)四郎兵衛
                 尉行廉〈広〉
   弘長1・1・1    隠岐四郎兵衛尉行廉
       1・1・7    隠岐四郎兵衛尉
       1・4・24   隠岐四郎兵衛尉
       1・7・12   同(隠岐)四郎兵衛尉
       3・1・1    隠岐四郎兵衛尉
       3・1・23   隠岐四郎兵衛尉
行　　蓮
   嘉禄1・6・21   医師行蓮
好　　継　　多
   嘉禎1・⑥・24  多好継
好　　氏　　→多好方
   嘉禎1・8・18   舞人多好氏
好　　節　　多
   建久2・11・22  好節
       3・3・4    左近将監好節
       4・10・7   多好節
       4・11・4   多好節
   正治1・11・8   (好方)子息多好節
   嘉禎1・⑥・24  右近将監多好節
       2・2・14   右近将監多好節
好　　澄　　岡部
   建久4・5・8    岡部三郎
```

— 162 —

第Ⅰ部 人名索引（こ）

好　方　　多
　建久2・10・25　多好方
　　　2・11・19　右近将監好方
　　　2・11・21　好方
　　　2・11・22　好方
　　　2・12・19　好方, 右近将監
　　　4・7・18　右近将監好方
　　　4・10・7　好方
　　　4・11・12　右近将監多好方
　正治1・11・8　右近将監多好方
　寛喜1・9・9　右近将監多好方
　　　1・12・17　右近将監多好方
　　　2・①・7　多好方
　嘉禎1・8・18　舞人多好氏(マヽ)

孝謙天皇
　文治1・6・21　孝謙天皇
　建久6・3・12　孝謙天皇

孝　元
　承元2・11・1　内蔵孝元
　天福1・6・20　内蔵孝元(出雲国杵築神職)

孝元天皇
　寛喜2・6・16　孝元天皇

孝　幸　　小沼
　弘長3・1・8　小沼五郎兵衛尉
　　　3・1・11　小沼五郎兵衛尉孝幸
　　　3・1・12　小沼五郎兵衛尉孝幸
　文永2・1・12　小沼五郎兵衛尉孝幸
　　　3・1・11　小沼五郎兵衛尉

孝　重
　暦仁1・②・13　孝重朝臣

孝　俊
　寛元3・8・2　大膳権亮孝俊
　　　3・10・16　孝俊

孝　尚　　惟宗
　元暦1・4・3　筑前三郎
　　　1・8・28　筑前三郎
　文治1・4・11　筑前三郎孝尚
　　　1・4・13　筑前三郎孝尚
　　　1・5・8　筑前三郎

　文治1・9・5　惟宗孝尚
　建仁3・11・15　宗掃部允
　元久2・3・12　宗掃部允
　承元2・11・1　孝尚
　建暦1・7・11　宗掃部允孝尚
　　　1・12・1　宗掃部允孝尚
　建保1・10・18　宗監物孝尚
　天福1・4・16　宗監物孝尚

孝　親　　惟宗
　建久6・3・10　宗左衛門尉
　元久1・7・26　宗左衛門尉孝親(安芸国守護人)
　建保4・7・29　宗左衛門尉孝親
　承久1・1・27　宗左衛門尉孝親
　　　3・6・3　安芸宗内左衛門尉

孝　通
　建暦2・12・21　同(正五位下)孝通惟親

孝　定〈宜〉　水原
　正嘉1・③・2　水原兵衛尉孝定〈宜〉

幸　源
　弘長3・3・17　豊後公幸源

幸　源
　弘長3・3・17　少輔公幸源

幸　氏　　海野
　元暦1・4・21　海野小太郎幸氏
　文治4・2・28　幸氏
　　　4・8・15　幸氏
　　　5・1・9　海野小太郎幸氏
　建久1・4・3　幸氏
　　　4・5・8　海野小太郎
　　　4・5・16　海野小太郎幸氏
　　　4・5・28　海野小太郎
　　　4・8・9　海野小太郎幸氏
　　　4・8・16　海野小太郎
　　　5・1・9　海野小太郎幸氏
　　　5・⑧・1　海野小大郎幸氏
　　　5・10・9　海野小大郎幸氏
　　　6・1・13　海野小太郎幸氏
　　　6・3・10　海野小太郎
　　　6・3・12　海野小太郎幸氏

— 163 —

第Ⅰ部　人名索引（こ）

　　建久6・8・16　海野小太郎
　　正治2・②・8　海野小太郎幸氏
　　　　2・9・2　海野小大郎幸氏
　　建仁1・1・12　海野小太郎幸氏
　　　　1・5・14　海野小太郎幸氏
　　　　2・1・3　海野小太郎幸氏
　　　　2・9・21　海野小太郎幸氏
　　　　2・9・29　幸氏
　　　　3・1・3　海野小太郎幸氏
　　　　3・10・9　海野小太郎幸氏
　　元久1・1・10　海野小太郎行氏
　　　　1・2・12　海野小太郎
　　承元4・5・21　幸氏
　　建暦1・1・9　海野小太郎
　　　　2・1・11　海野小大郎
　　建保4・10・5　海野左衛門尉幸氏
　　嘉禎3・7・19　海野左衛門尉幸氏
　　仁治2・1・23　海野左衛門尉幸氏
　　　　2・3・25　海野左衛門尉幸氏
　　建長2・3・1　海野左衛門入道

幸　証
　　弘長3・3・17　式忍房幸証

幸　清
　　天福1・5・24　別当幸清
　　嘉禎1・5・16　石清水八幡宮別当法
　　　　　　　　　印幸清

恒　家　伊沢
　　建長2・11・28　陸奥国留守所兵衛尉
　　康元1・6・2　陸奥留守兵衛尉

恒　高　須黒
　　承久3・6・18　須黒兵衛太郎

皇極天皇
　　文治1・6・21　皇極天皇
　　建保2・6・5　皇極天皇

高　遠
　　承元2・5・29　高遠

高　家　奈良(成田)
　　建久1・11・7　奈良五郎
　　　　6・3・10　奈良五郎
　　承久3・6・18　奈良五郎

高　幹　石河
　　建久1・11・7　石河六郎

高　義　平
　　宝治1・6・22　同(平判官)次郎高義

高　久
　　元久2・⑦・29　高久十郎大夫

高　経　高階
　　文治1・12・29　越前守高階朝臣高経

高　兼　吉〈告〉木
　　元久2・⑦・29　高兼同(吉〈告〉木)四郎

高　元　日置
　　文治3・4・23　散位日置宿禰高元

高　光　山上
　　文治1・1・1　山上太郎高光
　　建久1・11・7　山上太郎
　　　　2・2・4　山上大郎
　　　　6・3・10　山上太郎

高　光　市河
　　寛元2・7・20　市河掃部亮〈允〉高光
　　　　　　　　　法師法名見西
　　　　2・8・3　市河掃部助入道見西

高　光　工藤
　　建長4・4・1　工藤左衛門尉高光
　　　　6・1・1　工藤次郎右〈左〉衛門
　　　　　　　　　尉高光
　　康元1・1・1　工藤次郎左衛門尉高光
　　正嘉1・1・1　工藤次〈二〉郎左衛門尉高光
　　　　1・2・26　工藤左衛門尉高定〈光〉
　　　　2・1・1　工藤次郎左衛門尉高光
　　　　2・1・2　工藤次郎左衛門尉高光
　　文応1・1・1　工藤次郎左衛門尉高光
　　文永2・1・1　工藤次郎左衛門尉

— 164 —

第Ⅰ部　人名索引（こ）

高　行　源
　建久3・7・26　対馬守源高行

高　綱　佐々木
　治承4・8・17　同(佐々木)四郎高綱
　　　4・8・20　同(佐々木)四郎高綱
　　　4・8・24　佐々木四郎高綱
　　　4・8・26　高綱
　　　4・10・23　高綱
　寿永1・1・3　佐々木四郎高綱
　　　1・10・17　同(佐々木)四郎高繩
　　　　　　　〈綱〉
　元暦1・1・20　佐々木四郎高綱
　文治1・10・24　佐々木四郎左衛門尉
　　　　　　　高綱
　　　3・11・10　佐々木四郎左衛門尉
　　　　　　　高綱
　　　5・5・19　佐々木四郎左衛門尉
　　　5・6・3　左衛門尉高綱
　　　5・6・4　佐々木左衛門尉, 高
　　　　　　　綱
　　　5・6・9　佐々木左衛門尉高綱
　建久2・⑫・9　佐々木四郎左衛門尉
　　　　　　　高綱
　　　4・2・3　佐々木四郎左衛門尉
　　　　　　　高綱
　　　5・6・28　左衛門尉高綱
　建仁3・10・26　同(佐々木)四郎左衛
　　　　　　　門尉高綱入道

高　綱〈経〉　河辺
　文治5・8・8　河辺太郎高綱〈経〉

高　綱　高
　建久4・5・30　雑色高三郎高綱

高　衡　→新田経衡
　文治5・6・13　新田冠者高衡〈平〉

高　衡　藤原
　文治5・9・17　同(秀衡)四男隆衡
　　　5・9・18　秀衡四男本吉冠者高
　　　　　　　衡
　　　5・12・6　高衡

高　氏
　仁治2・4・29　政所次〈二〉郎高氏

高　重　渋谷
　養和1・8・27　(重国)次男高重
　元暦1・2・2　渋谷次郎高重
　　　1・7・16　渋谷次郎高重
　文治1・1・26　同(渋谷)二郎高重
　　　4・3・15　渋谷次郎
　　　5・6・9　渋谷次郎高重
　　　5・7・19　渋谷次郎高重
　建久3・11・25　渋谷次郎高重
　　　4・3・21　渋谷次〈二〉郎
　　　5・11・21　渋谷次郎高重
　　　6・3・10　渋谷次〈二〉郎
　正治1・10・28　渋谷次郎高重
　　　2・2・6　渋谷次郎
　　　2・11・4　渋谷次郎高重
　　　2・12・27　高重
　建仁1・1・12　渋谷次郎高重
　建保1・5・2　渋谷次郎高広〈重〉

高　重　能勢(源)
　文治1・10・24　安房判官代高重
　　　2・1・3　安房判官代高重
　　　4・3・15　安房判官代
　　　5・6・9　安房判官隆重
　建久2・2・4　安房判官代
　　　2・2・15　安房判官代
　　　2・2・21　源高重
　　　2・3・13　源判官代高重
　　　3・11・25　源判官代高重
　　　5・1・7　安房判官代高重
　　　5・4・27　高重
　　　5・⑧・8　安房判官代高重
　　　5・10・25　安房判官代高重
　　　5・11・13　源高重 安房判官代
　　　5・12・26　安房判官代高重
　　　6・3・10　安房判官代
　　　6・5・20　安房判官代高重
　正治2・1・26　安房判官代隆重

高　重　伊加〈賀〉良目
　文治5・8・8　伊加〈賀〉良目七郎高
　　　　　　　重

高　重　佐々木
　建仁1・5・6　佐々木高重
　　　1・5・13　佐々木太郎高重
　　　1・12・3　高重

— 165 —

第Ⅰ部　人名索引（こ）

元久2・⑦・26	同(佐々木)弥太郎高重
建保6・3・23	佐々木太郎左衛門尉高重
6・6・27	佐々木弥太郎左衛門尉高重
承久3・5・21	(廷尉)高重
3・6・3	佐々木判官高重
3・6・12	佐々木判官
3・6・14	佐々木弥太郎判官高重(誅さる)
3・6・18	佐々木判官
元仁1・10・28	佐々木弥太郎判官高重(承久頃阿波国守護人)

高　重　筑井
承久3・5・30　筑井太郎高重

高　俊　倉賀野
建久1・11・7　倉賀野三〈二〉郎
6・3・10　倉賀野三郎

高　春　原
元暦1・3・13　原大夫高春

高　信
文治3・4・23　江所高信

高　信　佐々木
嘉禎1・7・27　(信綱子息)次郎左衛門尉高信
1・7・29　佐々木次郎左衛門尉高信
2・7・17　佐々木近江三〈次〉郎左衛門尉高信
2・9・9　近江次郎左衛門尉高信

高　成
文治2・6・17　越後介高成
建久2・11・12　越後介高成
2・12・1　越前〈後〉介高成

高　政
建久2・11・23　三郎高政

高　政　四方田

弘長3・1・2	四方田新三郎左衛門尉

高　盛
元久2・⑦・29　高盛久万太郎大夫

高倉天皇
治承4年首　高倉院
文治1・6・21　高倉院

高　直　→菊池隆直
寿永1・4・11　菊池次郎高直

高　直　河原
元暦1・2・5　河原太郎高直

高　能　一条
文治2・3・12　左典厩賢息 二品御外甥
建久5・8・14　右兵衛督高能朝臣
5・8・15　右兵衛督
5・8・18　右武衛高能
5・8・26　右武衛
5・⑧・1　右武衛
5・⑧・3　右武衛
5・12・26　右兵衛督高能朝臣
建保1・5・2　高能卿

高　範　金子
文治5・7・19　金子小太郎高範
建久1・11・7　金子小太郎

高　包　小野〈三野〉
元暦1・9・19　野三〈三野〉郎大夫高包

高　房　田窪
元久2・⑦・29　高房田窪太郎

高　望
建長3・7・4　右兵衛佐高望

高　明　源
文治1・6・21　左大臣高明

高　茂
元久2・⑦・29　高茂浮穴大夫

— 166 —

第Ⅰ部　人名索引（こ）

康　運
　嘉禎1・12・27　康運

康　家　　三善
　寛元3・8・15　善右衛門五郎康家
　建長5・1・3　善五郎左衛門尉康家
　　　6・6・16　同（善）五郎左衛門尉
　正嘉1・10・1　善五郎左衛門尉康家
　　　2・1・1　善五郎左衛門尉
　　　2・1・7　善五郎左衛門尉
　　　2・3・1　善五郎左衛門尉康家
　　　2・6・4　善五郎左衛門尉康家
　　　2・6・17　同（善）五郎左衛門尉
　文応1・1・1　善五郎左衛門尉
　　　1・1・20　善五郎左衛門尉康家
　弘長1・1・1　善五郎左衛門尉
　　　1・1・7　善五郎左衛門尉
　　　1・8・15　善五郎左衛門尉康家
　　　3・8・9　善五郎左衛門尉康家
　　　3・8・15　善五郎左衛門尉康宗
　　　　　　　〈家〉

康　義　　三善
　嘉禎1・6・29　弥善大夫左衛門尉康
　　　　　　　義
　　　2・8・4　弥善太郎左衛門尉
　暦仁1・2・17　弥善太右衛門尉
　仁治2・8・25　弥善太左衛門尉
　　　2・11・4　弥善太左衛門尉
　寛元1・7・17　弥善太右衛門尉
　　　2・8・16　弥善太右衛門尉
　　　3・8・15　弥善太衛門尉康義
　建長2・1・16　弥善左衛門尉康義
　　　3・1・1　弥善太衛門尉康義
　　　3・1・11　弥善太衛門尉康義
　　　3・8・15　弥善太郎左衛門尉康
　　　　　　　義
　　　3・10・19　弥善太郎左衛門尉
　　　4・8・14　弥善大郎左〈右〉衛門
　　　　　　　尉康義
　　　6・1・1　弥善太右衛門尉康義
　　　6・1・22　弥善太右衛門尉康義
　　　6・8・15　弥善太右衛門尉
　康元1・8・15　弥善大郎左衛門尉

康　光
　承久3・7・20　左衛門大夫康光

　文永3・3・29　康光

康　光　　池上
　暦仁1・2・17　池上藤兵衛尉
　　　1・6・5　池〈油〉上藤兵衛尉康
　　　　　　　光

康　高　　度会
　建保1・7・20　豊受太神宮七社禰宜
　　　　　　　度会康高

康　高　　布施
　嘉禎1・6・29　布施左衛門尉〈左衛門
　　　　　　　太郎〉
　暦仁1・2・17　布施左衛門太郎
　仁治2・3・25　布施左衛門尉康高
　建長2・3・1　布施左衛門跡

康　綱　　紀
　建保5・5・20　右衛門尉紀康綱

康　持　　三善
　文暦1・7・6　散位三善康持
　暦仁1・6・10　（康俊）子息民部大夫
　　　　　　　康持
　延応1・12・13　加賀民部大夫康持
　　　1・12・21　加賀民部大夫康持
　仁治1・1・15　加賀民部大夫
　　　1・8・2　加賀民部大夫
　　　1・⑩・5　加賀民部大夫康持
　　　1・11・12　加賀民部大夫
　　　1・11・29　加賀民部大夫
　　　2・2・16　加賀民部大夫康持
　　　2・10・22　加賀民部大夫康持
　　　2・11・4　加賀民部大夫
　寛元1・2・16　加賀民部大夫
　　　1・2・26　加賀民部大夫
　　　1・4・20　加賀民部大夫
　　　1・5・23　加賀民部大夫
　　　1・7・17　加賀民部大夫
　　　1・⑦・7　加賀民部大夫
　　　1・8・26　加賀民部大夫
　　　1・9・25　加賀民部大夫
　　　2・8・15　加賀民部大夫康持
　　　2・10・13　備後守
　　　3・3・30　加賀民部大夫
　　　3・8・15　備後守康持

— 167 —

第Ⅰ部　人名索引（こ）

```
          寛元4・6・7    前加賀守康持
             4・8・1    加賀前司康持
          建長2・3・1    備後前司
             3・8・6    備後前司康持
             4・4・30   備後前司康持
             4・9・25   備後前司康持
             4・11・11  備後前司康持
             4・11・20  備後前司康持
             5・1・16   備後前司康持
             5・7・17   備後前司
             5・9・26   備後前司康持
             5・12・21〈22〉備後前司広持(マヽ)
             6・7・14   備後前司康持
             6・12・1   備後前司
          正嘉1・2・2    備後前司康持
             1・8・15   備後前司康持
             1・8・25   備後前司康持
             1・10・1   備後前司康村〈持〉
             1・10・26  前備後守従五位上三
                       善康持卒年五十二

康　守　　→大田康宗
          建長4・4・30   大田大郎兵衛尉康守

康　秀　　文屋
          建暦2・10・11  文屋康秀

康　重　　源
          承元2・5・29   源康重

康　俊　　町野(三善)
          承元3・1・12   民部丞康俊
          建暦1・4・29   康俊
             1・5・4    民部丞康俊
             1・11・2   民部丞康俊
             2・1・19   民部丞康俊
          建保1・1・2    民部大夫康俊
             1・8・20   善民部大夫康俊
             1・8・26   善民部大夫康俊
          承久3・2・26   町野民部大夫康俊
             3・5・20   民部大夫康俊
             3・5・26   康俊
             3・8・6    (康信)男民部大夫康
                       俊
          貞応2・12・20  民部大夫康俊
          嘉禄1・1・14   善民部大夫
             1・11・20  民部大夫康俊
```

```
          嘉禄1・12・20  町野民部大夫
          安貞2・2・3    町野民部大夫
          寛喜2・6・14   加賀守康俊
             3・1・25   町野加賀守康俊
             3・10・27  加賀守康俊
          貞永1・7・10   加賀守三善康俊
             1・7・12   加賀守
             1・11・29  加賀守康俊
          嘉禎1・1・3    加賀守
             1・2・10   加賀守
             1・6・29   加賀前司康俊
             1・8・21   康俊
             2・8・4    町野加賀前司
             3・8・15   加賀前司
          暦仁1・1・18   加賀前司康俊
             1・1・28   加賀前司
             1・6・10   加賀前司康俊
             1・6・14   前加賀守従五位上三
                       善朝臣康俊卒年七十二

康　助　　(南都大仏師職)
          文治2・3・3〈2〉 康助

康　常　　→風早常康
          弘長3・8・9    風早大郎左衛門尉康
                       常

康　信　　三善
          治承4・6・19   散位康信
             4・6・23〈22〉康信
             4・6・24   康信
          養和1・②・19   中宮大夫属康信
             1・3・7    大夫属入道
             1・8・26   散位康信入道
          寿永1・2・8    大夫属入道善信
          元暦1・4・14   中宮大夫属入道善信
             1・4・15   属入道善信
             1・5・21   大夫属入道
             1・8・24   大夫属入道
             1・8・28   大夫属入道
             1・10・20  大夫属入道善信
          文治1・5・8    大夫属入道
             1・10・21  大夫属入道
             1・12・6   善心
             2・1・21   大夫属入道
             2・4・7    善信
             2・5・29   善信
```

— 168 —

第Ⅰ部　人名索引（こ）

文治2・11・5　　大夫属入道
　　2・11・24　大夫属入道
　　2・12・1　　善信
　　3・7・2　　善信
　　3・12・7　　善信
　　4・3・26　　大夫属入道
　　4・12・16　善信
　　5・3・5　　大夫属入道
　　5・7・17　　大夫属入道
建久1・9・15　　善信
　　2・1・15　　中宮大夫属三善康信
　　　　　　　　法師
　　2・2・15　　善信
　　2・5・2　　善信
　　2・5・3　　善信
　　2・5・12　　善信
　　2・6・9　　善信
　　2・9・3　　大夫属入道
　　2・10・1　　大夫属入道善信
　　2・10・25　善信
　　2・11・19　善信
　　3・7・28　　善信
　　3・8・5　　大夫属入道善信
　　4・3・13　　大夫属入道善信
　　4・6・20　　善信
　　4・6・22　　善信
　　5・5・29　　大夫属入道善信
　　5・6・11　　善信
　　5・10・1　　大夫属入道善信
正治1・2・4〈6〉中宮大夫属入道
　　　　　　　　善信
　　1・4・1　　大夫属入道善信
　　1・4・12　　大夫属入道善信
　　2・1・20　　大夫属入道
　　2・2・6　　善信
　　2・2・22　　善信
　　2・②・12　大夫属入道善信
　　2・②・13　善信
　　2・4・11　　善信
　　2・5・28　　大夫属入道善信
　　2・12・28　善信
建仁1・2・22　　大夫属入道
　　1・4・3　　善信
　　1・5・6　　善信
　　1・5・14　　善信
　　1・10・27　大夫属入道
　　2・2・29　　善信

建仁3・2・5　　善信
　　3・2・11　　大夫属入道
　　3・8・29　　善信
元久1・5・10　　問注所入道
　　2・2・12　　善信
　　2・6・22　　問注所入道善信
　　2・⑦・29　善信
建永1・2・22　　大夫属入道
　　1・3・13　　問注所入道
　　1・5・6　　善信
承元1・8・17　　善信
　　1・11・5　　問注所入道
　　1・11・17　大夫属入道善信
　　2・1・16　　問注所入道
　　2・4・25　　大夫属入道善信
　　2・④・26　善信
　　2・7・5　　善信
　　3・3・1　　大夫属入道
　　3・3・21　　大夫属入道善信
　　3・10・10　大夫属入道
　　3・7・20　　善信
建暦1・1・10　　善信
　　1・11・4　　善信
　　1・12・10　善信
　　2・2・28　　善信
　　2・7・8　　大夫属入道
　　2・10・11　善信
建保2・4・18　　大夫属入道善信
　　3・12・16　大夫属入道善信
　　4・2・19　　大夫属入道，善信
　　4・4・9　　善信
承久3・1・25　　大夫属入道善信
　　3・5・21　　大夫属入道善信
　　3・5・23　　大夫属入道善信
　　3・8・6　　大夫属入道善信
　　3・8・9　　問注所散位従五位下
　　　　　　　　三善朝臣 康信 法師
　　　　　　　　法名善信卒年八十一〈二〉

康信　　神地
養和1・2・12　　神地六郎康信

康親　　池上
暦仁1・2・28　　池上藤七康親

康政　　→三善康宗
文暦1・7・6　　三善康政改康宗

— 169 —

第Ⅰ部　人名索引（こ）

康　　清　　三善
　治承 4・6・19　康清
　　　 4・6・23〈22〉康清
　文治 5・6・9　隼人佐
　　　 5・7・17　隼人佐
　建久 1・4・19　前隼人佐康清
　　　 1・9・15　康清
　　　 2・1・15　前隼人佐三善朝臣康清
　　　 2・2・4　前隼人佐
　　　 3・8・5　前隼人佐〈佑〉康清〈時〉
　　　 4・3・13　善隼人佐康清
　　　 5・12・2　隼人佐康清
　　　 6・3・10　善隼人佐
　建仁 2・1・12　隼人佑康清入道
　　　 2・10・8　隼人入道
　　　 3・1・2　隼人入道
　　　 3・1・3　隼人入道
　　　 3・1・20　善隼人入道
　　　 3・3・4　隼人入道
　　　 3・3・26　隼人入道
　　　 3・5・29　隼人入道
　承久 3・5・23　善隼人入道善清
　建長 2・3・1　隼人入道跡

康　　盛　　平
　建久 2・11・14　前右兵衛尉平康盛
　　　 2・12・6　前右兵衛尉康盛

康　　盛　　三善
　建保 1・8・26　善右〈左〉衛門尉康盛

康　　宗　　太田（三善）
　文暦 1・7・6　三善康政改康宗
　寛元 3・12・25　太田大郎兵衛尉康宗
　建長 3・6・5　太田太郎兵衛尉康宗
　　　 4・4・30　大田大郎兵衛尉康守（マヽ）
　　　 5・12・21〈22〉大田太郎兵衛尉
　　　 6・12・1　太田大郎兵衛尉
　康元 1・9・30　（康連）子息康宗
　正嘉 1・③・2　大田民部大夫康宗
　　　 2・1・1　大田民部大夫
　弘長 1・1・1　太田新民部大夫
　　　 1・3・20　大田民部大夫康宗
　文永 2・3・22　太田民部大夫従五位下三善朝臣康宗〈家〉

卒年五十四

康　　知　　三善
　承久 3・6・6　善右衛門太郎康知
　　　 3・6・14　善右衛門大郎
　　　 3・6・18　善右衛門太郎

康　　長　　三善
　建長 2・8・18　善右衛門尉
　　　 3・8・15　善右衛門尉康（マヽ）
　　　 3・10・19　善左〈右〉衛門尉
　　　 4・4・14　一宮善左〈右〉衛門尉康長
　　　 4・11・11　善右衛門尉康長
　　　 4・11・20　善左〈右〉衛門尉康長
　　　 4・12・17　善右衛門尉康長
　　　 5・1・16　善右衛門尉康長
　　　 5・8・15　善右衛門尉康長
　　　 6・1・1　善右衛門尉康長
　　　 6・1・22　善右衛門尉康長
　　　 6・6・16　善右衛門尉
　　　 6・8・15　善右衛門尉康長
　康元 1・7・17　善左衛門尉康長
　　　 1・8・15　善右衛門尉康長
　正嘉 1・2・2　善右衛門尉康長
　　　 1・8・15　善右衛門尉康長
　　　 1・10・1　一宮善左衛門尉康長
　　　 2・1・1　善右衛門尉
　　　 2・1・7　善左〈右〉衛門尉
　　　 2・6・17　善右衛門尉
　文応 1・1・1　善右衛門尉
　　　 1・1・11　善太〈太郎〉右〈左〉衛門尉康長
　弘長 3・8・9　善太左衛門尉

康　　朝　　（南都大仏師職）
　文治 2・3・3〈2〉康朝

康　　定　　中原
　建久 3・7・26　中原康定
　　　 3・7・29　康定

康　　定　　布施
　建保 2・4・21　布施左衛門尉康定
　　　 3・12・20　布施右衛門尉
　承久 1・1・27　布施左衛門尉康定

— 170 —

第Ⅰ部　人名索引（こ）

康　定
　嘉禎 1・12・27　大仏師康定
　　　 1・12・30　仏師康定

康　定　　三善
　建長 2・8・18　善太〈太郎〉左衛門尉
　　　 2・12・27　善太左衛門尉
　　　 6・6・16　善太右衛門尉
　弘長 3・8・8　善太左衛門尉
　　　 3・8・9　善太郎左衛門尉康定
　　　 3・8・15　善太郎左〈右〉衛門尉康定
　文永 2・6・23　善大郎左衛門尉
　　　 2・7・16　善太郎左衛門尉

康　貞
　建久 1・8・28　院庁官康貞

康　有　　三善
　暦仁 1・2・17　善右衛門次郎
　寛元 2・8・15　一宮善右衛門次郎康有
　　　 3・8・15　善右衛門次郎康有
　建長 3・1・11　善左衛門次郎康有
　　　 3・1・20　善右衛門次郎康有
　　　 4・4・14　一宮右衛門次郎康有
　　　 5・8・15　善右衛門次郎康有
　　　 6・8・15　善右衛門次郎康有
　康元 1・8・15　善次郎左衛門尉康有
　　　 1・8・20　善次郎左衛門尉
　　　 1・8・23　善次郎左衛門尉康有
　正嘉 1・2・2　善次郎左衛門尉康有
　　　 1・6・23　善次郎左衛門尉康有
　　　 1・8・15　善次郎左衛門尉康有
　　　 1・10・1　善次郎左衛門尉康有
　　　 1・12・24　一宮次郎左衛門尉
　　　 1・12・29　善次郎左衛門尉，一宮次〈二〉郎左衛門尉康有
　　　 2・1・1　善次郎左衛門尉
　　　 2・1・2　一宮次郎左衛門尉康有
　　　 2・1・10　一宮次郎左衛門尉康有
　　　 2・6・4　同(善)次郎左衛門尉康有
　　　 2・8・15　一宮次郎左衛門尉康有
　文応 1・1・1　善次郎左衛門尉，一宮次郎左衛門尉康有
　　　 1・1・11　一宮次郎左衛門尉康有
　　　 1・1・20　一宮次〈二〉郎左衛門尉康有
　　　 1・2・20　一宮次郎左衛門尉
　弘長 1・9・20　一宮次郎左衛門尉康有
　　　 3・8・9　一宮次郎左衛門尉康有
　　　 3・8・15　一宮次郎左衛門尉康有

康　有　　大田(三善)
　建長 3・12・26　大田七郎康有
　文永 2・1・6　勘解由判官　泰　有（?）
　　　 3・3・13　勘解由判官

康　頼　　平
　文治 2・⑦・22　前廷尉平尉康頼法師
　　　 4・3・14　前廷尉康頼入道
　　　 4・8・20　前廷尉康頼入道
　建久 1・10・25　前廷尉康頼入道
　元仁 1・10・28　康頼法師
　正嘉 2・8・17　平判官康頼入道
　　　 2・9・2　康頼
　文永 3・3・29　康頼

康　連　　太田(三善)
　安貞 1・2・19　玄番允康連
　寛喜 3・10・27　玄蕃允康連
　　　 3・11・18　康連
　　　 3・12・26　玄蕃允康連
　貞永 1・1・23　玄蕃允康連
　　　 1・5・14　玄蕃允康連
　　　 1・7・10　玄番允三善康連
　　　 1・7・12　玄蕃允
　天福 1・11・10　玄番允康連
　文暦 1・7・6　民部大丞三善康連
　延応 1・4・14　太田民部大夫
　　　 1・11・5　散位康連
　仁治 1・1・15　太田民部大夫
　　　 1・2・25　太田民部大夫康連
　　　 1・⑩・28　大田民部大夫

— 171 —

第Ⅰ部　人名索引（こ）

仁治1・11・12	大田民部大夫
2・11・25	大〈太〉田民部大夫
寛元1・2・26	大田民部大夫
1・11・26	大〈太〉田民部大夫
2・4・21	大田民部大夫
4・8・1	大田民部大夫康連
宝治1・6・27	大田民部大夫
2・1・7	大田民部大夫
2・11・23	大田民部大夫
2・12・20	大〈太〉田民部大夫
建長3・6・5	大田民部大夫康連
3・6・20	太田民部大夫
4・4・5	民部大夫康連
4・4・14	民部大夫康連
4・4・20	大田民部大夫康連
4・4・30	大田民部大夫康連
5・12・21〈22〉	大田民部大夫
6・4・28〈29〉	太田民部大夫
6・12・1	太田民部大夫
康元1・9・30	民部大夫康連
1・10・3	散位従五位上三善朝臣康連卒年六十四

項　羽
　元暦1・4・20　項羽

綱　　　柴江(源)
　寛元1・11・26　刑部丞綱法師
　　　4・3・8　柴江刑部丞源綱法師、源綱入道

綱　頼
　弘長1・1・10　綱頼

興　実
　延応1・2・14　別当興実
　　　1・3・29　笘根山別当興実

豪　信
　建保1・6・3　豪信法眼

国　永
　建暦1・11・4　造朱雀門大工国永

国　延　　戸崎
　元暦1・3・18　戸崎右馬允国延
　　　1・4・1　国延

文治1・10・24	戸崎右馬允
建久6・3・10	戸崎右馬允

国　家　　→完戸家周
　宝治2・⑫・10　完戸壱岐前司国家

国　基　　能勢(源)　(行頼子)
　文治2・8・27　土佐守国基
　元仁1・4・27　土佐守国基
　　　1・5・8　土佐守
　貞永1・3・15　土左守源国基

国　経　　→国継
　寛喜2・6・14　国経

国　景　　鵜沼
　文永2・1・2　鵜沼次郎兵衛尉国景

国　継
嘉禄2・11・2	国継
安貞1・4・12	国継
1・4・13	国継
1・4・29	陸奥権守国継
1・9・9	国継
1・11・16	国継
2・5・22	国継
2・6・25	国継
寛喜1・5・21	国継
1・3・1	国継
2・6・6	国継
2・6・14	国経(マヽ)
2・11・13	国継
貞永1・5・17	国継
嘉禎1・12・18	国継
1・12・20	国継
1・12・26	大舎人権助国継
2・6・26	国継
2・7・10	国継
2・8・3	国継
3・6・22	国継
暦仁1・9・1	国継
仁治1・1・19	国継
1・4・10	国継
1・4・27	国継
1・6・15	国継
2・2・16	国継
2・4・2	国継

第Ⅰ部　人名索引（こ）

```
       仁治 2 ・ 6 ・ 9   国継              寛元 4 ・ 8 ・15   上野三郎国氏
          2 ・ 7 ・ 8   国継              宝治 1 ・11 ・15   上野三郎
       寛元 1 ・ 3 ・ 2   国継                 2 ・ 8 ・15   上野三郎国氏
          1 ・ 8 ・24   国継              建長 2 ・ 1 ・ 2   上野三郎国氏
          1 ・12 ・29   国継                 2 ・12 ・27   上野三郎
          2 ・ 2 ・24   国継                 3 ・ 1 ・ 1   上野三郎国氏
          2 ・ 3 ・13   国継                 3 ・ 1 ・ 3   上野三郎国氏
          2 ・ 3 ・14   国継                 3 ・ 1 ・ 5   上野三郎国氏
          2 ・ 3 ・17   国継                 5 ・ 1 ・ 2   上野三郎国氏
          2 ・ 5 ・20   国継                 5 ・ 8 ・15   上野三郎国氏
          2 ・ 5 ・26   国継                 6 ・ 1 ・ 2   上野三郎国氏
          3 ・ 3 ・19   国継                 6 ・ 8 ・15   上野三郎国氏
          4 ・ 5 ・14   国継              康元 1 ・ 6 ・29   同(上野)三郎
       建長 3 ・ 8 ・ 1   国継              正嘉 1 ・10 ・ 1   畠山上野三郎国氏
          4 ・ 4 ・ 3   大舎人助国継           2 ・ 1 ・ 1   畠山上野三郎
       正嘉 2 ・ 5 ・ 2   国継                 2 ・ 6 ・ 3   上野三郎国氏
       弘長 1 ・ 2 ・ 2   国継                 2 ・ 6 ・17   同(畠山上野)三郎
       文永 2 ・12 ・14   国継              文応 1 ・11 ・27   上野三郎国氏〈家〉
          3 ・ 1 ・12   国継              弘長 3 ・ 1 ・ 1   畠山上野三郎国氏
                                        3 ・ 1 ・ 7   畠山上野三郎
国　元                                    3 ・ 1 ・23   畠山上野三郎
       元暦 1 ・ 3 ・ 1   (土佐国大名)国元         3 ・ 4 ・21   畠山上野三郎
                                        3 ・ 4 ・26   畠山上野三郎国氏
国　弘　湯浅                                 3 ・ 8 ・15   畠山上野三郎国氏
       建長 2 ・12 ・21   (雑色番頭)湯浅次郎
                     国弘             国　次
                                  承元 1 ・ 2 ・11   兄〈祝〉部清太国次
国　光
       文治 4 ・ 2 ・29   官史生国光        国　時
          4 ・ 4 ・ 9   官史生国光            文治 4 ・ 7 ・11   大工国時

国　行                                 国　守
       建久 1 ・12 ・ 1   内蔵権頭国行          建久 2 ・ 1 ・17   和泉掾国守
          1 ・12 ・ 2   国行                 6 ・10 ・ 8   和泉大掾国守

国　衡　藤原                              国　守
       文治 5 ・ 8 ・ 7   西木戸太郎国衡         建久 3 ・ 5 ・19   雑色国守
          5 ・ 8 ・ 8   大将軍国衡
          5 ・ 8 ・ 9   国衡              国　俊
          5 ・ 8 ・10   西木戸大郎国衡         建長 5 ・ 1 ・ 2   刑部次郎左衛門尉国
          5 ・ 8 ・11   国衡                              俊
          5 ・ 9 ・ 8   西城戸太郎国衡
          5 ・ 9 ・17   (秀衡)嫡男〈子〉国衡   国　信
                                     元暦 1 ・ 3 ・ 1   (土佐国大名)国信
国　氏　畠山
       寛元 2 ・ 8 ・15   上野三郎国氏        国　真　久米
          3 ・ 8 ・15   上野三郎国氏            文治 3 ・ 4 ・23   久米六郎国真
```

― 173 ―

第Ⅰ部　人名索引（こ）

国　　宗　　小槻
建保1・3・6　　大夫史国宗
　　4・2・19　左大史小槻宿禰国宗
承久2・12・20　大夫史国宗
　　3・6・15　大夫史国宗宿禰

国　　忠　　大鹿
文治3・4・29　惣大判官代散位大鹿国忠

国　　忠
建保2・7・27　蔵人大夫国忠
　　6・6・27　蔵人大夫国忠

国　　朝
寛元3・10・6　次郎国朝

国　　通　　藤原
承久1・1・27　宰相中将国通

国　　通　→国道
承久3・11・3　（陰陽）権助国通〈道〉朝臣
嘉禄1・5・1　陰陽権助国通
　　1・5・6　権助国通

国　　貞　　藤井
建保4・9・10　藤井国貞号藤平

国　　道　　安倍
承久3・11・3　（陰陽）権助国通〈道〉朝臣
貞応1・2・12　陰陽権助国道朝臣
　　1・4・26　国道朝臣
　　1・8・20　国道朝臣
　　1・12・12　陰陽師国道朝臣
　　2・11・30　国道朝臣
　　2・12・20　国道朝臣
元仁1・3・14　国道
　　1・4・28　陰陽権助国道朝臣
　　1・6・6　国道朝臣
　　1・6・12　陰陽師国道
　　1・12・2　国道
　　1・12・26　陰陽権助国道
嘉禄1・5・1　陰陽権助国通
　　1・5・6　権助国通
　　1・6・2　国道朝臣

嘉禄1・6・21　国道朝臣
　　1・8・2　国道
　　1・10・4　国道朝臣
　　1・10・13　陰陽権助安倍国道
　　1・10・20　国道朝臣
　　1・10・27　国道朝臣
　　1・11・15　国道朝臣
　　1・11・20　国道朝臣
　　1・12・2　国道朝臣
　　1・12・9　国道朝臣
　　1・12・18　国道
　　1・12・20　陰陽権助国道朝臣
　　2・8・7　国道朝臣
嘉禎2・8・3　故国道朝臣
延応1・12・15　国道朝臣

国　　道　　藤原
寛元2・4・10　有棲河黄門

国　　能　　野瀬
建久6・3・10　野瀬判官代

国　　文
承元2・5・29　国文

国　　平　　近藤
治承4・8・20　近藤七国平
　　4・8・27　近藤七国平
文治1・2・5　近藤七国平
　　1・3・3　近藤七国平
　　1・3・4　近藤七国平
　　1・5・25　国平
　　1・6・16　近藤七
　　1・7・12　国平
　　1・8・13　国平
　　1・12・6　国平
正治1・3・5　近藤七国平
建長2・3・1　近藤七跡

国　　平
文治5・7・19　宮六傔仗国平
　　5・8・9　宮六傔仗国平
　　5・8・10　国平
　　5・12・24　宮六傔仗国平
建久1・1・13　宮六傔仗国平
　　1・2・23　国平
　　1・4・9　宮六傔仗国平
　　2・10・1　宮六傔仗国平

国　　房〈方〉　土師

— 174 —

第Ⅰ部　人名索引（こ・さ）

文治3・4・23　散位土師宿禰国房
　　　　　　　〈方〉

国　亮〈高〉
　建長4・8・6　国亮〈高〉

国　廉
　建久4・11・23　上総国小野田郷住人
　　　　　　　　本大掾〈掾太〉国廉

黒法師丸
　文治1・12・7　黒法師丸
　　　1・12・16　黒法師丸

さ

佐　久　本間
　正嘉1・1・3　本間木工左衛門尉佐久

佐　房　庄田
　元久1・4・21　庄田三郎佐房

佐　房　大江
　承久3・6・6　少輔判官代佐房
　貞応1・1・7　蒲判官代佐房
　　　2・7・26　判官代佐房
　　　2・9・16　少輔判官代
　元仁1・5・16　少輔判官代
　　　1・⑦・28　左近将監佐房
　　　1・12・19　左近大夫将監佐房
　嘉禄1・5・22　右近大夫将監佐房
　　　1・12・20　左近大夫将監佐房
　寛喜2・1・4　左近大夫将監佐房
　　　2・5・24　左近大夫将監佐房
　　　2・10・6　右近大夫将監佐房
　　　2・12・9　左近大夫将監佐房
　　　3・1・24　左近大夫将監佐房
　貞永1・3・3　左近大夫将監佐房
　　　1・⑨・20　左近大夫将監佐房
　文暦1・3・5　左近大夫将監佐房
　嘉禎1・2・15　左近大夫将監佐房
　　　1・6・29　左近大夫将監佐房
　　　2・6・11　佐房
　暦仁1・2・17　少輔左近大夫将監
　延応1・7・15　佐房

延応1・8・11　佐房
仁治2・8・25　少輔左近大夫将監佐
　　　　　　　房
寛元1・7・17　少輔左近大夫将監
宝治2・1・3　少輔左近大夫将監
　　　2・10・6　少輔左近大夫
正嘉1・2・2　少輔左近大夫将監佐
　　　　　　　房
　　　1・10・1　佐房少輔左近大夫
　　　2・1・1　少輔左近大夫
　　　2・1・10　少輔左近大夫将監佐
　　　　　　　房
弘長1・1・1　少輔左近大夫

嵯峨天皇
　建久2・5・8　嵯峨天皇
　嘉禄1・5・1　嵯峨天皇
　建長4年首　　嵯峨院

西　願
　寛喜2・11・11　西願
　貞永1・12・18　西願

斉　円
　嘉禎3・10・16　斉円能登阿闍梨

斉　頼　桜井
　建永1・3・13　斉頼

済　基　藤原
　正治2・2・26　伯耆少将
　建仁2・4・13　伯耆少将
　　　2・5・20　伯耆少将
　　　2・6・25　伯耆少将
　　　3・1・2　伯耆少将
　　　3・3・26　伯耆少将
　　　3・4・21　伯耆少将
　　　3・5・18　伯耆少将

最　信
　建長5・5・16　権少僧都最信〈補勝長
　　　　　　　　寿院別当職〉
　正嘉1・9・16　別当宰相法印最信
　文応1・8・8　勝長寿院法印

最　澄
　元久2・10・13　伝教大師

第Ⅰ部 人名索引（さ・し）

在　股　菅原
　文治2・6・15　在殷在良子

在　継
　貞応2・2・8　在継朝臣
　嘉禄1・12・8　在継
　安貞2・8・5　在継

在　衡
　暦仁1・②・15　在衡朝臣

在　章
　文応1・4・18　文章博士在章

在　親　賀茂
　貞応2・2・8　在親朝臣
　寛喜3・6・15　在親朝臣
　康元1・7・26　陰陽頭賀茂在親朝臣

在　宣
　建久1・12・1　主税頭在宣朝臣

在　直
　暦仁1・10・13　在直朝臣

在　友
　貞応2・12・20　在友

在　良　菅原
　文治2・6・15　氏長者式部大輔菅原在殷〈良〉

山　柄
　承元3・3・21　山柄
　宝治2・9・26　山柄〈栖〉
　正嘉1・6・1　山柄

し

之　式
　建仁1・9・15　大田兵衛尉之式

氏　広　→大泉長氏
　文応1・1・20　大泉九郎氏広

氏　綱　佐々木
　嘉禎3・8・16　佐々木七郎左衛門尉
　仁治1・8・2　加地七郎左衛門尉
　　　2・11・4　加地七郎左衛門尉
　寛元1・7・17　加地七郎左〈右〉衛門尉
　　　1・8・16　加地七郎右〈左〉衛門尉
　　　3・8・16　加地七郎右衛門尉
　　　4・8・15　加治七郎左衛門尉
　建長5・1・16　加地七郎左衛門尉氏綱
　　　5・8・15　加地七郎左衛門尉氏綱
　　　5・8・16　右衛門尉氏綱
　　　6・1・1　加地七郎右〈左〉衛門尉氏綱
　　　6・1・22　加地七郎左衛門尉氏綱
　　　6・6・16　加地七郎右衛門尉
　　　6・7・20　加地七郎右〈左〉衛門尉
　　　6・8・15　加地七郎右〈左〉衛門尉氏綱
　弘長1・1・1　加地七郎右衛門尉
　　　1・8・15　加地七郎左衛門尉氏綱
　　　3・8・9　加地七郎左衛門尉氏綱
　　　3・8・15　加地七郎右衛門尉氏綱

氏　信　佐々木
　嘉禎1・6・29　近江四郎左衛門尉氏信
　　　2・8・4　佐々木近江四郎左衛門尉
　　　3・4・19　近江四郎左衛門尉氏信
　　　3・4・22　近江四郎左衛門尉氏信
　　　3・6・23　近江四郎左衛門尉氏信
　暦仁1・1・2　近江四郎左衛門尉
　　　1・2・17　近江四郎左衛門尉
　　　1・2・22　近江四郎左衛門尉氏信
　　　1・2・28　近江四郎左衛門尉氏

— 176 —

第Ⅰ部　人名索引（し）

　　　　　　　信
暦仁1・6・5　近江四郎左衛門尉氏
　　　　　　　信
仁治1・1・2　近江四郎左衛門尉氏
　　　　　　　信
　1・8・2　　近江四郎左衛門尉
　2・1・14　近江四郎左衛門尉
　2・8・15　近江四郎左衛門尉氏
　　　　　　　信
　2・8・25　近江四郎左衛門尉氏
　　　　　　　信
　2・11・4　近江四郎左衛門尉
　2・12・21　近江四郎左衛門尉氏
　　　　　　　信
寛元1・1・19　近江四郎左衛門尉
　1・7・17　近江四郎左衛門尉
　2・8・16　舎弟(近江)四郎左衛
　　　　　　　門尉
　3・7・26　近江四郎左衛門尉氏
　　　　　　　信
　4・8・15　近江四郎左衛門尉
宝治1・6・1　近江四郎左衛門尉氏
　　　　　　　信
　1・6・5　　近江四郎左衛門尉氏
　　　　　　　信
　2・7・7　　近江四郎左衛門尉氏
　　　　　　　信
建長2・12・27　近江大夫判官
　3・1・20　近江大夫判官
　3・12・26　近江大夫判官氏信
　4・4・14　近江〈佐々木近江〉大夫
　　　　　　　判官氏信
　4・8・6　　近江大夫判官氏信
　4・11・11　大夫判官〈佐々木大夫判
　　　　　　　官〉氏信
康元1・6・29　対馬守
　1・7・17　佐々木対馬守氏信
　1・8・15　対馬守氏信
正嘉1・8・14　対馬守氏信
　1・8・15　対馬守氏信
　2・1・1　　佐々木対馬守
　2・1・7　　対馬守
　2・6・4　　対馬守氏信
　2・6・17　対馬守
　2・8・17　対馬前司氏信
文応1・4・3　対馬前司氏信
　1・11・22　対馬前司氏信

弘長1・1・1　対馬前司氏信
　1・8・15　対馬前司
　3・1・1　　佐々木対馬前司氏信
　3・1・23　佐々木対馬守
　3・3・24⟨21⟩対馬前司氏信
　3・8・9　　対馬前司氏信
　3・8・15　対馬前司氏信
文永2・6・11　前対馬守源氏（マヽ）
　3・1・3　　対馬前司氏信

氏　　宗　　藤原
延応1・12・15　藤原朝臣氏宗

氏　　村　　三浦
元仁1・1・1　同(三浦)又太郎氏村
安貞2・7・23　三浦又太郎
　2・7・24　三浦又太郎
　2・10・15　三浦又太郎氏村
寛喜1・10・22　三浦又太郎
　2・2・19　三浦又太郎
文暦1・7・26　三浦又太郎
嘉禎1・6・29　三浦又太郎左衛門尉
　　　　　　　氏村
　2・8・4　　同(駿河)又太郎左衛
　　　　　　　門尉
　3・4・22　三浦又太郎左〈右〉衛
　　　　　　　門尉
暦仁1・1・20　三浦又太郎左衛門尉
　1・2・17　三浦又太郎左衛門尉
　1・2・23　三浦又太郎左衛門尉
　　　　　　　氏村
　1・6・5　　三浦又太郎左衛門尉
　　　　　　　氏村
仁治2・1・1　駿河又太郎左衛門尉
寛元1・1・19　駿河又太郎左衛門尉
　　　　　　　氏村
　1・7・17　駿河又太郎左衛門尉
宝治1・2・23　三浦式部大夫
　1・6・22　三浦又太郎式部大夫
　　　　　　　氏村

氏　　村　　大泉
建長4・8・14　大泉次郎兵衛尉氏村
　4・11・20　大泉次郎兵衛尉氏村
　　　　　　　〈時〉
　5・7・17　大泉次郎兵衛尉

— 177 —

第Ⅰ部　人名索引（し）

氏　平　大泉
　　承元3・5・5　大泉次〈二〉郎氏平
　　建保6・6・27　大泉左衛門尉氏平

四条天皇
　　嘉禎1・10・28　主上
　　　　3・8・7　当帝
　　仁治2・1・19　主上
　　文応1・3・15　四条院
　　文永3・3・29　四条院

孜　言〈敬音〉
　　建保1・2・18　僧号孜言〈敬音〉

枝　次
　　建久1・12・1　院御厩舎人枝次

師　胤　→千葉師常
　　文治4・3・15　千葉小次郎師胤

師　員　中原
　　嘉禄1・2・24　師員
　　　　1・12・21　助教
　　　　2・1・10　助教師員
　　安貞1・2・19　助教
　　　　1・2・27　助教師員
　　　　1・8・13　助教師員
　　　　2・7・23　助教
　　　　2・10・18　助教
　　　　2・12・29　助教師員
　　寛喜1・1・8　助教師員
　　　　1・7・4　助教師員
　　　　1・8・15　助教
　　　　1・12・10　助教師員
　　　　2・1・8　助教師員
　　　　2・6・6　助教師員
　　　　2・6・14　助教師員
　　　　2・12・9　助教師員
　　　　3・1・6　師員
　　　　3・10・6　摂津守師員
　　　　3・10・27　摂津守師員
　　　　3・11・18　師員
　　貞永1・3・3　師員
　　　　1・4・25　摂津守
　　　　1・7・10　摂津守中原師員
　　　　1・7・12　摂津守
　　　　1・⑨・8　摂津守

　　貞永1・10・22　摂津守
　　文暦1・3・5　摂津守師員
　　　　1・3・10　師員
　　嘉禎1・1・21　大膳権大夫
　　　　1・2・4　大膳大夫
　　　　1・2・10　大膳権大夫
　　　　1・3・16　師員朝臣
　　　　1・6・29　大膳権大夫師員
　　　　1・⑥・23　大膳権大夫師員
　　　　1・8・21　師員
　　　　1・11・28　大膳権大夫
　　　　2・3・14　摂津前司
　　　　2・6・25　大膳権大夫師員
　　　　2・6・26　大膳大夫師員
　　　　2・7・10　大膳権大夫師員
　　　　2・8・4　大膳権大夫
　　　　2・8・30　大膳権大夫師員
　　　　2・9・13　大膳権大夫
　　　　2・12・6　大膳権大夫
　　　　2・12・26　師員
　　　　3・3・8　主計頭師員
　　　　3・4・7　主計頭
　　　　3・4・22　主計頭
　　　　3・5・29　主計頭師員朝臣
　　　　3・8・15　主計頭
　　　　3・12・1　主計頭
　　暦仁1・1・18　主計頭師員
　　延応1・3・5　師員朝臣
　　　　1・3・15　師員朝臣
　　　　1・5・2　主計頭師員
　　　　1・5・4　師員朝臣
　　　　1・12・15　師員朝臣
　　仁治1・1・15　摂津前司
　　　　1・3・9　評定衆摂津前司師員
　　　　1・5・6　師員朝臣
　　　　1・6・8　師員朝臣
　　　　1・6・11　師員朝臣
　　　　1・8・2　摂津前司
　　　　1・⑩・3　師員朝臣
　　　　1・11・29　摂津前司
　　　　2・1・23　摂津前司
　　　　2・1・24　摂津前司
　　　　2・1・27　師員朝臣
　　　　2・6・17　師員朝臣
　　　　2・9・3　師員朝臣
　　　　2・10・22　摂津前司師員
　　　　2・12・28　師員朝臣

— 178 —

第Ⅰ部　人名索引（し）

寛元1・1・19　摂津前司
　　1・2・23　摂津前司
　　1・2・26　摂津前司
　　1・2・27　摂津前司
　　1・5・23　摂津前司
　　1・7・17　摂津前司
　　1・8・24　摂津前司師員朝臣
　　2・1・6　師員朝臣
　　2・3・28　摂津前司
　　2・4・21　摂津前司師員朝臣
　　2・5・29　摂津前司師員朝臣
　　2・6・2　師員朝臣
　　2・6・9　師員朝臣
　　2・8・15　摂津前司師員
　　2・8・24　摂津前司師員朝臣
　　2・12・20　大膳大夫師員朝臣
　　3・2・7　摂津守師員朝臣
　　3・2・24　師員朝臣
　　3・3・14　師員朝臣
　　3・8・15　摂津前司師員
　　4・1・28　師員朝臣
　　4・3・30　摂津前司師員朝臣
宝治2・1・7　摂津前司
建長2・3・1　接〈摂〉津前司宇佐美也
　　　　　　（マヽ）
　　3・6・5　摂津前司師員
　　3・6・15　摂津前司 師 員 朝 臣
　　　　　　（法名行厳）
　　3・6・20　摂津入道
　　3・6・22　前摂津守正四位下中
　　　　　　原朝臣師員法名行厳卒
　　　　　　歳六十七

師　　家
治承4年首　　摂政内大臣師家公
暦仁1・10・4　松殿禅定殿下師家(薨)
　　1・10・7　松殿

師　　季　　綾小路（源）
元久2・11・3　綾小路三位師季
建保1・3・6　師季
　　6・2・4　綾小路二品師季卿

師　　季　　中原
貞応1・12・2　大外記師季朝臣

師　　経　　大炊御門（藤原）

建暦2・7・8　師経
建保1・3・6　大納言師経

師　　景　　長江
承久1・7・19　長江八郎
安貞2・7・23　長江八郎
　　2・7・24　長江八郎
寛元2・8・16　長江八郎入道

師　　継　　花山院（藤原）
建長3・7・4　花山院権中納言師継
文永2・3・4　花山院大納言

師　　兼
文治2・7・18　園山庄前司師兼

師　　兼　　中原
建長4・4・5　大外記中原朝臣師兼

師　　憲　　源
建保6・6・27　前因幡守師憲
承久1・1・27　前因幡守師憲朝臣

師　　衡　　樋爪
文治5・9・15　太田冠者師衡
　　5・9・18　大田冠者師衡
　　5・11・8　太田冠者師衡〈泰〉
　　5・12・6　師衡

師　　時　　千葉
寛元2・8・15　千葉七郎太郎師時
康元1・6・29　千葉七郎太郎
正嘉1・8・15　千葉七郎太郎師時
　　2・6・4　千葉七郎太郎師時
　　2・6・17　千葉七郎大郎

師　　実　　藤原
元久1・9・15　京極大閤
貞永1・1・23　京極殿

師　　重　　中原
建保4・⑥・14　大外記兼筑前守中原
　　　　　　朝臣師重
　　6・3・23　大外記師重

師　　重　　望月
弘長1・1・9　望月余一

第Ⅰ部　人名索引（し）

　　弘長1・1・14　望月余一師重

師　　重　→横地長重
　　弘長3・1・12　横地左衛門次郎師重
　　文永2・1・12　横地左衛門次郎師重

師　　尚　　中原
　　文治1・12・29　大外記師尚
　　　4・7・28　大外記師尚

師　　常　　相馬（千葉）
　　治承4・9・17　(常胤子息)次郎師常
　　　　　　　　　号相馬
　　寿永1・8・18　(常胤)次男師常
　　元暦1・2・5　相馬次郎師常
　　文治1・10・24　千葉二郎師常
　　　4・3・15　千葉小次郎師胤(マヽ)
　　　4・7・10　師常
　　　5・6・9　千葉次郎師常〈胤〉
　　　5・8・12　同(千葉)次郎師常
　　建久1・11・11　千葉次郎師常
　　　2・1・1　二郎師常
　　　2・1・11　千葉次〈二〉郎師常
　　　4・1・1　師常
　　　4・11・27　相馬次郎師常
　　　5・8・8　相馬次郎師常
　　　6・3・10　千葉次〈二〉郎
　　　6・3・12　千葉次〈二〉郎師常
　　　6・5・20　千葉次〈二〉郎師常
　　元久2・11・15　相馬次郎師常卒 年六十七
　　建長2・3・1　相馬次郎跡

師　　信　　源
　　建久3・7・26　陸奥守源師信

師　　政　　箕勾
　　仁治2・11・17　箕勾太郎師政

師　　盛　　平
　　元暦1・2・5　備中守師盛
　　　1・2・7　備中守師盛
　　　1・2・13　師盛
　　　1・2・15　師盛

師　　仲　　源

　　文治1・3・24　師仲卿

師　　長　　藤原
　　文治1・6・21　太政大臣師長

師　　能
　　文治2・3・12　左大弁師能

師　　文
　　承元2・11・1　師文

師　　平
　　弘長1・1・7　讃岐守師平朝臣

師　　輔　　藤原
　　延応1・12・15　藤原朝臣師輔，九条殿
　　宝治1・9・11　九条殿

師　　房〈持〉　　庄田
　　元久1・4・21　同(庄田佐房)子息師房〈持〉

師　　茂　　中原
　　建長3・6・22　助教師茂

師　　頼　　源
　　弘長1・7・18　大納言師頼卿

師　　連　　中原
　　宝治2・⑫・10　縫殿頭師連
　　建長2・2・26　縫殿頭
　　　3・1・1　縫殿頭師連
　　　3・1・5　縫殿頭師連
　　　4・4・3　縫殿頭師連
　　　6・12・1　縫殿頭
　　康元1・1・1　縫殿頭
　　　1・1・5　縫殿頭師連
　　　1・6・29　縫殿頭
　　正嘉1・2・2　縫殿頭師連
　　　1・③・2　縫殿頭師連
　　　1・8・25　縫殿頭師連
　　　1・9・16　縫殿頭師連
　　　2・1・2　縫殿頭師連
　　　2・1・7　縫殿頭
　　　2・6・17　縫殿頭
　　　2・8・15　縫殿頭師連

— 180 —

第Ⅰ部 人名索引（し）

文応 1・1・1 縫殿頭
　　 1・1・20 縫殿頭師連
　　 1・4・3 縫殿頭師連
　　 1・8・15 縫殿頭師連
弘長 1・1・1 縫殿頭
　　 1・1・7 縫殿頭
　　 1・3・20 縫殿頭師連
　　 1・8・15 縫殿頭
　　 3・1・1 隠岐〈縫殿〉頭師連
　　 3・1・7 縫殿頭師連
　　 3・1・23 縫殿頭
　　 3・7・5 縫殿頭師連
　　 3・8・9 縫殿頭師連
　　 3・8・15 縫殿頭師連
　　 3・11・23 縫殿頭師連
　　 3・12・11 師連
文永 2・1・6 縫殿頭師連
　　 2・1・12 師連
　　 2・2・25〈15〉師連
　　 2・3・7 縫殿頭師連
　　 2・3・13 縫殿頭師連
　　 2・4・22 縫殿頭師連
　　 2・6・23 縫殿頭
　　 2・7・28 縫殿頭師連
　　 2・9・1 縫殿頭師連
　　 3・2・20 縫殿頭師連
　　 3・3・6 縫殿頭師連

資　永　　城(平)
養和 1・8・13 平資永
　　 1・9・3 越後守資永号城四郎,
　　　　　　 従五位下行越後守平
　　　　　　 朝臣資永〈頓滅〉
寿永 1・10・9 (長茂)兄 資 元 当国守
　　　　　　　　　　　　　　　〈マヽ〉
建仁 1・4・2 城太郎助永

資　家　　藤原
元暦 1・3・10 藤七資家

資　家　　城(平)
建仁 1・3・12 城小次郎資家入道

資　家〈季〉 源
承元 2・5・29 右衛門少尉源資家
　　　　　　 〈季〉

資　家　　藤原
建保 1・3・6 近衛次将左資家
　　 6・3・16 従三位藤資家

資　幹　　馬場(平)
建久 1・11・7 馬場次郎
　　 2・2・4 馬場次郎
　　 4・6・22 馬場小次郎資幹
　　 4・7・3 馬場小次郎資幹
　　 4・9・1 資幹
　　 6・3・10 馬場次〈二〉郎
建暦 1・4・2 平資幹

資　義　　金津
承久 3・6・8 金津蔵人資義

資　経　　長田
元暦 1・3・10 (実経)父資経高庭介

資　兼　　安倍
建久 2・5・12 安倍資兼

資　賢　　源
建久 3・3・26 故資賢大納言

資　元　　→城資永
寿永 1・10・9 資元

資　元　　安倍
建久 6・10・3 天文博士資元朝臣
正治 1・3・6 主計頭安倍資元朝臣
　　 1・6・8 主計頭資元朝臣
建仁 1・9・22 資元朝臣
承元 4・6・27 主計頭資元朝臣
　　 4・10・12 主計頭資元朝臣
承久 1・12・29 陰陽頭資元〈光〉朝臣
嘉禎 3・5・29 資元

資　光　　藤原
元暦 1・9・19 藤大夫資光

資　光
建長 3・1・20 肥前太郎資光

資　行　　飯沼
承久 3・6・18 飯沼三郎

― 181 ―

第Ⅰ部 人名索引（し）

資　綱　　伊佐
　文治3・4・29　常陸三郎
　　　5・7・19　同(常陸)資綱
　　　5・8・8　同(常陸)資綱

資　綱　　四方田
　暦仁1・2・22　四方田五郎左衛門尉
　　　　　　　　資綱
　　　1・2・23　四方田五郎左衛門尉
　　　　　　　　資綱
　　　1・2・28　四方田五郎左衛門尉
　　　1・6・5　四方田五郎左衛門尉
　　　　　　　　資綱

資　国　　城(平)
　養和1・9・3　城九郎資国
　建仁1・2・3　城四郎助国

資　氏　　藤原
　建長3・7・4　右少将資氏

資　氏　　→海野助氏
　康元1・1・13　海野矢四郎資氏

資　時　　源
　建久3・3・26　右馬頭資時入道

資　時　　北条
　承久1・7・19　相模三郎
　　　2・1・14　三郎 資 時(出家,真昭
　　　　　　　　〈照〉)
　寛喜1・10・26　三郎入道真昭
　　　3・9・25　相模三郎入道
　天福1・4・17　相模三郎入道真昭
　　　1・5・5　相模三郎入道
　嘉禎3・3・9　相模三郎入道
　　　3・4・11　入道相模三郎資時主
　　　　　　　　法名真明〈仏〉
　　　3・8・15　相模三郎入道
　暦仁1・9・27　相模三郎入道真昭
　　　1・11・17　真昭
　延応1・9・30　相模三郎入道
　仁治2・8・15　相模三郎入道
　　　2・9・13　相模三郎入道
　寛元1・9・5　相模三郎入道
　宝治1・6・27　相模三郎入道
　　　2・1・7　相模三郎入道
　宝治2・2・18　相模三郎入道真昭
　建長3・5・5　入道相模三郎平資時
　　　　　　　　法名真昭卒年五十三

資　実　　日野(藤原)　→家実
　建久2・5・8　右大弁資実
　　　2・12・24　右大弁資実
　　　3・3・26　右少弁資実判官代
　建暦2・7・7　権中納言公〈資〉実卿,
　　　　　　　　藤中納言忠〈資〉実卿

資　俊　　安倍
　嘉禎1・3・18　資俊
　　　1・6・30　資俊
　　　1・7・8　資俊
　　　1・7・11　掃部大夫資俊
　　　1・9・24　資俊
　　　1・10・2　資俊
　　　1・12・20　資俊
　　　1・12・27　大膳亮資俊
　　　3・3・30　資俊
　　　3・4・23　資俊
　　　3・5・15　資俊
　仁治1・1・19　資俊
　　　2・2・16　資俊
　　　2・7・8　資俊
　寛元3・3・19　資俊
　康元1・8・29　資俊
　弘長1・2・2　資俊朝臣
　　　1・8・10　資俊

資　重　　藤原
　元暦1・9・19　同(藤資光)子息新大
　　　　　　　　夫資重

資　重　　→玉井助重
　元暦1・9・20　玉井四郎資重

資　重　　横溝
　承久3・5・22　横溝五郎
　　　3・6・18　横溝五郎
　貞応1・1・7　横溝五郎資重
　　　1・7・3　横溝五郎
　　　2・1・5　横溝五郎
　寛喜2・1・10　横溝五郎
　寛元4・10・16　横溝五郎
　建長3・8・21　横溝五郎

— 182 —

第Ⅰ部 人名索引（し）

資　親　　藤原
　　元暦1・3・25　散位藤原資親

資　親
　　嘉禎3・12・12　内蔵権頭資親
　　仁治1・1・19　内蔵権頭資親
　　　1・8・2　内蔵権頭
　　　1・9・7　内蔵権頭
　　　2・1・11　内蔵権頭資親
　　　2・4・2　内蔵権頭資親
　　　2・6・12　内蔵権頭資親
　　寛元3・8・19　内蔵頭資親
　　　3・9・29　内蔵権頭資親
　　建長2・3・25　内蔵権頭
　　　2・12・27　内蔵権頭
　　　3・1・1　内蔵権頭資親
　　　3・1・5　内蔵権頭資親
　　　3・1・11　内蔵権頭資親
　　　3・1・20　内蔵権頭
　　　3・8・15　内蔵権頭資親
　　　3・10・19　内藤権頭(マヽ)
　　　3・11・13　内蔵権頭

資　親
　　寛元2・4・21　前右京権大夫資親朝
　　　　　　　　　臣

資　正　　城(平)
　　建仁1・3・12　同(城)三郎資正

資　成　　安倍
　　養和1・2・9　安倍資成

資　成　　金津
　　寛元3・5・9　金津蔵人次郎資成

資　政　　小物
　　建保1・5・3　小物又大郎資政

資　盛　　平
　　元暦1・2・5　新三位中将資盛卿
　　文治1・3・24　新三位中将資盛
　　　1・4・11　新三位中将資盛

資　盛　　城(平)
　　建仁1・4・2　城小太郎資盛 太郎助永男, 長用甥

　　建仁1・4・3　資盛
　　　1・5・14　城小太郎資盛
　　　1・6・28　資盛

資　盛
　　建保2・9・19　(常陸)大掾資盛

資　盛　　萩原
　　寛元4・2・29　萩原九郎資盛

資　宣
　　延応1・10・17　資宣
　　　1・11・21　資宣
　　仁治1・1・19　資宣
　　　2・4・2　資宣
　　　2・6・9　資宣
　　寛元1・8・24　資宣

資　村　　三浦
　　文暦1・7・26　駿河五郎左衛門尉
　　嘉禎3・1・2　同(駿河)五郎
　　　3・4・19　同(駿河)五郎左衛門
　　　　　　　　　尉
　　　3・4・22　駿河五郎左衛門尉資
　　　　　　　　　村
　　　3・6・23　駿河五郎左衛門尉
　　　3・8・15　(義村)五男資村
　　暦仁1・1・2　駿河五郎左衛門尉
　　　1・2・17　駿河五郎左衛門尉
　　　1・6・5　駿河五郎左衛門尉資
　　　　　　　　　村
　　　1・12・3　駿河五郎左衛門
　　延応1・1・5　三浦駿河五郎左衛門
　　　　　　　　　尉
　　　1・7・20　同(駿河)五郎左衛門
　　　　　　　　　尉
　　仁治1・4・12　資村
　　　2・1・14　駿河五郎左衛門尉
　　　2・8・25　駿河五郎左衛門尉
　　　2・9・14　同(駿河)五郎左衛門
　　　　　　　　　尉
　　寛元1・1・19　駿河五郎左衛門尉
　　　1・2・23　駿河五郎左衛門尉
　　　1・7・17　駿河五郎左衛門尉
　　　1・8・16　駿河五郎左衛門尉
　　　2・4・21　(駿河)五郎左衛門尉
　　　　　　　　　資村

— 183 —

第Ⅰ部　人名索引（し）

```
　　　寛元2・6・13　駿河五郎左衛門尉　　　資　　能
　　　　　2・8・15　駿河五郎左衛門尉資　　　貞永1・8・13　石見左衛門尉資能
　　　　　　　　　　村
　　　　　2・8・16　泰村(舎弟)五郎左衛　　資　　能　　押立
　　　　　　　　　　門尉　　　　　　　　　　建長2・3・26　資能
　　　　　3・1・1　三浦五郎左衛門尉資　　　　　　3・1・11　押立左近大夫資能
　　　　　　　　　　村　　　　　　　　　　　　　　4・11・12　押立〈垂〉蔵人
　　　　　4・7・11　駿河五郎左衛門尉資　　　　正嘉1・2・2　押立蔵人資能
　　　　　　　　　　村　　　　　　　　　　　　　　1・10・1　押立蔵人大夫資能
　　　　　4・8・15　駿河五郎左衛門尉　　　　　　1・12・24　押立蔵人大夫
　　　宝治1・2・23　駿河五郎左衛門尉　　　　　　2・1・1　押立左近大夫
　　　　　1・6・5　資村　　　　　　　　　　　　2・1・10　押立左近大夫資能
　　　　　1・6・22　駿河五郎左衛門尉　　　　　　2・6・4　押立右近大夫資能

資　　村　　那須　　　　　　　　　　　　　　資　　範
　建長2・3・1　那須肥前々司　　　　　　　　寛元2・8・24　守護代兵庫大夫資範
　康元1・6・2　那須肥前々司
　正嘉2・3・1　助員〈那須〉肥前々司　　　　資　　平　　源
　　　　　　　　　　　　　　　　　　　　　　建長3・7・4　近衛源少将資平
資　　泰　　合志
　養和1・2・29　(合志ヵ)太郎資泰　　　　　　資　　平
　　　　　　　　　　　　　　　　　　　　　　文永3・4・15　(長門国)守護人資平
資　　忠
　文治4・11・22　隠岐国在庁資忠　　　　　　資　　茂　　赤塚
　　　　　　　　　　　　　　　　　　　　　　正嘉1・2・2　赤塚蔵人資茂
資　　忠　　　　　　　　　　　　　　　　　　　　2・1・1　赤堺〈塚〉蔵人
　文治2・5・3　同(出雲)資忠　　　　　　　　　　2・1・10　赤塚左衛門〈近〉蔵人
　　　　5・6・15　出雲国杵築大社神主　　　　　　　　　　　資茂
　　　　　　　　　資忠　　　　　　　　　　　　　2・6・4　赤塚左近蔵人資茂
　建久1・1・4　出雲国大社神主資忠　　　　弘長1・1・1　赤塚蔵人
　　　　1・1・13　出雲国大社神主資忠　　　　　　1・1・7　赤塚左近蔵人資茂

資　　忠　　　　　　　　　　　　　　　　　資　　頼　　武藤
　承元2・11・1　孝元父資忠　　　　　　　　　文治1・10・24　武藤小次郎
　　　　　　　　　　　　　　　　　　　　　　　　4・3・15　武藤次
資　　長　　藤原　　　　　　　　　　　　　　　　5・1・19　武藤小次郎 資頼 平氏
　文治1・3・24　蔵人頭民部卿資長　　　　　　　　　　　　　家人、監物太郎頼方弟
　　　　　　　　　　　　　　　　　　　　　　建久1・11・7　武藤小次郎
資　　通　　山内　　　　　　　　　　　　　　　　1・11・11　武藤小次郎資頼
　治承4・11・26　資通入道　　　　　　　　　　　　2・1・17　武藤次(二)郎資頼
　　　　　　　　　　　　　　　　　　　　　　　　6・3・10　武藤小次郎
資　　定　　藤原　　　　　　　　　　　　　　寛喜3・9・23　武藤次郎
　文治5・5・17　藤原資定　　　　　　　　　　貞永1・2・24　武藤左衛門尉資頼
　　　　　　　　　　　　　　　　　　　　　　　　　　　　　　(景頼の誤ならむ)
資　　定　　　　　　　　　　　　　　　　　　　　1・8・13　筑後前司資頼入道
　建長4・1・8　蔵人左衛門権佐資定　　　　　　　　　　　　法名是仏
```

— 184 —

第Ⅰ部　人名索引（し）

資　頼
　承久3・6・8　資頼朝臣

資　隆　藤原
　建久1・6・23　肥後守資隆入道

次　広　橘
　建久5・12・26　橘右馬権助次広

次　綱　阿曾沼
　建長3・1・20　阿曾沼四郎次綱

持　遠　遠藤
　文治2・1・3　遠藤左近将監持遠

持寿丸　→山内通基
　元久2・⑦・26　山内持寿丸

持寿丸
　建長3・1・20　持寿丸

時　胤　千葉
　寛喜3・10・19　千葉介
　嘉禎1・2・10　千葉介
　仁治2・3・17　千葉介
　建長2・3・1　千葉介跡

時　員　比企
　文治4・7・10　比企弥四郎
　建久3・8・20　比企弥四郎時員
　　　5・8・8　比企弥四郎時員
　正治1・4・20　同(比企)弥四郎
　　　1・11・18　比企弥四郎
　　　1・11・19　同(比企)四郎
　　　2・2・26　比企判官四郎家〈宗〉
　　　　　　　　員(ママ)
　　　2・5・12　比企弥四郎
　　　2・6・16　比企弥四郎
　建仁1・7・6　比企弥四郎
　　　1・9・11　比企弥四郎
　　　1・9・18　比企弥四郎
　　　1・10・1　比企弥四郎
　　　1・10・21　比企弥四郎
　　　2・1・10　比企弥四郎
　　　2・4・13　比企弥四郎
　　　2・5・20　比企弥四郎
　　　2・6・25　比企弥四郎

　建仁2・7・29　比企弥四郎
　　　2・9・10　比企弥四郎
　　　3・1・2　比企弥四郎
　　　3・3・4　比企四郎
　　　3・3・26　比企弥四郎
　　　3・4・21　比企弥四郎
　　　3・5・20　比企四郎
　　　3・7・18　比企弥四郎
　　　3・9・2　同(比企)四郎

時　員　南条
　建保1・1・2　南条七郎
　承久3・5・22　南条七郎
　　　3・6・14　南条七郎
　元仁1・6・28　南条七郎
　嘉禄2・10・12　南条七郎
　嘉禎2・1・2　南条七郎左衛門尉
　　　2・1・3　南条七郎左衛門尉
　　　2・8・4　南条七郎左衛門尉
　　　2・12・19　南条左衛門尉
　　　3・1・2　南条七郎左衛門尉
　　　3・4・22　南条七郎左衛門尉時
　　　　　　　　員
　暦仁1・1・2　南条七郎左衛門尉

時　員　北条
　寛元3・8・15　越後五郎時員
　宝治1・11・15　越後五郎時員
　　　2・⑫・10　越後五郎時家(ママ)
　建長2・1・3　越後五郎時長〈家〉(マ
　　　　　　　　ゝ)
　　　2・3・25　越後五郎
　　　2・8・15　越後五郎時家(ママ)
　　　2・8・18　越後五郎
　　　2・12・27　越後五郎
　　　3・1・1　越後五郎時家(ママ)
　　　3・1・5　越後五郎時家(ママ)
　　　3・1・20　越後五郎
　　　3・8・15　越後五郎時家(ママ)
　　　3・10・19　越後五郎
　　　3・11・13　越後五郎
　　　4・4・1　越後五郎時員
　　　4・4・2　越後五郎時員
　　　4・4・3　越後五郎時員
　　　4・4・14　越後五郎時員
　　　4・11・11　越後五郎時家(ママ)

― 185 ―

第Ⅰ部　人名索引（し）

　　　　　　建長4・12・17　越後五郎時家(マヽ)
　　　　　　　　 5・1・16　越後五郎時家(マヽ)
　　　　　　　　 5・3・18　越後五郎時家(マヽ)

時　　員　　野本
　　　　　　建長2・12・9　（行時）父時員

時　　永　　寺町
　　　　　　元久2・⑦・29　時永寺町小大夫

時　　遠　　→北条時基
　　　　　　文応1・4・3　遠江七郎時遠

時　　遠　　→北条時仲
　　　　　　弘長1・10・4　武蔵左近大夫将監時遠

時　　家　　平　→信時
　　　　　　寿永1・1・23　伯耆守時家
　　　　　　　　 1・5・16　前少将時家
　　　　　　元暦1・4・4　前少将時家
　　　　　　　　 1・6・1　前少将時家
　　　　　　文治1・10・24　前少将時家
　　　　　　　　 2・1・3　前少将時家
　　　　　　　　 4・3・15　前少将時家
　　　　　　建久1・5・3　前少将時家
　　　　　　　　 2・1・1　前少将時家朝臣
　　　　　　　　 2・1・5　時家朝臣
　　　　　　　　 2・2・17　前少将時家
　　　　　　　　 2・2・21　時家朝臣
　　　　　　　　 2・10・1　前少将時家
　　　　　　　　 3・7・27　前少将
　　　　　　　　 3・11・25　前少将時家

時　　家　　庄
　　　　　　建久1・11・7　庄太郎三郎

時　　家　　本庄
　　　　　　寛喜1・1・3　本庄四郎左衛門尉
　　　　　　天福1・1・3　本庄左衛門尉
　　　　　　暦仁1・2・17　本庄四郎左衛門尉
　　　　　　仁治2・5・6　本庄四郎左衛門尉時家
　　　　　　建長2・3・1　本庄四郎左衛門尉

時　　家
　　　　　　嘉禎1・6・29　筑後図書助時家

　　　　　　嘉禎2・8・4　筑後図書助
　　　　　　　　 3・1・3　筑後図書助時家
　　　　　　　　 3・6・23　筑後図書助時宗(マヽ)
　　　　　　暦仁1・2・17　筑後図書助
　　　　　　　　 1・6・5　筑後図書助時家

時　　家　　松岡(岳)
　　　　　　嘉禎3・1・11　松岳四郎
　　　　　　暦仁1・1・20　松岡四郎
　　　　　　　　 1・2・17　松岡四郎
　　　　　　弘長3・1・8　松岡左衛門四郎
　　　　　　　　 3・1・12　松岡左衛門四郎明〈時〉家
　　　　　　文永2・1・12　松岡左衛門次郎時家

時　　家　　小田(八田)
　　　　　　仁治2・1・14　伊賀守
　　　　　　　　 2・8・25　伊賀前司
　　　　　　　　 2・11・4　筑後伊賀前司
　　　　　　寛元1・7・17　伊賀前司
　　　　　　　　 2・8・15　伊賀前司時家
　　　　　　　　 3・8・15　伊賀前司時家
　　　　　　　　 4・8・15　伊賀前司
　　　　　　宝治2・⑫・10　伊賀前司時宗〈家〉
　　　　　　建長3・1・1　伊賀前司時家
　　　　　　　　 3・1・5　古賀前司時家(マヽ)
　　　　　　　　 3・1・11　伊賀前司時家
　　　　　　　　 3・1・20　伊賀前司
　　　　　　　　 3・10・19　伊賀前司
　　　　　　　　 3・11・13　伊賀前司
　　　　　　　　 4・4・3　伊賀前司時家
　　　　　　　　 4・4・14　伊賀前司行綱〈時家〉
　　　　　　　　 4・7・23　伊賀前司時家
　　　　　　　　 4・8・1　伊賀前司時宗〈家〉
　　　　　　　　 4・8・14　伊賀前司時家
　　　　　　　　 4・11・11　伊賀前司
　　　　　　　　 4・11・20　伊賀前司
　　　　　　　　 4・12・17　伊賀前司時家
　　　　　　　　 5・1・3　伊賀前司時家
　　　　　　　　 5・1・16　小田伊賀前司時家
　　　　　　　　 5・7・17　伊賀前司時家
　　　　　　　　 6・1・1　伊賀前司時家
　　　　　　　　 6・1・22　伊賀前司時家
　　　　　　　　 6・8・15　伊賀前司時家
　　　　　　康元1・3・16　伊賀前司時家
　　　　　　　　 1・6・29　伊賀前司

— 186 —

第Ⅰ部　人名索引（し）

正嘉1・2・2　　伊賀前司時家
　　1・10・1　　伊賀前司時家
　　2・6・17　　伊賀前司
文応1・1・1　　伊賀前司
　　1・1・11　　伊賀前司時家
　　1・4・1　　伊賀前司
　　1・11・27　伊賀前司時家
弘長1・1・1　　伊賀前司時家
　　1・1・7　　伊賀前司
　　1・3・20　伊賀前司時家
　　1・8・15　伊賀前司
文永2・1・6　　伊賀入道々円
　　3・3・6　　伊賀入道道円

時　　家　　→北条時員
宝治2・⑫・10　越後五郎時家
建長2・1・3　　越後五郎時長〈家〉
　　2・8・15　越後五郎時家
　　3・1・1　　越後五郎時家
　　3・1・5　　越後五郎時家
　　3・8・15　越後五郎時家
　　4・11・11　越後五郎時家
　　4・12・17　越後五郎時家
　　5・1・16　越後五郎時家
　　5・3・18　越後五郎時家

時　　基　　→押垂基時
嘉禎1・6・29　稈垂左衛門尉時基
　　　　　　　（マヽ）
　　3・6・23　押垂左衛門尉時基
建長4・12・17　押垂左衛門尉時基

時　　基　　加地(佐々木)
宝治1・5・14　加地六郎左衛門尉

時　　基　　北条
建長5・1・1　　同(遠江)七郎時基
　　5・1・3　　同(遠江)七郎時基
　　6・1・1　　同(遠江)七郎時基
　　6・1・3　　同(遠江)七郎時基
康元1・1・1　　遠江七郎
　　1・6・29　遠江七郎
　　1・8・15　遠江七郎時基
正嘉1・1・2　　遠江七郎時基
　　1・2・2　　遠江七郎時基
　　1・4・9　　遠江七郎時基
　　1・6・23　遠江七郎時基

正嘉1・8・15　遠江七郎時基
　　1・10・1　遠江七郎時基
　　1・12・24　遠江七郎
　　2・1・1　　遠江七郎時基
　　2・1・2　　遠江七郎時基
　　2・1・10　遠江七郎時基
　　2・5・8　　遠江七郎時基
　　2・6・4　　遠江七郎時基
　　2・6・11　遠江七郎時基
　　2・6・17　遠江七郎
文応1・1・1　　遠江七郎時基
　　1・1・3　　遠江七郎時基
　　1・1・11　遠江七郎時基
　　1・1・20　遠江七郎時基
　　1・2・20　遠江七郎
　　1・4・3　　遠江七郎時遠(マヽ)
　　1・11・22　遠江七郎時基
弘長1・1・1　　遠江七郎時基
　　1・1・3　　遠江七郎時基
　　1・1・7　　遠江七郎
　　1・2・7　　遠江七郎時基
　　1・4・24　遠江七郎
　　1・4・25　遠江七郎
　　1・7・12　遠江七郎
　　1・8・15　遠江七郎時基
　　1・9・20　遠江七郎
　　3・1・1　　刑部少輔時基
　　3・1・7　　刑部少輔時基
　　3・1・10　刑部少輔時基
　　3・8・15　刑部少輔時基
　　3・8・16　刑部少輔時基
文永3・1・3　　刑部少輔時基

時　　義　　高井
建久1・11・7　高井太郎
建永1・6・21　高〈勝〉井太郎

時　　義　　→北条時茂
康元1・1・1　　陸奥弥四郎時義

時　　業　　宇都宮
建長4・7・20　越中四郎左衛門尉
　　4・8・1　　越中四郎左衛門尉時業
正嘉2・1・7　　越中四郎左衛門尉
　　2・6・17　同(越中)四郎左衛門尉

― 187 ―

第Ⅰ部　人名索引（し）

```
            弘長3・7・13　越中判官時業          建長2・3・1　加藤左〈右〉衛門尉
                3・7・20　越中判官             正嘉1・12・24　加藤右衛門尉
                3・8・9　越中判官時業              2・6・4　加藤左〈右〉衛門尉時
                3・8・13　越中判官                                景

時　業                                    時　景　内藤
    正嘉1・12・29　越中六郎左衛門尉時         康元1・6・29　内藤肥後六郎
                業                            1・8・15　内藤肥後六郎左〈衛門〉
    弘長1・8・8　同（越中）六郎左衛門                         尉時景
                尉                       正嘉1・2・2　肥後六郎右衛門尉時
        3・1・1　越中六郎左衛門尉                             景
                                            1・8・15　肥後六郎左衛門尉時
時　経　中村                                                 景
    元暦1・2・5　中山〈村〉小三郎時経           1・10・1　肥後六郎左〈右〉衛門
    文治1・4・15　馬允時経                                  尉時景
        1・10・24　中村右馬允                   2・6・17　内藤肥後六郎左衛門
    建久1・11・9　中村右馬允時経                             尉
        1・12・3〈1〉前右馬允時経              2・8・15　内藤肥後六郎左衛門
    建長2・3・1　中村馬亮〈允〉跡                             尉時景
                                       弘長3・1・1　内藤肥後六郎左衛門
時　景　中野                                                 尉
    嘉禎2・8・4　中野左衛門尉                   3・4・26　内藤肥後六郎左衛門
    暦仁1・2・17　中野左衛門尉                               尉時景
    仁治1・11・30　中野左衛門尉時景             3・8・9　内藤肥後六郎左衛門
                                                        尉
時　景〈重〉　小林
    暦仁1・2・17　小林小次郎              時　景　安達
    仁治2・5・6　小林小次郎時景〈重〉        弘長1・1・1　城十郎
    正嘉2・3・1　小林小次郎跡                 1・6・17　城十郎
                                             1・7・12　同（城）十郎
時　景　平（北条）                              1・8・15　城十郎時景
    仁治2・8・25　越後掃部助                   1・10・4　同（城）十郎時景
    寛元1・7・17　越後掃部助
        1・9・27　越後守上〈正〉六位上      時　継　平
                掃部助平朝臣時景卒          建長5・9・16　蔵人頭宮内卿平時継
                年三十八                                朝臣

時　景                                    時　兼　横山
    寛元1・7・17　雅楽左衛門尉              寿永1・8・13　横山太郎時兼
        1・8・16　雅楽左衛門尉              文治5・9・6　（時広）子息時兼
        2・8・16　雅楽左衛門尉              建久1・11・7　横山太郎
        3・8・15　雅楽右〈左〉衛門尉時       建保1・3・19　横山右馬允時兼
                景                            1・5・2　時兼
        4・8・15　雅楽左衛門尉                  1・5・3　横山馬允時兼
        4・8・16　雅楽左衛門尉時景              1・5・4　時兼
                                             1・5・5　時兼
時　景　加藤                                   1・5・6　横山右馬允
```

— 188 —

第Ⅰ部　人名索引（し）

時　　兼　　北条
建久4・2・25　北条介時兼

時　　兼　　北条
暦仁1・12・25　同(遠江)五郎時兼
延応1・1・3　遠江五郎時兼
仁治1・1・3　遠江五郎時兼
　　2・1・3　遠江五郎
寛元1・7・17　遠江右近大夫将監
　　4・5・25　右近大夫将監時兼
　　4・8・15　遠江右近大夫将監時兼
宝治1・5・14　遠江左近大夫将監
建長2・1・16　遠江左近大夫将監時兼
　　2・8・18　遠江左近大夫将監
　　2・12・27　遠江左近大夫将監
　　3・1・5　遠江左近大夫将監兼
　　4・5・22　従五位下行右近将監平朝臣時兼卒

時　　賢　　菅原
建保3・11・24　左近大夫菅原時賢

時　　賢　　→晴賢
延応1・12・15　時賢

時　　元　　山上
建保1・2・16　山上四郎時元

時　　元　　阿野(源)
承久1・2・15　阿野冠者時元
　　1・2・19　安〈阿〉野冠者
　　1・2・22　時元
　　1・2・23　安〈阿〉野

時　　元　　二宮
建長4・1・14　二宮弥次郎 時 光 (ァ、)
　　4・4・14　二宮弥次郎時元
　　4・11・18　二宮弥次郎
　　5・1・9　二宮弥次郎
正嘉2・1・11　二宮弥次郎時元
　　2・1・15　二宮弥次郎 時 光 (ァ、)
文応1・1・20　二宮弥次郎時元

弘長1・1・9　二宮弥次郎
　　1・1・14　二宮弥次郎 時 光 (ァ、)
文永2・1・12　二宮弥次郎時元

時　　広　　横山
文治5・7・19　横山権守時広
　　5・9・6　経兼曾孫小権守時広
建久1・4・19　横山権守時広
　　1・11・7　横山権守
　　2・2・4　横山権守
　　4・7・24　横山権守時広
　　5・6・10　横山権守時広
　　6・3・10　横山権守
建保1・5・4　横山権守時広
　　1・7・20　横山権守

時　　広　　長井(大江)
建保6・6・14　新蔵人時広
　　6・6・27　新蔵人時広
　　6・7・8　新蔵人時広
　　6・8・20　蔵人左衛門尉時広
　　6・8・21　時広
　　6・10・19　時広
承久1・1・27　左〈右〉衛門大夫時広
　　1・1・28　左衛門大夫時広
仁治2・5・28　長井散位従五位上大江朝臣時広法師卒

時　　弘(広)　　北条
延応1・1・1　相模七郎時弘
仁治1・1・1　相模七郎時弘
　　1・1・3　同(相模)七郎
寛元1・7・17　相模七郎
　　2・1・2　相模七郎
　　4・8・15　相模式部丞時弘
宝治1・4・26　相模式部大夫時弘
建長2・3・3　相模式部大夫時弘
　　2・12・27　相模式部大夫
　　3・1・1　相模式部大夫時弘
　　3・1・2　相模式部大輔時弘
　　3・1・5　相模式部大夫時弘
　　3・1・20　相模式部大夫
　　3・3・10　相模式部大夫

— 189 —

第Ⅰ部　人名索引（し）

建長 4・4・2　　相模式部大夫時弘
　　 4・4・3　　相模式部大夫時弘
　　 4・8・6　　式部大夫時弘
　　 4・8・14　相模式部大夫時弘
　　 4・9・25　相模式部大夫時弘
　　 4・11・20　相模式部大夫時弘
　　 4・12・17　相模式部大夫時弘
　　 5・1・3　　相模式部大夫時弘
　　 5・1・16　相模式部大夫時弘
　　 5・3・18　式部大夫時弘
　　 5・8・15　相模式部大夫時弘
　　 6・1・1　　相模式部大夫時弘
康元 1・1・1　　相模式部大夫
　　 1・1・11　相模式部大夫時弘
　　 1・6・29　相模式部大夫
正嘉 1・1・3　　式部大夫時弘
　　 1・2・2　　相模式部大夫時弘
　　 1・6・1　　式部大夫
　　 1・10・1　相模式部大夫時広
　　 1・12・24　相模式部大夫
　　 1・12・29　相模式部大夫時広
　　 2・1・1　　相模式部大夫
　　 2・1・10　相模式部大夫時広
　　 2・3・1　　越前守時広
　　 2・6・11　越後守時弘〈マヽ〉
　　 2・6・17　越前々司
　　 2・8・15　越前々司〈守〉時弘
　　 2・11・19　越前守時弘
文応 1・1・1　　越前々司時広
　　 1・1・2　　越前々司時広
　　 1・1・11　越前々司時広
　　 1・1・20　越前々司時広
　　 1・2・20　越前々司
　　 1・4・3　　越前々司時広
　　 1・7・29　越前々司時広
　　 1・11・21　越前々司時広
　　 1・11・27　越前々司時広
弘長 1・1・1　　越前々司
　　 1・1・5　　越前々司
　　 1・1・26　越前々司時弘
　　 1・2・7　　越前々司
　　 1・3・25　越前々司時広
　　 1・5・5　　越前々司
　　 1・7・12　越前々司
　　 1・7・29　越前々司
　　 1・8・15　越前々司
　　 1・10・4　越前々司時広

弘長 1・11・11　越前々司
　　 3・1・1　　越前々司時広
　　 3・1・2　　越前々司時広
　　 3・1・7　　越前々司明〈時〉広
　　 3・1・10　越前々司時広
　　 3・1・23　越前〈後〉々司
　　 3・4・21　越前々司
　　 3・4・26　越前々司時広
　　 3・6・26　越前々司時広
　　 3・8・6　　越前々司
　　 3・8・9　　越前々司時広
　　 3・8・15　越前々司時広
　　 3・8・16　越前々司時広
文永 2・1・1　　越前々司時広
　　 2・1・3　　越前々司時広
　　 2・1・15　越前々司時広
　　 2・2・3　　越前々司
　　 2・6・11　前越前守時広
　　 2・6・23　越前々司
　　 3・1・1　　越前々司晴〈時広〉
　　 3・3・6　　越前々司時広
　　 3・3・30　越前々司時広
　　 3・7・4　　越前々司時広

時　光　　結城（小山）
嘉禎 3・3・8　　上野弥四郎
暦仁 1・1・2　　同（上野）弥四郎
仁治 1・3・7　　上野弥四郎右衛門尉
　　　　　　　　　時光
　　 1・8・2　　上野弥四郎右衛門尉
寛元 1・7・17　上野弥四郎左衛門尉
　　 2・8・15　上野弥四郎左衛門尉
　　　　　　　　　時光
　　 4・7・11　上野弥四郎左衛門尉
　　　　　　　　　時光
宝治 2・1・3　　上野弥四郎左衛門尉
建長 2・1・3　　上野弥四郎左衛門尉
　　　　　　　　　時光
　　 3・1・1　　上野弥四郎右衛門尉
　　　　　　　　　時光
　　 3・1・20　上野弥四郎右衛門尉
　　 4・4・3　　上野弥四郎左衛門尉
　　　　　　　　　時光
　　 4・8・1　　上野弥四郎左衛門尉
康元 1・1・1　　上野右衛門尉
　　 1・11・23　上野四郎左衛門尉時
　　　　　　　　　光法名

— 190 —

第Ⅰ部　人名索引（し）

時　光　豊島
仁治2・4・25　豊島又太郎時光

時　光　伊東
宝治2・1・3　伊東次郎左衛門尉
　　2・1・15　伊東次郎左衛門尉
建長2・1・16　伊東次郎左衛門尉時光

時　光　波多野
建長3・1・2　出雲次郎光時(マヽ)
　　6・1・3　同(出雲)次郎時光
正嘉1・12・29　出雲次〈二〉郎左衛門尉時光
　　2・1・1　波多野出雲左〈右〉衛門尉
文応1・4・3　出雲次郎左衛門尉
弘長1・1・2　出雲次郎左衛門尉時光
　　1・6・18　波多野出雲二郎左衛門尉時光
　　1・8・15　出雲二郎左衛門尉時光

時　光　→二宮時元
建長4・1・14　二宮弥次郎時光
正嘉2・1・15　二宮弥次郎時光
弘長1・1・14　二宮弥次郎時光

時　幸　名越(北条)
寛喜1・1・3　越後四郎
　　3・1・25　越後四郎時幸
天福1・1・2　同(越後)四郎
　　1・1・3　越後四郎
暦仁1・12・25　遠江修理亮時幸
延応1・1・2　同(周防)修理亮時幸
仁治1・1・1　修理亮時幸
　　2・1・3　遠江修理亮時幸
寛元1・7・17　遠江修理亮
　　2・1・3　遠江修理亮
　　4・5・25　遠江修理亮時幸
　　4・6・1　入道修理亮従五位下平朝臣時幸卒

時　綱　上条
建保1・2・16　上条三郎時綱

時　綱　佐貫
承久3・6・18　同(佐貫)八郎,佐野〈貫〉八郎
仁治2・6・28　故佐貫八郎時綱

時　綱　岡辺
貞応1・7・3　岡辺左衛門尉時綱

時　綱　宇都宮
嘉禎2・8・4　美作前司，前美作守
寛元1・7・17　美作前司
宝治1・6・5　美作前司時綱
　　1・6・22　宇都宮美作前司時綱

時　国　渋谷
文治3・4・29　渋谷四郎
　　5・7・19　同(渋谷)四郎時国
建久6・3・10　渋谷四郎
承久3・6・18　渋谷四郎(討死)

時　氏　北条
建保1・1・3　武蔵大郎
承久3・5・22　武州〈蔵〉太郎時氏
　　3・5・25　同(武州)太郎
　　3・6・6　武蔵太郎時氏
　　3・6・12　太郎時氏
　　3・6・14　武蔵太郎，太郎時氏
　　3・6・18　武蔵太郎
　　3・6・19　武蔵太郎時氏
元仁1・6・29　武蔵太郎時氏武州一男
　　1・⑦・27　武蔵太郎
　　1・8・29　武蔵太郎
嘉禄2・10・18　武蔵太郎
安貞1・5・23　修理亮時氏
　　1・7・4　六波羅修理亮
　　1・7・11　匠作
　　1・8・18　匠作
　　2・7・23　修理亮
寛喜2・4・11　六波羅匠作
　　2・5・27　修理亮時氏
　　2・6・18　修理亮平朝臣時氏逝卒〈去〉年二十八
　　2・6・22　匠作
　　2・9・18　故修理亮
貞永1・5・18　故修理亮時氏
文暦1・3・5　匠作
嘉禎3・4・22　故修理亮時氏

― 191 ―

第Ⅰ部 人名索引（し）

　　　嘉禎3・6・1　　故修理亮
　　　仁治2・9・3　　故匠作時氏
　　　宝治1・5・13　 故修理亮時氏
　　　　　1・6・2　　故匠作時氏

時　　氏　　→北条時茂
　　　建長4・4・14　陸奥弥四郎時氏

時　　治
　　　弘長3・8・15　佐介越後四郎時治

時　　実　　平
　　　文治1・4・11　左中将時実
　　　　　1・4・26　時実
　　　　　1・6・2　　前左中将時実
　　　　　1・11・3　 前中将時実
　　　　　1・11・20　讃岐中将時実朝臣
　　　　　1・12・1　 前中将時実
　　　　　1・12・26　前中将時実朝臣
　　　　　2・1・5　　前中将時実朝臣
　　　　　2・2・7　　前中将時実朝臣
　　　　　5・2・22　 時実
　　　　　5・5・17　 前中将時実朝臣

時　　実　　北条
　　　嘉禄1・12・20　同(武州)次郎
　　　　　2・12・21　武蔵〈州〉次郎時実
　　　安貞1・6・18　 武蔵次郎時実年十六
　　　　　　　　　　　　（殺害さる）
　　　　　1・6・19　 武蔵次郎
　　　　　1・7・4　　次郎主

時　　実　　南部
　　　建長4・4・14　南部又次郎時実
　　　　　4・7・8　　南部又次郎時実
　　　　　4・9・25　 南部又次郎時実
　　　康元1・7・17　南部又次郎時実
　　　弘長1・9・3　　南部又次郎

時　　秀　　佐々木
　　　貞応2・10・21　時秀

時　　秀　　野本
　　　嘉禎2・8・4　　野本太郎時秀

時　　秀　　千葉
　　　仁治2・8・15　上総式部丞時秀

　　　仁治2・11・4　上総式部大夫
　　　寛元1・7・17　上総式部大夫
　　　　　3・8・15　上総式部大夫時秀
　　　　　3・8・16　上総式部大夫
　　　　　4・8・15　上総式部大夫
　　　宝治1・6・7　（秀胤）嫡男式部大夫
　　　　　　　　　　時秀
　　　　　1・6・22　同(秀胤)子息式部大
　　　　　　　　　　夫時秀

時　　秀
　　　宝治1・5・14　美濃左近大夫将監
　　　　　1・6・22　美濃左近大夫将監時
　　　　　　　　　　秀

時　　秀　　長井(大江)
　　　宝治1・11・15　長井大郎
　　　建長2・8・18　長井太郎
　　　　　2・12・27　長井太郎
　　　　　4・4・1　　甲斐太郎時秀
　　　　　4・4・3　　長井大郎時秀
　　　　　4・4・14　 長井大郎時秀
　　　　　4・8・1　　長井大郎時秀
　　　　　4・12・17　長井大郎時秀
　　　　　6・8・15　 長井五〈太〉郎時秀
　　　　　6・12・1　 長井大郎
　　　康元1・1・1　　長井大郎
　　　　　1・1・5　　長井太郎時秀
　　　　　1・1・11　 長井太郎時秀
　　　　　1・6・29　 長井太郎
　　　　　1・7・17　 長井大郎時秀
　　　　　1・8・15　 長井太郎
　　　　　1・8・23　 長井大郎時秀
　　　正嘉1・1・1　　長井大郎時秀
　　　　　1・2・2　　長井太郎時秀
　　　　　1・③・2　　長井太郎時秀
　　　　　1・8・15　 長井大郎時秀
　　　　　1・10・1　 長井大郎時秀
　　　　　1・10・13　甲斐太郎時秀
　　　　　1・12・6　 甲斐太郎
　　　　　2・1・1　　長井太郎
　　　　　2・1・2　　長井太郎時秀
　　　　　2・1・10　 長井大郎時秀
　　　　　2・6・4　　長井太郎時秀
　　　文応1・1・1　　長井宮内権大夫，宮
　　　　　　　　　　内権大輔時秀
　　　　　1・1・11　 宮内権大夫時秀

— 192 —

第Ⅰ部　人名索引（し）

文応 1・1・20　宮内権大輔時秀
　　 1・2・20　宮内権大輔
　　 1・3・27　宮内権大輔時秀
　　 1・4・3　　宮内権大輔時秀
　　 1・11・22　宮内権大輔時秀
　　 1・12・26　宮内権大輔時秀
弘長 1・1・1　　宮内権大輔時秀
　　 1・1・7　　宮内権大輔
　　 1・3・20　宮内権大輔時秀
　　 1・4・24　宮内権大輔
　　 1・7・12　宮内権大輔
　　 1・8・13　宮内権大輔
　　 1・9・20　宮内権大輔
　　 1・10・4　宮内権大輔
　　 3・1・1　　宮内権大輔時秀
　　 3・1・7　　宮内権大輔時秀
　　 3・1・23　宮内権大輔
　　 3・8・8　　宮内権大輔
　　 3・12・17　宮内権大輔時秀
　　 3・12・24　宮内権大輔
文永 2・6・11　宮内権大輔大江時秀
　　 2・6・23　宮内権大輔
　　 3・3・6　　宮内権大輔時秀

時　重　　横山時広父
建保 1・5・2　　横山権守時重

時　重
建長 2・5・28　壱岐七郎左衛門尉時
　　　　　　　　重
康元 1・6・2　　同(壱岐)七郎左衛門
　　　　　　　　尉

時　重　　葛西
建長 3・1・20　葛西七郎時重

時　尚　　→北条業時
仁治 1・1・2　　陸奥七郎時尚
　　 1・1・3　　陸奥七郎時尚

時　章　　名越(北条)
暦仁 1・12・25　式部丞時章
延応 1・1・3　　遠江式部大夫時章
仁治 1・3・7　　式部大夫時章
　　 2・1・3　　遠江式部大夫時章
　　 2・6・16　(筑後国)守護人遠江
　　　　　　　　式部大夫

仁治 2・8・25　遠江式部大夫時章
　　 2・11・4　 遠江式部大夫
寛元 1・7・17　遠江式部大夫
　　 1・8・24　遠江式部大夫時章
　　 1・9・5　　遠江式部大夫
　　 2・1・3　　遠江式部大夫時章
　　 2・4・21　遠江式部大夫時章
　　 2・6・13　遠江式部大夫時章
　　 2・8・15　遠江式部大夫時章
　　 4・5・25　尾張守時章
　　 4・8・15　尾張守
宝治 1・12・5　名越尾張前司
　　 1・12・29　名越尾張前司
　　 2・1・1　　尾張前司
　　 2・1・3　　尾張前司
　　 2・1・7　　尾張前司
　　 2・9・9　　尾張前司時章朝臣
　　 2・10・6　 尾張前司
　　 2・12・10　尾張前司時章
建長 2・1・3　　尾張前司時章
　　 2・1・16　尾張前司
　　 2・3・25　尾張前司
　　 2・3・26　尾張前司
　　 2・4・4　　尾張前司
　　 3・1・1　　尾張前司時章
　　 3・6・5　　尾張前司時章
　　 3・6・20　尾張前司
　　 3・8・15　尾張前司時章
　　 3・8・21　尾張前司
　　 3・11・13　尾張前司
　　 4・1・1　　尾張前司時章
　　 4・1・3　　尾張前司
　　 4・4・1　　尾張前司
　　 4・4・3　　尾張前司時章
　　 4・4・14　尾張前司時章朝臣
　　 4・4・24　尾張前司
　　 4・4・30　尾張前司時章
　　 4・5・17　前尾州
　　 4・8・1　　尾張前司時章
　　 4・8・6　　前尾張守時章
　　 4・11・11　尾張前司時章
　　 4・11・20　尾張前司時章
　　 4・12・17　尾張前司時章
　　 5・1・3　　尾張守時章,尾張前司
　　　　　　　　時章
　　 5・1・16　尾張前司時章
　　 5・8・15　尾張前司時章

— 193 —

第Ⅰ部　人名索引（し）

建長5・12・21⟨22⟩　尾張前司時章
　　6・1・1　尾張前司⟨守⟩時景⟨章⟩
　　6・1・2　尾張前司時景⟨章⟩
　　6・1・3　尾張前司時景⟨章⟩
　　6・1・22　尾張前司時章
　　6・7・20　尾張前司
　　6・12・1　尾張前司
康元1・1・1　尾張前司
　　1・1・5　尾張前司時章
　　1・1・14　尾張前司時章
　　1・4・29　前尾張守時章
　　1・6・8　時章
　　1・8・23　尾張前司
正嘉1・1・1　尾張前司時章
　　1・1・2　尾張前司時章
　　1・2・26　尾張前司時章
　　1・③・2　尾張前司時章
　　1・8・18　前尾州時章
　　1・10・1　尾張前司時章
　　2・1・1　尾張前司時章
　　2・1・2　尾張前司時章
　　2・5・5　尾張前司, 前尾州
　　2・5・8　尾張前司
　　2・5・29　尾張前司
　　2・6・17　尾張前司
文応1・1・1　尾張前司時章
　　1・1・2　尾張前司時章
　　1・1・11　尾張前司時章
　　1・3・21　尾張前司時章
　　1・4・3　前尾州, 尾張前司時章
　　1・12・25　尾張前司
弘長1・1・1　尾張前司
　　1・1・7　尾張前司
　　1・2・7　尾張前司時章
　　1・2・11　尾張前司時章
　　1・3・20　尾張前司時章
　　1・7・13　尾張前司
　　1・7・29　尾張前司
　　3・1・1　尾張前司時章
　　3・1・2　尾張前司時章
　　3・5・29　前尾州
　　3・8・8　尾張前司
　　3・8・9　尾張前司時章
　　3・11・22　尾張前司時章
文永2・1・6　尾張入道見西
　　3・3・6　尾張入道見西

時　常　　垣生（千葉）
宝治1・6・7　下総次郎時常（自殺，秀胤舎弟）
　　1・6・17　垣生次郎
　　1・6・22　垣生次郎時常

時　信　　小野
承久3・6・8　小野蔵人時信

時　信　　佐貫
仁治2・6・28　時綱養子太郎時信
寛元1・7・17　佐貫大郎

時　親　　大岡
建仁3・9・2　大岡⟨岳⟩判官時親
元久2・6・21　備前守時親
　　2・8・5　大岡備前守時⟨晴⟩親

時　親　　三村
仁治1・8・2　三村右衛門尉
　　2・11・4　三村右衛門尉
寛元3・8・15　三村新左衛門尉親時
　　　　　　（マヽ）
宝治2・1・3　三村新左衛門尉
建長2・1・16　三村新左衛門尉親時
　　　　　　（マヽ）
　　2・12・27　三村新左衛門尉
　　3・1・3　三村新左衛門尉時親
　　3・1・11　三村左衛門尉時親
　　3・1・20　三村新左衛門尉時親
　　3・10・19　三村新左衛門尉
　　4・4・14　三村新左衛門尉時親
　　4・4・17　三村左衛門尉時親
　　4・4・24　三村左衛門尉
　　5・1・2　三村新左衛門尉時親
　　5・8・15　三村新左衛門尉時親
　　6・1・1　三村新左衛門尉時親
正嘉1・8・15　三村新左衛門尉時親
弘長1・1・1　三村左衛門尉
　　1・4・24　三村新左衛門尉
　　1・8・15　三村新左衛門尉時親

時　親　　北条
寛元3・8・15　越後右馬助時親
　　4・8・15　越後右馬助時親
宝治1・4・26　越後右馬助時親
　　1・5・14　越後右馬助

— 194 —

第Ⅰ部　人名索引（し）

建長4・4・3　越後右馬助時親
　　5・1・3　越後右馬助時親
　　5・1・16　越後右馬助時親
　　5・5・5　越後右馬助時親
　　6・1・1　越後右馬助時親
　　6・1・22　越後右馬助時親
　　6・8・15　越後右馬助時親
康元1・1・1　越後右馬助
　　1・1・11　越後右馬助時親
　　1・6・29　越後右馬助
　　1・8・15　越後右馬助時親
正嘉1・10・1　越後右馬助時親
　　1・12・24　越後右馬助
　　1・12・29　越後右馬助時親
　　2・1・1　越後右馬助
　　2・1・2　越後右馬助
　　2・1・10　越後右馬助時親
　　2・6・17　越後右馬助
文応1・1・1　越後右馬助
　　1・1・11　越後右馬助時親
　　1・1・20　越後右馬助時親
　　1・4・1　越後右馬助
弘長1・1・1　越後右馬助
　　1・4・24　越後右馬助
　　1・8・15　越後右馬助時親
文永2・1・3　右馬助時親
　　2・2・3　越後右馬助
　　3・3・30　右馬助時親〈範〉

時　　親　　藤沢
康元1・1・4　藤沢左近将監
　　1・1・9　藤沢左近将監
　　1・1・13　藤沢左近将監時親
正嘉2・1・11　藤沢左近将監時親
　　2・1・15　藤沢左近将監時親
文応1・1・12　藤沢左近将監
　　1・1・14　藤沢左近将監

時　　成
文治1・12・6　時成

時　　成　　小野
承元2・8・20　（義成）嫡男左兵衛尉
　　　　　　　時成

時　　成　　北条
宝治2・8・15　相模三郎太郎時成

建長2・8・15　相模三郎太郎時成
　　2・8・18　相模三郎太郎
　　3・1・5　相模三郎太郎時成
　　3・1・20　同（相模）三郎太郎

時　　政　　北条
治承4・4・27　北条四郎時政
　　4・8・4　北条殿
　　4・8・6　北条殿
　　4・8・9　北条四郎
　　4・8・17　北条殿
　　4・8・20　北条四郎
　　4・8・23　北条殿
　　4・8・24　北条殿
　　4・8・25　北条殿
　　4・8・27　北条殿
　　4・8・29　北条殿
　　4・9・1　北条殿
　　4・9・8　北条殿
　　4・9・15　北条殿
　　4・9・20　北条殿
　　4・9・24　北条殿
　　4・10・13　北条殿
　　4・10・18　北条殿
　　4・10・23　北条殿
　　4・12・12　北条殿
　　4・12・14　北条殿
養和1・1・6　北条殿
　　1・2・1　北条殿
寿永1・1・3　北条殿
　　1・3・15　北条殿
　　1・4・5　北条殿
　　1・8・20　外祖
　　1・11・10　北条殿
　　1・11・14　北条殿
元暦1・3・1　北条殿
　　1・12・3　北条殿
文治1・4・20　北条殿
　　1・5・15　北条殿
　　1・6・7　北条殿
　　1・8・24　北条殿
　　1・10・24　北条殿
　　1・11・25　北条殿
　　1・11・28　北条殿
　　1・11・29　北条殿
　　1・12・1　北条殿
　　1・12・6　北条殿

— 195 —

第Ⅰ部　人名索引（し）

文治	1・12・7	北条殿	文治	5・7・19 北条四郎
	1・12・8	北条殿		5・11・2 北条殿
	1・12・15	北条殿		5・11・24 北条殿
	1・12・16	北条殿		5・12・9 北条殿
	1・12・17	北条殿	建久	1・9・7 北条殿
	1・12・24	北条殿		1・9・21 北条殿
	1・12・29	北条殿		1・12・26 北条殿
	2・1・7	北条殿		2・2・4 北条殿
	2・1・9	北条殿		2・8・18 北条殿
	2・1・11	北条殿		2・9・29 北条殿
	2・1・29	北条殿		2・11・12 北条殿
	2・2・1	北条殿		2・11・23 北条殿
	2・2・7	北条殿		2・12・1 北条殿
	2・2・9	北条殿		2・⑫・2 北条殿
	2・2・13	北条殿		3・7・28 北条殿
	2・2・21	北条殿		3・11・29 北条殿
	2・2・22	北条殿		4・2・25 北条殿
	2・2・25	北条殿		4・5・2 北条殿
	2・2・27	北条殿		4・5・15 北条殿
	2・2・28	北条殿		4・5・29 北条殿
	2・3・1	北条殿		4・11・23 北条殿
	2・3・3〈2〉	北条殿		4・12・13 北条殿
	2・3・4	北条殿		5・2・2 北条殿
	2・3・7	北条殿		5・⑧・1 北条殿
	2・3・16	北条殿		5・11・1 北条殿
	2・3・23	北条殿		5・11・23 北条殿
	2・3・24	北条殿		6・1・20 北条殿
	2・3・27	北条殿		6・6・28 北条殿
	2・4・1	北条四郎主		6・7・10 北条殿
	2・4・8	北条殿		6・7・29 北条殿
	2・4・13	北条殿		6・8・13 北条殿
	2・5・13	北条殿		6・11・5 北条殿
	2・5・15	北条殿		6・11・20 北条殿
	2・6・17	北条殿	正治	1年首 遠江守時政
	2・7・27	時政		1・2・4〈6〉北条殿
	2・9・13	北条四郎時政		1・4・12 北条殿
	2・11・5	北条殿		1・5・13 北条殿
	3・2・28	北条殿		1・11・8 北条殿
	3・8・8	北条時政		2・1・1 北条殿
	3・8・19	時政		2・1・13 北条殿
	3・9・13	北条殿		2・1・20 北条殿
	3・10・8	北条殿		2・1・25 北条殿
	3・11・25	北条殿		2・4・9 北条殿
	3・12・10	北条殿		2・10・22 遠州
	4・6・4	時政	建仁	1・4・3 遠州
	5・4・18	北条殿		1・5・6 遠州
	5・6・6	北条殿		1・5・13 遠州

— 196 —

第Ⅰ部　人名索引（し）

建仁1・10・27　遠州
　　2・4・3　遠州
　　2・6・1　遠州
　　2・7・16　遠州
　　2・8・18　遠州
　　3・2・11　遠州
建仁3年首　　遠江守時政
　　3・9・2　北条殿, 遠州
　　3・9・4　遠州
　　3・9・5　遠州
　　3・9・6　遠州
　　3・9・10　遠州
　　3・9・15　遠州
　　3・9・21　遠州
　　3・10・8　遠州
　　3・10・9　遠州
　　3・10・27　遠州
　　3・11・23　遠州
元久1・2・20　遠州
　　1・2・22　遠州
　　1・4・18　遠州
　　1・5・8　遠州
　　1・6・8　遠州
　　1・7・26　遠州
　　1・11・13　遠州
　　2・1・1　遠州
　　2・2・21　遠州
　　2・4・11　遠州
　　2・6・21　遠州
　　2・6・22　遠州
　　2・6・23　遠州
　　2・⑦・19　遠州
　　2・⑦・20　遠州禅室
　　2・8・5　遠州
　　2・11・3　遠州禅室
承元1・11・19　遠州禅門
建保3・1・8　入道遠江守従五位下
　　　　　　平朝臣年七十八卒去
　　4・3・30　故遠州禅室
承久1・2・15　遠江守時政

時　清
文治1・11・20　八島冠者時清

時　清
嘉禎1・6・29　壱岐三郎時清
　　3・4・22　壱岐小三郎左衛門尉

嘉禎3・6・23　壱岐小三郎左衛門尉
　　　　　　時清
暦仁1・2・17　壱岐小三郎左衛門尉
　　1・2・28　壱岐三郎左衛門尉時
　　　　　　清
　　1・6・5　壱岐三郎左衛門尉時
　　　　　　清
仁治1・8・2　壱岐小三郎左衛門尉

時　清
寛元3・10・13　(医師)時清

時　清　　佐々木
建長2・1・16　隠岐新左衛門尉時清
　　2・12・27　隠岐新左衛門尉
　　3・1・1　隠岐新左衛門尉時清
　　3・10・19　隠岐新左衛門尉
康元1・1・11　隠岐次郎左衛門尉時
　　　　　　清
　　1・7・17　隠岐次郎左衛門尉時
　　　　　　清
　　1・8・15　隠岐次郎左衛門尉時
　　　　　　清
　　1・8・23　隠岐三郎左衛門尉時
　　　　　　臣〈清〉
正嘉1・2・2　隠岐次〈二〉郎左衛門
　　　　　　尉時清
　　1・6・23　隠岐次〈二〉郎左衛門
　　　　　　尉時清
　　1・8・15　隠岐次郎左衛門尉時
　　　　　　清
　　1・10・1　隠岐次郎左衛門尉時
　　　　　　清
　　1・12・24　隠岐次〈二〉郎左衛門
　　　　　　尉
　　1・12・29　隠岐次〈二〉郎左衛門
　　　　　　尉時清
　　2・1・1　隠岐次郎左衛門尉
　　2・1・2　隠岐次郎左衛門尉時
　　　　　　清
　　2・1・7　隠岐次〈二〉郎左衛門
　　　　　　尉
　　2・1・10　隠岐次郎左衛門尉時
　　　　　　清
　　2・6・4　隠岐次郎左衛門尉時
　　　　　　清
　　2・6・11　信濃次郎左衛門尉時

— 197 —

第Ⅰ部 人名索引（し）

文応1・1・1 信濃次郎左衛門尉時清
1・1・2 信濃次郎左衛門尉時清
1・1・11 信濃次郎左衛門尉時清
1・2・20 信濃次郎左衛門尉
1・4・3 信濃次郎左衛門尉時清
1・11・21 信濃次郎左衛門尉時清
1・12・26 信濃次郎左衛門尉時清
弘長1・1・1 信濃二郎左衛門尉時清
1・1・7 信濃二郎左衛門尉
1・2・7 信濃二郎左衛門尉時清
1・4・24 信濃二郎左衛門尉
1・4・25 信濃二郎左衛門尉
1・7・12 信濃左衛門尉
1・8・15 信濃二郎左衛門尉時清
3・1・1 信濃左衛門尉時清
3・1・7 信濃左衛門尉時清
3・1・10 信濃判官時清
3・1・23 信濃判官
3・7・13 信濃判官
3・8・13 信濃判官
3・8・9 信濃判官時清
3・8・15 信濃判官時清
文永2・6・23 信濃大夫判官
2・7・16 信濃大夫判官

時　清　葛西
建長4・4・3 伯耆三郎左衛門尉時清
康元1・6・29 伯耆三郎左衛門尉

時　盛　北条
元仁1・6・29 掃部助時盛 相州一男
1・⑦・27 掃部助
1・8・29 相模掃部助
嘉禎1・7・29 時盛
暦仁1・2・28 越後守時盛
1・6・5 越後守時盛

延応1・4・24 越後守
仁治1・1・3 越州
1・2・7 六波羅越後守
1・7・9 六波羅越後守時盛
寛元4・6・27 入道越後守時盛
宝治1・1・30 越後入道勝円
1・2・6 越後入道
1・3・27 越後入道
1・6・11 越後入道勝円
1・6・16 越後入道
建長2・12・9 越後入道勝円
4・3・21 入道越後守時盛
文永2・1・3 越後入道勝円〈円勝〉
3・7・4 越後入道勝円

時　盛　平
承久1・1・27 平勾当時盛

時　盛　安達
建長2・1・1 同(城)四郎時盛
2・8・18 同(城)四郎
4・4・14 同(城)四郎時盛
4・9・25 城四郎時盛
4・11・11 城四郎
5・1・2 同(城)四郎時盛
5・1・3 同(城)四郎時盛
康元1・6・29 同(城)四郎
1・7・17 城四郎
1・8・23 城四郎時盛
正嘉1・6・23 城四郎左衛門尉時盛
1・8・15 城四郎左衛門尉時盛
1・10・1 城四郎左衛門尉時盛
1・12・24 城四郎左衛門尉
2・1・1 城四郎左衛門尉時盛
2・6・4 城四郎左衛門尉時盛
2・6・11 城四郎左衛門尉時盛
2・6・17 同(城)四郎左衛門尉
2・8・15 城四郎左衛門尉時盛
文応1・1・1 城四郎左衛門尉
1・1・11 城四郎左衛門尉時盛
1・1・20 城四郎左衛門尉時盛
1・2・20 城四郎左衛門尉
1・4・3 城四郎左衛門尉時盛
1・7・29 城四郎左衛門尉時盛
1・11・22 城四郎左衛門尉時盛
弘長1・1・1 城四郎左衛門尉時盛

— 198 —

第Ⅰ部　人名索引（し）

弘長 1・7・12　城四郎左衛門尉
　　 1・10・4　城四郎左衛門尉時盛
　　 3・1・1　 城四郎左衛門尉時盛
　　 3・1・10　城四郎左衛門尉時盛
　　 3・1・23　同(城)四郎左衛門尉
　　 3・7・13　城四郎左衛門尉
　　 3・11・22 城四郎左衛門尉時盛

時　宗　長沼
安貞 2・7・23　長沼四郎左衛門尉
　　 2・10・15 長沼左衛門尉
嘉禎 3・4・22　淡路四郎左衛門尉
　　 3・6・23　淡路四郎左衛門尉時宗
暦仁 1・2・17　淡路四郎左衛門尉
　　 1・2・28　淡路四郎左衛門尉時宗
仁治 2・11・29 長沼左衛門尉時宗
寛元 2・8・16　淡路四郎左衛門尉
　　 3・8・16　淡路四郎左衛門尉
　　 4・8・15　長沼淡路守

時　宗　→時家
嘉禎 3・6・23　筑後図書助時宗

時　宗　北条
建長 3・5・15　若君(生誕)
　　 3・5・27　若君
　　 3・10・21 若公
正嘉 1・2・26　相州禅室若公御名正寿、七歳、時宗
　　 1・3・2　 相模太郎
　　 1・6・23　相模太郎
　　 1・11・23 相模大郎七歳
　　 2・2・25　相模大郎
　　 2・3・1　 相模大郎
　　 2・6・11　相模大郎
　　 2・6・17　相模大郎
　　 2・7・11　相模大郎
　　 2・7・18　相模大郎
文応 1・1・1　 相模太郎
　　 1・1・11　相模太郎
　　 1・1・20　相模太郎
　　 1・3・21　相模太郎
　　 1・3・27　相模太郎
　　 1・4・3　 相模太郎
　　 1・6・18　相模大郎

文応 1・7・6　 相模大郎, 平時宗
　　 1・8・7　 相模大郎
　　 1・8・12　相模大郎
　　 1・8・17　相模大郎
　　 1・11・10 相模大郎
　　 1・11・11 相模大郎, 時宗
　　 1・11・21 相模大郎
　　 1・11・22 相模大郎
　　 1・12・16 相模大郎
　　 1・12・26 相模大郎
弘長 1・1・4　 相模太郎
　　 1・1・7　 相模太郎
　　 1・1・9　 相模太郎
　　 1・1・14　相模太郎
　　 1・4・23　相模太郎十一歳
　　 1・4・24　相模太郎
　　 1・4・25　太郎
　　 1・8・13　相模太郎
　　 1・8・15　相模太郎
　　 1・10・4　相模太郎
　　 1・11・26 相模太郎
　　 3・1・1　 左馬権頭時宗
　　 3・1・8　 左典厩
　　 3・1・9　 左典厩
　　 3・5・17　左典厩
　　 3・6・13　左典厩
　　 3・8・15　左典厩
　　 3・9・10　左典厩
　　 3・10・17 左典厩
　　 3・11・25 左典厩
文永 2・1・1　 左典厩
　　 2・1・3　 左典厩
　　 2・2・3　 左典厩
　　 2・④・20　左典厩
　　 2・6・23　相州
　　 2・7・24　左典厩
　　 2・8・13　左典厩
　　 2・8・16　相州
　　 2・10・26 相州
　　 3・1・1　 相州
　　 3・1・2　 相州
　　 3・1・11　相州
　　 3・1・25　相州
　　 3・3・28　相模守
　　 3・5・25　相州
　　 3・6・20　相州
　　 3・6・23　相州

— 199 —

第Ⅰ部　人名索引（し）

```
           文永3・7・3    相州
              3・7・4    相州

時　　村　　北条
     建保6・5・5    次⟨二⟩郎時村
     承久2・1・14   次郎時村(出家, 行念)
        2・10・11  相模次郎入道行念

時　　村　　宇都宮
     寛元1・7・17   宇都宮掃部助
     宝治1・6・22   同(時綱)子息掃部助

時　　村　　幸嶋
     寛元2・6・13   幸嶋次郎
        3・8・15   幸嶋次郎時村
     建長2・3・25   幸嶋小次郎
        2・3・26   幸嶋小次郎時村
        3・8・21   幸島次郎
        3・8・24   桑⟨幸⟩島二郎
     文応1・1・20   寺嶋小次郎 時 村 (マ
                    ヽ)

時　　村　　土屋
     寛元2・8・15   土屋次郎時村

時　　村　　北条
     康元1・6・29   同(陸奥)三郎
        1・8・23   陸奥三郎時村
     正嘉1・1・1    陸奥三郎時村
        1・2・26   陸奥三郎時村
        1・6・23   陸奥三郎時村
        1・10・1   新相模三郎時村
        1・12・24  新相模三郎
        2・1・1    新相模三郎時村
        2・1・2    新相模三郎時村
        2・1・3    新相模三郎時村
        2・6・4    新相模三郎時村
        2・6・11   新相模三郎時村
        2・6・12   新相模三郎時村
        2・6・17   新相模三郎
        2・8・15   新相模三郎時村
     文応1・1・1    新相模三郎時村
        1・1・2    新相模三郎時村
        1・1・3    新相模三郎時村
        1・1・11   新相模三郎時村
        1・1・20   新相模三郎時村
        1・2・20   新相模三郎
```

```
     文応1・4・3    新相模三郎時村
        1・7・29   新相模三郎時村
        1・11・22  新相模三郎時村
        1・12・26  新相模三郎時村
     弘長1・1・1    新相模三郎時村
        1・1・3    新相模三郎時村
        1・1・7    新相模三郎
        1・2・11   相模三郎時村
        1・2・15   相模三郎
        1・4・24   新相模三郎
        1・6・27   新相模三郎時村
        1・8・15   新相模三郎時村
        1・9・20   新相模三郎
        1・10・4   新相模三郎
        1・11・11  新相模三郎
        3・1・1    相模左近大夫将監時
                  村
        3・1・2    相模左近大夫将監時
                  村
        3・1・7    相模左近大夫将監時
                  村
        3・1・10   左近大夫将監時村
        3・1・23   相模左近大夫将監
        3・4・14   相模左近大夫将監,
                  左親衛
        3・8・9    左近大夫将監時村
        3・8・15   相模左近大夫将監時
                  村
        3・8・16   相模左近大夫将監時
                  村
     文永2・1・3    左近大夫将監時村
        2・6・13   左近大夫将監時村
        2・7・28   左近大夫将監時村
        3・1・2    左近大夫将監時村
        3・2・9    左近大夫将監時村

時　　沢
     治承4・12・28  出雲時沢
     養和1・7・21   雑色浜四郎時沢
     元暦1・5・12   雑色時沢
     文治1・4・12   雑色時沢
        5・2・22   雑色時沢
        5・8・23   時沢
     建久1・6・6    雑色時沢
        5・9・2    雑色時沢
        5・11・26  雑色時沢
        5・12・22  雑色時沢
```

— 200 —

第Ⅰ部　人名索引（し）

建久6・12・2　時沢

時　知　小田
建長4・11・11　小田左衛門尉時知〈弘〉
　　4・11・20　小田左衛門尉時知
　　4・12・17　小田左衛門尉時知
　　6・8・15　小田左衛門尉時知
康元1・6・29　小田左衛門尉
　　1・7・17　小田左衛門尉時知
　　1・7・29　小田左衛門尉
正嘉1・10・1　小田左衛門尉時知
　　2・6・17　小田左衛門尉
弘長1・8・15　小田左衛門尉時知
　　3・7・13　小田左衛門尉
　　3・8・9　小田左衛門尉時知

時　致〈宗〉　曾我
建久1・9・7　曾我五郎時致, 筥王
　　4・5・28　同(曾我)五郎時致〈宗〉
　　4・5・29　曾我五郎, 時致〈宗〉
　　4・5・30　時致〈宗〉
　　4・6・1　五郎

時　仲　小野沢
嘉禎1・6・29　小野沢次郎
寛元2・1・5　小野沢次郎
　　2・6・13　小野沢次郎
　　2・8・15　小野沢次郎時仲
　　3・7・26　小野沢次〈二〉郎時仲
宝治1・5・14　小野沢次郎
　　2・1・3　小野沢次郎
　　2・1・15　小野沢次郎
　　2・12・10　小野沢次郎時仲
建長2・1・16　小野沢次郎時仲
　　2・5・27　小野沢次郎時仲
　　2・12・27　小野沢次郎
　　3・1・1　小野沢次郎時仲
　　3・1・8　小野沢二郎
　　3・1・11　小野沢二郎時仲
　　3・1・20　小野沢次郎時仲
　　3・8・15　小野沢次郎時仲
　　3・10・19　小野沢次郎時仲
　　4・4・3　小野沢次郎時仲
弘長1・4・24　小野沢二郎
　　1・4・25　小野沢次郎

弘長1・7・12　小野沢二郎
　　1・8・14　小野沢次郎
　　1・8・15　小野沢二郎
　　1・9・19　小野沢次郎時仲
　　1・9・20　小野沢次郎時仲

時　仲　北条
寛元3・8・15　遠江四郎時仲

時　仲　北条
宝治1・11・15　武蔵〈藤〉四郎
　　1・12・10　武蔵四郎
　　2・1・1　武藤四郎(マヽ)
　　2・4・20　武蔵四郎
　　2・⑫・10　武蔵四郎時仲
建長2・1・1　武蔵四郎時仲
　　2・3・25　武蔵四郎
　　2・5・10　武蔵四郎
　　2・8・15　武蔵四郎時仲
　　2・8・18　武蔵四郎
　　2・12・27　武蔵四郎
　　3・1・1　武蔵四郎時仲
　　3・1・11　武蔵四郎時仲
　　3・1・20　武藤四郎(マヽ)
　　3・10・19　武蔵四郎
　　3・11・13　武蔵四郎
　　4・1・1　武蔵四郎
　　4・11・20　武蔵四郎時仲
　　4・12・17　武蔵四郎
　　5・1・3　武蔵四郎時仲
康元1・1・1　武蔵四郎
　　1・1・11　武蔵四郎時仲
　　1・6・29　同(武蔵)四郎
　　1・7・17　武藤〈蔵〉四郎時中
　　1・8・15　武蔵四郎時中〈仲〉
正嘉1・1・1　武蔵〈藤〉四郎時仲
　　1・2・2　武蔵四郎時仲
　　1・6・23　武蔵左近大夫将監時仲
　　1・6・24　左近大夫将監時仲
　　1・8・15　武蔵左近大夫将監時仲
　　1・10・1　武蔵左近大夫将監時仲
　　1・12・24　武蔵左近大夫将監
　　1・12・29　武蔵左近大夫将監時仲

— 201 —

第1部 人名索引（し）

正嘉 2・1・1　武蔵右〈左〉近大夫将
　　　　　　　監
　　 2・1・2　武蔵左近大夫将監時
　　　　　　　仲
　　 2・1・10　武蔵左近大夫将監時
　　　　　　　仲
　　 2・6・17　同（武蔵）左近大夫将
　　　　　　　監
　　 2・8・15　武蔵左近大夫将監時
　　　　　　　仲
文応 1・1・1　武蔵左近大夫将監時
　　　　　　　仲
　　 1・1・11　武蔵左近大夫将監時
　　　　　　　仲
　　 1・2・20　武藤〈蔵〉左近将監
弘長 1・1・1　武蔵左近大夫将監
　　 1・7・12　武蔵左近大夫将監
　　 1・8・15　武蔵右近大夫将監
　　 1・10・4　武蔵左近大夫将監時
　　　　　　　遠(マヽ)
　　 1・11・11　武蔵左近大夫将監

時　仲　小河
正嘉 2・3・1　小河新左衛門尉
文応 1・11・27　小河左衛門尉時仲
弘長 1・1・1　小河左衛門尉
　　 3・4・26　小河木工左衛門尉
　　　　　　　〈木工権頭〉時仲

時　忠　平
寿永 1・1・23　時忠卿
文治 1・3・24　平大納言時忠
　　 1・4・11　平大納言時忠
　　 1・4・26　平大納言
　　 1・5・16　時忠
　　 1・6・2　前大納言時忠
　　 1・9・2　前大納言時忠卿
　　 1・9・23　前大納言時忠卿
　　 5・3・5　前平大納言時忠卿
　　　　　　　(去月二十四日於能登国薨、
　　　　　　　六十二歳)
建久 2・5・12　大納言時忠卿
　　 4・5・10　平大納言時忠卿
　　 6・7・19　故平大納言時忠卿

時　忠　北条
建長 2・3・25　武蔵五郎

建長 2・8・18　武蔵五郎
　　 2・12・27　武蔵五郎
　　 3・1・1　同（武蔵）五郎時忠
　　 4・1・1　同（武蔵）五郎
　　 5・1・3　同（武蔵）五郎時忠
康元 1・1・5　武蔵五郎時忠
　　 1・1・11　同（武蔵）五郎時忠
　　 1・6・29　同（武蔵）五郎
　　 1・7・6　同（武蔵）五郎
　　 1・8・16　武蔵五郎時忠
　　 1・8・23　武蔵五郎時忠
正嘉 1・1・3　武蔵五郎時忠
　　 1・6・23　武蔵五郎時忠
　　 1・8・15　武蔵五郎時忠
　　 1・10・1　武蔵五郎時忠
　　 1・12・24　武蔵五郎
　　 1・12・29　武蔵五郎時忠
　　 2・1・1　武蔵五郎
　　 2・1・2　武蔵五郎時忠
　　 2・1・7　武蔵五郎
　　 2・6・4　武蔵五郎時忠
　　 2・6・11　武蔵五郎時忠
　　 2・6・12　武蔵五郎時忠
　　 2・6・17　同（武蔵）五郎
　　 2・8・15　武蔵五郎時忠
文応 1・1・1　武蔵五郎時忠
　　 1・1・11　武蔵五郎時忠
　　 1・1・20　武蔵五郎時忠
　　 1・2・20　武蔵五郎
　　 1・4・1　武蔵五郎
　　 1・4・3　武蔵五郎時忠
　　 1・11・27　武蔵五郎時忠
　　 1・12・26　武蔵五郎時忠
弘長 1・1・1　武蔵五郎時忠
　　 1・1・2　武蔵五郎時忠
　　 1・1・5　武蔵五郎
　　 1・1・7　同（武蔵）五郎
　　 1・4・24　武蔵五郎
　　 1・7・12　武蔵五郎時忠
　　 1・8・3　武蔵五郎
　　 1・8・15　武蔵五郎時忠
　　 1・9・20　武蔵五郎
　　 1・10・4　武蔵五郎時忠
　　 3・1・1　武蔵五郎時忠
　　 3・1・7　同（武蔵）五郎時忠
　　 3・1・10　武蔵五郎時忠
　　 3・8・11　武蔵五郎時忠

— 202 —

第Ⅰ部　人名索引（し）

時　　長　　藤原　　→伊達朝宗
　文治2・2・26　常陸介藤時長
　建久2・1・23　伊達常陸入道念西

時　　長　　大曾禰(安達)
　建久1・1・3　九郎藤次
　　　1・9・15　九郎藤次
　　　1・11・7　九郎藤次
　　　4・3・13　九郎藤次
　建保1・5・7　藤九郎次郎
　　　1・9・12　藤九郎次郎

時　　長　　丹波
　正治1・3・12　針博士丹波時長
　　　1・5・7　医師時長
　　　1・5・8　時長
　　　1・5・13　時長
　　　1・6・14　時長
　　　1・6・26　医師時長
　暦仁1・1・28　権侍医時長朝臣
　　　1・2・10　権侍医〈医師〉時長
　　　1・3・7　医師時長朝臣
　　　1・10・13　(医師)時長朝臣
　延応1・6・12　典薬頭時長朝臣
　寛元1・5・28　時長朝臣
　　　3・2・10　医道時長
　　　3・3・14　医師時長
　　　3・6・19　医師時長朝臣
　　　3・9・29　時長
　　　3・10・13　時長
　建長3・5・15　医師典薬頭時長朝臣

時　　長　　小笠原
　承久1・7・19　小笠原六郎
　貞応1・1・7　小笠原六郎時長
　　　1・7・3　小笠原六郎時長
　嘉禄2・9・22　小笠原六郎
　安貞2・3・9　小笠原六郎
　　　2・5・10　小笠原六郎
　　　2・6・26　小笠原六郎
　　　2・7・23　小笠原六郎
　　　2・7・24　小笠原六郎
　寛喜1・6・27　小笠原六郎時長
　　　1・9・17　小笠原六郎時長
　　　1・10・22　小笠原六郎
　　　2・①・23　小笠原六郎
　　　2・2・19　小笠原六郎
　嘉禎2・8・6　小笠原六郎

　嘉禎3・1・11　小笠原六郎
　　　3・4・19　小笠原六郎
　暦仁1・1・20　小笠原六郎
　　　1・2・17　小笠原六郎
　　　1・2・28　小笠原六郎時長
　　　1・12・3　小笠原六郎
　仁治2・1・5　小笠原六郎
　　　2・1・23　小笠原六郎
　　　2・11・4　小笠原六郎
　寛元1・7・17　小笠原六郎
　　　1・8・16　小笠原六郎
　　　3・8・16　小笠原六郎
　　　4・1・6　小笠原六郎
　弘長3・8・9　小笠原六郎

時　　長　　北条
　嘉禎3・4・22　遠江三郎
　暦仁1・1・3　遠江三郎
　　　1・2・17　遠江三郎
　　　1・6・7　遠江三郎時長主(補右衛門権少尉)
　　　1・12・3　遠江三郎左衛門尉
　仁治1・1・3　備前守時長
　　　2・1・3　備前守時長
　　　2・1・14　備前守
　　　2・3・15　備前守
　　　2・8・25　備前守
　寛元1・1・5　備前守
　　　1・1・19　備前守
　　　1・7・17　備前守
　　　1・9・5　備前守
　　　2・1・3　備前守時長
　　　2・4・21　備前守時長
　　　4・5・25　備前守時長
　　　4・8・15　備前守
　宝治1・5・14　備前々司
　　　2・1・3　備前々司
　　　2・3・3　備前守時長朝臣
　建長2・1・16　備前々司時長
　　　2・3・25　備前々司
　　　2・8・18　備前々司
　　　2・12・27　備前々司
　　　3・1・5　備前々司時長
　　　3・10・19　備前前司
　　　4・1・2　備前々司
　　　4・4・1　備前々司時長
　　　4・4・14　備前々司時長

第Ⅰ部 人名索引（し）

建長4・7・23	備前々司時長
4・8・1	備前々司時長
4・8・14	備前々司時長
4・8・26	前備前守従五位下平朝臣時長卒去

時　　長
暦仁1・2・28　中務権少輔時長

時　　長　　小山
建長4・7・23　小山五郎左衛門尉時長

時　　朝　　笠間（塩谷）
嘉禎1・6・29　笠間左衛門尉時朝
2・8・4　笠間左衛門尉
3・6・23　笠間左衛門尉時朝
暦仁1・2・17　笠間左衛門尉
1・5・20　左衛門少尉藤原時朝
　　　　　号笠間
仁治1・1・3　笠間左衛門尉時朝
2・8・25　笠間判官
2・11・4　笠間判官
寛元1・7・17　笠間判官
4・8・15　長門守
宝治2・1・3　長門守
建長3・11・13　長門前司
4・4・1　長門守時朝
4・4・14　長門守時朝
4・8・14　長門守時朝
6・8・15　長門前司時朝
康元1・6・29　長門守
正嘉1・2・2　長門前司時朝
1・8・15　長門前司時朝
1・10・1　長門前司時頼(マヽ)
2・1・1　長門前司
2・1・10　長門前司時朝
2・6・4　長門前司時朝
2・6・17　長門前司
弘長1・8・13　長門前司
3・1・1　長門前司時朝
3・1・7　長門前司時朝
3・8・8　長門前司
3・8・9　長門前司時朝
文永2・2・9　笠間前長門守従五位上藤原朝臣時朝卒
　　　　　年六十二

時　　朝　　小山
正嘉1・12・29　小山出羽四郎時朝

時　　直　　北条
安貞2・5・16　相模五郎時直
2・6・26　同(相模)五郎
2・6・30　相模五郎
2・7・23　相模五郎
2・7・24　相模五郎
2・8・13　相模五郎
2・10・15　同(相模)五郎時直
寛喜1・1・1　同(相模)五郎
1・1・2　同(相模)五郎
1・12・10　相模五郎時直
2・2・19　相模五郎
貞永1・7・15　相模五郎時直
天福1・1・2　相模五郎
嘉禎1・2・9　相模五郎
2・1・1　相模五郎
3・1・1　相模五郎
暦仁1・1・1　相模式部大夫
延応1・1・1　相模式部大夫時直
1・8・15　式部大夫時直
仁治1・1・1　相模式部大夫時直
2・11・4　相模式部大夫
寛元1・7・17　相模式部大夫
1・9・5　相模式部大夫
4・8・15　遠江守
建長2・3・25　遠江守
2・8・18　遠江守
2・12・27　遠江守
3・1・1　遠江守時直
3・1・8　遠江守
3・2・24　遠江守
3・10・19　遠江前司
3・11・12　遠江守
3・11・13　遠江前司
4・7・8　遠江守時直
4・8・14　遠江守時直
5・1・16　遠江前同時直
5・8・15　遠江前司
6・6・16　遠江前司
6・8・15　遠江前司時直
康元1・1・5　遠江前司時直
1・6・29　遠江前司
1・7・17　遠江前司
正嘉1・1・1　遠江前司時直

— 204 —

第Ⅰ部 人名索引（し）

正嘉1・1・3　遠江前司時直
　　1・2・10　遠江守時直朝臣
　　1・2・14　遠江守
　　1・8・15　遠江前司時直
　　2・1・1　遠江前司
　　2・1・2　遠江前司時直
　　2・6・17　遠江前司
　　2・8・15　遠江前司時直
文応1・1・1　遠江前司時直
　　1・1・11　遠江前司時直
　　1・4・3　遠江前司時直
弘長1・1・1　遠江前司時直
　　1・1・7　遠江前司
　　3・1・1　遠江前司
　　3・8・11　遠江前司時直
文永3・3・30　遠江前司時直
　　3・7・4　遠江前司時直

時　直　小笠原
延応1・1・5　小笠原三郎
宝治2・4・20　小笠原三郎
康元1・7・17　小笠原三郎時直
正嘉2・6・4　小笠原六郎三郎時直
　　2・6・17　小笠原六郎三郎
弘長1・8・15　小笠原六郎三郎時直

時　通　北条
建長5・1・3　同（遠江）次郎時通
　　5・3・18　遠江次郎時通
康元1・1・5　同（遠江）次郎時通
　　1・6・29　同（遠江）次郎
　　1・7・6　遠江次郎
　　1・8・20　遠江次郎
正嘉1・1・2　同（遠江）次郎時通
　　1・1・3　遠江次郎時通
　　1・6・23　遠江次郎時通
　　1・10・1　遠江次郎時通
　　1・12・29　遠江次〈二〉郎時通
　　2・1・1　遠江次郎
　　2・1・10　遠江次郎
　　2・11・19　遠江次郎時通
弘長1・3・25　遠江次郎時通

時　通　→小野寺通時
建長5・1・16　小野寺左衛門尉時通

時　定　北条

治承4・8・20　平六時定
文治2・3・24　平六時定
　　2・3・27　平六謙伏時定
　　2・5・25　平六傔仗時定
　　2・6・28　平六傔仗時定
　　2・7・1　平六傔仗時定
　　2・9・13　時定
　　2・9・25　平六兵衛尉時定
　　2・9・29　北条兵衛尉
　　2・10・16　北条兵衛尉
　　2・11・17　北条兵衛尉
　　3・9・13　時定
　　4・2・2　平六兵衛尉
建久1・8・3　時定，平六左衛門尉
　　2・11・14　北条平六左衛門尉
　　4・2・25　平六左衛門尉（卒），
　　　　　　　前左衛門尉平朝臣
　　　　　　　年四十九北条介時兼男
　　5・⑧・28　平六左衛門尉時定

時　定　市
安貞1・2・27　市右衛門尉時定

時　定　北条
天福1・1・1　同（相模）六郎
　　1・1・2　同（相模）六郎
文暦1・1・1　相模六郎
嘉禎1・6・29　相模六郎時定
　　2・1・1　相模六郎
　　3・1・1　相模六郎
　　3・3・8　相模六郎
　　3・4・22　相模六郎時定
　　3・6・23　相模六郎時定
暦仁1・1・1　相模六郎
　　1・2・17　相模六郎
　　1・2・28　相模六郎時定
　　1・6・5　相模六郎時定
延応1・1・1　相模右近大夫将監時
　　　　　　　定
　　1・8・15　右近大夫将監時定
仁治1・1・1　相模右近大夫将監時
　　　　　　　定
　　1・1・3　相模左近将監
　　1・8・15　相模右親衛
寛元1・7・17　相模右近大夫将監
　　1・8・24　相模右近大夫将監時
　　　　　　　定

— 205 —

第Ⅰ部　人名索引（し）

寛元2・1・2	相模右近大夫将監	
2・4・21	相模右近大夫将監時定	
2・8・15	相模左〈右〉近大夫将監時定	
3・8・15	相模右近大夫将監時定	
4・2・28	相模右近大夫将監	
4・7・11	相模左近大夫将監時定	
4・8・12	相模右近大夫将監	
4・8・15	相模右近大夫将監	
宝治2・1・3	相模右近大夫将監	
2・4・3	相模右近大夫将監時定朝臣	
2・10・6	相模右近大夫将監	
2・12・10	相模右近大夫将監時定	
建長2・3・25	相模左〈右〉近大夫将監	
2・8・18	相模左近大夫将監	
2・12・27	相模左近大夫将監	
3・1・1	相模右近大夫将監時定	
3・1・11	相模右近大夫将監時定	
3・1・20	相模右近大夫将監	
3・2・10	相模右近大夫将監時定	
3・3・10	相模右近大夫将監	
3・8・15	相模右近大夫将監時定	
3・8・21	相模右近大夫将監	
3・10・19	相模右近大夫将監	
3・11・13	相模右近大夫将監	
4・4・1	相模右近大夫将監時定	
4・4・2	相模右近大夫将監時定	
4・4・3	相模右近大夫将監時定	
4・4・14	相模右近大夫将監光（マヽ）	
4・7・8	相模右近大夫将監時定	
4・8・1	相模右近大夫将監時定	

建長4・8・14	相模右近大夫将監時定	
4・9・25	相模右近大夫将監時定	
4・12・17	相模右近大夫将監時定	
5・1・16	相模左近大夫将監時定	
5・3・8	右近大夫将監時定朝臣	
5・8・15	相模右近大夫将監時定	
6・1・22	相模右近大夫将監時定	
6・2・4	右近大夫将監時定	
6・8・15	相模右近大夫将監時定	
康元1・1・1	相州右近大夫将監	
1・1・5	相模右近大夫将監時定	
1・2・24	右近大夫将監時定朝臣	
1・2・29	時定朝臣	
1・6・29	相州〈模〉右近大夫将監	
1・10・23	右近大夫将監時定朝臣	

時　定　北条

寛元2・1・1	北条六郎
3・8・15	北条六郎時定
4・10・16	北条六郎
宝治1・2・23	北条六郎
1・6・5	北条六郎時定
1・11・15	北条六郎
1・12・10	北条六郎
2・1・1	北条六郎
2・4・20	北条六郎
2・8・15	北条六郎時定
2・⑫・10	北条六郎時定
建長2・1・1	北条六郎時定
2・3・25	北条六郎
2・5・10	北条六郎
2・8・15	北条六郎時定
2・8・18	北条六郎
2・12・27	北条六郎
3・1・1	北条六郎時定

— 206 —

第I部 人名索引（し）

建長 3・1・5　北条六郎時定
　　　3・1・8　北条六郎
　　　3・1・20　北条六郎
　　　3・8・15　北条六郎時定
　　　3・8・21　北条六郎
　　　3・8・24　北条六郎
　　　3・11・13　北条六郎
　　　4・1・1　北条六郎
　　　4・4・1　北条六郎時定
　　　4・4・3　北条六郎時定
　　　4・4・14　北条六郎時定
　　　4・8・1　北条六郎時定
　　　4・8・6　北条六郎時定
　　　4・8・14　北条六郎時定
　　　4・9・25　北条六郎時定
　　　4・12・17　北条六郎時定
　　　5・1・1　北条六郎時定
　　　5・1・16　北条六郎時定
　　　5・8・15　北条六郎時定
　　　6・1・1　北条六郎時定
康元 1・6・29　北条六郎
　　　1・7・17　北条六郎時定

時　定　賀茂
建長 5・5・4　賀茂時定

時　輔　→北条時利
文応 1・1・1　相模三郎時輔
　　　1・1・20　相模三郎時輔
　　　1・12・26　相模三郎時輔
弘長 1・1・1　相模三郎時輔
　　　1・1・2　相模三郎時輔
　　　1・2・7　相模三郎時輔
　　　1・10・4　相模三郎時輔
　　　3・1・1　相模三郎時輔
　　　3・1・7　相模三郎時輔
　　　3・1・10　相模三郎時輔
　　　3・8・9　相模三郎時輔
　　　3・8・15　相模三郎時輔
　　　3・8・16　相模三郎時輔

時　方　吉田
安貞 1・2・27　吉田右衛門志時方

時　方　北条〔顕時参照〕
正嘉 1・11・23　（実時息男）越後四郎
　　　　　　　時方（十〈七〉歳）

正嘉 2・1・1　越後四郎
　　　2・1・3　越後四郎時方
文応 1・1・1　越後四郎時方
　　　1・1・11　越後四郎時方
　　　1・3・21　越後四郎時方
　　　1・11・21　越後四郎時方
　　　1・11・27　越後四郎時方
　　　1・12・26　越後四郎時方

時　房（連）北条
文治 5・4・18　時連（十五歳，北条殿三男）
　　　5・6・9　北条五郎時連
　　　5・7・19　同(北条)五郎
　　　5・12・18　北条五郎
建久 2・2・4　北条五郎
　　　3・10・19　北条五郎時連
　　　4・8・9　北条五郎時連
　　　4・8・16　北条五郎
　　　4・8・29　北条五郎
　　　4・11・27　北条五郎時連
　　　5・8・8　北条五郎時連
　　　5・11・1　（北条殿）子息五郎
　　　5・12・26　北条五郎時連
　　　6・3・9　北条五郎時連
　　　6・3・10　北条五郎
　　　6・3・30　北条五郎時連
　　　6・5・20　北条五郎時連
　　　6・10・7　北条五郎
　　　6・10・26　北条五郎
　　　6・11・21　北条五郎時連
正治 1・11・18　北条五郎時連
　　　1・11・19　北条五郎時連
　　　2・2・26　北条五郎時連
　　　2・②・8　北条五郎時連
　　　2・6・16　北条五郎
　　　2・10・22〈21〉北条五郎
建仁 1・7・6　北条五郎時連
　　　1・9・11　北条五郎時連
　　　1・9・15　北条五郎
　　　1・9・20　北条五郎
　　　1・10・1　北条五郎
　　　1・10・21　北条五郎
　　　1・11・2　北条五郎
　　　2・1・10　北条五郎時連
　　　2・2・20　北条五郎
　　　2・4・13　北条五郎

― 207 ―

第Ⅰ部　人名索引（し）

建仁2・5・5	北条五郎
2・5・20	北条五郎
2・6・25	北条五郎時連(改名)
2・7・17	北条五郎
2・7・29	北条五郎
2・9・10	北条五郎時房
2・9・18	北条五郎時房
2・10・29	北条五郎
3・1・2	北条五郎
3・1・20	北条五郎
3・2・16	北条五郎
3・3・4	北条五郎
3・3・26	北条五郎
3・4・21	北条五郎
3・7・18	北条五郎時房
3・10・9	北条五郎
3・11・15	北条五郎
3・12・14	北条五郎
3・12・22	北条五郎
元久1・2・12	北条五郎
1・4・18	五郎
2・6・21	式部丞時房
2・6・22	式部丞時房
承元1・1・22	武州
1・2・22⟨20⟩	時房朝臣去月十四日任武蔵守
1・3・3	時房朝臣
1・3・20	武州
1・8・17	武州
2・3・3	武州
2・7・5	武州
2・10・10	武蔵守
3・8・15	武州
3・10・10	武州
3・10・13	武州
3・12・11	武州
3・12・17	武州
4・5・6	武州
4・6・8	武州
4・10・13	武州
建暦1・1・1	武州
1・1・3	武州
1・①・7	武州
1・5・18	武州
1・6・2	武州
1・7・8	武州
1・7・11	武州

建暦1・12・28	武州
2・1・1	武州
2・2・3	武州
2・2・14	時房朝臣
2・3・1	武州
2・3・6	武州
2・3・9	武州
2・4・18	武州
2・8・18	武州
建保1・1・2	武蔵守
1・1・3	武州
1・1・22	武蔵守⟨武州⟩
1・2・1	武州
1・2・2	武州
1・4・3	武蔵守
1・5・3	武州
1・5・5	武州
1・5・7	武州
1・6・26	武州
1・8・20	武蔵守時房
1・8・26	武蔵守時房
1・9・10	武州
1・9・22	武蔵守
1・10・2	武蔵守
1・12・1	武州
2・1・22	武州
2・4・27	武州
2・7・27	武蔵守時房
3・1・1	武州
3・10・30	武州
3・11・24	武州
4・3・3	武州
4・5・18	武州
4・7・29	武州
4・11・12	武州
4・11・24	奥⟨武⟩州
5・5・15	武州
6・1・15	相州
6・2・4	相州
6・5・4	相州
6・5・5	相州
6・6・27	相模守時房
6・7・8	相模守時房
6・7・9	相州
6・12・2	相州
6・12・20	相州
承久1・1・15	相州

— 208 —

第Ⅰ部 人名索引（し）

承久1・1・27　相模守時房
　　1・3・12　相州
　　1・3・15　相州
　　1・3・28　相州
　　1・7・19　相模守時房
　　1・11・21　相州
　　2・1・14　相州
　　2・5・20　相州
　　2・12・1　相州
　　3・1・27　相州
　　3・5・19　相州
　　3・5・22　相州
　　3・5・25　相州
　　3・5・29　相州
　　3・5・30　相州
　　3・6・5　相州
　　3・6・7　相州
　　3・6・12　相州
　　3・6・13　相州
　　3・6・14　相州
　　3・6・15　相州
　　3・6・16　相州
　　3・6・23　相州
　　3・6・24　相州
　　3・6・29　相州
　　3・7・11　相州
　　3・7・24　相州
　　3・10・12　相州
貞応1・3・3　相州
　　2・5・18　相州
元仁1・6・26　相州
　　1・6・28　相州
　　1・6・29　相州
　　1・⑦・1　相州
　　1・⑦・3〈8〉相州
　　1・⑦・28　相州
　　1・8・1　相州〈時房〉
　　1・9・15　相州
　　1・9・16　相州
嘉禄1・1・1　相州
　　1・1・8　相州
　　1・6・13　相州
　　1・6・21　相州
　　1・7・23　相州
　　1・10・3　相州
　　1・10・4　相州
　　1・10・19　相州

嘉禄1・10・20　相州
　　1・11・8　相州
　　1・12・5　相州
　　1・12・21　相州
　　1・12・23　相州
　　1・12・29　相州
　　2・1・1　相州
　　2・4・4　相州
　　2・4・19　相州
　　2・6・7　相州
　　2・6・14　相州
　　2・7・1　相州
　　2・7・11　相州
　　2・9・22　相州
　　2・12・21　相州
安貞1・1・2　相州
　　1・2・8　相州
　　1・3・8　相州
　　1・4・2　相州
　　1・7・11　相州
　　1・7・25　相州
　　1・12・10　相州
　　2・1・1　相州
　　2・2・3　相州
　　2・3・25　相州
　　2・5・10　相州
　　2・7・23　相模守
　　2・10・15　相州
寛喜1・1・1　相州
　　1・4・17　相州
　　1・5・23　相州
　　1・7・11　相州
　　1・8・15　相州
　　1・9・17　相州
　　1・10・9　相州
　　1・10・22　相州
　　1・10・24　相州
　　1・10・26　相州
　　2・1・8　相州
　　2・1・10　相州
　　2・1・14　相州
　　2・1・15　相州
　　2・①・26　相模守
　　2・①・29　相州
　　2・2・6　相州
　　2・2・19　相州
　　2・3・14　相州

— 209 —

第Ⅰ部 人名索引（し）

寛喜 2・3・15	相州		喜禎 1・7・27	相州
2・3・19	相州, 両国司		1・8・21	相州
2・6・6	相州		1・10・2	相州
2・6・14	相州		1・11・18	両国司
2・12・9	相州		1・12・24	相州
2・12・25	相州		1・12・27	相州
3・1・1	相州		1・12・28	相州
3・1・9	相州		1・12・30	両国司
3・3・1	両国司		2・1・1	相州
3・3・15	相州		2・1・21	相州
3・7・11	相州		2・2・2	相州
3・7・15	両国司		2・2・3	両国司
3・9・27	相州		2・3・8	相州
3・10・6	両国司		2・8・4	相州
3・10・19	両国司		2・8・5	匠作
3・10・25	相州		2・8・6	匠作
3・10・27	相州		2・10・13	匠作
3・12・5	相州		2・11・14	匠作
貞永 1・1・1	相州		2・12・6	匠作
1・3・3	両国司, 相州		3・1・1	匠作
1・7・10	相州		3・2・21	匠作
1・7・12	相州		3・3・21	匠作
1・9・28	相州		3・4・19	修理大夫
1・⑨・8	相州		3・6・23	修理大夫
1・⑨・10	相州		3・7・11	匠作
1・⑨・20	相州		3・10・19	匠作
1・10・22	相州		3・12・13	匠作
天福 1・1・1	相州		暦仁 1・1・1	匠作
1・5・5	両国司		1・1・18	匠作
1・6・8	相州		1・1・28	匠作
1・12・12	相州		1・2・5	匠作
文暦 1・1・1	相州		1・2・16	匠作
1・3・5	相州		1・2・17	修理権大夫
1・7・26	相州		1・6・5	修理権大夫
嘉禎 1・1・1	相州		1・10・14	匠作
1・1・21	相州		1・12・16	匠作
1・2・4	相州		1・12・23	匠作
1・2・9	相州		1・12・26	匠作
1・2・10	相州		1・12・28	匠作
1・2・18	相州		延応 1・1・1	匠作
1・3・5	相州		1・1・11	匠作
1・3・18	相州		1・3・29	匠作
1・6・29	両国司		1・4・25	匠作
1・7・5	相州		1・6・2	匠作
1・7・7	相模守平朝臣		1・6・6	匠作
1・7・8	相州		1・8・15	匠作
1・7・18	相州		仁治 1・1・1	匠作

— 210 —

第Ⅰ部　人名索引(し)

仁治1・1・5　匠作
　　1・1・23　匠作
　　1・1・24　正四位下行修理権大夫平朝臣時房卒 六十六
　　1・1・27　匠作
　　1・2・7　匠作
　　1・4・12　故匠作
　　1・7・9　匠作
　　2・11・17　故匠作時房
建長2・3・1　修理権大夫跡
　　3・5・5　修理権大夫時房朝臣

時　房　平
文治5・8・18　筑前守時房

時　房　→北条朝房
弘長3・1・1　武蔵式部大夫時房

時　茂　北条
建長2・1・3　陸奥弥四郎時茂
　　3・1・2　陸奥弥四郎時茂
　　4・4・1　陸奥弥四郎時茂
　　4・4・3　陸奥弥四郎時茂
　　4・4・14　陸奥弥四郎時茂, 陸奥弥四郎時氏(マヽ)
　　4・7・8　陸奥弥四郎時茂
　　4・8・1　陸奥弥四郎時茂
　　4・11・11　陸奥弥四郎時茂
　　4・12・17　陸奥弥四郎時茂
　　5・1・2　陸奥弥四郎時茂
　　5・1・3　陸奥孫〈弥〉四郎時茂
　　5・1・16　陸奥弥四郎時茂
　　6・1・1　陸奥弥四郎時茂
　　6・1・3　陸奥弥四郎時茂
　　6・1・22　陸奥弥四郎時茂
　　6・3・20　陸奥弥四郎時茂
康元1・1・1　陸奥弥四郎時義(マヽ)
　　1・1・2　陸奥弥四郎時義〈茂〉
　　1・1・5　陸奥弥四郎時義〈茂〉
　　1・1・11　陸奥弥四郎時義〈茂〉
　　1・4・13　陸奥弥四郎時義〈茂〉生〈主〉年十六〈七〉
　　1・4・27　陸奥弥四郎
弘長3・6・23　陸奥左近大夫将監
　　3・8・25　陸奥左近大夫将監,左親衛
弘長3・12・16　六波羅陸奥左近大夫将監時茂朝臣
　　3・12・29　六波羅大夫将監
文永3・7・20　左近大夫将監時茂朝臣

時　頼　北条
嘉禎3・4・22　左京兆孫小童字戒寿, 故修理亮時氏二男, 五郎時頼
　　3・6・1　五郎時頼
　　3・7・19　北条五郎時頼
　　3・8・16　北条五郎時頼
暦仁1・1・2　北条五郎
延応1・1・2　北条五郎兵衛尉時頼
　　1・11・2　北条五郎兵衛尉
仁治1・1・2　北条五郎兵衛尉時頼
　　1・8・14　北条武衛
　　2・1・1　北条五郎兵衛尉
　　2・1・23　同(北条)五郎兵衛尉
　　2・7・6　同(北条)武衛
　　2・8・25　北条五郎兵衛尉時頼
　　2・11・4　北条五郎兵衛尉
　　2・11・30　同(北条)武衛
　　2・12・5　北条武衛
寛元1・6・15　武衛
　　1・7・17　北条五郎左衛門〈兵衛〉尉
　　1・9・5　北条左近大夫将監
　　2・1・1　北条左近大夫将監
　　2・1・2　北条左近大夫将監
　　2・1・21　北条左親衛
　　2・3・30　北条左親衛
　　2・4・21　左近大夫将監時頼
　　2・5・11　北条左親衛
　　2・6・13　北条左近大夫将監時頼
　　2・8・15　北条左近大夫将監時頼
　　2・8・16　北条左近大夫将監
　　2・12・7　北条左親衛
　　2・12・8　北条左親衛
　　2・12・26　北条左親衛
　　3・1・1　北条左近大夫将監
　　3・6・27　左親衛
　　3・8・15　北条左近大夫将監時

― 211 ―

第Ⅰ部　人名索引（し）

頼
寛元3・8・16　北条左近大夫将監
3・10・19　北条左親衛
4・1・4　北条左近大夫将監
4・1・19　北条大夫将監
4・3・23　大夫将監時頼朝臣，左親衛
4・3・25　左親衛
4・3・26　左親衛
4・5・24　左親衛
4・5・25　左親衛
4・5・26　左親衛
4・6・6　左親衛
4・6・10　左親衛
4・7・1　左親衛
4・9・1　左親衛
4・9・12　左親衛
4・9・27　左親衛
4・10・8　左親衛
4・10・9　左親衛
4・10・13　左親衛
4・10・16　左親衛
4・10・29　左親衛
4・12・12　左親衛
4・12・17　左近将監
宝治1・1・1　左親衛
1・1・3　左親衛
1・2・20　左親衛
1・2・23　左親衛
1・3・2　左親衛
1・3・20　左親衛
1・4・11　左親衛
1・4・20　左親衛
1・5・6　左親衛
1・5・9　左親衛
1・5・13　左親衛
1・5・26　左親衛
1・5・27　左親衛
1・5・28　左親衛
1・5・29　左親衛
1・6・1　左親衛
1・6・2　左親衛
1・6・3　左親衛
1・6・4　左親衛
1・6・5　左親衛
1・6・8　北条殿
1・6・10　左親衛

宝治1・6・13　左親衛
1・6・15　左親衛
1・6・16　左親衛
1・6・20　左親衛
1・6・26　左親衛
1・6・27　左親衛
1・6・28　左親衛
1・6・29　左親衛
1・7・7　左親衛
1・7・14　左親衛
1・7・26　左親衛
1・8・9　左親衛
1・8・13　左親衛
1・9・11　左親衛
1・9・13　左親衛
1・10・18　左親衛
1・10・21　左親衛
1・11・16　左親衛
1・11・27　左近将監
1・12・1　左親衛
1・12・3　左親衛
1・12・10　左親衛
1・12・16　左親衛
1・12・29　左親衛
2・1・1　左親衛
2・1・3　左親衛
2・1・7　左親衛
2・1・22　左親衛
2・2・5　左親衛
2・2・12　左親衛
2・3・8　左親衛
2・3・15　左親衛
2・3・29　左親衛
2・5・2　左親衛
2・5・5　左親衛
2・5・28　左親衛
2・6・1　左親衛
2・6・10　左親衛
2・7・3　左親衛
2・8・1　左親衛
2・9・9　左親衛
2・11・13　左親衛
2・11・16　左親衛
2・12・24　左親衛
2・⑫・12　左親衛
2・⑫・13　左親衛
2・⑫・20　左親衛

— 212 —

第Ⅰ部　人名索引（し）

建長2・1・1	相州
2・1・28	相州
2・2・8	相州
2・2・12	相州
2・2・18	相州
2・2・26	相州
2・3・1	相模守
2・3・20	相州
2・3・25	相州
2・3・26	相州
2・5・9	相州
2・5・20	相州
2・5・22	相州
2・5・27	相州
2・6・15	相州
2・6・19	相州
2・7・11	相州
2・7・15	相州
2・8・27	相州
2・9・19	相州
2・9・26	相州
2・9・28	相州
2・10・16	相州
2・11・29	相模守
2・12・3	相州
2・12・5	相州
2・12・8	相州
2・12・13	相州
2・12・18	相州
2・12・20	相州
2・12・23	相州
2・12・27	相模守
2・12・29	相州, 北条殿
3・1・1	相州
3・1・7	相州
3・1・8	相州
3・1・10	相州
3・1・17	相州
3・1・21	相州
3・1・28	相州
3・2・10	相州
3・3・7	相州
3・3・9	相州
3・3・15	相州
3・4・13	相州
3・5・1	相州
3・5・15	相州
建長3・5・27	相州
3・5・29	相州
3・6・21	相模守
3・7・4	正五位下平時頼, 相州
3・7・8	相州
3・8・21	相州
3・9・19	相州
3・9・23	相州
3・9・28	相州
3・10・8	相州
3・10・19	相州
3・10・20	相州
3・10・21	相州
3・10・29	相州
3・11・12	相州
3・11・27	相州
3・11・29	相州
3・12・5	相州
3・12・7	相州
3・12・12	相州
3・12・17	相州
3・12・22	相州
4・1・1	相州
4・1・3	相州
4・1・5	相州
4・1・7	相州
4・1・9	相州
4・1・12	相州
4・1・13	相州
4・1・14	相州
4・2・12	相州
4・2・20	相州
4・2・27	相州
4・3・5	相州
4・3・16	相州
4・4・1	相州
4・4・4	相州
4・4・5	相州
4・4・14	相州
4・4・17	相模守
4・4・22	相州
4・4・24	相州
4・4・29	相州
4・5・1	相州
4・5・5	相州
4・5・17	相州

第Ⅰ部 人名索引（し）

建長4・6・19	相州	
4・6・25	相模守	
4・7・9	相州	
4・7・28	相州	
4・8・1	相模守	
4・8・6	相州	
4・8・22	相州	
4・9・16	相州	
4・9・18	相州	
4・10・3	相州	
4・11・4	相州	
4・11・11	相州	
4・11・12	相州	
4・11・14	相州	
4・11・20	相州	
4・12・13	相州	
4・12・17	相模守	
5・1・1	相州	
5・1・2	相州	
5・1・3	相州	
5・1・8	相州	
5・1・28	相州	
5・2・3	相州	
5・2・30	相州	
5・3・4	相州	
5・3・21	相州	
5・4・26	相州	
5・8・14	相州	
5・8・15	相州	
5・10・19	相州	
5・11・25	相州	
6・1・1	相州	
6・3・7	相州	
6・4・18	相州	
6・5・1	相州	
6・⑤・1	相州	
6・⑤・11	相州	
6・6・3	相州	
6・6・5	相州	
6・6・15	相州	
6・6・16	相州	
6・6・23	相州	
6・7・17	相州	
6・8・17	相州	
6・10・6	相州	
6・10・17	相模守	
6・11・16	相州	

建長6・11・17	相州	
6・12・12	相州	
6・12・26	相州	
康元1・1・1	相州	
1・1・4	相州	
1・1・5	相州	
1・1・10	相州	
1・1・12	相州	
1・1・14	相州	
1・1・15	相州	
1・1・17	相州	
1・3・16	相州	
1・4・10	相州	
1・6・2	相模守	
1・6・21	相州	
1・6・26	相州	
1・7・17	相州	
1・8・11	相州	
1・8・12	相州	
1・8・23	相州	
1・8・24	相州	
1・9・10	相州	
1・9・15	相州	
1・9・16	相州	
1・9・25	相州	
1・9・29	相州	
1・10・13	相州	
1・10・26	相州	
1・11・3	相州	
1・11・22	相州	
1・11・23	相州（落飾，年三十）	
1・11・30	最明寺禅室	
正嘉1・1・1	相州禅室	
1・2・26	相州禅室	
1・4・15	相州禅室，沙弥道崇	
	〈崇〉	
1・6・24	相州禅室	
1・8・25	最明寺禅室	
1・9・18	相州禅室	
1・9・30	相州禅室	
1・10・1	相州禅室	
1・11・23	相州禅室	
1・12・24	相州禅室	
2・1・1	相州禅室	
2・1・2	相州禅室	
2・1・6	相州禅室	
2・2・13	相州禅室	

第Ⅰ部 人名索引（し）

正嘉2・3・20　相州禅室
　　2・8・16　相州禅室
　　2・9・2　相州禅室
文応1・1・1　相州禅室
　　1・1・20　相州禅門
　　1・2・5　最明寺禅室
　　1・2・10　最明寺
　　1・2・14　最明寺
　　1・3・28　相州禅門
　　1・7・6　相州禅室
　　1・7・7　禅室
　　1・7・23　相州禅室
　　1・7・29　相州禅室
弘長1・1・1　相州禅室
　　1・1・4　禅室，最明寺殿
　　1・4・24　相州禅門
　　1・4・25　最明寺禅室
　　1・7・29　相州禅室
　　1・9・3　相州禅室
　　1・9・4　相州禅室
　　3・1・1　相州禅室
　　3・3・17　最明寺禅室
　　3・8・25　相州禅室
　　3・11・8　相州禅室
　　3・11・13　最明寺禅室
　　3・11・15　禅室
　　3・11・19　相州禅室
　　3・11・22　入道正五位下行相模
　　　　　　　守平朝臣時頼御法名道
　　　　　　　崇，御年三十七卒去
　　3・11・23　相州禅室，最明寺禅
　　　　　　　室
　　3・11・24　最明寺禅室
　　3・12・9　最明寺禅室
　　3・12・10　相州禅室，相模入道
　　3・12・16　最明寺殿
文永2・5・23　最明寺禅室
　　2・10・25　最明寺禅室

時　　頼　　→笠間時朝
正嘉1・10・1　長門前司時頼

時　　利(輔)　　北条
康元1・8・11　相模三郎時利（後改
　　　　　　　輔）
　　1・8・16　相模三郎時利
正嘉1・1・1　相模三郎時利

正嘉1・2・26　相模三郎時利
　　1・12・24　相模三郎
　　2・1・1　相模三郎
　　2・1・2　相模三郎時利
　　2・1・10　相模三郎時利
　　2・4・25　相模三郎時利十一歳
　　2・6・4　相模三郎時利
　　2・6・11　相模三郎時利
　　2・6・12　相模三郎時利
　　2・6・17　同(相模)三郎
　　2・8・15　相模三郎時利
文応1・1・1　相模三郎時利，相模
　　　　　　　三郎時輔
　　1・1・11　同(相模)三郎時利
　　1・1・20　相模三郎時輔
　　1・2・20　相模三郎
　　1・3・21　相模三郎時利
　　1・4・3　相模三郎時利
　　1・6・18　同(相模)三郎
　　1・6・22　同(相模)三郎
　　1・7・29　相模三郎時利
　　1・8・6　相模三郎
　　1・11・21　同(相模)三郎時利
　　1・11・27　同(相模)三郎時利
　　1・12・26　相模三郎時輔
弘長1・1・1　相模三郎時輔
　　1・1・2　相模三郎時輔
　　1・1・4　同(相模)三郎
　　1・1・7　同(相模)三郎
　　1・2・7　相模三郎時輔
　　1・4・24　相模三郎
　　1・4・25　相模三郎
　　1・6・17　相模三郎
　　1・7・12　相模三郎
　　1・8・15　相模三郎
　　1・9・20　相模三郎
　　1・10・4　相模三郎時輔
　　3・1・1　相模三郎時輔
　　3・1・7　相模三郎時輔
　　3・1・10　相模三郎時輔
　　3・8・9　相模三郎時輔
　　3・8・15　相模三郎時輔
　　3・8・16　相模三郎時輔

時　　隆　　北条
寛元3・8・15　相模八郎時澄〈隆〉
　　4・2・28　相模八郎

— 215 —

第Ⅰ部　人名索引（し）

寛元4・10・16	相模八郎
宝治1・2・23	相模八郎
建長2・3・25	相模八郎
2・8・15	相模八郎時際〈隆〉
2・8・18	相模八郎
2・12・27	相模八郎
3・1・1	相模八郎時隆
3・1・20	相模八郎
3・2・10	相模八郎時隆
4・4・3	相模八郎時隆
4・8・1	相模八郎時隆
4・9・25	同(相模)八郎時隆
5・1・3	相模八郎時隆
5・8・15	相模八郎時隆
6・8・15	相模八郎時隆
康元1・6・29	同(相模)八郎
正嘉1・1・3	相模八郎時隆
1・8・15	民部大輔時隆
1・10・1	民部権大輔時隆
2・1・1	民部権大輔
2・1・10	民部権大夫時隆
2・5・29	民部大輔時隆
2・6・4	民部大輔時隆
2・6・17	民部権大輔
2・8・15	民部権大輔時隆
文応1・1・1	民部権大輔
1・1・11	民部権大夫時隆
1・1・20	民部権大輔時隆
1・2・20	民部権大輔
弘長1・1・1	民部権大輔時隆
1・1・7	民部権大輔
1・7・12	民部権大輔
1・8・15	民部権大輔
3・1・1	民部権大輔時隆
3・1・7	民部権大輔時隆
3・1・23	民部権大輔
3・4・21	民部権大輔
3・4・26	民部権大輔時隆

時　隆　　武田
弘長3・5・17	武田七郎次郎

時　連　　→北条時房
文治5・4・18	時連
5・6・9	北条五郎時連
建久3・10・19	北条五郎時連
4・8・9	北条五郎時連
建久4・11・27	北条五郎時連
5・8・8	北条五郎時連
5・12・26	北条五郎時連
6・3・9	北条五郎時連
6・3・30	北条五郎時連
6・5・20	北条五郎時連
6・11・21	北条五郎時連
正治1・11・18	北条五郎時連
1・11・19	北条五郎時連
2・2・26	北条五郎時連
2・②・8	北条五郎時連
建仁1・7・6	北条五郎時連
1・9・11	北条五郎時連
2・1・10	北条五郎時連
2・6・25	北条五郎時連

時　連　　佐原(三浦)
文暦1・1・1	同(佐原)六郎兵衛尉
嘉禎3・6・1	時連
3・6・23	佐原六郎兵衛尉時連
暦仁1・2・17	同(佐原)六郎兵衛尉
延応1・1・1	同(佐原)六郎助連（ﾏﾏ）
仁治1・1・1	佐原六郎兵衛尉時連
1・8・2	同(佐原)六郎兵衛尉
2・1・1	同(佐原)六郎兵衛尉
2・1・5	佐原六郎兵衛尉
2・11・4	佐原六郎兵衛尉
寛元2・8・15	同(遠江)六郎兵衛尉時連
4・8・15	遠江六郎兵衛尉時連
宝治1・6・2	六郎兵衛尉時連
1・8・14	三浦六郎兵衛尉時連
2・1・1	同(遠江)六郎兵衛尉
2・1・3	遠江六郎兵衛尉
建長2・1・1	同(遠江)六郎左〈右〉衛門尉時連
2・1・16	同(遠江)六郎左衛門尉時連
2・3・25	同(遠江)六郎左衛門尉
2・3・26	遠江六郎左衛門尉時連
2・8・18	遠江六郎左衛門尉
2・12・27	同(遠江)六郎左衛門尉
3・1・1	遠江六郎左衛門尉時

—216—

第Ⅰ部　人名索引（し）

```
            連                       慈　　仁
建長3・1・3  遠江六郎左衛門尉時        建久4・3・13  法眼慈仁
            連                       式　久　　高畠
    3・1・5  遠江六郎左衛門尉時        建長5・9・26  高畠太郎式久
            連                       式　俊　　宮道
    3・1・11 遠江六郎左衛門尉時        建久3・7・26  右馬允宮道式俊
            連                       実　員　　品河
    3・8・21 遠江六郎左衛門尉         建久1・11・7 品河太郎
    3・8・24 遠江六郎左衛門尉             2・2・4  品河太郎
    3・10・19 遠江六郎左衛門尉             6・3・10 品河太郎
    4・4・1  同(遠江)六郎左衛門       実　員　　安保
            尉時連                   承久3・6・18 安保右馬允〈亮〉
    4・4・14 同(遠江)六郎左衛門       実　員　　堀池
            尉時連                   建久2・4・30 堀池八郎実員法師
    4・7・8  遠江六郎左衛門尉時           2・5・8  堀池八郎実員法師
            連                       実　員〈貞〉　品河
    4・8・14 同(遠江)六郎左衛門       承久3・6・18 品河小三郎
            尉時連                   暦仁1・2・17 品河小三郎
    4・9・2  三浦遠江六郎左衛門           1・6・5  品河小三郎実員〈貞〉
            尉時連                   仁治1・8・2  品河小三郎
    5・8・15 遠江六郎左衛門尉時        実　永
            連                       正嘉2・6・4  近衛少将実永
    6・⑤・1  三浦遠江六郎左衛門       実　円
            尉                       仁治2・9・7  故日向房実円
    6・6・16 遠江六郎左衛門尉         実　円
康元1・7・17 時連                     弘長3・3・17 理乗房実円
    1・8・15 三浦遠江大夫判官時        実　遠　　藤原
            連                       建長3・1・11 藤少将実遠
    1・11・23 大夫判官時連法名観蓮         正嘉2・6・4  藤少将実遠朝臣
文応1・4・3  左近大夫将監時連         実　家　　藤原
慈　円                               元暦1・1・26 藤中納言
文治2・⑦・10 殿法印                  文治1・12・6 権中納言実家卿
慈　淵                                   2・1・7  左衛門督実宗卿（←
建保3・3・13 慈淵                            ）、左衛門督実家
慈　応                                   4・4・9  権大納言藤原朝臣
建久6・10・11 護念上人慈応                4・12・11 権大納言藤原朝臣
    6・10・15 護念上人               実　家　　高麗
    6・10・28 護念上人               建久1・11・7 高麗太郎
承元4・2・5  護念上人
慈　暁
正嘉2・6・4  権少僧都慈暁
弘長1・2・20 鶴岡慈暁
文永2・3・11 権少僧都慈暁
```

— 217 —

第Ⅰ部 人名索引（し）

建久6・3・10 高麗太郎

実　雅　　藤原
建保6・3・16 伊予守藤実雅兼
　　6・6・17 伊予少将実雅
　　6・6・27 伊与少将実雅
承久1・1・27 伊予少将実雅
　　1・7・19 伊予少将実雅朝臣
　　1・10・20 伊予中将実雅朝臣 ー
　　　　　　条入道二品能保卿末子
　　2・8・6 中将実雅朝臣
　　2・12・1 中将実雅朝臣
　　3・1・27 伊予中将実雅
　　3・8・2 伊予中将
　　3・8・23 中将実雅朝臣
　　3・12・3 讃岐中将
貞応1・1・1 讃岐中将右京兆聟
　　1・1・16 讃岐中将
　　1・2・6 讃岐羽林
　　1・2・9 讃岐羽林
　　1・2・12 讃岐中将
　　1・7・3 讃岐中将
　　2・9・16 讃岐中将
元仁1・1・6 宰相中将
　　1・2・11 相公羽林
　　1・4・28 宰相中将,相公羽林
　　1・6・28 宰相中将実雅卿
　　1・⑦・3〈8〉宰相中将実雅卿
　　1・⑦・23 宰相中将実雅卿
　　1・8・22 相公羽林
　　1・8・29 相公羽林
　　1・10・10 宰相中将実雅卿
　　1・10・29 宰相中将実雅卿,参議
　　　　　　従三位行右近衛中将
　　　　　　兼美作権守藤原朝臣
　　　　　　実雅卿(配流)
　　1・11・14 相公羽林
安貞2・5・16 前右宰相 中 将 実雅卿
　　　　　　於越前国薨三十

実　雅
文永2・5・5 (権律師)実雅

実　季　　春日部
暦仁1・2・17 春日部三郎兵衛尉
仁治1・8・2 春日部三郎兵衛尉

実　基　　後藤
文治1・2・19 後藤兵衛尉実基
　　2・7・27 実基

実〈重〉義 →広沢実高
建久5・11・21 広沢三郎実〈重〉義

実　義　　→北条実泰
建保2・10・3 相模五郎実義
嘉禄1・5・12 同(陸奥)五郎実義

実　久　　大井
正治1・10・28 大井次郎実久
　　2・2・26 大井次郎実久

実　教　　中御門
文治2・4・15 右中将実教朝臣
建久1・6・10 右宰相中将殿実教
　　2・5・8 左宰相中将実教卿
　　2・12・24 左宰相中将実教
承元2・5・29 前中納言

実　経　　長田
元暦1・3・10 長田兵衛尉実経 後日
　　　　　　改広経

実　経　　一条
暦仁1・4・10 幕下実ー
仁治1・⑩・3 大臣 左実経,一条家祖,
　　　　　　道長三男(マヽ)
寛元2年首 関白左大臣実経
　　4・2・9 関白
建長4年首 関白左大臣 実経公,法
　　　　　　名行昨〈許〉
文永2・5・2 関白実経,一条殿

実　景
建久5・11・26 実景
　　5・12・2 豊前介実景
寛喜3・3・19 豊前中務丞,中務丞
　　　　　　実景

実　景　　大見
嘉禎3・4・22 大見左衛門尉
暦仁1・2・28 大見左衛門尉実景
寛元1・7・17 大見左衛門尉
　　2・1・3 大見左衛門尉

— 218 —

第Ⅰ部　人名索引（し）

実　景　　春日部
　寛元1・7・17　春日部甲斐守
　　　2・8・15　春日部甲斐前司実景
　　　2・8・16　春日部甲斐守
　　　4・8・15　春日部甲斐前司実景
　宝治1・5・14　春日部甲斐前司
　　　1・6・5　甲斐前司実景〈章〉
　　　1・6・10　春日部甲斐前司実景
　　　1・6・22　春日部甲斐前司実景
　　　1・6・23　春日部甲斐前司実景

実　光　　安保
　元暦1・2・5　安保次郎実光
　文治5・7・19　阿保次郎実光
　承久3・5・19　安保刑部丞実光
　　　3・6・6　安保刑部丞実光
　　　3・6・14　安保刑部丞
　　　3・6・18　安保刑部丞
　建長2・3・1　安保刑部丞跡

実　光　　小諸(室)
　建久1・11・7　小諸小太〈次〉郎
　　　6・3・10　小室小太郎

実　光　　南部
　暦仁1・2・17　南部次郎
　仁治1・8・2　南部次郎
　建長4・8・1　南部次郎実光
　　　4・12・17　南部次郎実光
　　　5・8・15　南部次郎実光
　　　6・8・15　南部次郎実光
　弘長1・1・9　南部次郎
　　　3・11・20　南部次郎

実　光　　藤原
　暦仁1・2・28　左中将実光

実　昊
　嘉禎1・6・29　少将阿闍梨実昊

実　高　　広沢
　文治1・8・24　広沢三郎
　　　1・10・24　広沢三郎実高
　建久1・11・7　広沢三郎
　　　2・2・4　広沢三郎
　　　5・11・21　広沢三郎実〈重〉義（マ、）

　建保1・6・25　広沢左衛門尉実高
　　　1・8・20　広沢左衛門尉実高

実　高　　春日部
　文治3・3・10　春日部兵衛尉

実　高　　浅見(阿佐美)
　文治5・7・19　浅見太郎実高
　建久1・11・7　阿佐美太郎
　　　6・3・10　浅見太郎

実　高　　大井(紀)
　建久1・11・7　大井四郎

実　綱　　佐野
　嘉禎1・6・29　佐野三郎左衛門尉
　暦仁1・2・17　佐野三郎左衛門尉
　宝治1・6・22　佐野左衛門尉

実　綱　　土肥
　宝治2・4・20　土肥四郎
　　　2・8・15　土肥四郎実綱
　建長2・1・16　土肥四郎
　　　2・3・25　土肥四郎
　　　2・3・26　土肥四郎実綱
　　　2・8・18　土肥四郎
　　　2・12・27　土肥四郎
　　　3・8・15　土肥左衛門四郎実綱
　　　3・8・24　土肥左衛門四郎
　　　3・10・19　土肥左衛門四郎
　　　4・4・14　土肥四郎実綱
　　　4・7・8　土肥四郎実綱
　　　4・9・25　土肥左衛門四郎実綱
　　　4・11・11　土肥左衛門四郎実綱
　　　4・11・18　土肥左衛門四郎
　　　4・12・17　土肥四郎実綱
　　　5・7・17　土肥左衛門四郎
　　　6・⑤・1　土肥四郎
　　　6・8・15　土肥四郎実綱
　康元1・1・11　土肥四郎実綱
　　　1・6・29　同(土肥)四郎
　　　1・7・17　土肥四郎実綱
　　　1・8・15　土肥四郎実綱
　　　1・8・23　土肥左衛門四郎実綱
　正嘉1・6・23　土肥四郎実綱
　　　1・8・15　土肥四郎実綱
　　　1・10・1　同(土肥)四郎実綱

― 219 ―

第Ⅰ部　人名索引（し）

正嘉1・12・24　土肥四郎
　　1・12・29　土肥四郎実綱
　　2・1・1　土肥四郎
　　2・1・10　土肥四郎実綱
　　2・3・1　土肥四郎実綱
　　2・6・17　土肥左衛門四郎
　　2・8・15　土肥四郎実綱
文応1・1・1　土肥四郎左衛門尉実
　　　　　　綱
　　1・1・20　土肥四郎実綱
　　1・2・20　土肥四郎
　　1・4・1　土肥四郎
弘長1・1・1　土肥四郎左衛門尉
　　1・1・7　土肥四郎左衛門尉
　　1・2・7　土肥四郎左衛門尉実
　　　　　　綱
　　1・4・24　土肥四郎左衛門尉
　　1・7・12　土肥四郎左衛門尉
　　3・4・26　土肥四郎左衛門尉実
　　　　　　綱
　　3・8・9　土肥四郎左衛門尉実
　　　　　　綱
　　3・8・15　土肥四郎左衛門尉実
　　　　　　綱

実　綱　　加地(佐々木)
宝治2・8・15　加地太郎実綱
建長2・12・27　加地大郎
　　4・1・1　加地太郎左衛門尉
弘長3・1・1　佐々木加地大郎左衛
　　　　　　門尉
　　3・1・7　佐々木加地大郎左衛
　　　　　　門尉実綱

実　綱
建長6・4・28〈29〉　実綱
　　6・5・1　実綱

実　斉　　中御門(藤原)
正嘉1・10・1　中御門少将実斉朝臣
　　1・12・24　中御門少将
　　2・6・4　中御門少将実斉朝臣

実　氏　　西園寺(藤原)
建保6・10・19　中納言実氏
承久1・1・27　左衛門督実氏
　　3・5・19　黄門実氏

承久3・7・6　大宮中納言実氏
寛喜3・6・22　内府実氏公
嘉禎1・6・29　内大臣定〈実〉氏公
暦仁1・2・29　前右府
　　1・3・19　前右府
寛元2年首　大政大臣従一位実氏
　　　　　　公
建長2・3・5　富小路殿
　　4年首　大政大臣従一位実氏
　　　　　　公

実　氏　　小野沢
建長4・5・11　小野沢修理亮

実　資　　藤原
延応1・12・15　藤原朝臣実資

実　治　　→大井実春
文治4・3・15　大井次郎実治
建久6・5・20　大井兵三次郎実治

実　時
建保1・3・6　近衛次将右実時

実　時　　北条
天福1・12・29　陸奥五郎子息小童年
　　　　　　十、太郎実時
文暦1・6・30　太郎実時
　　1・8・1　陸奥太郎実時
嘉禎1・6・29　陸奥太郎実時
　　1・12・24　陸奥掃部助
　　2・3・14　同(陸奥)太郎
　　2・8・4　陸奥太郎
　　3・1・2　陸奥太郎
　　3・4・22　陸奥太郎
　　3・6・23　陸奥太郎実時
暦仁1・1・20　陸奥太郎
　　1・2・7　陸奥太郎実時
　　1・2・16　小侍所別当陸奥太郎
　　　　　　実時
　　1・6・5　陸奥掃部助実時
延応1・1・2　陸奥掃部助実時
　　1・1・3　陸奥掃部助実時
　　1・1・11　陸奥掃部助
　　1・5・5　陸奥掃部助
　　1・7・20　陸奥掃部助
　　1・8・16　陸奥掃部助実時
仁治1・1・2　陸奥掃部助実時

第Ⅰ部　人名索引（し）

仁治 1・3・12	陸奥掃部助	建長 3・11・13	陸奥掃部助
1・8・2	陸奥掃部助	3・12・7	陸奥掃部助実時
1・8・10	陸奥掃部助	4・4・1	陸奥掃部助実時
2・8・25	陸奥掃部助	4・4・2	陸奥掃部助実時
2・9・13	陸奥掃部助	4・4・14	陸奥掃部助実時
2・11・4	陸奥掃部助	4・4・17	陸奥掃部助実時
2・11・25	陸奥掃部助	4・4・30	陸奥掃部助実時
2・11・27	北条陸奥掃部助	4・7・8	陸奥掃部助実時
2・12・8	陸奥掃部助	4・7・23	陸奥掃部助実時
2・12・29	陸奥掃部助	4・8・1	陸奥掃部助実時
寛元 1・7・17	陸奥掃部助	4・8・14	陸奥掃部助実時
1・9・5	陸奥掃部助	4・11・11	掃部助実時
1・11・18	陸奥掃部助	4・11・12	掃部助実時
2・6・13	陸奥掃部助実時	4・11・18	陸奥掃部助実時
2・8・15	陸奥掃部助実時	4・11・20	陸奥掃部助実時
2・12・8	陸奥掃部助	4・12・17	陸奥掃部助実時
3・8・15	陸奥掃部助実時	5・1・2	陸奥掃部助実時
3・11・4	侍所別当陸奥掃部助実時	5・1・3	陸奥掃部助実時
		5・1・16	掃部助実時
4・5・26	陸奥掃頭助(マヽ)	5・2・30	掃部助実時
4・6・10	陸奥掃部助	5・3・18	掃部助実時
宝治 1・1・13	陸奥掃部助	5・8・15	陸奥掃部助実時
1・2・20	掃部助実時	5・12・21⟨22⟩	陸奥掃部助実時
1・2・23	陸奥掃部助	6・1・3	掃部助実時
1・6・5	陸奥掃部助実時	6・1・22	陸奥掃部助実時
1・6・6	陸奥掃部助実時	6・3・16	掃部助実時
1・6・26	陸奥掃部助	6・3・20	陸奥掃部助
1・7・1	陸奥掃部助実時	6・⑤・1	陸奥掃部助
1・10・20	陸奥掃部助	6・⑤・11	陸奥掃部助
1・11・16	陸奥掃部助	6・6・16	陸奥掃部助
1・12・10	陸奥掃部助	6・12・1	掃部助
2・1・3	陸奥掃部助	康元 1・1・1	越後守
2・7・3	陸奥掃部助	1・1・3	越後守実時
2・⑫・10	陸奥掃部助実時	1・1・5	越後守実時
2・⑫・20	陸奥掃部助	1・1・14	掃部助実時
建長 2・1・3	陸奥掃部助実時	1・4・29	越後守実時
2・1・16	陸奥掃部助	1・6・29	越後守
2・3・25	陸奥掃部助	1・7・17	越後守実時
2・3・26	陸奥掃部助	1・8・15	越後守
2・8・18	陸奥掃部助	1・8・23	越後守実時
2・12・27	陸奥掃部助	1・9・28	越後守
3・1・1	陸奥掃部助	1・12・13	越後守
3・1・5	陸奥掃部助実時	正嘉 1・③・2	越後守実時
3・1・8	陸奥掃部助	1・8・14	越州
3・1・11	陸奥掃部助実時	1・10・1	越後守実時
3・1・20	陸奥掃部助	1・11・23	越後守実時朝臣
3・10・19	陸奥掃部助	1・11・24	越後守

第Ⅰ部　人名索引（し）

正嘉 1・12・18	陸奥掃部助
2・1・1	越後守実時
2・1・2	越後守実時
2・1・3	越後守実時
2・5・29	越後守実時
2・6・1	越後守
2・6・2	越後守
2・6・4	越後守実時
2・6・9	越後守
2・6・17	越後守
2・6・18	越後守
2・7・22	越後守
2・7・23	越州
2・8・6	越州
2・8・15	越後守定時（マヽ）
文応 1・1・1	越後守実時
1・1・3	越後守実時
1・1・11	越後守実時
1・1・20	越後守実時
1・2・2	越州
1・2・20	越後守
1・3・21	越後守実時
1・4・3	越後守実時
1・7・6	越後守実時
1・7・7	越州
1・11・10	越後守
1・11・11	実時
1・12・16	越後守
1・12・25	越後守
弘長 1・1・1	越後守実時
1・1・3	越後守実時
1・1・4	越州
1・1・5	越州
1・1・7	越後守
1・1・9	越後守実時
1・1・14	越後守
1・3・20	越後守実時
1・8・13	越州
1・8・14	越後守
1・11・26	越後守
3・8・9	越後守実時
3・10・17	越後守
文永 2・1・1	越後守実時
2・1・6	越後守実時
2・6・23	越後守実時
3・3・6	越後守実時
3・6・20	越後守実時

実　秀〈季〉	潮田	
建保 1・5・2	潮田三郎実秀〈季〉	
実　秀	佐々木	
承久 3・6・8	佐々木次郎実秀	
貞応 2・10・21	（佐々木兵衛太郎 入道西仁）次男実秀	
宝治 2・6・21	佐々木次郎兵衛尉実秀法師法名寂然	
実　重	新開	
建久 4・5・29	新田〈開〉荒次郎	
建長 2・3・1	新開荒次郎跡	
実　俊	清原	
文治 5・9・14	豊前介実俊	
5・9・23	豊前介	
建久 2・1・15	前豊前介清原真人実俊	
3・8・5	前豊前介実俊	
建暦 1・4・2	豊前介実俊	
実　俊	橘	
建久 3・7・26	内舎人橘実俊	
実　俊	平岡	
寛元 3・8・15	平次左衛門尉実俊	
建長 4・11・12	平岡左衛門尉	
5・1・2	小侍所平岡左衛門尉実俊	
康元 1・7・17	平岡左衛門尉実俊	
正嘉 2・1・1	平岡左衛門尉
2・3・1	平岡左衛門尉実俊
文応 1・1・1	平岡左衛門尉実俊
1・2・2	平岡左衛門尉
1・4・18	平岡左衛門尉実俊
1・7・6	実俊
1・7・7	実俊
1・7・29	平岡左衛門尉実俊
1・11・27	平岡左衛門尉実俊
1・12・29	実俊
弘長 1・1・5	平岡左衛門尉実俊
1・1・9	平岡左衛門尉実俊
1・6・27	小侍所司平岡左衛門尉実俊
1・7・2	実俊
1・7・10	平岡左衛門尉

第Ⅰ部　人名索引（し）

　弘長1・7・13　平岡左衛門尉実俊
　　　1・7・29　実俊
　　　1・8・13　平岡左衛門尉実俊
　　　3・4・21　平岡左衛門尉
　　　3・6・28　実俊

実　春　　大井
　元暦1・3・22　大井兵衛次郎実春
　　　1・5・15　大井兵衛次郎実春
　文治1・10・24　大井兵三次郎実春
　　　1・11・12　大井兵三次郎実春
　　　4・3・15　大井次郎実治（ マヽ ）
　　　5・7・19　大井次〈二〉郎実春
　建久1・11・7　大井次郎
　　　1・11・11　大井次郎実春
　　　2・2・4　大井次郎
　　　2・⑫・7　大井兵衛次〈二〉郎
　　　3・11・13　大井次郎
　　　6・3・10　大井次郎
　　　6・5・20　大井兵三次郎実治
　　　　　　　　　　（ マヽ ）

実　春
　建長3・7・4　近衛中将実春

実　昌　　橘
　文治5・9・14　橘藤五実昌

実　信　　中御門
　弘長1・1・7　中御門新少将実信朝臣

実　親　　源
　貞応2・1・20　源進士実親
　　　2・1・25　実親

実　親　　藤原
　暦仁1・7・20　右大臣実親

実　性
　正嘉1・10・1　権少僧都実性

実　政　　宇佐美（大見）
　治承4・8・20　同（宇佐美）平次実政
　　　4・8・24　大見平次実政
　　　4・10・23　実政
　養和1・4・7　宇佐美平次実政

　養和1・7・20　宇佐美平次実政
　　　1・9・7　宇佐美平次実政
　寿永1・4・5　宇佐美平次
　文治1・6・9　宇佐美平次
　　　2・6・29　宇佐美平次実正
　　　5・7・17　宇佐美平次実政
　　　5・8・13　宇佐美平次
　　　5・9・4　実政
　　　5・9・7　宇佐美平次実政, 実正
　　　5・9・9　宇佐美平次
　建久1・1・6　宇佐美平次
　　　1・1・18　宇佐美平次実政
　建保2・7・27　宇佐美右衛門尉実政

実　政　　河匂
　元暦1・7・20　河匂三郎実政

実　政
　弘長3・1・2　越後六郎実政
　文永2・1・2　越後六郎実政
　　　3・7・4　越後六郎実政

実　清　　八条
　文暦1・1・1　八条少将
　　　1・3・5　八条少将実清朝臣
　仁治1・8・2　八条少将実清朝臣
　　　1・9・7　八条少将

実　清　　伊賀
　正嘉2・1・3　伊賀三郎左衛門尉実清

実　盛　　長井（斎藤）
　治承4・12・19　長井斎藤別当
　　　4・12・22　長井斎藤別当実盛
　文治5・8・9　長井斎藤別当実盛

実　宣　　三条
　建保1・3・6　中納言実宣
　　　4・3・30　三条中納言実宣

実　暹
　建長4・4・3　権少僧都実暹

実　宗　　藤原
　文治2・1・7　左衛門督実宗卿（実家

― 223 ―

第Ⅰ部　人名索引（し）

　　　　　　　　　の誤ならむ）
文治4・4・9　権中納言藤原朝臣
　　4・12・11　権中納言藤原朝臣
建久1・6・10　大宮大納言殿実宗

実　村　　高井
宝治1・6・22　同(高井)四郎太郎

実　泰　　北条
建保2・10・3　相模五郎実義(マヽ)
承久3・6・18　五郎殿
貞応2・10・13　陸奥五郎
元仁1・6・18　同(陸奥)五郎
嘉禄1・5・12　同(陸奥)五郎実義(マヽ)
　　1・12・20　同(陸奥)五郎
安貞2・1・3　陸奥五郎実泰
　　2・7・23　陸奥五郎
　　2・7・24　陸奥五郎
　　2・12・30　同(陸奥)五郎
寛喜1・1・1　同(陸奥)五郎
　　1・1・2　同(陸奥)五郎
　　1・3・15　同(陸奥)五郎
　　1・5・5　陸奥五郎
　　2・1・4　陸奥五郎実泰
　　2・3・2　陸奥五郎実泰
貞永1・⑨・10　陸奥五郎
　　1・11・29　陸奥五郎
天福1・1・1　陸奥五郎
　　1・12・29　陸奥五郎
文暦1・6・30　陸奥五郎
弘長3・9・26　入道陸奥五郎平実泰
　　　　　　　法名浄名〈仙〉卒年五十六

実　泰　　高井
安貞2・7・25　高井三郎
宝治1・6・22　同(実茂)子息三郎

実　忠　　岡崎
建久6・3・10　岡崎与一太郎
　　6・3・12　岡崎与一太郎
建保1・5・2　岡崎左衛門尉実忠
　　1・5・3　岡崎余一左衛門尉
　　1・5・6　岡崎余一左衛門尉
　　　　　　　（誅さる）

実　忠　　関
承久3・5・22　関判官代
　　3・6・18　関判官代
元仁1・6・27　関左近大夫将監実忠
　　1・6・28　関左近大夫将監
　　1・⑦・3〈8〉関左近大夫将監実忠

実　長　　→藤原光長
文治2・1・7　蔵人頭藤原実長従四位上

実　長　　加藤
元仁1・8・8　加藤左衛門尉実長

実　朝　　源
建久3・8・9　千万君
　　3・8・10　若君
　　3・8・14　若公
　　3・8・15　若公
　　3・10・19　若公
　　3・11・5　若公
　　3・11・29　若君
　　3・12・5　若公
　　4・4・13　二男若公
建仁3・2・4　将軍家御舎弟千幡君
　　3・8・27　舎弟千幡君十一歳
　　3・9・10　千幡君, 若君
建仁3年首　征夷大将軍右大臣正二位兼行左近衛大将源朝臣実朝
　　3・9・15　幕下大将軍二男若君字千幡君, 若君
　　3・10・8　将軍家年十二
　　3・10・9　将軍家
　　3・10・13　将軍家
　　3・10・19　将軍
　　3・10・25　将軍家
　　3・11・3　将軍家
　　3・11・6　将軍家
　　3・11・9　将軍家
　　3・11・19　将軍
　　3・11・23　将軍家
　　3・12・1　将軍家
　　3・12・14　将軍家
元久1・1・5　将軍家去年十月廿四日任右兵衛佐御
　　1・1・8　将軍家
　　1・1・10　将軍家

— 224 —

第Ⅰ部 人名索引（し）

元久 1・1・12 将軍家
1・1・14 将軍家
1・1・18 将軍家
1・2・12 将軍家
1・2・25 将軍家
1・3・15 将軍
1・3・27 将軍家
1・4・10 将軍家
1・4・18 将軍家
1・5・5 将軍家
1・6・1 将軍家
1・6・20 将軍家右少将，去三月一日任給
1・7・14 将軍家
1・7・15 将軍家
1・7・23 将軍家
1・7・26 将軍家
1・8・4 将軍家
1・8・15 将軍家
1・8・21 将軍家
1・9・2 将軍家
1・9・15 将軍家
1・10・14 将軍家
1・11・3 将軍家
1・11・7 将軍家
1・11・9 将軍家
1・11・26 将軍家
1・12・17 将軍家
1・12・18 将軍家
2・1・4 将軍家
2・1・5 将軍家
2・2・11 将軍家
2・2・12 将軍家(任右中将，兼加賀介)
2・2・17 将軍家
2・3・1 将軍家
2・4・8 将軍家
2・4・12 将軍家
2・6・1 将軍家
2・7・8 将軍家
2・⑦・19 将軍家
2・⑦・29 将軍
2・8・7 将軍家
2・8・15 将軍家
2・8・16 将軍家
2・9・2 将軍家
建永 1・1・2 将軍家

建永 1・1・8 将軍家
1・1・12 将軍家
1・2・4 将軍家
1・3・2 将軍家
1・3・3 将軍家
1・3・4 将軍家
1・3・13 将軍家
1・4・3 将軍家
1・6・16 将軍家
1・6・20 将軍家
1・8・15 将軍家
1・8・16 将軍家
1・10・20 将軍
1・12・23 将軍家
承元 1・1・3 将軍家
1・1・5 将軍家
1・1・9 将軍家
1・1・18 将軍家
1・1・22 将軍家
1・4・13 将軍家
1・4・20 将軍家
1・5・5 将軍家
1・8・15 将軍家
1・8・16 将軍家
1・11・8 将軍家
1・12・1 将軍家
1・12・3 将軍家
2・1・11 将軍家
2・1・16 将軍家
2・2・3 将軍家
2・2・10 将軍家
2・2・29 将軍家
2・3・3 将軍家
2・④・11 将軍家
2・5・17 将軍家
2・5・29 将軍家
2・7・19 将軍家
2・8・15 将軍家
2・8・16 将軍家
2・9・9 将軍家
2・12・16 将軍家
2・12・20 将軍家
3・1・6 将軍家
3・1・9 将軍家
3・2・3 将軍家
3・3・3 将軍家
3・4・14 将軍家

— 225 —

第Ⅰ部 人名索引（し）

承元 3・4・22	将軍家	建暦 1・12・28	将軍家
3・5・12	将軍家	2・1・11	将軍家
3・5・26	将軍家	2・1・19	将軍家
3・6・13	将軍家	2・1・26	将軍家
3・7・5	将軍家	2・2・1	将軍家
3・8・15	将軍家	2・2・3	将軍家
3・10・15	将軍家	2・2・8	将軍家
3・10・17	将軍家	2・3・3	将軍家
3・11・1	将軍家	2・3・6	将軍家
3・12・1	将軍家	2・3・9	将軍家
3・12・11	将軍家	2・4・6	将軍家
3・12・13	将軍家	2・4・18	将軍家
3・12・19	将軍家	2・6・20	将軍家
3・12・23	将軍家	2・6・24	将軍家
4・1・1	将軍家	2・8・15	将軍家
4・1・26	将軍家	2・8・16	将軍家
4・5・6	将軍家	2・8・22	将軍家
4・5・21	将軍家	2・9・16	将軍家
4・6・27	将軍家	2・9・18	将軍家
4・8・15	将軍家	2・10・11	将軍家
4・8・16	将軍家	2・11・13	将軍家
4・10・15	将軍家	2・11・15	将軍家
4・11・24	将軍家	2・11・21	将軍家
建暦 1・1・15	将軍家	2・12・21	将軍家，従二位実朝
1・1・16	将軍家	2・12・24	将軍家
1・1・28	将軍家(兼美作権守)	2・12・29	将軍家
1・2・4	将軍家	建保 1・1・1	将軍家
1・2・22	将軍家	1・1・4	将軍家
1・3・3	将軍家	1・1・12	将軍家
1・4・3	将軍家	1・1・16	将軍家
1・4・29	将軍家	1・1・26	将軍家
1・5・10	将軍家	1・2・20	将軍家
1・5・20	将軍家	1・2・26	将軍家
1・6・2	将軍家	1・2・30	将軍家
1・6・14	将軍家	1・3・6	将軍，正二位源実朝
1・7・4	将軍家	1・3・28	将軍家
1・7・15	将軍家	1・3・30	将軍家
1・8・15	将軍家	1・4・7	将軍家
1・8・16	将軍家	1・4・8	将軍家
1・8・27	将軍家	1・4・15	将軍家
1・9・22	将軍家	1・4・20	将軍家
1・10・13	将軍家	1・4・27	将軍家
1・10・19	将軍家	1・4・29	将軍家
1・11・4	将軍家	1・5・2	将軍
1・11・20	将軍家	1・5・3	将軍
1・12・13	将軍家	1・5・4	将軍家
1・12・22	将軍家	1・5・6	将軍家

第Ⅰ部 人名索引（し）

建保1・5・8	将軍家	建保3・8・15	将軍家
1・5・10	将軍家	3・9・9	将軍家
1・7・9	将軍家	3・11・8	将軍家
1・7・11	将軍家	3・11・21	将軍家
1・8・1	将軍家	3・11・25	将軍家
1・8・17	将軍家	3・12・16	将軍家
1・8・18	将軍家	4・1・13	将軍家
1・8・20	将軍家	4・1・17	将軍家
1・8・26	将軍家	4・2・11	将軍家
1・9・22	将軍家	4・2・27	将軍家
1・9・26	将軍家	4・3・3	将軍家
1・10・2	将軍家	4・4・8	将軍家
1・11・23	将軍家	4・5・13	将軍家
1・11・24	将軍家	4・5・24	将軍家
1・12・3	将軍家	4・6・8	当将軍家
1・12・19	将軍家	4・6・15	将軍家
1・12・20	将軍家	4・6・30	将軍家(任中納言)
1・12・29	将軍家	4・⑥・29	将軍家
2・1・3	将軍家	4・7・29	将軍家
2・1・22	将軍家	4・8・3	将軍家
2・1・28	将軍家	4・8・15	将軍家
2・2・1	将軍家	4・9・18	将軍家
2・2・4	将軍家	4・10・5	将軍家
2・2・10	将軍家	4・10・29	将軍家
2・2・14	将軍家	4・11・12	将軍家
2・2・23	将軍家	4・11・23	将軍家
2・3・9	将軍家	4・11・24	将軍家
2・6・3	将軍家	4・12・13	将軍家
2・6・5	将軍	5・1・1	将軍家
2・7・27	将軍家	5・1・22	将軍家
2・8・15	将軍家	5・2・2	将軍家
2・8・16	将軍家	5・2・8	将軍家
2・8・29	将軍家	5・3・3	将軍家
2・9・22	将軍家	5・3・10	将軍家
2・9・29	将軍家	5・4・3	将軍家
2・10・2	将軍家	5・5・12	将軍家
2・12・10	将軍家	5・5・15	将軍家
3・1・1	将軍家	5・5・25	将軍
3・1・7	将軍家	5・6・21	将軍家
3・3・3	将軍家	5・8・15	将軍家
3・3・5	将軍家	5・9・13	将軍家
3・4・1	将軍家	5・9・30	将軍家
3・5・5	将軍家	5・11・10	将軍
3・5・12	将軍家	5・12・25	将軍家
3・6・5	将軍家	6・1・13	将軍家
3・7・6	将軍家	6・1・17	将軍家
3・8・10	将軍家	6・1・21	将軍家(任権大納言)

— 227 —

第Ⅰ部　人名索引（し）

建保6・2・10 将軍家	寛喜3・1・9 右大臣家
6・2・14 将軍家	貞永1・12・27 故右府将軍
6・3・16 将軍家, 左近大将源実朝	嘉禎3・12・10 右府将軍
6・3・18 将軍家	仁治2・1・24 右府将軍
6・3・23 将軍家	建長2・12・29 左大臣家
6・3・24 将軍家	4・6・25 右大臣家
6・4・7 将軍家	正嘉1・8・21 右大臣家
6・6・14 将軍家	2・10・12 三代将軍
6・6・17 将軍家	
6・6・21 将軍家	実　　直　　日奉
6・6・27 将軍家	寛喜3・4・20 在庁散位日奉実直
6・7・1 将軍家	
6・7・8 左大将家	実　　直　　中御門
6・7・9 将軍家	建長2・3・1 中御門三位
6・8・15 将軍家	3・7・4 中御門三位侍従
6・8・16 将軍家	
6・10・19 将軍家(任内大臣)	実　　定　　藤原
6・11・5 将軍家	文治1・11・10 内府
6・11・27 将軍家	1・12・6 内大臣
6・12・20 将軍家(任右大臣)	2・1・7 内大臣
6・12・21 将軍家	2・4・15 内府
6・12・26 将軍家	2・4・30 内府
承久1・1・8 将軍家	2・6・17 内大臣
1・1・23 将軍家	2・11・24 内大臣
1・1・24 将軍家	4・4・9 右大臣藤原
1・1・27 将軍右大臣家(薨逝)	4・12・11 右大臣藤原
1・1・28 将軍家	建久2・⑫・25 左府禅閣公〈実〉定薨
1・2・14 将軍家	（年五十三）
1・2・20 故右府将軍	
1・2・29 右府	実　　禎
1・3・9 右府	貞応1・10・15 近江〈弘〉聖人実禎
1・7・19 将軍	
1・9・22 右府	実　　藤　　今出川(藤原)
1・12・24 右府将軍	暦仁1・2・28 近衛少将実藤
1・12・27 故右府	建長3・7・4 今出川新大納言実藤
2・5・16 故右府	
3・1・27 故右大臣	実　　道
3・7・2 右府将軍	建久1・4・19 山城守実道
3・8・1 右府将軍	
嘉禄1・12・9 故右府将軍	実　　任
2・4・4 右府将軍	天福1・6・19 少将実任朝臣公雅卿一男
安貞2・2・3 右府将軍	
寛喜1・10・14 故右府将軍	実　　能　　広沢
1・11・26 右大臣家	安貞1・11・25 広沢三郎
2・10・6 右丞相	嘉禎2・8・4 広沢三郎兵衛尉〈左衛門尉〉
2・12・25 故右大臣家	

— 223 —

第Ⅰ部 人名索引（し）

仁治 1・3・12　広沢三郎兵衛尉
　　 2・2・26　広沢三郎兵衛尉実能
寛元 1・7・17　広沢三郎左衛門尉
　　 2・6・13　広沢三郎左衛門尉
　　 3・8・15　広沢左衛門尉定〈実〉
　　　　　　　能
建長 2・3・1　広沢左衛門入道跡

実　　平　　土肥
　治承 4・8・6　土肥次郎実平
　　　 4・8・12　土肥次郎実平
　　　 4・8・20　土肥次郎実平
　　　 4・8・23　実平
　　　 4・8・24　実平
　　　 4・8・25　実平
　　　 4・8・28　実平
　　　 4・8・29　実平
　　　 4・10・18　実平
　　　 4・10・21　実平
　　　 4・10・23　実平
　　　 4・11・4　土肥次郎実平
　　　 4・11・5　実平
　　　 4・11・14　土肥次郎実平
　　　 4・11・26　実平
　　　 4・12・10　土肥次郎
　　　 4・12・12　土肥二郎実平
　　　 4・12・14　土肥次郎実平
　養和 1・1・11　実平
　　　 1・5・12〈13〉土肥次郎実平
　　　 1・7・20　土肥次郎実平
　　　 1・11・5　土肥次〈二〉郎実平
　寿永 1・4・5　土肥次郎
　元暦 1・1・28　土肥次郎実平
　　　 1・2・5　土肥次郎実平
　　　 1・2・14　土肥次郎実平
　　　 1・2・18　実平
　　　 1・3・2　土肥次郎実平
　　　 1・3・17　実平
　　　 1・3・25　土肥次郎実平
　　　 1・4・29　土肥次郎実平
　　　 1・11・21　実平
　　　 1・12・16　実平
　文治 1・2・14　土肥二郎
　　　 1・4・26　実平，土肥次〈二〉郎
　　　　　　　　実平
　　　 1・10・24　土肥次〈二〉郎実平
　　　 1・10・29　土肥次〈二〉郎実平

　文治 1・11・19　土肥次郎実平
　　　 2・4・4　土肥二郎実平
　　　 2・6・17　土肥次郎実平
　　　 2・7・27　実平
　　　 2・9・5　実平
　　　 5・3・13　実平
　　　 5・4・18　土肥次郎実平
　　　 5・6・9　土肥次郎実平
　　　 5・7・19　土肥次郎実平
　　　 5・8・26　実平
　建久 1・11・7　土肥次郎
　　　 1・11・11　土肥次郎実平
　　　 1・12・3〈1〉土肥次郎実平
　　　 2・7・18　土肥次郎

実　　平　　大井（紀）
　建保 1・8・26　大井右衛門尉実平
　　　 2・7・27　大井紀右衛門尉実平
　　　 6・6・27　大井紀右衛門尉実平
　承久 1・1・27　紀右衛門尉実平

実　　平　　春日部
　寛元 1・7・16　春日部大和前司

実　　保
　宝治 1・11・15　伊豆大郎左衛門尉
　　　 2・8・15　伊豆大郎左衛門尉実
　　　　　　　　保
　　　 2・12・10　伊豆大郎左衛門尉実
　　　　　　　　保
　建長 3・8・1　伊豆太郎左衛門尉実
　　　　　　　　保
　　　 3・8・15　伊豆太郎左衛門尉実
　　　　　　　　保
　　　 3・10・19　伊豆太郎左衛門尉
　　　 4・4・3　伊豆大〈太〉郎左衛門
　　　　　　　　尉実〈兼〉保
　　　 4・4・14　伊豆大郎左衛門尉宗
　　　　　　　　保(ママ)
　　　 4・8・1　伊豆大郎左衛門尉宗
　　　　　　　　保(ママ)
　　　 4・8・6　伊豆大郎左衛門尉実
　　　　　　　　保
　　　 5・1・16　伊豆太郎左衛門尉実
　　　　　　　　保
　　　 5・8・15　伊豆太郎左衛門尉実
　　　　　　　　保

— 229 —

第Ⅰ部 人名索引（し）

建長6・7・20	伊豆太郎左衛門尉
康元1・6・29	伊豆太郎左衛門尉
正嘉1・10・1	伊豆大郎左衛門尉実保
1・11・22	伊豆太郎左衛門尉
弘長1・1・1	伊豆太郎左衛門尉
1・1・7	伊豆太郎左衛門尉
3・8・8	伊豆大郎左衛門尉
3・8・9	伊豆大郎左衛門尉実保

実　方　　波多野(広沢)
文治5・7・19	波多野余三実方
建久1・11・7	広沢余三
6・3・10	広沢与〈余〉三

実　房　　藤原
治承4・5・15	三条大納言実房
文治1・8・13	別当大納言兼皇后宮大夫藤原朝臣
1・12・6	権大納言実房卿
2・1・7	皇后宮大夫実房
4・4・9	大納言兼左〈右〉近衛大将藤原朝臣
4・12・11	大納言兼右近衛大将藤原朝臣

実　明　　藤原
文治4・4・9	右近衛権少将兼播磨守藤原朝臣
4・12・11	右近権中将兼播磨守藤原朝臣
建久1・12・1	頭中将実明朝臣
1・12・3	頭中将
2・12・24	頭中将実明朝臣

実　茂　　高井
|安貞2・7・23|高井次〈二〉郎|
|宝治1・6・22|高井兵衛次郎実茂|

実　有　　大宮(藤原)
|文暦1・3・10|大宮中納言実有卿|

実　雄　　山階(藤原)
|暦仁1・2・28|宰相中将実雄|
|建長3・7・4|権大納言実雄|

実　頼　　小野宮(藤原)
|延応1・12・15|藤原朝臣実頼小野宮殿|
|宝治1・9・11|小野宮殿|

実　隆　　中御門
|文応1・2・20|中御門少将|
|1・11・27|中御門新中〈少〉将実隆朝臣|

守　屋　　物部
元暦1・11・23	守屋大臣
文治1・6・21	守屋
承元4・10・15	守屋

守　海
仁治1・1・17	守海僧都
寛元2・1・12	大納言法印守海
2・6・3	守海
文永3・1・7	佐々目法印権大僧都守海入滅年六十二

守　覚
|建久6・3・12|仁和寺法親王|

守　宮
|正治1・6・26|守宮|
|2・4・10|守宮|

守　教
|文応1・4・3|中務権少輔守教|

守　近
|正嘉2・3・1|弥三郎守近|

守　康　　紀
文治4・10・25	官史生
4・12・11	官史生守康
5・2・26	官使守康
建久2・5・12	紀守康

守　資　　三条
|建長3・7・4|三条新少将守資|

守　正
|建久2・11・22|同(府生)守正|

守　清

第Ⅰ部　人名索引（し）

　　文治2・1・9　　雑色守清

守　　村
　　寛元4・3・30　甲斐国一宮権祝守村

守　　直　　三奈木
　　文治3・4・23　三奈木次〈三〉郎守直

守　　定
　　建久1・4・19　地頭守定

守　　貞
　　文治2・8・26　七条細工宗紀太，七
　　　　　　　　　条紀太丸
　　　　2・9・25　七条紀太守貞

守貞親王　→後高倉院
　　承久3・7・8　　持明院入道親王守貞

朱雀天皇
　　元暦1・1・10　朱雀院
　　文治1・3・24　朱雀院〈後朱雀院の誤な
　　　　　　　　　らむ〉
　　元久2・6・22　朱雀院
　　　　2・10・13　朱雀院
　　宝治1・9・11　朱雀院

種　　益　　賀摩〈加摩田〉
　　文治1・2・1　　（種直）子息賀摩兵衛
　　　　　　　　　尉
　　　　1・5・5　　加摩田兵衛尉
　　　　1・6・14　種益

種　　遠
　　文治1・7・12　種遠
　　　　1・12・6　種遠

種　　久　　秦
　　康元1・8・12　（秦）種久
　　　　1・8・16　秦種久

種〈經〉業　→村上常業
　　文治1・10・24　種〈經〉業

種　　直　　原田
　　養和1・2・29　原田大夫種直
　　文治1・2・1　　太宰少貳種直

　　文治1・3・2　　種直
　　　　1・6・14　少貳種直
　　　　1・7・12　種直
　　　　1・12・6　種直
　　　　2・5・2　　少貳種直

種　　武
　　承元2・5・29　種武

種　　文
　　承元2・5・29　種文

種　　頼　　山北
　　元久1・10・17　山北六郎種頼

寿　　王　　（筥根児童）
　　文治5・2・21　寿王

授　　源
　　寛元3・12・25　松浦執行源授

秀　　胤　　千葉
　　仁治1・8・2　　上総権介
　　　　2・1・23　上総介〈権介〉
　　寛元1・7・17　上総権介
　　　　1・8・16　上総権介
　　　　1・9・5　　上総権介
　　　　2・4・21　上総権介
　　　　2・8・15　上総権介秀胤
　　　　2・8・16　上総介
　　　　3・8・15　上総権介秀胤
　　　　3・8・16　上総介
　　　　3・10・16　上総権介秀胤
　　　　4・6・7　　上総権介秀胤
　　　　4・6・13　上総権介秀胤
　　　　4・8・15　上総介
　　宝治1・6・6　　上総権介秀胤
　　　　1・6・7　　上総権介秀胤〈自殺〉
　　　　1・6・17　故上総介
　　　　1・6・22　上総権介秀胤
　　　　1・7・14　上総権介秀胤

秀　　胤　　清久
　　建長3・1・20　清久弥二郎秀胤

秀　　員　　佐藤
　　文治5・8・9　　佐藤三郎秀員

第Ⅰ部　人名索引（し）

秀　遠　　山峨
　文治1・3・24　山峨兵藤次秀遠
　　　1・7・12　秀遠
　　　1・12・6　秀遠

秀　遠　　野田
　仁治2・5・10　野田左近将監秀遠

秀　幹　　石河
　承久3・6・18　石河三郎

秀　幹　　真壁
　建長3・1・20　真壁小次郎

秀　義(能)　佐々木
　治承4・8・9　佐々木源三秀義
　　　4・8・10　秀義
　　　4・8・11　秀義
　養和1・11・5　佐々木源三秀能
　元暦1・8・2　佐々木源三秀能
　建久2・5・20　佐々木源三秀能〈義〉
　弘長1・5・13　秀義

秀　義　　佐竹
　治承4・10・21　同(佐竹)冠者秀義
　　　4・10・27　佐竹冠者秀義
　　　4・11・4　冠者秀義，佐竹冠者
　　　4・11・5　秀義
　　　4・11・6　秀義
　　　4・11・7　秀義
　　　4・11・8　秀義
　寿永1・6・5　佐竹冠者

秀　景　　千葉
　寛元2・8・16　(秀胤)子息六郎
　　　3・8・15　上総六郎秀景
　　　3・8・16　(秀胤)子息六郎
　宝治1・6・7　(秀胤)四男六郎景秀
　　　　　　　　（ﾏﾏ）
　　　1・6・22　同(秀胤子息)六郎秀景

秀　厳　　→季厳
　文治1・12・30　秀厳阿闍梨

秀　行　　大河戸
　養和1・2・18　同(大河戸)弟次郎秀

　　　　　　　　行号清久
　建久1・11・7　大河戸次郎
　　　6・3・10　同(大河戸)次郎

秀　幸　　万年
　建保5・2・19　万年九郎
　寛元3・6・7　万年九郎兵衛尉
　建長6・10・6　万年九郎兵衛尉
　　　6・10・10　万年九郎兵衛尉

秀　高　　河村
　文治5・8・12　山城権守秀高

秀　康　　藤原
　承元2・5・29　秀康
　　　4・7・20　秀康院北面
　建保4・3・22　淡路守秀康，秀康任
　　　　　　　　右馬助淡路守如元
　承久3・5・19　秀康
　　　3・6・3　能登守秀康
　　　3・6・5　秀康
　　　3・6・6　秀康
　　　3・6・8　秀康
　　　3・6・12　能登守
　　　3・6・14　秀康
　　　3・6・15　秀康
　　　3・6・25　能登守秀康
　　　3・10・12　能登守秀康
　　　3・10・16　秀康
　暦仁1・10・4　秀康

秀　綱〈能〉　→佐々木盛綱
　文治2・6・17　佐々木三郎秀綱〈能〉

秀　綱
　文治5・8・7　金剛別当秀綱
　　　5・8・8　金剛別当季綱(ﾏﾏ)
　　　5・8・10　金剛別当
　建久1・1・24　金剛別当

秀〈季〉綱　泉
　正治2・2・26　泉次郎秀〈季〉綱
　承久3・6・18　泉次郎

秀　綱　　佐貫
　承久3・6・18　佐貫右衛門六郎

― 232 ―

第Ⅰ部　人名索引（し）

秀　　衡　藤原
　治承4・8・9　　季〈秀〉衡
　　　4・10・21　秀衡
　養和1・8・13　藤原秀衡
　寿永1・4・5　　鎮守府将軍藤原秀衡
　文治1・4・15　秀景〈衡〉
　　　2・4・24　陸奥守秀衡入道
　　　2・5・10　陸奥守秀衡入道
　　　2・8・16　陸奥守秀衡入道
　　　2・9・22　鎮守府将軍秀衡
　　　2・10・1　秀衡入道
　　　2・10・3　秀衡
　　　3・2・10　陸奥守秀衡入道
　　　3・3・5　　秀衡入道
　　　3・9・4　　秀衡入道
　　　3・10・29　秀衡入道，鎮守府将
　　　　　　　　　軍兼陸奥守従五位上
　　　　　　　　　藤原朝臣 秀 衡 法 師
　　　　　　　　　　（卒去）
　　　4・4・9　　秀衡法師
　　　4・10・25　秀衡
　　　4・12・11　秀衡法師
　　　5・8・26　（泰衡）父入道
　　　5・9・3　　鎮守府将軍兼陸奥守
　　　　　　　　　秀衡
　　　5・9・8　　秀衡法師
　　　5・9・9　　秀衡
　　　5・9・10　秀衡
　　　5・9・17　秀衡
　　　5・9・18　秀衡法師
　　　5・9・23　秀衡
　　　5・10・1　秀衡
　　　5・12・23　秀衡入道
　建久1・6・23　秀衡
　　　3・10・29　秀衡
　　　6・9・29　故秀衡入道
　正治2・5・28　秀衡
　　　2・8・10　秀衡
　建暦1・4・2　　秀衡法師
　建保1・4・4　　秀衡法師
　宝治2・2・5　　秀衡

秀　　郷　藤原
　治承4・9・19　藤原秀郷
　養和1・②・23　秀郷朝臣
　　　1・9・7　　武蔵守秀郷朝臣
　元暦1・2・21　秀郷朝臣

　元暦1・4・10　藤原秀郷朝臣
　文治2・8・15　秀郷朝臣
　　　3・8・15　秀郷朝臣
　　　5・7・8　　秀郷朝臣
　　　5・9・7　　秀郷将軍
　元久2・8・7　　秀郷朝臣
　承元3・12・15　秀郷朝臣
　元仁1・⑦・29　武蔵守秀郷朝臣
　寛喜1・3・26　秀郷朝臣
　宝治1・9・11　藤原秀郷

秀　　時　→中原季時
　建久6・6・3　　右京進秀時

秀　　実　藤原
　嘉禎2・8・4　　藤四郎左衛門尉
　寛元4・7・11　藤四郎左衛門尉秀実

秀　　親　木村
　建長3・1・20　木村六郎秀親

秀　　清　河村
　文治5・8・9　　河村千鶴丸年十三歳
　　　5・8・12　河村千鶴丸，河村四
　　　　　　　　　郎秀清

秀　　盛　和田
　建保1・5・2　　（義盛）七男同（和田）
　　　　　　　　　七郎秀盛
　　　1・5・3　　同（義盛）男七郎秀盛
　　　　　　　　　十五
　　　1・5・6　　同（和田）七郎

秀　　盛　山上
　建長3・1・20　山上弥四郎秀盛

秀　　達〈連〉　長
　嘉禎1・6・29　長掃部左衛門尉
　　　2・8・4　　長掃部左衛門尉
　暦仁1・2・17　長掃部左衛門尉
　仁治1・8・2　　長掃部左衛門尉
　　　2・2・25　長掃部左衛門尉秀達
　　　　　　　　　〈連〉
　寛元1・7・17　長掃部左衛門尉
　　　1・8・16　長掃部左衛門尉
　　　2・8・16　長掃部左衛門尉
　康元1・6・29　長掃部左衛門尉

— 233 —

第Ⅰ部　人名索引（し）

秀　致　→藤原季教
　文永3・7・4　同（親家）子息左衛門
　　　　　　　　大夫秀致〈景教〉

秀　朝　藤原
　承久3・12・11　筑後介秀朝
　文暦1・7・6　前山城守藤原秀朝

秀　澄　藤原
　承久3・5・26　秀澄
　　　3・6・3　河内判官秀澄
　　　3・6・12　河内判官
　　　3・10・12　河内判官秀澄
　　　3・10・16　秀澄

秀　通(道)　小野寺
　元久2・6・22　小野寺太郎秀通〈道〉
　建保1・8・26　小野寺左衛門尉秀通
　　　2・7・27　小野寺左衛門尉秀道
　　　　　　　　〈通〉
　　　4・7・29　小野寺左衛門尉秀道
　　　　　　　　〈通〉
　　　6・3・23　小野寺左衛門尉秀道
　　　　　　　　〈通〉
　　　6・6・27　小野寺左衛門尉秀道
　承久1・1・27　小野寺左衛門尉秀道
　　　3・6・18　小野寺左衛門入道

秀　能　→佐々木秀義
　養和1・11・5　佐々木源三秀能
　元暦1・8・2　佐々木源三秀能
　建久2・5・20　佐々木源三秀能〈義〉

秀　能
　建保4・3・22　大夫尉秀能，秀能任
　　　　　　　　出羽守使如元
　　　4・6・14　秀能

秀　方　下須房
　文治5・8・7　下須房太郎秀方〈金剛
　　　　　　　　別当秀綱子息〉
　　　5・8・10　金剛別当子息下須房
　　　　　　　　太郎秀方年十三

秀　頼　波多野
　建長2・1・3　波多野五郎秀頼
　　　2・12・27　波多野五郎兵衛尉

秀　頼
　弘長3・8・15　越中八郎秀頼

秀　連　佐原
　宝治1・6・21　（佐原）三郎秀連
　　　1・6・22　同（佐原）三郎秀連

周　則　菅
　安貞1・6・14　菅十郎左衛門尉周則

秋　家　大中臣
　元暦1・6・18　甲斐小四郎秋家
　　　1・10・6　甲斐四郎大中臣秋家
　文治1・4・13　甲斐小四郎秋家
　　　1・9・5　大中臣秋家
　　　3・7・23　甲斐中四郎秋家
　　　3・10・29　大中臣

十　王
　承久3・6・18　熊野法印子

拾　悟
　文治1・11・29　拾悟〈多武峰悪僧〉

拾　禅
　文治1・11・29　拾禅〈多武峰悪僧〉

重　胤　東（千葉）
　建久6・8・16　東平太
　正治1・10・28　東平太重胤
　建仁3・10・8　東大郎重胤
　　　3・10・10　東太郎
　元久2・1・1　東平太
　　　2・6・22　東平太重胤
　建永1・2・4　重胤
　　　1・11・18　東平太重胤
　　　1・12・23　重胤
　承元2・④・27　東平太重胤
　　　2・10・21　東平太重胤号東所
　　　4・11・21　重胤
　建暦1・4・29　重胤
　　　2・1・19　東平太〈平太所〉重胤
　　　2・3・6　重胤
　建保1・7・7　東平太重胤
　　　2・3・9　東平太重胤
　　　2・7・27　東平太所重胤
　　　6・4・7　東平太所重胤

— 234 —

第Ⅰ部 人名索引（し）

建保6・6・27　東兵衛尉重胤
　　6・11・27　東平太重胤
承久1・1・27　東兵衛尉重胤
建長2・3・1　東兵衛入道跡

重　員　　河越
元久2・6・22　同(河越)三郎重員
承久3・6・18　河越三郎
嘉禄2・4・10　河越三郎重員
寛喜3・4・2　河越三郎重員
　　3・4・20　河越三郎重員
貞永1・12・23　(重資)父重員
建長2・3・1　河越三郎跡

重　遠　　平
文治1・4・28　前出羽守重遠
嘉禄1・12・21　平重遠

重　家　　越後(平)
養和1・2・12　越後次郎重家越後平氏

重　家
文治2・1・24　重家

重　家
建久1・6・29　尾張国住人重家

重　家　　高田
建久1・8・13　重家高田四郎
　　1・9・13　高田四郎重家
　　1・10・28　高田四郎重家
　　1・11・2　高田四郎重家
建保1・5・6　同(高田)四郎

重　家　　重宗
寛喜3・10・6　陰陽師重家

重　家　　河越
寛元2・6・13　河越五郎
　　4・8・15　河越五郎重家

重　家
建長6・1・3　筑後次郎太郎重家

重　賀
建保1・3・21　西谷和泉阿闍梨
　　4・12・13　和泉阿闍梨

承久1・1・30　鶴岳供僧和泉阿闍梨重賀
嘉禄1・1・14　和泉阿闍梨重賀

重　季　　榛谷
元久2・6・23　同(重朝)嫡男太郎重季(討たる)

重　基　　多々良
暦仁1・2・17　多々良小次郎

重　義　　葦敷
養和1・2・12　葦敷三郎重義

重　義　　望月
建久4・3・21　望月太郎

重　義
弘長1・1・1　上野三郎左衛門尉
　　3・1・1　上野三郎左衛門尉
　　3・1・3　上野三郎左衛門尉重義
　　3・1・7　上野三郎左衛門尉重義
　　3・4・26　上野三郎左衛門尉重義

重　教
正嘉1・2・2　能登右近大夫重教

重　教
正嘉1・6・1　中務権少輔
文応1・1・1　中務権少輔
弘長1・1・1　中務権少輔重教
　　1・1・7　中務権少輔重教
　　1・4・24　中務権少輔
　　3・1・1　中務権少輔重教
　　3・1・10　中務権少輔重教
　　3・4・21　中務権少輔
　　3・4・26　中務権少輔重教
　　3・8・11　中務権少輔重教朝臣
　　3・8・15　中務権少輔重教

重　経　　師岡
寿永1・8・12　師岳兵衛尉重経
文治1・4・15　兵衛尉重経
　　5・7・19　師岡兵衛尉重経

— 235 —

第Ⅰ部　人名索引（し）

重　経
　寛元4・12・28　紀伊七郎左衛門尉重
　　　　　　　　　経

重　景　安達
　建長4・4・3　城五郎重景
　正嘉1・12・24　城五郎
　　　1・12・29　城五郎重景
　　　2・1・1　城五郎左衛門尉，同
　　　　　　　　（城）五郎重景
　文応1・1・20　城五郎左衛門尉重景
　　　1・2・20　城五郎左衛門尉
　弘長1・1・1　同（城）五郎左衛門尉
　　　　　　　　重景
　　　1・1・7　城五郎左衛門尉
　　　1・4・24　城五郎左衛門尉
　　　1・4・25　城五郎左衛門尉
　　　1・7・12　城五郎左衛門尉
　　　1・8・5　城五郎左衛門尉

重　継
　文治5・5・17　少納言重継朝臣

重　継　→江戸重長
　文治5・6・9　江戸太郎重継

重　継　中原
　建保6・3・18　権少外記中原重継
　　　6・3・23　重継
　　　6・3・24　重継

重　継　中山
　承久3・6・6　中山次郎
　　　3・6・14　中山次郎重継
　　　3・6・17　中山次郎重綱〈継〉

重　継
　寛元1・7・17　常陸修理亮
　　　2・6・13　常陸修理亮重継
　　　2・8・15　常陸修理亮重継
　宝治1・5・14　常陸修理亮
　康元1・6・29　同（常陸）修理亮
　正嘉2・6・17　同（常陸）修理亮
　弘長3・7・13　常陸修理亮
　　　3・8・9　常陸修理亮

重　慶

　建久2・2・15　安楽房重慶
　　　2・2・21　安楽房重慶
　　　2・8・15　安楽坊重慶
　　　3・3・26　安楽房
　　　3・4・2　安楽房阿闍梨
　建仁3・2・5　安楽坊
　　　3・8・29　安楽房重慶
　　　3・12・1　安楽坊
　元久1・1・5　安楽房
　承久1・1・29　安楽坊法橋重慶
　　　3・5・26　安楽坊法橋重慶
　嘉祿1・1・14　安楽房法橋重慶
　寛喜3・5・17　安楽房法眼重慶

重　慶
　建保1・9・19　故畠山次郎重忠末子
　　　　　　　　大夫阿闍梨重慶
　　　1・9・26　重慶

重　兼　榎下
　建久5・8・20　前滝口榎下重兼

重　賢
　正嘉1・10・1　権少僧都定〈重〉賢
　弘長1・2・20　重賢

重　元　葛西
　建仁3・10・26　葛西四郎重元

重　元　青木
　安貞1・5・23　青木兵衛五郎重元
　暦仁1・2・17　青木兵衛尉

重　元　鳩谷
　寛元1・3・12　鳩谷兵衛尉重元

重　源
　文治1・3・7　大勧進重源聖人
　　　2・8・16　重源上人
　　　3・4・23　勧進上人重源
　　　3・11・10　重源上人
　　　4・3・10　東大寺重源上人
　　　5・6・4　重源上人
　建久2・7・23　東大寺上人重源
　　　3・1・19　重源上人
　　　4・1・14　舜乗房
　　　6・3・12　重源上人

— 236 —

第Ⅰ部　人名索引（し）

　　建久6・3・13　重源上人
　　　　6・5・24　東大寺重源上人
　　　　6・5・29　重源上人

重　広　　小栗
　　建久1・11・7　小栗次郎
　　　　6・3・10　小栗次〈二〉郎

重　広　→重弘
　　建久4・3・13　大和守重広

重　広　　室平
　　正治1・7・10　室平四郎重広
　　　　1・7・16　重広
　　　　1・8・18　重広

重　弘　　秩父
　　寿永1・8・18　秩父大夫重弘

重　弘　　小林
　　文治1・1・1　小林次郎重弘
　　建久1・11・7　小林次郎
　　　　6・3・10　小林次郎

重　弘(広)
　　文治1・10・21　大和守
　　　　1・10・24　大和守重弘
　　　　1・11・8　大和守重弘
　　　　3・4・17　大和守重弘
　　　　3・5・15　大和守重弘
　　建久1・4・19　大和前司重弘
　　　　1・4・22　大和前司重弘
　　　　1・5・19　大和前司重弘
　　　　1・11・16　大和前司重弘
　　　　2・6・9　重弘
　　　　2・7・28　大和守
　　　　3・4・11　大和守重弘
　　　　3・7・27　大和守重弘
　　　　4・3・13　大和守重広
　　　　5・2・2　大和守重弘

重　光　　泉
　　養和1・3・10　泉太郎重光

重　光　　久下
　　元暦1・2・5　久下次郎重光

重　光　　結城
　　寛喜1・9・17　結城五郎重光
　　　　2・2・19　結城五郎
　　天福1・1・1　同(上野)五郎
　　嘉禎1・2・9　同(上野)五郎
　　　　2・1・2　三〈上〉野五郎
　　　　2・8・4　同(上野)五郎
　　　　3・4・22　同(上野)三郎重光
　　暦仁1・2・17　結城五郎
　　　　1・2・28　上野五郎重光
　　仁治1・3・7　同(上野)五郎兵衛尉
　　　　　　　　　重光
　　　　2・1・1　上野五郎兵衛尉
　　　　2・1・14　上野左〈右〉衛門尉
　　　　2・1・23　上野五郎左衛門尉
　　　　2・8・25　上野五郎兵衛尉重光
　　寛元1・1・19　上野五郎兵衛尉
　　　　1・7・17　上野五郎兵衛尉
　　　　2・6・13　上野五郎兵衛尉
　　　　2・8・16　子息(上野)五郎兵衛
　　　　　　　　　尉
　　　　3・8・15　上野五郎兵衛尉重光
　　建長2・8・15　上野五郎兵衛尉重光
　　　　3・1・2　上野五郎左衛門尉重
　　　　　　　　　光
　　　　3・8・15　上野五郎兵衛尉重光
　　　　4・4・3　上野五郎兵衛尉重光
　　　　4・8・1　上野五郎兵衛尉重光
　　　　4・11・11　上野五郎兵衛尉重光
　　　　　　　　　〈元〉
　　　　4・12・17　上野五郎兵衛尉重光
　　　　5・1・16　上野五郎兵衛〈左衛門〉
　　　　　　　　　尉重光
　　　　5・8・15　上野五郎兵衛尉重光
　　康元1・7・17　上野五郎兵衛尉重光
　　　　1・8・15　上野五郎兵衛尉重光
　　正嘉1・10・1　上野五郎左衛門尉重
　　　　　　　　　光
　　　　1・12・29　上野五郎兵衛尉重光
　　　　2・6・17　上野五郎左衛門尉
　　　　2・8・15　上野五郎左衛門〈兵
　　　　　　　　　衛〉尉重光
　　弘長1・10・4　上野大夫判官重光
　　　　1・11・11　上野大夫判官

重　光　　多々良
　　仁治2・1・2　多々良小太郎

— 237 —

第Ⅰ部　人名索引（し）

重　光　→江戸長光
建長2・8・15　江戸七郎太郎重光

重　行　大河戸
養和1・2・18　下総権守重行

重　行　多賀
建久3・5・26　多賀二郎重行

重　康　上田
養和1・2・12　上田太郎重康

重　綱　佐々木
建仁3・10・26　（高綱）子息左衛門太郎重綱

重　綱　佐々木
承久3・6・14　（信綱）子息太郎重綱
貞応1・7・3　佐々木太郎兵衛尉重綱
嘉禄1・12・20　佐々木太郎左衛門尉
安貞2・7・23　佐々木太郎左衛門尉
　　2・7・24　佐々木太郎左衛門尉重綱
寛喜3・8・15　近江太郎左衛門尉重綱
天福1・1・2　近江太郎左衛門尉
　　1・8・15　佐々木大郎左衛門尉
寛元1・11・1　佐々木太郎左衛門尉重綱法師

重　綱
承久1・1・27　蔵人大夫重綱

重　綱　畠山
嘉禄2・4・10　秩父出羽権守
寛喜3・4・20　秩父権守重綱

重　綱
仁治2・5・10　紀伊七左衛門尉重綱

重　衡　平
治承4・12・2　蔵人頭重衡朝臣
　　4・12・11　重衡朝臣
　　4・12・19　蔵人頭重衡朝臣
　　4・12・25　重衡朝臣
　　4・12・28　重衡朝臣

養和1・②・15　蔵人頭重衡朝臣
　　1・3・10　平氏大将軍頭亮重衡朝臣
　　1・3・19　重衡朝臣
元暦1・2・7　本三位中将重衡
　　1・2・14　本三位中将重衡卿
　　1・2・15　本三位中将
　　1・2・16　重衡卿
　　1・2・20　本三位中将
　　1・3・2　三位中将重衡卿
　　1・3・10　三位中将重衡卿
　　1・3・27　三品羽林
　　1・3・28　本三位中将
　　1・4・8　本三位中将
　　1・4・20　本三位中将
文治1・6・7　本三位中将
　　1・6・9　重衡卿
　　1・6・21　重衡卿
　　1・6・22　重衡卿
　　1・6・23　前三位中将重衡
　　1・7・2　重衡
　　2・3・26　三位中将重衡卿
　　2・7・27　重衡卿
　　4・4・25　前故〈左〉三位中将重衡
建久2・5・3　重衡

重　国　渋谷
治承4・8・9　渋谷庄司重国
　　4・8・13　渋谷庄司重国
　　4・8・16　渋谷庄司重国
　　4・8・23　渋谷庄司重国
　　4・8・26　渋谷庄司重国
　　4・12・26　渋谷庄司
養和1・8・27　渋谷庄司重国
元暦1・1・20　渋谷庄司重国
　　1・1・28　渋谷庄司重国
　　1・2・2　渋谷庄司重国
文治1・1・26　渋谷庄司重国
　　1・2・1　渋谷庄司
　　1・3・2　渋谷庄司重国
　　1・5・5　渋谷庄司重国
　　1・5・9　（重助）父重国
　　1・10・24　渋谷庄司重国
　　2・1・3　渋谷庄司重国
　　5・11・17　渋谷庄司
　　5・11・18　重国

— 238 —

第Ⅰ部 人名索引（し）

建久 2・3・5　渋谷庄司
　　 4・5・8　渋谷庄司
　　 5・8・8　渋屋庄司重国
　　 5・12・15　渋谷庄司
弘長 1・5・13　先祖重国号渋谷庄司

重　国　　山名
文治 1・10・24　山名小太郎重国
建久 1・11・7　山名小太郎
　　 2・2・4　山名小太郎
　　 6・3・10　山名小太郎

重　氏
嘉禎 1・12・24　備中左近大夫
　　 1・12・27　備中大夫重氏
　　 2・8・4　備中左近大夫

重　氏
建長 4・8・6　重氏
康元 1・8・29　重氏
弘長 1・2・2　重氏

重　氏
正嘉 2・6・4　前右衛門佐重氏朝臣

重　資　　河越
貞永 1・12・23　河越三郎重資
建長 3・5・8　河越修理亮重資

重　次　　藤原
元暦 1・9・19　藤次郎大夫重次

重　時　　河越
元久 2・6・22　河越次郎重時
建保 4・7・29　河越次郎重時
承久 1・1・27　河越次郎重時
　　 1・7・19　河越次郎
安貞 2・7・23　河越次〈二〉郎
建長 2・3・1　河越次郎跡

重　時　　北条
承久 1・7・19　陸奥三郎
　　 1・7・28　陸奥三郎重時年廿二
貞応 1・1・3　陸奥修理亮
　　 1・1・8　陸奥修理亮
　　 1・2・12　修理亮重時
　　 2・1・2　陸奥修理亮重時

貞応 2・5・24　駿河守重時
　　 2・8・20　駿河守重時朝臣
　　 2・9・16　駿河守
　　 2・10・4　駿河守
　　 2・10・13　駿河守
元仁 1・1・1　駿河守重時
　　 1・1・21　駿河守
　　 1・4・27　駿河守
　　 1・5・16　駿河守
　　 1・6・13　駿河守
　　 1・6・18　駿河守
　　 1・12・15　駿河守
嘉禄 1・5・12　駿河守重時
　　 1・9・8　駿州
　　 1・10・28　駿河守
　　 1・12・20　駿河守
　　 1・12・29　駿河守
　　 2・1・2　駿河守重時
　　 2・9・2　駿河守
　　 2・10・9　駿州〈河〉
安貞 1・1・3　駿河守重時
　　 1・1・9　駿河守
　　 1・1・15　駿河守重時
　　 2・1・1　駿河守重時
　　 2・1・3　駿河守重時
　　 2・1・8　駿河守
　　 2・1・23　駿河守
　　 2・2・3　駿河守
　　 2・7・23　駿河守
　　 2・8・13　駿河守
　　 2・8・15　駿河守重時
　　 2・10・15　駿河守重時
　　 2・12・30　駿河守
寛喜 1・1・1　駿河守重時
　　 1・1・2　駿河守
　　 1・1・3　駿河守
　　 1・1・7　駿河守
　　 1・1・21　駿河守重時朝臣
　　 1・3・15　駿河守
　　 1・6・29　駿河守
　　 1・12・10　駿河守
　　 2・1・4　駿河守
　　 2・1・10　駿河守
　　 2・2・19　駿河守重時
　　 2・3・2　駿河守
　　 2・3・11　駿河守重時朝臣
　　 2・4・11　駿河守

— 239 —

第Ⅰ部　人名索引（し）

寛喜 3・7・9	駿州
天福 1・6・19	駿河守
嘉禎 1・7・29	重時
2・3・21	駿河守
2・10・29	駿州
2・12・29	駿河守重時
暦仁 1・6・5	相模守重時
延応 1・4・24	相模守重時
仁治 1・1・27	相模守
1・3・18	重時
2・1・19	相州
2・12・13	相州
寛元 1・7・29	相州
2・4・3	相州
3・1・9	相模守
4・9・1	相州
4・12・28	相州
宝治 1・6・5	六波羅相州
1・7・17	相州
1・7・27	相州重時
1・11・14	相州
1・11・16	相州
1・11・27	相模守
1・12・1	相州
1・12・10	相州
2・1・3	相州
2・1・7	相州
2・7・3	相州
2・⑫・13	相州
2・⑫・28	相州
建長 2・1・3	奥州
2・3・1	陸奥守
2・3・13	奥州
2・3・26	奥州
2・5・9	奥州
2・6・15	奥州
2・7・11	奥州
2・9・19	奥州
2・9・28	奥州
2・10・16	奥州
2・11・29	陸奥守
2・12・3	奥州
2・12・5	奥州
2・12・13	奥州
2・12・23	奥州
2・12・27	陸奥守
2・12・29	奥州

建長 3・1・2	奥州
3・1・10	奥州
3・5・15	奥州
3・5・21	奥州
3・8・21	奥州
3・9・20	奥州
3・10・13	奥州
3・10・29	奥州
3・11・12	奥州
4・1・2	奥州
4・1・5	奥州
4・2・20	奥州
4・2・27	奥州
4・3・5	奥州
4・3・16	奥州
4・4・1	奥州
4・4・5	奥州
4・4・14	陸奥守重時朝臣
4・5・17	奥州
4・6・25	陸奥守
4・7・24	奥州
4・8・1	陸奥守
4・8・2	奥州
4・8・6	奥州
4・8・21	奥州
4・11・4	奥州
4・11・11	奥州
4・11・20	奥州
4・12・17	陸奥守
4・12・27	奥州
5・1・1	奥州
5・1・3	奥州
5・1・8	奥州
5・1・28	奥州
5・4・26	陸奥守重時
5・8・15	奥州
5・10・19	奥州
6・1・3	奥州
6・2・1	奥州
6・2・6	奥州
6・6・5	奥州
6・10・6	奥州
6・10・17	陸奥守
康元 1・1・1	奥州
1・1・2	奥州
1・1・14	奥州
1・3・11	奥州(法名観覚)

— 240 —

第Ⅰ部　人名索引（し）

康元 1・3・30　奥州
　　 1・6・27　奥州禅門
　　 1・8・23　陸奥入道
正嘉 1・1・2 　奥州禅門
　　 1・8・25　奥州禅門
　　 1・9・16　奥州禅門
　　 1・9・18　奥州禅門
　　 1・10・1 　奥州禅門
　　 2・1・2 　奥州禅門
文応 1・1・2 　奥州禅門
　　 1・3・28　奥州禅門
　　 1・4・1 　入道陸奥守
　　 1・4・3 　入道陸奥守
　　 1・11・21　陸奥入道
弘長 1・1・2 　奥州禅門
　　 1・4・21　奥州禅門
　　 1・4・24　奥州禅門
　　 1・6・1 　奥州禅門
　　 1・6・16　奥州禅門
　　 1・6・22　奥州禅門
　　 1・6・25　奥州禅門
　　 1・11・3 　入道従四位上行陸奥
　　　　　　　守平朝臣重時卒 年六
　　　　　　　十四
　　 1・11・6 　奥州禅門
　　 3・10・26　故奥州禅門
文永 2・8・13　極楽寺奥州禅門

重　時〈村〉　三浦
仁治 1・4・12　重村
寛元 1・7・17　駿河九郎
宝治 1・5・14　駿河九郎
　　 1・6・20　駿河九郎重時〈村〉
　　 1・6・22　同（資村）弟九郎重時
　　　　　　　〈村〉

重　実　　中山
治承 4・8・26　中山次郎重実

重　実
弘長 3・3・17　理久房阿闍梨重実

重　秀　　畠山
元久 2・6・22　（重忠）二男小次郎重
　　　　　　　秀

重　俊　　首藤

文治 1・4・15　縫殿助
建久 6・3・10　縫殿助

重　俊　　賀陽
文治 3・4・23　散位賀陽宿禰重俊

重　俊　　太胡
建久 1・11・7 　大故太郎
　　 6・3・10　太〈大〉胡太郎
建長 2・3・1 　大胡太郎跡
正嘉 2・3・1 　大故太郎跡

重　春　　多々良
治承 4・8・22　多多良三郎重春
　　 4・8・24　多々良三郎重春

重　助　　渋谷
文治 1・4・15　渋谷馬允
　　 1・5・9 　渋谷五郎重助

重　信　　越後（平）
養和 1・2・12　同（越後）五郎重信 越
　　　　　　　　　　　　　　　　後平氏

重　信　　大須賀
仁治 2・8・25　大須賀七郎左衛門尉
　　　　　　　重信
寛元 1・7・17　大須賀七郎左衛門尉
　　 2・6・13　大須賀七郎左衛門尉
　　　　　　　重信
　　 2・8・16　大須賀七郎左衛門尉
宝治 1・6・22　大須賀七郎左衛門尉

重　信　　小栗
宝治 1・6・8 　小栗次郎重信
建長 2・3・1 　小栗次郎

重　親　　伊庭
養和 1・2・12　同（伊庭）彦三郎重親

重　親〈保〉　大串
文治 5・7・19　大串小次郎
　　 5・8・10　大串次郎
　　 5・8・11　大串

重　親　　高山
建保 1・2・16　高山小三郎重親

— 241 —

第Ⅰ部　人名索引（し）

重　親
　建長3・1・11　安芸左近蔵人重親
　　　4・4・3　安芸右近蔵人重親
　　　4・8・27　安芸左近蔵人
　　　4・11・11　安芸右近蔵人重親
　　　6・4・4　安芸右近大夫重親
　正嘉2・1・1　安芸左近蔵人
　文応1・6・19　安芸右近大夫重親

重　成　　小栗
　治承4・11・8　小栗十郎重成
　養和1・②・23　小栗十郎重成
　　　1・②・28　重成
　寿永1・1・28　小栗十郎
　　　1・8・11　小栗十郎
　元暦1・4・23　小栗十郎重成
　文治1・10・24　小栗十郎重成
　　　4・3・15　小栗十郎
　　　5・8・22　小栗十郎重成
　建久4・5・1　小栗重成
　　　4・7・3　小栗十郎重成

重　成　　稲毛（小山田）
　養和1・4・20　小山田三郎重成
　寿永1・4・5　小山田三郎
　元暦1・2・5　稲毛三郎重成
　　　1・6・16　(小山田有重)子息稲
　　　　　　　　毛三郎重成
　文治1・10・24　稲毛三郎重成
　　　3・8・20　稲毛三郎重成
　　　4・3・15　小山田三郎重成
　　　4・4・9　重成
　　　5・4・18　小山田三郎重成
　　　5・6・9　小山田三郎重成
　　　5・7・19　小山田三郎重成
　建久1・4・11　小山田三郎
　　　1・11・7　小山田三郎
　　　1・11・9　小山田三郎重義〈成〉
　　　1・11・11　小山田三郎重成
　　　1・11・29　小山田三郎重成
　　　1・12・2　小山田三郎重成
　　　3・11・25　小山田三郎重成
　　　4・5・8　稲毛三郎
　　　4・5・29　稲毛三郎
　　　5・8・8　稲毛三郎重成
　　　6・3・9　稲毛三郎重成
　　　6・3・10　稲毛三郎

　建久6・3・12　稲毛三郎重成
　　　6・3・30　稲毛三郎重成
　　　6・4・15　稲毛三郎重成
　　　6・5・20　小山田三郎重成
　　　6・6・28　稲毛三郎重成
　　　6・7・1　稲毛三郎重成
　　　6・7・4　稲毛三郎重成
　正治1・10・28　稲毛三郎重成入道
　元久2・4・11　稲毛三郎重成入道
　　　2・6・20　稲毛三郎重成入道
　　　2・6・23　稲毛入道(誅さる)
　　　2・11・3　稲毛三郎入道重成
　　　2・11・4　稲毛入道
　建暦2・2・28　重成法師
　建保6・2・4　故稲毛三郎重成入道

重　政　　中山
　文治5・7・19　中山四郎重政
　建久1・11・7　中山四郎
　　　2・2・4　中山四郎
　　　6・3・10　中山四郎
　建保1・2・2　重〈中〉山四郎
　　　1・5・2　中山四郎重政
　　　1・9・26　中山四郎重政

重　政　　小野沢（小沢）
　建仁1・1・12　小野沢次郎重政
　元久2・6・23　(稲毛重成)子息小沢
　　　　　　　　次郎重政(誅さる)

重　政　　→北条宗政
　文応1・11・21　同(相模)四郎重政

重　清　　小河
　養和1・2・12　小河兵衛尉重清

重　清　　亀井
　文治1・5・7　亀井六郎

重　清　　長野（秩父）
　文治4・3・15　秩父三郎重清
　　　5・7・19　長野三郎重清
　元久2・6・22　(畠山重忠)舎弟長野
　　　　　　　　三郎重清

重　清
　建保1・5・17　式部大夫重清

— 242 —

第Ⅰ部　人名索引（し）

重　盛　平
養和1・9・7　　小松内府
寿永1・9・25　故小松内府
元暦1・4・20　小松内府
文治1・12・17　小松内府
　　1・12・24　内府
　　1・12・26　故小松内府
　　4・3・15　小松内府
　　4・3・17　小松内府
建久5・4・21　故小松内府
　　5・5・14　故小松内府

重　盛　江戸
仁治1・8・2　　江戸大郎

重　宗　江戸
文治1・10・24　江戸七郎
　　5・7・19　同（江戸）七郎重宗
建久1・11・7　江戸七郎
　　6・3・10　江戸七郎

重　宗　長野（秩父）
元久2・6・22　同（重清）弟六郎重宗

重　宗
承久3・1・22　重宗
貞応1・4・26　重宗
　　1・11・25　重宗
　　2・2・27　重宗
　　2・9・10　陰陽大夫重宗
元仁1・6・6　　重宗
　　1・10・16　重宗
嘉禄1・6・2　　重宗
　　1・10・27　重宗
　　1・11・15　重宗
　　2・11・3　重宗
安貞1・3・27　散位重宗
　　1・4・13　重宗
　　1・11・20　重宗
　　1・11・23　重宗
　　1・12・13　重宗
　　2・10・30　重宗
寛喜1・3・1　　重宗
　　2・6・6　　重宗
　　2・6・14　重宗
　　3・4・29　重宗
　　3・10・6　陰陽師重家〈宗〉
　　3・11・9　重宗

貞永1・5・17　重宗
　　1・⑨・10　重宗
　　1・10・2　重宗

重　宗
承久3・12・3　右京亮重宗
貞応2・9・10　右京亮重宗
　　2・11・19　前右京亮重宗
安貞1・4・29　左京亮重宗

重　村　平山
建久1・11・7　平山小太郎

重　村　→三浦重時
仁治1・4・12　重村
宝治1・6・20　駿河九郎重時〈村〉
　　1・6・22　九郎重時〈村〉

重　村　大河戸
仁治2・8・25　大隅大郎左衛門尉
　　2・11・4　大隅左衛門尉
寛元1・7・17　大隅太郎左衛門尉
　　2・12・8　大隅太郎左衛門尉
　　3・8・16　大隅太郎左衛門尉
　　4・8・15　大隅太郎左衛門尉
宝治1・2・23　大隅太郎左衛門尉
　　1・5・14　大隅太郎左衛門尉
　　1・6・22　同（大隅前司重隆）子息太郎左衛門尉重村

重　村　渋谷
康元1・1・4　　渋谷三郎左衛門大郎
文応1・1・20　渋谷三郎大郎重村

重　尊
宝治1・4・25　重尊僧都

重　仲　井門
元久2・⑦・29　重仲井門太郎

重　忠　畠山
治承4・8・24　畠山次郎重忠
　　4・8・26　畠山次郎重忠
　　4・10・4　畠山次郎重忠
　　4・10・6　畠山次郎重忠
　　4・12・12　畠山次郎重忠
養和1・1・1　畠山次郎重忠

— 243 —

第Ⅰ部　人名索引（し）

養和1・7・20　畠山次郎
寿永1・1・3　畠山次郎重忠
　　1・4・5　畠山次郎
　　1・8・13　畠山次郎重忠
元暦1・1・20　畠山次郎重忠
　　1・2・5　畠山次郎重忠
　　1・6・1　畠山次郎重忠
　　1・11・6　畠山次郎
文治1・10・24　畠山次郎重忠
　　2・4・8　畠山次〈二〉郎重忠
　　3・6・29　畠山次〈二〉郎重忠
　　3・8・9　重忠
　　3・9・27　畠山次〈二〉郎重忠
　　3・10・4　重忠
　　3・10・13　畠山次郎重忠
　　3・11・15　畠山次郎重忠
　　3・11・21　重忠
　　4・3・15　畠山次郎
　　4・4・9　重忠
　　4・7・10　畠山次郎重忠
　　4・9・14　重忠
　　5・4・18　畠山次郎重忠
　　5・6・9　畠山次郎重忠
　　5・7・10　畠山次郎重忠
　　5・7・17　畠山次郎重忠
　　5・7・19　畠山次郎重忠
　　5・8・7　重忠
　　5・8・8　畠山次郎重忠
　　5・8・9　畠山次郎，重忠
　　5・8・10　重忠
　　5・8・11　重忠
　　5・8・20　畠山次郎
　　5・9・6　重忠
　　5・9・7　重忠
　　5・9・20　畠山次郎重忠
建久1・4・11　重忠
　　1・9・16　畠山次郎重忠
　　1・10・2　畠山次郎重忠
　　1・10・3　重忠
　　1・11・7　畠山次郎重忠
　　1・11・9　畠山次郎重忠
　　1・11・11　畠山次郎重忠
　　1・12・3〈1〉畠山次郎重忠
　　2・2・4　畠山次郎
　　2・3・3　畠山次郎
　　2・7・28　畠山次郎
　　2・8・1　畠山次郎

建久2・8・18　畠山次〈二〉郎
　　2・11・19　重忠
　　3・6・13　畠山次郎
　　3・7・28　畠山次郎
　　3・9・11　畠山次郎重忠
　　3・11・13　畠山次郎
　　3・11・25　畠山次郎重忠
　　3・11・29　重忠
　　4・2・9　畠山次郎重忠
　　4・2・18　畠山次〈二〉郎
　　4・5・8　畠山次〈二〉郎
　　4・5・29　畠山次〈二〉郎
　　4・11・15　畠山次郎重忠
　　4・11・27　畠山次郎重忠
　　5・2・2　畠山次郎重忠
　　5・6・28　畠山次郎重忠
　　5・8・8　畠山次郎重忠
　　5・9・11　畠山次〈二〉郎
　　5・11・4　畠山次郎重忠
　　5・12・2　畠山次郎重忠
　　6・2・10　畠山次郎重忠
　　6・2・14　畠山次〈二〉郎重忠
　　6・3・9　畠山次〈二〉郎重忠
　　6・3・10　畠山次郎
　　6・3・12　畠山次〈二〉郎重忠
　　6・4・5　畠山次〈二〉郎重忠
　　6・5・20　畠山次〈二〉郎重忠
正治1・5・7　畠山次郎重忠
　　1・6・30　畠山次郎
　　1・10・28　畠山次郎重忠
　　2・1・18　畠山次郎重忠
　　2・2・2　畠山次郎重忠
　　2・2・6　重忠，畠山次〈二〉郎
　　2・5・28　畠山次郎
　　2・7・1　畠山次郎
建仁1・6・28　重忠
　　3・9・2　畠山次〈二〉郎重忠
　　3・11・15　畠山次郎
元久2・6・21　重忠
　　2・6・22　畠山次郎重忠（誅さる，年四十二）
　　2・6・23　重忠
　　2・7・8　畠山次郎重忠
　　2・9・2　重忠
承元4・5・14　故畠山次〈二〉郎重忠
建暦1・4・2　畠山次〈二〉郎
建保1・9・19　故畠山次郎重忠

— 244 —

第Ⅰ部　人名索引（し）

建保1・9・26　重忠
寛喜3・4・20　畠山次〈二〉郎重忠

重　忠
建久1・6・29　（尾張国住人）重忠

重　忠　　山田
承久3・6・3　山田次郎重忠
　　3・6・6　山田次郎重忠
　　3・6・12　山田次郎

重　長　　江戸
治承4・8・26　江戸太郎重長
　　4・8・27　江戸太郎重長
　　4・9・28　江戸太郎重長
　　4・9・29　江戸太郎重長
　　4・10・4　江戸太郎重長
　　4・10・5　江戸太郎重長
寿永1・1・28　江戸太郎
文治2・1・3　江戸太郎
　　4・4・9　重長
　　5・6・9　江戸太郎重継（マヽ）
　　5・7・19　江戸太郎重長
建久1・11・7　江戸太郎
　　2・2・4　江戸太郎
　　5・2・2　江戸太郎重長
　　5・8・8　江戸太郎重長
　　6・3・10　江戸太郎
　　6・3・12　江戸太郎重長

重　長　　賀茂
承久1・1・27　賀茂六郎重長

重　朝　　榛谷（小山田）
養和1・4・7　榛谷四郎重朝
寿永1・6・7　榛谷四郎
元暦1・2・5　同（稲毛）四郎重朝
　　1・6・16　同（稲毛重成）弟榛谷
　　　　　　　　四郎重朝
文治1・10・24　榛谷四郎重朝
　　3・8・20　榛谷四郎重朝
　　3・10・2　重朝
　　4・1・6　榛谷四郎重朝
　　5・1・3　榛谷四郎重朝
　　5・1・9　榛谷四郎重朝
　　5・6・9　小山田四郎重朝
　　5・7・19　小山田四郎重朝

文治5・10・1　榛谷四郎重朝
建久1・4・11　重朝
　　1・8・15　榛谷四郎重朝
　　1・11・7　小山田四郎
　　2・1・5　榛谷四郎重朝
　　2・2・4　小山田四郎
　　2・9・21　榛谷四郎
　　3・1・5　榛谷四郎重朝
　　3・11・25　小山田四郎重朝
　　4・3・21　榛谷四郎
　　4・5・8　榛谷四郎
　　4・5・29　榛谷四郎
　　4・8・16　榛谷四郎
　　4・11・19　榛谷四郎重朝
　　5・1・9　榛谷四郎重朝
　　5・2・2　榛谷四郎重朝
　　5・8・8　榛谷四郎重朝
　　5・⑧・1　榛谷四郎重朝
　　5・10・9　榛谷四郎重朝
　　5・11・21　榛谷四郎重朝
　　6・3・10　小山田四郎
　　6・3・27　榛谷四郎重朝
　　6・5・20　榛谷四郎重朝
　　6・6・3　重朝
　　6・8・16　榛谷四郎
正治1・10・28　榛谷四郎重朝
　　2・1・7　榛谷四郎重朝
　　2・2・26　榛谷四郎重朝
建仁1・1・12　榛谷四郎重朝
　　2・1・3　榛谷四郎重朝
　　2・9・21　榛谷四郎重朝
　　2・9・29　近〈重〉朝
　　3・9・2　榛谷四郎重朝
　　3・10・9　榛谷四郎重朝
元久1・1・10　榛谷四郎重朝
　　1・2・12　榛谷四郎
　　2・6・23　榛谷四郎重朝（討たる）
建保1・9・26　榛谷四郎重朝

重　澄　　山田
寿永1・3・5　山田太郎重澄
元暦1・2・5　山田太郎重澄
文治1・10・24　山田太郎
建久2・9・21　山田太郎

重　澄　　→望月重隆
建久5・10・9　望月三郎重隆〈澄〉

— 245 —

第I部 人名索引（し）

```
             建久6・8・15   望月三郎重澄〈隆〉
             建仁3・1・3    望月三郎重澄

重  澄   大河戸
   正治2・②・8      大河戸大郎重澄
   安貞2・7・23     大河戸太郎兵衛尉
   嘉禎1・6・29     大河戸太郎兵衛尉
      2・8・4       大河戸太郎兵衛尉
   暦仁1・2・17     大河戸太郎兵衛尉
   延応1・1・5      大河戸太郎兵衛尉
   正嘉2・3・1      大河戸兵衛尉

重  通   江戸
   文治5・7・19     同(江戸)四郎重通
   建久1・11・7     江戸四郎
      6・3・10      江戸四郎

重  通   惟宗
   文暦1・7・6      左衛門尉惟宗重通

重  能   畠山
   治承4・9・28     重能
   文治1・7・7      重能

重  能
   建久4・8・2      大夫属重能

重  方   石田
   宝治1・6・22     石田大炊助

重  方   岡本
   康元1・1・4      岡本新兵衛尉
      1・1・9       岡本新兵衛尉
      1・1・13      岡本新兵衛尉重方
   正嘉2・1・6      岡本新左衛門尉
      2・1・11      岡本新兵衛尉重方
      2・1・15      岡本新兵衛尉重方
   文応1・1・12     岡本新兵衛尉〈兵衛太
                    郎〉
      1・1・14      岡本新兵衛尉重方

重  保   畠山
   元久1・10・14    畠山六郎
      1・11・20     畠山六郎
      2・6・20      畠山六郎重保
      2・6・21      畠山六郎
      2・6・22      畠山六郎重保

重  保   江戸
```

```
             宝治2・8・15   江戸七郎重保
             康元1・6・29   江戸七郎

重  輔   水谷
   仁治2・11・21    筑前権守重輔
   寛元1・3・15     水谷左衛門大夫重輔
      1・7・17      水谷右衛門大夫
      1・11・18     水谷左〈右〉衛門大夫
      2・6・3       水谷左衛門大夫重輔
      2・8・15      水谷左衛門大夫重輔
      3・8・16      水谷右衛門大夫重輔
      3・9・29      水谷左衛門大夫重輔

重  輔
   弘長1・1・10     一﨟判官重輔

重  房   河越
   元暦1・1・20     同(河越)小太郎重房
   文治1・10・23    河越小太郎重房

重  茂   高井(和田)
   建仁3・10・8     同(和田)三郎重茂
   建保1・5・2      高井三郎兵衛尉重茂
                    和田次〈二〉郎義盛子，義盛
                    甥也
      1・5・6       高井兵衛

重  茂   多賀谷
   建長3・1・8      多賀谷弥五郎
      3・1・10      多賀谷弥五郎重茂
      5・1・9       多賀谷弥五郎
      5・1・14      多賀谷弥五〈四〉郎
      6・1・14      多賀谷弥五郎重茂
   康元1・1・4      多賀谷弥五郎
      1・1・9       多賀谷弥五郎
      1・1・13      多賀谷弥五郎景義〈茂〉(マ、
   正嘉2・1・11     多賀谷弥五郎重茂
      2・1・15      多賀谷弥五郎重茂

重  頼   河越
   治承4・8・26     河越太郎重頼
      4・8・27      河越太郎重頼
      4・10・4      河越太郎重頼
   寿永1・1・28     河越太郎
      1・8・12      河越太郎重頼
   元暦1・1・20     河越太郎重頼
      1・9・14      河越太郎重頼
   文治1・11・12    河越重頼
      3・10・5      河越太郎重頼
```

— 246 —

第Ⅰ部　人名索引（し）

重　頼
　文治1・10・24　宮内大輔重頼
　　　2・1・3　　宮内大輔重頼
　　　4・7・13　宮内権大輔重頼
　　　4・9・3　　宮内大輔重頼
　　　4・11・21〈22〉宮内大輔重頼
　建久4・9・27　宮内大夫〈輔〉重頼
　　　5・12・20　宮内大輔重頼
　　　5・12・26　宮内大輔重頼
　　　6・3・12　宮内大夫重頼

重　頼
　建仁1・10・21　相模守重頼

重　頼　　平嶋
　文応1・11・8　平嶋蔵人大郎重頼
　　　　　　　　　（深栖兵庫助孫）

重　隆　　山田
　建久1・4・4　　佐渡前司重隆
　　　1・8・13　重隆前佐渡守
　　　1・11・2　山田次郎重隆
　　　3・6・21　佐渡前司，重隆

重　隆　　望月
　建久4・5・8　　望月三郎
　　　4・8・16　望月三郎
　　　5・10・9　望月三郎重隆〈澄〉
　　　6・3・10　望月三郎
　　　6・8・15　望月三郎重澄〈隆〉
　建仁1・1・12　望月三郎重隆
　　　2・9・21　望月三郎重隆
　　　2・9・29　近〈重〉隆
　　　3・1・3　　望月三郎重澄（マヽ）
　　　3・10・9　望月三郎重隆
　元久1・1・10　望月三郎重隆
　　　1・2・12　望月三郎
　承元3・1・6　　望月三郎重隆
　嘉禎3・7・19　望月重隆
　仁治2・1・23　望月左衛門尉重隆

重　隆
　宝治1・1・1　　大隅前司
　　　1・6・5　　大隅前司重澄〈隆〉
　　　1・6・22　大隅前司重隆

重　連
　承元2・5・29　重連

重　連　　三浦
　承久1・7・19　三浦太郎兵衛尉

俊　栄
　弘長3・3・17　河内公俊栄

俊　遠　　平田
　寿永1・9・25　平田太郎俊遠
　　　1・11・20（土佐国住人）俊遠

俊　基　　薗田
　寛元2・8・15　薗田淡路前司俊基
　　　2・8・16　薗田淡路守
　　　4・8・15　園田淡路前司

俊　義　　大河戸
　暦仁1・2・17　大河戸民部大夫
　寛元2・8・15　大河戸民部大夫俊義

俊　久　　綱嶋
　正治2・②・8　綱嶋次郎
　承久1・1・27　綱嶋兵衛尉俊久

俊　具　　小野宮
　建長3・7・4　　小野宮少将俊具

俊　兼　　藤原
　寿永1・1・28　俊兼
　元暦1・4・23　筑後権守俊兼
　　　1・7・2　　筑後権守俊兼
　　　1・7・20　筑後権守俊兼
　　　1・10・20　俊兼
　　　1・10・28　俊兼
　　　1・11・21　筑後権守俊兼
　　　1・11・26　筑後権守
　文治1・3・12　俊兼
　　　1・4・11　俊兼
　　　1・4・26　俊兼
　　　1・5・8　　筑後権守，俊兼
　　　1・6・7　　筑後権守
　　　1・6・13　筑後権守俊兼
　　　1・6・16　俊兼
　　　1・6・20　俊兼
　　　1・7・15　俊兼
　　　1・8・13　俊兼
　　　1・9・29　筑後権守俊兼

— 247 —

第Ⅰ部　人名索引（し）

文治1・10・3　筑後権守
　　1・10・24　俊兼
　　1・11・15　俊兼
　　1・12・6　俊兼
　　2・1・3　筑後権守俊兼
　　2・3・6　俊兼
　　2・3・21　俊兼
　　2・4・7　俊兼
　　2・5・29　俊兼
　　2・7・11　俊兼
　　2・7・28　俊兼
　　2・8・15　俊兼
　　2・11・24　筑後権守
　　3・3・3　俊兼
　　3・3・10　俊兼
　　3・7・3　俊兼
　　3・8・1　俊兼
　　3・12・27　筑後権守俊兼
　　4・3・15　筑後守俊兼
　　4・5・4　俊兼
　　4・6・17　俊兼
　　5・5・8　俊兼
　　5・5・19　俊兼
　　5・12・23　俊兼
建久1・4・19　俊兼
　　2・1・15　筑後権守同(藤原)朝
　　　　　　　臣俊兼
　　2・2・15　俊兼
　　2・4・3　俊兼
　　2・4・30　俊兼
　　2・5・2　俊兼
　　2・5・3　俊兼
　　2・6・9　俊兼
　　2・8・18　俊兼
　　2・10・25　俊兼
　　2・11・14　俊兼
　　3・3・20　俊兼
　　3・7・28　俊兼
　　3・8・5　筑後権守俊兼
　　4・2・7　筑後権守
　　4・3・4　俊兼
　　4・3・13　筑後守俊兼
　　4・6・22　俊兼
　　4・11・11　俊兼

俊　憲
康元1・7・26　俊憲朝臣

俊　光　　大鹿
文治3・4・29　(伊勢)介大鹿俊光

俊　行　　大江
文暦1・7・6　中務丞大江俊行

俊　行　　山名
建長3・6・5　山名中務俊行
　　3・6・20　山名中務直(マヽ)
　　4・4・30　山名中務丞俊行
　　5・12・21〈22〉　山名中務丞
　　6・12・1　山名中務丞
弘長1・3・20　山名中務大夫俊行

俊　恒　　源
元久2・⑦・29　余戸源三入道俊恒

俊　綱　　足利
治承4・9・30　足利太郎俊綱
　　4・10・13　俊綱
養和1・9・7　従五位下藤原俊綱字
　　　　　　　足利太郎
　　1・9・13　俊綱(誅さる)
　　1・9・16　俊綱
　　1・9・18　俊綱

俊　綱　　佐々木
元暦1・2・7　源三俊綱
　　1・2・27　(成綱)子息俊綱
文治1・6・25　(成綱)子息俊綱

俊　衡　　樋(比)爪
文治5・9・4　俊衡法師
　　5・9・15　樋爪大郎俊衡入道
　　5・9・16　俊衡入道
　　5・9・18　比爪俊衡法師
　　5・9・28　俊衡
　　5・10・19　樋爪太郎俊衡法師

俊　嗣　　葉室(藤原)
弘長3・2・8　前皇后宮大進俊嗣光
　　　　　　　俊朝臣息

俊　実　　源
建久3・7・26　左近将監源俊実

俊　重　　荻野

― 248 ―

第I部　人名索引（し）

俊重
治承4・10・18　荻野五郎俊重
　　4・11・12　荻野五郎俊重

俊承
弘長1・2・20　俊承

俊昌
弘長3・3・17　讃岐公俊昌

俊章
文治2・⑦・10　叡山悪僧俊章
　　4・10・17　(叡岳悪僧)俊章
　　4・12・16　(山門悪僧)俊章

俊職　佐野
暦仁1・10・14　佐野木工助俊職

俊職　平
正嘉2・8・17　平内左衛門尉俊職 平
　　　　　　　　判官康頼入道給孫(マヽ)
　　2・9・2　平内左衛門尉

俊進〈道〉
嘉禄1・12・29　前春宮権大進俊進
　　　　　　　　〈道〉朝臣

俊成
文治1・2・19　散位俊成

俊然
弘長3・3・17　検校俊然

俊宗
建久1・2・10　俊宗法師

俊長　藤井(鎌田)
治承4・8・20　新藤次俊長
寿永1・5・16　新藤次俊長
文治1・9・5　新藤次俊長
　　4・4・21　飯〈鎌〉田新藤次
建久2・1・15　(案主)藤井俊長 鎌田
　　　　　　　　新藤次
　　3・6・21　案主藤井
　　3・8・5　(案主)藤井俊長
　　3・9・12　案主藤井
　　6・9・19　新藤次俊長
　　6・12・7　新藤次〈二〉俊長

元久1・9・2　新藤次〈二〉俊長

俊長　山名
正嘉1・③・2　山名中務大夫俊長

俊通　山内首藤
治承4・11・26　俊通

俊定
嘉禎1・12・22　相模権守俊定
　　1・12・27　相州権守俊定
　　2・8・4　相模権守
建長4・4・3　駿河新大夫俊定
　　4・11・11　駿河新大夫俊定
正嘉1・10・1　駿河新大夫俊寛〈定〉
　　1・12・29　駿河左近大夫
　　2・6・9　駿河右近大夫
文応1・1・1　駿河右近大夫
　　1・2・20　駿河右近大夫
　　1・4・1　駿河右〈左〉近大夫
弘長3・1・1　駿河右近大夫

俊範
弘長3・3・17　権別当俊範

俊平
承久3・⑩・10　侍従俊平

俊平
仁治2・5・6　外記左衛門尉俊平
　　2・5・29　外記左衛門尉俊平

俊平　深沢(津)
建長2・3・1　深津〈沢〉山城前司俊平
　　2・5・1　深沢山城前司
　　3・6・5　山城前司俊平
　　3・9・5　深津〈沢〉山城前司
　　4・4・30　深津山城前司俊平
　　5・12・21〈22〉深沢山城前司
　　6・12・1　深津〈沢〉山城前司
正嘉1・③・2　山城前司俊平
弘長1・3・20　山城前司俊平

俊隆　源
文治2・1・3　加賀守俊隆
　　2・3・18　加賀守俊隆

— 249 —

第Ⅰ部　人名索引（し）

建久3・7・27　加賀守俊澄〈隆〉
　　3・8・9　加賀守俊隆
　　3・11・25　加賀守俊隆

純　　友　　藤原
　嘉禎2・2・22　賊徒能〈純〉友

淳　　方　　小槻
　建長3・7・4　左大史小槻淳方

淳和天皇
　文永3・3・29　淳和天皇

順徳天皇
　建仁1・2・3　春宮
　建仁3年首　順徳院諱守成
　建保1・3・6　主上
　承久3・5・21　新院
　　3・6・8　新院
　　3・6・10　新院
　　3・6・15　新院
　　3・6・20　新院
　　3・7・20　新院
　　3・⑩・10　新院
　文永3・3・29　順徳院

馴　　　　　鶴田（源）
　寛元3・12・25　鶴田五郎源馴

諸　兄　　橘
　建久6・3・12　左大臣諸兄公

如　意　丸
　仁治2・9・13　如意丸

如　意　丸　宗像
　文応1・8・25　宗像大郎子息　号如意丸

助　　永　　→城資永
　建仁1・4・2　城太郎助永

助　　員　　那須〔資村参照〕
　正嘉2・3・1　助員〈那須〉肥前々司子息云々肥前七郎

助　　遠　　土師

文治3・4・23　散位土師宿禰助遠

助　　義
　建久1・11・7　小河次郎

助　　義　　佐竹
　嘉禎1・6・29　佐竹八郎助義
　　3・6・23　佐竹八郎助義
　暦仁1・2・17　佐竹八郎
　　1・6・5　佐竹八郎助義
　寛元1・7・17　佐竹八郎
　　2・8・15　佐竹八郎助義

助　　教　　→北条朝直
　嘉禄1・12・20　相模四郎助教
　　1・12・21　助教

助　　経　　→工藤祐経
　文治3・4・29　工藤左衛門尉助経

助　　経　　平嶋
　建長6・1・14　平嶋弥五郎助経
　康元1・1・4　平嶋弥五郎
　　1・1・9　平嶋弥五郎
　　1・1・13　平嶋弥五郎助経
　文応1・1・12　平嶋弥五郎
　　1・1・14　平嶋弥五郎助経
　弘長1・1・9　平島弥五郎
　　1・1・14　平島弥五郎助経
　　3・1・8　手〈平〉島弥五郎
　　3・1・12　平嶋弥五郎助経
　文永2・1・12　平嶋弥五郎助経
　　3・1・11　平嶋弥五郎

助　　公
　文治5・12・28　平泉内無量光院供僧
　　　　　　　　号助公

助　　弘
　建久3・12・20　夫領助弘

助　　弘　　広瀬
　建永1・6・21　広瀬四郎助弘
　承元4・8・16　広瀬四郎

助　　光
　元暦1・3・1　助光入道

― 250 ―

第Ⅰ部　人名索引（し）

助　光　　中野
　文治5・7・19　中野小太郎助光
　建久1・11・7　中村〈野〉小太郎
　　　4・5・8　中野小太郎

助　光　　工藤
　文治5・7・19　同(工藤)三郎助光
　　　5・8・8　同(工藤)三郎助〈祐〉光
　　　5・8・9　同(工藤)三郎助〈祐〉光
　建久6・3・10　工藤三郎

助　光　　吾妻
　元久1・1・10　吾妻四郎助光
　承元1・8・17　吾妻四郎助光
　　　1・12・3　吾妻四郎助光
　　　3・1・6　吾妻四郎助光

助　綱　　成田
　文治5・7・19　成田七郎助綱
　建久1・11・7　成田七郎

助　国　　→城(平)資国
　建仁1・2・3　城四郎助国

助　氏　　海野
　建長4・1・14　海野四郎助氏
　　　5・1・9　海野矢四郎
　　　5・1・14　海野矢四郎
　　　6・1・4　海野矢四郎
　　　6・1・14　海野矢四郎助氏
　康元1・1・4　海野矢四郎
　　　1・1・9　海野矢四郎
　　　1・1・13　海野矢四郎資氏
　文応1・1・12　海野矢四郎
　　　1・1・14　海野矢四郎助氏

助　重　　玉井
　元暦1・9・20　玉井四郎資重
　文治1・6・16　玉井四郎助重
　建久1・11・7　玉井四郎
　承久3・6・18　伊予玉井四郎

助　重〈朝〉〈明〉
　承元2・5・29　助重〈朝〉〈明〉

助　信
　建久2・11・22　備中国吉備津宮助信

助　信　　→曾我祐信
　治承4・8・23　曾我太郎助信
　文治5・7・19　曾我太郎助信

助　政　　堀
　治承4・8・20　同(堀)平四郎助政
　　　4・8・24　同(堀)平四郎助政
　建久1・11・7　堀四郎
　　　2・2・4　堀四郎

助　清
　承元2・5・29　助清

助　宗　　松葉
　建長2・3・1　松葉次郎入道
　正嘉1・4・14　松葉次郎助宗法師 法名行円
　　　1・8・12　松葉入道

助　忠　　周西
　寿永1・12・30　周西二郎助忠

助　忠
　元久2・⑦・29　助忠 主藤三

助　直
　建久2・11・22　助直 備中国吉備津宮助信子

助　直　　藤原
　承元2・5・29　藤助直

助　能　　中野
　承久1・1・27　中野太郎助能
　寛喜2・2・8　中野太郎助能

助　茂　　→宇佐美祐茂
　治承4・8・6　宇佐美三郎助茂
　　　4・8・20　宇佐美三郎助茂
　　　4・12・12　宇佐美三郎助茂

助　連　　→佐原時連
　延応1・1・1　同(佐原)六郎助連

— 251 —

第Ⅰ部 人名索引（し）

舒　国
　　文治1・4・15　宮内丞舒国

舒明天皇
　　文治1・6・21　舒明天皇

松王丸
　　承元2・5・29　松王丸清綱子

松若丸
　　文永2・3・9　松若丸

尚　景　　河津(藤原)
　　嘉禎1・6・29　河津八郎左衛門尉尚景
　　　　2・8・4　河津八郎左衛門尉
　　　　2・8・9　河津八郎左衛門尉
　　　　3・4・22　河津八郎左衛門尉
　　　　3・6・23　河津八郎左衛門尉尚景
　　　　3・8・16　河津八郎左衛門尉尚景
　　暦仁1・2・17　河津八郎左衛門尉
　　　　1・2・22　河津八郎左衛門尉尚景
　　　　1・2・23　河津八郎左衛門尉尚景
　　　　1・2・28　河津八郎左衛門尉尚景
　　仁治2・8・25　河津判官
　　寛元1・7・17　河津判官
　　　　1・8・15　河津大夫判官尚景
　　宝治1・6・14　河津伊豆守尚景〈伊豆入道〉
　　　　1・11・23　従五位上行伊豆守藤原朝臣尚景死年廿五
　　建長2・3・1　河津伊豆前司跡

尚　光
　　建保1・9・8　(尚友)子息内蔵允尚光

尚　持　　雑賀
　　建長6・12・1　雑賀太郎
　　正嘉1・③・2　雑賀大郎尚持
　　弘長1・3・20　雑賀太郎尚持

尚　知　→知尚
　　建保1・5・2　筑後六郎尚知

尚　友
　　建保1・4・1　尚友
　　　　1・9・8　豊前前司尚友
　　　　1・10・4　尚友
　　　　2・5・7　豊前守尚友

承　意
　　文治2・⑦・10　(叡山悪僧)承意
　　　　2・8・3　(悪僧)承意

承　栄
　　養和1・3・1　大夫公承栄

承　快
　　嘉禎1・6・29　宮内卿僧都承快
　　　　2・1・19　宮内卿僧都承快
　　仁治1・1・8　承快法印
　　　　2・7・4　宮内卿僧都承快
　　寛元2・5・29　宮内卿僧都
　　　　2・6・3　承快

承　澄
　　嘉禎1・12・26　法眼承澄

昌　寛
　　養和1・5・23　昌寛
　　　　1・5・24　昌寛
　　　　1・7・3　昌寛
　　　　1・8・29　昌寛
　　寿永1・5・26　昌寛
　　元暦1・1・8　一品房
　　　　1・1・17　一品房
　　　　1・5・3　一品房
　　　　1・8・8　一品房昌寛
　　文治1・1・26　一品房昌寛
　　　　1・11・8　一品房昌寛
　　　　3・4・29　一品房
　　　　4・5・17　成勝寺執行昌寛
　　　　5・3・22　成勝寺執行法橋昌寛
　　　　5・4・19　昌寛
　　　　5・7・19　一品房昌寛
　　建久1・4・19　成勝寺執行法橋昌寛
　　　　1・7・12　法橋昌寛
　　　　1・9・15　法橋昌寛

— 252 —

第Ⅰ部　人名索引（し）

建久1・9・20　昌寛
　　1・11・9　昌寛
　　1・12・4　昌寛
　　2・3・4　昌寛法橋
　　2・10・10　成勝寺執行昌寛法橋
　　3・4・11　法橋昌寛
　　4・3・13　法橋昌寛
　　6・1・15　法橋昌寛
　　6・3・11　昌寛

昌　　守　　住吉
治承4・7・23　同(住吉)社〈祠〉官昌守

昌　　俊
元暦1・8・8　土左房昌俊
文治1・1・26　土左房昌俊
　　1・10・9　土佐房昌俊
　　1・10・17　土佐房昌俊
　　1・10・22　土左〈佐〉房
　　1・10・26　土佐房昌俊
建久2・12・15　故土佐房昌俊

昌　　助　　佐伯
治承4・7・23　佐伯昌助
建久4・4・11　住吉神主昌助

昌　　泰　　住吉
文治5・2・28　住吉小大夫昌泰

昌　　長　　住吉
治承4・7・23　(昌助)弟住吉小大夫昌長
　　4・8・6　昌長
　　4・8・16　住吉小大夫昌長
　　4・8・17　住吉小大夫昌長
　　4・8・19　昌長

昌　　明
文治2・3・27　ひたちはう
　　2・5・25　常陸房昌明
　　2・9・13　常陸房昌明
　　4・6・17　常陸房昌朝〈明〉
　　5・7・19　常陸房昌明
承久3・7・24　法橋昌明
　　3・8・10　法橋昌明

将　　門　　平
治承4・9・19　将門
養和1・②・23　平将門
建仁1・4・6　平将門
元久1・11・26　将門
　　2・6・22　将門
　　2・8・7　将門
寛元3・10・11　平将門
宝治1・3・17　将門
　　1・9・11　平将門

称徳天皇
文治5・9・9　称徳天皇

称　　念
正治2・5・12　伊勢称念

章　　広　　中原
建久2・5・12　中原章広

章　　綱　　藤原
文治1・12・6　兵庫頭章綱
　　2・1・7　兵庫頭藤範〈章〉綱

章　　綱　　加地(佐々木)
建長2・1・16　加地五郎次郎章綱
　　2・3・25　加地五郎次郎
　　2・3・26　加地五郎次郎章綱
　　3・8・21　加地五郎次郎
　　3・8・24　加地五郎次郎

章　　重　　中原
承久2・12・20　六位史検非違使章重

章　　職　　中原
建長3・7・4　左衛門少尉中原章職

章　　清　　中原
建久2・5・12　中原章清
建仁1・9・15　左衛門尉章清
承元2・5・29　散位中原章清

章　　貞　　中原
養和1・2・9　検非違使左衛門少尉中原章貞
文治1・6・23　六位尉章貞

— 253 —

第Ⅰ部　人名索引（し）

章　貞　　中原
　　文治1・4・26　明法博士章貞

勝　円
　　承久1・1・27　少輔阿闍梨勝円
　　　　1・1・30　勝円阿闍梨

勝　賀
　　弘長3・3・17　金蓮房勝賀

勝　賢
　　建久5・10・13　東大寺別当僧正
　　　　5・12・19　東大寺別当前権僧正勝賢
　　　　5・12・26　前権僧正勝賢
　　　　6・3・12　当寺（東大寺）別当権僧正勝賢

勝　実
　　建久2・8・7　勝実

勝　舜
　　嘉禎3・10・16　別当勝舜

勝　房
　　宝治2・3・29　勝房律師

証　円
　　正嘉1・8・21　大臣法印
　　弘長3・10・25　大臣法印証円

証　語
　　弘長3・2・8　証語法印
　　　　3・2・10　証語

証　遍
　　弘長1・7・18　証遍僧都

浄〈静〉宴
　　正嘉2・6・4　権律師浄〈静〉宴

浄　光
　　暦仁1・3・23　僧浄光
　　寛元1・6・16　浄光房

浄　昭
　　文永2・5・5　（権律師）浄昭

浄　禅
　　正嘉2・6・4　権少僧都浄禅

浄　定
　　嘉禎3・10・16　浄定聖〈上〉人

浄　遍
　　建保1・3・23　浄遍僧都
　　　　1・4・15　浄遍僧都, 蓮浄房（━
　　　　　　　　　ヽ）
　　　　1・4・28　浄遍僧都

浄　密
　　貞応2・7・9　浄密

浄　有
　　文応1・3・1　法印浄有

常　安　　臼井（千葉）
　　文治1・10・24　臼井六郎
　　建久1・11・7　臼井六郎
　　　　6・3・10　臼井六郎

常　胤　　千葉
　　治承4・6・27　常胤
　　　　4・9・4　千葉介常胤
　　　　4・9・6　千葉介常胤
　　　　4・9・9　常胤
　　　　4・9・13　千葉介常胤
　　　　4・9・14　常胤
　　　　4・9・17　千葉介常胤
　　　　4・10・2　常胤
　　　　4・10・3　千葉介常胤
　　　　4・10・6　千葉介常胤
　　　　4・10・21　常胤
　　　　4・10・23　常胤
　　　　4・11・4　常胤
　　　　4・12・12　千葉介常胤
　　養和1・1・1　千葉介常胤
　　　　1・5・8　千葉介常胤
　　　　1・6・13　千葉介常胤
　　寿永1・1・28　千葉介常胤
　　　　1・3・9　千葉介常胤
　　　　1・8・18　千葉介常胤
　　元暦1・2・5　千葉介常胤
　　　　1・8・6　常胤
　　　　1・8・8　千葉介常胤

― 254 ―

第Ⅰ部　人名索引（し）

元暦1・10・6　千葉介
　　1・11・21　常胤
文治1・1・6　千葉介
　　1・1・26　千葉介常胤
　　1・3・11　千葉介常胤
　　1・4・21　常胤
　　1・10・24　千葉介常胤
　　1・10・28　千葉介常胤
　　1・10・29　千葉介常胤
　　2・1・3　千葉介常胤
　　2・12・1　千葉介常胤
　　3・8・9　常胤
　　3・8・15　千葉介常胤
　　3・8・19　千葉介常胤
　　3・8・30　千葉介常胤
　　3・10・3　千葉介
　　3・10・8　千葉介常胤
　　3・11・11　千葉介常胤
　　4・3・15　千葉介
　　4・7・10　千葉介常胤
　　4・7・15　常胤
　　5・4・18　千葉介常胤
　　5・5・19　千葉介
　　5・6・9　千葉介常胤
　　5・6・24　常胤
　　5・7・8　千葉介常胤
　　5・7・17　千葉介常胤
　　5・8・12　千葉介常胤
　　5・9・20　千葉介
建久1・1・8　千葉介常胤
　　1・4・11　千葉介
　　1・10・3　常胤
　　1・11・7　千葉介
　　1・11・11　千葉介常胤
　　1・12・11　常胤
　　2・1・1　千葉介常胤
　　2・7・28　千葉介
　　2・8・1　千葉介，常胤
　　2・8・18　千葉介
　　3・7・4　千葉介
　　3・7・28　千葉介
　　3・8・5　千葉介常胤
　　3・8・9　千葉介
　　3・8・12　千葉介常胤
　　3・11・29　常胤
　　3・12・5　千葉介
　　4・1・1　千葉介常胤

建久5・2・2　千葉介常胤
　　5・6・28　千葉介常胤
　　5・12・26　千葉介常胤
　　6・1・2　千葉介常胤
　　6・7・20　千葉介常胤
　　6・8・15　千葉介常胤
　　6・12・12　千葉介常胤
正治1・10・28　千葉介常胤
　　2・1・2　千葉介常胤
建仁1・3・24　千葉介常胤卒年八十四
承元3・12・15　常胤
建保1・6・8　千葉介常胤（成胤の誤ならむ）
宝治2・9・20　千葉介常胤

常　基　　松田
寛元4・12・28　松田弥三郎常基

常　義　　印東
治承4・10・20　印東次郎常義

常　景　　伊南
治承4・10・3　伊南新介常景

常　兼　　千葉
承元3・12・15　千葉大夫

常　康　　風早（千葉）
康元1・6・29　風早太郎
正嘉1・10・1　風早大郎常康
　　2・6・17　風早太郎
弘長3・7・13　風早大郎左衛門尉
　　3・8・9　風早大郎左衛門尉康常（ママ）

常　秀　　境（千葉）
元暦1・8・8　境平次常秀
文治1・1・26　同（千葉）平次常秀
　　1・10・24　千葉平次常秀
　　2・5・14　千葉平次常秀
　　2・11・12　千葉平次常秀
　　5・8・12　同（千葉）平次常秀
建久1・10・3　平次常秀
　　1・11・7　千葉平次
　　1・12・2　千葉平次常秀
　　1・12・11　（左兵衛尉）平常秀
　　2・1・1　平次兵衛尉常秀

— 255 —

第Ⅰ部　人名索引（し）

　常　秀
建久3・7・4　　常秀
　　3・8・9　　千葉平次兵衛尉
　　3・8・20　 千葉兵衛尉
　　4・8・16　 千葉平次㈡兵衛尉
　　5・8・8　　境兵衛尉常秀
　　5・11・21　境兵衛尉常秀
　　5・12・26　境兵衛尉常秀
　　6・2・12　 千葉平次兵衛尉常秀
　　6・3・10　 境平次㈡兵衛尉
　　6・3・27　 千葉平次㈡兵衛尉常秀
　　6・5・20　 千葉兵衛尉常秀
　　6・6・3　　常秀
正治2・2・26　 千葉平次兵衛尉常秀
建仁3・10・8　 千葉平次兵衛尉常秀
　　3・11・15　千葉兵衛尉
　　3・12・14　千葉兵衛尉
元久1・10・14　千葉兵衛尉
　　2・6・22　 堺平次兵衛尉常秀
承元1・3・3　　常秀
建暦2・3・16　 境平次兵衛尉
建保1・8・20　 堺平次兵衛尉常秀
　　1・8・26　 境兵衛尉常秀
承久1・1・27　 堺兵衛尉常秀
嘉禎1・6・29　 上総介常秀
　　2・8・4　　上総介
宝治1・6・7　　下総前司常秀

　常　重　　千葉
建仁1・3・24　 従五位下行下総介常重

　常　春　　片岡
養和1・3・27　 片岡次郎常春
文治1・10・28　片岡八郎常春
　　5・3・10　 片岡次郎常春

　常　照
正嘉1・10・1　 大法師常照

　常　清　　相馬（平）
元暦1・1・17　（広常弟）相馬九郎常清

　常　清
建久1・2・5　　（雑色）常清
　　1・9・15　 雑色常清

建久6・12・2　 常清

　常　盛　　和田
建久1・11・7　 和田小太郎
正治1・10・28　同（和田）兵衛尉常盛
　　2・9・2　　和田兵衛尉常盛
建仁1・9・15　 左兵衛尉常盛
　　2・9・21　 和田兵衛尉常盛
　　3・1・1　　和田兵衛尉常盛
　　3・1・3　　和田兵衛尉常盛
　　3・9・2　　同（和田）兵衛尉常盛
　　3・10・8　 和田兵衛尉常盛
　　3・10・10　和田兵衛尉
　　3・11・3　 和田兵衛尉常盛
　　3・12・14　和田新兵衛尉
承元1・3・3　　常盛
　　3・5・28　 和田兵衛尉常盛
　　3・11・4　 和田新左衛門尉常盛
　　4・5・21　 常盛
建暦2・1・19　 同（和田）新左衛門尉常盛
　　2・3・16　 和田新左衛門尉
建保1・1・4　　和田新左衛門尉常盛
　　1・5・2　　（義盛）嫡男和田新左衛門尉常盛
　　1・5・3　　新左衛門尉常盛　四十二
　　1・5・4　　和田新左衛門尉常盛　年四十二
　　1・5・6　　同（和田）新左衛門
嘉禎3・4・19　 和田新左衛門尉

　常　仲　　伊北
治承4・10・3　 伊北庄司常仲（伊南新介常景男）

　常　忠　　臼井
建久2・1・1　　臼井大郎常忠
承久3・6・3　　臼井太郎入道

　常　澄
養和1・7・20　 左中太常澄
　　1・7・21　 左中太

　常　通
文治1・5・12　 雑色常通

— 256 —

第Ⅰ部　人名索引（し）

常　　伴　　長佐（狭）
　治承4・9・3　長狭六郎常伴
　　　4・9・4　長狭六郎
　　　4・10・3　長佐六郎
　養和1・7・20　故長佐六郎

職　　景　　中原
　建久2・5・12　中原職景

職　　宗
　弘長1・2・2　職宗
　　　1・6・7　職宗
　　　1・6・30　職宗
　　　1・8・10　職宗
　文永2・7・28　職宗

心　　蓮（運）
　文治5・9・10　奥州関山中尊寺経蔵
　　　　　　　　別当大法師心運〈蓮〉
　　　5・9・11　心運〈蓮〉大法師
　　　5・9・17　心蓮大法師

信　　永
　文治2・6・15　信永

信　　円
　建久6・3・12　興福寺別当権僧正信円

信　　遠　　堤
　治承4・8・17　堤権守信遠

信　　家　　大内
　元久2・⑦・29　信家大内三郎

信　　季
　正治1・7・23　左衛門少尉信季
　　　1・7・25　信季
　承元2・5・29　信季

信　　基
　文治1・4・11　前内蔵頭信基
　　　1・4・26　信其〈基〉
　　　1・6・2　前内蔵頭信基
　　　5・2・22　信基
　　　5・5・17　前内蔵頭信基朝臣

信　　義　　武田
　治承4・9・10　武田太郎信義
　　　4・9・15　武田太郎信義
　　　4・9・20　武田太郎信義
　　　4・9・24　武田太郎信義
　　　4・10・13　武田太郎信義
　　　4・10・20　武田太郎信義
　　　4・10・21　武田太郎信義
　　　4・10・23　信義
　養和1・3・7　武田太郎信義
　寿永1・1・28　武田太郎
　文治1・1・6　かゝみ太郎殿
　　　2・3・9　武田太郎信義卒去　年
　　　　　　　　五十九

信　　義　　武田
　建久1・11・7　武田太郎
　　　1・11・9　武田太郎信義
　　　5・6・28　武田太郎信義
　　　5・11・21　武田太郎信義

信　　救
　建久1・5・3　信救得業
　　　5・10・25　信救得業
　　　6・10・13　大夫房覚明, 信救得
　　　　　　　　業（故木曽義仲右筆）

信　　業
　文治3・10・3　故信業朝臣

信　　恵
　延応1・2・16　侍従僧正信恵入滅

信　　経　　武田
　康元1・7・17　武田八郎信経

信　　景　　山口
　建久1・11・7　山口次郎兵衛尉

信　　継
　承元2・5・29　信継

信　　兼　　平
　治承4・8・4　（兼隆）父和泉守信兼
　養和1・1・21　関出羽守信兼〈忠〉
　元暦1・8・2　前出羽守信兼
　　　1・8・3　出羽守信兼

— 257 —

第Ⅰ部　人名索引（し）

　元暦1・8・26　信兼
　　　1・9・9　出羽前司信兼入道
　文治2・7・27　信兼

信　　賢
　建保4・12・8　興福寺住侶僧信賢

信　　賢
　貞応2・9・10　信賢
　　　2・11・30　信賢
　　　2・12・20　信賢
　元仁1・6・6　信賢
　　　1・10・16　信賢
　嘉禄1・10・20　信賢
　　　1・12・17　信賢

信　　光　　伊沢（武田）
　治承4・10・13　伊沢五郎信光
　　　4・10・14　信光
　文治1・1・6　いさわ殿
　　　1・2・13　伊沢五郎
　　　1・10・24　武田五郎信光
　　　3・8・15　伊沢〈津〉五郎信光
　　　4・1・20　伊沢五郎
　　　5・6・9　武田五郎信光
　　　5・7・19　伊沢五郎信光
　　　5・10・28　伊沢五郎
　建久1・1・3　伊沢五郎
　　　2・2・4　伊沢五郎
　　　2・7・28　伊沢五郎信光
　　　2・8・18　武田五郎
　　　3・11・25　伊沢五郎信光
　　　4・3・21　武田五郎
　　　4・5・8　武田五郎
　　　4・5・29　伊沢五郎
　　　4・8・16　武田五郎
　　　5・8・8　武田五郎信光
　　　5・11・21　武田五郎信光
　　　6・3・10　伊沢五郎
　　　6・3・12　武田五郎信光
　　　6・4・15　武田五郎信光
　　　6・5・20　伊沢五郎
　正治2・1・28　伊沢五郎信光
　　　2・2・26　武田五郎信光
　建仁3・3・10　武田五郎信光
　　　3・5・19　武田五郎信光
　建保1・5・2　武田五郎信光

　建保1・8・20　武田五郎信光
　　　1・8・26　武田五郎信光
　　　2・7・27　武田五郎信光
　承久1・1・27　武田五郎信光
　　　3・5・25　武田五郎信光
　　　3・6・5　武田五郎
　　　3・6・7　武田五郎
　　　3・6・24　武田五郎信光
　　　3・7・12　武田五郎信光
　延応1・12・13　武田入道
　仁治2・1・23　武田伊豆入道光蓮
　　　2・3・25　武田伊豆入道光連
　　　　　　　〈蓮〉
　　　2・4・16　武田伊豆入道光連
　　　　　　　〈蓮〉
　　　2・12・27　武田伊豆入道光連
　　　　　　　〈蓮〉
　寛元3・8・16　伊豆入道
　建長2・3・1　武田伊豆入道跡

信　　高　　佐々木
　元仁1・1・1　佐々木右衛門次〈二〉
　　　　　　　郎信高

信　　恒
　元暦1・3・1　信恒

信　　恒　　仙波
　建久6・3・10　仙波太郎
　承久3・6・18　仙波太郎

信　　康　　後藤
　文治1・4・11　後藤内左衛門尉信康
　　　1・5・16　信康
　建仁1・9・15　後藤左〈右〉衛門尉信
　　　　　　　康
　　　3・9・2　後藤左衛門尉信康

信　　康　　中原
　文治1・12・6　少内記信康伊与守右筆
　　　1・12・29　少内記中原信康

信　　綱　　木村
　養和1・②・23　木村五郎信綱
　建長2・3・1　木村五郎跡
　正嘉2・3・1　木村五郎跡

— 258 —

第Ⅰ部　人名索引（し）

信　綱　　田代
　元暦1・2・5　田代冠者信綱
　文治1・2・19　田代冠者信綱
　　　1・4・29　田代冠者信綱

信　綱　　佐々木
　建仁1・5・17　(広綱)弟四郎信綱
　建保1・1・2　佐々木左近将監
　　　1・8・20　佐々木左近将監信綱
　　　1・8・26　佐々木左近将監信綱
　　　2・1・22　佐々木左近将監信綱
　　　2・7・27　佐々木左近将監信綱
　　　3・8・22　信綱
　　　4・3・26　佐々木左近将監
　　　4・7・29　佐々木左近将監信綱
　承久3・6・14　佐々木四郎右衛門尉
　　　　　　　　信綱
　　　3・6・17　信綱
　　　3・6・18　佐々木四郎右衛門尉
　　　3・7・11　佐々木四郎右衛門尉
　　　　　　　　信綱
　嘉禄1・12・20　佐々木四郎左衛門尉
　　　2・1・8　佐々木四郎左衛門尉
　　　　　　　　信綱
　　　2・1・10　信綱
　　　2・1・11　佐々木四郎左衛門尉
　　　　　　　　信綱
　　　2・2・13　佐々木四郎左衛門尉
　　　　　　　　信綱
　　　2・2・14　信綱
　安貞1・9・22　佐々木判官信綱
　　　2・2・3　佐々木判官
　　　2・7・23　佐々木判官
　　　2・10・15　佐々木判官
　寛喜2・8・28　大夫判官信綱
　貞永1・7・15　佐々木四郎左衛門尉
　天福1・1・1　近江前司信綱
　　　1・1・3　近江前司
　嘉禎1・7・7　近江入道〈虚假〉，前近
　　　　　　　　江守信綱
　　　1・7・27　近江入道虚縦〈假〉
　　　2・9・5　近江入道虚假
　暦仁1・9・20　(近江国守護人)近江
　　　　　　　　入道虚假
　　　1・10・13　近江入道虚假
　仁治2・6・8　佐々木近江入道虚假
　　　　　　　　遁世

寛元1・11・1　信綱
建長2・3・1　近江入道跡

信　衡　　平
　元暦1・8・26　(信兼子息)次郎信衡

信　国　　平
　建久1・4・19　平大納言信国

信　時　　平　→時家
　建久4・5・10　前少将従四位下平朝
　　　　　　　　臣信時

信　時
　文暦1・1・1　掃部助太郎
　宝治1・6・11　掃部助大郎信時十三歳
　　　1・6・16　大郎信時

信　時　　武田
　嘉禎3・6・23　武田五郎次郎信時
　暦仁1・2・17　武田五郎次郎
　仁治1・8・2　武田五郎次郎

信　実
　文治1・12・6　右衛門尉信実

信　実
　承久3・7・8　信実朝臣

信　実　　佐々木
　建久1・7・20　(盛綱)子息太郎信実
　　　　　　　　年十五
　　　1・7・21　信実〈出家〉
　承元3・12・19　佐々木兵衛大郎入道
　　　　　　　　西仁
　承久3・5・25　佐々木太郎信実
　　　3・5・29　佐々木兵衛太郎信実
　　　　　　　　兵衛尉盛綱法師子
　　　3・6・8　佐々木太郎信実
　　　3・7・25　佐々木太郎信実法師
　貞応2・10・21　佐々木兵衛太郎入道
　　　　　　　　西仁
　寛喜2・①・29　佐々木兵衛太郎信実
　　　　　　　　法師
　宝治2・6・21　(実秀)亡父太郎信実

信　重　　小沢
　元久2・11・3　小沢左近将監信重

— 259 —

第Ⅰ部　人名索引（し）

信　重　　諏方
　　承久3・6・11　（盛重）子息太郎信重
　　延応1・11・1　大祝信濃権守信重
　　　　1・11・9　諏方大祝信重

信　重　　岩間
　　文応1・3・21　岩間平左衛門尉信重

信　俊　　丸
　　治承4・9・11　丸五郎信俊
　　暦仁1・2・17　丸五郎

信　俊　　鎌田
　　建長6・6・16　同（鎌田）図書左衛門尉
　　文応1・1・1　鎌田図書左衛門尉
　　　　1・3・21　鎌田図書左衛門尉信俊
　　　　1・11・27　鎌田図書左衛門尉信俊
　　弘長1・1・1　鎌田図書左衛門尉
　　　　1・1・7　鎌田図書左衛門尉
　　　　1・7・12　鎌田図書左衛門尉
　　　　1・8・15　鎌田図書左衛門尉
　　　　3・8・8　鎌田図書左衛門尉

信　助
　　宝治1・3・20　宰相法印信助

信　承
　　正嘉2・2・19　信承法印

信　勝
　　文永2・5・5　（権律師）信勝

信　親
　　文治1・3・2　刑部丞信親

信　成
　　承久3・5・29　阿波宰相中将信成卿
　　　　3・6・8　信成
　　　　3・7・6　左宰相中将信成
　　　　3・7・25　阿波宰相中将信成

信　成
　　正嘉2・6・4　権律師信成

信　政　　武田
　　建久6・8・16　武田小五郎
　　承久1・7・19　武田小五郎
　　　　3・6・5　同（武田）小五郎

信　清　　坊門（藤原）
　　文治1・4・28　侍従信清
　　建久2・5・8　少納言信清
　　　　6・3・9　右馬頭信清朝臣
　　元久1・10・14　坊門前大納言信衡〈清〉卿
　　　　2・3・16　坊門殿
　　承元1・6・22　坊門亜相信清卿
　　　　1・6・24　坊門亜相
　　　　1・7・23　坊門殿
　　　　2・4・27　坊門前亜相
　　　　4・6・12　坊門殿
　　建保1・5・22　坊門殿
　　　　3・1・20　坊門内府
　　　　3・2・2　坊門内府
　　　　4・3・24　坊門前内府禅室〈去十四日夜薨〉
　　　　4・3・25　厳閤
　　　　4・4・19　坊門殿
　　　　4・8・19　故坊門内府禅室
　　　　6・5・5　坊門内府

信　盛　　藤原
　　文治1・4・5　大夫尉信盛
　　　　1・6・23　六位尉信盛
　　　　1・12・6　左衛門少尉信盛
　　　　2・1・7　左衛門少尉同（藤原）信盛検非違使
　　　　3・10・3　信盛

信　村　　藤原
　　承元2・5・29　藤次郎信村

信　村　　秋庭
　　宝治1・6・22　秋庭又次郎信村

信　泰　　中原
　　文治1・4・11　中原信泰

信　泰　　大須賀
　　文応1・7・6　（朝氏）弟五郎左衛門尉信泰

— 260 —

第Ⅰ部　人名索引（し）

	文応1・11・27	大須賀五郎左衛門尉信泰		信忠	宝治2・12・10	本間次郎兵衛尉信忠
	弘長3・8・8	大須賀五郎左衛門尉			建長2・12・27	本間次郎兵衛尉
信	忠				2・3・25	本間次郎兵衛尉
	文治2・3・12	備中前司信忠			3・1・1	本間次郎兵衛尉信忠
					弘長3・1・8	本間対馬次郎兵衛尉
信	忠　寺町		信	長　武田		
	元久2・⑦・29	信忠寺町五郎大夫			貞応2・1・5	武田六郎
信	忠				元仁1・2・11	武田六郎信長
	仁治1・8・2	山城次郎兵衛尉			安貞2・3・9	武田六郎
	建長3・1・11	山城二郎兵衛尉信忠			寛喜1・1・15	武田六郎
	3・1・20	山城次郎兵衛尉信忠			1・9・17	武田六郎信長
	3・8・15	山城二郎兵衛尉			1・10・22	武田六郎
					2・①・23	武田六郎
信	忠　武田				2・2・19	武田六郎
	建保1・5・2	信光男悪三郎信忠			嘉禎1・2・9	武田六郎
	仁治2・1・2	同(武田)三郎			1・6・29	武田六郎信長
	2・12・27	(信光)次男信忠　号悪三郎			2・8・9	武田六郎
					暦仁1・2・28	武田六郎信長
信	忠　本間				1・6・5	武田六郎信長
	安貞2・7・23	本間次郎左衛門尉			1・12・3	武田六郎
	寛喜1・1・15	本間次〈二〉郎左衛門尉			仁治1・8・2	武田六郎
	文暦1・1・1	本間次郎左衛門尉			2・8・25	武田六郎信長
	嘉禎1・2・10	本間次郎左衛門尉			弘長3・8・9	武田六郎
	1・6・29	本間次郎左衛門尉	信	朝　加地(佐々木)		
	2・8・4	本間次郎左衛門尉			建保1・2・2	佐々木八郎
	3・1・1	本間次郎左衛門尉			貞応1・1・7	佐々木加地八郎信朝
	3・1・11	本間次郎左衛門尉			1・7・3	同(佐々木)八郎信朝
	3・6・23	本間次郎左衛門尉			2・1・5	佐々木加地八郎
	暦仁1・1・1	本間次郎左衛門尉			2・4・13	佐々木八郎信朝
	1・1・20	本間次郎左衛門尉			2・10・13	佐々木八郎
	1・2・17	本間次郎左衛門尉			元仁1・2・11	佐々木八郎信朝
	1・2・22	本間次郎左衛門尉信忠			安貞2・3・9	佐々木八郎
					2・6・26	佐々木八郎
	1・2・23	本間次郎左衛門尉信忠			2・7・23	佐々木八郎
					2・7・24	佐々木八郎
	1・2・28	本間次郎左衛門尉			寛喜1・1・15	佐々木八郎
	1・6・5	本間次郎左衛門尉信忠			1・9・17	佐々木八郎
	延応1・1・1	本間次郎左衛門尉信忠			1・10・22	佐々木加地八郎
					2・2・19	佐々木八郎
	寛元1・7・17	本間次〈二〉郎左衛門尉			2・12・9	佐々木八郎
					嘉禎1・2・9	佐々木八郎左衛門尉
	3・8・15	本間五〈次〉郎兵衛尉			1・6・29	加地八郎左衛門尉信朝
					2・8・4	加地八郎左衛門尉

— 261 —

第Ⅰ部 人名索引（し）

嘉禎2・8・6	佐々木四〈八〉郎左衛門尉	
3・1・17	佐々木八郎左衛門尉	
3・6・23	佐々木八郎左衛門尉信朝	
暦仁1・2・17	加治八郎左衛門尉	
仁治1・1・6	佐々木八郎左衛門尉	
2・1・23	加治八郎左衛門尉	
2・10・22	加地八郎左衛門尉信朝	
2・11・4	加地八郎左衛門尉	
寛元1・7・17	同(加地)八郎左衛門尉	
1・8・16	加地八郎左衛門尉	
4・8・15	同(加治)八郎左衛門尉	

信　通　八条
文永2・3・4　八条中将信通

信　定　藤原
建久3・7・26　長門守藤原信定

信　貞　中原
文治2・1・7　中原信貞

信　貞　塩飽
建長2・3・26　塩飽左近入道，塩飽左近大夫信貞〈真〉
2・12・18　塩飽左衛門大夫信貞

信　貞　知久
正嘉2・1・6　知久右衛門五郎
2・1・11　知久左衛門五郎信貞
2・1・15　知久左衛門五郎信貞

信　任　大江
元久2・⑦・29　信任江次〈二〉郎大夫

信　能　一条
建暦1・9・12　中将信能朝臣
建保6・6・20　一条中将信能朝臣
6・6・27　一条中将信能朝臣
6・7・8　一条中将信能朝臣
6・9・13　一条羽林
承久1・1・27　中宮権亮信能朝臣
1・②・29　一条中将信能朝臣
承久3・5・21　宰相中将信能
3・6・12　一条宰相中将
3・6・18　宰相中将
3・6・25　宰相中将信能
3・7・5　一条宰相中将信能

信　平　仙波
建久1・11・7　仙波平太

信　方
文治1・1・6　(雑色)信方

信　房　宇都宮
養和1・②・23　宇都宮所信房
文治3・9・22　所衆信房号宇都宮所
4・2・21　所衆信房
4・3・5　所衆信房
4・5・17　宇都宮所衆信房
建久6・3・10　宇都宮所
6・5・20　宇都宮所信房

信　房　中原〔宇都宮信房参照〕
文治2・2・29　所衆中原信房(宗房孫子)

信　房
文永3・3・29　信房

信　友　源
建久3・7・26　従五位下源信友

信　頼　藤原
治承4・4・27　前左〈右〉衛門督信頼
元暦1・2・20　信頼卿
文治4・3・17　信頼卿

信　隆　藤原
治承4年首　贈左大臣修理大夫信隆

信　連　長谷部
治承4・5・15　長兵衛尉信連
文治2・4・4　右兵衛長谷部信連
建保6・10・27　左兵衛尉長谷部信連法師(卒，長馬為連男)
建長2・3・1　長兵衛入道跡

― 262 ―

第Ⅰ部　人名索引（し）

信　　連　佐原
　　宝治1・6・22　同（佐原）次郎信連

真　　円
　　建久4・11・8　前権僧正真円号亮
　　　　4・11・15　亮僧正真円
　　　　4・11・27　前権僧正真円
　　　　4・11・28　僧正
　　　　6・1・16　真如院僧正真円

真　延　源
　　建久1・11・7　源七
　　　　2・4・30　源七真延
　　　　2・5・8　源七真延

真　遠　平
　　建久1・10・29　平三真遠　出家後号鷲栖禅源光

真　　近
　　建久1・2・5　雑色真近

真　　高
　　天福1・6・20　出雲国杵築神主真高

真　綱　井伊
　　建久2・4・30　井伊六郎真綱
　　　　2・5・8　井伊六郎真綱

真　　昭
　　承久3・7・11　芝築地上座真昭

真　　人
　　嘉禄1・12・18　真人

真　　正
　　文治3・6・29　内別当真正
　　　　3・9・27　真正
　　　　3・10・4　真正

真　　知
　　正嘉1・10・1　阿闍梨真知

真　　忠
　　仁治1・1・20　真忠法印

真　　直　青木
　　建久1・11・7　青木丹五
　　　　6・3・10　青木丹五

審　　範
　　嘉禎1・2・15　審範已講
　　寛元2・5・29　弁僧都審範
　　　　3・2・25　弁僧都
　　建長6・6・3　審範
　　　　6・6・23　弁法印審範
　　弘長1・2・20　弁法印審範
　　　　1・9・3　弁法印審範
　　　　1・9・4　法印権大僧都審範入滅年七十三

親　　員
　　建長4・4・3　大隅前司親員
　　康元1・1・1　摂津大隅守
　　　　1・6・29　摂津大隅前司
　　正嘉1・1・1　大隅前司親員〈忠時〉
　　　　1・8・15　大隅前司親員
　　　　1・10・1　大隅前司親員
　　　　2・1・1　摂津大隅前司
　　　　2・1・7　摂津大隅前司
　　　　2・8・15　大隅前司親員
　　弘長1・2・2　親員

親　家　堀
　　治承4・8・17　堀藤次親家
　　　　4・8・20　堀藤次親宗〈家〉
　　　　4・8・24　堀藤次親家
　　寿永1・2・15　堀藤次親家
　　元暦1・4・21　堀藤次親家
　　　　1・4・26　堀藤次親家
　　　　1・6・27　堀藤次親家
　　文治3・8・20　堀藤次
　　　　3・11・21　親家
　　　　4・7・10　親家
　　　　5・7・19　同（堀）藤次親家
　　建久1・2・23　親家
　　　　1・9・15　堀藤次親家
　　　　1・11・7　堀藤次
　　　　2・2・4　堀藤次
　　　　2・2・17　親家
　　　　3・3・20　堀藤次
　　　　6・3・10　堀藤次
　　建仁3・9・5　堀藤次親家

— 263 —

第 I 部　人名索引（し）

親　　家　　近藤
文治 1・2・18　近藤七親家

親　　家　　小見
延応 1・1・3　小見左衛門尉親家
　　　1・5・2　小見左衛門尉親家

親　　家　　→親季
仁治 1・1・19　兵衛蔵人親家

親　　家　　藤原
康元 1・1・1　内藤権頭(マヽ)
　　　1・1・14　内蔵権頭親家
　　　1・7・17　内蔵権頭親家
正嘉 1・1・1　内蔵権頭親家
　　　1・4・9　内蔵権頭親家
　　　1・6・23　内藤権頭親家(マヽ)
　　　1・7・12　内蔵権頭親家
　　　1・8・17　内蔵権頭親家
　　　1・11・22　内蔵権頭
　　　1・12・24　内蔵権頭親家
　　　1・12・29　内蔵権頭親家
　　　2・1・2　内蔵権頭親家
　　　2・1・10　内蔵権頭親家
　　　2・3・1　内蔵権頭親家
　　　2・6・11　内蔵権頭親家
　　　2・6・17　内蔵権頭
　　　2・7・23　内蔵権頭親家
　　　2・8・15　内蔵権守〈頭〉親家
文応 1・1・1　木工桃〈権〉頭頼家（マヽ）
　　　1・1・11　木工権頭親家
　　　1・1・20　木工権頭親家
　　　1・2・2　木工権頭
　　　1・2・14　木工権頭親家
　　　1・2・20　木工権頭
　　　1・3・21　木工権頭親家
　　　1・4・3　木工権頭親家
　　　1・6・30　木工権頭親家
　　　1・11・21　木工権頭親家
　　　1・11・27　木工権頭親家
　　　1・12・26　木工権頭親家
弘長 1・1・1　木工権頭親家
　　　1・1・7　木工権頭
　　　1・2・7　木工権頭
　　　1・4・24　木工権頭
　　　1・7・12　木工権頭

弘長 1・7・13　木工権頭
　　　1・7・30　木工権頭親家
　　　1・8・15　木工権頭
　　　1・10・4　木工権頭親家
　　　3・1・1　木工権頭
　　　3・1・7　木工権頭親家
　　　3・1・10　木工権頭親家
　　　3・4・26　木工権頭親家
　　　3・8・9　木工権頭親家
　　　3・8・15　木工権頭親家
文永 2・1・15　木工権頭親家
　　　2・6・23　木工権頭
　　　3・3・6　木工権頭親家
　　　3・6・5　木工権頭親家
　　　3・7・4　木工権頭親家

親　　家
建長 4・4・1　右馬権助親家
　　　4・4・17　右馬助親家
　　　5・1・3　日向右馬助親家
　　　5・1・16　日向右馬助親家
　　　5・2・30　右馬助親家
　　　5・3・18　右馬助親家
　　　6・2・4　右馬助親家

親　　雅　　藤原
文治 1・4・24　蔵人左衛門権佐親雅
　　　1・8・13　左〈右〉衛門権佐兼皇后宮大進藤原朝臣
　　　4・4・9　左〈右〉少弁藤原朝臣
　　　4・12・11　右中弁藤原朝臣

親　　幹　　麻生
建長 3・1・20　麻生太郎親幹

親　　季　　藤原
暦仁 1・2・22　左権〈近〉中将親季朝臣
　　　1・2・23　左権〈近〉中将親季朝臣
　　　1・2・28　権中将親季
　　　1・10・12　親季朝臣

親　　季
仁治 1・1・17　兵衛蔵人親季
　　　1・1・19　兵衛蔵人親家(マヽ)

— 264 —

第Ⅰ部　人名索引（し）

親　基
　　寛元4・3・14　親基

親　経　藤原
　　文治1・8・13　判官代宮内権少輔藤原朝臣
　　　　1・12・6　親経
　　　　2・1・7　右少弁藤原親経元蔵人宮内権少輔
　　　　4・4・9　左〈右〉少弁藤原朝臣
　　　　4・12・11　権右中弁藤原朝臣
　　　　4・12・24　権右中弁親経
　　建久1・2・22　権右中弁親経
　　　　1・6・10　右中弁殿親経
　　　　1・6・29　弁親経朝臣
　　　　1・8・13　右少弁親経朝臣

親　経　→親継
　　文応1・11・27　安芸右近大夫親経

親　景　笠原
　　建久2・9・21　笠原十郎
　　　　6・3・10　笠原十郎
　　正治2・2・26　笠原十郎左衛門尉親景
　　建仁2・9・21　笠原十郎
　　　　3・9・2　笠原十郎左衛門尉親景

親　継
　　建長3・1・11　安芸右近大夫親継
　　康元1・6・29　同(安芸)右近大夫
　　正嘉2・3・1　安芸左近大夫親継
　　文応1・1・1　安芸右近大夫
　　　　1・11・27　安芸右近大夫親経（マヽ）
　　弘長1・1・1　安芸右近大夫
　　　　1・2・20　安芸左近大夫親綱〈継〉

親　慶
　　承久2・1・21　内大臣僧都親慶(補勝長寿院別当職)
　　貞応2・8・27　内大臣僧都親慶
　　　　2・9・10　内大臣僧都親慶
　　元仁1・7・24　勝長寿院別当内大臣僧都親慶入滅年五十六内大臣忠親公息

親　兼
　　承久3・6・8　親兼

親　賢
　　天福1・6・19　左近大夫親賢

親　源
　　建長4・5・7　大臣〈政〉法眼親源
　　　　5・5・23　(阿闍梨記)〈親〉源

親　厳
　　嘉禎1・7・27　親厳律師
　　　　2・11・15　東寺長者親厳僧正(去二日入滅)
　　　　2・12・7　親厳僧正

親　広　中臣
　　元暦1・12・25　鹿島社神主中臣親広
　　文治1・8・21　鹿島社神主中臣親広

親　広　源
　　正治2・2・26　源左近大夫将監親広
　　建仁1・1・12　左〈右〉近大夫将監親広
　　　　1・1・15　源左〈右〉近大夫将監親広
　　　　1・9・15　右近大夫将監親広
　　　　3・5・18　右近衛大夫将監親広
　　　　3・10・8　左近大夫将監親広
　　　　3・10・13　源大夫将監親広
　　　　3・11・15　源左近大夫将監
　　　　3・12・14　源大夫将監
　　元久2・3・1　親広
　　承元1・3・3　親広
　　　　3・1・9　遠江守親広
　　　　3・10・10　遠江守
　　　　3・11・1　遠江守源親広
　　　　4・6・8　源大夫将監
　　　　4・9・13　遠江守
　　建暦1・1・1　遠江大夫将監親広
　　　　1・1・2　親広
　　　　1・2・8　左〈右〉近大夫将監親広
　　　　1・5・20　右近大夫将監親広
　　　　1・7・8　遠江守
　　　　2・1・1　遠江守
　　　　2・3・9　源左〈右〉近大夫将監

第Ⅰ部　人名索引（し）

建暦2・12・29　遠江右近大夫将監
建保1・5・8　遠江守親広
　　1・8・20　遠江守親広
　　1・8・26　遠江守親広
　　1・8・28　遠江守親広
　　1・10・2　遠江守
　　1・10・3　遠江守親広
　　1・12・15　遠江守親広
　　2・1・22　遠江守親広
　　2・7・27　遠江守親広
　　3・1・1　遠江守親広
　　3・4・18　親広
　　3・6・5　遠江守
　　3・11・24　遠江守
　　4・5・18　遠江守
　　6・6・27　民部権少輔親広
　　6・7・8　民部権少輔親広
　　6・7・22　武州
　　6・12・20　武蔵守親広
承久1・1・27　武蔵守親広
　　1・1・28　武蔵守親広
　　1・2・29　武蔵守親広入道（京都守護）
　　3・2・26　親広入道
　　3・5・19　前民部少輔親広入道
　　3・5・21　親広入道
　　3・6・12　前民部少輔入道
　　3・6・14　親広

親　光　　狩野（工藤）
治承4・8・20　(茂光)子息五郎親光
　　4・10・23　親光
養和1・2・28　狩野五郎親光
　　1・②・17　親光
文治4・3・15　狩野五郎
　　5・7・19　狩野五郎親光
　　5・8・9　狩野五郎親光，狩野工藤五郎

親　光
文治1・3・13　対馬守親光
　　1・5・23　対馬守親光
　　1・6・14　対馬守親光
　　1・10・24　前対馬守親光
　　1・12・23　前対馬守親光
　　2・2・2　前対馬守親光
　　2・5・2　前対馬守親光

文治2・6・11　親光朝臣（去月廿八日還任対馬守）
建久5・12・26　前対馬守親光

親　光　　毛利
安貞2・7・23　左近蔵人
貞永1・7・23　右近蔵人親光
文暦1・7・26　左近蔵人
嘉禎1・2・15　左近蔵人親光
　　1・6・28　毛利左近蔵人親光
　　2・3・14　左近蔵人
　　2・8・4　毛利左近蔵人
延応1・8・11　親光
仁治2・8・25　左近蔵人親光

親　光
仁治1・1・19　安芸守親光
宝治2・⑫・10　安芸前司親光
建長2・1・16　安芸前司親光
　　2・3・1　安芸前司
　　2・3・25　安芸前司
　　2・12・27　安芸前司
　　3・1・1　安芸前司親光
　　3・1・5　安芸前司親光
　　3・11・13　安芸前司
　　4・8・14　安芸前司親光
　　4・11・11　安芸前司
　　4・11・20　安芸前司
　　5・1・3　安芸前司親光
　　5・1・16　安芸前司親光
　　5・8・15　安芸前司親光
　　6・1・1　安芸前司親光
　　6・1・22　安芸前司親光
　　6・6・16　安芸前司
康元1・1・1　安芸前司
　　1・6・29　安芸前司

親　行　　源
承久3・8・2　光行嫡男源民部大夫親行
元仁1・⑦・23　式部大夫親行
　　1・11・14　式部大夫親行
安貞2・12・30　源式部大夫
寛喜1・3・15　式部大夫親行
　　1・10・26　源式部大夫
　　2・3・19　散位親行
　　3・9・13　親行

― 266 ―

第Ⅰ部　人名索引（し）

　　天福1・4・17　式部大夫親行
　　　　1・5・5　源式部大夫
　　　　1・9・13　親行
　　嘉禎2・4・4　親行
　　　　3・3・9　源式部大夫
　　暦仁1・11・17　親行
　　仁治2・5・10　河内式部大夫親行
　　　　2・9・13　河内式部大夫
　　　　2・10・11　親行
　　寛元1・9・5　河内式部大夫
　　　　2・5・5　源式部大夫親行
　　建長6・12・18　河内守親行
　　康元1・11・11　源式部大夫親行
　　正嘉2・1・1　河内式部大夫
　　弘長3・8・11　河内前司親行

親　　高　　嶋名
　　承久3・6・18　嶋名刑部三郎

親　　康　　藤原
　　建暦2・5・7　佐渡守親康
　　　　2・12・21　従五位上藤親康

親　　綱　　阿曾沼
　　建久4・5・8　浅沼次〈ニ〉郎
　　　　6・3・10　阿曾沼小次郎
　　　　6・5・20　阿曾沼小次〈ニ〉郎
　　承久3・6・6　阿曾沼次郎親綱
　　　　3・6・18　阿曾沼次郎

親　　綱
　　建暦2・12・21　左京権大夫親綱

親　　綱　　佐貫
　　承久3・6・18　同（佐貫）兵衛太郎

親　　国　　平
　　文治4・4・9　勘解由次官平朝臣
　　　　4・12・11　勘解由次官平朝臣

親　　氏
　　弘長1・2・7　加賀兵衛大夫親氏

親　　時
　　承久1・1・27　前伯耆守親時

親　　時　　多胡（椎宗）
　　承久3・6・18　多胡宗内

親　　時　　北条
　　嘉禎3・4・19　越後太郎

　　嘉禎3・6・23　越後太郎親時
　　暦仁1・1・1　越後太郎
　　　　1・2・17　越後太郎

親　　時　　→三村時親
　　寛元3・8・15　三村新左衛門尉親時
　　建長2・1・16　三村新左衛門尉親時

親　　時　　塩谷
　　正嘉1・10・1　同（塩谷周防）五郎親時

親　　実　　→平親宗
　　文治5・5・17　左大弁宰相親実

親　　実　　藤原
　　承元2・5・29　大貳

親　　実　　三条
　　建保1・2・2　三条左近蔵人
　　　　1・8・20　三条左近蔵人親実
　　　　1・8・26　三条左近蔵人親実
　　　　1・9・12　三条蔵人
　　　　2・7・27　三条左近蔵人親実
　　　　3・1・1　左近大夫親実
　　　　6・6・27　左近蔵人親実
　　　　6・7・8　左近蔵人親実
　　　　6・12・2　三条左近蔵人親実
　　貞応2・5・14　三条蔵人親実
　　　　2・6・30　三条蔵人親実
　　嘉禄1・1・8　左近大夫将監親実
　　　　1・2・24　三条左近大夫将監親実
　　　　1・12・20　三条左近大夫将監親実
　　　　2・4・27　大夫将監親実
　　　　2・10・28　三条左近大夫将監親実
　　安貞1・11・6　左近大夫将監親実
　　　　2・7・23　三条左近大夫
　　　　2・10・26　三条左近大夫将監親実
　　　　2・10・30　三条左近大夫
　　寛喜2・11・13　新民部少輔親実
　　　　3・1・6　親実
　　　　3・11・9　民部少輔親実
　　文暦1・3・5　前民部権少輔
　　嘉禎1・2・9　前民部少輔
　　　　1・6・29　前民部少輔

― 267 ―

第Ⅰ部 人名索引（し）

```
嘉禎2・3・14   三条前民部権少輔       寛喜2・12・9   周防前司親実
    2・8・4    前民部権少輔親実           3・1・24   周防前司親実
    3・3・8    前民部権少輔               3・2・2    周防前司
    3・8・15   前民部少輔                 3・2・21   防州
延応1・5・23   前弾正大弼親実             3・9・25   周防前司
    1・8・11   親実                       3・10・16  周防前司親実
仁治1・9・7    前弾正大弼                 3・10・20  周防前司親実
                                         3・11・9   周防前司親実
親　実　藤原                        貞永1・4・1    周防前司親実
  貞応2・1・6    周防守親実               1・7・12   周防前司
      2・5・4    周防守親実               1・⑨・5    周防前司親実
      2・6・30   周防前司親実             1・⑨・11   周防前司
      2・7・26   周防前司親実             1・⑨・20   周防前司
      2・9・16   周防前司                 1・⑨・21   周防前司親実
  元仁1・5・15   周防前司親実             1・11・28  周防前司
      1・5・16   周防前司             天福1・5・27   周防前司親実
  嘉禄1・12・2   周防前司親実             1・6・27   周防前司親実
      1・12・18  周防前司親実         嘉禎1・1・12   周防前司親実
      1・12・20  周防前司親実             1・1・15   周防前司親実
      1・12・29  周防前司親実             1・1・20   周防前司親実
      2・11・2   周防前司親実             1・1・26   周防前司親実
  安貞1・3・27   周防前司                 1・4・11   周防前司
      1・4・16   周防前司親実             1・6・19   周防前司
      1・4・29   周防前司親実             1・6・21   周防前司
      1・6・17   周防前司                 1・⑥・15   周防前司親実
      1・6・30   周防前司親実             1・7・11   周防前司親実
      1・9・2    周防前司親実             2・3・14   周防前司
      1・9・4    周防前司                 2・8・4    周防前司
      1・10・12  周防前司親実             2・8・6    周防前司
      1・11・18  周防前司親実             3・1・6    周防前司
      1・12・2   周防前司                 3・1・17   周防前司
      1・12・13  周防前司                 3・3・8    周防前司
      2・1・9    周防前司             暦仁1・12・29  周防前司親実
      2・7・23   周防前司             仁治1・1・14   周防前司親実
      2・8・13   周防前司                 1・8・2    周防前司
      2・8・15   周防前司                 2・8・25   周防前司親実
      2・10・10  周防前司             寛元1・3・2    周防前司
      2・10・15  周防前司親実             1・7・17   周防前司
      2・10・25  周防前司
      2・10・30  周防前司          親　実
      2・11・28  周防前司親実         寛元1・7・17   美濃前司
  寛喜1・1・7    周防前司                 2・4・21   前美濃守親実朝臣
      1・3・15   周防前司親実             3・3・19   美濃司親実
      1・6・29   周防前司                 3・7・5    讃岐守親実
      2・1・4    周防前司親実             3・8・26   讃岐守親実
      2・3・18   周防前司親実             3・9・29   讃岐守親実
      2・12・7   周防前司親実             4・7・11   前讃岐守親実
```

— 268 —

第Ⅰ部　人名索引（し）

親　秀　　大友(藤原)
　　貞応2・11・27　(能直)子息次郎親秀
　　嘉禎2・8・4　豊前大炊助
　　　　3・6・23　大友大炊助親秀
　　暦仁1・2・17　豊前大炊助
　　　　1・6・5　豊前大炊助親秀
　　宝治2・10・24　従五位下行大炊助藤
　　　　　　　　原朝臣親秀法師　法名
　　　　　　　舜〈寂〉秀卒年五十四

親　重
　　文治3・8・3　筑前国筥崎宮々司親
　　　　　　　　重

親　重　　江戸
　　文治5・7・19　同(江戸)次郎親重

親　俊　　堀河(藤原)
　　仁治2・1・19　堀河中納言，権中納
　　　　　　　　言親俊

親　俊　　中臣
　　文治2・1・19　神祇権大副親俊卿

親　常　　臼井
　　建保1・2・16　臼井十郎

親　職　　安倍
　　建暦1・12・28　親職
　　　　2・1・26　親職
　　　　2・4・8　親職
　　建保1・1・1　陰陽少允親職
　　　　1・4・28　親職
　　　　1・6・26　陰陽大允親職
　　　　1・8・18　陰陽少允親職
　　　　1・8・20　陰陽少允親職
　　　　3・8・25　親職
　　　　3・9・21　親職
　　　　3・11・21　陰陽少允親職
　　　　4・⑥・24　陰陽少允親職
　　　　5・6・21　陰陽少允親職
　　　　6・6・27　陰陽少允親職
　　承久2・8・6　陰陽道権助親職
　　　　3・1・22　親職
　　　　3・5・19　陰陽道親職
　　　　3・6・8　親職
　　　　3・12・3　陰陽大允親職

　　貞応1・2・12　陰陽大允親職
　　　　1・4・26　親職
　　　　1・8・20　親職
　　　　1・11・25　親職
　　　　2・1・25　親職
　　　　2・2・27　親職
　　　　2・4・30　親職
　　　　2・6・12　親職
　　　　2・6・28　親職
　　　　2・7・26　陰陽大允親職
　　　　2・9・10　親職
　　　　2・9・25　親職
　　　　2・11・30　親職
　　　　2・12・20　親職
　　元仁1・3・14　親職
　　　　1・6・6　親職
　　　　1・6・12　親職
　　　　1・6・18　親職
　　　　1・12・2　親職
　　　　1・12・17　親職
　　嘉禄1・6・2　親職
　　　　1・7・12　前陰陽助親職朝臣
　　　　1・11・15　親職
　　　　1・12・9　親職
　　　　1・12・18　親職
　　　　2・11・3　親職
　　安貞1・2・19　陰陽権助親職朝臣
　　　　1・③・29　親職
　　　　1・4・13　親職
　　　　1・4・22　親職
　　　　1・4・29　陰陽大允親職
　　　　1・7・28　親職
　　　　1・7・29　親職
　　　　1・9・9　親職
　　　　1・11・16　親職
　　　　1・11・24　親職
　　　　2・1・19　親職
　　　　2・5・22　親職
　　　　2・6・22　親職
　　　　2・6・25　親職
　　　　2・10・30　親職
　　寛喜1・2・11　親職朝臣
　　　　2・2・17　陰陽師親職朝臣
　　　　2・3・29　親職朝臣
　　　　2・6・6　親職
　　　　2・6・14　親職
　　　　2・10・6　親職朝臣

— 269 —

第Ⅰ部　人名索引（し）

寛喜 2・12・9	親職
貞永 1・5・17	親職
1・⑨・8	親職
1・⑨・10	親職
1・10・2	親職
1・10・5	親職
1・10・22	親職
嘉禎 1・1・20	親職
1・2・4	親職
1・2・10	親職
1・3・18	親職
1・6・28	親職朝臣
1・9・24	親職朝臣
1・10・2	親職
1・12・20	親職
1・12・21	親職
1・12・28	親職
2・12・6	親職
3・3・30	親職
3・4・24	親職朝臣
暦仁 1・9・1	親職
延応 1・5・5	親職朝臣
1・10・17	親職
仁治 1・1・2	前陰陽権助親職朝臣
1・1・19	親職朝臣
1・⑩・23	前陰陽権助正四位下安倍朝臣親職卒
康元 1・7・26	親職

親　信　　坊門（藤原）
元暦 1・2・20	修理権大夫
文治 4・4・9	参議備前権守藤原
4・12・11	参議藤原朝臣
建久 2・12・24	坊門中納言親信

親　成　　足立
| 文治 1・10・24 | 足立十郎太郎親成 |

親　成　　足利
| 建久 5・11・21 | 足利大郎親成 |

親　政
| 治承 4・9・14 | 下総国千田庄領家判官代親政 |
| 4・9・17 | 千田判官代親政 |

親　清　　吉田

| 正治 2・4・8 | 吉田右馬允親清 |
| 2・4・11 | 親清 |

親〈観〉清
| 建仁 1・10・2 | 親〈観〉清法眼 |

親　清　　佐々木
| 建長 4・4・1 | 佐々木加賀守親清 |
| 弘長 1・1・1 | 加賀前司 |

親　盛
嘉禎 1・6・29	□弥次郎左衛門尉親盛
2・1・2	弥次郎左衛門尉
3・4・22	弥次郎左衛門尉
3・6・23	弥次郎左衛門尉親盛
暦仁 1・2・17	弥次郎左衛門尉
延応 1・1・2	弥次郎左衛門尉親盛
仁治 2・11・4	弥次郎左衛門尉
2・11・21	弥次郎左衛門尉親盛
寛元 1・7・17	弥次〈二〉郎左衛門尉
2・1・1	弥次郎左衛門尉
2・6・13	弥次郎左衛門尉親盛
2・8・15	弥次郎左衛門尉親盛
2・8・16	弥次郎左衛門尉
宝治 1・5・14	弥次郎左衛門尉
2・1・3	弥次〈四〉郎左衛門尉
2・12・10	弥次郎左衛門尉親盛
2・⑫・10	弥次郎左衛門尉親盛
建長 2・1・2	弥次郎左衛門尉親盛
2・8・18	弥次郎左衛門尉
2・12・27	弥次郎左衛門尉
3・1・5	弥一郎左衛門尉親盛
3・8・15	弥二郎左衛門尉親盛
3・10・19	弥次郎左衛門尉
4・4・3	弥次郎左衛門尉
4・4・14	弥次郎左衛門尉親盛
4・8・6	弥次郎左衛門尉親盛
4・9・25	弥次郎左衛門尉親盛
4・11・11	弥次郎左衛門尉
4・11・12	弥次郎左衛門尉
4・12・17	弥次郎左衛門尉親盛
5・1・3	弥次郎左衛門尉
5・1・16	弥次郎左衛門尉親盛
5・8・13	弥次郎左衛門尉
5・8・15	弥次郎左衛門尉親盛
6・1・1	弥次郎左衛門尉親盛

第Ⅰ部　人名索引（し）

　　建長6・1・22　弥次郎左衛門尉親盛
　　康元1・6・29　弥次〈四〉郎左衛門尉
　　　　1・7・29　弥次郎左衛門尉
　　正嘉1・2・2　弥次〈二〉郎左衛門尉親盛

親　盛　中臣
　　元暦1・12・25　（鹿島社神主中臣）親盛

親　宗　平
　　文治1・8・13　参議讃岐権守平朝臣
　　　　1・12・6　参議親宗
　　　　2・1・7　参議平親宗
　　　　2・1・19　親宗卿
　　　　4・4・9　参議左大弁兼丹波〈後〉権守平朝臣
　　　　4・12・11　参議左〈右〉大弁兼丹波権守平朝臣
　　　　5・5・17　左大弁宰相親実（マヽ）
　　建久2・12・24　平中納言親宗

親　泰　三村
　　建長5・1・2　同(三村)三郎兵衛尉親泰
　　　　6・1・1　同(三村)三郎兵衛尉

親(近)忠　〔源忠氏参照〕
　　正嘉2・1・15　山城三郎左衛門尉近忠
　　弘長3・1・8　山城三郎左衛門尉
　　　　3・1・12　山城三郎左衛門尉親忠
　　文永3・1・11　山城三郎左衛門尉

親　長　平
　　建久1・2・11　平親長

親　長　安達
　　正治2・1・24　安達源三親長
　　　　2・2・20　親長
　　　　2・9・25　安達源三親長
　　　　2・11・7　安達源三親長
　　建仁1・9・15　源三左衛門尉親長
　　元久2・⑦・26　源三左衛門尉親長
　　建保2・5・7　源三左衛門尉親長
　　承久3・6・12　足立源三左衛門尉
　　　　3・6・14　安達源三左衛門尉親長

親　長　伊達
　　正嘉1・10・1　阿〈伊〉達左衛門蔵人親長
　　弘長1・2・20　伊達右衛門蔵人

親　朝
　　建長3・7・4　（左兵衛）佐親朝

親　通　→久我（源）通親
　　文治5・5・17　源中納言親通

親　定
　　承元2・5・29　親定朝臣

親　定
　　正嘉2・1・1　安芸掃部大夫
　　　　2・1・10　安芸掃部大夫親定
　　弘長1・1・7　安芸掃部助大夫親定

親　貞
　　安貞1・11・23　親貞
　　寛喜2・11・13　親貞
　　　　3・12・28　親貞
　　貞永1・5・17　親貞
　　嘉禎1・12・20　近江大夫親貞
　　仁治2・6・9　近江大夫
　　康元1・8・29　親貞
　　文永2・7・28　親貞

親　能　中原
　　元暦1・2・5　斎院次官親能
　　　　1・4・28　前斎院次官親能
　　　　1・4・29　前斎院次官親能
　　　　1・10・6　斎院次官中原親能
　　文治1・1・26　斎院次官親能
　　　　1・2・16　斎院次官
　　　　1・3・11　斎院次官親能
　　　　1・4・14　斎院次官親能
　　　　1・4・24　親能
　　　　1・9・10　斎院次官
　　　　2・7・27　親能
　　　　3・2・16　美濃権守親能
　　　　3・4・29　次官親能

― 271 ―

第 I 部 人名索引（し）

文治 3・8・19 親能
3・8・28 美濃権守親能
3・10・28 親能
4・4・10 親能
4・4・20 親能
4・7・11 親能
4・7・28 式部大夫親能, 散位
藤原朝臣親能
4・10・26 親能
4・12・6 式部大夫親能
4・12・17 式部大夫親能
4・12・30 親能
5・7・19 式部大夫親能
5・8・9 親能
5・8・26 親能
5・9・10 散位親能
5・9・17 親能
5・10・5 散位親能
建久 1・2・22 親能
1・4・19 親能
1・6・29 親能
1・9・15 掃部頭親能
1・11・7 前掃部頭親能
1・12・3 親能
1・12・4 親能
2・1・15 前掃部頭藤原朝臣親能
2・1・18 親能
2・6・9 親能
2・10・10 前掃部頭親能
2・12・24 前掃部頭親能
3・6・21 散位中原朝臣
5・6・28 穀倉院別当親能
5・11・20 前掃部頭親能
5・12・2 前掃部頭親能
5・12・17 親能
5・12・26 前掃部頭親能
6・3・10 前掃部頭
6・4・12 前掃部頭親能
6・5・20 前掃部頭親能
6・5・24 前掃部頭親能
6・8・6 前掃部頭親能
正治 1・4・12 掃部頭親能
1・5・7 掃部頭
1・6・25 掃部頭親能
1・6・30 掃部頭親能

正治 1・9・26 掃部頭親能
2・②・8 掃部入道
2・4・8 掃部入道
2・8・10 親能
建仁 1・2・3 掃部入道
2・1・29 掃部入道
2・4・13 掃部頭親能入道
3・9・17 掃部頭入道寂忍
3・10・19 掃部頭入道寂忍
元久 1・3・22 掃部頭入道寂忍
1・10・17 掃部頭入道寂忍
1・11・26 掃部頭入道
承元 1・6・24 掃部入道寂忍
1・7・23 掃部入道寂忍
1・9・24 掃部頭入道寂忍
1・10・29 掃部入道
2・12・18 正五位下行掃部頭藤原朝臣親能法師 〈法名寂忍卒年六十六〉
2・12・26 掃部入道
4・12・21 掃部頭親能入道
建保 1・5・22 故掃部頭親能入道
1・6・8 故親能入道

親　能　藤原
建久 2・12・24 左中将親能朝臣
3・3・26 中将親能
延応 1・8・8 中納言親能卿
寛元 2・4・21 中納言親能卿

親　平　泉
建保 1・2・16 泉小次郎親平
1・3・2 泉小次郎親平

親　遍
嘉禎 1・6・29 兵部卿阿闍梨親遍
建長 6・6・23 宮内卿律師親遍

親　輔　平
建暦 2・7・8 宰相弁

親　茂　島田
弘長 1・3・20 島田五郎〈五郎左衛門尉〉親茂

親　隆　中臣
養和 1・10・20 親隆卿

第Ⅰ部　人名索引（し・す・せ）

寿永1・9・20　親隆卿

神功皇后
　嘉禄1・7・11　神功皇后

神武天皇
　寿永1・2・8　神武天皇
　文治1・3・24　神武天皇

尋　　快
　正嘉2・6・4　権律師尋快

す

垂仁天皇
　文永3・2・1　垂仁天皇

推古天皇
　寛喜2・6・16　推古天皇
　仁治2・2・16　推古天皇

崇神天皇
　文治1・3・24　崇神天皇

崇徳天皇
　文治1・4・29　崇徳院
　　　1・5・1　崇徳院
　　　1・9・4　崇徳院
　　　1・12・28　讚岐院
　　　2・3・3〈2〉崇徳院
　　　4・10・4　讚岐院
　承元4・6・20　崇徳院
　建保2・4・23　崇徳院
　寛喜3・10・19　崇徳院

せ

世　等　　惟宗
　正嘉1・6・1　宗世等朝臣

是　綱　　菅原
　文治2・6・15　是綱

是　重　→中原惟重
　文治5・7・19　中四郎是重

生　一
　建久2・7・23　生一

生　沢
　文治2・11・17　貢馬御使生沢

生(光) 倫　　会賀
　養和1・10・20　太神宮権禰宜度会光
　　　　倫号相鹿二郎太夫
　寿永1・1・28　生倫神主
　　　1・2・2　生倫神主
　　　1・2・8　生倫
　　　1・5・25　相鹿大夫先生
　　　1・12・1　生倫神主
　　　1・12・2　生倫，次〈二〉郎大夫
　元暦1・5・3　会賀次郎大夫生倫
　文治1・11・24　生倫神主
　　　1・12・4　生倫神主
　　　2・1・19　光倫神主
　　　3・1・20　合鹿大夫光望〈生〉（マヽ）

正　光
　文治3・6・29　雑色正光

正　光
　寛元2・12・7　筑後守正光朝臣

正　寿　→北条時宗
　正嘉1・2・26　相州禅室若公御名正寿
　　　　七歳，時宗

正　重　平
　建保6・1・12　掃部権助正重

正　清　　鎌田
　治承4・8・18　左兵衛尉藤原正清
　文治1・8・30　正清号鎌田次〈二〉郎兵衛尉
　　　1・9・3　正清
　建久5・10・25　故鎌田兵衛尉正清

正　盛　平
　治承4・9・22　正盛于時因幡守

正　忠　平
　嘉禄2・12・13　平三郎左衛門尉〈清右

— 273 —

第Ⅰ部　人名索引（せ）

〈衛門志弾〉正忠 貞永1・⑨・8　正忠	成　　恵 仁治1・1・17　成恵僧都
正　任　黒沢尻 文治5・9・27　黒沢尻五郎正任	成　慧 建長4・4・3　法印成慧
正　利　船所 文治1・3・21　船所五郎正利	成　経　藤原 建久2・12・24　新宰相中将成経
成　安 仁治2・4・25　瓜〈依〉生庄雑掌成安	成　賢　菅原 建保3・11・24　（時賢子息）成賢
成　胤　千葉 治承4・9・13　小太郎成胤 　　4・9・14　常胤孫子小太郎成胤 　　4・9・17　（常胤）嫡孫小太郎成胤 寿永1・8・11　千葉小太郎 文治3・1・12　千葉小太郎 　　5・4・18　千葉小太郎成胤 　　5・8・12　同（千葉）小太郎成胤 建久1・1・15　千葉小太郎成胤 　　4・3・21　千葉小太郎 　　4・5・8　千葉太郎 　　4・5・29　千葉大郎 　　4・11・27　千葉小太郎成胤 元久1・5・19　千葉介 　　2・1・3　千葉介 承元3・12・15　千葉介成胤 建暦2・7・2　千葉介成胤 　　2・7・9　千葉介成胤 建保1・2・15　千葉介成胤 　　1・5・3　千葉介可成胤（ﾏ丶） 　　1・6・8　千葉介常胤（ﾏ丶） 　　6・4・7　千葉介成胤 　　6・4・10　千葉介平成胤卒 千葉 　　　　　　介胤正男也 承久2・12・1　千葉介成胤（胤綱の誤 　　　　　　ならむ）	成　源（厳） 暦仁1・1・28　岡崎法印成源 　　1・4・25　岡崎法印成源〈深〉 　　1・10・13　岡崎僧正成源 延応1・5・5　岡崎法印 　　1・8・8　岡崎僧正成源 　　1・10・13　岡崎僧正成源 仁治1・3・9　岡崎僧正成源 　　1・4・10　岡崎僧正成源 寛元1・4・8　岡崎僧正坊 　　1・⑦・2　岡崎僧正 　　3・7・5　岡崎僧正成厳 　　4・5・14　岡崎僧正成源
	成　広　→佐貫広綱 文治5・8・10　成広
	成　光 文治1・4・21　海太成光
	成　光 寛喜3・4・29　成光
	成　綱　→佐貫広綱 元暦1・2・5　佐貫四郎成〈広〉綱 文治1・10・24　佐々木〈佐貫〉四郎太 　　　　　　夫成〈広〉綱 　　5・6・9　佐貫四郎大夫成〈広〉綱 　　5・7・19　佐貫四郎成〈広〉綱 建久1・12・2　佐貫四郎成〈広〉綱
成　賀 元暦1・11・23　小寺主法師成賀	成　綱　佐々木 元暦1・2・27　佐々木三郎成綱 文治1・6・25　佐々木三郎盛〈成〉綱
成　季　大江 文治4・7・13　成季 建久6・10・7　江左衛門尉〈左衛門大 　　　　　　夫〉成季	

— 274 —

第Ⅰ部 人名索引（せ）

文治1・10・11 佐々木三郎成綱 号本
佐々木

成　綱　　小野
元暦1・11・14 刑部丞盛綱(マヽ)
文治3・8・15 野三刑部丞盛綱(マ
ヽ)
4・3・14 野三刑部丞成綱
4・8・20 刑部丞成綱
5・7・19 野三刑部丞成綱
建久3・4・11 野三刑部丞成綱
3・8・9 野三刑部丞盛〈成〉綱
3・11・25 野三刑部丞成綱
5・8・8 野三刑部丞成綱
5・12・26 野三刑部丞成綱
6・3・10 野三刑部丞
6・5・20 野三刑部丞成綱
6・6・29 野三刑部丞成綱(尾張
国守護)
正治2・6・29 野三刑部丞成綱
建暦1・6・21 故野三刑部丞成綱

成　綱　　中沢
嘉禎1・6・29 同(中沢)十郎
暦仁1・2・17 同(中沢)十郎兵衛尉
1・6・5 中沢十郎兵衛尉成綱

成　綱　　佐野
宝治1・6・22 同(実綱)子息大郎

成　　国
建久1・6・27 海大成国

成　国　　内藤
安貞1・5・23 内藤右馬允成国

成　　佐
文治3・3・2 成佐

成　時　　小野
正治2・2・26 野次郎左衛門尉成時
承久3・6・14 野次郎左衛門尉成時
3・6・18 野次郎左衛門尉

成　　実
建久1・12・1 前左馬助成実

成　　親　　伊東〔家光参照〕
文治5・7・19 同(伊東)四郎成親
建久6・5・20 伊東四郎成親
6・8・16 伊東四郎

成　親　　藤原
文永3・3・29 成親卿

成　　尋
治承4・8・20 義勝房成尋
文治1・9・2 義勝房成尋
1・9・12 成尋
1・10・3 義勝房
5・7・17 義勝房
建久2・1・24 成尋法橋
2・6・7 成尋法橋
4・3・13 法橋成尋
5・12・2 義勝房成尋
6・3・11 成尋

成　政　　別府
寛元2・7・20 別府左近将監成政

成　　清
元暦1・10・28 石清水別当成清法印
文治4・7・17 法印成清
建久3・2・14 法印権大僧都成清
嘉禎1・7・24 成清法印

成　清　　榛沢
文治5・7・19 榛沢六郎
5・8・9 成清
元久2・6・22 榛沢六郎成清

成　　沢
建久3・8・22 (成里)子息成沢

成　長　　勝田
養和1・②・17 勝〈勝間〉田平三成長
文治2・2・6 勝田三郎
2・4・21 勝田三郎成長
建久4・3・13 玄番助成長
6・3・10 勝田玄番助
6・12・5 勝田玄番助成長

成　長　　荒木田
養和1・3・6 成長神主

— 275 —

第Ⅰ部　人名索引（せ）

元暦1・5・3　荒木田成長神主

成　朝
　文治1・5・21　南都大仏師成朝
　　　1・10・21　仏師成朝
　　　2・3・3〈2〉南都大仏師成朝

成　朝　　薗田
　建久6・3・10　薗田七郎
　元久2・6・22　薗田七郎
　建保1・2・16　薗田七郎成朝
　　　1・2・18　薗田七郎成朝
　　　1・2・20　成朝
　　　1・5・6　薗田七郎

成　通　　→藤原家通
　文治2・6・15　権中納言藤原朝臣成通

成　通
　文治5・9・27　成通貞任後見

成　通
　承元2・4・27　成通卿

成　通　　山内
　建長4・4・3　山内新右〈左〉衛門尉成通
　　　6・6・16　山内新左衛門尉
　康元1・6・29　山内新左衛門尉

成　任　　横山
　文治1・10・24　横山野三

成　能　　中原
　建保6・6・27　将監中原成能
　承久1・1・27　将監中原成能

成　範　　藤原
　文治1・8・13　民部卿藤原朝臣
　　　1・12・7　民部卿成範卿
　建久3・3・26　成範卿

成　遍
　正嘉2・6・4　権律師成遍

成　弁

寿永1・1・8　成弁

成　輔
　建久1・12・1　散位成輔
　　　1・12・2　成輔

成　房　　菅乃
　文治3・4・23　散位菅乃朝臣成房

成務天皇
　文治1・6・21　成務天皇

成　茂
　承久3・⑩・29　日吉禰宜祝部成茂

成　里
　建久1・9・15　（雑色）成里
　　　2・5・3　（雑色）成里〈重〉
　　　3・8・22　雑色成里
　　　5・11・26　（雑色）成里

成　良
　養和1・9・27　民部大夫成良
　文治1・2・18　散位成良（桜庭介良遠兄）
　　　1・4・11　民部大夫成良

性　円
　正嘉1・10・1　権少僧都性円

性　空
　文治1・8・30　性空上人

性　舜
　正嘉1・10・1　大法師性舜

征　審
　嘉禎1・12・24　宮内卿律師征書〈審〉
　仁治1・1・17　征審僧都

政　員
　寛元4・3・13　越中七郎左衛門次郎政員

政　員　　宮寺
　正嘉2・1・10　宮寺蔵人
　　　2・8・8　宮寺蔵人政員

— 276 —

第Ⅰ部　人名索引（せ）

政　遠　平
建久1・10・29　内記平太政遠

政　遠　足立
弘長1・8・15　足立藤内左衛門三郎政遠
　　3・8・9　足立藤内左衛門三郎

政　家　安徳
寛元2・6・10　政家
　　4・3・13　（政康舎兄）政家

政　幹　鹿島
養和1・3・12　鹿島三郎政幹
建久1・11・7　鹿嶋三郎

政　幹　平
建仁1・3・24　平政幹

政　義(能)　下河辺
治承4・11・4　同（下河辺）四郎政義
養和1・②・23　同（行平）弟四郎政義
　　1・9・16　下河辺四郎政義
寿永1・1・28　下河辺四郎
　　1・4・5　同（下河辺）四郎
元暦1・3・18　同（下河辺）四郎政義
　　1・4・1　政義
　　1・4・23　下河辺四郎政義
文治1・1・26　同（下河辺）四郎政能
　　1・8・21　下河辺四郎政義
　　1・11・12　下河辺四郎政義
　　3・11・11　四郎政義
建久1・11・7　下河辺四郎
　　2・1・3　下河辺四郎政能
　　2・8・18　下河辺四郎政義
　　3・6・13　下河辺四郎
　　3・11・5　下河辺四郎
　　5・8・8　下河辺四郎政義
　　6・3・10　下河辺四郎
　　6・8・16　下河辺四郎

政　義　佐々木
天福1・6・20　隠岐太郎左衛門尉政義（出雲国守護）
寛元1・1・5　隠岐太郎左衛門尉政義
建長2・12・29　隠岐太郎左衛門入道

心願（義清嫡男）

政　義　新田
嘉禎3・4・19　新田太郎
仁治2・1・2　秋〈新〉田太郎
　　2・4・29　新田太郎政義
寛元2・6・17　新田太郎
建長6・7・20　新田太郎

政　景　天野
治承4・8・20　同（天野）六郎政景
建久6・3・10　天野六郎
元久2・⑦・19　天野六郎政景
建保6・6・27　天野左衛門尉政景
承久1・1・27　天野左衛門尉政景
　　1・7・19　天野左衛門尉
嘉禄1・12・20　天野左衛門尉
貞永1・1・1　和泉守政景
　　1・7・15　和泉守
　　1・⑨・10　和泉守
　　1・⑨・20　和泉守
嘉禎3・4・22　和泉前司
　　3・6・23　和泉前司政景
暦仁1・2・17　天野和泉前司
　　1・6・5　和泉前司政景
延応1・5・5　天野和泉前司
宝治1・12・29　天野和泉前司跡
　　2・5・16　天野和泉前司
建長2・3・1　矢野和泉前司跡（ァ、）

政　広　岩田
承久3・6・18　岩田七郎

政　光　宇佐見(大見)
治承4・8・20　宇佐美平太政光
　　4・8・24　実政兄大見平太政光

政　光　小山
治承4・10・2　小山下野大掾政元〈光〉
養和1・②・23　朝政父政光
文治3・12・1　下野大掾政光入道
　　5・7・25　小山下野大掾政光入道
　　5・9・20　小山下野大掾政光入道

— 277 —

第Ⅰ部　人名索引（せ）

　　　　　正治1・10・27　（朝光）亡父政光法師
　　　　　承元3・12・15　（朝政）亡父政光入道
　　　　　安貞2・2・4　故下野大橡政光入道
政　　光　　大宅
　　　　　嘉禄1・12・21　大宅政光
政　　高　　箕勾
　　　　　仁治2・11・17　（師政）父左近大夫政
　　　　　　　　　　　　　高
政　　康　　安徳
　　　　　寛元4・3・13　安徳三郎右馬允政康
政　　綱
　　　　　文治1・4・15　兵衛尉政綱
政　　綱
　　　　　文治5・2・22　兵衛尉政綱（出雲目代）
　　　　　　　　5・3・20　右兵衛尉政綱（出雲目代）
　　　　　　　　5・4・19　左兵衛尉政綱
　　　　　　　　5・4・21　兵衛尉政綱（出雲目代）
政　　綱　　関
　　　　　建保4・7・29　関左衛門尉政綱
　　　　　　　　6・6・27　関左衛門尉政綱
　　　　　　　　6・9・13　関左衛門尉政綱
　　　　　承久1・1・27　関左衛門尉政綱
　　　　　　　　3・6・3　関左衛門尉
　　　　　　　　3・6・14　関左衛門入道
　　　　　　　　3・6・18　関左衛門入道
政　　綱　　井田
　　　　　承久3・6・18　井田四郎太郎
政　　綱　　武田
　　　　　仁治2・1・23　武田五郎三郎
　　　　　寛元1・7・17　武田五郎三郎
　　　　　　　　2・6・13　武田三郎
　　　　　　　　2・8・15　武田五郎三郎政綱
　　　　　　　　2・8・16　武田五郎三郎
　　　　　　　　3・8・16　武田五郎六〈三〉郎
　　　　　　　　4・10・16　武田五郎三郎
　　　　　宝治1・2・23　武田五郎三郎
　　　　　　　　1・12・10　武田五郎三郎
　　　　　　　　2・1・15　武田太郎〈五郎三郎〉

　　　　　建長2・8・15　武田五郎三郎政綱
　　　　　　　　　　　　　〈綱〉
　　　　　　　　2・8・18　武田五郎三郎
　　　　　　　　3・8・21　武田五郎三郎
　　　　　　　　3・8・24　武田五郎三郎
　　　　　　　　4・4・1　武田五郎三郎政綱
　　　　　　　　4・4・14　武田五郎政綱
　　　　　　　　4・8・1　武田三郎政綱
　　　　　　　　4・11・12　武田五郎三〈次〉郎
　　　　　　　　4・12・17　武田五郎三郎政綱
　　　　　　　　5・8・15　武田三郎政綱
　　　　　　　　6・8・15　武田三郎政綱
　　　　　正嘉1・10・1　武田五郎三郎政綱
　　　　　　　　2・6・4　武田五郎三郎政綱
　　　　　　　　2・6・17　武田五郎三郎
　　　　　　　　2・8・15　武田三郎政綱
　　　　　弘長1・4・25　武田五郎三郎
　　　　　　　　1・8・15　武田三郎政綱
　　　　　　　　3・8・9　武田五郎三郎政直
　　　　　　　　　　　　　〈マヽ〉
　　　　　　　　3・11・20　武田五郎三郎
政　　綱　　木村
　　　　　寛元2・8・15　木村太郎政綱
政　　衡　　吉良
　　　　　仁治1・1・1　吉良大舎人助政衡
政　　氏　　国井
　　　　　仁治2・5・29　国井五郎三郎政氏
政　　氏　　薬師寺
　　　　　寛元2・8・15　薬師寺新左衛門尉政
　　　　　　　　　　　　　氏
　　　　　建長3・8・15　阿波四郎兵衛尉政氏
　　　　　　　　3・10・19　阿波四郎左衛門尉
　　　　　　　　4・8・1　阿波四郎兵衛尉政氏
　　　　　　　　6・8・15　阿波四郎兵衛尉政氏
　　　　　康元1・6・29　薬師寺阿波四郎兵衛
　　　　　　　　　　　　　尉
　　　　　弘長3・7・13　阿河〈波〉四郎左衛門
　　　　　　　　　　　　　尉
政　　氏　　小笠原
　　　　　康元1・1・4　小笠原彦次郎
　　　　　正嘉2・1・11　小笠原彦次郎政氏
　　　　　弘長1・1・9　小笠原彦次郎

— 278 —

第Ⅰ部 人名索引（せ）

政　氏
　正嘉2・6・4　肥後左衛門尉政氏

政　次　　高知尾〈丸〉
　建長2・3・1　高知尾〈丸〉太郎

政　秀　　千葉
　仁治2・8・25　上総修理亮政秀
　寛元1・7・17　上総修理亮
　　　2・8・15　上総修理亮政秀
　宝治1・6・7　（秀胤）次男修理亮政秀
　　　1・6・17　同（上総）修理亮
　　　1・6・22　同（秀胤子息）修理亮政秀

政　尚　　安徳
　寛元2・6・10　安徳左衛門尉政尚
　　　4・3・13　（政康）舎兄政尚

政　親　　牧
　文治5・11・2　牧六郎政親

政　成　　河勾
　文治4・3・15　河勾三郎
　　　5・7・19　河勾三郎政成
　建久1・11・7　河勾三郎

政　宣　　山内（岡崎）
　建久5・8・8　岡崎先次郎政宣
　建保1・4・7　山内左衛門尉
　　　1・5・3　山内先次郎左衛門尉
　　　1・5・6　山内左衛門（岡埼左衛門尉）
　　　1・5・8　山内先次郎左衛門尉
　　　1・5・17　先次郎左衛門尉政宣

政　宗
　寛元3・12・25　越前兵庫助政宗
　　　4・3・13　越前兵庫助
　建長3・6・5　越前兵庫助政宗
　　　3・6・20　越前兵庫助
　　　4・4・30　越前兵庫助政宗〈定〉
　　　5・12・21〈22〉越前兵庫助政宗
　　　6・12・1　越前兵庫助
　康元1・1・16　越前兵庫助政宗卒 年
　　　　　　　　　五十四

政　村　　北条
　元久2・6・22　左京兆（出生）
　建保1・12・28　四郎政村
　貞応2・9・16　陸奥四郎
　　　2・10・13　陸奥四郎
　元仁1・6・18　陸奥四郎
　　　1・6・28　四郎政村
　　　1・7・17　陸奥四郎政村
　　　1・7・18　四郎，政村
　嘉禄1・5・12　陸奥四郎政村
　　　1・12・20　陸奥四郎
　安貞2・1・3　陸奥四郎政村
　　　2・7・23　陸奥四郎
　　　2・7・25　陸奥四郎
　　　2・10・14　陸奥四郎政村
　　　2・12・30　陸奥四郎
　寛喜1・1・1　陸奥四郎〈村政〉
　　　1・1・2　陸奥四郎
　　　1・3・15　陸奥四郎
　　　1・6・20　陸奥四郎
　　　2・1・4　陸奥四郎政村
　　　2・1・10　陸奥四郎
　　　2・2・17　常陸大掾政村
　　　2・12・9　式部大夫政村
　　　3・1・9　式部大夫政村
　　　3・1・19　式部大夫政村朝臣
　貞永1・1・1　陸奥式部大夫
　　　1・3・3　式部大夫政村朝臣
　　　1・7・15　陸奥式部大夫
　　　1・⑨・20　陸奥式部大夫
　　　1・11・29　式部大夫
　天福1・1・1　式部大夫
　　　1・1・2　式部大夫
　　　1・1・3　式部大夫
　　　1・4・17　式部大夫政
　　　1・5・5　陸奥式部大夫
　文暦1・1・2　陸奥式部大夫
　　　1・3・5　式部大夫政一
　嘉禎1・1・2　陸奥式部大夫
　　　1・2・9　式部大夫
　　　1・6・29　陸奥式部大夫政村
　　　1・7・11　陸奥式部大夫
　　　2・1・1　陸奥式部大夫政村
　　　2・1・3　陸奥式部大夫
　　　2・8・4　右馬権頭政村
　　　3・1・3　右馬権頭
　　　3・1・6　右馬権頭

第Ⅰ部 人名索引（せ）

嘉禎 3・4・22	右馬権頭	
3・6・23	右馬権頭	
暦仁 1・1・3	右馬権頭政村	
1・2・17	右馬権頭	
1・2・22	右馬権頭政村	
1・2・23	右馬権頭政村	
1・2・28	右馬権頭政村	
1・6・5	右馬権頭政村	
1・9・19	右馬権頭政村	
1・12・28	右馬権頭	
延応 1・1・2	右馬権頭政村	
1・1・3	右馬権頭	
1・5・5	右馬権頭	
1・9・30	右馬権頭	
仁治 1・1・1	右馬権頭政村	
1・1・15	右馬権頭	
1・1・18	右馬権頭政村	
1・3・7	右馬権頭政村	
1・5・12	右馬権頭	
1・8・2	右馬権頭	
1・11・29	右馬権頭	
2・1・1	右馬権頭政村	
2・1・14	前右馬権頭	
2・2・22	前右馬権頭	
2・3・15	前右馬権頭	
2・8・15	前右馬権頭	
2・8・25	前右馬権頭	
2・9・13	前右馬権頭	
2・10・11	前右典厩	
2・11・4	右馬権頭	
2・12・5	前右馬権頭	
2・12・21	前右馬権頭	
寛元 1・1・1	前右馬権頭政村	
1・1・5	前右馬権頭	
1・1・19	前右馬権頭	
1・6・15	前右馬権頭	
1・7・17	前右馬権頭	
1・8・26	前右馬権頭	
1・9・5	前右馬権頭	
2・1・1	前右馬頭	
2・3・30	前右馬権頭	
2・4・21	前右馬権頭政村	
2・8・15	前右馬権頭政村朝臣	
2・8・16	右馬権頭	
3・8・15	前右馬権頭政村	
3・8・16	右馬権頭	
4・5・26	右馬権頭	
寛元 4・6・10	右馬権頭	
4・8・15	前右馬権頭	
宝治 1・1・1	右馬権頭	
1・6・26	前左馬権頭	
1・6・27	前右馬権頭	
2・1・1	前右馬権頭	
2・1・3	前右馬権頭	
2・1・7	前右馬権頭	
建長 2・1・1	前右馬権頭	
2・1・16	前左〈右〉馬権頭政村	
2・3・1	前右馬権頭	
2・3・25	前右馬権頭	
2・3・26	前左馬権頭	
2・4・4	前左馬権頭, 前右典厩	
2・6・19	左馬権頭	
3・1・1	前右馬権頭政村	
3・1・10	前右馬権頭	
3・1・15	右馬権頭	
3・2・24	前右馬権頭	
3・3・15	前右馬権頭	
3・6・5	前右馬権頭政村	
3・6・20	前右馬権頭	
3・8・21	前右馬権頭	
3・10・19	前右馬権頭	
3・11・12	前右馬権頭	
4・1・1	前右馬権頭	
4・4・1	前右馬権頭政村	
4・4・14	前右馬権頭政村	
4・4・17	右馬権頭政村朝臣	
4・4・24	右馬権頭	
4・4・30	前右馬権頭政村	
4・5・17	前典厩	
4・8・1	前右馬権頭	
4・8・6	前右馬権頭政村	
4・8・14	前右馬権頭	
4・8・15	前右馬権頭政村	
4・8・21	前典厩	
4・11・11	前右馬権頭	
4・11・20	前右馬権頭	
4・12・17	前右馬権頭	
5・1・1	前右馬権頭政村	
5・1・3	前右馬権頭政村	
5・2・30	前右典厩	
5・8・15	前右馬権頭	
5・12・21〈22〉	前右馬権頭政村	
6・1・1	前右馬権頭	

第Ⅰ部 人名索引（せ）

建長 6・1・22	前右馬権頭政村	
6・7・20	右馬権頭	
6・12・1	前右馬権頭	
康元 1・1・1	前右馬権頭	
1・1・5	前右馬権頭	
1・1・10	前右典厩	
1・1・11	前右馬権頭	
1・1・14	前右典厩	
1・3・30	前右馬権頭	
1・4・14	新奥州	
1・6・2	陸奥守	
1・6・29	陸奥守	
1・7・17	奥州	
1・8・15	陸奥守	
1・8・20	新奥州元前右馬権頭	
1・8・23	新奥州	
1・8・24	奥州	
1・10・29	奥州	
1・11・24	奥州	
正嘉 1・2・26	奥州	
1・8・15	相模守政村	
1・8・25	相州	
1・9・16	相州	
1・9・18	相州	
1・9・24	奥州(マヽ)	
1・10・1	相州	
1・10・15	相州	
2・1・3	相州	
2・1・8	相州	
2・3・20	相模守, 相州	
2・4・19	相〈武〉州	
2・5・14	相州	
2・6・2	相州	
2・6・4	相州	
2・8・15	相州	
2・8・20	相模守	
2・9・21	相模守	
2・11・19	相州	
文応 1・1・3	相州	
1・3・21	相州	
1・3・27	相州	
1・4・3	相州	
1・6・12	相模守	
1・8・12	相模守	
1・10・15	相州政村	
1・10・22	相州	
1・11・27	相州政村	

弘長 1・1・3	相州	
1・1・26	相州	
1・2・25	相模守	
1・6・25	相模守	
1・8・15	相模守政村朝臣	
3・1・1	相州	
3・1・2	相州	
3・2・2	相州	
3・2・8	相州, 亭主	
3・2・10	亭主	
3・4・14	相州	
3・6・13	相州	
3・6・23	相模守	
3・7・16	相州	
3・8・9	相州	
3・8・15	相州	
3・8・25	相模守	
3・9・10	相模守	
3・12・11	相州	
3・12・24	相州	
文永 2・1・2	相州	
2・1・6	相州	
2・2・2	相州	
2・6・23	左京兆	
2・7・16	左京兆	
2・10・26	左京兆	
2・12・5	左京兆	
3・1・2	左京兆	
3・1・25	左京兆	
3・1・29	左京兆	
3・2・9	左京兆	
3・3・28	左京権大夫	
3・6・20	左京兆	

政　泰　関

嘉禎 1・6・29	関左衛門尉政泰	
2・8・4	関左衛門尉	
3・4・22	関左衛門尉	
3・6・23	関左衛門尉政泰	
暦仁 1・2・17	関左衛門尉	
1・2・28	関左衛門尉政泰	
1・6・5	関左衛門尉政泰	
仁治 2・8・25	関左衛門尉	
寛元 1・7・17	関左衛門尉	
2・8・15	関右〈左〉衛門尉政泰	
4・8・15	関左衛門尉	
宝治 1・5・14	関左〈右〉衛門尉	

— 281 —

第Ⅰ部　人名索引（せ）

宝治1・6・4	関左衛門尉政泰
1・6・5	関左衛門尉政泰
1・6・8	関左衛門尉政泰
1・6・22	関左衛門尉政泰

政　泰　　天野
嘉禎1・6・29	同(和泉)五郎左衛門尉
3・6・23	和泉五郎左衛門尉政泰
暦仁1・2・17	同(和泉)五郎左衛門尉
仁治1・8・2	同(和泉)五郎左衛門尉
宝治2・1・3	和泉五郎左衛門尉
建長2・1・16	和泉五郎左衛門尉政泰
3・1・5	和泉五郎左衛門尉政泰
3・1・11	和泉五郎左衛門尉政泰
3・1・20	和泉五郎左衛門尉
4・4・3	和泉五郎左衛門尉政泰
4・4・14	和泉五郎左衛門尉政泰
4・7・23	和泉五郎左衛門尉政泰
4・8・1	和泉五郎左衛門尉政泰
4・8・14	和泉五郎左衛門尉政泰
4・11・11	和泉五郎左衛門尉政泰
4・11・12	和泉五郎左衛門尉
4・11・20	和泉五郎左衛門尉政泰
4・12・17	天野 和泉五郎左衛門尉政泰
5・1・3	和泉五郎左衛門尉政泰
5・1・16	和泉五郎左衛門尉政泰
5・8・15	和泉五郎左衛門尉政泰
6・6・16	和泉五郎左衛門尉
6・8・15	和泉五郎左衛門尉政泰

綱〈泰〉
| 康元1・6・29 | 和泉五郎左衛門尉 |

政　直　　大方
| 建保1・5・2 | 大方五郎政直 |
| 1・5・6 | 同(大方)五郎 |

政　直　　小笠原
| 正嘉2・8・15 | 小笠原三郎政直 |

政　直　　→武田政綱
| 弘長3・8・9 | 武田五郎三郎政直 |

政　能　　→下河辺政義
| 文治1・1・26 | 同(下河辺)四郎政能 |
| 建久2・1・3 | 下河辺四郎政能 |

政　範　　北条
元久1・10・14	左馬権助
1・11・5	従五位下行左馬権助平朝臣政範卒年十六
1・11・13	遠江左馬助
1・11・20	故遠江左馬助

政　平　　関
| 養和1・②・20 | 関二〈次〉郎政平 |

政　平　　武田
建長2・3・25	武田五郎七郎
2・3・26	武田五郎七郎政平
3・1・8	武田五郎七郎
3・1・10	武田五郎七郎政平
3・8・21	武田五郎七郎
4・1・14	武田七郎五郎政平(マヽ)
4・4・14	武田五郎七郎政平
4・7・8	武田五郎七郎政平
4・11・11	武田七郎政平
4・11・18	武田五郎七郎
4・11・21	武田五郎七郎源政平
4・12・17	武田七郎政平
5・1・9	武田五郎七郎
6・1・4	武田五郎七郎
6・1・14	武田五郎七郎政平
弘長1・9・3	武田七郎

政　房　　北条

— 282 —

第Ⅰ部　人名索引（せ）

弘長3・1・1	遠江四郎政房	
3・4・26	同(遠江)四郎政房	
3・8・15	遠江四郎政房	
3・8・16	同(遠江)四郎政房	
文永2・④・7	遠江四郎平政房卒	

政　茂　那波(大江)
宝治2・⑫・10	那波左近大夫将監政茂
建長2・3・25	那波左近大夫
2・8・18	那波左近大夫
2・12・27	那波左近大夫
3・1・1	那波左近大夫政茂
3・1・5	那波左近大夫政茂
4・4・3	那波右近大夫政茂
4・4・14	那波左近大夫将監政茂
4・8・1	那波左近大夫政茂
4・8・14	那波左近大夫政茂
4・11・11	左近大夫将監政茂
5・7・17	那波左近大夫
6・8・11	那波左近大夫政茂
6・8・15	那波左近大夫政茂
6・12・1	那波左近大夫将監
康元1・1・1	那波左近大夫
1・6・29	那波左近大夫
1・8・15	那波左近大夫政茂
正嘉1・③・2	那波左近大夫将監政義〈茂〉
1・10・1	刑部少輔政茂
1・12・29	那波刑部少輔
2・1・1	那波刑部権少輔
2・1・7	那波刑部権少輔
2・6・4	刑部権少輔政茂
2・6・17	那波刑部少輔
文応1・1・1	那波刑部少輔
1・4・1	那波刑部少輔
1・11・27	刑部権少輔政氏〈茂〉
弘長1・1・1	那波刑部少輔
1・1・7	那波刑部少輔
1・3・20	刑部権少輔政茂
1・8・15	刑部権少輔
3・1・1	那波刑部権少輔政茂
3・1・7	那波刑部少輔政茂
3・9・3	従五位上行刑部権少輔大江朝臣政茂卒

政　頼　河勾
文治1・10・24	河勾七郎
3・2・23	河勾七郎政頼
3・8・15	河勾七郎政頼
5・7・19	同(河勾)七郎政頼
建久1・11・11	河勾七郎政頼
2・3・13	河勾七郎
2・7・28	河勾七郎
6・3・10	河勾七郎

政　頼　北条
文永3・2・9	相模六郎政頼
3・7・4	相模六郎政頼

政　連　佐原
延応1・1・1	佐原七郎左衛門尉政連
仁治1・8・15	佐原七郎左衛門尉政連
寛元1・1・10	佐原七郎左衛門尉
2・1・3	佐原七郎左衛門尉
3・8・16	佐原七郎左衛門尉
4・8・15	佐原七郎左衛門尉

政　連　佐原　(政村ともいう，佐原七郎政連の六男，泰連の弟)
宝治1・6・22	同(佐原)六郎政連

政　連　長
弘長1・1・1	長雅楽左衛門三郎
3・8・15	長雅楽左衛門三郎政連

清　員　埴生
元久2・⑦・29	清員埴生太郎

清　員　葛西〔清時参照〕
建長3・8・15	葛西壱岐新左衛門尉清員
3・11・13	葛西新左衛門尉

清　益　原
元暦1・2・5	原三郎清益
建久4・5・28	原三郎

清　家　平
元暦1・2・5	平内兵衛尉清家

— 283 —

第Ⅰ部　人名索引（せ）

清　　貫　　藤原
　寛喜2・6・14　大納言清実〈貫〉卿

清　　基
　元仁1・10・28　左衛門尉清基

清　　基
　暦仁1・9・1　清基

清　　基　　藤原
　寛元2・6・3　坊門少将清基
　　　2・8・15　坊門少将清基
　　　3・8・16　坊門少将清基
　建長2・3・26　尾張少将清基朝臣
　　　3・1・11　尾張少輔清基
　　　3・1・20　尾張少将
　　　3・2・24　尾張少将
　　　4・4・14　坊門少将清基朝臣
　　　4・11・11　尾張少輔清基朝臣
　　　6・8・11　尾張少将
　文応1・9・5　坊門三位清基卿

清　　近　　→藤沢清親
　文治5・1・9　藤沢次郎清近
　　　5・7・19　藤沢次郎清近
　　　5・8・9　藤沢次郎清近
　建久1・4・3　清近
　　　3・1・5　藤沢次郎清近
　　　5・1・9　藤沢次郎清近
　　　5・⑧・1　藤沢次郎清近
　　　5・10・9　藤沢次郎清近
　　　5・11・21　藤沢次郎清近
　承久3・5・21　藤沢左衛門尉清近

清　　経　　平
　養和1・2・12　左少将清経朝臣
　文治1・10・20　清経朝臣

清　　経　　安達(足立)
　元暦1・8・3　安達新三郎
　文治2・2・27　安達新三郎
　　　2・3・1　安達新三郎
　　　2・⑦・29　安達新三郎
　　　5・9・8　安達新三郎
　建久2・6・9　安達新三郎
　　　2・7・11　安達新三郎
　　　4・6・25　安達新三郎清恒

建久5・9・2　（雑色）清常
　　6・2・8　雑色足立新三郎清経
　　6・8・29　清常

清　　経　　葛西
　建長4・11・11　伯耆左衛門三郎清経
　　　4・11・20　伯耆左衛門三郎清経
　　　4・12・17　伯耆三郎清経
　　　5・1・3　伯耆左衛門三郎清経
　　　5・1・16　伯耆左衛門三郎〈左衛門尉〉清経
　康元1・1・1　伯耆左衛門三郎
　　　1・8・15　伯耆新左衛門尉清経

清　　元　　豊島
　治承4・9・3　豊島権守清元
　　　4・10・2　豊島権守清元〈光〉
　文治1・10・24　豊島権守
　　　5・7・19　豊嶋権守清光(マヽ)
　建久1・11・7　豊嶋権守

清　広〈廉〉　大原
　文治3・4・23　散位大原宿禰清広〈廉〉

清　　光　　→豊島清元
　治承4・10・2　豊島権守清元〈光〉
　文治5・7・19　豊嶋権守清光

清　　光　　工藤
　正嘉2・1・6　工藤弥三郎
　文応1・1・12　工藤弥三郎
　　　1・1・14　工藤弥三郎清光

清　　恒　　→安達(足立)清経
　建久4・6・25　安達新三郎清恒

清　　綱　　藤原
　養和1・8・16　伊勢守清綱

清　　綱　　平
　文治3・4・18　平九郎滝口清綱

清　　綱
　承元2・5・29　兵衛尉清綱御台所侍

清　　綱　　佐野

— 284 —

第Ⅰ部 人名索引 (せ)

建長3・1・20　佐野八郎清綱

清　衡　　藤原
　文治5・9・9　　清衡
　　　5・9・10　　清衡
　　　5・9・11　　清衡
　　　5・9・17　　清衡
　　　5・9・23　　清衡
　　　5・12・28　清衡
　嘉禄2・11・8　　藤原清衡
　貞永1・11・24　藤原清衡
　宝治2・2・5　　清衡

清　氏　　下妻
　養和1・②・23　下妻四郎清氏

清　氏　　葛西
　弘長3・7・13　(光清)子息五郎清氏
　　　3・8・15　伯耆左衛門五郎清氏

清　時　　葛西〔清員参照〕
　文暦1・7・26　葛西新左衛門尉
　建長2・8・15　葛西新左衛門尉清時

清　時　　葛西
　建長4・4・14　伯耆左衛門四郎清時

清　時
　嘉禎1・⑥・28　図書允清時
　　　1・8・21　図書允清時

清　時
　嘉禎2・8・4　　遠江太郎
　寛元1・1・5　　遠江馬助
　　　1・1・19　遠江馬助
　　　1・7・17　遠江馬助
　　　3・8・15　遠江左馬助清時

清　時　　北条
　建長2・3・25　遠江太郎
　　　2・3・26　遠江大郎清時
　　　2・5・10　遠江大郎
　　　2・8・15　遠江太郎清時
　　　2・8・18　遠江太郎
　　　2・12・27　遠江大郎
　　　3・8・21　遠江太郎
　　　4・4・3　　遠江大郎清時
　　　4・8・1　　遠江大郎清時
　　　4・8・6　　遠江大郎清時

建長4・11・11　遠江大郎清時
　　　4・11・20　遠江大郎清時
　　　4・12・17　遠江大郎清時
　　　5・1・3　　遠江太郎清時
　　　5・1・16　遠江太郎清時
　　　6・1・1　　遠江大郎清時
康元1・1・1　　遠江太郎
　　　1・1・5　　遠江太郎清時
　　　1・1・11　遠江太郎清時
　　　1・6・29　同(遠江)太郎
　　　1・7・17　遠江太郎清時
正嘉1・1・1　　遠江太郎清時
　　　1・1・2　　遠江太郎清時
　　　1・2・2　　遠江太郎清時
　　　1・4・9　　遠江太郎清時
　　　1・6・1　　右馬助
　　　1・6・23　遠江右馬助清時
　　　1・6・24　右馬助清時
　　　1・8・15　遠江右馬助清時
　　　1・10・1　遠江右馬助清時
　　　1・12・29　遠江右馬助依〈清〉時
　　　2・1・1　　遠江右馬助
　　　2・1・2　　遠江右馬助清時
　　　2・6・17　同(遠江)右馬助
　　　2・7・4　　右馬助清時
　　　2・8・15　遠江右馬助清時
　　　2・11・19　右馬助清時
文応1・1・1　　遠江右馬助
　　　1・1・11　遠江右馬助清時
　　　1・1・20　遠江右馬助清時
　　　1・2・20　遠江右馬助
　　　1・4・1　　遠江右馬助
　　　1・11・21　遠江右馬助
　　　1・12・26　遠江右馬助清時
弘長1・1・1　　遠江右馬助清時
　　　1・1・7　　同(遠江)右馬助
　　　1・4・24　遠江右馬助
　　　1・7・12　遠江右馬助
　　　1・8・15　遠江右馬助清時
　　　3・1・1　　遠江右馬助清時
　　　3・1・7　　遠江右馬助清宗〈時〉
　　　3・1・10　右馬助清時
　　　3・4・21　右馬助清時
　　　3・4・26　遠江右馬助清時
　　　3・8・9　　右馬助清時
　　　3・8・11　右馬権助清時
　　　3・8・15　遠江右馬助清時

— 285 —

第Ⅰ部　人名索引（せ）

```
        弘長 3・8・16    遠江右馬助清時         文治 3・10・2    清重
        文永 2・1・15    右馬助清時               4・3・15   葛西三郎清重
           2・6・23    遠江右馬助               4・7・10   葛西三郎清重
           2・7・28    右馬助清時               5・6・9    葛西三郎清重
           3・1・1     右馬助清時               5・7・17   葛西三郎清重
           3・1・3     左〈右〉馬助清時           5・7・19   葛西三郎清重
           3・3・30    左馬助清時               5・8・9    葛西三郎清重
                                              5・8・10   清重
   清    時  →葛西清親                         5・8・22   葛西三郎清重
        寛元 3・8・15    伯耆前司清時             5・9・22   葛西三郎清重
                                              5・9・24   葛西三郎清重
   清    時  斎藤                              5・10・26  葛西三郎清重
        寛元 4・7・11    斎藤左衛門尉清時          5・11・8   葛西三郎清重
                                         建久 1・1・13   葛西三郎清重
   清    時                                   1・1・18   葛西三郎清重
        正嘉 2・1・10    尾張侍従清時             1・1・19   清重
                                              1・2・6    葛西三郎清重
   清    実  品河                              1・2・12   葛西三郎
        文治 1・2・1     品河三郎                 1・2・23   清重
        建久 1・11・7    品河三郎                 1・9・15   葛西三郎清重
        建長 2・3・1     品河三郎入道跡           1・11・7   葛西三郎
                                              1・11・9   葛西三郎清重
   清    実                                   1・11・11  葛西三郎清重
        文治 2・5・25    日向権守清実（和泉国      1・12・2   葛西三郎清重
                        在庁）                 1・12・3〈1〉葛西三郎清重
                                              1・12・11  同(平)清重（任右兵衛
   清    実                                                    尉）
        建暦 2・12・21   従四位下清実             2・2・4    葛西兵衛尉
                                              2・3・3    葛西兵衛尉
   清    種  秦                                2・7・28   葛西三郎清重
        建保 6・6・27    秦清種                   2・8・18   葛西三郎
        寛元 2・8・16    秦三郎清種               3・11・25  葛西兵衛尉清重
                                              3・11・29  清重
   清    重  葛西                              4・3・21   葛西兵衛尉
        治承 4・9・3     葛西三郎清重             4・11・27  葛西兵衛尉清重
           4・9・29    葛西三郎清重              5・2・2    葛西兵衛尉清重
           4・10・2    葛西三郎清重              5・8・8    葛西兵衛尉清重
           4・11・10   葛西三郎清重              5・10・22  葛西兵衛尉清重
        養和 1・4・7     葛西三郎清重             5・12・26  葛西兵衛尉清重
           1・7・21    葛西三郎                  6・3・9    葛西兵衛尉清重
           1・9・7     葛西三郎清重              6・3・10   葛西兵衛尉
        寿永 1・1・28    葛西三郎                 6・3・12   葛西兵衛尉清重
           1・8・11    葛西三郎                  6・4・10   葛西兵衛尉清重
        元暦 1・8・8     葛西三郎清重             6・4・15   葛西兵衛尉清重
        文治 1・1・26    葛西三郎清重             6・5・20   葛西兵衛尉清重
           1・3・11    葛西三郎清重              6・6・3    左兵衛尉清重
           1・10・24   葛西三郎清重              6・9・3    葛西兵衛尉清重
```

— 286 —

第Ⅰ部　人名索引（せ）

建久6・9・29	葛西兵衛尉清重
正治1・10・28	葛西兵衛尉清重
2・3・26	葛西兵衛尉清重
2・7・1	葛西兵衛尉
元久2・6・22	葛西兵衛尉清重
建暦1・5・10	葛西兵衛尉清重
1・7・8	葛西兵衛尉
2・1・19	葛西右衛門〈兵衛〉尉清重
建保1・8・20	葛西兵衛尉清重
2・7・27	葛西左衛門尉清重
承久1・7・19	葛西兵衛尉
安貞2・2・19	葛西三郎左衛門尉
2・7・23	葛西左衛門尉
2・8・13	葛西左衛門尉
2・10・15	葛西左衛門尉
寛元1・7・17	葛西三郎左衛門尉

清　重
承久1・1・27　壱岐守清重

清　重　　渋谷
弘長3・1・8　渋谷右〈左〉衛門四郎
3・1・12　渋谷右衛門四〈次〉郎清重
文永3・7・3　渋谷左衛門次郎清重

清　常　→安達(足立)清経
建久5・9・2　雑色清常
6・8・29　清常

清　信
建保1・3・6　近衛次将右清信

清　親　　藤沢
文治3・8・20　藤沢次郎近清(マヽ)
5・1・9　藤沢次郎清近
5・7・19　藤沢次郎清近
5・8・9　藤沢次郎清近
建久1・4・3　清近
1・11・7　藤沢次郎
2・1・5　藤沢次郎清親
2・9・21　藤沢次郎
3・1・5　藤沢次郎清近
4・3・21　藤沢次郎
4・3・25　藤沢次郎清親
4・5・8　藤沢次郎

建久5・1・9	藤沢次郎清近
5・⑧・1	藤沢次郎清近
5・10・9	藤沢次郎清近
5・11・21	藤沢次郎清近
6・3・10	藤沢次郎
6・3・12	藤沢次郎清親
正治2・1・7	藤沢次郎清親
建仁1・5・14	信濃国住人藤沢次郎清親
1・6・28	藤沢次郎清親
3・10・9	藤沢次〈四〉郎清親
元久1・2・12	藤沢次〈四〉郎
2・1・3	藤沢四郎
建暦1・1・9	藤沢四郎
2・1・11	藤沢四郎
承久3・5・21	藤沢左衛門尉清近
寛喜1・1・15	藤沢四郎
嘉禎2・8・6	藤沢四郎
3・7・19	藤沢清親(金吾)
暦仁1・1・20	藤沢四郎
延応1・1・5	藤沢四郎
仁治1・1・6	藤沢四郎
建長2・3・1	藤沢四郎跡

清　親　　藤原
建保6・5・5　尾張中将清親

清　親　　葛西
仁治2・8・17　伯耆前司
寛元1・7・17　伯耆前司
2・8・15　伯耆前司清親
2・8・16　伯耆前司
3・8・15　伯耆前司清時(マヽ)
4・8・15　伯耆前司
宝治1・12・29　葛西伯耆前司

清　成　　和気
安貞1・5・23　医師和気清成
嘉禎2・12・26　和気清成朝臣

清　盛　　平
治承4年首　太政大臣清盛公
4・4・9　平相国禅門清盛
4・4・27　平相国禅閣
4・5・16　入道相国
4・5・26　入道相国
4・7・5　八条入道相国

— 287 —

第Ⅰ部　人名索引 (せ)

治承4・8・4　平相国禅閣
　　4・8・9　相国禅閣
　　4・9・14　平相国禅閣
　　4・9・19　平相国禅閣
　　4・12・1　平相国禅閣
　　4・12・11　平相国禅閣
　　4・12・25　平相国禅閣
養和1・1・21　平相国禅閣
　　1・②・4　入道平相国薨
　　1・②・19　平相国禅門
　　1・②・23　平相国
寿永1・2・8　前平大相国
元暦1・2・4　相国禅閣〈門〉
　　1・2・20　入道相国
　　1・3・13　平相国
　　1・11・23　故入道太政大臣
文治1・6・7　相国
　　1・7・7　故入道大相国
建久2・5・12　平相国
　　6・3・12　平相国禅門

清　宗　平
文治1・3・24　右衛門督清宗
　　1・4・11　右衛門督清宗
　　1・4・26　右衛門督
　　1・5・15　前内府父子
　　1・5・16　金吾
　　1・6・21　前右金吾清宗(梟首)
　　1・6・23　右衛門督清宗
　　1・7・2　前内府父子

清　尊
建長3・5・15　清尊僧都
　　5・1・28　清尊僧都
　　6・10・6　清尊僧都
康元1・10・13　法印清尊
正嘉1・10・1　法印権大僧都清尊
弘長1・2・20　法印権大僧都清尊

清　忠　源
建久2・5・12　源清忠

清　長　藤原
文治4・4・9　判官代河内守藤原朝臣
　　4・12・11　判官代河内守藤原朝臣

建久2・12・24　勘解由次官清長

清　定　清原
建久5・⑧・8　図書允清定
　　5・12・2　図書允清定
建仁3・10・9　図書允清定
　　3・11・15　清図書允
　　3・12・15　清図書允清定
元久1・4・1　清定
　　1・4・20　清定
　　1・10・18　清定
　　1・11・4　清定
　　2・5・18　清定
　　2・11・20　図書允清定
　　2・12・10　清定
承元1・2・11　図書允清定
　　2・7・15　図書允清定
　　2・11・1　清定
　　2・12・14　図書允清定
　　3・6・19　図書允清定
　　3・11・20　清定
　　4・10・16　清図書允清定
建暦1・4・2　図書允清定
　　1・11・3　清図書允清定
　　1・12・27　清定
　　2・3・16　図書允
　　2・7・9　清図書允
　　2・8・22　図書允
建保1・10・18　図書允清定
　　1・12・7　図書允清定
　　3・8・25　図書允清定
　　6・12・20　図書允清定
承久3・5・20　左衛門尉清定
　　3・5・26　清定
貞応2・7・6　清定

清　定
承久3・6・12　伊勢前司清定

清　定　→清原満定
建長4・4・14　清左衛門尉清定

清　貞　→晴貞
貞永1・⑨・10　清貞
嘉禎1・12・20　雅楽助清貞

清　範

— 288 —

第Ⅰ部 人名索引（せ）

```
         建保 1・3・6    清範朝臣
            6・4・29   清範朝臣
         承久 3・5・21   内蔵頭清範
            3・7・13   内蔵頭清範入道
清　方
         治承 4・9・22   兵衛志清方

清　包
         建久 2・4・27   相模国生沢下社神主
                       清包

清　房　平
         治承 4・12・2   淡路守清房

清　房
         建暦 2・12・21  侍従清房

清　頼　平井
         宝治 2・1・15   平井八郎
         建長 3・1・8    平井八郎
            3・1・10   平井八郎清頼
            3・1・20   平井八郎清頼
            4・1・14   平井八郎清頼
            4・11・18  平井八郎
            4・11・21  平井八郎源清頼
            5・1・9    平井八郎
            5・1・14   平井八郎

清和天皇
         寿永 1・2・8    清和天皇
         建暦 2・10・11  清和
         安貞 1・4・22   清和天皇
         正嘉 2・2・19   清和天皇

盛　員　高田
         仁治 2・2・25   高田武者所盛員

盛　員　大宮
         仁治 2・4・25   大宮三郎盛員

盛　家　内藤
         文治 1・1・6    内藤六
         建久 2・1・18   内藤六盛家
         建保 2・5・7    内藤左衛門尉盛家
         承久 2・12・4   内藤左衛門尉盛家
         嘉禄 2・5・8    (盛時)父左衛門尉盛
                       家入道
         安貞 1・8・1    内藤左衛門尉盛家法
                       師飯黄泉年八十九

盛　家　内藤
         建久 6・2・5    内藤左近将監盛家
         承久 3・6・18   内藤右〈左〉近将監

盛　季　佐々木
         正治 1・6・30   佐々木小三郎
            2・2・26   佐々木小三郎盛季
         建仁 1・1・12   佐々木小三郎盛季
            1・5・14   (盛綱)子息小三郎兵
                       衛尉盛季
         元久 1・10・14  佐々木小三郎
            2・1・3    佐々木小三郎
         建暦 2・1・11   佐々木小三郎

盛　義　内藤
         寛元 3・8・16   内藤豊後前司
            4・8・15   内藤豊後前司

盛　義　藤倉
         宝治 1・6・2    藤倉三郎盛義
         建長 3・1・20   藤倉三郎盛義

盛　久　糟屋
         治承 4・8・23   糟屋権守盛久

盛　久
         養和 1・3・10   左衛門〈兵衛〉尉盛久

盛　経　内藤
         文治 3・4・23   内藤九郎盛経

盛　経　大曾禰
         嘉禎 2・8・4    同(大曾禰)次郎兵衛
                       尉
         暦仁 1・2・17   同(大曾禰)次郎兵衛
                       尉
         延応 1・1・2    同(大曾禰)次郎兵衛
                       尉盛経
         寛元 3・8・15   大曾禰次郎左衛門尉
                       長経(ママ)
         宝治 2・1・3    同（大曾禰）次郎右
                       〈左〉衛門尉
            2・12・10  大曾禰次郎左衛門尉
```

第Ⅰ部 人名索引（せ）

建長2・1・1	盛経 同(大曾禰)次郎左衛門尉盛経	建長5・10・11	内島左近〈左近大夫〉将監盛経入道
2・8・18	大曾禰次郎左衛門尉	盛　経　諏方	
2・12・27	大曾禰次郎左衛門尉	建長3・11・27	諏方三郎盛綱(マヽ)
3・1・5	大曾禰次郎左衛門尉盛時(マヽ)	5・1・3	諏方三郎左衛門尉盛時〈経〉
3・1・11	大曾禰次郎左衛門尉盛綱(マヽ)	康元1・1・5	諏方三郎左衛門尉盛経
3・1・20	大曾禰次郎左衛門尉	文永3・6・19	諏訪三郎左衛門入道
3・8・15	大曾禰次郎左衛門尉盛経	盛　景　藤沢	
3・10・19	大曾禰次郎左衛門尉	文治2・11・8	藤沢余一盛景
4・4・1	同(大曾禰)次郎左衛門尉盛経	盛　景	
4・4・3	大曾禰次郎左衛門尉盛経	建仁2・5・20	六位進盛景
4・4・14	大曾禰次〈二〉郎左衛門尉盛経	2・6・25	六位進
		3・1・2	六位進
4・8・1	大曾禰次〈二〉郎左衛門尉盛経	建保1・8・20	前皇后宮権少進盛景
4・8・6	大曾禰次郎左衛門尉盛経	1・8・26	前皇后宮権允盛景
		盛　継　平	
4・11・11	大曾禰次郎左衛門尉盛経	元暦1・2・7	越中次郎兵衛尉盛次
4・11・12	大曾禰次郎左衛門尉	文治1・2・19	越中二郎兵衛尉盛継
4・11・20	大曾禰次郎左衛門尉盛経	建久3・2・24	越中次郎兵衛尉盛継
4・12・17	大曾禰次郎左衛門尉盛経	4・3・16	越中次〈二〉郎兵衛尉盛継
5・1・1	同(大曾禰)次郎左衛門尉盛経	盛　継　内藤	
		嘉禎1・6・29	内藤七郎左衛門尉盛継
6・6・16	大曾禰次郎左衛門尉	2・8・4	内藤七郎左衛門尉
6・8・15	大曾禰次郎左衛門尉盛経	3・4・22	内藤七郎左衛門尉
康元1・1・1	大曾禰次郎左衛門尉盛時〈経〉	暦仁1・2・17	内藤七郎左衛門尉
		1・2・22	内藤七郎左衛門尉盛継〈綱〉
1・1・11	大曾禰次郎左衛門尉盛経	延応1・1・3	内藤七郎左衛門尉盛継
1・6・29	大曾彌次〈二〉郎左衛門尉(マヽ)	仁治1・8・2	内藤七郎左衛門尉
1・8・15	大曾禰次郎左衛門尉盛清〈経〉	寛元1・7・17	内藤七郎左衛門尉
		2・8・15	内藤七郎左衛門尉盛継
弘長1・9・9	大曾禰次郎左衛門尉盛経入道	宝治1・5・14	内藤七〈四〉郎左衛門尉
盛　経　内島		盛　兼　埴生(源)	
建長3・8・21	内島右近入道	養和1・11・11	埴生弥太郎盛兼〈源三位頼政近親〉

— 290 —

第Ⅰ部　人名索引（せ）

盛　兼　　源
建久2・5・12　山城介源盛兼

盛　兼　藤原
建保6・3・16　少将藤盛兼

盛　光　松本
元久1・4・21　(進士基度)舎弟松本三郎盛光

盛　光　狛
建保6・6・27　府生狛盛光
承久1・1・27　府生狛盛光

盛　行　大江
文暦1・7・6　大膳進大江盛行

盛　高　内藤
文治2・3・27　ないとう四郎

盛　高　波多野
寛元4・1・10　同(波多野)弥藤次左衛門尉盛高
建長2・3・1　波多野弥藤次郎左衛門尉

盛　高
寛元4・7・11　弥五郎右馬允盛高

盛　綱　佐々木
治承4・8・6　佐々木三郎盛綱
　　4・8・9　(秀義子息)盛綱
　　4・8・17　同(佐々木)三郎盛綱
　　4・8・20　同(佐々木)三郎盛綱
　　4・8・26　盛綱
　　4・10・23　盛綱
　　4・11・4　同(佐々木)三郎盛綱
　　4・12・12　同(佐々木)三郎盛綱
　　4・12・20　佐々木三郎盛綱
　　4・12・26　(義清)兄盛綱
養和1・3・7　盛綱
寿永1・4・5　同(佐々木)三郎
　　1・6・7　佐々木三郎盛綱
　　1・10・17　同(佐々木)三郎盛縄〈綱〉
　　1・12・7　佐々木三郎
元暦1・12・2　佐々木三郎盛綱
　　1・12・7　佐々木三郎盛綱
　　1・12・26　佐々木三郎盛綱
文治1・1・6　佐々木三郎
　　1・10・24　佐々木三郎盛綱
　　2・6・17　佐々木三郎秀綱〈能〉〈マヽ〉
　　2・10・24　佐々木三郎盛綱
　　4・7・10　佐々木三郎盛綱
　　5・2・27　佐々木三郎盛綱
　　5・6・9　佐々木三郎盛綱
　　5・7・19　佐々木三郎盛綱
　　5・12・23　佐々木三郎盛綱
建久1・7・20　佐々木三郎盛綱
　　1・7・21　盛綱
　　1・8・15　佐々木三郎盛綱
　　1・9・18　佐々木三郎盛綱
　　1・10・13　佐々木三郎盛綱
　　1・11・7　佐々木三郎
　　1・11・9　佐々木三郎盛綱
　　1・11・11　同(佐々木)三郎盛綱〈経〉
　　1・11・29　佐々木三郎盛綱
　　2・2・4　佐々木三郎
　　2・2・17　盛綱
　　2・3・4　佐々木三郎
　　2・4・6　佐々木三郎
　　2・8・1　佐々木三郎
　　2・10・1　佐々木三郎盛綱
　　3・11・5　佐々木三郎
　　3・11・25　佐々木三郎盛綱
　　4・3・21　佐々木三郎
　　4・4・29　(定綱弟)盛綱
　　4・5・8　佐々木三郎
　　4・9・7　盛綱
　　5・2・2　佐々木三郎盛綱
　　5・2・14　佐々木三郎盛綱
　　5・8・8　佐々木三郎盛綱
　　5・11・21　佐々木三郎盛綱
　　6・3・10　佐々木三郎兵衛尉
　　6・3・12　佐々木三郎兵衛尉盛綱
　　6・3・30　佐々木三郎兵衛尉盛綱
　　6・5・20　佐々木三郎兵衛尉盛綱
　　6・10・11　佐々木三郎兵衛尉盛綱

— 291 —

第I部　人名索引（せ）

正治1・3・22　佐々木三郎兵衛尉盛
　　　　　　　綱法師
　　1・8・20　佐々木三郎兵衛入道
　　1・10・28　佐々木三郎兵衛尉盛
　　　　　　　綱入道
建仁1・4・3　佐々木三郎兵衛尉盛
　　　　　　　綱法師法名西念
　　1・4・6　西念
　　1・5・14　佐々木三郎兵衛尉盛
　　　　　　　綱入道，西念
　　3・4・6　(伊予)守護人佐々木
　　　　　　　三郎兵衛尉盛綱法師
　　3・10・26　同(佐々木)三郎兵衛
　　　　　　　尉盛綱
元久2・⑦・26　佐々木三郎兵衛尉盛
　　　　　　　綱
建保3・10・10　西念
承久3・5・29　兵衛尉盛綱法師
宝治2・6・21　(実秀)祖父三郎兵衛
　　　　　　　尉盛綱入道
建長2・3・1　佐々木三郎兵衛入道
　　　　　　　跡

盛　　綱　　高橋
治承4・10・19　高橋判官盛綱
養和1・3・10　讃岐守左衛門尉盛綱
　　　　　　　号高橋〈田〉

盛　　綱　　→小野成綱
元暦1・11・14　刑部丞盛綱
文治3・8・15　野三刑部丞盛綱
建久3・8・9　野三刑部丞盛〈成〉綱

盛　　綱　　平
承久3・5・22　平三郎兵衛尉
元仁1・2・23　平三郎兵衛尉盛綱
　　1・6・28　平三郎左衛門尉
　　1・8・28　平三郎兵衛尉盛綱
嘉禄2・10・12　平三郎左衛門尉盛綱
安貞1・1・4　平左衛門尉盛綱
　　1・3・9　平三郎左衛門尉
　　2・5・21　平三郎左衛門尉
　　2・11・25　平衛門尉盛綱
寛喜1・2・11　盛綱
　　2・1・4　平三郎左衛門尉盛綱
　　2・2・30　平三郎左衛門尉
　　2・5・5　平三郎左衛門尉盛綱

寛喜3・9・27　盛綱
貞永1・7・15　平三郎左衛門尉盛綱
　　1・8・9　平三郎左衛門尉
文暦1・3・5　平左衛門尉盛綱
　　1・8・21　平左衛門尉盛綱
嘉禎1・12・18　平左衛門尉盛綱
　　2・12・19　平左衛門尉
　　2・12・23　平左衛門尉
延応1・5・24　平左衛門尉〈盛時〉（マ
　　　　　　　　、）
　　1・5・26　左衛門尉盛綱
　　1・12・13　平左衛門尉盛綱
仁治1・3・7　盛綱
　　1・7・9　平左衛門尉盛綱
　　2・4・16　平左衛門尉盛綱
　　2・11・29　平左衛門尉盛綱
寛元3・5・22　平左衛門入道盛阿
宝治1・6・5　平左衛門入道盛阿
　　1・6・15　平左衛門入道盛阿
建長2・3・1　平左〈右〉衛門入道跡
弘長3・8・9　平左衛門入道

盛　　綱
承久3・5・30　下総前司盛綱
　　3・6・3　下総前司盛綱
　　3・6・12　下総前司
　　3・6・14　盛綱
　　3・6・15　盛綱
　　3・6・18　下総前司

盛　　綱　　→大曾禰盛経
建長3・1・11　大曾禰次郎左衛門尉
　　　　　　　盛綱

盛　　綱　　→諏方盛経
建長3・11・27　諏方三郎盛綱

盛　　国　　平
養和1・②・4　盛国
文治1・5・8　盛国法師
　　1・5・16　盛国入道
　　2・7・25　大夫尉 伊勢守平　盛　国
　　　　　　　入道〈没，七十四歳，手衡
　　　　　　　七男〉

盛　　資　　橘
元暦1・9・19　橘大夫盛資

— 292 —

第Ⅰ部　人名索引（せ）

盛　資　　三野
　元暦1・9・19　三野首領盛資

盛　次　　→平盛継
　元暦1・2・7　越中次郎兵衛尉盛次

盛　時　　平
　元暦1・10・20　盛時
　文治2・3・6　盛時
　　　2・4・5　盛時
　　　2・5・29　盛時
　　　2・8・5　平五盛時
　　　2・10・1　盛時
　　　3・4・18　平五盛時
　　　3・10・25　盛時
　　　3・12・27　平五盛時
　　　4・5・17　盛時
　　　5・5・19　盛時
　　　5・7・10　平民部丞盛時
　　　5・7・19　民部丞盛時
　　　5・9・20　盛時
　建久1・1・7　盛時
　　　1・2・22　盛時
　　　1・4・19　盛時
　　　1・5・12　平民部丞盛時
　　　1・8・3　盛時
　　　1・9・9　盛時
　　　1・9・15　盛時
　　　1・11・2　盛時
　　　2・1・15　民部丞平朝臣盛時
　　　2・1・17　民部丞盛時
　　　2・1・18　盛時
　　　2・4・3　盛時
　　　2・4・30　盛時
　　　2・5・2　盛時
　　　2・6・9　盛時
　　　2・9・21　盛時
　　　2・10・25　盛時
　　　2・12・19　盛時
　　　3・2・5　盛時
　　　3・3・4　平民部丞盛時
　　　3・3・20　平民部丞
　　　3・7・23　民部丞
　　　3・8・5　民部丞盛時
　　　3・10・15　盛時
　　　3・11・2　盛時
　　　4・3・13　民部丞盛時

　建久4・11・11　盛時
　　　5・12・2　平民部丞盛時
　　　6・1・16　民部丞盛時
　　　6・3・10　平民部丞
　　　6・7・16　散位盛時
　　　6・7・19　盛時
　正治1・2・4〈6〉　平民部丞盛時
　　　1・5・22　平民部大夫
　建仁3・4・6　平民部丞盛時
　承元2・4・25　盛時
　　　2・④・26　盛時
　建暦2・2・19　盛時

盛　時　　平
　元久1・5・6　（伊勢平氏）雅楽助三郎盛時

盛　時　　内藤
　建暦1・9・12　内藤右馬允盛時
　　　1・10・20　盛時
　嘉禄1・12・20　内藤左衛門尉盛時
　　　2・5・8　内藤左衛門尉盛時，（盛家）二男盛時
　寛喜1・11・27　内藤判官盛時
　天福1・7・20　内藤判官盛時
　建長2・3・1　内藤左衛門尉跡

盛〈成〉時　　小野
　建保1・5・22　夏野次郎〈六良〉左衛門尉盛〈成〉時大夫尉義盛〈成〉子

盛　時　　平
　安貞2・10・15　平左衛門〈左衛門尉〉三郎盛時
　寛喜1・1・15　平左衛門三郎
　嘉禎2・1・3　同（平左衛門）三郎
　　　2・8・4　平左衛門三郎
　　　3・1・2　平左衛門三郎
　　　3・4・22　平左衛門三郎盛時
　暦仁1・2・17　平左衛門三郎
　　　1・2・22　平左衛門三郎盛時
　　　1・2・23　平左衛門三郎
　　　1・2・28　平左衛門三郎
　　　1・6・5　平左衛門三郎盛時
　延応1・1・3　平新左衛門尉盛時
　　　1・5・24　平左衛門尉〈盛時〉〈盛

第Ⅰ部 人名索引（せ）

仁治 1・1・2　平新左衛門尉盛時（綱の誤ならむ）
　　 2・1・1　平新左衛門尉
寛元 2・1・1　平新左衛門尉
　　 2・1・3　平新左衛門尉
　　 2・4・21　平新左衛門尉盛時
　　 2・5・5　平新左衛門尉盛時
　　 2・8・15　平新左衛門尉盛時
　　 4・12・28　平衛門尉
宝治 1・6・8　平左衛門尉盛時
　　 1・6・12　平左衛門尉
　　 1・6・25　平左衛門尉盛時
　　 1・6・27　平左衛門尉盛時
建長 5・1・2　平新左衛門尉盛時
正嘉 1・1・1　平新左衛門尉盛時
　　 2・1・6　平新左衛門尉
　　 2・3・1　平三郎左衛門尉盛時
弘長 1・6・22　平左衛門尉盛時
　　 1・8・13　平三郎左衛門尉
　　 1・8・14　平三郎左衛門尉

盛　時　三浦
貞永 1・1・1　佐原五郎左衛門尉
　　 1・8・15　(廷尉)盛時
　　 1・8・16　盛時
　　 1・⑨・10　佐原五郎左衛門尉
嘉禎 3・6・1　盛時
仁治 2・1・1　佐原五郎左衛門尉
　　 2・8・25　佐原五郎左衛門尉
　　 2・11・4　佐渡〈原〉五郎左衛門尉
寛元 1・7・17　佐原五郎左衛門尉
　　 2・1・1　同(遠江)五郎左衛門尉
　　 2・4・21　(遠江)五郎左衛門尉盛時
　　 2・6・13　遠江五郎左衛門尉
　　 2・8・15　遠江五郎左衛門尉盛時
　　 4・8・15　遠江五郎左衛門尉
　　 4・10・16　三浦五郎左衛門尉
宝治 1・5・29　三浦五郎左衛門尉
　　 1・6・2　五郎左衛門尉盛時
　　 1・11・15　三浦五郎左衛門尉
　　 1・11・16　三浦五郎左衛門尉盛時
　　 1・11・17　盛時
　　 1・12・29　三浦介

宝治 2・4・20　三浦介
　　 2・8・15　三浦介盛時
建長 2・2・26　三浦介
　　 2・3・25　三浦介
　　 2・5・10　三浦介
　　 2・6・19　三浦介盛時
　　 2・8・15　三浦介盛時
　　 2・8・18　三浦介
　　 2・12・29　三浦介
　　 3・1・1　三浦介盛時
　　 3・5・15　三浦介盛時
　　 3・8・21　三浦
　　 3・10・19　三浦介
　　 4・4・1　三浦介盛時
　　 4・4・14　三浦介盛時
　　 4・8・1　三浦介盛時
　　 4・12・17　三浦介盛時
　　 5・1・3　三浦介盛時
　　 5・1・16　三浦介盛時
　　 6・8・15　三浦介盛時
康元 1・1・1　三浦介
　　 1・6・29　三浦介
　　 1・7・17　三浦介
　　 1・7・29　三浦介
　　 1・11・23　三浦介盛時(出家)

盛　時　桑原(平)
寛元 2・1・5　桑原平内
宝治 2・1・15　桑原平内
建長 3・1・8　桑原平内
　　 3・1・10　桑原平内盛時
　　 4・1・14　桑原平内盛時
　　 4・4・14　桑原平内盛時
　　 4・11・18　桑原平内
　　 4・11・21　桑原平内平盛時
　　 5・1・9　桑原平内
　　 6・1・4　桑原平内
文応 1・1・12　桑原平内
　　 1・1・14　桑原平内盛時
弘長 1・1・9　桑原平内
　　 1・1・10　桑原平内

盛　時　内藤
寛元 3・8・15　内藤肥後前司盛時
　　 3・8・16　内藤肥後前司盛時
　　 4・8・15　内藤肥後前司
宝治 2・⑫・10　肥後前司盛時

— 294 —

第Ⅰ部　人名索引（せ）

建長2・1・16　内藤肥後前司盛時
　　2・3・25　肥後前司
　　3・1・1　内藤肥後前司盛時
　　3・1・20　内藤肥後前司
　　3・11・13　内藤肥後前司
　　5・8・15　内藤肥後前司盛時

盛　時　中原
寛元3・12・25　中山城前司盛時
宝治1・6・8　中山城前司盛時
　　2・9・22　山城前司盛時
建長2・3・1　中山城前司盛時
　　2・12・27　中山城前司盛時
　　2・12・29　中山城前司
　　3・6・5　中山城前司盛時
　　3・6・20　中山城前司
　　4・4・30　中山城前司盛時
　　5・12・21〈22〉中山城前司盛時
　　6・12・1　中山城前司
正嘉1・③・2　中山城前司盛時
文応1・7・23　中山城前司盛時
弘長1・2・20　中山城前司盛時
　　1・3・20　中山城前司盛時

盛　時　→大曾禰盛経
建長3・1・5　大曾禰次郎左衛門尉
　　　　　　　盛時

盛　時　伊東
文応1・1・1　伊東次郎左衛門尉
　　1・1・11　伊東次郎左衛門尉盛時
　　1・4・1　伊東次〈二〉郎左衛門尉
　　1・11・27　伊東次郎左衛門尉盛時
弘長1・1・1　伊東次郎左衛門尉
　　1・8・15　伊東二郎左衛門尉

盛　実　木原
養和1・2・29　木原次郎盛実法師

盛　種　大曾禰
建長5・5・13　大曾禰弥四郎左衛門尉
康元1・1・5　大曾禰四郎左衛門尉
　　　　　　　盛経〈種〉

盛　重　葛貫
建保1・5・2　葛貫三郎盛重

盛　重　伊具
建保1・5・3　伊具馬大郎盛重
承久3・5・22　伊具太郎
貞応1・7・3　伊具右馬太郎盛重
元仁1・⑦・23　伊具馬太郎盛重
　　1・11・14　伊具馬太郎盛重

盛　重　諏方
承久3・6・11　諏方大祝盛重
寛喜2・2・30　諏方兵衛尉
貞永1・8・9　諏方兵衛尉
文暦1・3・5　諏方兵衛尉
嘉禎1・9・1　諏方兵衛尉盛重
　　1・9・2　諏方
　　2・12・19　諏方兵衛入道
寛元4・5・25　諏方兵衛入道
　　4・6・6　諏方兵衛入道蓮仏
　　4・6・10　諏方入道
　　4・12・28　諏方兵衛入道
宝治1・6・2　諏方兵衛入道蓮仏
　　1・6・4　諏方兵衛入道
　　1・6・5　諏方兵衛入道蓮仏
　　1・6・18　諏方兵衛入道蓮仏
　　1・6・26　諏方〈訪〉兵衛入道
　　1・9・11　諏方兵衛入道
　　2・6・10　諏方入道蓮仏
　　2・7・9　諏方入道蓮仏
建長3・7・30　諏方兵衛入道為蓮仏
　　　　　　　（マヽ）
　　3・12・5　諏方兵衛入道
　　3・12・26　諏方兵衛入道承〈為〉
　　　　　　　蓮仏（マヽ）
　　5・11・29　諏方兵衛入道蓮仏
正嘉2・1・6　諏方兵衛入道蓮仙
　　　　　　　〈仏〉
弘長1・6・22　諏方兵衛入道蓮仏

盛　重　渋谷
承久3・6・18　渋谷六郎
寛喜1・1・15　渋谷六郎
仁治2・1・5　渋谷六郎
寛元1・1・10　渋谷六郎
建長6・1・4　渋谷六郎
　　6・1・14　渋谷六郎盛重

— 295 —

第Ⅰ部 人名索引 (せ)

盛　俊　　平
　元暦1・2・7　越中前司盛俊
　　　1・2・13　盛俊
　　　1・2・15　盛俊

盛　章
　治承4・5・16　盛章

盛　親　　内藤
　嘉禄2・5・8　(盛家)嫡男右衛門尉
　　　　　　　　盛親

盛　成
　文治1・4・20　(三島社)神主盛成 号
　　　　　　　　西大夫

盛　村　　三善
　正嘉1・8・15　善左衛門〈左衛門尉〉次
　　　　　　　　郎盛村
　　　1・10・1　善左衛門次郎盛村
　　　2・6・4　善左衛門次郎盛村
　　　2・7・4　善六郎左衛門次郎
　弘長1・1・1　善六郎左衛門二郎
　　　1・8・15　善六左衛門二郎盛村

盛　長　　安達(足立)
　治承4・6・24　藤九郎盛長
　　　4・7・10　藤九郎盛長
　　　4・8・4　盛長
　　　4・8・17　藤九郎盛長
　　　4・8・20　藤九郎盛長
　　　4・8・23　盛長
　　　4・9・4　藤九郎盛長
　　　4・9・9　盛長
　　　4・10・23　盛長
　　　4・12・12　藤九郎盛長
　　　4・12・20　藤九郎盛長
　　　4・12・22　藤九郎盛長
　寿永1・1・3　藤九郎盛長
　元暦1・4・1　藤九郎盛長
　　　1・7・16　藤九郎盛長
　文治1・10・24　藤九郎盛長
　　　2・1・2　藤九郎盛長
　　　2・8・20　藤九郎盛長
　　　2・10・24　藤九郎盛長
　　　2・12・1　盛長
　　　3・4・4　藤九郎盛長

文治4・3・15　藤九郎
　　5・6・9　藤九郎盛長
　　5・6・29　盛長
　　5・7・19　藤九郎盛長
　　5・8・18　藤九郎盛長
建久1・11・7　藤九郎
　　2・3・4　藤九郎盛長
　　2・3・13　盛長
　　2・6・9　盛長
　　2・7・28　藤九郎盛長
　　3・8・9　藤九郎盛長
　　3・8・11　藤九郎盛長
　　3・11・5　藤九郎盛長
　　3・11・29　盛長
　　5・1・8　藤九郎盛長
　　5・2・2　藤九郎盛長
　　5・⑧・22　藤九郎盛長
　　5・10・17　藤九郎盛長
　　5・12・1　藤九郎盛長
　　5・12・2　藤九郎盛長
　　6・1・4　藤九郎盛長
　　6・3・10　藤九郎
　　6・12・22　藤九郎盛長
正治1・4・12　藤九郎入道蓮西
　　1・8・19　藤九郎入道蓮西，盛
　　　　　　　長
　　1・8・20　盛長入道
　　1・10・24　(参河国)守護人藤九
　　　　　　　郎入道蓮西
　　1・10・27　足立藤九郎入道
　　1・10・28　安達藤九郎盛長入道
宝治1・4・4　藤九郎盛長
　　2・5・18　藤九郎盛長

盛　長　　中原
　文暦1・7・6　前山城守中原盛長

盛　長
　暦仁1・2・23　左馬権頭盛長
　　　1・2・28　左馬権頭盛長
　　　1・10・12　左〈右〉馬権頭盛長

盛　長　　八条
　文永2・3・4　八条兵衛佐盛長

盛　朝　　仁科
　承久3・6・3　仁科次郎盛朝

— 296 —

第Ⅰ部　人名索引（せ）

　　　承久3・6・8　　仁科次郎

盛　澄
　　文治1・4・11　摂津判官盛澄
　　　　1・5・16　盛澄

盛　澄　松本
　　文治3・4・29　松本判官代盛澄

盛　澄　諏方
　　文治3・8・15　諏方大夫盛澄
　　　　4・2・28　盛澄
　　　　4・8・15　盛澄
　　建久1・4・3　　盛澄
　　　　4・3・21　諏方太郎〈大夫〉
　　　　4・9・11　諏方祝盛澄
　　　　5・10・9　諏方大夫盛隆〈澄〉
　　建仁3・1・3　　諏訪大夫盛澄
　　元久1・1・10　諏方大夫盛隆（マヽ）
　　　　1・2・12　諏訪大夫
　　嘉禎3・7・19　諏方大夫盛澄〈隆〉

盛　通　波多野
　　元暦1・5・15　波多野三郎
　　建久6・3・10　同（波多野）三郎
　　正治2・2・2　　波多野三郎盛通
　　　　2・2・6　　盛通
　　建保1・5・3　　波多野三郎〈横山〉時兼
　　　　　　　　　　智
　　　　1・5・6　　波多野三郎

盛　平　中村
　　治承4・8・20　同（中村）次郎盛平
　　文治2・2・6　　中村次郎

盛　弁
　　文永2・5・5　　（権律師）盛弁

盛　方　恵美
　　元暦1・2・5　　恵美次郎盛方

盛　方
　　文治1・4・20　（三島社）神主盛方号
　　　　　　　　　　東大夫

盛　頼　諏方
　　建長2・1・1　　諏方兵衛四郎盛頼

　　建長3・1・8　　諏方兵衛四郎
　　　　3・1・10　諏方兵衛四郎盛頼
　　　　6・1・4　　諏方四郎兵衛尉
　　康元1・1・4　　諏方四郎兵衛尉
　　正嘉2・1・6　　諏方四郎兵衛尉
　　弘長1・1・1　　諏方四郎兵衛尉

盛　隆　→諏方盛澄
　　建長5・10・9　諏方大夫盛隆〈澄〉
　　元久1・1・10　諏方大夫盛隆
　　嘉禎3・7・19　諏方大夫盛澄〈隆〉

盛　連　佐原（三浦）
　　承久1・7・19　同（三浦）次郎兵衛尉
　　嘉禎3・6・1　　前遠江守盛連
　　宝治1・6・2　　遠江守盛連
　　建長2・3・1　　佐原遠江前司跡

晴　基　→押垂基時
　　嘉禎2・8・4　　押垂三郎左衛門尉晴
　　　　　　　　　　基

晴　吉　安倍
　　承久1・7・19　（陰陽師）大学助晴吉
　　　　1・7・26　大学助安陪晴吉
　　　　3・1・22　晴吉
　　　　3・5・19　晴吉

晴　継
　　貞永1・⑨・5　　晴継
　　　　1・⑨・8　　晴継
　　延応1・3・5　　晴継
　　　　1・3・15　晴継朝臣
　　仁治2・1・14　晴継朝臣
　　寛元3・3・8　　晴継朝臣

晴　憲
　　寛喜2・6・18　陰陽大允晴憲
　　寛元1・8・24　晴憲
　　　　4・2・16　晴憲
　　宝治1・4・26　晴憲
　　建長4・5・7　　晴憲
　　　　4・5・17　晴憲
　　　　6・9・4　　晴憲
　　康元1・9・3　　晴憲
　　正嘉1・9・24　晴憲
　　　　2・5・2　　晴憲

— 297 —

第Ⅰ部 人名索引（せ）

正嘉 2・8・5　晴憲
文永 2・7・28　晴憲
　　 3・2・20　晴憲

晴　賢
　貞応 2・1・25　晴賢
　　　 2・2・27　晴賢
　　　 2・4・30　晴賢
　　　 2・6・12　晴賢
　　　 2・6・28　晴賢
　　　 2・6・30　晴賢
　　　 2・9・10　晴賢
　　　 2・9・25　晴賢
　　　 2・11・30　晴賢
　元仁 1・6・6　晴賢
　嘉禄 1・10・27　晴賢
　　　 1・11・15　晴賢
　　　 1・12・17　晴賢
　　　 2・8・7　晴賢
　　　 2・11・2　晴賢
　　　 2・11・3　晴賢
　安貞 1・3・24　晴賢
　　　 1・3・27　陰陽師散位晴賢
　　　 1・4・13　晴賢
　　　 1・4・29　散位晴賢
　　　 1・6・30　晴賢
　　　 1・7・28　晴賢
　　　 1・7・29　晴賢
　　　 1・8・13　晴賢
　　　 1・9・9　晴賢
　　　 1・11・16　晴賢
　　　 1・11・23　晴賢
　　　 1・12・13　晴賢
　　　 1・12・28　晴賢
　　　 2・1・19　晴賢
　　　 2・2・3　散位晴賢
　　　 2・6・22　晴賢
　　　 2・6・25　晴賢
　　　 2・8・15　晴賢
　　　 2・10・8　晴賢
　　　 2・10・30　晴賢
　寛喜 1・1・27　陰陽師晴賢
　　　 1・5・21　晴賢
　　　 1・6・29　晴賢
　　　 2・3・29　図書助晴賢
　　　 2・6・6　晴賢
　　　 2・6・7　晴賢

　寛喜 2・6・14　晴賢
　　　 2・12・9　晴賢
　　　 3・4・29　晴賢
　　　 3・10・6　晴賢
　　　 3・10・16　陰陽師晴賢
　　　 3・10・20　晴賢
　　　 3・11・9　晴賢
　貞永 1・1・4　陰陽権助晴賢朝臣
　　　 1・4・9　陰陽師晴賢
　　　 1・5・17　晴賢
　　　 1・⑨・5　晴賢
　　　 1・⑨・8　晴賢
　　　 1・⑨・10　晴賢
　　　 1・10・2　晴賢
　　　 1・10・5　晴賢
　　　 1・10・22　晴賢
　嘉禎 1・1・20　晴賢
　　　 1・2・4　晴賢
　　　 1・2・10　晴賢
　　　 1・3・18　晴賢
　　　 1・6・28　晴賢朝臣
　　　 1・7・8　晴賢
　　　 1・7・11　大蔵権大輔晴賢
　　　 1・11・15　晴賢
　　　 1・12・20　晴賢
　　　 2・2・1　晴賢朝臣
　　　 2・3・20　晴賢
　　　 2・4・4　晴賢
　　　 2・6・5　晴賢朝臣
　　　 2・6・11　晴賢朝臣
　　　 2・6・26　晴賢
　　　 2・7・10　晴賢
　　　 2・8・3　晴賢
　　　 2・12・6　晴賢
　　　 3・1・17　晴賢朝臣
　　　 3・3・8　陰陽権助晴賢朝臣
　　　 3・3・10　晴賢
　　　 3・3・30　晴賢
　　　 3・4・23　晴賢
　　　 3・5・15　晴賢
　　　 3・6・22　晴賢
　　　 3・8・15　晴賢
　　　 3・12・10　晴賢
　　　 3・12・12　晴賢朝臣
　暦仁 1・1・18　晴賢朝臣
　　　 1・1・28　散位晴賢朝臣
　　　 1・10・13　晴賢

— 298 —

第Ⅰ部　人名索引（せ）

暦仁1・12・22	晴賢朝臣
延応1・3・15	晴賢
1・4・24	晴賢
1・5・5	晴賢朝臣
1・12・15	時賢(マヽ)
仁治1・1・18	晴賢朝臣
1・4・10	晴賢
1・4・27	晴賢
1・6・11	晴賢朝臣
1・6・15	晴賢
1・8・2	散位晴賢朝臣
2・1・11	晴賢朝臣
2・2・4	晴賢
2・2・16	晴賢
2・2・30	晴賢
2・4・2	晴賢
2・6・9	晴賢
2・6・12	晴賢朝臣
2・7・8	晴賢
2・8・7	晴賢朝臣
2・10・22	晴賢
寛元1・3・2	晴賢
1・12・29	晴賢
2・1・8	晴賢朝臣
2・3・13	晴賢
2・3・14	晴賢
2・3・17	晴賢
2・4・21	織部正晴賢朝臣
2・5・20	晴賢朝臣
2・5・26	晴賢
2・6・3	晴賢
2・9・19	晴賢
3・2・1	晴賢
3・2・2	晴賢
3・2・7	晴賢朝臣
3・2・20	晴賢
3・3・19	晴賢
3・6・27	晴賢
3・8・16	晴賢
3・8・26	晴賢
3・10・9	晴賢
3・10・10	晴賢
3・12・24	晴賢
4・5・14	晴賢
宝治1・4・26	晴賢
建長4・4・29	晴賢
4・5・5	晴賢

建長4・5・17	晴賢
4・5・19	晴賢
4・8・6	晴賢
4・8・23	晴賢
正嘉1・8・12	晴賢
1・9・24	晴賢
文応1・2・10	晴賢

晴　　弘
弘長3・4・21	陰陽少允晴弘
3・4・26	陰陽少允晴弘

晴　　光
嘉禎3・5・29	晴光

晴　　行
弘長1・2・2	晴行

晴　　幸
貞応2・9・10	晴幸
元仁1・6・6	晴幸
1・10・16	晴幸
1・12・2	晴幸
嘉禄1・5・11	晴幸
1・12・17	晴幸
安貞1・2・19	晴幸
1・3・8	晴幸
1・3・24	晴幸
1・③・29	晴幸
1・4・22	晴幸
1・4・29	陰陽少允晴幸
1・11・16	晴幸
2・10・3）	晴幸
寛喜2・6・6	晴幸
2・6・14	晴幸
3・4・29	晴幸
3・5・7	晴幸
3・11・9	晴幸
貞永1・5・17	晴幸
1・⑨・5	晴幸
1・⑨・8	晴幸
1・⑨・10	晴幸
1・⑨・11	晴幸
1・10・2	晴幸

晴　　秀
安貞1・11・20	晴秀

第Ⅰ部　人名索引（せ）

　　寛喜3・11・9　　晴秀
　　　　3・11・10　晴秀
　　貞永1・⑨・10　晴秀
　　嘉禎1・12・20　図書助晴秀
　　仁治1・1・19　晴秀
　　寛元3・3・19　晴秀
　　建長4・5・7　　晴秀
　　　　4・8・6　　晴秀
　　　　4・8・23　晴秀
　　康元1・8・29　晴秀
　　弘長1・2・2　　晴秀
　　　　1・8・10　晴秀
　　文永2・7・28　晴秀
　　　　2・9・21　晴秀
　　　　3・2・20　晴秀〈修理助〉

晴　俊
　　安貞1・11・20　晴俊

晴　尚
　　仁治1・1・19　晴尚
　　　　1・6・15　晴尚
　　　　2・4・2　　晴〈時〉尚
　　建長4・8・23　晴尚
　　康元1・8・29　晴尚
　　弘長1・2・2　　晴尚

晴　職
　　元仁1・10・16　晴職
　　嘉禄1・11・15　晴職
　　　　1・12・18　晴職
　　　　2・11・3　　晴職
　　安貞1・8・13　晴職
　　　　1・11・20　晴職
　　　　1・12・13　晴職
　　　　2・6・25　晴職
　　寛喜1・3・1　　晴職
　　　　2・6・6　　晴職
　　　　2・6・14　晴職
　　貞永1・5・17　晴職

晴　親
　　寛喜2・6・14　晴親

晴　成
　　寛元4・2・16　晴成
　　宝治1・4・26　晴成〈晴茂子息〉

　　康元1・8・29　晴成
　　弘長1・2・2　　晴成
　　文永2・12・14　晴成

晴　盛
　　安貞1・4・29　図書助晴盛〈職〉
　　建長4・8・23　晴盛

晴　宣
　　建長4・4・5　　晴宣

晴　宗　　安倍
　　建長4・4・1　　前陰陽少允安倍晴宗
　　　　4・4・5　　晴宗
　　　　4・5・17　晴宗
　　　　6・3・29　陰陽少允晴宗
　　　　6・5・7　　晴宗
　　康元1・9・3　　晴宗
　　　　1・9・19　陰陽少允晴宗
　　正嘉2・5・2　　晴宗
　　文応1・3・21　前陰陽少允晴宗朝臣
　　弘長1・8・10　晴宗
　　　　3・5・17　晴宗
　　　　3・9・14　晴宗
　　文永2・2・3　　陰陽道少允晴宗
　　　　2・7・28　晴宗
　　　　2・9・21　晴宗
　　　　3・1・13　陰陽少允晴宗

晴　尊
　　弘長3・11・16　大夫法眼晴尊

晴　長
　　寛元1・8・24　晴長
　　　　2・3・17　晴長
　　　　2・5・26　晴長
　　宝治1・4・26　晴長
　　建長4・8・6　　晴長
　　康元1・8・29　晴長
　　　　1・9・3　　晴長
　　文永2・7・28　晴長
　　　　2・9・21　晴長
　　　　3・2・20　晴長〈大学助〉

晴　定
　　建長6・9・4　　晴定

— 300 —

第Ⅰ部 人名索引（せ）

晴　貞
　安貞1・3・27　雅楽助晴貞
　寛喜2・11・13　晴貞
　貞永1・⑨・10　清貞(マヽ)
　嘉禎1・12・20　雅楽助清貞(マヽ)
　　　3・4・23　晴貞
　延応1・10・17　晴貞
　仁治1・4・27　晴貞
　寛元1・8・24　晴貞
　　　2・5・26　晴貞
　　　4・2・16　晴貞

晴　平
　延応1・10・17　晴平
　仁治2・4・2　晴平
　　　2・6・9　晴平
　文永2・12・14　晴平
　　　3・2・20　晴平

晴　明
　治承4・10・9　晴明朝臣

晴　茂
　貞応2・11・30　晴茂
　嘉禄1・12・18　晴茂
　安貞1・11・20　晴茂
　　　1・12・13　晴茂
　寛喜1・5・21　晴茂
　　　2・11・13　晴茂
　　　3・10・19　晴茂
　貞永1・5・17　晴茂
　　　1・⑨・8　晴茂
　　　1・⑨・10　晴茂
　嘉禎1・12・20　陰陽大允晴茂
　　　1・12・27　陰陽権大允晴茂
　　　2・7・10　晴茂
　　　2・8・3　晴茂
　暦仁1・9・1　晴茂
　仁治1・1・19　晴茂
　寛元1・8・24　晴武〈茂〉
　　　1・12・29　晴茂
　　　2・5・26　晴茂
　　　2・6・3　晴茂
　　　3・1・28　前陰陽大允晴茂朝臣
　　　3・2・1　晴茂
　　　3・2・2　晴茂
　　　3・2・7　晴茂

　寛元3・2・9　晴茂
　　　4・2・16　晴茂
　宝治1・4・26　晴茂
　建長4・4・4　陰陽大允晴茂
　　　4・4・5　晴茂
　　　4・4・14　前陰陽権大允晴茂朝臣
　　　4・4・21　晴茂
　　　4・4・29　晴茂
　　　4・5・5　晴茂
　　　4・5・7　晴茂
　　　4・5・17　晴茂
　　　4・8・6　晴茂
　　　4・8・23　晴茂
　　　5・8・15　晴茂朝臣
　　　6・3・29　前陰陽大允晴茂朝臣
　　　6・5・7　晴茂
　康元1・7・26　前陰陽権大允晴茂朝臣
　　　1・8・26　晴茂朝臣
　正嘉1・5・18　晴茂朝臣
　　　1・8・12　晴茂
　　　1・8・18　晴茂
　　　1・9・18　晴茂朝臣
　　　1・9・24　晴茂
　　　2・3・1　前陰陽大允晴茂朝臣
　　　2・5・2　晴茂
　　　2・8・5　晴茂
　文応1・2・10　晴茂
　　　1・9・5　前陰陽大允晴茂朝臣
　弘長1・6・6　晴茂朝臣
　　　1・6・30　晴茂
　　　1・8・10　晴茂
　　　3・5・17　晴茂
　　　3・11・16　陰陽権助晴茂朝臣
　　　3・12・24　晴茂朝臣
　文永2・7・28　晴茂
　　　2・9・21　陰陽権助晴茂朝臣
　　　2・12・14　晴茂朝臣

晴　隆
　文永2・12・16　晴隆

勢多伽丸
　承久3・7・11　山城守広綱子息小童
　　　　　　　　号勢多伽丸

― 301 ―

第Ⅰ部　人名索引（せ）

聖　覚
　　安貞1・7・25　聖覚僧都

聖　弘(仏)
　　文治2・2・18　南都周防得業
　　　　2・9・29　南京聖仏〈弘〉得業
　　　　2・10・10　聖仏〈弘〉得業
　　　　2・12・15　南都寺〈守〉聖仏〈弘〉得業坊
　　　　3・3・8　南都周防得業聖弘，聖仏

聖　禅
　　寿永1・5・25　聖禅

聖　尊
　　正治1・3・5　大法師聖尊 号阿野少輔公

聖　尊
　　正嘉1・10・1　権少僧都聖尊
　　　　2・6・4　権少僧都聖尊
　　弘長1・2・20　聖尊
　　　　3・3・17　厳蓮房聖尊

聖徳太子
　　治承4・4・27　上宮太子
　　元暦1・11・23　聖徳太子
　　文治1・6・21　上宮太子
　　　　3・3・19　上宮太子
　　承元4・10・15　聖徳太子
　　　　4・11・22　聖徳太子
　　建暦2・6・22　聖徳太子

聖武天皇
　　寿永1・2・8　聖武天皇
　　建久6・3・12　聖武天皇
　　文永3・2・1　聖武天皇

静　空
　　建久3・8・27　阿波阿闍梨静空

静　賢
　　建久3・3・26　静賢法印

静　玄
　　建久3・8・27　静空弟子静玄

　　建久3・9・11　静玄
　　　　3・11・13　静玄

静　禅
　　正嘉1・10・1　大法師静禅

赤　兄　　蘇我
　　文治1・6・21　左大臣赤兄

赤　頭
　　文治5・9・28　(賊主)赤頭

説　尚　　後藤
　　仁治2・8・25　後藤左衛門尉
　　建長2・3・26　後藤左衛門尉説尚

千鶴丸　　→河村秀清
　　文治5・8・9　河村千鶴丸年十三歳
　　　　5・8・12　河村千鶴丸，河村四郎秀清

千　手
　　文永2・3・9　千手

千手王
　　建久3・8・14　千手王

千世童子
　　文治5・9・18　千世童子

千法師丸　　小山
　　文治3・8・15　小山千法師丸

千　幡　　→実朝
　　建仁3・2・4　将軍家御舎弟千幡君
　　　　3・8・27　舎弟千幡君十一歳
　　　　3・9・10　千幡君，若君
　　　　3・9・15　幕下大将軍二男若君字千幡君，若君

仙　朝
　　文応1・3・1　寺門衆徒僧正仙朝
　　弘長1・10・19　園城寺僧綱仙朝僧正

宣　安　　狩野
　　建久2・7・28　狩野五郎宣安
　　　　2・8・18　狩野五郎宣安

— 302 —

第Ⅰ部　人名索引（せ）

宜　経　　波多野
　寛元 2・6・13　波多野小次郎
　　　4・1・6　波多野小次郎
　　　4・8・15　波多野小次郎
　建長 2・1・16　波多野小次郎宣経
　　　2・12・27　波多野小次郎
　　　3・1・20　波多野小次郎
　　　6・1・3　波多野小次郎定〈宣〉
　　　　　　　　経
　　　6・⑤・1　波多野小次郎
　康元 1・7・17　波多野小次郎宣経
　文応 1・1・20　波多野小次郎定〈宣〉
　　　　　　　　経

宜　賢　　清原
　建保 1・4・28　宣賢
　　　1・6・8　大夫宣賢
　　　1・6・26　宣賢
　　　3・8・10　大監物宣賢
　　　3・8・25　宣賢
　　　3・9・21　宣賢
　　　3・12・30　宣賢
　承久 1・1・25　宣賢
　　　3・1・22　宣賢
　　　3・5・19　宣賢
　　　3・6・8　宣賢
　貞応 1・11・25　宣賢
　　　2・1・25　宣賢
　　　2・2・27　宣賢
　嘉禄 1・6・2　宣賢
　　　2・8・7　宣賢
　　　2・11・3　宣賢
　安貞 1・2・19　宣賢
　　　1・3・8　宣賢
　　　1・3・24　宣賢
　　　1・4・22　宣賢
　　　1・4・29　散位宣賢
　　　1・7・28　宣賢
　　　1・11・20　宣賢
　　　1・11・23　宣賢
　寛喜 1・3・1　宣賢
　　　2・6・6　宣賢
　　　3・4・29　宣賢
　　　3・11・9　宣賢
　貞永 1・4・9　宣賢
　　　1・⑨・5　宣賢
　　　1・⑨・8　宣賢

　貞永 1・⑨・10　宣賢
　　　1・10・2　宣賢
　嘉禎 1・12・27　宣賢
　　　1・12・28　宣賢
　　　2・1・9　大監物宣賢
　　　2・7・10　宣賢
　　　2・8・3　宣賢
　　　3・5・29　宣賢
　仁治 2・4・2　宣賢
　　　2・6・9　宣賢
　寛元 1・3・2　宣賢
　　　1・8・24　宣賢
　　　2・3・17　宣賢
　　　2・5・20　宣賢
　　　3・3・16　宣賢朝臣
　　　4・2・16　宣賢
　宝治 1・4・26　宣賢
　建長 6・9・4　宣賢
　康元 1・8・29　宣賢
　　　1・9・3　宣賢
　文応 1・2・10　宣賢
　弘長 1・2・2　宣賢朝臣
　　　1・8・10　宣賢
　　　3・5・9　(範元)祖父大監物宣
　　　　　　　　賢朝臣(八十四歳)
　　　3・7・10　前大監物宣賢朝臣
　文永 2・7・28　宣賢
　　　2・9・21　宣賢

宜　衡　　三善
　建久 2・1・15　文章生同(三善)朝臣
　　　　　　　　宣衡
　正治 1・2・4〈6〉文章生宣衡
　　　2・2・6　宣衡
　建仁 1・12・2　文章生宣衡
　　　1・12・28　善進士
　　　2・11・9　善進士宣衡
　　　3・11・15　善進士
　元久 1・4・1　宣衡

宜　時　　波多野
　宝治 2・1・20　波多野出雲五郎
　建長 2・1・3　出雲五郎左衛門尉宣
　　　　　　　　時
　　　2・12・27　出雲五郎左衛門尉
　　　3・1・2　出雲五郎左衛門尉宣
　　　　　　　　時

— 303 —

第Ⅰ部　人名索引（せ）

　　　建長3・1・20　出雲五郎右衛門尉
　　　　　3・10・19　出雲五郎左衛門尉
　　　　　4・4・3　出雲六郎左衛門尉宣
　　　　　　　　　　時
　　　　　4・4・14　出雲五郎左衛門尉定
　　　　　　　　　　〈宣〉時
　　　　　6・1・3　出雲五郎左衛門尉宣
　　　　　　　　　　時
宣　　時　　北条
　　　弘長3・8・15　武藤五郎宣時(マヽ)
　　　文永2・6・23　武蔵五郎宣時

宣　　俊
　　　貞応2・12・20　宣俊
　　　嘉禎1・3・18　宣俊

宣　　親
　　　治承4・8・20　七郎武者宣親

宣　　長　　大中臣
　　　建久3・7・26　大和守大中臣宣長

宣　　長　　中嶋
　　　延応1・9・21　中嶋左衛門尉宣長

宣　　友
　　　嘉禎1・1・20　前漏刻博士宣友
　　　　　2・7・10　宣友

暹　　慶
　　　弘長1・2・20　暹慶

全　　玄
　　　文治2・⑦・10　座主
　　　　　2・⑦・26　山座主，座主全玄
　　　　　3・3・18　座主僧正全玄
　　　　　3・10・7　座主全玄僧正
　　　　　5・4・19　座主
　　　　　5・6・3　天台座主僧正全玄

全　　真
　　　文治1・4・11　僧都全真
　　　　　1・6・2　権少僧都全真
　　　　　5・5・17　前僧都全真

全　　成　　阿野（源）

　　　治承4・8・26　醍醐禅師全成
　　　　　4・10・1　醍醐禅師全成
　　　　　4・11・19　(頼朝)舎弟禅師全成
　　　文治1・12・7　法橋全成
　　　建仁3・5・19　阿野法橋全成
　　　　　3・5・20　法橋全成
　　　　　3・5・25　阿野法橋全成
　　　　　3・6・23　阿野法橋全成(誅さる)
　　　　　3・6・24　全成
　　　　　3・7・25　全成法橋
　　　承久1・2・15　法橋全成

全　　珍
　　　文治2・6・15　珍全(マヽ)
　　　　　2・8・18　大法師全珍(補鎮西安
　　　　　　　　　　楽寺別当)

善　　西
　　　弘長3・3・17　蓮明房善西

善　　勝
　　　承元2・12・14　僧善勝

善　　道
　　　正嘉2・3・1　権少僧都善道

善　　哉　→公暁
　　　建仁2・11・21　将軍家若君字善哉，三
　　　　　　　　　　歳
　　　元久2・12・2　故左金吾将軍若公号
　　　　　　　　　　善哉
　　　建永1・6・16　左金吾将軍若君　善哉
　　　　　　　　　　公
　　　　　1・10・20　左金吾将軍御息若君
　　　　　　　　　　善哉公
　　　承元4・7・8　善哉公
　　　建暦1・9・15　金吾将軍若宮善哉公,
　　　　　　　　　　法名公暁

善　　耀
　　　正治1・10・24　善耀

禅　　睿〈叡〉
　　　養和1・10・6　走湯山住呂禅睿〈叡〉,
　　　　　　　　　　大法師禅睿〈叡〉
　　　寿永1・8・5　鶴岳供僧禅睿〈叡〉,若
　　　　　　　　　　宮供僧禅睿〈叡〉

— 304 —

第Ⅰ部　人名索引（せ・そ）

禅　衍
　　建久5・1・7　大法師禅衍

禅　王
　　文永2・3・9　禅王

禅　信
　　正嘉1・9・16　帥阿闍梨禅信
　　　　2・6・4　阿闍梨禅信

禅　暹
　　寛元2・1・11　禅暹僧都〈正〉

禅〈源〉尊
　　正嘉2・6・4　阿闍梨禅〈源〉尊

禅　遍
　　正嘉2・6・4　権律師禅遍

禅　寮
　　建久5・1・7　禅寮

そ

蘇　軾
　　文治5・6・13　蘇公

宗　員　　長沼
　　寛元3・8・16　(時宗)子息弥四郎
　　　　4・8・15　淡路弥四郎宗員

宗　遠　　土屋
　　治承4・8・20　土屋三郎宗遠
　　　　4・9・20　土屋三郎宗遠
　　　　4・9・24　宗遠
　　　　4・10・18　宗遠
　　　　4・10・21　宗遠
　　　　4・10・23　宗遠
　　　　4・11・4　土屋三郎宗遠
　　　　4・11・5　宗遠
　　　　4・12・12　土屋三郎宗遠
　　養和1・11・5　土屋三郎宗遠
　　建久2・4・27　土屋三郎
　　　　2・7・28　土屋三郎
　　　　2・8・1　土屋三郎
　　　　2・8・18　土屋三郎

　　建久3・11・25　土屋三郎宗遠
　　　　5・2・2　土屋三郎宗遠
　　承元3・5・28　土屋三郎宗遠
　　　　3・6・13　土屋三郎宗遠
　　建保1・5・6　同(土屋)三郎

宗　家　　鮫島
　　治承4・8・20　鮫島四郎宗家
　　元暦1・6・17　鮫島四郎

宗　家　　沢
　　治承4・8・20　沢六郎宗家

宗　家　　中御門(藤原)
　　文治1・12・6　宗家卿
　　　　2・1・7　中御門大納言宗家
　　　　2・3・12　二位大納言
　　　　4・12・11　権大納言藤原朝臣

宗　季(長)　　飯富(源)
　　文治1・6・5　(季貞子息)源太宗季
　　　　1・10・24　飯富源太
　　　　5・7・19　飯富源太宗季
　　　　5・8・10　飯富源太
　　建久1・9・18　飯〈飯〉富源太宗秀〈季〉
　　　　　　　　　改宗長
　　正治1・5・22　飯富源太
　　建仁3・9・2　飯富源太宗長

宗〈家〉季
　　建久1・11・7　加治次郎
　　元久2・6・22　加治〈世〉次〈二〉郎，加
　　　　　　　　　治次郎宗〈家〉季

宗　義　　伊賀
　　貞応2・4・13　伊賀左衛門太郎宗義
　　元仁1・⑦・23　式部太郎宗義

宗　義　　長沼
　　康元1・6・29　淡路五郎左衛門尉

宗　教　　難波
　　宝治2・9・9　難波少将宗教朝臣
　　　　2・10・6　難波少将
　　　　2・11・13　難波〈難波少将〉羽林
　　　　2・11・16　難波少将，羽林
　　建長4・4・22　難波刑部卿宗教

第Ⅰ部 人名索引（そ）

建長4・4・24 難波刑部卿
正嘉1・2・2 刑部卿宗教
1・4・9 難波刑部卿，宗教朝臣
1・6・1 刑部卿
1・10・1 刑部卿宗教卿
2・1・10 刑部卿宗教
2・6・4 刑部卿宗教卿
2・7・4 刑部卿宗教卿
弘長1・1・10 刑部卿
1・10・4 刑部卿宗教卿
文永3・3・29 刑部卿宗教朝臣

宗　教
弘長3・1・7 同(木工)左衛門蔵人宗教

宗　業　　湯浅
嘉禎1・12・24 湯浅次〈二〉郎入道

宗　経　　原田
正嘉1・1・2 原田藤内左衛門尉
1・2・26 原田藤内左衛門尉宗経
2・1・2 原田藤内左衛門尉

宗〈家〉経
建久4・3・13 前武者所宗〈家〉経

宗　憲　　賀茂
建久2・12・24 陰陽頭賀茂宗憲朝臣

宗　光
文治1・1・6 (雑色)宗光

宗　光　　土屋
建久3・5・19 土屋弥三郎
元久2・6・22 土屋弥三郎宗光
承久1・7・19 土屋左衛門尉
嘉禄1・12・20 土屋左衛門尉
安貞2・1・2 土屋左衛門尉
2・7・23 土屋左衛門尉
2・10・10 土屋左衛門尉
2・10・15 土屋左衛門尉
寛喜2・3・15 土屋左衛門尉
貞永1・⑨・10 土屋左衛門入道
1・⑨・20 土屋左衛門尉

嘉禎1・5・15 土屋左衛門尉平宗光 卒年五十二

宗　光　　湯浅
承元4・2・10 湯浅兵衛尉宗光

宗　光　　→伊賀光宗
承元4・12・21 伊賀次〈二〉郎宗光

宗　光　　下河辺
貞応2・1・5 下河辺左衛門次郎
安貞2・7・23 下河辺左衛門次〈二〉郎
寛喜2・2・19 下河辺左衛門次郎
仁治1・1・6 下河辺左衛門次郎
2・11・4 下河辺左衛門次郎
寛元3・7・26 下河辺左衛門次郎宗光

宗　光　　物部
寛喜3・4・20 物部宗光

宗　光　　小山
建長4・4・3 小山七郎宗光
4・11・12 小山七郎
6・6・16 小山七郎
康元1・6・29 小山七郎
正嘉1・12・24 小山七郎左衛門尉

宗　光
弘長3・1・3 同(上野)左衛門五郎宗光

宗　行　　中御門(藤原)
承久3・6・24 中納言家〈宗〉行卿
3・7・10 中御門入道前中納言宗行
3・7・13 入道中納言宗行
3・7・14 黄門 宗行(没，年四十七)

宗　行　　二階堂
文応1・1・1 同(出羽)九郎宗行
1・3・1 出羽九郎宗行
弘長3・1・1 同(出羽)九郎宗行
3・1・2 同(出羽)九郎宗行
3・1・23 出羽九郎

— 306 —

第Ⅰ部　人名索引（そ）

宗　高
　建保1・5・3　　安芸国住人山太宗高

宗　高　　本田
　建長2・12・21　本田太郎宗高

宗　綱　　八田
　治承4・10・2　　八田武者宗綱
　安貞2・2・4　　八田武者所宗綱

宗　綱　　佐野
　安貞2・7・23　佐野小五郎
　宝治1・6・22　佐野小五郎

宗　綱
　仁治1・1・3　　大和判官代次郎宗綱
　寛元1・7・17　大和次〈二〉郎

宗　綱　　佐々木
　文応1・3・21　対馬四郎左衛門尉宗綱
　弘長1・8・15　佐々木対馬四郎宗綱
　　　1・9・20　佐々木対馬四郎宣〈宗〉綱
　　　3・1・1　　佐々木対馬四郎左衛門尉宗綱
　　　3・7・13　佐々木対馬四郎
　　　3・8・8　　対馬四郎
　　　3・8・13　対馬四郎

宗　国
　建長4・4・30　甲斐前司宗国
　　　5・12・21〈22〉甲斐前司
　　　6・12・1　　甲斐前司
　正嘉1・③・2　　甲斐前司家国(ﾏﾏ)

宗　氏　　→完戸(後藤)家氏
　寛元4・8・15　壱岐次郎右衛門尉宗氏

宗　資　　平
　建久6・4・1　　前中務丞宗資

宗　時　　北条
　治承4・8・20　(時政)子息三郎
　　　4・8・24　同(北条)三郎(没)
　養和1・1・6　　北条三郎

　養和1・4・19　北条三郎
　建仁2・6・1　　北条三郎宗時

宗　実　　和田
　治承4・8・22　同(和田)三郎京〈義〉実
　元暦1・8・8　　同(和田)三郎宗実
　文治1・1・26　同(和田)三郎宗実
　　　1・10・24　和田三郎
　　　5・1・9　　和田三郎宗実
　　　5・7・19　同(和田)三郎宗実
　　　5・8・20　和田三郎
　　　5・12・1　　和田三郎
　建久1・11・7　　和田三郎
　　　2・1・2　　和田三郎宗実
　　　2・2・4　　和田三郎
　　　3・7・26　和田三郎宗実
　　　4・8・16　和田三郎
　　　6・3・10　和田三郎
　　　6・5・20　和田三郎義実(ﾏﾏ)

宗　実　　平
　文治1・12・17　前土佐守宗実小松内府息
　　　1・12・26　小松内府末子前土左守宗実

宗　重
　元暦1・7・18　(雑色)宗重
　文治2・11・17　御厩舎人宗重
　建久3・5・19　御厩舎人宗重
　　　3・11・15　御厩舎人家重(ﾏﾏ)

宗　俊　　→畠山泰国
　正嘉2・8・15　上野前司宗俊

宗　縄〈綱〉
　養和1・11・11　少納言宗縄〈綱〉

宗　信　　浅羽
　養和1・3・13　浅羽庄司宗信
　　　1・3・14　浅羽庄司
　　　1・4・30　遠江国浅羽庄司宗信

— 307 —

第Ⅰ部　人名索引（そ）

　　文治 1・6・9　　浅羽庄司
　　　　1・7・2　　浅羽庄司
宗　信
　　治承 4・4・9　　散位宗信
宗　信　　藤原
　　建久 3・7・26　伯耆守藤原宗信 元遠
　　　　　　　　　　〈近〉江
宗　信
　　正嘉 2・6・4　　法橋宗信
宗　親　　牧
　　寿永 1・11・10　牧三郎宗親
　　　　1・11・12　牧三郎宗親
　　　　1・11・14　宗親
　　文治 1・5・15　宗親
　　　　1・5・16　宗親
　　　　1・10・24　牧武者所宗親
　　　　1・12・26　武者所宗親
　　建久 2・11・12　武者所宗親
　　　　2・12・1　　武者所宗親
　　　　3・10・30　武者所宗親
　　　　6・3・10　　牧武者所
宗　世　　中御門（藤原）
　　建長 3・1・11　中御門侍従宗世
　　正嘉 1・2・2　　中御門侍従宗世朝臣
　　　　1・10・1　　中御門侍従宗世
　　　　2・6・4　　中御門前侍従宗世朝臣
　　文応 1・2・20　中御門少将
　　　　1・4・3　　中御門少将宗世朝臣
　　弘長 1・1・7　　中御門少将宗世朝臣
　　　　1・1・26　中御門侍従宗世朝臣
宗　成
　　天福 1・4・16　治部丞宗成
宗　政　　北条
　　建長 5・2・3　　相州新誕若公，福寿
　　　　5・3・21　相州新誕若公
　　文応 1・1・11　同（相模）四郎宗政
　　　　1・3・21　相模四郎
　　　　1・3・27　相模四郎
　　　　1・4・3　　同（相模）四郎

　　文応 1・6・22　相模四郎
　　　　1・8・15　相模四郎
　　　　1・11・21　同（相模）四郎重政
　　　　　　　　　　（マヽ）
　　　　1・11・27　相模四郎宗政
　　弘長 1・1・4　　同（相模）四郎
　　　　1・8・15　相模四郎
　　　　3・1・1　　相模四郎宗政
　　　　3・4・21　相模四郎
　　　　3・4・26　相模四郎宗政
　　　　3・8・15　相模四郎宗政
　　文永 2・1・3　　相模四郎宗房（マヽ）．
　　　　　　　　　　相模四郎宗政
　　　　2・6・23　相模四郎
　　　　2・7・10　左近大夫将監宗政朝臣
　　　　2・7・16　相模左近大夫将監宗政
　　　　2・11・16　相模左近大夫将監
　　　　2・11・17　相州親衛
　　　　2・12・18　相模左近大夫将監
　　　　3・1・13　左近大夫将監家〈宗〉政朝臣
　　　　3・3・27　相模左近大夫将監宗政
宗　政　　長沼（小山）
　　養和 1・②・20　（朝政）弟五郎宗政
　　　　1・②・23　五郎宗政 年廿
　　　　1・②・28　宗政
　　寿永 1・10・17　小山五郎宗政
　　元暦 1・2・5　　長沼五郎宗政
　　　　1・8・8　　長沼五郎宗政
　　文治 1・1・26　同（小山）五郎宗政
　　　　1・3・11　同（小山）五郎宗政
　　　　1・10・24　小山五郎宗政
　　　　2・1・3　　小山五郎宗政
　　　　2・10・24　小山五郎宗政
　　　　2・11・12　小山五郎宗政
　　　　5・6・9　　小山五郎宗政
　　　　5・7・19　同（小山）五郎宗政
　　　　5・7・25　（政光子息）宗政
　　　　5・8・14　同（小山）五郎宗政
　　建久 1・2・12　小山五郎
　　　　1・11・9　小山五郎宗政
　　　　2・1・3　　小山五郎宗政
　　　　2・7・28　小山五郎宗政

第Ⅰ部　人名索引（そ）

建久 2・8・18　小山五郎
　　 3・1・11　小山五郎宗政
　　 3・11・25　小山五郎宗政
　　 4・5・8　同(小山)五郎
　　 4・5・29　中〈長〉沼五郎
　　 5・8・8　小山五郎宗政
　　 5・⑧・1　小山五郎重〈宗〉政
　　 5・11・21　小山五郎宗政
　　 6・3・10　小山五郎
　　 6・3・12　小山五郎宗政
　　 6・5・15　同(小山)五郎宗政
　　 6・5・20　小山五郎宗政
　　 6・6・3　小山五郎宗政
正治 1・10・28　朝光兄小山五郎宗政
　　 2・2・6　(朝政)弟五郎宗政
　　 2・②・8　長沼五郎宗政
建仁 3・9・2　同(小山)五郎宗政
　　 3・12・14　長沼五郎
元久 2・1・1　長沼五郎
　　 2・6・22　長沼五郎宗政
　　 2・⑦・19　長沼五郎宗政
承元 1・3・3　宗政
　　 1・3・10　長沼五郎宗政
　　 4・8・12　長沼五郎宗政
建保 1・9・19　長沼五郎宗政
　　 1・9・26　宗政
　　 1・⑨・16　(朝政)舎弟長沼五郎宗政
　　 4・7・29　長沼五郎宗政
承久 1・7・19　小山五郎
　　 2・12・1　宗政
　　 3・6・16　長沼五郎宗政
寛喜 2・1・3　淡路前司宗政
嘉禎 2・7・17　淡路前司宗政
　　 3・6・23　淡路前司宗政
暦仁 1・2・17　長沼淡路前司
仁治 1・11・19　長沼前淡路守従五位下藤原朝臣宗政法師卒年七十九
建長 2・3・1　長沼淡路前司跡

宗　　清
建保 6・9・29　石清水別当法印宗清

宗　　盛　平
治承 4・4・27　宗盛
　　 4・12・19　前右大将宗盛

養和 1・②・10　前大将宗盛卿
　　 1・11・11　前右大将宗盛卿
元暦 1・2・15　前内府
　　 1・2・20　前内府
　　 1・6・1　屋島前内府
　　 1・7・3　前内府
　　 1・12・25　平内府
文治 1・1・6　内府
　　 1・2・16　前内府
　　 1・2・19　前内府
　　 1・3・24　前内府宗盛
　　 1・4・11　前内大臣
　　 1・4・26　前内府
　　 1・5・11　前内府
　　 1・5・15　前内府父子
　　 1・5・16　前内府
　　 1・5・24　前内府
　　 1・6・7　前内府
　　 1・6・9　前内府
　　 1・5・16　前内府
　　 1・6・21　前内府宗盛
　　 1・6・23　前内大臣
　　 1・7・2　前内府
　　 1・7・7　前内府
　　 1・12・17　屋島前内府
　　 2・3・8　屋島前内府
　　 3・2・1　八条前内府
　　 5・8・18　屋島前内府
建保 2・12・17　故屋島前内府

宗　　清　平
元暦 1・6・1　弥平左衛門尉宗清

宗　　宣　平
建暦 2・7・8　家宣(マヽ)
建保 1・3・6　宗宣
　　 3・1・20　蔵人勘解由次官平宗宣
　　 6・3・16　従四位下平宗宣

宗尊親王
建長 4年首　征夷大将軍一品中務卿宗尊親王
　　 4・1・8　親王家上皇第一皇子
　　 4・1・9　親王
　　 4・2・20　上皇第一宮
　　 4・3・5　十三歳宮　大納言三〈二〉

― 309 ―

第1部 人名索引（そ）

	品腹
建長 4・3・6	宮
4・3・13	宮
4・3・17	三品親王
4・3・18	親王
4・3・19	三品親王
4・4・1	親王
4・4・4	親王家
4・4・5	三品宗尊親王
4・4・14	将軍家
4・4・16	当将軍
4・4・24	将軍家
4・5・5	将軍家
4・5・17	将軍
4・6・2	将軍家
4・6・16	将軍家
4・6・19	親王家
4・7・8	将軍家
4・7・9	将軍家
4・7・23	将軍家
4・8・1	親王家
4・8・4	将軍家
4・8・5	将軍家
4・8・10	将軍家
4・8・13	将軍家
4・8・15	将軍家
4・8・17	将軍家
4・8・22	将軍家
4・9・1	将軍家
4・9・17	将軍家
4・9・25	将軍家
4・10・8	将軍家
4・11・3	三品親王
4・11・11	将軍家
4・11・20	将軍家
4・11・21	将軍家
4・12・13	将軍家
4・12・17	将軍家
5・1・1	将軍家
5・1・3	将軍家
5・1・8	将軍家
5・1・14	将軍家
5・1・26	将軍家
5・2・30	将軍家
5・3・4	将軍家
5・4・20	将軍家
5・7・8	将軍家

建長 5・8・15	将軍家
5・8・16	将軍家
5・10・13	将軍家
5・11・25	将軍家
6・1・1	将軍家
6・1・7	将軍家
6・1・10	将軍家
6・1・22	将軍家
6・⑤・1	将軍家
6・8・15	将軍家
康元 1・1・1	将軍家
1・1・2	将軍家
1・1・5	将軍家
1・1・11	将軍家
1・1・17	将軍家
1・2・19	将軍家
1・7・17	将軍家
1・7・18	将軍家
1・7・20	将軍家
1・8・15	将軍家
1・8・16	将軍家
1・8・20	将軍家
1・8・23	将軍家
1・8・24	将軍家
1・9・1	将軍家
1・9・19	将軍家
1・11・2	将軍家
1・11・11	将軍家
正嘉 1・1・1	将軍家
1・2・2	将軍家
1・2・6	将軍家
1・2・26	将軍家
1・4・9	将軍家
1・6・1	将軍家
1・6・23	将軍家
1・6・24	将軍家
1・6・25	将軍家
1・8・15	将軍家
1・8・16	将軍家
1・9・30	将軍家
1・10・1	将軍家
1・10・16	将軍家
2・1・1	将軍家
2・1・2	将軍家
2・1・8	将軍家
2・1・10	将軍家
2・2・25	将軍家

— 310 —

第Ⅰ部 人名索引（そ）

正嘉2・2・28	将軍家	文応1・11・26	将軍家
2・3・1	将軍家	1・11・27	将軍家
2・3・6	将軍家	1・12・3	将軍家
2・3・20	将軍家	1・12・18	将軍家
2・4・19	将軍家	1・12・25	将軍家
2・5・2	将軍家	1・12・26	将軍家
2・5・8	将軍家	1・12・27	将軍家
2・5・9	将軍家	弘長1・1・1	将軍家
2・5・29	将軍家	1・1・5	将軍家
2・6・1	将軍家	1・1・7	将軍家
2・6・4	将軍家	1・2・2	将軍家
2・6・11	将軍家	1・2・7	将軍家
2・6・14	将軍家	1・4・24	将軍家
2・7・4	将軍家	1・4・25	将軍家
2・8・15	将軍家	1・6・10	将軍家
2・8・16	将軍家	1・7・12	将軍家
2・8・28	将軍家	1・7・13	将軍家
2・11・19	将軍家	1・8・13	将軍家
2・12・20	将軍家	1・8・14	将軍家
文応1・1・1	将軍家	1・8・15	将軍家
1・1・11	将軍家	1・10・4	将軍家
1・2・2	将軍家	1・10・5	将軍家
1・2・10	将軍家	3・1・1	将軍家
1・2・14	将軍家	3・1・7	将軍家
1・2・18	将軍家	3・4・21	将軍家
1・3・14	将軍家	3・4・26	将軍家
1・3・21	将軍家	3・5・1	将軍家
1・3・22	将軍家	3・6・23	将軍家
1・3・27	将軍家	3・6・25	将軍家
1・3・28	将軍家	3・7・5	将軍家
1・4・1	将軍家	3・7・18	将軍家
1・4・22	将軍家	3・7・23	将軍家
1・4・26	将軍家	3・7・29	将軍家
1・5・13	将軍家	3・8・6	将軍家
1・5・18	将軍家	3・8・9	将軍家
1・7・26	将軍家	3・8・15	将軍家
1・8・7	将軍家	3・8・26	将軍家
1・8・12	将軍家	3・9・13	将軍家
1・8・15	将軍家	3・10・28	将軍家
1・8・16	将軍家	3・11・24	将軍家
1・8・17	将軍家	文永2・1・3	将軍家
1・8・20	将軍家	2・1・7	将軍家
1・8・26	将軍家	2・1・15	将軍家
1・9・5	将軍家	2・2・2	将軍家
1・11・21	将軍家	2・2・3	将軍家
1・11・22	将軍家	2・2・7	将軍家
1・11・24	将軍家	2・2・12	将軍家

第Ⅰ部 人名索引（そ）

```
       文永 2・4・22  将軍家
          2・6・23  将軍家
          2・7・16  将軍家
          2・7・23  将軍家
          2・8・5   将軍家
          2・8・15  将軍家
          2・8・16  将軍家
          2・8・25  将軍家
          2・12・16 将軍家
          3・1・2   将軍家
          3・1・13  将軍家
          3・1・17  将軍家
          3・1・25  将軍家
          3・1・29  将軍家
          3・1・30  将軍家
          3・2・10  将軍家
          3・2・20  将軍家
          3・3・29  将軍家
          3・4・5   将軍家
          3・4・7   将軍家
          3・4・22  将軍家
          3・7・3   将軍家
          3・7・4   将軍家
          3・7・20  前将軍家

宗　泰　長沼
       寛元 1・7・17  淡路又四郎左衛門尉
          2・8・15  淡路又四郎左衛門尉
                    宗泰
          3・8・15  淡路又四郎宗泰
       康元 1・6・29  淡路又四郎
       正嘉 2・6・4   淡路又四郎左衛門尉
                    宗泰
          2・6・17  淡路又四郎
       文応 1・1・20  淡路又四郎左衛門尉
                    宗泰
       弘長 1・7・29  淡路又四郎左衛門尉
          3・8・9   淡路又四郎左衛門尉
                    宗泰

宗　仲
       文永 3・3・29  宗仲

宗　長　藤原
       文治 4・7・17  御家人藤原宗長
          4・8・17  藤原宗長
```

```
宗　長　藤原
       文治 5・2・22  左少将宗長
          5・3・20  左少将宗長（頼経息男）
       承元 3・3・21  刑部卿宗長
       建保 2・2・10  宗長
          6・5・9   刑部卿宗長
       承久 1・1・27  刑部卿三位宗長

宗　長　→飯富宗季
       建久 1・9・18  飯〈飯〉富源太宗秀〈季〉
                    改宗長
       建仁 3・9・2   飯富源太宗長

宗　長　土屋
       承久 1・1・27  土屋兵衛尉宗長

宗　長
       暦仁 1・2・23  修理進三郎宗長
          1・6・5   修理進三郎宗長
       建長 4・7・23  進士三郎左衛門尉宗
                    長
          6・6・16  進三郎左衛門尉
       康元 1・6・29  進三郎左衛門尉
       正嘉 2・1・1   進三郎左衛門尉
          2・1・7   進三郎左衛門尉
       文応 1・1・1   進三郎左衛門尉
          1・11・27 進三郎左衛門尉宗長
       弘長 1・1・1   進三郎左衛門尉
          1・1・7   進三郎左衛門尉
          1・8・15  進三郎左衛門尉
          3・1・1   進三郎左衛門尉宗長
          3・1・7   進三郎左衛門尉宗長
          3・1・23  進三郎左衛門尉
          3・8・9   進三郎左衛門尉宗長
          3・8・15  進三郎左衛門尉宗長

宗　長　名越(北条)
       弘長 3・1・1   備前大郎宗長

宗　朝　宇都宮
       暦仁 1・2・17  同(宇都宮)五郎左衛
                    門尉
       仁治 1・1・3   宇都宮五郎左衛門尉
                    宗朝
          1・3・12  宇都宮五郎左衛門尉
          2・8・25  宇都宮五郎左衛門尉
          2・11・4  宇都宮五郎左衛門尉
```

— 312 —

第Ⅰ部　人名索引（そ）

```
寛元 1・7・17   宇都宮五郎左衛門尉
正嘉 1・8・15   石見守宗朝
     2・1・1    宇都宮石見守
     2・1・7    石見守
     2・6・4    石見守宗朝
     2・6・17   石見守
弘長 1・8・13   宇都宮石見前司
     3・1・1    宇都宮石見前司
     3・1・7    石見前司宗朝
     3・8・8    宇都宮 石見前司

宗　朝
建久 5・12・26  駿河守宗朝

宗　朝     →小山朝光
治承 4・10・2   小山七郎宗朝後改朝光

宗　直   禰津
建久 1・11・7   禰津次郎
     4・5・8    禰津次郎
     6・3・10   禰津次郎

宗　直   肥田(多)
正治 2・6・16   肥田八郎
建仁 1・7・6    肥多八郎宗直
     1・9・11   肥多八郎宗直
     1・10・1   肥多八郎
     1・10・21  肥多八郎
     2・1・10   肥田八郎宗直
     2・4・13   肥田八郎
     2・7・29   肥田八郎
     2・9・10   肥田八郎宗直
     3・2・16   肥田八郎
     3・3・4    肥田八郎
     3・3・26   肥田八郎
     3・4・21   肥田八郎
     3・7・18   肥田八郎
建保 1・1・3    肥田八郎
寛喜 1・1・1    同(肥田)八郎
     1・1・2    同(肥田)八郎
     3・9・25   肥田八郎

宗　道   禰津
建久 1・11・7   禰津小次郎
     6・3・10   同(禰津)小次郎

宗　任   鳥海
```

```
文治 5・9・17   宗任
     5・9・18   宗任
     5・9・27   鳥海三郎宗任

宗　平   中村
治承 4・10・18  中村庄司宗平
     4・10・25  中村庄司
寿永 1・1・28   中村庄司
文治 2・6・1    中村庄司
建久 3・11・29  宗平中村庄司
     5・12・15  中村庄司
建保 1・5・3    中村庄司宗平

宗　平
建保 1・3・6    近衛次将右宗平

宗　保
建保 1・8・20   右馬権助宗保
     1・8・26   右馬権助宗保
     6・6・27   右馬助宗保
承久 1・1・27   右馬権助宗保
     1・7・19   甲斐右馬助宗保

宗　保     →実保
建長 4・4・14   伊豆大郎左衛門尉宗保
     4・8・1    伊豆大郎左衛門尉宗保

宗　輔
元暦 1・2・23   散位宗輔

宗　房   原宗
治承 4・8・23   原宗三郎景房(マヽ)
文治 1・10・29  原宗三郎宗房
建久 5・12・15  原宗三郎
     6・3・10   原宗三郎
正治 2・1・20   原宗三郎
建長 2・3・1    原宗三郎跡

宗　房
文治 1・6・14   拒押使宗房

宗　房
文治 2・2・29   造酒正宗房種益郎等

宗　房
```

— 313 —

第Ⅰ部　人名索引（そ）

　　　弘長3・1・7　同(民部権大輔)四郎
　　　　　　　　　　　宗房

宗　　房　→北条宗政
　　　文永2・1・3　相模四郎宗房

宗〈家〉明
　　　弘長3・5・9　宗〈家〉明朝臣

宗　　茂　狩野
　　　元暦1・3・28　狩野介
　　　　　1・4・8　狩野介
　　　文治1・6・9　狩野介宗茂
　　　　　1・7・26　宗茂
　　　　　1・10・24　狩野介宗茂
　　　建久4・3・21　狩野介
　　　　　4・5・2　狩野介
　　　　　4・5・15　狩野介
　　　　　4・5・16　狩野介
　　　　　4・5・29　狩野介
　　　　　4・8・17　狩野介宗茂
　　　　　5・11・19　狩野介
　　　　　6・5・20　狩野介宗茂
　　　元久2・6・22　狩野介入道
　　　承久3・6・5　狩野介入道
　　　嘉禄2・10・18　狩野入道

宗　　頼　藤原
　　　文治1・12・6　宗頼朝臣
　　　　　2・1・7　大蔵卿藤宗頼前伯耆守
　　　　　4・12・11　大蔵卿兼備前〈中〉権
　　　　　　　　　　守藤原朝臣
　　　建久1・11・9　頭中宮亮宗頼朝臣
　　　　　2・5・8　蔵人頭大蔵卿兼中宮
　　　　　　　　　　亮藤原宗頼
　　　　　2・12・24　頭大蔵卿宗頼朝臣

宗　　頼
　　　文治5・10・28　葉好(山)介宗頼

宗　　頼　桃園(源)
　　　建暦2・1・11　桃園兵衛大夫宗頼

宗　　頼　北条
　　　文応1・11・21　同(相模)七郎宗頼
　　　　　1・11・27　同(相模)七郎宗頼
　　　　　1・12・26　同(相模)七郎宗頼

　　　弘長1・1・1　相模七郎宗頼
　　　　　1・1・4　同(相模)七郎
　　　　　1・1・7　同(相模)七郎
　　　　　1・2・7　同(相模)七郎宗頼
　　　　　1・4・25　同(相模)七郎
　　　　　1・7・12　相模七郎
　　　　　1・9・20　同(相模)七郎
　　　　　1・10・4　相模七郎宗頼
　　　　　3・1・1　同(相模)七郎宗頼
　　　　　3・1・3　相模七郎宗頼
　　　　　3・1・7　同(相模)七郎宗頼
　　　　　3・8・15　相模七郎宗頼
　　　文永2・1・1　相模七郎宗頼
　　　　　3・7・4　相模七郎宗頼

宗　　隆　藤原
　　　文治4・7・17　勘解由次官宗隆

宗　　廉
　　　文治2・6・13　雑色宗廉

相　　保
　　　建長3・7・4　持明院少将相保

惣持王丸
　　　仁治1・8・2　惣持王丸

増　　円
　　　治承4・11・15　(威光寺)院主僧増円
　　　　　4・11・19　慈教坊僧円(マヽ)

増　　慶
　　　正嘉1・10・1　権少僧都増慶

増　　寿　(莒根児童)
　　　文治5・2・21　増寿

増　　盛
　　　建久6・6・25　中納言禅師増盛 新中
　　　　　　　　　　　　　　　　　納言知盛卿息
　　　　　6・9・28　中納言禅師増盛

仄〈江〉丸　長尾
　　　建保1・5・3　胤景舎弟小童字仄〈江〉
　　　　　　　　　　　　　　　　　丸、年十三

― 314 ―

第Ⅰ部　人名索引（そ）

則　景　　天野〔保高参照〕
　文治5・7・19　同（天野）六郎則景
　　　5・9・7　天野右馬允則景（保高の誤りか）
　正治2・2・26　天野右衛門尉則景
　　　　　　　　〈右馬允則宗〉

則　綱　　→猪俣範綱
　元暦1・2・5　猪俣平六則綱

則　国　　藤井
　文治2・9・25　召使則国，召使藤井
　建久1・4・4　召使則国

則　種　源
　建保2・12・17　美濃前司則清子左衛
　　　　　　　　門尉則種

則　俊
　寛元3・8・2　駄三郎八郎入道則俊

則　清　源
　文治1・4・11　美濃前司則清
　　　1・4・26　美濃前司
　　　1・5・16　則清
　建久6・6・25　前美濃守則清
　建保1・12・17　美濃前司則清

則　清
　建久1・11・30　検非違使則清

則　宗　　勝来（木）
　正治2・2・2　勝来〈木〉七郎則宗
　　　2・2・6　則宗
　建仁1・12・29　勝来〈木〉七郎則宗
　寛喜2・2・6　勝木七郎則宗
　　　2・2・8　勝木七郎則宗

則　忠
　正嘉1・③・2　大蔵四郎則忠

則　直　　勅使河原
　建保1・8・20　勅使河原小三郎則直
　承久3・5・22　勅使河原小次〈三〉郎
　　　3・6・15　勅使河原小三郎

則　房

　文治2・5・3　出雲則房

村上天皇
　元久2・10・13　村上天皇
　仁治2・2・4　村上

尊　栄
　正嘉1・10・1　阿闍梨尊栄

尊　家
　寛元3・3・16　日光別当
　　　3・3・19　日光別当
　建長5・5・23　尊家
　康元1・10・13　日光法印〈尊家〉
　正嘉2・5・5　日光法印尊豪〈家〉
　文応1・5・10　日光別当法印尊家
　　　1・8・12　尊家法印
　　　1・12・18　尊宗〈家〉法印
　弘長3・11・8　尊家法印
　　　3・11・13　尊宗〈家〉法印
　　　3・11・16　尊家
　　　3・11・17　尊宗〈家〉法印
　文永2・6・13　尊家法印
　　　2・9・21　尊家法印

尊　海
　弘長3・3・17　出雲公尊海
　　　3・11・8　尊海法印

尊　覚
　弘長3・3・17　美濃公尊覚

尊　暁
　文治1・1・1　（鶴岡）別当法眼尊暁
　正治1・7・6　宰相阿闍梨尊暁
　建仁1・1・15　尊暁阿闍梨
　　　1・2・1　宰相阿闍梨尊暁（補鶴岳別当）
　　　2・2・27　鶴岡別当阿闍梨
　　　3・12・3　鶴岳別当阿闍梨尊暁
　元久1・1・18　鶴岳別当阿闍梨尊暁
　　　2・3・1　若宮別当
　　　2・12・2　鶴岳別当宰相阿闍梨尊暁

尊　厳
　嘉禎3・6・22　民部卿僧都尊厳

— 315 —

第Ⅰ部 人名索引（そ・た）

尊
　　延応1・11・21　民部卿僧都
　　寛元2・6・3　民部卿法印
　　　　3・2・25　民部卿法印

尊　審
　　正嘉2・6・4　阿闍梨尊審

尊　長
　　建保6・5・9　尊長法印
　　承久3・5・19　二位法印尊長
　　　　3・6・8　尊長法印
　　　　3・6・12　二位法印
　　　　3・6・18　二位法印
　　　　3・6・25　二位法印尊長
　　安貞1・6・14　二位法印尊長

尊　念
　　承久1・1・29　花光房尊念

尊　範
　　天福1・1・13　（法華堂）別当尊範
　　建長6・12・26　（法華堂）別当
　　正嘉2・5・5　法華堂別当尊範僧都

尊　遍
　　正嘉1・10・1　法印権大僧都尊遍

た

多　　源
　　延応1・12・15　源朝臣多

陀　羅　尼　（笘根児童）
　　文治5・2・21　陀羅尼

泰　胤　千葉
　　寛元2・8・15　千葉次郎泰胤
　　　　3・8・15　千葉次郎泰胤
　　宝治1・2・23　千葉次郎
　　　　2・1・3　千葉次郎
　　　　2・8・15　千葉次郎泰胤
　　建長2・8・15　千葉次郎胤泰(マヽ)
　　　　2・8・18　千葉次郎
　　　　2・12・27　千葉次郎

泰　家　佐原
　　宝治1・6・22　同(肥前)六郎泰家

泰　基
　　貞応2・12・20　泰基

泰　久　綱嶋
　　建長4・4・14　綱嶋三郎左衛門〈左衛門介〉泰久

泰　経　高階
　　元暦1・2・25　泰経朝臣
　　　　1・5・21　泰経朝臣
　　　　1・10・28　大蔵卿
　　文治1・2・16　大蔵卿泰経朝臣
　　　　1・4・14　大蔵卿泰経朝臣
　　　　1・7・29　泰経朝臣
　　　　1・8・13　大蔵卿兼備後権守高階朝臣
　　　　1・8・29　泰経朝臣
　　　　1・8・30　泰経朝臣
　　　　1・11・15　大蔵卿泰経朝臣
　　　　1・11・26　大蔵卿泰経朝臣
　　　　1・12・6　大蔵卿泰経
　　　　1・12・29　大蔵卿兼備後守高階朝臣泰経
　　　　2・1・7　前大蔵卿高階泰経
　　　　2・3・29　前大蔵卿泰経
　　　　2・4・1　大蔵卿
　　　　2・4・2　前大蔵卿泰経
　　　　2・5・9　前大蔵卿
　　　　3・4・19　前大蔵卿泰経
　　　　3・7・19　前大蔵卿泰経
　　　　5・7・9　前大蔵卿泰経朝臣
　　　　5・11・3　前大蔵卿泰経卿〈朝臣〉
　　建久1・8・28　大蔵卿泰経朝臣
　　　　1・11・2　大蔵卿
　　　　2・5・3　高三位泰経卿
　　　　2・8・7　高三位
　　　　2・⑫・5　高三位

泰　経　藤原
　　建長4・3・6　藤次左衛門尉泰経
　　　　5・1・28　藤次〈二〉左衛門尉泰経

泰　経　佐貫

— 316 —

第Ⅰ部　人名索引 (た)

建長 3・1・20　佐貫次郎太郎泰経

泰　　継
　寛元 3・8・2　漏刻博士泰継
　　　 3・10・16　泰継
　康元 1・8・29　泰継
　弘長 1・2・2　泰継

泰　　兼
　仁治 2・4・2　泰兼
　寛元 1・8・24　泰兼

泰　　元　　長井
　建長 4・4・3　長井蔵人泰元
　　　 4・11・11　長井蔵人
　康元 1・1・1　長井三郎蔵人

泰　　元　　→長井泰茂
　正嘉 1・12・29　長井判官代泰元

泰　　光　　毛利
　嘉禎 2・11・23　毛利新蔵人泰光
　延応 1・7・20　毛利蔵人
　仁治 2・6・17　毛利蔵人泰光
　　　 2・11・4　毛利蔵人
　寛元 1・7・17　毛利蔵人
　宝治 1・6・22　同(毛利)次郎蔵人入道

泰　　高　　→天野保高
　建保 1・8・20　天野右馬允泰高
　　　 1・8・26　天野右馬允泰高

泰　　綱　　岡部(辺)
　文治 1・11・12　駿河国岡辺権守泰綱
　　　 2・1・3　岡部権守泰綱
　　　 3・3・21　岡辺権守泰綱
　建久 4・6・22　岡辺権守泰綱

泰　　綱　　佐々木
　元仁 1・1・1　同(佐々木)三郎泰綱
　　　 1・12・19　佐々木三郎泰綱
　嘉禄 1・12・20　同(佐々木)三郎
　安貞 2・7・23　同(佐々木)三郎
　　　 2・10・15　同(佐々木)三郎
　寛喜 1・10・22　佐々木三郎
　嘉禎 3・6・23　近江大夫判官泰綱

暦仁 1・2・17　壱岐大夫判官
　　 1・6・5　壱岐大夫判官泰綱
延応 1・2・14　大夫尉泰綱
　　 1・8・16　大夫判官泰綱
仁治 1・8・2　近江大夫判官
　　 1・8・16　近江大夫判官泰綱
　　 2・1・14　壱岐前司
　　 2・1・23　佐々木壱岐前司
　　 2・8・25　佐々木壱岐前司
　　 2・11・4　佐々木壱岐前司
　　 2・12・21　壱岐前司
寛元 1・1・1　佐々木壱岐前司泰綱
　　 1・1・19　壱岐前司
　　 1・7・17　佐々木壱岐前司
　　 1・9・5　壱岐前司
　　 1・11・1　佐々木壱岐前司泰綱
　　 2・4・21　前壱岐守泰綱
　　 2・6・13　佐々木壱岐前司泰綱
　　 2・8・15　佐々木壱岐前司泰綱
　　 2・8・16　近江壱岐前司
　　 3・8・15　佐々木壱岐前司泰綱
　　 3・8・16　佐々木壱岐前司
　　 4・8・15　佐々木壱岐前司
宝治 1・2・23　佐々木壱岐前司泰綱
　　 1・6・5　壱岐前司泰綱
　　 1・12・29　佐々木壱岐前司
　　 2・1・3　壱岐前司
　　 2・⑫・10　佐々木壱岐前司泰綱
建長 2・1・16　壱岐前司泰綱
　　 2・3・25　壱岐前司
　　 2・8・18　佐々木壱岐前司
　　 2・12・3　佐々木壱岐前司
　　 2・12・27　佐々木壱岐前司
　　 3・8・21　壱岐前司泰綱
　　 3・8・24　佐々木壱岐前司
　　 3・10・19　佐々木壱岐前司
　　 4・3・19　佐々木壱岐前司泰綱
　　 4・4・1　佐々木壱岐前司泰綱
　　 4・7・8　前壱岐守泰綱
　　 4・8・1　佐々木壱岐前司
　　 4・11・11　佐々木壱岐前司泰綱
　　 4・11・20　壱岐前司泰綱
　　 4・12・17　壱岐前司
　　 5・1・16　佐々木壱岐前司
　　 5・3・18　壱岐前司
　　 5・8・15　佐々木壱岐前司
　　 6・1・1　壱岐前司泰綱

— 317 —

第Ⅰ部　人名索引（た）

建長 6・8・15　　佐々木壱岐前司泰綱
康元 1・6・29　　佐々木壱岐前司
　　 1・7・17　　佐々木壱岐前司泰綱
　　 1・8・15　　佐々木壱岐前司泰綱
　　 1・8・23　　佐々木壱岐前司泰綱
正嘉 1・1・1　　佐々木壱岐前司泰綱
　　 1・2・26　　壱岐前司泰綱
　　 1・8・18　　壱岐前司泰綱
　　 1・9・30　　壱岐前司泰綱
　　 1・10・1　　泰綱
文応 1・6・18　　佐々木壱岐前司
弘長 1・1・1　　佐々木壱岐前司泰綱
　　 1・1・7　　佐々木壱岐前司
　　 1・4・24　　佐々木壱岐前司
　　 1・5・13　　佐々木壱岐前司泰綱
　　 1・7・12　　佐々木壱岐前司
　　 1・8・14　　壱岐前司泰綱
　　 1・8・15　　佐々木壱岐前司
　　 1・10・4　　佐々木壱岐前司
　　 3・1・1　　佐々木壱岐前司泰綱
　　 3・1・7　　佐々木壱岐前司泰綱
　　 3・1・10　　佐々木壱岐前司泰綱
　　 3・4・21　　佐々木壱岐前司
　　 3・4・26　　佐々木壱岐前司泰綱
　　 3・8・8　　佐々木壱岐前司
　　 3・8・9　　佐々木壱岐前司泰綱
文永 3・7・4　　佐々木壱岐入道生西

泰　　綱　　宇都宮
寛喜 1・9・17　　修理亮泰綱
貞永 1・2・13　　宇都宮修理亮
　　 1・⑨・10　　宇都宮修理亮
天福 1・6・12　　修理亮泰綱
嘉禎 1・6・29　　修理亮泰綱
　　 2・8・4　　宇都宮修理亮〈進〉
　　 3・4・22　　宇都宮修理亮
　　 3・6・23　　宇都宮修理亮泰綱
暦仁 1・2・17　　宇都宮修理亮
　　 1・2・28　　下野守泰綱
　　 1・6・5　　下野守泰綱
仁治 2・1・14　　下野前司
　　 2・8・25　　下野前司
　　 2・11・4　　下野前司
　　 2・12・21　　下野前司
寛元 1・1・19　　下野前司
　　 1・2・26　　下野前司
　　 1・7・17　　下野前司

寛元 1・9・5　　下野前司
　　 2・4・21　　下野前司
　　 2・8・15　　下野前司泰綱
　　 3・9・4　　宇都宮下野前司泰綱
　　 4・8・15　　下野前司
宝治 1・6・27　　下野前司
　　 1・12・29　　宇都宮下野前司
　　 2・1・3　　下野前司
　　 2・1・7　　下野前司
　　 2・8・1　　下野前司泰綱
建長 2・3・25　　下野前司
　　 2・5・9　　下野前司
　　 2・11・11　　宇都宮下野前司，下
　　　　　　　　　野前司泰綱
　　 3・1・1　　下野前司泰綱
　　 3・1・2　　下野前司泰綱
　　 3・10・19　　下野前司
　　 4・4・1　　下野前司泰綱〈経〉
　　 4・4・3　　下野前司泰綱
　　 4・4・14　　下野前司泰綱
　　 4・11・11　　宇都宮下野前司泰綱
　　 4・11・20　　下野前司
　　 4・12・17　　下野前司泰綱
　　 5・1・3　　下野前司泰綱
　　 5・1・16　　宇津宮下野前司泰綱
　　 6・1・1　　下野前司泰綱
　　 6・1・3　　下野前司泰綱
　　 6・1・22　　下野前司泰綱
康元 1・1・3　　下野前司泰綱
　　 1・1・5　　下野前司泰縄〈綱〉
　　 1・6・2　　宇都宮下野前司
　　 1・6・29　　下野前司
正嘉 1・1・1　　下野前司泰綱
　　 1・1・2　　下野前司
　　 1・2・26　　下野前司泰綱
　　 1・4・7　　下野前司
　　 1・4・9　　下野前司
　　 1・8・15　　下野前司泰綱
　　 1・10・1　　下野前司泰綱
　　 1・11・22　　下野前司
　　 2・1・1　　下野前司
　　 2・1・2　　下野前司泰綱
　　 2・4・19　　下野前司
　　 2・6・4　　下野前司泰綱
　　 2・6・17　　下野前司
　　 2・8・15　　下野前司泰綱
弘長 1・11・1　　前下野守正五位下藤

— 318 —

第Ⅰ部 人名索引（た）

泰　綱　原
　嘉禎3・1・2　　原左衛門四郎
　仁治1・1・1　　原四郎左衛門尉泰綱
　　　　　　　　　原朝臣泰綱年五十九卒

泰　衡　藤原
　文治3・10・29　（秀衡）男泰衡
　　4・2・29　　奥州泰衡
　　4・4・9　　 泰衡
　　4・6・11　　泰衡
　　4・8・9　　 泰衡
　　4・10・25　 秀衡子息泰衡
　　4・12・11　 秀衡法師子息泰衡
　　5・2・22　 奥州住人藤原泰衡
　　5・2・25　 泰衡
　　5・2・26　 泰衡
　　5・3・20　 泰衡
　　5・3・22　 泰衡
　　5・4・22　 泰衡
　　5・④・21　 泰衡
　　5・④・30　 泰衡
　　5・5・22　 泰衡
　　5・6・13　 泰衡〈平〉
　　5・6・24　 奥州泰衡
　　5・6・26　 泰衡
　　5・6・28　 泰衡
　　5・6・30　 泰衡
　　5・7・12　 泰衡
　　5・7・16　 泰衡
　　5・7・19　 奥州泰衡
　　5・8・7　 泰衡
　　5・8・8　 泰衡
　　5・8・9　 泰衡
　　5・8・10　 泰衡
　　5・8・13　 泰衡
　　5・8・14　 泰衡
　　5・8・18　 泰衡
　　5・8・20　 泰衡
　　5・8・21　 泰衡
　　5・8・22　 泰衡
　　5・8・23　 泰衡
　　5・8・25　 泰衡
　　5・8・26　 泰衡
　　5・9・2　 泰衡
　　5・9・3　 泰衡、陸奥押領使藤
　　　　　　　　原朝臣泰衡年二十五

　　　　　　　　　（梟首）
　文治5・9・4　 泰衡
　　5・9・6　 泰衡
　　5・9・7　 泰衡
　　5・9・8　 奥州泰衡
　　5・9・9　 泰衡
　　5・9・17　 泰衡
　　5・9・18　 泰衡
　　5・9・28　 泰衡
　　5・10・1　 泰衡
　　5・10・24　奥州泰衡
　　5・11・2　 泰衡
　　5・11・8　 泰衡
　　5・12・6　 泰衡
　　5・12・9　 泰衡
　　5・12・28　泰衡
　建久1・1・6　 奥州故泰衡
　　1・3・9　 泰衡
　　4・7・3　 泰衡
　　6・9・3　 泰衡
　正治2・8・10　泰衡
　建暦1・5・10　泰衡
　承久3・6・8　 藤泰衡
　宝治1・5・29　泰衡
　　2・2・5　 藤原泰衡

泰　国　畠山
　寛元2・6・13　上野前司泰国
　　2・8・15　 上野前司泰国
　　4・8・15　 上野前司
　宝治2・1・3　 上野前司
　　2・⑫・11　 上野前司泰国
　建長2・3・1　 畠山上野前司
　　2・3・25　 上野前司
　　2・8・18　 上野前司
　　2・12・27　上野前司
　　3・8・15　 上野前司泰国
　　3・10・19　上野前司
　　5・8・15　 上野前司泰国
　　6・1・1　 上野前司泰国
　　6・1・22　 上野前司泰国
　康元1・1・1　 畠山上野前司
　　1・6・29　 上野前司
　　1・7・29　 畠山上野前司
　正嘉2・6・17　畠山上野前司
　　2・8・15　 上野前司宗俊（マヽ）
　弘長1・7・29　畠山上野前司

— 319 —

第Ⅰ部 人名索引（た）

　　弘長 3・8・8　　上野前司

泰　　氏　　足利
　　嘉禎 2・12・11　新丹後守泰氏
　　　　3・1・2　　丹後守泰氏
　　　　3・4・19　丹後守泰氏
　　　　3・4・22　宮内少輔泰氏
　　　　3・6・23　宮内少輔泰氏
　　暦仁 1・1・1　　宮内少輔泰氏
　　　　1・2・7　　宮内少輔泰氏
　　　　1・2・17　宮内少輔
　　　　1・2・23　宮内少輔泰氏
　　　　1・2・28　宮内少輔泰氏
　　　　1・6・5　　宮内少輔泰氏
　　　　1・12・28　宮内少輔
　　仁治 1・8・2　　宮内少輔
　　　　2・1・2　　宮内少輔泰氏
　　　　2・1・14　宮内少輔
　　　　2・1・23　宮内少輔
　　　　2・8・25　宮内少輔
　　　　2・11・4　宮内少輔
　　　　2・12・21　前宮内少輔
　　寛元 1・7・17　丹後前司
　　　　1・9・5　　丹後前司
　　　　2・3・30　足利丹後前司
　　　　2・4・21　前丹後守泰氏
　　　　2・6・13　宮内少輔泰氏
　　　　2・8・15　宮内少輔泰氏
　　　　3・8・15　宮内少輔泰氏
　　宝治 1・3・2　　足利宮内少輔泰氏
　　　　2・1・3　　宮内少輔
　　　　2・1・20　宮内少輔
　　　　2・⑫・11　宮内少輔泰氏
　　建長 2・1・2　　宮内少輔泰氏
　　　　2・1・16　宮内少輔泰氏
　　　　2・3・25　宮内少輔
　　　　2・8・18　宮内少輔
　　　　2・12・27　宮内少輔
　　　　3・1・1　　宮内少輔泰氏
　　　　3・1・3　　宮内少輔泰氏
　　　　3・1・10　宮内少輔
　　　　3・8・15　宮内少輔泰氏
　　　　3・12・2　宮内少輔泰氏朝臣
　　　　　　　　　　（出家，年三十六）
　　　　3・12・7　宮内少輔泰氏

泰　　時　　北条

建久 3・5・26　江馬殿息金剛殿
　　4・9・11　江間殿嫡男
　　5・2・2　　江間殿嫡男童名金剛，年十三，太郎頼時
　　5・8・16　江間大郎
　　6・8・16　江間太郎
　　6・10・7　江間太郎
正治 2・2・26　江間大郎頼時
　　2・4・10　江馬太郎
　　2・9・9　　江馬大郎
建仁 1・7・6　　同（江馬）太郎
　　1・9・22　江馬太郎殿泰時
　　1・10・2　江馬太郎殿
　　1・10・3　江馬太郎殿
　　1・10・6　江馬太郎殿
　　1・10・10　江馬太郎殿
　　1・12・3　江馬太郎殿
　　2・8・23　江馬太郎
　　3・9・2　　同（江馬）大郎
　　3・9・10　江馬大郎殿
建永 1・2・4　　相模太郎
　　1・6・16　相州御息
承元 4・8・16　相模大郎
　　4・11・20　相模太郎
建暦 1・4・29　相模太郎
　　1・10・22　匠作
　　2・2・3　　修理亮
　　2・2・14　匠作泰時
　　2・3・6　　匠作泰時
建保 1・2・1　　修理亮
　　1・2・2　　修理亮
　　1・2・8　　修理亮
　　1・2・16　匠作
　　1・5・2　　相模修理亮泰時，匠作
　　1・5・3　　匠作
　　1・5・4　　匠作
　　1・5・5　　匠作
　　1・5・7　　修理亮
　　1・5・8　　修理亮泰時
　　1・7・7　　修理亮
　　1・8・20　修理亮泰時
　　1・8・26　修理亮泰時
　　1・9・12　修理亮泰時
　　1・9・22　修理亮
　　1・12・18　修理亮泰時
　　2・1・22　修理亮

— 320 —

第Ⅰ部 人名索引（た）

建保	2・3・9	修理亮	承久	3・7・11	武州
	2・7・27	修理亮泰時		3・7・12	武州
	3・1・1	修理亮		3・7・24	武州
	3・10・30	匠作		3・7・25	武州
	4・7・29	式部丞泰時		3・8・7	武州
	5・3・3	式部大夫		3・8・10	武州
	5・4・5	式部大夫		3・10・12	武州
	5・5・15	李部		3・10・23	武州
	5・12・25	李部		3・11・3	武州
	6・1・17	式部大夫泰時朝臣	貞応	2・1・25	武州
	6・3・24	李部		2・2・8	武州
	6・6・27	式部大夫泰時		2・5・18	武州
	6・7・8	式部大夫泰時	元仁	1・6・26	武州
	6・7・9	李部		1・6・27	武州
	6・7・22	式部大夫泰時朝臣		1・6・28	武州
	6・9・13	李部		1・6・29	武州
	6・12・2	式部大夫		1・7・5	武州
承久	1・1・27	式部大夫泰時		1・7・17	武州
	1・3・12	駿州		1・7・18	武州
	1・3・26	駿州		1・⑦・1	武州
	1・7・19	駿河守泰時		1・⑦・23	武州
	2・2・26	武州		1・⑦・29	武州
	2・12・1	武蔵守泰時		1・8・1	武州
	3・3・22	泰時		1・8・28	武州〈武州泰時〉
	3・5・19	武州		1・9・5	武州
	3・5・21	武州		1・10・1	武州
	3・5・22	武州		1・11・18	武州
	3・5・25	武州		1・12・2	武州
	3・5・26	武州		1・12・14	武州
	3・5・28	武州		1・12・15	武州
	3・5・29	武州		1・12・17	武州
	3・6・5	武州		1・12・19	武州
	3・6・7	武州		1・12・20	武州
	3・6・8	李部, 武州		1・12・26	武州
	3・6・12	武州	嘉禄	1・1・8	武州
	3・6・13	武州		1・2・21	武州
	3・6・14	武州		1・5・3	武州
	3・6・15	武州		1・5・6	武州
	3・6・16	武州		1・5・12	武州
	3・6・17	武州		1・6・2	武州
	3・6・18	武州, 武蔵守		1・6・12	武州
	3・6・23	武州		1・6・13	武州
	3・6・24	武州		1・6・21	武州
	3・6・28	武州		1・9・3	武州
	3・6・29	武州		1・9・8	武州
	3・7・1	武州		1・9・20	武州
	3・7・5	武州		1・10・3	武州

— 321 —

第Ⅰ部 人名索引 (た)

嘉禄 1・10・4　武州
　　 1・10・19　武州
　　 1・10・20　武州
　　 1・10・22　武州
　　 1・10・27　武州
　　 1・11・8　武州
　　 1・11・20　武州
　　 1・11・22　武州
　　 1・12・5　武州
　　 1・12・9　武州
　　 1・12・20　武州
　　 1・12・21　武州
　　 1・12・29　武州
　　 2・1・1　武州
　　 2・1・9　武州
　　 2・2・1　武州
　　 2・2・14　武州
　　 2・3・1　武州
　　 2・3・18　武州
　　 2・3・27　武州
　　 2・4・27　武州
　　 2・5・23　武州
　　 2・6・13　武州
　　 2・7・11　武州
　　 2・8・1　武州
　　 2・9・22　武州
　　 2・10・27　武州
　　 2・11・4　武州
安貞 1・1・1　武州
　　 1・1・9　武州
　　 1・2・8　武州
　　 1・2・15　武州
　　 1・2・19　武州
　　 1・2・27　武州
　　 1・4・2　武州
　　 1・4・22　武州
　　 1・4・24　武州
　　 1・4・27　武州
　　 1・5・2　武州
　　 1・5・8　武州
　　 1・5・10　武州
　　 1・5・23　武州
　　 1・6・18　武州
　　 1・7・11　武州
　　 1・7・25　武州
　　 1・11・4　武州
　　 1・12・28　武州

安貞 2・1・2　武州
　　 2・1・8　武州
　　 2・1・19　武州
　　 2・1・23　武州
　　 2・2・3　武州
　　 2・3・3　武州
　　 2・4・16　武州
　　 2・5・21　武州
　　 2・6・26　武州
　　 2・6・28　武州
　　 2・6・30　武州
　　 2・7・16　武州
　　 2・7・23　武蔵守
　　 2・7・26　武州
　　 2・7・29　武州
　　 2・10・8　武州
　　 2・10・15　武州
　　 2・11・9　武州
　　 2・11・13　武州
　　 2・11・25　武州
　　 2・12・4　武州
寛喜 1・1・2　武州
　　 1・1・3　武州
　　 1・1・9　武州
　　 1・1・13　武州
　　 1・1・15　武州
　　 1・1・27　武州
　　 1・2・11　武州
　　 1・2・20　武州
　　 1・2・22　武州
　　 1・2・23　武州
　　 1・3・14　武州
　　 1・3・25　武州
　　 1・3・26　武州
　　 1・4・17　武州
　　 1・5・23　武州
　　 1・6・27　武州
　　 1・7・11　武州
　　 1・8・4　武州
　　 1・8・15　武州
　　 1・8・16　武州
　　 1・9・4　武州
　　 1・9・9　武州
　　 1・9・10　武州
　　 1・9・17　武州
　　 1・10・9　武州
　　 1・10・24　武州

— 322 —

第Ⅰ部 人名索引（た）

寛喜 1・11・3　　武州
　　 1・11・18　 武州
　　 1・11・24　 武州
　　 1・12・10　 武州
　　 1・12・17　 武州
　　 1・12・27　 武州
　　 2・1・4　　武州
　　 2・1・10　 武州
　　 2・1・26　 武州
　　 2・①・7　　武州
　　 2・①・26　 武蔵守
　　 2・2・6　　武州
　　 2・2・8　　武州
　　 2・2・19　 武州
　　 2・2・30　 武州
　　 2・3・1　　武州
　　 2・3・15　 武州
　　 2・3・19　 武州, 両国司
　　 2・4・17　 武州
　　 2・5・5　　武州
　　 2・5・6　　武州
　　 2・5・27　 武州
　　 2・6・6　　武州
　　 2・6・14　 武州
　　 2・6・16　 武州
　　 2・6・28　 武州
　　 2・8・4　　武州
　　 2・8・15　 武州
　　 2・9・18　 武州
　　 2・10・16　武州
　　 2・10・24　武州
　　 2・11・11　武州
　　 2・12・9　 武州
　　 2・12・25　武州
　　 3・1・9　　武州
　　 3・3・1　　両国司
　　 3・3・15　 武州
　　 3・3・19　 武州
　　 3・4・2　　武州
　　 3・4・19　 武州
　　 3・5・17　 武州
　　 3・6・1　　武州
　　 3・6・15　 武州
　　 3・6・22　 武州
　　 3・7・11　 武州
　　 3・7・15　 両国司
　　 3・9・27　 武州

寛喜 3・10・6　　両国司
　　 3・10・16　武州
　　 3・10・19　両国司
　　 3・10・27　武州
　　 3・12・5　 武州
貞永 1・1・23　 武州
　　 1・3・3　　両国司
　　 1・3・9　　武州
　　 1・5・14　 武州
　　 1・5・18　 武州
　　 1・7・10　 武州
　　 1・7・12　 武州
　　 1・8・10　 武州
　　 1・9・11　 武州
　　 1・9・28　 武州
　　 1・⑨・8　 武州
　　 1・⑨・10　武州
　　 1・⑨・11　武州
　　 1・⑨・20　武州
　　 1・10・5　 武州
　　 1・10・22　武州
　　 1・11・13　武州
　　 1・11・28　武州
　　 1・11・29　武州
　　 1・12・5　 武州
天福 1・1・2　　武州
　　 1・1・13　 武州
　　 1・4・17　 武州
　　 1・5・5　　両国司
　　 1・5・27　 武州
　　 1・6・8　　武州
　　 1・6・19　 武州
　　 1・7・9　　武州
　　 1・7・11　 武州
　　 1・8・18　 武州
　　 1・9・13　 武州
　　 1・9・29　 武州
　　 1・10・19　武州
　　 1・11・10　武州
　　 1・12・12　武州
　　 1・12・29　武州
文暦 1・1・2　　武州
　　 1・1・3　　武州
　　 1・3・5　　武州
　　 1・3・10　 武州
　　 1・4・5　　武州
　　 1・6・30　 武州

— 323 —

第Ⅰ部 人名索引（た）

文暦1・8・21	武州		嘉禎2・8・4	武州
嘉禎1・1・2	武州		2・8・5	武州
1・1・21	武州		2・8・6	武州
1・2・4	武州		2・8・9	武州
1・2・9	武州		2・10・13	武州
1・2・10	武州		2・10・29	武州
1・2・18	武州		2・11・14	武州
1・3・5	武州		2・12・6	武州
1・3・16	武州		2・12・19	武州
1・3・18	武州		2・12・23	武州
1・3・25	武州		2・12・26	武州
1・3・28	武州		3・1・2	左京兆
1・5・5	武州		3・3・9	左京兆
1・5・27	武州		3・3・21	左京兆
1・6・29	両国司		3・4・19	左京権大夫，左京兆
1・⑥・3	武州		3・4・22	左京権大夫
1・7・5	武州		3・4・23	右京兆(ﾏﾏ)
1・7・7	武蔵守平朝臣		3・6・1	左京兆
1・7・8	武州		3・6・11	左京権大夫
1・7・18	武州		3・6・23	左京権大夫
1・8・21	武州		3・7・11	京兆
1・9・2	武州		3・7・19	武州
1・10・2	武州		3・10・19	京兆
1・11・18	両国司		3・12・13	左京兆
1・12・18	武州		暦仁1・1・2	左京兆
1・12・24	武州		1・1・9	左京兆
1・12・26	武州		1・1・18	左京兆
1・12・27	武州		1・1・20	左京兆
1・12・28	武州		1・1・28	左京兆
1・12・29	武州		1・2・3	左京兆
1・12・30	両国司		1・2・6	左京兆
2・1・2	武州		1・2・7	京兆
2・1・21	武州		1・2・10	京兆
2・2・1	武州		1・2・16	京兆
2・2・2	武州		1・2・17	左京権大夫
2・2・3	両国司		1・5・5	左京兆
2・2・14	武州		1・5・11	左京兆
2・3・12	武州		1・6・5	左京権大夫
2・3・13	武州		1・6・24	左京兆
2・3・14	武州		1・7・11	左京兆
2・5・25	武州		1・9・1	左京兆
2・5・27	武州		1・9・13	左京兆
2・6・5	武州		1・10・7	前武州
2・6・11	武州		1・10・11	前武州〈蔵〉守
2・7・10	武州		1・10・14	前武州
2・7・17	武州		1・11・17	前武州
2・7・24	武州		1・12・16	前武州

第Ⅰ部 人名索引（た）

暦仁 1・12・19	前武州
1・12・23	前武州
1・12・26	前武州
1・12・28	前武州
延応 1・1・2	前武州
1・1・3	前武州
1・1・11	前武州
1・3・29	前武州
1・4・25	前武州
1・4・26	前武州
1・5・2	前武州
1・5・15	前武州
1・5・23	前武州
1・5・24	前武州
1・5・26	前武州
1・6・12	前武州
1・7・15	前武州, 正四位上行前武蔵守平朝臣
1・8・16	前武州
1・10・8	前武州
1・10・12	前武州
1・12・5	前武州
1・12・27	前武州
仁治 1・1・1	前武州
1・1・2	前武州
1・1・5	前武州
1・1・15	前武州
1・1・23	前武州
1・1・27	前武州
1・2・2	前武蔵守
1・2・25	前武州, 前武蔵守
1・3・7	前武州
1・3・9	前武州
1・4・8	前武州
1・4・9	前武州
1・4・12	前武州
1・5・12	前武州
1・6・11	前武州
1・6・25	前武州
1・7・9	前武州
1・10・10	前武州
1・10・13	前武州
1・10・19	前武州
1・11・12	前武州
1・11・29	前武州
1・11・30	前武州
1・12・21	前武州

仁治 2・1・1	前武州
2・1・4	前武州
2・1・23	前武州
2・1・24	前武州
2・2・4	前武州
2・2・16	前武州
2・2・25	前武州
2・2・26	前武州
2・3・16	前武州
2・3・25	前武州
2・3・27	前武州
2・4・5	前武州
2・4・16	前武州
2・5・5	前武州
2・5・14	前武州
2・5・23	前武州
2・6・17	前武州
2・6・27	前武州
2・7・5	前武州
2・7・20	前武州
2・10・22	前武州
2・11・4	前武州
2・11・21	前武州
2・11・25	前武州
2・11・27	前武州
2・11・29	前武州
2・11・30	前武州
2・12・5	前武州
2・12・21	前武州
2・12・27	前武州
2・12・30	前武州
寛元 1・6・15	故前武州禅室
2・6・15	故前武州禅室
2・6・27	故武州禅室
3・6・27	故武州禅室
宝治 1・7・17	前武州禅室
建長 5・11・29	武州前刺禅室
6・6・15	前武州禅室
康元 1・4・10	武州前刺史禅室
1・7・6	前武蔵禅室
1・7・26	前武州禅室
正嘉 2・3・20	前武州禅室
文応 1・5・4	故州禅門
文永 2・5・3	武州前史禅室
3・4・21	前武州禅室

泰　実　阿保

― 325 ―

第Ⅰ部 人名索引（た）

```
暦仁 1・2・17    阿保次郎左衛門尉
   1・6・5     阿保次郎左衛門尉泰
              実

泰　　実　　平賀
文応 1・1・1    平賀四郎左衛門尉
   1・11・27   平賀四郎右〈左〉衛門
              尉泰実
弘長 1・1・1    平賀四郎右衛門尉

泰　　実　　春日部
弘長 3・8・25   春日部左衛門三郎泰
              実

泰　　守
寛元 1・8・24   泰守

泰　　種〈經〉　加藤
文永 2・6・23   加藤左衛門三郎泰種
              〈經〉

泰　　秀　　長井(大江)
貞永 1・12・5   左衛門大夫
文暦 1・3・5    左衛門大夫泰秀
嘉禎 1・2・10   長井衛門大夫
   1・6・29   左衛門大夫泰秀
   2・8・4    長井衛門大夫
   2・11・23  左衛門大夫泰秀
   3・1・2    左衛門大夫泰秀
   3・1・6    長井左衛門大夫
   3・1・17   長井左衛門大夫
   3・4・22   長井左衛門大夫泰秀
暦仁 1・6・5    甲斐守泰秀
   1・11・17  甲斐守泰秀
   1・12・28  甲斐守
延応 1・4・14   甲斐前司
   1・5・5    甲斐守
仁治 1・1・2    甲斐守泰秀
   1・1・5    甲斐守
   1・8・2    甲斐前司
   2・1・1    甲斐前司泰秀
   2・1・14   甲斐前司
   2・3・15   甲斐前司
   2・6・28   甲斐前司泰秀
   2・11・4   甲斐前司
   2・12・21  甲斐前司
寛元 1・2・26   甲斐前司
```

```
寛元 1・3・2    甲斐前司
   1・7・17   甲斐前司
   2・4・21   甲斐前司
   2・8・15   甲斐前司泰秀
   3・8・15   甲斐前司泰秀
   4・8・15   甲斐前司
宝治 1・6・5    甲斐前司泰秀
   1・6・27   甲斐前司
   1・12・29  甲斐前司
   2・1・3    甲斐前司
   2・1・7    甲斐前司
   2・8・1    甲斐前司
   2・12・10  甲斐前司泰秀
   2・12・11  甲斐前司
建長 2・3・1    甲斐前司
   3・6・5    甲斐前司泰秀
   4・4・1    甲斐前司泰秀
   5・12・21  前甲斐守正五位下大
              江朝臣泰秀年四十二卒

泰　　秀　　千葉
仁治 1・8・2    上総五郎左衛門尉
   2・1・23   上総〈野〉五郎左衛門
              尉
寛元 1・7・17   上総五郎左衛門尉
   3・8・15   上総五郎左衛門尉
              秀
宝治 1・6・7    (秀胤)三男左衛門尉
              泰秀
   1・6・11   上総五郎左衛門尉泰
              秀
   1・6・22   同(秀胤子息)五郎左
              衛門尉泰秀

泰　　重　　河越
嘉禎 1・6・29   河越掃部助泰重
   2・8・4    河越掃部助
   2・8・9    河越掃部助
   3・4・19   河越掃部助
   3・4・22   河越掃部助
   3・6・23   河越掃部助泰重
暦仁 1・2・17   河越掃部助
   1・6・5    河越掃部助泰重
   1・10・3   河越掃部助
仁治 2・8・25   河越掃部助泰重
寛元 1・7・17   河越掃部助
   2・6・13   河越掃部助泰重
```

― 326 ―

第Ⅰ部　人名索引（た）

```
　　寬元 2・8・15　河越掃部助泰重
　　　 3・8・15　河越掃部助泰重
　　　 4・8・15　河越掃部助
　　正嘉 2・3・1 　河越掃部助跡

泰　重　新開
　　曆仁 1・2・17　新開左衛門尉

泰　重　長井
　　建長 4・4・1 　長井左衛門大夫泰重

泰　信　佐々木
　　寛元 3・8・15　佐々木孫三〈四〉郎泰
　　　　　　　　　信
　　　 4・8・15　佐々木孫四郎泰信
　　建長 4・4・3 　佐々木四郎左衛門
　　　　　　　　　〈兵衛〉尉泰信
　　　 4・8・1 　佐々木四郎左衛門尉
　　　 4・11・11　佐々木弥〈孫〉四郎左
　　　　　　　　　衛門尉泰信
　　　 5・1・3 　佐々木孫四郎左衛門
　　　　　　　　　尉泰信
　　康元 1・7・17　近江孫四郎左衛門尉
　　　　　　　　　泰信
　　　 1・8・13　近江弥〈孫〉四郎左衛
　　　　　　　　　門尉
　　　 1・8・15　佐々木近江弥四郎左
　　　　　　　　　衛門尉泰信
　　正嘉 2・6・17　佐々木孫四郎左衛門
　　　　　　　　　尉
　　弘長 3・1・1 　佐々木孫四郎左衛門
　　　　　　　　　尉
　　　 3・1・7 　佐々木孫四郎左衛門
　　　　　　　　　尉泰信
　　　 3・8・15　佐々木孫四郎左衛門
　　　　　　　　　尉泰信

泰　信　海野
　　文永 2・1・12　海野弥六泰信
　　　 3・1・11　海野弥六

泰　親　宇都宮
　　寛元 4・7・11　宇都宮五郎左衛門尉
　　　　　　　　　泰親
　　建長 6・1・1 　宇都宮五郎左衛門尉
　　　 6・6・16　宇都宮五郎左衛門尉
　　康元 1・6・2 　宇都宮五郎兵衛〈左衛
　　　　　　　　　門〉尉
　　　 1・6・29　宇都宮五郎左衛門尉
　　弘長 1・7・29　宇都宮五郎左衛門尉
　　　 1・8・8 　越中五郎左衛門尉
　　　 1・8・15　越中五郎左衛門尉
　　　 3・1・1 　越中五郎左衛門尉
　　　 3・1・7 　越中五郎左衛門尉
　　　 3・8・15　越中五郎左衛門尉泰
　　　　　　　　　親

泰　親
　　正嘉 1・9・24　泰親

泰　清　佐々木
　　安貞 2・7・23　隠岐次〈二〉郎左衛門
　　　　　　　　　尉
　　嘉禎 3・6・23　隠岐次郎左衛門尉泰
　　　　　　　　　清
　　仁治 2・10・22　隠岐次郎左衛門尉泰
　　　　　　　　　清
　　　 2・11・4 　隠岐次郎左衛門尉
　　寛元 1・7・17　隠岐次〈二〉郎左衛門
　　　　　　　　　尉
　　　 1・9・5 　隠岐次郎左衛門尉
　　宝治 2・8・15　隠岐次郎左衛門尉泰
　　　　　　　　　清
　　建長 2・3・1 　隠岐次郎左衛門尉
　　　 2・8・18　隠岐次郎左衛門尉
　　　 2・12・27　隠岐次郎左衛門尉
　　　 2・12・29　（政義）舎弟次郎左衛
　　　　　　　　　門尉泰清
　　　 3・8・15　隠岐二郎左衛門尉泰
　　　　　　　　　清
　　　 4・4・14　同〈佐々木〉隠岐判官泰
　　　　　　　　　清
　　　 4・7・23　隠岐判官泰清
　　　 4・11・11　佐々木隠岐判官泰清
　　康元 1・7・17　大夫尉泰清
　　　 1・8・15　佐々木隠岐大夫判官
　　　　　　　　　泰清
　　正嘉 1・10・1 　大夫判官泰清
　　　 2・6・4 　信濃守泰清
　　　 2・6・17　信濃守
　　　 2・8・15　信濃前司泰清
　　文応 1・4・1 　信濃前司

泰　盛　安達
```

- 327 -

第Ⅰ部　人名索引（た）

寛元2・6・17	城九郎泰盛
4・8・15	城九郎泰盛
4・10・16	城九郎
宝治1・2・23	城九〈六〉郎
1・4・11	（景盛）孫子九郎泰盛
1・6・5	（景盛）孫子九郎泰盛
1・11・15	城九郎
1・12・10	城九郎
2・4・20	同（城）九郎
2・9・22	城九郎泰盛
2・12・10	城九郎泰盛
建長2・1・1	城九郎泰盛
2・1・16	城九郎泰盛
2・5・10	城九郎
2・8・15	城九郎泰盛
2・8・18	城九郎
2・12・27	城九郎
3・8・15	城九郎泰盛
3・8・21	城九郎
3・8・24	城九郎
3・10・19	城九郎
4・4・1	城九郎泰盛
4・4・3	城九郎泰盛
4・4・14	城九郎泰盛
4・4・17	城九郎泰盛
4・4・24	城九郎泰盛
4・7・8	城九郎泰盛
4・8・1	城九郎泰盛
4・9・25	城九郎泰盛
4・11・11	同（城）九郎泰盛
4・12・17	城九郎泰盛
5・1・2	城九郎泰盛
5・1・3	城九郎泰盛
5・1・16	城九郎泰盛
5・2・30	城九郎泰盛
5・3・18	城九郎泰盛
5・12・21〈22〉	城九郎泰盛
6・8・15	城九郎泰盛
6・12・1	城九郎
康元1・1・1	秋田城介
1・1・2	秋田城介泰盛
1・1・5	秋田城介泰盛
1・1・11	秋田城介泰盛
1・6・29	秋田城介
正嘉1・1・1	秋田城介泰盛
1・1・2	秋田城介泰盛
1・2・2	秋田城介泰盛
正嘉1・2・26	秋田城介泰盛
1・③・2	秋田城介泰盛
1・6・23	秋田城介泰盛
1・8・15	秋田城介泰盛
1・10・1	秋田城介泰盛
1・12・24	秋田城介
2・1・1	秋田城介
2・1・2	秋田城介泰盛
2・1・17	秋田城介泰盛
2・4・19	秋田城介
2・6・4	秋田城介
2・6・11	秋田城介泰盛
2・6・17	秋田城介
2・12・19	秋田城介
文応1・1・1	秋田城介泰盛
1・1・2	秋田城介
1・1・11	秋田城介泰盛
1・1・20	秋田城介泰盛
1・2・20	秋田城介
1・3・27	秋田城介
1・4・3	秋田城介四郎**泰盛**
1・11・22	秋田城介泰盛
1・12・26	秋田城介泰盛
弘長1・1・1	秋田城介泰盛
1・1・5	秋田城介
1・2・7	秋田城介
1・3・20	秋田城介泰盛
1・4・24	秋田城介
1・4・25	城介泰盛
1・7・2	城介
1・7・12	秋田城介
1・7・13	秋田城介
1・9・20	秋田城介
1・10・4	秋田城介
1・11・11	秋田城介
3・1・1	秋田城介泰盛
3・1・10	秋田城介泰盛
3・1・23	秋田城介
3・8・8	秋田城介
3・12・10	秋田城介泰盛
文永2・1・1	秋田城介泰盛
2・1・6	秋田城介泰盛
2・1・12	泰盛
2・6・23	秋田城介泰盛
2・7・16	秋田城介泰盛
3・1・1	秋田城介泰盛
3・3・6	秋田城介**泰盛**

第Ⅰ部　人名索引(た)

文永3・6・20　秋田城介泰盛

泰　盛　三浦
　建長5・7・17　遠江次郎左衛門三郎
　　　6・1・1　遠江次郎左衛門三郎
　　　　　　　　〈左衛門尉〉泰盛
　康元1・1・1　遠江三郎左衛門尉,
　　　　　　　　三浦三郎左衛門尉泰
　　　　　　　　盛
　　　1・1・2　遠江三郎左衛門尉泰
　　　　　　　　盛
　　　1・1・3　遠江三郎左衛門尉泰
　　　　　　　　盛
　　　1・1・10　遠江三郎左衛門尉
　　　1・6・29　同(遠江)三郎左衛門
　　　　　　　　尉
　　　1・7・17　遠江三郎左衛門尉泰
　　　　　　　　盛
　　　1・8・15　三浦 遠江三郎左衛門
　　　　　　　　尉泰盛
　正嘉1・10・1　三浦 遠江三郎左衛門
　　　　　　　　尉泰盛
　弘長3・1・1　遠江三郎左衛門尉
　　　3・8・9　遠江三郎左衛門尉泰
　　　　　　　　盛

泰　宗
　寛喜2・7・15　陰陽師新大夫泰宗
　　　2・11・13　大夫
　貞永1・⑨・10　泰宗
　　　1・10・2　泰宗
　嘉禎1・12・20　泰宗〈秀〉
　仁治2・6・9　泰宗

泰　宗　落合
　寛元2・7・20　落合蔵人泰宗
　　　2・8・3　落合蔵人泰宗

泰　村　三浦
　承久1・7・19　三浦次郎
　　　2・12・1　泰村
　　　3・5・22　同(駿河)次郎
　　　3・6・7　駿河次郎泰村
　　　3・6・13　駿河次郎泰村
　　　3・6・14　駿河次郎泰村
　　　3・6・18　駿河次郎
　貞応1・1・7　駿河次郎泰村

貞応1・2・6　駿河次〈二〉郎泰村
　　1・7・3　駿河次郎泰村
　　2・1・5　駿河次郎
　　2・5・24　三浦駿河次〈二〉郎
　　2・9・16　駿河次〈二〉郎
　　2・10・13　三浦駿河次〈二〉郎
元仁1・1・1　三浦駿河次〈二〉郎泰
　　　　　　　村
　　1・2・11　三浦駿河次郎泰村
　　1・5・16　駿河次郎
　　1・6・18　三浦駿河次〈二〉郎
　　1・7・18　泰村
　　1・12・15　三浦駿河次〈二〉郎泰
　　　　　　　村
　　1・12・19　同(三浦駿河)次〈二〉
　　　　　　　郎泰村
嘉禄1・10・28　同(三浦駿河)次郎
　　1・12・20　同(三浦駿河)次郎,
　　　　　　　駿河次郎
　　2・9・22　三浦駿河次郎
安貞2・3・9　駿河次郎
　　2・5・10　駿河次〈二〉郎
　　2・7・23　三浦次〈二〉郎, 駿河
　　　　　　　次郎
　　2・7・24　三浦次〈二〉郎泰村
　　2・7・25　三浦次〈二〉郎
　　2・10・15　駿河次郎泰村
　　2・12・30　三浦駿河次郎
寛喜1・1・2　駿河次郎
　　1・1・27　駿河次郎泰村
　　1・6・27　駿河次郎泰村
　　1・9・4　駿河次〈二〉郎
　　1・9・5　駿河次〈二〉郎
　　1・9・10　駿河次郎泰村
　　1・9・17　駿河次郎
　　2・7・15　駿河次郎
　　2・7・26　駿河次郎
　　2・8・4　駿河次郎
　　3・5・9　駿河次〈二〉郎泰村
貞永1・7・15　駿河次郎
天福1・9・18　駿河次郎泰村
　　1・10・19　駿河次郎
文暦1・1・2　駿河次郎
嘉禎1・1・2　駿河次郎
　　1・2・9　三浦駿河次郎, 駿河
　　　　　　　次郎
　　1・6・29　駿河次郎泰村

— 329 —

第Ⅰ部　人名索引（た）

嘉禎 1・9・10	同(駿河)次郎泰村	
2・1・2	駿河次郎泰村	
2・8・4	駿河次郎	
2・8・6	駿河次郎	
2・8・9	三浦駿河次郎	
2・11・23	駿河次郎泰村	
2・12・23	駿河次郎	
3・1・11	駿河次郎	
3・4・19	駿河次〈二〉郎泰村	
3・4・22	駿河次郎	
3・7・25	三浦泰村	
3・8・15	次〈二〉郎泰村	
3・10・19	駿河掃部権助泰村	
3・11・17	駿河式部丞泰村	
暦仁 1・1・1	若狭守泰村	
1・1・10	若狭守家村(マヽ)	
1・2・17	若狭守	
1・2・28	若狭守泰村	
1・4・2	若狭守泰村	
1・6・5	若狭守泰村	
1・12・3	若狭守	
1・12・12	若狭守	
延応 1・1・2	若狭守泰村	
仁治 1・4・12	若狭前司泰村	
2・1・3	若狭前司泰村	
2・1・14	若狭前司	
2・1・23	若狭前司	
2・3・15	若狭前司	
2・8・15	若狭前司泰村	
2・8・25	若狭前司	
2・9・14	若狭前司	
2・9・22	若狭前司	
2・11・4	若狭前司	
2・11・25	若狭前司	
2・11・27	若狭前司	
2・11・29	若狭前司泰村	
2・11・30	若狭前司	
2・12・5	若狭前司	
2・12・21	若狭前司泰村	
寛元 1・1・1	若狭前司泰村	
1・1・5	若狭前司	
1・1・19	若狭前司	
1・2・26	若狭前司	
1・5・23	若狭前司	
1・7・17	若狭前司	
1・9・5	若狭前司	
2・1・1	若狭前司泰村	
寛元 2・4・21	前若狭守泰村
2・8・15	若狭前司泰村
2・8・16	若狭前司
3・1・28	若狭前司
3・7・6	若狭前司泰村
3・8・15	若狭前司泰村
3・8・16	若狭前司
4・1・4	若狭前司泰村
4・1・19	若狭前司
4・6・10	若狭前司
4・8・15	若狭前司
4・8・16	若狭前司泰村
4・9・1	若狭前司泰村
4・10・16	若狭前司
宝治 1・2・23	若狭前司
1・3・3	若狭前司
1・5・6	若狭前司泰村
1・5・13	若狭前司
1・5・21	若狭前司泰村
1・5・26	若狭前司
1・5・27	若狭前司泰村
1・5・28	若狭
1・6・1	若狭前司泰村
1・6・2	若狭前司
1・6・3	若狭前司泰村
1・6・4	若狭前司泰村
1・6・5	泰村、若州
1・6・6	泰村
1・6・7	泰村
1・6・8	若狭前司泰村
1・6・9	泰村
1・6・11	泰村
1・6・12	若狭前司泰村
1・6・14	泰村
1・6・15	若狭前司泰村
1・6・18	若狭前司泰村
1・6・22	若狭前司泰村
1・6・23	若狭前司
1・6・25	若州
1・6・29	若狭前司泰村
1・7・1	若州
1・11・15	泰村
1・12・29	泰村
建長 2・12・29	若狭前司泰村
弘長 1・6・22	若狭前司泰村
1・6・25	若狭前司泰村

— 330 —

第Ⅰ部 人名索引（た）

泰　忠
　貞応 2・2・8　　陰陽頭泰忠朝臣
　　　 2・12・20 泰忠朝臣

泰　朝　塩谷
　仁治 1・3・12　塩谷四郎兵衛尉
　正嘉 1・8・15　周防四郎兵衛尉泰朝
　　　 1・10・1　塩谷周防四郎兵衛尉
　　　　　　　　泰朝
　　　 1・12・24 塩谷周防四郎兵衛尉
　　　 2・6・17　塩屋周防兵衛尉
　弘長 3・8・8　　周防四郎左衛門尉
　　　 3・8・9　　周防四郎左衛門尉泰朝

泰　朝
　正嘉 2・1・1　　美作左近大夫
　　　 2・1・10　美作左近大夫泰朝
　弘長 1・1・1　　美作左近大夫

泰　通　藤原
　文治 1・4・24　宰相中将泰通
　　　 4・12・11 権中納言藤原朝臣
　建久 2・5・8　　権中納言泰通卿
　　　 2・12・24 権中納言泰通
　承元 2・4・27　按察卿

泰　定　平賀
　正嘉 2・1・1　　平賀弥四郎
　　　 2・8・15　平賀四郎泰定

泰　貞
　承元 4・10・16 大夫泰貞
　建暦 1・2・4　　泰貞
　　　 1・6・2　　泰貞
　　　 1・6・3　　泰貞
　　　 1・12・28 泰貞
　　　 2・4・8　　泰貞
　建保 1・3・16　大夫泰貞
　　　 1・4・28　泰貞
　　　 1・6・3　　泰貞
　　　 1・6・26　大夫泰貞
　　　 1・8・20　泰貞
　　　 3・8・25　泰貞
　　　 4・⑥・24　少輔大夫泰貞
　承久 1・1・25　泰貞
　　　 3・1・22　泰貞

　承久 3・5・19　泰貞
　　　 3・6・8　　泰貞
　　　 3・12・3　少輔大夫泰貞
　貞応 1・3・8　　大夫泰貞
　　　 1・5・24　泰貞
　　　 1・11・25 泰貞
　　　 2・1・25　泰貞
　　　 2・2・27　泰貞
　　　 2・4・30　泰貞
　　　 2・9・10　泰貞
　　　 2・11・30 泰貞
　　　 2・12・20 泰貞
　元仁 1・6・6　　泰貞
　　　 1・6・12　泰貞
　　　 1・6・18　泰貞
　　　 1・7・11　泰貞
　嘉禄 1・6・2　　泰貞
　　　 1・11・15 泰貞
　　　 1・11・20 大膳亮泰貞
　　　 1・12・17 泰貞
　　　 2・6・20　泰貞
　　　 2・8・7　　泰貞
　　　 2・12・10 大膳亮泰貞
　安貞 1・2・19　泰貞
　　　 1・4・13　泰貞
　　　 1・4・16　泰貞
　　　 1・4・22　泰貞
　　　 1・4・29　前大膳亮泰貞
　　　 1・7・28　泰貞
　　　 1・11・16 泰貞
　　　 1・11・23 泰貞
　　　 1・12・13 泰貞
　　　 2・1・19　泰貞
　　　 2・6・25　泰貞
　　　 2・7・26　泰貞
　　　 2・10・30 泰貞
　寛喜 2・6・6　　泰貞
　　　 2・6・14　泰貞朝臣
　　　 2・11・13 泰貞
　　　 2・12・9　泰貞
　　　 3・4・29　泰貞
　　　 3・6・15　前大膳亮泰貞朝臣
　　　 3・6・16〈17〉泰貞朝臣
　　　 3・10・6　泰貞
　　　 3・10・19 泰貞
　　　 3・10・20 泰貞

— 331 —

第Ⅰ部 人名索引（た）

寛喜3・11・9　泰貞
　　3・11・27　泰貞朝臣
貞永1・3・3　前大膳亮泰貞朝臣
　　1・4・9　泰貞
　　1・⑨・8　泰貞
　　1・⑨・21　泰貞
嘉禎2・7・10　泰貞
　　2・8・3　泰貞朝臣
　　2・10・13　泰貞朝臣
　　3・3・8　前大蔵権大夫泰貞朝臣
　　3・3・10　泰貞
　　3・3・30　泰貞
　　3・4・8　泰貞朝臣
　　3・4・23　泰貞
　　3・5・15　泰貞
　　3・6・22　泰貞
暦仁1・1・28　陰陽道前大蔵権大輔泰貞
　　1・②・14　泰貞朝臣
　　1・9・1　泰貞朝臣
　　1・10・13　陰陽師泰貞
延応1・3・15　泰貞
　　1・5・5　泰貞朝臣
仁治1・1・19　前大蔵大夫泰貞朝臣
　　1・4・10　泰貞
　　1・4・27　泰貞
　　1・6・15　泰貞
　　1・6・18　泰貞朝臣
　　1・6・25　泰貞朝臣
　　1・7・26　泰貞朝臣
　　1・11・30　泰貞朝臣
　　2・2・4　泰貞朝臣
　　2・2・16　泰貞
　　2・2・30　泰貞
　　2・4・2　泰貞
　　2・4・27　泰貞朝臣
　　2・6・9　泰貞
　　2・7・8　泰貞
　　2・10・22　陰陽師泰貞
　　2・12・11　泰貞朝臣
寛元1・3・2　泰貞
　　1・3・15　泰貞朝臣
　　1・7・16　泰貞朝臣
　　1・7・18　泰貞朝臣
　　1・8・24　泰貞
　　1・9・19　泰貞朝臣

寛元1・11・18　泰貞朝臣
　　1・12・29　泰貞
　　2・1・8　泰貞朝臣
　　2・2・24　泰貞
　　2・3・13　泰貞
　　2・3・17　泰貞
　　2・6・3　泰貞
　　3・2・1　泰貞
　　3・2・2　泰貞
　　3・2・7　泰貞
　　3・2・21　泰貞
　　3・3・19　泰貞
康元1・7・26　（天文博士為親朝臣）亡父泰貞

泰　　貞
嘉禄2・10・9　尾張国御家人民部丞泰貞
　　2・10・12　泰貞

泰　　房
嘉禎1・12・20　雅楽大夫泰房
　　1・12・27　雅楽大夫泰房
仁治1・6・15　泰房
　　2・4・2　泰房
　　2・6・9　泰房
寛元1・8・24　泰房
　　2・5・26　泰房
　　4・2・16　泰房
宝治1・4・26　泰房
建長3・1・21　泰房
　　3・5・15　陰陽師主殿助泰房
　　4・4・4　大蔵少輔泰房
　　4・4・5　泰房
　　6・9・4　泰房
正嘉2・5・2　泰房
弘長1・2・2　泰房
　　1・8・10　泰房
　　3・5・17　泰房
　　3・10・1　大蔵権大輔泰房
文永2・7・28　泰房
　　2・9・21　泰房
　　3・2・20　泰房大蔵権大輔

泰　　茂　　長井（大江）
嘉禎1・12・24　長井判官代
建長6・1・22　長井判官代泰茂

第Ⅰ部　人名索引（た・ち）

康元1・1・1　同（長井）判官代
正嘉1・10・1　長井判官代泰茂
　　1・12・29　長井判官代 泰元（ｱ
　　　　　　　　、）
　　2・1・1　長井判官代
　　2・1・7　長井判官代
　　2・6・17　長井判官代
文応1・1・1　長井判官代
　　1・4・1　長井判官代
弘長1・1・1　長井判官代

泰　有　→大田康有
文永2・1・6　勘解由判官泰有

泰　祐　土肥
建長3・8・15　同（土肥）三郎泰祐

泰　頼　藤原
建久1・11・6　大舎人允藤原泰頼

泰　連　佐原（三浦）
宝治1・6・21　佐原十郎左衛門〈尉〉
　　1・6・22　佐原十郎左衛門〈尉〉
　　　　　　　泰連

泰　連　佐原（三浦）
宝治1・6・22　佐原七郎左衛門大郎
　　　　　　　泰連

泰　連　三浦（盛連七男，盛時弟か）
建長6・1・2　同（遠江）七郎泰連

大　学
寛元3・3・14　（医師）大学

大〈犬〉武
承元4・8・16　大〈犬〉武

醍醐天皇
文治1・6・21　醍醐天皇
建保6・3・16　醍醐天皇
寛喜2・6・14　醍醐
　　2・6・16　醍醐天皇

沢　安
建久1・1・6　雑色沢安
　　1・4・9　雑色沢安

沢　重
建久2・9・21　雑色沢重

湛　快
文治1・2・19　（熊野）別当湛快

湛　増
養和1・3・6　熊野山湛増
文治1・2・21　熊野別当湛増
　　1・3・9　熊野別当湛増
　　1・3・11　湛増
　　2・6・11　熊野別当
　　3・9・20　熊野別当法印湛増

ち

知（朝）家　八田
養和1・②・23　八田武者所知宗〈家〉
　　1・②・28　知家
元暦1・6・1　八田四郎知宗〈家〉
　　1・8・8　八田四郎武者朝家
文治1・1・26　八田武者知家
　　1・4・15　右衛門尉友家
　　1・10・24　八田右衛門尉知家
　　2・1・3　右衛門尉朝家
　　2・5・10　右衛門尉朝家
　　2・5・14　知家
　　3・1・12　八田右衛門尉知家
　　3・8・15　八田右衛門尉知家
　　4・3・15　八田右衛門尉
　　4・5・20　八田右衛門尉知家
　　4・7・10　八田右衛門尉知家
　　4・12・11　八田右衛門尉
　　5・2・26　八田右衛門尉知家
　　5・4・18　八田右衛門尉知家
　　5・6・3　八田右衛門尉
　　5・6・9　八田左〈右〉衛門尉知
　　　　　　　家
　　5・7・17　八田右衛門尉知家
　　5・7・19　八田右衛門尉知家
　　5・8・12　八田左衛門尉知家
　　5・9・15　八田右衛門尉知家
　　5・9・16　知家
建久1・4・11　八田右〈左〉衛門尉
　　1・9・15　八田右衛門尉知家
　　1・10・3　前右衛門尉知家

― 333 ―

第 I 部　人名索引（ち）

建久1・11・7	八田右衛門尉		建久6・8・16	八田三郎
1・11・9	八田右衛門尉知家		建保1・2・16	八田三郎
1・11・11	八田右衛門尉知家			
1・12・1	前右衛門尉知家		知　景　　尾藤	
1・12・5	知家		建久1・11・7	尾藤次
1・12・11	知家		建仁3・9・2	尾藤次知景
2・2・4	八田左〈右〉衛門尉			
2・6・9	知家		知　景〈家〉	
2・7・28	八田右衛門尉		建長6・1・3	同(筑後)小次郎知景
2・8・1	八田左〈右〉衛門尉			〈家〉
2・8・6	八田右衛門尉，知家			
3・11・25	八田左衛門尉知家		知　継　　田中	
3・11・29	知家		寛元3・8・16	田中右衛門尉
4・1・1	八田右衛門尉知家		4・8・15	田中右衛門尉知継
4・4・2	八田右衛門尉知家		建長3・8・15	田中右衛門尉知継
4・5・1	八田右衛門尉知家		3・10・19	田中左衛門尉
4・6・5	八田左衛門尉知家		4・4・14	田中右衛門尉知継
4・6・12	八田左衛門尉知家		5・8・15	田中左衛門尉知綱
4・6・22	知家			(マヽ)
4・12・13	前左〈右〉衛門尉知家		6・6・16	田中右衛門尉
5・1・4	知家		6・8・15	田中右衛門尉知綱
5・2・2	八田左〈右〉衛門尉知家			〈継〉
			正嘉2・6・17	田中左〈右〉衛門尉
5・8・8	八田右衛門尉知家		弘長3・8・8	田中右衛門尉
5・12・19	八田右衛門尉知家		3・8・9	田中右衛門尉知継
5・12・26	八田右衛門尉知家			
6・1・8	前右衛門尉知家		知　康　　藤原	
6・3・10	八田右衛門尉		文治1・6・23	検非違使大夫尉知康
6・5・20	右衛門尉知家		1・11・10	廷尉知康
6・8・15	八田右衛門尉知家		1・12・6	大夫判官知康
正治1・2・4〈6〉	八田左〈右〉衛門尉知家		2・1・7	左衛門少尉藤知康 大夫尉
1・4・12	八田右衛門尉知家		2・12・11	前廷尉知康
1・5・7	八田右衛門尉知家		3・1・23	前廷尉知康
1・5・13	八田右衛門尉		3・8・27	壱岐判官
1・6・30	八田右衛門尉		3・10・3	知康
2・1・5	八田左衛門尉知家		建仁2・6・25	貴藤〈壱岐〉判官知康
建仁3・6・23	八田知家		2・6・26	知康
建保1・12・1	筑後守知家入道		2・9・15	壱岐判官知康
			2・12・19	知康
知　家　　平			3・9・12	知康
建久3・7・26	中宮権少進平知家		弘長1・1・10	知康
			文永3・3・29	知康
知　家				
嘉禎1・7・18	勘解由次官知家		知　綱　　→田中知継	
			建長5・8・15	田中左衛門尉知綱
知　基　　八田			6・8・15	田中右衛門尉知綱

— 334 —

第Ⅰ部　人名索引（ち）

知　氏　　八田
　元久2・1・1　　同(筑後)九郎
　貞応2・4・13　筑後九郎知氏

知　重　→八田朝重
　建久4・11・27　八田左衛門尉知重
　　　5・8・8　　八田左衛門尉知重
　　　5・⑧・1　　八田左衛門尉知重
　正治1・10・28　八田左衛門尉知重
　　　2・2・26　八田左衛門尉知重
　元久2・6・22　筑後左衛門尉知重
　建保2・7・27　筑後左衛門尉知重
　承久3・⑩・29　筑後左衛門尉知重

知　尚　　八田
　正治2・1・7　　八田六郎知尚
　建仁3・1・3　　筑後六郎知尚
　元久1・10・14　筑後六郎
　　　2・1・1　　筑後六郎
　　　2・1・3　　筑後六郎
　承元3・1・6　　筑後六郎知尚
　建保1・5・2　　筑後六郎尚知(マヽ)
　　　4・1・28　同(筑後)六郎知尚
　承久3・6・14　筑後六郎左衛門尉知尚

知　章　　平
　元暦1・2・7　　武蔵守知章
　　　1・2・13　知章
　　　1・2・15　知章

知　親
　治承4・8・19　兼隆親戚史大夫知親

知　親　　内藤
　元久2・9・2　　内藤兵衛尉朝親
　承元3・7・5　　内藤右馬允知親
　　　3・8・13　知親元朝字也
　　　4・9・13　内藤馬允
　建暦1・4・29　知親
　建保1・2・2　　内藤馬允
　　　1・9・10　内藤右馬允知親
　　　1・9・12　内藤右馬允
　　　1・9・22　内藤右馬允
　　　1・12・20　内藤馬允知親

知　親
　文永3・3・29　知親

知　盛　　平
　治承4・5・26　左衛門督知盛朝臣
　　　4・10・19　知盛卿
　　　4・12・1　左兵衛督平知盛卿
　　　4・12・19　左兵衛督知盛卿
　養和1・2・12　左兵衛督知盛卿
　文治1・2・16　新中納言知盛
　　　1・4・11　新中納言知盛
　　　1・6・14　中納言知盛卿
　　　2・4・20　新中納言知盛卿
　　　4・12・12　新中納言
　建久3・11・25　新中納言知盛卿
　　　6・6・25　新中納言知盛卿

知　宣　　尾藤
　元暦1・2・21　尾藤太知宣

知　宗
　嘉禎2・4・4　　知宗

知　忠　　藤原
　元仁1・⑦・29　玄番頭知忠

知　定　　茂木(八田)
　嘉禎3・6・23　筑後左衛門尉知定
　　　　　　　　（朝重の誤ならむ）
　暦仁1・2・17　筑後左衛門次郎
　仁治1・8・2　　筑後左衛門次郎
　寛元3・1・28　筑後左衛門次郎知定
　　　4・8・15　筑後左衛門次郎
　宝治1・6・12　筑後左衛門次郎知定
　　　1・6・23　筑後左衛門次郎知定
　　　1・9・11　筑後左衛門次郎
　　　1・11・11　筑後左衛門次郎知定
　建長2・12・11　筑後左衛門次郎知定
　　　2・12・27　筑後左衛門次郎
　　　3・8・15　茂木左衛門尉知定
　康元1・6・29　茂木左衛門尉
　正嘉2・6・17　茂木左衛門尉

知　度　　平
　治承4・9・29　参河守知度
　　　4・10・20　参河守知度
　養和1・3・10　参河守知度

知　親

— 335 —

第Ⅰ部 人名索引 (ち)

知　平　　尾藤
　文治5・7・19　尾藤太知平

知　輔
　承久3・12・3　主計大夫知輔
　貞応1・2・12　主計大夫知輔
　　　1・4・26　知輔
　　　2・1・25　知輔
　　　2・2・27　知輔
　　　2・4・30　知輔
　　　2・9・10　知輔
　　　2・11・29　知輔朝臣
　　　2・11・30　知輔
　　　2・12・20　知輔
　元仁1・6・6　知輔朝臣
　　　1・6・12　知輔
　　　1・6・18　知輔朝臣
　　　1・12・17　知輔朝臣
　嘉禄1・5・12　主計大夫知輔
　嘉禎3・5・15　知輔
　　　3・6・22　知輔

致　文　　秋田
　文治5・8・7　秋田三郎致文
　　　5・8・13　秋田三郎致文(梟首)

智　覚
　嘉禄1・1・14　浄円房智覚

竹　王　　藤原
　建久4・2・7　筑後権守子息竹王

中　章　　→源仲章
　元久1・1・12　相模権守，中章

仲　家　〔仲時参照〕
　寛元1・7・17　能登左〈右〉近蔵人
　康元1・6・29　同(能登)右近蔵人
　正嘉1・2・2　能登右近蔵人仲家
　　　1・12・29　能登左近蔵人仲家
　文応1・11・27　能登右近蔵人仲家
　弘長1・1・1　能登右近蔵人
　　　3・1・1　能登蔵人

仲恭天皇
　建保6・10・19　皇子
　　　6・10・27　皇子

　承久3・6・8　主上
　　　3・6・20　主上
　　　3・7・9　先帝
　　　3・7・20　前帝
　寛喜2・6・16　九条帝

仲　教　　(叡山悪僧)
　文治2・⑦・10　仲教
　　　2・8・3　仲教

仲　教　　田村
　建久1・11・8　伊賀前司仲教
　　　1・11・13　伊賀前司仲教
　　　6・3・10　伊賀前司
　　　6・3・12　伊賀守仲房〈教〉
　　　6・4・15　伊賀守仲教

仲　業　　中原
　建久2・1・15　左京進中原朝臣仲業
　　　2・11・22　仲業
　　　3・4・28　仲業
　　　3・5・8　前右京進仲業
　　　3・6・3　前右京進仲業
　　　3・8・5　前右京進仲業
　　　3・12・11　右京進仲業
　　　4・9・30　右京進仲業
　　　4・10・3　仲業
　　　4・11・11　仲業
　　　5・4・27　仲業
　　　5・7・14　仲業
　　　5・9・2　仲業
　　　5・9・29　仲業
　　　5・10・9　前右京進仲業
　　　5・11・26　仲業
　　　5・12・2　前右京進仲業
　　　6・3・10　中右京進
　　　6・7・26　仲業
　　　6・10・21　左京進仲業
　正治1・2・4〈6〉右京進仲業
　　　1・4・20　右京進仲業
　　　1・10・27　仲業
　　　1・10・28　右京進仲業
　　　1・11・18　右京進仲業
　建仁3・11・15　仲業
　　　3・12・1　右京進仲業
　元久1・4・1　仲業
　　　1・5・8　左京進仲業

— 336 —

第Ⅰ部 人名索引（ち）

元久1・8・3　左京進仲業
　　1・10・18　仲業
承元1・12・1　右京進仲業
　　2・4・25　仲業
　　3・5・5　仲業
　　3・11・20　仲業
　　4・3・22　仲業
　　4・11・23　仲業
　　4・12・21　中民部大夫仲業
建暦1・2・4　中民部大夫仲業
　　1・12・1　仲業
建保4・4・9　仲業
　　4・12・25　仲業

仲　業　→源仲章
建永1・1・12　相模権守仲業

仲　経　藤原
建久1・4・18　玄蕃助蔵人仲経
　　4・9・21　玄番助大夫仲経

仲　兼
建保1・9・10　近江前司仲兼
　　1・9・12　近江前司
　　1・9・19　仲兼朝臣
　　1・9・26　仲兼朝臣
　　1・12・10　近江前司仲兼
　　1・12・29　仲兼

仲　兼
寛喜2・5・21　安芸前司仲兼

仲　賢
文治3・8・12　大夫進仲賢

仲　光　藤原
治承4年首　　大宮大進仲光

仲　光　伊賀
建長3・1・11　伊賀式部八郎兵衛尉
文応1・4・1　伊賀式部八郎左衛門
　　　　　　　尉
弘長3・1・1　伊賀式部八郎左衛門
　　　　　　　尉
　　3・1・7　伊賀式部八郎左衛門
　　　　　　　尉仲光

仲　光　安倍
弘長1・8・10　為親朝臣子息仲光
文永3・2・20　仲光大膳権亮

仲　康　三善
建久3・7・26　右少史三善仲康

仲　康
元仁1・10・28　左衛門尉仲康
仁治2・3・25　対馬左衛門尉仲康
　　2・4・25　対馬左衛門尉仲康
　　2・6・28　対馬左衛門尉
建長3・6・20　対馬左衛門尉
　　4・4・30　対馬左衛門尉仲康
　　5・8・30　対馬左衛門尉仲康
　　5・12・21〈22〉対馬左衛門尉仲康
　　6・12・1　対馬左衛門尉
正嘉1・③・2　対馬左衛門尉仲康

仲　綱　源
治承4・4・9　（頼政）子息伊豆守仲
　　　　　　　綱
　　4・4・27　前伊豆守正五位下源
　　　　　　　朝臣仲綱
　　4・5・26　（頼政）子息仲綱
文治1・5・19　伊豆守仲綱
　　2・6・28　伊豆守仲綱（有綱父）
建久1・12・14　故伊豆守仲綱（広綱父）

仲　国　源
文治4・7・13　隠岐守仲国
　　4・11・18　隠岐守仲国
　　4・11・21〈22〉仲国朝臣，隠岐守
　　　　　　　仲国

仲　国
建久1・12・1　前尾張権守仲国
　　1・12・2　仲国

仲　氏
宝治1・6・22　能登左衛門大夫仲氏

仲　資
元暦1・4・28　神祇伯仲資主〈王〉
　　1・10・27　仲任〈王〉

— 337 —

第Ⅰ部 人名索引（ち）

仲　時　〔仲家参照〕
　寛元2・4・21　能登右近大夫仲時
　　　3・2・7　能登右近大夫仲時
　宝治1・5・14　能登右近大夫
　建長2・1・16　能登左近大夫仲時
　　　2・3・25　能登左近大夫
　　　2・12・27　能登左〈右〉近大夫
　　　3・1・1　能登右近大夫仲時
　　　4・4・3　能登右近蔵人忠時
　　　　　　　　（ マ ）
　　　4・4・14　能登右近大夫仲時
　　　4・7・23　能登右近蔵人仲時
　　　4・8・1　能登右近大夫仲時
　　　4・8・14　能登右近大夫仲時
　　　4・11・11　能登右近蔵人仲時
　　　4・12・13　右近蔵人仲時
　　　5・1・16　能登右近大夫仲時
　　　5・8・15　能登右近大夫仲時
　　　6・1・1　能登右近大夫仲時
　　　6・1・22　能登右近大夫仲時
　　　6・8・11　能登左〈右〉近蔵人仲時
　　　6・8・15　能登左〈右〉近大夫仲時
　康元1・6・29　能登右近大夫

仲　実　小野沢
　暦仁1・2・17　小野沢左近大夫
　　　1・10・7　小野沢左近大夫仲実
　建長3・12・3　小野沢左近大夫入道光蓮
　　　5・10・11　小野沢左近大夫入道
　　　6・10・10　小野沢左近大夫入道光蓮
　弘長1・2・29　小野沢左近大夫入道光蓮
　　　3・8・9　小野寺左大夫入道光蓮（マ）
　文永2・3・5　小野沢左近大夫入道

仲　尚
　貞永1・3・3　対馬蔵人仲尚

仲　章　源
　正治2・11・1　相模権守
　建仁3・6・24　相模権守
　　　3・7・25　相模権守

　元久1・1・12　相模権守，中章
　　　1・12・18　仲章朝臣
　建永1・1・12　相模権守仲業（マ）
　建暦1・12・10　仲章朝臣
　　　2・7・8　弾正大弼仲章朝臣
　建保1・3・6　弾正大弼仲章朝臣
　　　2・1・22　弾正大弼
　　　4・1・28　仲章朝臣
　　　4・7・29　大学頭仲章朝臣
　　　5・1・11　仲章朝臣
　　　6・3・16　源文章博士仲章朝臣
　　　6・6・17　仲章朝臣
　　　6・6・21　仲章朝臣
　　　6・6・27　文章博士仲章朝臣
　　　6・7・8　文章博士仲章朝臣
　　　6・12・20　文章博士仲章朝臣
　承久1・1・27　文章博士仲章朝臣
　　　1・2・8　仲章朝臣

仲　親
　建長3・11・13　右近大夫仲親

仲　清　村上
　正治2・2・26　村上余三判官仲清

仲　宗　源
　治承4・5・26　（頼政子息）仲宗
　正治1・8・19　源仲宗

仲　村　三浦
　治承4・9・3　三浦仲村

仲　太
　建久3・9・17　御厩舎人仲太

仲　通　源
　建久2・5・12　馬助仲通

仲　任〈王〉　→仲資
　元暦1・10・27　仲任〈王〉

仲　能　伊賀
　建保1・2・2　伊賀左近蔵人
　　　1・8・20　伊賀左近蔵人仲能
　　　1・8・26　伊賀左近蔵人仲能
　　　2・7・27　伊賀左近蔵人仲能
　　　6・6・27　左近蔵人仲能

— 338 —

第Ⅰ部 人名索引（ち）

建保 6・7・8　　左近蔵人仲能
　　 6・12・2　　伊賀左近蔵人仲能
嘉禄 1・12・29　右馬助仲能
　　 2・12・10　伊賀右馬助仲能
寛喜 3・11・9　　伊賀助仲能
天福 1・9・27　　伊賀馬助
　　 1・9・29　　伊賀馬助
　　 1・10・19　伊賀右馬助
文暦 1・3・5　　右馬権助仲能
嘉禎 1・6・29　　木工権頭仲能
　　 1・7・11　　木工権頭仲能
　　 1・8・18　　木工権頭
　　 2・8・4　　木工権頭
暦仁 1・12・22　能登守仲能〈祐〉
延応 1・8・11　　仲能
仁治 2・8・25　　能登前司仲能

仲　麻　呂　　藤原
文治 1・6・21　大臣〈師〉正一位 仲 麿
　　　　　　　号恵美

仲　平　　土肥 （維平長子）
建保 1・5・6　　土肥左衛門太郎

仲　頼　　源
養和 1・2・9　　源仲頼
元暦 1・2・13　 大夫判官仲頼
文治 1・10・24　皇后宮亮仲頼

忠　家　　→佐野基綱
養和 1・7・20　　佐野太郎忠家
寿永 1・1・1　　佐野太郎忠家
文治 3・4・29　　佐野太郎忠家

忠　家　　庄司
元暦 1・2・5　　庄司三郎忠家
文治 5・7・19　　庄三郎忠家
承久 3・6・18　　庄三郎

忠　家　　河原
元暦 1・2・5　　同（河原）次郎忠家

忠　家　　安東
建保 1・2・16　　安藤次郎忠家
　　 1・3・9　　忠家
　　 1・4・2　　忠家
　　 1・5・3　　忠家
　　 1・5・4　　忠家

建保 1・5・6　　忠家
　　 1・8・3　　忠家
承久 1・1・27　　安東次郎忠家
　　 3・5・25　　安東兵衛尉忠家
　　 3・6・14　　安東兵衛尉忠家
　　 3・6・18　　安東兵衛尉

忠　雅　　藤原
治承 4年首　　　前太政大臣忠雅公

忠　快
文治 1・4・11　　律師忠快
　　 1・6・2　　権律師忠快
　　 1・7・26　　前律師忠快
　　 5・5・17　　前律師忠快
建久 6・6・25　　中納言律師忠快 門脇
　　　　　　　　　中納言教盛卿子
　　 6・9・28　　前律師忠快

忠　快
建暦 1・11・2　　小川法師忠快
建保 1・4・28　　小河法印忠快
　　 4・5・10　　小河法印忠快
　　 4・⑥・24　　小河法印忠快
　　 4・7・29　　小河法印忠快
　　 4・8・19　　小河法印忠快
嘉禄 2・6・14　　小河法印忠快

忠　幹
寛元 4・12・29　忠幹

忠　季　　大河
建久 1・1・7　　二藤次忠季（兼任弟）

忠　季　　中山
建久 2・5・12　　権亮忠季朝臣 左中将

忠　季　　若狭
正治 1・10・28　若狭兵衛尉忠季
　　 2・2・26　　若狭兵衛尉忠季
建保 2・7・27　　若狭兵衛尉忠秀（マヽ）
　　 3・4・1　　忠季
　　 6・6・27　　若狭兵衛尉忠季
　　 6・9・13　　若狭兵衛尉忠季
承久 1・1・27　　若狭兵衛尉忠季
　　 3・6・18　　若狭次郎兵衛入道
建長 2・3・1　　若狭兵衛入道跡

— 339 —

第Ⅰ部 人名索引(ち)

忠　季
　　建保1・4・17　刑部丞忠季
　　　　1・4・27　刑部丞忠季

忠　義　宿屋
　　建長2・1・3　宿屋次郎忠義

忠　義　→島津忠時
　　貞応1・2・6　嶋津三郎兵衛尉忠義
　　　　1・7・3　嶋津三郎兵衛尉忠義
　　　　2・4・13　嶋津三郎兵衛忠義

忠　久　島津(惟宗)
　　建久1・11・7　右衛門兵衛尉
　　正治2・2・26　島津左衛門尉忠久
　　建仁3・9・4　嶋津左衛門尉忠久
　　建保1・2・2　嶋津左衛門尉
　　　　1・5・7　嶋津左衛門尉
　　　　1・8・26　嶋津左衛門尉忠久
　　　　2・7・27　嶋津左衛門尉忠久
　　　　4・7・29　嶋津左衛門尉忠久
　　　　6・6・27　嶋津左衛門尉忠久
　　承久1・7・19　嶋津左衛門尉
　　貞応1・3・8　嶋津左衛門尉忠久
　　元仁1・10・16　嶋津左衛門尉忠文〈久〉
　　嘉禄1・12・20　島津大夫判官
　　安貞1・4・16　嶋津豊後守
　　　　1・6・18　嶋津豊後守従五位下
　　　　　　　　　惟宗朝臣忠久卒
　　建長2・3・1　嶋津豊後前司跡

忠　久　飯野
　　仁治2・5・29　飯野兵衛尉忠久

忠　業
　　承久3・12・3　漏刻博士忠業
　　貞応1・4・26　忠業
　　　　2・1・25　忠業
　　　　2・2・27　忠業
　　　　2・4・30　忠業
　　　　2・9・10　忠業
　　　　2・12・20　忠業
　　元仁1・6・6　忠業
　　　　1・6・12　忠業

忠　景　阿多(平)
　　文治3・9・22　阿多平権守忠景

忠　景　島津
　　康元1・6・2　周防五郎兵衛尉
　　　　1・7・17　周防五郎左衛門尉忠景
　　正嘉1・6・23　周防五郎左衛門尉忠景
　　　　1・12・24　周防五郎左衛門尉
　　　　1・12・29　周防五郎左衛門尉景
　　　　2・1・1　周防五郎左衛門尉
　　　　2・1・2　周防五郎左衛門尉景
　　　　2・1・7　周防五郎左衛門尉
　　　　2・1・10　周防五郎左衛門尉景
　　　　2・3・1　周防五郎左衛門尉景
　　　　2・6・4　周防五郎左衛門尉景
　　　　2・6・11　周防五郎左衛門尉景
　　　　2・6・17　同(周防)五郎左衛門尉
　　　　2・8・15　周防五郎左衛門尉景
　　文応1・1・1　周防五郎左衛門尉景
　　　　1・1・2　周防五郎左衛門尉景
　　　　1・1・20　周防五郎左衛門尉景
　　　　1・2・20　周防五郎左衛門尉
　　　　1・4・3　周防五郎左衛門尉景
　　　　1・11・21　周防五郎左衛門尉景
　　　　1・11・27　周防五郎左衛門尉景
　　　　1・12・26　周防五郎左衛門尉景
　　弘長1・1・1　周防五郎左衛門尉景
　　　　1・1・2　周防五郎左衛門尉景
　　　　1・1・7　周防五郎左衛門尉
　　　　1・2・7　同(周防)五郎左衛門尉忠景

― 340 ―

第Ⅰ部 人名索引（ち）

弘長1・4・24　周防五郎右衛門尉
　　1・7・12　周防五郎左衛門尉
　　1・7・13　周防五郎左衛門尉
　　1・10・4　周防五郎左衛門尉忠景
　　3・1・1　周防五〈三〉郎左衛門尉忠景
　　3・1・7　周防五郎左衛門尉景
　　3・1・10　周防左衛門尉忠景
　　3・1・23　周防五郎左衛門尉
　　3・8・9　周防五郎左衛門尉景
　　3・8・11　左衛門尉忠景
　　3・8・15　周防五郎左衛門尉景
文永2・6・23　周防五郎左衛門尉
　　2・7・16　周防五郎左衛門尉
　　3・3・30　周防判官忠景
　　3・7・3　周防判官忠景
　　3・7・4　周防判官忠景

忠　景　　大見
正嘉1・10・1　同(大見肥後)五郎忠景

忠　景　　横溝
正嘉2・1・6　横溝弥六〈七〉
　　2・1・11　横溝弥七郎
　　2・1・15　横溝弥七郎忠景
弘長1・1・9　横溝弥七
　　1・1・10　横溝弥七

忠　経　　花山院（藤原）
建久6・6・3　宰相中将忠経
承元2・5・29　右大臣
建保6・5・9　花山院右府

忠　憲
寛元3・2・10　(医道)忠憲
　　3・10・13　忠憲

忠　顕〈影〉　浅間
建長4・4・14　浅間四郎左衛門尉忠顕〈影〉

忠　弘

寛喜2・11・13　忠弘

忠　光　　土屋(平)
治承4・8・20　同(土屋)弥二〈次〉郎忠光
建長2・3・1　土屋弥次郎跡

忠　光　　上総(平)
元暦1・2・7　上総五郎兵衛尉忠光
文治1・2・19　上総五郎兵衛尉忠光
建久3・1・21　上総五郎兵衛尉
　　3・2・24　上総五郎兵衛尉忠光
（梟首）

忠　光
貞応2・12・20　忠光

忠　光　　赤木(平)
延応1・5・23　赤木右〈左〉衛門尉平忠光

忠　光　　横溝
宝治2・1・15　横溝七郎五郎
建長3・1・8　横溝七郎五郎
　　3・1・10　横溝七郎五郎忠光
　　4・1・14　横溝七郎五郎
　　5・1・9　横溝七郎五郎
　　6・1・14　横溝七郎五郎忠光
康元1・1・4　横溝七郎五郎
　　1・1・9　横溝七郎五郎
　　1・1・13　横溝七郎五郎忠光
正嘉2・1・11　横溝七郎五郎忠光

忠　行　　楊梅(藤原)
建久2・12・24　左少将忠行
　　3・3・26　少将忠行

忠　行　　海老名
嘉禄2・10・18　海老名藤内左衛門尉
安貞2・7・22　藤内左衛門尉忠行
　　2・7・23　海老名藤内左衛門尉
嘉禎2・1・3　海老名左衛門尉
暦仁1・3・18　海老名左衛門大夫忠行
仁治1・3・12　海老名左衛門尉
　　2・3・20　海老名左衛門尉忠行

— 341 —

第Ⅰ部　人名索引（ち）

	仁治2・5・10	海老名左衛門尉忠行
	寛元1・2・23	左衛門尉忠行
	1・7・17	海老名左衛門尉
	宝治1・5・14	海老名左衛門尉
	建長2・3・1	海老名藤左衛門尉跡
忠　行	島津	
	康元1・6・29	同（周防）三郎左衛門尉
	1・7・6	周防三郎左衛門尉
	1・7・29	周防三郎左衛門尉
	正嘉1・2・2	周防三郎左衛門尉忠行
	1・10・1	周防三郎左衛門尉忠行
	2・1・1	周防三郎左衛門尉
	2・1・7	周防三郎左衛門尉
	2・6・4	周防三郎左衛門尉忠行
	2・6・17	同（周防）三郎左衛門尉
	文応1・1・1	周防三郎左衛門尉
	弘長1・1・1	周防三郎左衛門尉
	1・7・29	周防三郎左衛門尉
忠　高		
	嘉禎1・7・29	二条中納言忠高卿
忠　康	藤原	
	建久1・11・2	前兵衛尉忠康
忠　康	原	
	承久3・12・11	原左衛門尉
	貞応1・7・3	原左衛門尉忠康
	1・12・13	原左衛門尉
	2・1・5	原左衛門尉
	安貞2・3・9	原左衛門尉
	延応1・1・2	原左衛門尉忠康
	建長2・3・1	原左衛門跡
忠　綱	波多野	
	養和1・1・5	波多野小次郎忠綱
	文治1・10・24	波多野小次郎忠綱
	建久1・11・7	波多野小次郎
	6・3・10	波多野小次郎
	正治1・10・28	波多野小次郎忠綱
	2・1・18	忠綱（経朝父）

	建仁3・9・6	波多野次郎忠綱
	元久2・6・22	波多野小次郎忠綱
	建保1・5・2	波多野中務丞忠綱
	1・5・4	波多野中務丞忠綱
	1・5・7	波多野中務丞忠綱
	1・8・20	波多野中務丞忠綱
	1・8・26	波多野中務丞忠綱
	4・7・29	波多野中務丞忠綱
	建長2・3・1	波多野中務跡
忠　綱	岡部（辺）	
	養和1・2・28	岡部次郎忠綱
	1・②・17	忠綱
	文治1・10・24	岡部小次郎
	5・7・19	岡辺小次郎忠綱
	建久1・11・7	駿河岡部小次郎
	2・2・4	岡部小次郎
	6・3・10	岡辺小次郎
忠　綱	足利	
	養和1・②・23	足利又太郎忠綱
	1・②・25	足利又太郎忠綱
	1・9・7	（俊綱）嫡男〈子〉又太郎忠綱
	承元4・9・11	故足利又大郎忠綱
忠　綱		
	文治1・4・15	兵衛尉忠綱
忠　綱		
	建暦2・9・2	忠綱朝臣
	建保6・6・20	内蔵頭忠綱朝臣
	6・6・21	忠綱朝臣
	6・7・1	忠綱朝臣
	承久1・3・8	内蔵頭忠綱朝臣
	1・3・9	忠綱朝臣
	1・3・11	忠綱朝臣
	1・3・12	忠綱朝臣
	1・3・15	忠綱朝臣
忠　綱	島津	
	嘉禎2・8・4	豊〈筑〉後四郎左衛門尉
	3・4・22	豊後四郎左衛門尉
	暦仁1・2・22	豊後四郎左衛門尉忠綱
	寛元3・8・16	豊後四郎左衛門尉

— 342 —

第Ⅰ部　人名索引（ち）

宝治2・8・15	豊前〈後〉左衛門尉忠綱
2・10・25	嶋津豊後左衛門尉忠綱
建長2・1・16	豊後四郎左衛門尉忠綱
3・1・5	豊後四郎左衛門尉忠綱
3・8・15	豊後四郎左衛門尉忠綱
3・10・19	豊後四郎左衛門尉
3・11・13	豊後四郎左衛門尉
4・4・14	豊後四郎左衛門尉綱〈經〉
4・7・23	豊後四郎左衛門尉綱
4・8・1	豊後四郎左衛門尉綱
4・8・14	豊後左衛門尉行有〈忠時〉(ママ)
4・11・20	豊後左衛門尉忠時(ママ)
4・12・17	豊後四郎左衛門尉時(ママ)
5・1・3	豊後四郎左衛門尉綱
5・1・16	豊後四郎左衛門尉綱
5・7・17	豊後四郎左衛門尉
6・6・16	嶋津周防前司
6・8・15	周防前司忠綱
康元1・1・1	周防守
1・1・11	周防前司忠綱
1・6・29	周防守
1・7・29	(忠行)父周防守
1・8・15	周防前司忠綱
正嘉1・1・1	周防前司忠綱
1・2・2	周防前司忠綱
1・6・1	周防前司
1・10・1	周防守忠綱
2・1・1	周防守
2・1・7	周防守
2・6・4	周防守忠綱
2・6・17	周防守
2・8・15	周防前司忠綱
文応1・1・1	周防前司
1・1・11	周防前司忠綱

文応1・4・1	周防守
1・11・27	周防前司忠綱
弘長1・1・1	周防前司忠綱
1・1・7	周防前司
1・2・7	周防前司忠綱
1・7・29	周防守
1・8・15	周防前司

忠　綱　→天野景氏
　建長2・1・16　肥後次郎左衛門尉忠綱

忠　衡　藤原
　文治5・6・26　(泰衡)弟泉三郎忠衡
　　　　　　　　　年廿三
　　　5・9・17　(秀衡)三男忠衡

忠　衡　樋(比)爪
　文治5・9・15　同(太田)河北冠者忠衡(俊衡子息)
　　　5・9・18　河北冠者忠衡

忠　豪
　文治2・9・25　吉田中納言阿闍梨
　建久2・10・22　中納言阿闍梨忠豪

忠　氏　源　〔親〈近〉忠参照〕
　建長4・1・14　山城三郎左衛門尉源忠氏
　　　4・11・18　山城三郎左衛門尉
　　　4・11・21　山城三郎左衛門尉源忠氏
　　　5・1・14　山城三郎左衛門尉

忠　資　楊梅(藤原)
　建長3・7・4　楊梅新少将忠資

忠　時　新田
　文治5・7・19　同(新田)六郎忠時
　建久1・11・7　新田六郎
　　　2・2・4　新田六郎
　　　5・11・10　新田六郎
　　　6・3・10　同(新田)六郎
　建仁2・11・21　新田六郎
　　　3・9・6　(忠常弟)六郎

忠　時　南条

— 343 —

第Ⅰ部 人名索引（ち）

延応1・1・3	南条八郎兵衛尉忠時
1・1・5	南条八郎兵衛尉
仁治1・1・2	南条八郎兵衛尉忠時
康元1・1・4	南条八郎兵衛尉

忠　　時　　島津

承久3・6・18	嶋津三郎兵衛尉
貞応1・2・6	嶋津三郎兵衛尉忠義
1・7・3	嶋津三郎兵衛尉忠義
2・1・5	嶋津三郎兵衛尉
2・4・13	嶋津三郎兵衛忠義
2・10・13	嶋津三郎兵衛尉
安貞2・7・23	嶋津三郎左衛門尉
2・10・15	嶋津三郎左衛門尉
貞永1・⑨・20	嶋津三郎左衛門尉
寛元1・7・17	大隅前司
1・8・16	大隅前司
4・7・11	前大隅守忠時
宝治1・6・14	嶋津大隅前司忠時
1・12・29	嶋津大隅前司
2・1・3	大隅前司
建長2・3・25	大隅前司
3・1・1	大隅前司忠時
3・1・5	大隅前司忠時
3・1・11	大隅前司忠時
3・1・20	大隅前司
3・10・19	大隅前司
3・11・13	大隅前司
4・4・3	大隅前司忠時
4・8・1	大隅前司忠時
4・8・6	大隅前司忠時
4・9・25	大隅前司忠時
4・11・11	嶋津大隅前司忠時
4・11・20	大隅前司忠時
4・12・17	大隅前司忠時
5・1・3	大隅前司忠時
5・1・16	嶋津大隅前司忠時
5・7・17	嶋津大隅前司
6・1・22	大隅前司忠時
6・8・15	大隅前司忠時
康元1・1・1	嶋津大隅前司
1・1・5	大隅前司忠時
1・6・29	大隅前司
正嘉2・1・1	嶋津大隅前司
2・6・17	大隅前司
文応1・1・1	嶋津大隅前司

忠　　時　　姉小路

建長2・3・26	兵衛佐忠時
3・1・11	前兵衛佐忠時
正嘉1・6・24	兵衛佐忠時
2・1・10	姉小路兵衛佐忠時
2・6・4	前兵衛佐忠時朝臣
2・7・4	前兵衛佐忠時朝臣
文応1・2・14	前兵衛佐忠時朝臣
1・4・3	前兵衛佐忠時朝臣

忠　　時　　→仲時

建長4・4・3　能登右近蔵人忠時

忠　　時　　→島津忠直

忠　　時　　→島津忠綱

建長4・8・14	豊後左衛門尉行有〈忠時〉
4・11・20	豊後左衛門尉忠時
4・12・17	豊後四郎左衛門尉忠時

忠　　時

正嘉1・6・1	前讃岐守忠時朝臣
文応1・2・20	讃岐守
1・8・26	讃岐前司忠時朝臣
1・11・27	讃岐守忠時朝臣
弘長1・10・4	讃岐守忠時朝臣

忠　　時　　本間

正嘉2・1・6	本間弥四郎左衛門尉
文応1・1・12	本間弥四郎左衛門尉
1・1・14	本間弥四郎左衛門尉忠時
1・1・20	本間弥四郎左衛門尉忠時
弘長1・1・9	本間弥四郎左衛門尉
1・1・14	本間弥四郎左衛門尉忠時

忠　　時　　北条

弘長3・1・1	陸奥十郎忠時
3・1・3	陸奥十郎忠時
3・1・7	陸奥十郎忠時
3・8・15	陸奥十郎忠時
文永2・1・1	陸奥十郎忠時

忠　　実　　藤原

― 344 ―

第Ⅰ部 人名索引（ち）

治承4・9・22 殿下
文治2・4・20 知足院殿
建保6・4・29 知足院殿
寛喜3・7・16 知足院殿
貞永1・1・23 少将殿忠，大将殿

忠　秀　→若狭忠季
建保2・7・27 若狭兵衛尉忠秀

忠　重　江戸
元久2・6・22 江戸太郎忠重

忠　重　物部
嘉禄1・12・21 物部忠重

忠　尚
建保6・6・27 陰陽権助忠尚
嘉禎1・1・20 忠尚
　　1・3・18 忠尚
　　1・3・25 忠尚
　　1・6・10 忠尚朝臣
　　1・6・29 忠尚朝臣
　　1・7・18 忠尚朝臣
　　1・9・24 忠尚
　　1・10・2 忠尚
　　1・11・19 忠尚
　　1・12・20 忠尚
　　1・12・22 陰陽助忠尚
　　1・12・27 忠尚
　　1・12・28 忠尚
　　2・1・9 陰陽助忠尚朝臣
　　2・2・3 忠尚朝臣
　　2・3・13 陰陽助忠尚朝臣
　　2・6・26 忠尚
　　2・7・10 陰陽助忠尚朝臣
　　2・8・3 忠尚朝臣
　　2・8・4 陰陽助忠尚朝臣
暦仁1・10・13 忠尚
延応1・3・5 忠尚

忠　常　新田
治承4・8・20 新田四郎忠常
養和1・1・1 新田四郎忠常
　　1・7・20 新田四郎忠常
元暦1・3・18 新田四郎忠常
　　1・4・1 忠常
文治1・3・11 新田四郎忠常

文治1・10・24 新田四郎
　　1・10・27 新田四郎
　　3・1・18 新田四郎忠常
　　3・7・18 新田四郎忠常
　　4・3・15 新田四郎忠常
　　5・6・9 新田四郎忠常
　　5・7・19 新田四郎忠常
建久1・11・7 新田四郎
　　1・11・11 新田四郎忠常
　　2・2・4 新田四郎
　　2・3・4 新田四郎
　　4・3・21 新田四郎
　　4・5・28 新田四郎忠常
　　4・5・29 新田四郎
　　4・8・18 新田四郎
　　4・11・27 新田四郎忠常
　　5・8・8 新田四郎忠常
　　6・3・10 新田四郎
　　6・4・15 新田四郎
建仁2・9・21 新田四郎忠常
　　2・9・29 新田四郎忠常
　　3・6・3 新〈仁〉田四郎忠常
　　3・6・4 新〈仁〉田四郎忠常
　　3・9・2 新田四郎忠常
　　3・9・5 新田四郎忠常
　　3・9・6 新〈二〉田四郎忠常
建保1・12・18 仁〈新〉田四郎忠常

忠　信　佐藤
治承4・10・21 忠信
文治1・2・19 同(佐藤)四郎兵衛忠信
　　1・4・15 兵衛尉忠信
　　1・10・17 佐藤四郎兵衛尉忠信
　　1・11・3 佐藤四郎兵衛尉忠信
　　2・9・22 忠信(誅さる)
　　2・9・29 佐藤兵衛尉
　　5・8・8 忠信

忠　信　坊門(藤原)
承元2・5・26 坊門殿忠信
　　2・7・22 坊門殿
建暦1・9・12 坊門中納言忠信卿
　　1・10・20 坊門黄門〈坊門殿〉
　　1・11・4 坊門黄門
建保2・2・10 坊門新黄門忠信
　　3・7・6 坊門黄門忠信卿

— 345 —

第Ⅰ部 人名索引（ち）

建保6・12・21 坊門亜相
承久1・1・23 坊門大納言
　　1・1・24 坊門亜相
　　1・1・27 新大納言忠信
　　3・6・8 忠信
　　3・6・12 坊門大納言
　　3・6・25 大納言忠信卿
　　3・8・1 坊門大納言忠信
暦仁1・5・5 坊門大納言入道殿

忠　親　　坊門(藤原)
元暦1・2・11 堀川亜相忠親卿
文治1・12・6 (権大納言)忠親卿
　　2・1・7 堀河大納言忠親
　　2・3・12 堀河大納言
　　4・4・9 権大納言藤原朝臣
　　4・12・11 権大納言藤原朝臣
　　5・5・29 堀河大納言忠親卿
元仁1・7・24 内大臣忠親公

忠　成
寛元3・8・15 前刑部少輔忠成
宝治1・6・11 前刑部少輔忠成朝臣

忠　清　　伊藤(平)
治承4・8・9 上総介忠清平家侍
　　4・10・20 上総介忠清
養和1・8・16 上総介忠清
元暦1・8・2 忠清法師
文治1・5・10 上総介忠清法師
　　1・5・16 忠清法師
　　2・3・12 忠清法師

忠　清
仁治2・4・25 若狭四郎忠清

忠　盛　　平
治承4・9・14 刑部卿忠盛朝臣
文治5・8・18 刑部卿忠盛朝臣

忠　宗〈家〉
建保1・3・6 近衛次将左忠宗〈家〉

忠　宗　　土屋
建長4・4・3 土屋大郎左衛門尉忠宗

忠　尊
文応1・3・1 (寺門衆徒)忠尊

忠　泰
弘長1・1・2 対馬次郎兵衛尉
　　3・1・12 対馬次郎兵衛尉忠泰

忠　泰　　島津
正嘉1・10・1 同(周防)四郎左衛門尉忠泰
　　2・1・1 周防四郎左衛門尉
　　2・6・4 同(周防)四郎左衛門尉忠泰
弘長1・7・12 周防四郎左衛門尉
　　1・9・20 周防四郎左衛門尉忠泰

忠　致　　長田
文治5・9・7 長田庄司

忠　澄　　岡部(辺)
文治3・4・29 岡部六野太
　　5・7・19 岡辺六野太忠澄
建久1・11・7 岡部六野太
　　6・3・10 岡部〈辺〉六野太

忠　直　　高梨
元暦1・1・26 忠直

忠　直　　熊谷
建久1・11・7 熊谷小太郎

忠　直　　島津
建長4・4・3 豊後三郎左衛門尉忠直
　　4・7・8 豊後三郎左衛門尉忠時(ﾏﾏ)
弘長1・1・1 豊後三郎左衛門尉

忠　直　　本間(源)
延応1・1・5 本間源内衛門尉
仁治1・1・1 本間源内左衛門尉忠直
　　1・1・6 本間源内左衛門尉

― 346 ―

第Ⅰ部 人名索引（ち）

忠　通　　藤原
　治承4年首　　法性寺関白
　文治2・2・27　法性寺殿
　　　5・9・17　九条関白，殿下

忠　貞　　本間(源)
　建仁1・9・18　本間源太
　嘉祿2・7・1　　本間太郎左衛門尉忠貞
　　　2・9・22　本間太郎左衛門尉
　寛喜2・1・10　本間太郎左衛門尉
　天福1・1・1　　本馬太郎左衛門尉

忠　貞　　寺町
　元久2・⑦・29　忠貞寺町十郎

忠　度　　平
　治承4・9・29　薩摩守忠度
　　　4・10・20　薩摩守忠度
　養和1・2・27　薩摩守忠度朝臣
　　　1・3・10　薩摩守忠度朝臣
　元暦1・2・7　　薩摩守忠度朝臣
　　　1・2・13　忠度
　　　1・2・15　忠度朝臣
　　　1・3・13　薩摩守平忠度
　文治1・2・19　前薩摩守平忠度朝臣

忠　文　　藤原
　元暦1・1・10　参議右衛門督藤原忠文朝臣
　　　1・4・10　忠文字治民部卿
　建仁1・4・6　　宇治民部卿忠文
　宝治1・9・11　参議〈議〉右衛門督藤原忠文

忠　遍
　嘉禎1・6・29　大夫法印忠遍

忠　房　　平
　文治1・12・17　小松内府息丹後侍従忠房

忠　房　　藤原
　建保1・3・6　　中納言忠房

忠　明　　藤原
　建久3・7・26　尾張守藤原忠明 元伯

着守

忠　茂　　丹波
　建長4・4・1　　采女正丹波忠茂
　　　4・8・4　　医師忠茂朝臣
　　　4・9・7　　医家忠茂朝臣
　　　4・11・14　医道忠茂朝臣
　正嘉1・12・24　前采女正
　　　2・3・1　　采女正忠茂朝臣
　文永2・2・3　　医師施薬院使忠茂
　　　3・4・7　　施薬院使忠茂朝臣

忠　茂〈義〉
　正嘉1・2・2　　備中右近大夫将監忠茂〈義〉

忠　茂
　文応1・2・20　図書頭
　　　1・11・27　図書頭忠茂朝臣
　弘長1・7・13　図書頭

忠　頼　　一条(武田)
　治承4・9・10　一条次郎忠頼
　　　4・9・15　一条次郎忠頼
　　　4・9・24　一条二郎忠頼
　　　4・10・13　次郎忠頼
　元暦1・1・20　一条次郎忠頼
　　　1・1・27　一条次郎忠頼
　　　1・6・16　一条次郎忠頼
　　　1・6・18　故一条次郎忠頼
　　　1・7・10　忠頼
　　　1・7・20　一条次郎忠頼
　文治2・3・9　　(信義)子息忠頼
　　　3・7・23　故一条次郎忠頼

忠　頼　　島津
　康元1・7・29　(忠行)弟六郎
　文応1・1・1　　周防六郎左衛門尉
　弘長1・1・1　　周防六郎左衛門尉
　　　1・1・2　　同(周防)六郎左衛門尉忠頼
　　　1・1・7　　同(周防)六郎左衛門尉
　　　1・8・15　周防六郎左衛門尉忠頼

忠　隆　　藤原

— 347 —

第Ⅰ部　人名索引（ち）

忠隆
　治承4年首　　従三位藤原忠隆卿
　正治1年首　　従三位藤忠隆卿

忠　　良　　藤原
　文治4・4・9　　権中納言藤原朝臣
　建久2・12・24　新大納言忠良

貯　　　　　源
　承久1・7・25　右兵衛尉源貯

長　胤　　武石(千葉)
　文応1・1・20　武石四郎左衛門尉長胤
　　1・11・27　武石新左衛門尉長胤
　弘長1・1・1　武石新左衛門尉長胤
　　1・1・7　　武石新左衛門尉
　　1・2・7　　武石新左衛門尉長胤
　　1・4・24　武石新左衛門尉
　　1・4・25　武石新左衛門尉
　　1・7・12　武石新左衛門尉
　　1・8・15　武石新左衛門尉
　　1・9・20　武石新左衛門尉長胤
　　1・10・4　武石新左衛門尉長胤
　　3・1・1　　武石〈千葉〉新左衛門尉胤
　　3・1・7　　武石新左衛門尉長胤
　　3・8・15　武藤〈石〉新左衛門尉長胤
　文永2・6・23　武石新左衛門尉長胤

長　　員
　元久2・⑦・29　長員別宮大夫

長　　員　　〔朝景参照〕
　弘長1・1・1　越中次郎左衛門尉
　　3・1・1　　越中次郎左衛門尉
　　3・1・7　　越中次郎左衛門尉長員
　　3・8・15　越中次郎左衛門尉長員

長　　栄
　養和1・1・23　僧長栄
　文治1・4・13　威光寺院主長栄

長　　家
　文治3・9・27　太神宮神人長家

長　雅　　五条
　建永1・7・1　五条蔵人長雅

長　雅　　花山院(藤原)
　建長4・3・19　花山院中将長雅朝臣
　　4・4・1　　花山院中将長雅朝臣
　　4・4・14　花山院中将長雅朝臣
　　4・11・11　花山院中将長雅朝臣
　　5・2・30　花山院中将
　　5・8・15　花山院中将
　　6・8・11　花山院中将
　康元1・8・23　花山院宰相中将長雅卿
　正嘉1・10・1　花山院宰相中将長雅卿
　　2・1・10　花山院宰相中将長雅
　　2・6・4　　花山院宰相中将長雅卿
　　2・6・11　花山院宰相中将
　　2・7・4　　花山院宰相中将長雅卿
　　2・11・19　花山院宰相中将
　文応1・3・21　花山院中納言
　　1・4・3　　花山院中納言長雅卿
　　1・11・19　花山院中納言
　　1・11・27　花山院中納言長雅
　弘長1・7・13　花山院中納言

長　幹　　真壁
　文治5・8・12　真壁六郎
　建久1・11・7　真壁六郎

長　　季
　承元2・5・29　長季

長　　季
　建保1・8・14　(検非違使)庁官長季

長　義　　浅利(阿佐利)〔遠義参照〕
　建久1・11・7　浅利冠者
　　2・2・4　　浅利冠者
　　2・7・28　阿佐利冠者長義
　　6・3・10　浅利冠者
　　6・3・12　浅利冠者長義
　　6・5・20　浅利冠者長義

長　義　　佐竹

— 348 —

第Ⅰ部　人名索引（ち）

建長4・8・1　　佐竹常陸次郎長義
康元1・6・29　佐竹次郎
弘長1・7・29　佐竹常陸次郎

長　　教　　藤原〔宗教参照〕
正嘉1・12・29　美作兵衛蔵人長教
文永2・6・23　同(美作)兵衛蔵人長
　　　　　　　　教
　　2・7・16　同(美作)兵衛蔵人
　　3・7・4　同(親家子息)兵衛蔵
　　　　　　　　人長教

長　　経　　藤原
文治4・4・9　　丹後〈波〉守藤原朝臣
　　4・12・11　丹波〈後〉守藤原朝臣

長　　経　　小笠原(加々美)
文治4・7・10　小笠原弥太郎
　　5・7・19　同(加々美)太郎長経
　　　　　　　　〈綱〉
正治1・4・20　小笠原弥太郎
　　1・7・20　小笠原弥大郎
　　1・7・26　小笠原弥大郎長経
　　1・8・19　小笠原弥大郎
　　2・2・26　小笠原弥大郎長経
　　2・9・2　小笠原阿波弥大郎
建仁1・9・18　小笠原弥太郎
　　2・9・21　小笠原阿波弥太郎
　　3・9・4　小笠原弥太郎
貞応2・5・27　小笠原弥太郎長経
元仁1・10・28　小笠原太郎長経
安貞1・2・13　(阿波国)守護人小笠
　　　　　　　　原弥太郎

長　　経　　大曾禰
延応1・1・2　大曾禰太郎兵衛尉長
　　　　　　　　経(長泰ならむ)
寛元3・8・15　大曾禰次郎左衛門尉
　　　　　　　　長経(盛経ならむ)
　　4・8・15　大曾禰太郎左衛門尉
　　　　　　　　長経(長泰ならむ)
建長3・1・11　大曾禰左衛門太郎長
　　　　　　　　継(マヽ)
　　4・4・14　大曾禰左衛門大郎長
　　　　　　　　経
　　4・7・23　大曾禰大郎長経
　　4・11・11　大曾禰左衛門大郎長
　　　　　　　　頼(マヽ)
建長6・8・15　大曾禰左衛門太郎長
　　　　　　　　経
康元1・1・1　上総太郎左衛門尉
　　1・1・11　上総太郎左衛門尉
　　1・6・29　上総太郎左衛門尉
　　1・8・15　上総太郎兵衛尉長経
正嘉1・8・15　上総前司長経(長泰な
　　　　　　　　らむ)
　　1・10・1　大曾禰上総左衛門尉
　　　　　　　　長経
　　1・12・24　上総大郎左衛門尉
　　2・6・4　上総太郎左衛門尉長
　　　　　　　　経
　　2・6・17　上総大郎左衛門尉
　　2・8・15　上総大郎左衛門尉長
　　　　　　　　経
文応1・1・20　大曾禰大郎左衛門尉
　　　　　　　　長経(長頼ならむ)
　　1・2・20　上総大郎左衛門尉
　　1・7・29　上総大郎左衛門尉長
　　　　　　　　経
　　1・11・27　上総大郎左衛門尉長
　　　　　　　　経
弘長1・1・1　上総太郎左衛門尉
　　　　　　　　経
　　1・4・24　上総太郎左衛門尉
　　1・4・25　上総太郎左衛門尉
　　1・7・12　上総太郎左衛門尉
　　1・8・15　上総太郎左衛門尉長
　　　　　　　　綱(マヽ)

長　　経　　→小笠原長澄
宝治2・8・15　小笠原余一長経

長　　経　　→名越(北条)長頼
康元1・8・15　備前三郎長経

長　　景　　安達
建長2・3・25　同(城)九郎
正嘉2・1・1　城弥九郎
文応1・1・1　城弥九郎
　　1・1・3　同(城)九郎長景
　　1・1・20　城弥九〈四〉郎長景
　　1・2・20　城弥九郎
　　1・4・1　城弥九郎
　　1・11・22　同(城)弥九郎長景

— 349 —

第Ⅰ部 人名索引（ち）

弘長1・1・1　城弥九郎
　　　1・1・3　同(城)九郎長景
　　　1・4・24　同(城)九郎
　　　1・4・25　城弥九郎
　　　1・7・2　城九郎，長景
　　　1・7・12　城九郎
　　　1・9・20　城九郎長景
　　　3・1・1　同(城)九郎長景〈宗〉
　　　3・1・2　同(城)九郎長景
　　　3・1・7　城弥九郎長景
文永2・1・1　同(城)九郎長景
　　　2・1・2　同(城)九郎長景
　　　3・7・4　城弥九郎長景

長　　継　　→大曾禰長経
建長3・1・11　大曾禰左衛門太郎長継

長　　賢
建暦2・9・2　長賢〈厳〉僧正
承久1・3・11　刑部僧正長賢
　　　3・6・25　刑部僧正長賢
　　　3・9・10　刑部僧正長賢
　　　3・⑩・1　刑部僧正長賢跡
建長4・1・12　刑部僧正長賢

長　　元　　→江戸長光
建長4・12・17　江戸七郎大郎長元

長　　広　　吉井
寛元2・7・16　吉井四郎長広

長　　光　　工藤
貞応1・1・7　工藤中務次(二)郎長光

長　　光　　江戸
宝治1・11・15　江戸七郎大郎
建長2・8・15　江戸七郎太郎重光
　　　　　　　（ﾏﾏ）
　　　2・8・18　江戸七郎太郎
　　　4・12・17　江戸七郎大郎長元
　　　　　　　（ﾏﾏ）
文応1・1・20　江戸七郎大郎長光
弘長1・7・9　江戸七郎太郎
　　　3・7・13　江戸七郎大郎

長　　高　　上条
寛元3・8・15　上条修理亮長高

長　　康　　→三善康長
建長3・8・15　善右衛門尉康(ﾏﾏ)

長　　綱〈経〉
建暦2・12・21　修理権大夫同長綱
　　　　　　　〈経〉

長　　綱　　佐々木
嘉禎3・4・22　同(近江)左衛門太郎
　　　　　　　長綱

長　　綱　　佐々木
弘長1・6・17　佐々木壱岐四郎左衛
　　　　　　　門尉
　　　1・8・14　壱岐四郎左衛門尉長綱
　　　3・1・1　同(佐々木壱岐)四郎
　　　　　　　左衛門尉長綱
　　　3・8・15　佐々木壱岐四郎左衛
　　　　　　　門尉長綱

長　　綱　　→大曾禰長経
弘長1・8・15　上総太郎左衛門尉長綱

長　　衡
承久3・5・19　右大将家司主税頭長衡
　　　3・6・14　長衡

長　　氏　　吉良(足利)
建久6・3・10　足利五郎
　　　6・5・15　足利五郎
安貞2・7・23　足利五郎
　　　2・10・15　足利五郎長氏
寛喜1・9・17　足利五郎長氏
　　　1・10・22　足利五郎
　　　1・12・10　足利五郎長氏
嘉禎1・6・29　足利五郎長氏
　　　2・8・4　足利五郎
　　　2・8・9　足利五郎
　　　3・4・19　足利五郎
　　　3・4・22　足利五郎
　　　3・6・23　足利五郎長氏

― 350 ―

第 I 部 人名索引（ち）

暦仁1・2・28	足利五郎長氏
1・6・5	足利五郎長氏
仁治2・1・2	足利五郎

長　氏　　大泉
建長2・8・15	大泉九郎長氏
2・12・27	大泉九郎
3・8・15	大泉九郎長氏
4・4・14	大泉九郎長氏
4・7・8	大泉九郎長氏
4・8・1	大泉九郎
4・11・11	大泉九郎長氏
5・1・16	大泉九郎長氏
6・6・16	大泉九郎
正嘉1・12・24	大泉九郎
1・12・29	大泉九郎長氏
2・1・1	大泉九郎
2・1・10	大泉九郎長氏
2・6・4	大泉九郎長氏
2・6・11	大泉九郎長氏
2・8・15	大泉九郎長氏
文応1・1・1	大泉九郎
1・1・20	大泉九郎氏広(マヽ)
1・2・20	大泉九郎
1・4・1	大泉九郎
1・11・27	大泉九郎長氏
弘長1・1・1	大泉九郎
1・7・12	大泉九郎
3・1・23	大泉九郎
3・8・15	大泉九郎長氏

長　資　　藤原
元暦1・9・19	同(藤重次)舎弟六郎長資

長　時　　北条
宝治1・3・27	六波羅相模左近大夫将監長時朝臣
1・7・18	相模左近大夫将監長時〈村〉
1・11・27	相模左近大夫将監
建長2・3・1	陸奥左近大夫将監
4・3・6	六波羅大夫将監長時朝臣
4・3・18	六波羅左親衛
4・4・1	左近大夫将監長時, 前陸奥左近大夫将監長時
建長4・4・14	陸奥左近大夫将監長時
康元1・3・27	左近大夫将監長時朝臣
1・6・29	陸奥左近大夫将監
1・7・6	六波羅大夫将監長時朝臣
1・8・9	武州
1・8・23	武蔵守長時
1・9・19	武州
1・11・22	武州長時
1・11・24	武州
1・11・28	武州
正嘉1・2・26	武州
1・8・15	武蔵守長時
1・9・24	武州
1・10・1	武州
1・10・15	武州
1・12・12	武蔵国司
2・1・8	武州
2・2・25	武州
2・3・1	武蔵守長時
2・3・20	武蔵守, 武州
2・4・19	相〈武〉州
2・6・1	武州
2・6・2	武州
2・6・4	武州
2・6・17	武州
2・6・18	武州
2・8・8	武州
2・8・15	武州
2・8・20	武蔵守
2・9・21	武蔵守
2・11・19	武州
文応1・1・1	武州
1・3・21	武州
1・3・27	武州
1・4・3	武州
1・6・12	武蔵守
1・6・16	武州
1・8・12	武蔵守
1・8・15	武州
1・8・16	武州
1・10・22	武州
1・11・18	武州
1・11・22	武州

第Ⅰ部　人名索引（ち）

```
　　　　　文応1・12・16　武州長時
　　　　　　　1・12・24　武州
　　　　　　　1・12・25　武州
　　　　　弘長1・1・26　武州
　　　　　　　1・2・25　武蔵守
　　　　　　　1・6・25　武蔵守
　　　　　　　1・8・15　武蔵守長時
　　　　　　　3・1・3　武州
　　　　　　　3・4・21　武蔵守
　　　　　　　3・4・26　武蔵守長時
　　　　　　　3・6・23　武蔵守
　　　　　　　3・8・9　武州
　　　　　　　3・8・15　武州
　　　　　　　3・8・25　武蔵守
　　　　　　　3・9・10　武蔵守
　　　　　　　3・10・25　武州
　　　　　　　3・11・22　武州
　　　　　　　3・12・11　武州
　　　　　文永2・5・3　故武州禅門
　　　　　　　2・8・13　故武州禅門長
長　重　　横地
　　　　　養和1・②・17　横地太郎長重
　　　　　文治2・2・6　横地太郎
　　　　　　　3・8・15　横地太郎長重
　　　　　建久1・11・7　横地太郎
　　　　　　　6・3・10　横地太郎
長　重
　　　　　文治2・⑦・28　皇太神宮禰宜長重
長　重
　　　　　寛喜3・10・19　長重
　　　　　　　3・11・9　長重
長　重　　横路（地）
　　　　　正嘉2・1・6　横路左衛門次郎
　　　　　　　2・1・11　横路左衛門次郎長重
　　　　　　　2・1・15　横路左衛門次郎長重
　　　　　弘長1・1・9　横地左衛門次郎
　　　　　　　1・1・14　横地左衛門次郎長重
　　　　　　　3・1・8　横地左衛門次郎
　　　　　　　3・1・12　横地左衛門次郎師重
　　　　　　　　　　　　（マヽ）
　　　　　文永2・1・12　横地左衛門次郎師重
　　　　　　　　　　　　（マヽ）
　　　　　　　3・1・11　横地左衛門次郎

長　舜
　　　　　弘長1・9・4　長舜法眼
長　信
　　　　　建長6・6・15　蔵人阿闍梨長信
　　　　　　　6・6・23　蔵人阿闍梨長信
長　世　　丹波
　　　　　建長4・8・4　（医師）長世
　　　　　康元1・9・19　権侍医長世
　　　　　文応1・9・5　権侍医長如〈世〉
　　　　　　　1・11・26　玄番頭丹波長世
　　　　　　　1・11・27　玄番長世朝臣
　　　　　弘長3・11・16　医師玄蕃頭丹波長世朝臣
　　　　　　　3・11・23　医師長世朝臣
　　　　　文永2・9・21　医師長世朝臣
長　成　　一条
　　　　　治承4・10・21　（源義経）継父一条大蔵卿長成
　　　　　文治1・11・3　一条大蔵卿長成
長　成
　　　　　承久3・7・13　施薬院使長成入道
長　性
　　　　　正嘉1・10・1　権律師長性
長　政　　下妻（小山）
　　　　　寛元2・8・15　小山下野四郎長政
　　　　　　　4・7・11　下妻四郎長政
　　　　　建長4・9・29　下妻修理亮藤原朝臣長政卒
長　清　　小笠原（加々美）
　　　　　治承4・10・19　加々美次郎長清
　　　　　　　4・12・12　加々美次郎長清
　　　　　　　4・12・19　加々美次郎長清
　　　　　養和1・2・1　加々美次郎長清
　　　　　元暦1・5・1　小笠原次郎長清
　　　　　文治1・10・24　加々美次〈二〉郎長清
　　　　　　　2・10・27　加々美二郎長清
　　　　　　　4・1・20　加々美次郎
　　　　　　　4・9・22　小笠原次郎長清
　　　　　　　5・7・19　加々美次郎長清
　　　　　　　5・8・12　加々美次郎長清
```

— 352 —

第Ⅰ部　人名索引（ち）

建久1・11・7　加々美次郎
　　1・11・11　加々美次郎長清
　　2・2・4　加々美次郎
　　4・3・21　加賀美次〈二〉郎
　　4・5・8　小笠原次郎
　　4・5・29　小笠原次〈二〉郎
　　4・8・16　小笠原次〈二〉郎
　　5・6・28　小笠原次郎長清
　　5・8・8　加々美次郎長清
　　5・⑧・1　加々美次郎長清
　　5・10・9　小笠原次郎長清
　　5・12・26　加々美次郎長清
　　6・3・10　加々美次〈二〉郎
　　6・3・12　加々美次〈二〉郎長清
　　6・5・20　加々美次〈二〉郎長清
建保1・8・20　小笠原次郎〈次郎兵衛〉長清
　　4・12・25　小笠原次郎長清
承久1・1・27　小笠原次郎長清
　　3・5・25　小笠原次郎長清
　　3・6・5　小笠原次郎
　　3・6・18　小笠原次〈四〉郎
　　3・6・24　小笠原次郎長清
　　3・7・29　小笠原次郎長清

長　盛　　津守
文治1・2・19　住吉神主津守長盛

長　宣
弘長3・4・21　女医博士長宣朝臣
　　3・4・26　女医博士長宣朝臣

長　詮
貞応1・4・27　（鳥居禅尼）子息長詮法橋

長　宗
嘉禎3・4・17　番匠大工大夫長宗
　　3・4・19　大工散位長宗

長　村　　小山
安貞2・5・10　小山五郎
　　2・6・26　小山五郎
　　2・7・23　小山五郎
　　2・7・24　小山五郎
　　2・8・13　小山五郎
　　2・12・30　小山五郎
寛喜1・6・27　小山五郎長村
　　1・9・17　小山五郎長村
　　1・10・22　小山五郎
　　1・10・26　小山五郎
　　2・①・23　小山五郎
　　2・2・19　小山五郎
　　3・9・25　小山五郎右衛門尉
嘉禎1・2・9　小山五郎左衛門尉
　　1・6・29　小山五郎左衛門尉長村
　　3・4・22　小山五郎左衛門尉
　　3・6・23　小山五郎左衛門尉長村
　　3・7・25　小山長村
暦仁1・2・17　小山五郎左衛門尉
　　1・2・28　小山五郎左衛門尉長村
仁治1・8・2　小山五郎左衛門尉
　　2・1・23　小山五郎左衛門尉
　　2・8・25　小山五郎左衛門尉
　　2・9・14　小山五郎左衛門尉
　　2・11・4　小山五郎左衛門尉
　　2・11・29　小山五郎左衛門尉長村
　　2・11・30　小山五郎左衛門尉
　　2・12・21　小山五郎左衛門尉長村
寛元1・1・19　小山五郎左衛門尉
　　1・7・17　小山五郎左衛門尉
　　2・8・15　小山五郎左衛門尉長村
　　2・8・16　小山五郎左衛門尉
　　2・12・8　同（小山）五郎
　　3・8・16　小山判官長村
　　4・8・15　小山大夫判官長村
宝治1・2・23　小山大夫判官
　　1・6・20　小山大夫判官長村
　　1・12・29　小山大夫判官
　　2・1・20　小山大夫判官長村
建長2・1・3　小山出羽前司長村
　　2・1・16　小山出羽前司長村
　　2・2・26　小山出羽前司
　　2・3・25　小山出羽前司
　　2・3・28　小山出羽前司長村
　　2・5・10　小山出羽前司
　　2・8・18　小山出羽前司
　　2・12・27　小山出羽前司

— 353 —

第Ⅰ部　人名索引（ち）

建長 2・12・28	小山出羽前司長村
2・12・29	小山出羽前司
3・1・1	小山出羽前司長村
3・1・5	出羽前司長村
3・8・15	小山出羽前司長村
3・8・21	小山出羽前司
3・8・24	小山出羽前司
3・10・19	小山出羽前司
3・11・13	小山出羽前司
4・4・1	小山出羽前司長村
4・4・14	小山出羽前司長村
4・4・24	小山出羽前司長村
4・5・17	出羽前司長村
4・5・19	長村
4・7・8	前出羽守長村
4・8・1	小山出羽前司長村
4・8・14	小山出羽前司長持〈村〉
4・12・17	小山出羽前司長村
5・1・16	小山出羽前司長村
6・1・1	出羽前司長村
6・1・22	小山出羽前司長村
6・7・20	小山出羽前司
康元 1・1・1	小山出羽前司
1・1・11	小山出羽前司長村
1・6・2	小山出羽前司
1・6・29	小山出羽前司
1・7・17	小山出羽前司長村
正嘉 1・10・1	出羽前司長村
2・1・1	小山出羽前司
2・1・10	小山出羽前司長村
2・4・25	小山〈小山田〉出羽前司長村
2・6・4	出羽前司長村
2・6・17	小山出羽前司
文応 1・1・1	小山出羽前司長村
1・1・11	小山出羽前司長村
1・1・20	小山出羽前司長村
1・4・3	出羽前司長村
1・11・18	小山出羽前司
1・11・22	小山出羽前司長村
弘長 3・1・1	小山出羽前司
3・1・10	出羽前司長村
3・8・8	小山出羽前司
3・8・9	出羽前司

長　村　小笠原

寛元 3・1・9	小笠原七郎
宝治 1・6・22	小笠原七郎

長　尊

正嘉 1・10・1	権少僧都長尊
弘長 1・2・20	長尊

長　泰　大曾禰

嘉禎 1・6・29	大曾禰兵衛尉長泰
2・8・4	大曾禰太郎兵衛尉
3・4・22	大曾禰兵衛尉長泰
3・6・23	大曾禰兵衛尉長泰
暦仁 1・2・17	大曾禰太郎兵衛尉
1・2・28	大曾禰兵衛尉長泰
1・6・5	大曾禰兵衛尉長泰
延応 1・1・2	大曾禰太郎兵衛尉長経（ママ）
仁治 2・8・25	大曾禰兵衛尉
寛元 1・7・17	大曾禰兵衛尉
2・8・15	大曾禰兵衛尉長泰
3・8・15	大曾禰左衛門尉長泰
4・7・11	大曾禰左衛門尉長泰
4・8・15	大曾禰太郎左衛門尉長経（ママ）
宝治 1・6・5	大曾禰左衛門尉長泰
1・6・12	大曾禰左衛門尉長泰
1・7・24	大曾禰左衛門尉長泰
1・8・8	大曾禰左衛門尉長泰
2・1・3	大曾禰大郎左衛門尉
2・9・20	大曾禰左衛門尉長泰
建長 2・1・1	大曾禰大郎左衛門尉長泰
2・1・16	大曾禰左衛門尉長泰
2・3・25	大曾禰左衛門尉
2・8・18	大曾禰左衛門尉
3・1・1	大曾禰左衛門尉長泰
3・1・11	大曾禰左衛門尉長泰
3・6・5	大曾禰右〈左〉衛門尉長泰
3・6・20	大曾禰右〈左〉衛門尉
3・8・15	大曾禰左衛門尉長泰
3・10・19	大曾禰左衛門尉
4・4・1	大曾禰大郎左衛門尉長泰
4・4・3	大曾禰上総介（ママ）
4・4・30	大曾禰左衛門尉長泰
4・7・8	大曾禰左衛門尉長泰

― 354 ―

第Ⅰ部　人名索引（ち）

建長4・8・1	大曾禰左衛門尉長泰
4・8・14	大曾禰左衛門尉長泰
4・11・11	大曾禰左衛門尉長泰
4・11・20	大曾禰左衛門尉長泰
4・12・17	大曾禰左衛門尉長泰
5・1・1	大曾禰大郎左衛門尉長泰
5・1・3	大曾禰左衛門尉長泰
5・1・16	大曾禰左衛門尉長泰
5・12・21〈22〉	大曾禰左衛門尉長泰
6・8・15	大曾禰左衛門尉長泰
6・12・1	大曾禰左衛門尉
康元1・1・1	上総介
1・1・5	上総介長泰
1・1・11	上総介長泰
1・6・29	上総介
1・7・17	上総介長泰
1・8・15	上総介長泰
1・8・23	上総介長泰
正嘉1・1・1	上総介長泰
1・③・2	上総介長泰
1・8・15	上総前司長経(マヽ)
1・10・1	上総介長泰
1・10・13	大曾禰上総前司長泰
1・12・6	大曾禰上総介
2・1・1	上総介
2・1・2	上総前司長泰
2・1・10	上総前司長泰
2・6・17	上総介
2・8・15	上総前司長泰
文応1・1・1	上総前司長泰
1・1・11	上総前司長泰
1・1・20	上総前司長泰
1・8・15	上総前司長泰
1・11・21	上総前司長泰
1・11・27	上総前司長泰
1・12・26	上総前司長泰
弘長1・1・1	上総前司
1・1・7	上総前司
1・3・20	上総前司長泰
1・7・13	上総前司
1・7・29	上総前司

長　朝　→藤原定長
　文治3・3・18　権右中長弁朝〈定朝〉朝臣

長　澄　小笠原
寛元4・10・16	小笠原余一
宝治1・2・23	小笠原余一
1・12・10	小笠原与一
2・8・15	小笠原余一長経(マヽ)
建長2・3・25	小笠原余一
2・3・26	小笠原余一長澄〈隆〉
2・8・18	小笠原余一
3・8・21	小笠原余一
3・8・24	小笠原余一
4・4・1	小笠原余一長澄
4・4・14	小笠原余一長澄

長　直　横地
暦仁1・2・5	横地太郎兵衛尉長直
1・2・6	横地太郎兵衛尉長直
延応1・1・1	横地太郎兵衛長直

長　定　藤原
建保1・3・28	長定朝臣
1・5・3	出雲守定長(マヽ)
	（刑部卿頼経朝臣孫、左衛門佐経長男）
1・5・10	出雲守長定
1・8・20	出雲守長定
1・8・26	出雲守長定
1・9・12	出雲守
1・9・22	出雲守
1・10・2	出雲守

長　定　斎藤（藤原）
寛喜2・10・16	斎藤兵衛入道浄円
3・10・19	斎藤兵衛入道浄円
貞永1・1・23	斎藤兵衛入道浄円
1・7・10	沙弥浄円左兵衛尉
1・⑨・8	斎藤兵衛入道浄円
1・12・5	浄円
文暦1・4・5	斎藤兵衛入道浄円
嘉禎2・3・13	斎藤兵衛入道浄円
暦仁1・9・9	斎藤兵衛入道浄円
延応1・10・11	斎藤左兵衛尉藤原長定法師法名浄円飯黄泉
	年四十三

長　貞
　元仁1・12・4　大内記長貞

第Ⅰ部　人名索引（ち）

長　　能　　飯富
　承久1・7・19　飯富源内
　嘉禎2・8・4　飯富源内
　　　3・3・8　飯富源内
　暦仁1・2・17　飯富源内
　　　1・2・22　飯富源内長能
　　　1・2・23　飯富源内
　　　1・2・28　飯富源内
　仁治1・8・2　飯富源内
　寛元1・7・17　飯富源内左衛門尉
　　　4・8・15　飯富源内左衛門尉

長　　能
　宝治1・4・28　長能僧都
　建長4・1・12　長能僧都

長　　保　　芝原
　正治2・2・20　芝原大郎長保
　　　2・2・22　長保

長　　房　　藤原
　文治2・1・7　和泉守藤長房
　　　4・4・9　民部少輔兼和泉守藤
　　　　　　　　　原朝臣
　　　4・12・11　右衛門権佐兼和泉守
　　　　　　　　　藤原朝臣
　承元2・10・21　長房

長　　明　　鴨
　建暦1・10・13　鴨社氏人菊大夫長明
　　　　　　　　　入道法名蓮胤

長　　茂　　城(平)
　治承4・9・7　城四郎長茂
　養和1・5・16　城四郎
　寿永1・9・28　城四郎永用
　　　1・10・9　城四郎永用(資永弟)
　文治4・9・14　城四郎長茂(本名資盛
　　　　　　　　　〈茂〉)
　　　5・7・19　城四郎長茂
　　　5・7・28　城四郎, 長茂
　建久3・6・13　城四郎
　建仁1・2・3　城四郎平長義〈茂〉城
　　　　　　　　　四郎助国四男
　　　1・2・5　長茂
　　　1・3・4　城四郎長茂(誅さる)
　　　1・3・12　城四郎長茂

建仁1・4・2　長用
　　　1・4・3　長用

長　　用　　→城長茂
　建仁1・4・2　長用
　建仁1・4・3　長用

長　　用　　日野
　寛元2・7・16　日野六郎長用

長　　頼　　相良
　養和1・3・13　相良三郎
　　　1・3・14　相良三郎
　承久3・6・18　佐加良三郎

長　　頼　　大曾禰
　建長4・11・11　大曾禰左衛門大郎長
　　　　　　　　　頼(長経ならむ)
　康元1・1・11　大曾禰左衛門尉太郎
　　　　　　　　　長頼
　　　1・6・29　同(大曾禰)太郎
　　　1・8・13　大曾禰左衛門太郎
　正嘉1・8・15　大曾禰太郎長頼
　　　1・12・24　大曾禰左衛門大郎
　　　2・1・1　大曾禰左衛門七郎
　　　　　　　　　（マヽ）
　　　2・6・4　大曾禰左衛門大郎
　　　　　　　　　〈左衛門尉〉長頼
　　　2・6・11　大曾禰左衛門大郎
　　　2・6・17　大曾禰左衛門大郎
　文応1・1・1　大曾禰大郎左衛門尉
　　　1・1・11　大曾禰大郎左衛門尉
　　　　　　　　　長頼
　　　1・1・20　大曾禰大郎左衛門尉
　　　　　　　　　長経（マヽ）
　　　1・2・20　大曾禰大郎左衛門尉
　　　1・3・21　大曾禰大郎左衛門尉
　　　　　　　　　長頼
　　　1・4・3　大曾禰大郎左衛門尉
　　　　　　　　　長頼
　　　1・7・29　大曾禰大郎左衛門尉
　　　　　　　　　長頼
　　　1・11・21　大曾禰大郎左衛門尉
　　　　　　　　　長頼
　弘長1・1・1　大曾禰太郎左衛門尉
　　　　　　　　　長頼
　　　1・1・7　大曾禰太郎左衛門尉

— 356 —

第Ⅰ部　人名索引（ち）

```
　弘長1・4・24　大曾禰太郎左衛門尉
　　　1・7・12　大曾禰太郎左衛門尉
　　　1・8・15　大曾禰太郎左衛門尉
　　　1・9・20　大曾禰太郎左衛門尉
　　　　　　　　　長頼
　　　3・1・1　大曾禰太郎

長　　頼　　名越(北条)
　建長6・6・16　備前三郎
　　　6・8・15　備後三郎長頼
　康元1・1・1　備前三郎
　　　1・1・3　備前左衛門三郎
　　　1・1・11　備前三郎長頼
　　　1・6・29　備前三郎
　　　1・7・17　備前三郎長頼
　　　1・8・15　備前三郎長経(ﾏヽ)
　　　1・8・23　備前〈後〉三郎長頼
　　　1・11・26　備前三郎長頼
　正嘉1・1・2　備前三郎長頼
　　　1・2・2　備前三郎長頼
　　　1・10・1　備前三郎長頼
　　　1・12・24　備前三郎
　　　1・12・29　備前三郎長頼
　　　2・1・1　備前三郎
　　　2・1・2　備前三郎長頼
　　　2・1・3　備前三郎長頼
　　　2・1・10　備前三郎長頼
　　　2・3・1　備前三郎長頼
　　　2・6・4　備前三郎長頼
　　　2・6・17　備前三郎
　　　2・8・15　備前三郎長頼
　文応1・1・1　備前三郎
　　　1・1・2　備前三郎長頼
　　　1・1・11　備前三郎長頼
　　　1・1・20　備前三郎長頼
　　　1・2・20　備前三郎

長　　令〈全〉
　嘉禎1・6・29　宰相阿闍梨長令〈全〉

鳥羽天皇
　文治3・10・3　鳥羽院
　　　5・9・10　鳥羽院
　　　5・9・17　鳥羽禅定法皇
　正治1・8・19　鳥羽院
　建仁1・3・24　鳥羽院
　建保2・4・23　鳥羽院
```

```
　寛喜3・10・19　鳥羽院

張　　良
　元暦1・2・7　張良

朝　　胤　　武石(千葉)
　寛元3・8・15　武石三次〈郎〉朝胤
　建長4・4・1　武石三郎朝胤
　　　4・4・14　武石三郎朝胤
　　　6・1・1　武石三次〈郎〉朝胤
　康元1・6・29　同(武石)三郎左衛門
　　　　　　　　　尉
　　　1・8・15　武石三次〈郎〉左衛門
　　　　　　　　　尉朝胤
　正嘉1・8・15　武藤〈石〉三郎左衛門
　　　　　　　　　尉朝胤
　　　1・10・1　武藤〈石〉三郎左衛門
　　　　　　　　　尉頼〈朝〉胤
　　　2・1・1　武石左衛門尉
　　　2・6・4　武石三郎左衛門尉朝
　　　　　　　　　胤
　　　2・6・17　武石三郎左衛門尉
　弘長1・8・15　武石三郎左衛門尉朝
　　　　　　　　　胤
　　　3・8・9　武石三郎左衛門尉朝
　　　　　　　　　胤

朝　　家　　→八田知家
　元暦1・8・8　小田四郎武者朝家
　文治2・1・3　右衛門尉朝家
　　　2・5・10　右衛門尉朝家

朝　　雅　　→平賀朝政
　元久1・3・9　武蔵守朝雅〈政〉
　　　1・3・29　武蔵守朝雅
　　　1・4・21　武蔵守朝雅〈政〉
　　　1・5・6　朝雅〈政〉
　　　1・5・10　朝雅〈政〉
　　　2・6・21　朝雅
　　　2・6・23　右衛門権佐朝雅〈政〉
　　　2・⑦・19　朝雅
　　　2・⑦・20　右衛門権佐朝雅〈政〉
　　　2・⑦・26　右衛門権佐朝雅
　　　2・9・2　朝雅
　　　2・9・20　朝雅

朝　　幹
```

— 357 —

第Ⅰ部　人名索引（ち）

　　　　建長2・3・1　　常陸大掾跡

朝　　基　　宇都宮
　　　　嘉禎3・6・23　宇都宮新左〈右〉衛門
　　　　　　　　　　　　尉朝基
　　　　暦仁1・2・17　宇都宮新左衛門尉
　　　　寛元2・8・15　宇都宮新左衛門尉朝
　　　　　　　　　　　　基

朝　　義　　波多野
　　　　文永2・1・12　波多野八郎朝義

朝　　業　　塩谷（宇都宮）
　　　　建久2・8・6 　宇都宮四郎
　　　　　　2・8・18　宇都宮四郎
　　　　　　5・7・28　同（朝綱孫）五郎朝業
　　　　建仁3・5・19　宇都宮四郎兵衛尉
　　　　建暦2・2・1 　塩谷兵衛尉朝業
　　　　建保1・8・20　塩谷兵衛尉朝業
　　　　　　2・7・27　塩谷兵衛尉朝業
　　　　　　6・6・27　塩谷兵衛尉朝業
　　　　承久1・1・27　塩谷兵衛尉朝業

朝　　具〈定〉　中原
　　　　建暦2・11・11　中右衛門尉朝具〈定〉

朝　　経　　豊島
　　　　治承4・9・3 　豊島右馬允朝経
　　　　建仁1・7・10　豊島右馬允

朝　　経　　藤原
　　　　文治5・2・22　出雲侍従朝経
　　　　　　5・4・19　侍従朝経
　　　　　　5・11・3 　出雲守朝経

朝　　経　　豊島
　　　　建仁3・10・26　豊嶋太郎朝経

朝（友）景　　梶原
　　　　文治1・4・15　刑部丞友景
　　　　　　1・10・24　梶原刑部丞朝景
　　　　　　2・6・17　梶原刑部丞朝景
　　　　　　2・6・22　刑部丞朝景
　　　　　　2・9・15　梶原刑部丞朝景
　　　　　　2・10・24　梶原刑部丞朝景
　　　　　　4・3・15　梶原刑部丞
　　　　　　5・6・9 　梶原刑部丞朝景

　　　　文治5・7・19　同（梶原）刑部丞景
　　　　　　　　　　　〈朝〉友（マヽ）
　　　　建久1・11・7 　梶原刑部丞
　　　　　　2・2・4 　同（梶原）刑部丞
　　　　　　2・8・1 　同（梶原）刑部丞
　　　　　　2・⑫・25　梶原刑部丞朝景
　　　　　　3・8・20　刑部丞
　　　　　　3・11・25　梶原刑部丞友景
　　　　　　3・11・29　朝景
　　　　　　4・5・7 　梶原刑部丞友〈朝〉景
　　　　　　4・5・8 　同（梶原）刑部丞
　　　　　　4・6・25　梶原刑部丞朝景
　　　　　　4・7・28　梶原刑部丞朝景
　　　　　　5・2・2 　梶原刑部丞朝景
　　　　　　5・8・8 　梶原刑部丞朝景
　　　　　　5・12・26　梶原刑部丞朝景
　　　　　　6・3・10　梶原刑部丞
　　　　　　6・5・20　梶原刑部丞朝景
　　　　正治2・1・25　景時弟刑部丞友景
　　　　建保1・5・2 　梶原六郎朝景
　　　　　　1・5・6 　梶原刑部

朝　　景　　笠間（藤原）
　　　　正嘉1・1・1 　長門三郎朝景
　　　　　　2・1・1 　長門三郎
　　　　　　2・1・7 　長門三郎
　　　　　　2・6・17　同（長門）三郎左衛門
　　　　　　　　　　　　尉
　　　　弘長3・1・1 　長門三郎左衛門尉
　　　　　　3・1・7 　長門三郎左衛門尉朝
　　　　　　　　　　　　景
　　　　　　3・8・8 　長門三郎左衛門尉
　　　　　　3・8・9 　長門三郎左衛門尉朝
　　　　　　　　　　　　景

朝　　景　　〔長員参照〕
　　　　弘長3・1・7 　越中次郎左衛門尉朝
　　　　　　　　　　　　景

朝　　賢
　　　　建保1・6・8 　美作蔵人朝賢

朝　　広　　結城（小山）
　　　　承久3・5・25　結城七郎朝広
　　　　　　3・6・8 　結城七郎朝光（マヽ）
　　　　貞応1・7・3 　結城七郎朝広
　　　　　　2・10・13　結城七郎兵衛尉

— 358 —

第Ⅰ部　人名索引（ち）

元仁1・2・11	結城七郎兵衛尉朝広
嘉禄2・5・4	結城七郎朝広
2・5・16	結城七郎
2・9・2	結城七郎朝広
安貞2・6・26	結城七郎
2・7・23	結城七郎
2・7・24	結城七郎
2・10・15	同(結城)七郎朝広
寛喜2・1・10	結城七郎
天福1・1・1	上野七郎
文暦1・7・26	上野七郎左衛門尉
嘉禎1・2・9	上野七郎左衛門尉
2・1・2	三〈上〉野七郎左衛門尉
2・8・4	上野七郎左衛門尉
2・8・9	上野七郎左衛門尉
3・1・2	上野七郎左衛門尉朝広
3・4・19	上野七郎左衛門尉
3・4・22	上野七郎左衛門尉
3・6・23	上野七郎左衛門尉朝広
暦仁1・1・2	上野七郎左衛門尉
1・2・17	上野七郎左衛門尉
1・2・22	上野七郎左衛門尉朝広
1・2・28	上野七郎左衛門尉朝広
延応1・1・11	上野判官朝広
1・7・20	上野判官
仁治2・1・14	上野判官
2・8・25	大蔵権少輔
2・11・4	大蔵権少輔
2・11・29	結城大蔵権少輔
2・11・30	大蔵権少輔
2・12・21	大蔵権少輔
寛元1・1・19	大蔵権少輔
1・7・17	大蔵権少輔
1・8・16	上野大蔵権少輔
2・5・11	大蔵権少輔朝広
2・6・13	大蔵権少輔朝広
2・8・15	大蔵権少輔朝広
3・8・15	大蔵権少輔朝広
3・8・16	上野大蔵少輔
4・8・15	大蔵権少輔
宝治1・11・15	前大蔵権少輔
1・12・29	上野大蔵権少輔

宝治2・1・3	上野大蔵少輔
2・10・6	上野大蔵権少輔
2・⑫・10	前大蔵権少輔朝広
建長2・3・25	前大蔵権少輔
3・1・1	大蔵権少輔朝広
3・1・4	大蔵権少輔朝広
3・8・15	前大蔵権少輔朝広
4・4・3	大蔵権少輔朝広
4・7・8	大蔵権少輔朝広
4・7・14	大蔵少輔朝広
4・8・1	大蔵権少輔朝広
4・8・14	大蔵権少輔朝広
4・9・25	大蔵少輔朝広
4・11・11	結城 前大蔵権少輔朝広
4・11・20	前大蔵権少輔朝広
4・12・17	前大蔵権少輔朝広
5・1・3	前大蔵権少輔朝広
5・1・16	結城 前大蔵権少輔朝広
5・8・15	前大蔵権少輔朝広
康元1・1・1	大蔵権少輔
1・1・5	前大蔵権少輔
1・11・23	前大蔵権少輔朝広 法名信仏

朝　　光　　結城(小山)
治承4・10・2	小山七郎宗朝後改朝光(今年十四歳)
養和1・②・23	七郎朝光
1・②・27	小山七郎朝光(朝光今年十五歳)
1・②・28	朝光
1・4・7	結城七郎朝光
寿永1・4・5	結城七郎
1・10・17	同(小山)七郎朝光
元暦1・6・1	結城七郎朝光
1・6・16	結城七郎朝光
1・7・20	結城七郎朝光
1・8・8	結城七郎朝光
文治1・1・26	同(小山)七郎朝光
1・5・5	小山七郎朝光
1・5・15	小山七郎朝光
1・10・24	小山七郎朝光
2・4・21	小山七郎朝光
2・6・10	朝光
2・10・24	同(小山)七郎朝光
2・11・12	同(小山)七郎朝光

— 359 —

第Ⅰ部　人名索引（ち）

文治3・3・8	小山七郎朝光	
3・11・15	朝光	
3・12・1	小山七郎朝光	
4・1・20	小山七郎	
4・2・28	小山七郎朝光	
4・3・15	朝光	
4・7・10	小山七郎朝光	
5・1・9	小山七郎朝光	
5・2・28	小山七郎朝光	
5・4・18	小山七郎朝光	
5・6・9	小山七郎朝光	
5・6・30	小山七郎朝光	
5・7・19	同(小山)七郎朝光	
5・7・25	(政光)子息朝光	
5・8・7	小山七郎朝光	
5・8・8	小山七郎朝光	
5・8・10	小山七郎朝光	
5・8・14	同(小山)七郎朝光	
5・9・6	朝光	
建久1・1・3	小山七郎	
1・1・8	結城七郎朝光	
1・2・12	同(小山)七郎	
1・8・15	小山七郎朝光	
1・11・4	朝光	
1・11・7	小山七郎朝光	
1・11・11	小山七郎朝光	
1・11・18	小山七郎朝光	
1・11・29	小山七郎朝光	
2・1・3	同(小山)七郎朝光	
2・2・4	小山七郎	
2・3・3	小山七郎	
2・8・18	小山七郎	
2・11・21	朝光	
3・7・27	小山七郎朝光	
3・7・29	朝光	
3・10・19	同(小山)七郎朝光	
3・11・25	小山七郎朝光	
3・11・29	朝光	
3・12・5	小山七郎	
4・3・1	結城七郎朝光	
4・3・21	小山七郎	
4・5・8	同(小山)七郎	
4・5・29	結城七郎	
4・8・10	結城七郎朝光	
4・8・15	結城七郎朝光	
4・8・18	結城七郎	
4・11・27	小山七郎朝光	

建久5・1・9	結城七郎朝光	
5・2・2	結城七郎朝光	
5・7・28	結城七郎朝光	
5・8・8	結城七郎朝光	
5・⑧・1	小山七郎朝光	
5・9・11	結城七郎	
5・10・9	結城七郎朝光	
5・10・22	結城七郎朝光	
5・11・21	小山七郎朝光	
5・12・26	小山七郎朝光	
6・1・13	結城七郎朝光	
6・3・9	結城七郎朝光	
6・3・10	小山七郎	
6・3・12	小山七郎朝光	
6・3・27	小山七郎朝光	
6・4・1	結城七郎朝光	
6・4・15	小山七郎朝光	
6・5・15	同(小山)七郎**朝光**	
6・5・20	小山七郎朝光	
6・8・16	結城七郎	
正治1・6・30	結城七郎	
1・10・25	結城七郎朝光	
1・10・27	結城七郎朝光	
1・10・28	同(小山)七郎**朝光**	
2・1・8	結城七郎朝光	
2・2・26	結城七郎朝光	
2・②・8	結城七郎朝光	
2・9・2	結城七郎朝光	
建仁1・9・15	結城七郎朝光	
2・8・24	朝光	
2・8・27	朝光	
3・2・4	結城七郎朝光	
3・9・2	同(小山)七郎**朝光**	
3・9・15	結城七郎朝光	
3・10・8	結城七郎朝光	
3・10・9	小山七郎朝光	
3・11・15	結城七郎	
3・12・14	結城七郎	
元久1・1・5	朝光	
1・5・19	同(小山)七郎	
1・10・14	結城七郎	
2・1・1	結城七郎	
2・6・22	結城七郎朝光	
2・⑦・19	結城七郎朝光	
2・8・19	結城七郎朝光	
建永1・1・2	朝光	
1・6・21	朝光	

— 360 —

第Ⅰ部　人名索引（ち）

承元 1・3・3	朝光
1・8・16	朝光
2・7・5	朝光
建暦 1・1・1	結城左衛門尉朝光
1・1・3	結城左衛門尉朝光
1・1・15	朝光
1・2・22	朝光
1・7・8	結城左衛門尉
2・1・3	結城左衛門尉朝光
2・1・19	同(小山)七郎左衛門尉朝光
2・3・3	結城左衛門尉朝光
2・11・8	朝光
建保 1・1・1	結城左衛門尉朝光
1・2・2	結城左衛門尉
1・2・16	結城左衛門尉朝光
1・3・30	朝光
1・5・3	結城左衛門尉朝盛〈光〉
1・8・20	結城左衛門尉朝光
1・8・26	結城左衛門尉朝光
1・9・22	結城左衛門尉
1・10・2	結城左衛門尉
2・1・22	結城左衛門尉
2・7・27	結城左衛門尉朝光
3・7・19	朝光
3・8・15	朝光
4・1・28	結城左衛門尉朝光
4・7・29	結城左衛門尉朝光
4・11・24	朝光
5・11・10	左衛門尉朝光
5・12・25	結城左衛門尉朝光
6・12・26	結城左衛門尉朝光
承久 1・7・19	結城左衛門尉
2・12・1	朝光
3・5・25	結城左衛門尉朝光
3・6・7	結城左衛門尉
3・6・8	結城七郎朝光（朝広の誤ならむ）
3・6・25	結城左衛門尉朝光
貞応 1・1・3	結城左衛門尉朝光
1・1・7	結城左衛門尉
元仁 1・1・4	結城左衛門尉
1・⑦・1	結城左衛門尉
嘉禄 1・12・20	結城左衛門尉
安貞 1・11・25	結城左衛門尉
2・1・1	結城左衛門尉朝光

安貞 2・2・3	結城左衛門尉
2・2・4	左衛門尉朝光
2・7・23	結城左衛門尉
2・7・25	結城左衛門尉
2・10・15	結城左衛門尉朝光
寛喜 2・12・9	上野介朝光
3・1・24	上野介朝光
貞永 1・7・15	上野介
1・⑨・20	上野介
天福 1・1・2	上野介朝光
文暦 1・1・3	上野介朝光
1・3・5	上野介朝光
嘉禎 1・5・22	上野介藤原朝光
1・⑥・3	上野入道
2・2・1	上野入道日阿
暦仁 1・3・30	(朝政)舎弟上野入道日阿
寛元 2・8・16	上野入道
3・8・16	上野入道
3・12・25	上野入道日阿
4・12・29	上野入道日阿
宝治 1・6・29	上野入道日阿
1・12・29	結城上野入道日阿
2・⑫・28	結城上野入道日阿
建長 2・3・1	上野入道
6・2・24	前上野介従五位下藤原朝臣朝光 法法名日阿卒年八十七

朝　光　伊賀(藤原)
文治 1・10・24	所六郎
5・6・9	所六郎朝光
5・7・19	所六郎朝光
5・8・21	所六郎朝光
建久 1・11・7	所六郎
2・2・4	所六郎
5・8・8	所六郎朝光
6・3・10	所六郎
6・5・20	所六郎朝光
正治 1・10・28	所左〈右〉衛門尉朝光
2・2・26	所右衛門尉朝光
2・②・13	所右衛門尉朝光
建仁 2・3・14	所右衛門尉朝光
3・9・2	所右衛門尉朝光
元久 2・6・22	伊賀守朝光
承元 4・4・22	伊賀守朝光
4・5・29	伊賀守朝光

第Ⅰ部 人名索引（ち）

建暦1・10・22　伊賀守朝光
　　 2・8・18　伊賀前司朝光
　　 2・12・2　伊賀守朝光
建保1・1・4　伊賀守朝光
　　 1・3・19　伊賀守朝光
　　 1・5・7　伊賀前司
　　 1・5・9　伊賀前司朝光
　　 1・8・20　伊賀守朝光
　　 1・8・26　伊賀守朝光
　　 2・1・22　伊賀守朝光
　　 2・7・27　伊賀守朝光
　　 3・1・1　伊賀守朝光
　　 3・9・14　佐藤伊賀前司頓滅，
　　　　　　　従五位上行伊賀守藤
　　　　　　　原朝臣朝光
　　 3・9・15　朝光
　　 4・8・19　故伊賀守朝光
承久1・10・20　伊賀守朝光
元仁1・3・23　伊賀守朝光
　　 1・6・28　伊賀守朝光

朝　行　　伊賀(藤原)
承久1・2・8　伊賀四郎
　　 3・11・3　伊賀四郎左衛門尉朝
　　　　　　　行
貞応2・1・5　伊賀四郎左衛門尉
　　 2・10・13　伊賀四郎左衛門尉
元仁1・⑦・23　伊賀四郎左衛門尉朝
　　　　　　　行
　　 1・8・29　(光宗)舎弟四郎左衛
　　　　　　　門尉朝行
　　 1・11・9　伊賀四郎左衛門尉朝
　　　　　　　行
嘉禄1・8・27　伊賀四郎左衛門尉朝
　　　　　　　行
　　 1・10・28　伊賀四郎左衛門尉朝
　　　　　　　行
　　 1・10・30　伊賀四郎左衛門尉朝
　　　　　　　行
　　 1・12・20　伊賀四郎左衛門尉
安貞2・7・23　伊賀四郎左衛門尉
　　 2・10・15　伊賀四郎左衛門尉朝
　　　　　　　行
寛喜1・1・15　伊賀四郎左衛門尉
寛元1・7・17　伊賀四郎左衛門尉
　　 2・8・16　伊賀四郎左衛門尉
正嘉1・9・4　伊賀前司朝行

朝　高　　工藤
康元1・1・4　工藤八郎四郎
　　 1・1・9　工藤八郎四郎
　　 1・1・13　工藤八郎四郎朝高

朝　綱　　宇都宮
寿永1・8・13　宇都宮左衛門尉朝縄
　　　　　　　〈綱〉
元暦1・5・24　左衛門尉藤原朝綱
　　 1・11・14　左衛門尉朝綱
文治1・7・7　宇都宮左衛門尉朝綱
　　 1・10・24　宇津宮左衛門尉朝綱
　　 3・11・11　宇都宮左衛門尉朝綱
　　 5・7・19　宇都宮左衛門尉朝綱
　　 5・8・10　宇都宮左衛門尉朝綱
建久1・4・11　宇都宮左衛門尉朝綱
　　 1・11・7　宇都宮左衛門尉朝綱
　　 1・11・9　宇都宮左衛門尉朝綱
　　 1・11・11　宇都宮左衛門尉朝綱
　　 1・12・1　前左衛門尉朝綱
　　 2・1・5　宇都宮左衛門尉
　　 2・6・9　朝綱
　　 4・4・2　宇津〈都〉宮左衛門尉
　　　　　　　朝綱
　　 5・5・20　宇都宮左衛門尉朝綱
　　　　　　　法師
　　 5・6・28　宇都宮左衛門尉朝綱
　　　　　　　法師
　　 5・7・28　左衛門尉朝綱入道

朝　綱　　浅沼
建久4・5・8　浅沼次〈二〉郎

朝　氏　　大須賀
建長2・1・16　大須賀左衛門尉朝氏
　　　　　　　(胤氏の誤ならむ)
　　 3・8・15　大須賀新左衛門尉朝
　　　　　　　氏
康元1・6・29　同(大須賀)新左衛門
　　　　　　　尉
　　 1・7・17　大須賀左衛門尉四郎
　　　　　　　朝氏(ママ)
　　 1・8・15　大須賀左衛門四郎朝
　　　　　　　氏(ママ)
正嘉1・8・15　大須賀新左衛門尉朝
　　　　　　　氏
　　 1・10・1　大須賀新左衛門尉朝

— 362 —

第Ⅰ部 人名索引（ち）

正嘉1・12・29　大須賀新左衛門尉頼
　　　　　　　　〈朝〉氏
　　2・1・1　　大須賀新左衛門尉
　　2・1・7　　大須賀新左衛門尉
　　2・6・4　　大須賀新左衛門尉朝
　　　　　　　　氏
　　2・6・17　大須賀新左衛門尉
　　2・8・15　大須賀新左衛門尉朝
　　　　　　　　氏
文応1・1・20　大須賀新左衛門尉朝
　　　　　　　　氏
　　1・7・6　　大須賀新左衛門尉朝
　　　　　　　　氏
　　1・7・7　　朝氏
　　1・11・27 大須賀新左衛門尉朝
　　　　　　　　氏
弘長1・1・1　 大須賀新左衛門尉
　　3・1・23　大須賀新左衛門尉
　　3・8・15　大須賀新左衛門尉朝
　　　　　　　　氏

朝　　次　　本庄
暦仁1・2・17　本庄新左衛門尉
　　1・6・5　　本庄新左衛門尉朝次

朝　　時　　名越(北条)
建永1・10・24 次郎朝時(相州二男、年
　　　　　　　　十三)
建暦2・5・7　 相模次郎朝時
建保1・4・29　相模次郎朝時
　　1・5・2　　同(相模)次郎朝時
　　1・5・4　　相模次郎
　　2・7・27　相模次郎朝時
　　4・7・29　相模次郎朝時
　　6・12・2　 陸奥次郎朝時
承久1・7・19　陸奥次郎
　　3・5・19　式部丞
　　3・5・22　式部丞
　　3・5・25　式部丞朝時
　　3・5・29　朝時
　　3・6・8　　式部丞朝時
　　3・6・24　式部丞朝時
　　3・7・18　式部丞朝時
貞応1・2・12　式部丞朝時
　　2・8・20　式部大丞朝時
　　2・10・1　 式部丞朝時

元仁1・2・29　式部大夫朝時
　　1・6・18　式部大夫
嘉禄1・5・11　式部大夫朝時
　　1・12・20 越後守
　　2・1・2　　越後守朝時
安貞1・12・14 越後守
　　2・1・3　　越州
　　2・1・23　越後守
　　2・2・3　　越後守
　　2・7・5　　越後守朝時
　　2・7・23　越後守
　　2・10・15 越後守
　　2・12・13〈12〉越後守
寛喜1・1・3　 越州
　　1・3・14　越州
　　2・1・4　　越後守
　　2・4・9　　越後守朝直(マヽ)
　　2・12・9　 越後守
　　3・9・27　越後守
貞永1・7・15　越後守
天福1・1・3　 越州
　　1・5・5　　越後守
文暦1・3・5　 越後守
嘉禎1・1・3　 越州
　　1・1・9　　越後守
　　1・1・20　越州
　　1・⑥・15　越後守
　　2・1・3　　越州
　　2・3・14　越後守
　　2・8・4　　遠江守
　　2・9・10　遠江守朝時朝臣
　　3・1・3　　遠〈越〉州
　　3・12・13 遠江守
暦仁1・1・3　 遠江守
　　1・12・19 遠江守
　　1・12・23 遠江守朝時
　　1・12・24 遠州
　　1・12・25 遠州
　　1・12・28 遠江守
延応1・1・3　 遠江守
　　1・5・2　　遠江守朝時
仁治1・1・5　 遠州
　　1・3・7　　遠江守朝時
　　2・1・3　　遠江前司朝時
　　2・1・23　遠江前司
　　2・2・22　遠江守
　　2・2・23　遠州

— 363 —

第Ⅰ部　人名索引（ち）

仁治 2・11・4　　遠江前司
　　 2・12・21　遠江守
寛元 1・6・15　　遠江入道
　　 2・1・3　　 遠江入道
　　 2・6・27　　遠江入道
　　 3・4・6　　 入道従四位下行遠江
　　　　　　　　 守平朝臣朝時法名生西
　　　　　　　　 卒年五十三
　　 4・3・14　　名越故遠江入道生西
　　 4・5・24　　故遠江入道生西
建長 2・3・1　　 遠江入道跡

朝(知)重　　八田
養和 1・4・7　　 八田太郎知重
元暦 1・8・8　　 同(知家)男太郎朝重
文治 1・1・26　　同(八田)太郎知重
　　 1・10・24　 八田太郎朝重
　　 2・5・14　　八田太郎朝重
　　 3・4・29　　八田太郎
　　 4・3・15　　八田太郎
　　 4・7・10　　(知家)子息朝重
　　 5・2・28　　八田太郎朝重
　　 5・4・18　　八田太郎朝重
　　 5・6・9　　 八田太郎朝重
　　 5・7・19　　同(八田)太郎朝重
　　 5・8・12　　八田大郎朝重
建久 1・11・7　　八田太郎
　　 1・11・11　 八田太郎朝重
　　 1・11・29　 八田太郎朝重
　　 1・12・3〈1〉八田太郎朝重
　　 1・12・11　 (左兵衛尉)藤原朝重
　　 2・2・4　　 八田兵衛尉
　　 2・7・28　　八田太郎左衛門尉
　　 2・8・6　　 (知家)子息兵衛尉朝
　　　　　　　　 重
　　 3・7・27　　朝重
　　 3・8・9　　 八田兵衛尉朝重
　　 3・10・19　 八田兵衛尉朝重
　　 4・11・27　 八田左衛門尉知重
　　 5・8・8　　 八田左衛門尉知重
　　 5・⑧・1　　八田左衛門尉知重
　　 6・3・10　　八田兵衛尉
　　 6・3・12　　八田左衛門尉朝重
　　 6・3・29　　左衛門尉朝重
　　 6・4・15　　八田左衛門尉朝重
　　 6・5・20　　八田左衛門尉朝重
正治 1・10・28　 八田左衛門尉知重

正治 2・2・26　　八田左衛門尉知重
元久 1・1・5　　 筑後太郎朝重
　　 2・6・22　　筑後左衛門尉朝重
建保 1・5・2　　 筑後左衛門尉朝重
　　 2・4・21　　筑後左衛門尉朝重
　　 2・7・27　　筑後左衛門尉朝重
　　 3・1・1　　 筑後左衛門尉朝重
　　 4・1・28　　筑後左衛門尉朝重
　　 4・6・8　　 筑後左衛門尉朝重
　　 4・7・29　　筑後左衛門尉朝重
　　 5・1・11　　筑後左衛門尉朝重
　　 6・6・27　　筑後左衛門尉朝重
　　 6・7・8　　 筑後左衛門尉朝重
承久 1・7・19　　筑後左衛門尉
　　 3・⑩・29　　筑後左衛門尉知重
嘉禎 2・11・24　 筑後左衛門尉
　　 3・6・23　　筑後左衛門尉知定
　　　　　　　　（マヽ）

朝　重　　江戸
正治 2・2・26　　江戸次郎朝重

朝　重　　小栗
建長 3・1・20　　小栗弥二郎朝重

朝　重　　渋谷
康元 1・1・9　　 渋谷左衛門大郎
　　 1・1・13　　渋谷左衛門太郎朝重
正嘉 2・1・6　　 渋谷左衛門大郎
文応 1・1・12　　渋谷左衛門太郎
　　 1・1・14　　渋谷左衛門太郎朝重
　　 1・1・20　　渋谷左衛門大郎朝重
弘長 1・1・9　　 渋谷新左衛門尉
　　 1・1・14　　渋谷新左衛門尉朝重
　　 3・1・8　　 渋江〈谷〉新左衛門尉
　　 3・1・12　　渋谷新左衛門尉朝重
文永 2・1・12　　渋谷新左衛門尉朝重
　　 3・1・11　　渋谷新左衛門尉

朝　俊
承元 2・10・21　 常陸介朝俊

朝　俊
承久 3・6・12　　右衛門権佐
　　 3・6・14　　右衛門佐朝俊

朝　俊　　斎藤

第Ⅰ部 人名索引（ち）

　正嘉1・③・2　　斎藤次〈二〉朝俊
　弘長1・3・20　　斎藤次朝俊

朝　信　平賀
　文治5・7・19　　平賀三郎朝信
　建久1・11・7　　平賀三郎
　　　6・3・10　　平賀三郎

朝　親　→内藤知親
　元久2・9・2　　内藤兵衛尉朝親

朝　親
　建永1・2・4　　朝親
　承元2・5・17　　美作蔵人朝親
　　　2・8・16　　美作蔵人朝親
　　　2・9・9　　美作蔵人朝親
　　　2・12・17　美作蔵人
　　　3・3・3　　美作蔵人朝親
　　　3・8・13　　美作蔵人朝親
　　　3・12・11　美作蔵人朝親
　　　3・12・17　朝親
　建暦2・1・19　　美作蔵人朝親
　建保1・1・2　　左近大夫朝親
　　　1・2・2　　美作左近大夫
　　　1・8・20　　蔵人大夫朝親
　　　1・8・26　　美作左近大夫朝親
　　　1・12・10　左近大夫朝親
　　　1・12・29　朝親
　　　2・1・22　　蔵人大夫朝親
　　　2・7・27　　左近大夫朝親
　　　3・1・1　　左近大夫朝親
　　　4・4・20　　美作左近大夫朝親
　　　5・12・24　美作左近大夫朝親
　　　6・6・27　　左近大夫朝親
　　　6・7・8　　左近大夫朝親
　　　6・12・2　　美作左近大夫朝親
　承久1・1・27　　左近大夫朝親

朝　親　塩谷（宇都宮）
　建長2・3・1　　周防前司入道
　　　2・10・14　前周防守従五位下藤
　　　　　　　　原朝臣朝親法師卒
　　　2・11・11　故塩谷周防前司入
　　　　　　　　道，朝親法師

朝　政　小山
　治承4・9・3　　小山四郎朝政

　養和1・②・20　小山小四郎朝政
　　　1・②・23　小山小四郎朝政
　　　1・②・27　朝政
　　　1・②・28　朝政
　寿永1・1・28　　小山小四郎朝政
　　　1・2・2　　小山小四郎朝政
　　　1・8・14　　小山四郎朝政
　元暦1・1・28　　小山四郎朝政
　　　1・2・5　　小山四郎朝政
　　　1・5・15　　小山四郎朝政
　　　1・6・1　　小山小四郎朝政
　　　1・9・2　　小山小四郎朝政
　文治1・1・26　　小山兵衛尉朝政
　　　1・3・11　　小山小四郎朝政
　　　1・4・15　　兵衛尉朝政
　　　1・10・24　小山兵衛尉朝政
　　　2・12・1　　朝政
　　　3・8・9　　朝政
　　　3・8・15　　小山兵衛尉朝政
　　　3・11・11　小山兵衛尉朝政
　　　3・11・15　朝政
　　　4・3・15　　小山兵衛尉朝政
　　　4・7・10　　小山兵衛尉朝政
　　　5・5・19　　小山兵衛尉
　　　5・6・9　　小山兵衛尉
　　　5・6・24　　朝政
　　　5・7・8　　小山兵衛尉
　　　5・7・19　　小山兵衛尉朝政
　　　5・7・25　　（政光）子息朝政
　　　5・8・7　　（朝光）兄朝政
　　　5・8・10　　朝政
　　　5・8・14　　小山兵衛尉朝政
　　　5・8・20　　小山小四郎
　建久1・4・11　　朝政
　　　1・6・14　　小山兵衛尉朝政
　　　1・11・7　　小山兵衛尉
　　　1・11・9　　小山兵衛尉朝政
　　　1・11・11　小山兵衛尉朝政
　　　1・11・28　小山兵衛尉朝政
　　　1・12・3〈1〉小山兵衛尉朝政
　　　1・12・11　（右衛門尉）藤原朝政
　　　　　　　　元前右兵衛尉
　　　2・1・3　　小山右衛門尉朝政
　　　2・2・4　　小山左衛門尉
　　　2・3・3　　小山左衛門尉
　　　2・7・28　　小山左衛門尉
　　　2・8・1　　小山左衛門尉

— 365 —

第Ⅰ部　人名索引（ち）

建久 2・8・18	小山左衛門尉
3・7・28	小山左衛門尉
3・8・9	小山左衛門尉
3・8・15	小山左衛門尉
3・9・12	小山左衛門尉朝政
3・10・19	小山左衛門尉朝政
3・11・25	小山左衛門尉朝政
3・11・29	朝政
3・12・5	小山左衛門尉
4・4・2	小山左衛門尉朝政
4・5・8	小山左衛門尉
4・5・29	小山左衛門尉
4・9・11	小山左衛門尉朝政
5・2・2	小山左衛門尉朝政
5・6・28	小山左衛門尉朝政
5・8・8	小山左衛門尉朝政
5・10・9	小山左衛門尉朝政
5・12・26	小山左衛門尉朝政
6・1・3	小山左衛門尉朝政
6・3・9	小山左衛門尉朝政
6・3・10	小山右〈左〉衛門尉
6・3・12	小山右〈左〉衛門尉朝政
6・3・30	小山左衛門尉朝政
6・4・15	小山左衛門尉朝政
6・5・15	小山右〈左〉衛門尉朝政
6・5・20	左衛門尉朝政
6・7・20	小山左衛門尉朝政
6・8・15	小山左衛門尉朝政
正治 1・6・30	小山左衛門尉
1・10・28	小山左衛門尉朝政
1・12・29	小山左衛門尉朝政 （播磨国守護）
2・1・7	小山左衛門尉朝政
2・2・6	小山左衛門尉
2・2・22	小山左衛門尉朝政
2・2・26	小山左衛門尉朝政
2・10・22〈21〉	朝政
建仁 1・2・3	小山左衛門尉朝政
1・6・28	朝政
3・9・2	小山左衛門尉朝政
3・10・8	小山左衛門尉朝政
3・10・9	小山左衛門尉朝政
3・11・15	小山左衛門尉
3・11・23	小山左衛門尉
元久 1・5・19	小山左衛門尉
元久 2・1・1	小山左衛門尉
2・6・22	小山左衛門尉朝政
2・8・7	小山左衛門尉朝政
2・8・11	朝政
承元 3・12・15	小山左衛門尉朝政
建暦 1・1・3	小山左衛門尉朝政
1・7・8	小山左衛門尉
2・1・3	小山左衛門尉朝政
2・1・19	小山左衛門尉朝政
建保 1・1・3	小山左衛門尉朝政
1・2・16	小山左衛門尉朝政
1・8・20	小山左衛門尉朝政
1・8・26	小山左衛門尉朝政
1・⑨・16	小山左衛門尉朝政
2・1・22	小山左衛門尉朝政
4・7・29	小山左衛門尉朝政
6・3・24	小山左衛門尉朝政
6・12・26	小山左衛門尉朝政
承久 1・7・19	小山左衛門尉
2・12・1	小山左衛門尉朝政
2・12・2	小山左衛門尉朝政
2・12・27	小山左衛門尉
3・5・23	小山左衛門尉朝政
3・8・2	小山左衛門尉
元仁 1・⑦・1	小山判官
1・9・16	小山判官朝政
1・10・1	小山判官朝政
嘉祿 1・12・20	小山下野左衛門尉
2・9・22	下野入道
安貞 1・3・24	小山下野前司入道
2・3・25	小山下野入道生西
2・4・25	生西
2・4・26	生西
2・10・10	小山下野入道生西
2・10・15	小山下野入道生西
2・10・16	生西
貞永 1・2・13	小山下野入道
天福 1・5・27	小山四郎右〈左〉衛門尉朝政
嘉禎 1・2・10	小山下野入道
2・4・4	小山下野入道生西
2・4・14	下野入道
2・6・26	生西
暦仁 1・3・30	小山下野守従五位下藤原朝臣朝政法師 法名生西卒年八十一〈四〉
建長 2・3・1	下野入道跡

— 366 —

第I部　人名索引（ち）

建長2・3・28　(長村)祖父下野入道
　　　　　　　生西

朝　　政(雅)　　平賀
　正治2・2・26　武蔵守朝政
　建仁3・9・2　武蔵守朝政
　　　3・10・3　武蔵守朝政
　　　3・10・19　武蔵守朝政
　元久1・3・9　武蔵守朝雅〈政〉
　　　1・3・10　朝政
　　　1・3・29　武蔵守朝雅
　　　1・4・21　武蔵守朝雅〈政〉
　　　1・5・6　朝雅〈政〉
　　　1・5・10　朝雅〈政〉
　　　1・11・20　武蔵前司朝政
　　　2・6・21　朝雅
　　　2・6・23　右衛門権佐朝雅〈政〉
　　　2・⑦・19　朝雅
　　　2・⑦・20　右衛門権佐朝雅〈政〉
　　　2・⑦・26　右衛門権佐朝雅，金
　　　　　　　吾
　　　2・8・2　金吾(誅さる)
　　　2・9・2　朝雅
　　　2・9・20　朝雅
　建永1・7・1　朝政朝臣

朝　　清
　寛元2・8・15　壱岐六郎左衛門尉朝
　　　　　　　清
　　　2・8・16　壱岐六郎左衛門尉
　　　3・8・15　壱岐六郎左衛門尉朝
　　　　　　　清
　　　4・8・15　壱岐六郎左衛門尉朝
　　　　　　　清
　康元1・6・2　壱岐六郎左衛門尉
　正嘉2・3・1　壱岐六郎左衛門尉

朝　　盛　　和田
　正治1・7・26　和田三郎朝盛
　　　1・8・19　和田三郎
　建仁1・1・12　同(和田)三郎朝盛
　　　2・9・21　和田三郎
　元久1・10・14　和田三郎
　建永1・1・12　和田三郎朝盛
　承元4・11・21　朝盛
　建暦2・2・1　和田新兵衛尉朝盛
　　　2・3・6　朝盛

建保1・2・1　和田新兵衛尉
　　1・2・2　和田新兵衛尉
　　1・3・21　新兵衛尉朝盛
　　1・4・15　和田新兵衛尉朝盛
　　1・4・16　朝盛
　　1・4・17　朝盛
　　1・4・18　朝盛入道
　　1・5・2　同(常盛)子息新兵衛
　　　　　　尉朝盛入道
　　1・5・3　和田新兵衛入道
　　1・5・6　同(和田)新兵衛入道
元仁1・10・28　和田新兵衛尉朝盛法
　　　　　　師
安貞1・6・14　和田新兵衛尉朝盛法
　　　　　　師

朝　　宗　　比企
　元暦1・7・25　藤内朝宗
　　　1・8・8　藤内所朝宗
　文治1・1・26　比企藤内朝宗
　　　1・2・16　比企藤内
　　　1・3・11　比企藤内朝宗
　　　1・10・24　比企藤内朝宗
　　　2・6・17　藤内朝宗
　　　2・8・4　比企藤内
　　　2・9・29　比企藤内朝宗
　　　2・10・10　朝宗
　　　2・12・15　比企藤内朝宗
　　　3・3・21　比企藤内朝宗
　　　4・1・22　比企藤内朝宗
　　　5・9・9　比企藤内朝宗
　　　5・9・17　朝宗
　建久2・3・4　同(比企)藤内
　　　2・11・14　朝宗
　　　3・9・25　比企藤内朝宗
　　　4・3・13　比企藤内朝宗
　　　4・11・27　比企藤内朝宗
　　　5・2・2　比企藤内朝宗
　　　5・12・10　比企藤内朝宗

朝　　宗　　伊達　→藤原時長
　文治5・8・8　常陸入道念西〈伊佐為
　　　　　　宗父〉
　建久2・1・23　伊達常陸入道念西

朝　　村　　三浦
　承久1・1・27　三浦小大郎朝〈時〉村

― 367 ―

第Ⅰ部　人名索引（ち）

貞応1・1・1　駿河小太郎兵衛尉朝村
　　1・3・8　駿河太郎兵衛尉朝村
嘉禎3・1・1　駿河太郎
　　3・6・23　同（駿河）大郎

朝　村　　薬師寺（小山）
嘉禎1・6・29　薬師寺左衛門尉朝臣〈村〉
　　2・8・4　薬師寺左衛門尉
　　3・6・23　薬師寺左衛門尉朝村
暦仁1・2・17　薬師寺左衛門尉
　　1・2・23　薬師寺左衛門尉朝村
　　1・8・2　薬師寺左衛門尉
　　2・8・25　薬師寺左衛門尉
寛元1・7・17　薬師寺左衛門尉
　　4・8・15　薬師寺大夫判官朝村

朝　村　　結城（小山）
暦仁1・5・16　上野十郎朝村
　　1・5・20　藤原朝村 号上野十郎
仁治1・3・12　結城上野十郎
　　2・1・1　同（上野）十郎
　　2・1・23　上野十郎
　　2・11・4　上野十郎
　　2・11・29　上野十郎朝村 朝広舎弟
　　2・11・30　上野十郎朝村
　　2・12・5　上野十郎朝村
寛元1・7・17　同（上野）十郎
　　1・8・16　上野十郎
　　2・6・13　上野十郎
　　2・8・16　上野十郎
　　3・8・15　上野十郎朝村
　　4・10・16　上野十郎
宝治1・2・23　上野十郎
　　2・1・3　上野十郎
　　2・4・20　上野十郎
建長2・1・3　同（上野）十郎朝村
　　2・1・16　上野十郎朝村
　　2・3・25　上野十郎
　　2・3・26　上野十郎朝村
　　2・5・10　上野十郎
　　2・8・18　上野十郎
　　2・12・27　上野十郎
　　3・1・1　同（上野）十郎朝村
　　3・8・21　上野十郎
　　3・8・24　上野十郎

建長4・4・14　上野〈結城上野〉十郎朝村
　　4・4・17　上野十郎朝村
　　4・7・8　上野十郎朝村
　　4・8・1　同（上野）十郎
　　4・12・17　上野十郎朝村
　　6・⑤・1　結城上野十郎
康元1・1・4　上野十郎朝村
　　1・1・9　上野十郎朝村
　　1・11・23　同（上野）十郎朝村
　　　　　　　法名蓮忍
正嘉1・8・15　結城上野十郎朝村
　　2・7・4　同（上野）十郎朝村
文応1・1・20　上野十郎朝村

朝　村
建長4・7・14　阿波前司朝村
　　4・8・14　阿波前司朝村
康元1・6・2　阿波前司
正嘉2・8・20　阿波前司

朝　忠　　二宮
文治4・3・15　二宮太郎
　　5・7・19　二宮太郎朝忠

朝　長　　源
治承4・10・17　中宮大夫進朝長
　　4・10・18　故中宮大夫進

朝　長　　小山
建久4・8・16　小山又四郎
　　6・8・16　小山又四郎
承久3・5・25　小山新左衛門尉朝政〈長〉
　　3・6・5　小山新左衛門尉
　　3・6・12　小山左衛門尉〈新左衛門尉〉朝政〈長〉
　　3・6・24　小山新左衛門尉朝長
　　3・7・10　小山新左衛門尉朝長
貞応1・1・1　小山左衛門尉朝長
　　1・2・6　小山新左衛門尉朝長
仁治2・1・14　小山左衛門尉

朝　長　　伊賀（藤原）
寛元3・8・15　伊賀六郎左衛門尉朝長
宝治2・8・15　式部六郎左衛門尉朝

― 368 ―

第Ⅰ部 人名索引（ち）

建長 2・1・16 式部六郎左衛門尉朝長
  2・8・18 式部六郎左衛門尉
  2・12・27 式部六郎左衛門尉
  3・1・1 式部六郎右衛門尉朝長
  3・1・5 式部六郎左衛門尉朝長
  3・8・15 式部六郎左衛門尉朝長
  4・4・14 伊賀六郎左衛門尉朝長
正嘉 2・6・17 式部六郎左衛門尉

朝　澄　有間
寛元 2・6・27 有間左衛門尉朝澄
  4・3・13 有間左衛門尉朝澄

朝　直　北条（大仏）
建暦 2・3・6 朝直
嘉禄 1・12・20 相模四郎助教(ママ)
  2・1・1 相模四郎
  2・9・22 相模四郎
安貞 2・3・9 相模四郎
  2・6・26 相模四郎
  2・7・23 相模四郎
  2・7・24 相模四郎
  2・10・15 相模四郎
寛喜 1・1・1 相模四郎
  1・1・2 相模四郎
  1・10・22 相模四郎
  2・2・19 相模四郎
  3・4・19 相模四郎朝直
  3・9・25 相模四郎
天福 1・1・1 相模四郎
文暦 1・1・1 式部丞朝直
嘉禎 1・1・1 相模式部大夫
  1・2・9 相模式部大夫
  1・6・29 相模式部大夫
  2・1・1 相模式部大夫朝直
  2・1・2 相模式部大夫
  2・3・14 相模式部大夫
  3・1・1 相模式部大夫朝直
  3・1・6 相模式部大夫
  3・1・17 相模式部大夫
暦仁 1・2・17 備前守

暦仁 1・2・23 備前守朝直
  1・2・28 備前守朝直
  1・6・5 武蔵守朝直
延応 1・1・1 武蔵守朝直
  1・8・15 武蔵守朝直
仁治 1・1・1 武蔵守朝直
  1・1・15 武蔵守
  2・3・15 武蔵守
  2・11・4 武蔵守
寛元 1・6・15 武蔵守
  1・7・17 武蔵守
  1・7・18 前武蔵守朝直遷任遠江守
  1・9・5 遠江守
  2・4・21 遠江守朝直
  2・6・13 遠江守朝直
  2・8・15 遠江守朝直
  3・5・23 遠江守
  3・8・15 遠江守朝直
  4・8・15 武蔵守
宝治 1・6・27 武蔵守
  2・1・7 武蔵守
  2・5・5 武蔵守朝直朝臣
  2・8・15 武蔵守朝直朝臣
  2・10・6 武蔵守
  2・⑫・10 武蔵守朝直
建長 2・1・2 武蔵守朝直
  2・1・16 武蔵守
  2・3・25 武蔵守
  2・4・4 武蔵守
  3・1・1 武蔵守朝直
  3・1・2 武蔵守朝直
  3・1・8 武蔵守
  3・1・11 武蔵守朝直
  3・1・20 武蔵守
  3・2・24 武蔵守
  3・3・10 武蔵守
  3・3・15 武蔵守
  3・6・5 武蔵守朝直
  3・6・20 武蔵守
  3・8・21 武蔵守
  3・10・19 武蔵守
  3・11・12 武蔵守
  3・11・13 武蔵守
  3・12・17 武蔵守朝直
  4・1・2 武蔵守
  4・4・1 武蔵守朝直

第Ⅰ部 人名索引（ち）

建長4・4・2　武蔵守朝直
　　4・4・14　武蔵守朝直
　　4・4・24　武蔵守
　　4・4・30　武蔵守朝直
　　4・5・17　武州
　　4・7・23　武蔵前司朝直
　　4・8・1　武蔵守朝直
　　4・8・6　前武蔵守朝直
　　4・8・14　武蔵守朝直
　　4・8・21　武州
　　4・12・17　武蔵守朝直
　　5・1・1　武蔵守朝直
　　5・1・2　武蔵守朝直
　　5・1・3　武蔵守朝〈時〉直
　　5・1・16　武蔵守朝直
　　5・8・15　武蔵守朝直
　　5・12・21〈22〉武蔵守朝直
　　6・1・1　武蔵守朝直
　　6・1・2　武蔵守朝直
　　6・1・22　武蔵守朝直
　　6・1・28　武蔵守朝直
　　6・2・3　武州
　　6・2・8　武州
　　6・12・1　武蔵守
康元1・1・1　武蔵守
　　1・1・2　武蔵守朝直
　　1・1・5　武蔵守朝直
　　1・1・14　武蔵〈州〉
　　1・4・29　武蔵守朝直
　　1・6・29　武蔵守
　　1・7・17　武蔵守
正嘉1・1・1　武蔵前司朝直
　　1・2・26　武蔵前司朝直
　　1・③・2
　　1・8・15　武蔵守朝直，武蔵前司朝直
　　1・8・25　前武州
　　1・9・16　前武州
　　1・9・24　前武州
　　1・10・1　武蔵前司朝直，前武州
　　1・10・15　前武州
　　2・1・1　武蔵前司
　　2・1・2　武蔵前司朝直
　　2・1・10　武蔵前司朝直
　　2・2・18　武蔵前司朝直朝臣
　　2・2・25　武蔵前司朝直

正嘉2・3・1　武蔵前司朝直
　　2・4・19　前武州
　　2・4・26　前武州
　　2・6・1　前武州
　　2・6・17　武蔵前司
　　2・8・15　武蔵守朝直，武蔵前司朝直
文応1・1・1　武蔵前司
　　1・1・11　武蔵前司朝直
　　1・3・21　武蔵前司朝直
　　1・4・3　武蔵前司朝直
　　1・6・18　武蔵前司
　　1・12・25　武蔵前司
弘長1・1・1　武蔵前司
　　1・1・7　武蔵前司
　　1・2・7　武蔵前司朝臣〈直〉
　　1・3・20　武蔵前司朝直
　　1・7・29　武蔵前司
　　1・8・15　武蔵前司
　　3・1・1　武蔵前司朝直
　　3・1・7　武蔵前司朝直
　　3・1・23　武蔵前司
　　3・8・9　武蔵前司朝直
　　3・11・22　前武州，武蔵前司朝直朝臣

朝　直　→北条朝時
寛喜2・4・9　越後守朝直

朝　定　波多野
建保1・5・3　波多野弥次郎朝定
　　1・5・4　（忠綱子息）朝定
　　4・2・1　波多野次郎朝定
　　6・2・12　波多野弥次郎朝定
　　6・3・16　波多野次郎朝定
承久1・7・19　波多野次郎
　　2・12・1　朝貞
　　3・3・22　波多野次郎朝定
　　3・4・17　朝定
　　3・8・7　藤原朝定
貞永1・11・29　波多野次郎朝定
嘉禎3・3・9　波多野次郎朝定

朝　貞　→波多野朝定
承久2・12・1　朝貞

朝　貞　北条

― 370 ―

第Ⅰ部 人名索引（ち）

　　　　弘長 1・1・1　　同(武蔵)九郎
　　　　　　 3・1・1　　武蔵九郎朝貞
朝　　平　　土肥
　　　寛元 1・7・17　土肥次〈二〉郎兵衛尉
　　　　　 2・8・16　土肥次郎兵衛尉
　　　宝治 2・1・3　 土肥次郎兵衛〈左衛門〉
　　　　　　　　　　　尉
　　　建長 2・8・15　土肥次郎兵衛尉
　　　　　 2・8・18　土肥次郎兵衛尉
　　　康元 1・6・29　同(土肥)次〈二〉郎兵
　　　　　　　　　　　衛尉
　　　正嘉 1・10・1　土肥次郎兵衛尉朝平
朝　　方　　葉室(藤原)
　　　文治 1・12・6　 朝方卿
　　　　　 4・4・9　 権中〈大〉納言兼陸奥
　　　　　　　　　　　出羽按察使藤原朝臣
　　　　　 4・12・11 権大納言兼陸奥出羽
　　　　　　　　　　　按察使藤原朝臣
　　　　　 5・2・22　按察大納言朝方卿
　　　　　 5・3・20　按察大納言，按察使
　　　　　 5・4・19　朝方卿，按察大納言
　　　　　 5・④・1　 按察大納言
　　　　　 5・11・3　前大納言朝方
　　　建久 1・10・9　按察大納言 朝 房（マ
　　　　　　　　　　　、）
　　　　　 1・10・12 按察大納言
　　　　　 4・11・8　按察使朝方卿
朝　　房　　→葉室(藤原)朝方
　　　建久 1・10・9　按察大納言朝房
朝　　房　　藤原
　　　建久 1・11・5　前右馬助朝房
　　　　　 1・12・1　前右馬助朝房
　　　　　 3・7・26　遠江守藤原朝房 元陸
　　　　　　　　　　　奥守
朝　　房　　北条
　　　宝治 1・6・5　 武蔵々人太郎朝房
　　　　　 2・8・15　武蔵太郎朝房
　　　建長 2・8・18　武蔵大郎
　　　　　 2・12・27 武蔵大郎
　　　　　 4・4・3　 武蔵大郎朝房
　　　　　 4・8・1　 武蔵大郎朝房
　　　　　 5・1・16　武蔵太郎朝房

　　　建長 6・8・15　武蔵太郎朝房
　　　康元 1・6・29　同(武蔵)太郎
　　　　　 1・7・6　 武蔵太郎
　　　弘長 3・1・1　 武蔵式部大夫朝房，
　　　　　　　　　　　武蔵式部大夫時房
　　　　　　　　　　　（マ、）
　　　　　 3・1・7　 同(武蔵)式部大夫朝
　　　　　　　　　　　房
　　　　　 3・1・23　武蔵式部大夫
　　　　　 3・4・21　武蔵式部大輔〈夫〉
　　　　　 3・4・26　武蔵式部大輔〈夫〉朝
　　　　　　　　　　　房
朝　　房　　伊賀(藤原)
　　　正嘉 2・1・3　 伊賀左衛門三郎朝房
　　　弘長 1・1・3　 伊賀右衛門三郎朝房
　　　文永 3・2・9　 伊賀左衛門三郎朝房
朝　　隆
　　　承元 2・10・21 朝隆〈朝隆卿〉
朝　　連　　長
　　　嘉禎 1・6・29　長三郎左衛門尉
　　　暦仁 1・2・17　長三郎左衛門尉
　　　宝治 2・1・3　 長三郎左衛門尉
　　　　　 2・12・10 長三郎左衛門尉朝連
　　　建長 2・1・16　長三郎左衛門尉朝連
　　　　　 4・4・3　 長雅楽左衛門尉朝連
　　　　　 4・4・14　長左衛門尉朝連
　　　　　 4・8・14　長三郎左衛門尉朝連
　　　　　 4・11・11 長雅楽左衛門尉
　　　　　 4・12・17 長雅楽左衛門尉
　　　　　 5・8・15　長左衛門尉朝連
　　　　　 6・1・1　 長雅楽左衛門尉
　　　　　 6・1・22　長雅楽左衛門尉
　　　弘長 1・1・1　 長左衛門尉
　　　　　 3・8・8　 長雅楽左衛門尉
趙
　　　安貞 1・5・14　副使兼監倉使転輪提
　　　　　　　　　　　黠刑獄兵馬公事竜虎
　　　　　　　　　　　軍郎将兼三司判官趙
澄　　雲
　　　文治 3・3・18　澄雲法印
澄　　憲

— 371 —

第Ⅰ部　人名索引（ち）

澄憲法印
　文治4・11・9　澄憲法印
　建久1・6・22　澄憲法印
　　　2・8・7　澄憲法印
　　　3・3・26　澄憲僧正

澄　範
　弘長3・3・17　厳光房澄範

澄　弁
　延応1・2・3　権少僧都澄弁

直　胤　　天羽(平)
　元暦1・1・17　広常弟天羽庄司直胤

直　家　　熊谷
　元暦1・2・5　同(熊谷)小次郎直家
　　　1・2・7　熊谷小次郎直家
　文治1・10・24　熊谷小次郎
　　　4・3・15　熊谷小次郎
　　　5・6・9　熊谷小次郎直家
　　　5・7・19　熊谷小次郎直家
　　　5・7・25　熊谷小次郎直家
　建久1・11・7　熊谷小次郎
　　　6・3・10　熊谷小次郎
　承元2・9・3　熊谷小次郎直家

直　季　　小河
　仁治2・6・16　小河高太入道直季

直　義〈家〉　小宮
　暦仁1・2・23　小宮左衛門次郎直義
　　　　　　　　　〈家〉

直　元　　足立
　寛元3・8・16　足利〈立〉太郎左衛門
　　　　　　　　尉
　　　4・8・15　足立太郎左衛門尉直
　　　　　　　　光(マヽ)
　建長2・1・16　足立大郎左衛門尉直
　　　　　　　　光(マヽ)
　　　2・8・18　足立大郎左衛門尉
　　　2・12・27　足立太郎左衛門尉
　　　3・8・15　足立太郎左衛門尉直元
　　　3・10・19　足立大郎左衛門尉
　　　4・4・14　足立大郎左衛門尉直
　　　　　　　　元
　　　4・12・17　足立大郎左衛門尉元

　　　　　　　　直(マヽ)
　建長5・1・16　足利〈立〉太郎左衛門
　　　　　　　　尉直光(マヽ)
　　　6・6・16　足立太郎左衛門尉
　康元1・6・29　足立太郎左衛門尉
　　　1・8・15　足立太郎左衛門尉直
　　　　　　　　元
　正嘉1・7・13　足立左衛門大夫
　　　1・8・15　足立太郎左衛門尉直
　　　　　　　　元
　　　2・6・17　足立大郎左衛門尉
　　　2・8・15　足立大郎左衛門尉直
　　　　　　　　元
　弘長1・6・21　足立太郎左衛門尉
　　　1・7・29　足立太郎左衛門尉
　　　3・1・23　足立大郎左衛門尉
　　　3・7・13　足立大郎左衛門尉
　　　3・8・9　足立大郎左衛門尉直
　　　　　　　　元

直　光　　久下
　寿永1・6・5　久下権守直光
　建久3・11・25　久下権守直光

直　光　→足立直元
　寛元4・8・15　足立太郎左衛門尉直
　　　　　　　　光
　建長2・1・16　足立大郎左衛門尉直
　　　　　　　　光
　　　5・1・16　足利〈立〉太郎左衛門
　　　　　　　　尉直光

直　行　　小河
　承久3・6・18　小河兵衛尉
　嘉禎2・8・4　小河三郎兵衛尉
　　　3・6・23　小河三郎兵衛尉
　暦仁1・2・17　小河三郎兵衛尉
　　　1・2・22　小河三郎兵衛尉直行
　　　1・2・23　小河三郎兵衛尉
　　　1・2・28　小河兵衛尉
　　　1・6・5　小河三郎兵衛尉直行

直　実　　熊谷
　治承4・8・23　熊谷次〈二〉郎直実
　　　4・11・4　熊谷次郎直実
　　　4・11・7　熊谷次郎直実
　寿永1・6・5　熊谷次〈二〉郎直実

— 372 —

第Ⅰ部　人名索引（ち）

　　元暦1・2・5　熊谷次郎直実
　　　　1・2・7　熊谷次郎直実
　　文治3・8・4　熊谷二郎直実
　　建久3・11・25　熊谷次郎直実
　　　　3・12・11　直実
　　　　3・12・29　直実法師
　　　　6・8・10　熊谷次〈二〉郎直実法
　　　　　　　　師
　　正治1・4・1　直実
　　承元2・9・3　直家父入道
　　　　2・10・21　熊谷次〈二〉郎直実入
　　　　　　　　道
　　承久1・2・2　直実法師

直〈真〉常　　天羽(平)
　　文治1・10・24　天羽二〈次〉郎
　　建久1・11・7　天羽次郎
　　　　2・1・1　天羽次郎直〈真〉常
　　　　6・3・10　天羽次郎

直　宗　　熊谷
　　承元2・5・29　熊谷平三直宗

直　澄　　矢部
　　寛元2・7・16　矢部十郎直澄

直　方　　平
　　治承4・4・27　上野介平直方朝臣

珍　覚
　　寛元4・1・28　珍覚法眼(転権少僧都)

珍　全　　→全珍
　　文治2・6・15　珍全

珍　瑜
　　嘉禄2・2・5　法橋珍瑜
　　　　2・8・7　帥法橋珍瑜
　　安貞1・3・24　帥法橋珍瑜
　　　　1・9・9　帥法橋珍瑜
　　　　1・11・24　珍瑜
　　　　2・5・22　帥法橋珍瑜
　　　　2・11・14　帥法橋珍瑜
　　寛喜1・3・1　珍瑜法橋

珍　誉
　　貞応2・9・10　助法眼弥誉(マヽ)

　　元仁1・10・16　助法眼珍誉
　　嘉禄1・2・1　助法眼珍誉
　　　　1・10・20　珍誉法眼
　　　　2・2・5　法眼珍誉
　　　　2・8・7　助法印珍誉
　　安貞1・3・24　助法眼珍誉
　　　　1・9・9　助法印珍誉
　　　　1・11・24　珍誉
　　　　2・5・22　助法印珍誉
　　　　2・10・30　助法印
　　　　2・11・14　助法印珍誉
　　寛喜1・3・1　珍誉法印
　　　　1・12・13　助法印珍誉
　　　　2・3・5　助法印
　　　　2・11・22　助印珍誉
　　貞永1・⑨・10　助法印
　　　　1・10・22　珍誉
　　嘉禎1・11・19　珍誉法印
　　　　1・12・21　助法印珍誉
　　　　1・12・26　法橋珍誉
　　　　2・1・20　珍誉法印
　　　　2・4・8　珍誉法印
　　延応1・4・15　助法印珍誉
　　　　1・8・11　助法印珍誉
　　　　1・11・21　助法印珍誉
　　仁治1・1・19　珍誉法印
　　　　1・4・10　助法印珍誉
　　　　2・2・4　法印珍誉
　　　　2・7・26　珍誉法印
　　　　2・9・15　珍誉法印
　　寛元2・5・30　助法印珍誉
　　　　3・2・22　法印珍誉
　　　　3・6・20　助法印珍誉
　　　　3・12・24　助法印珍誉
　　　　4・5・14　助法印珍誉

陳　和　卿
　　建久6・3・12　陳和卿
　　　　6・3・13　陳和卿
　　建保4・6・8　陳和卿
　　　　4・6・15　和卿
　　　　4・11・24　宋人和卿
　　　　5・4・17　宋人和卿

— 373 —

第Ⅰ部 人名索引（つ）

つ

通　雅　花山院
　建長3・7・4　新中納言
　正嘉1・11・22　花山院新中納言

通　基　山内
　元久2・⑦・26　山内持寿丸 後号六郎通
　　　　　　　　基,刑部大夫経俊六男

通　業　小野寺
　嘉禎1・6・29　小野寺小次郎左衛門
　　　　　　　　尉
　暦仁1・1・3　小野寺小次郎左衛門
　　　　　　　　尉
　　　1・2・17　小野寺小次郎左衛門
　　　　　　　　尉
　宝治1・6・6　小野寺小次郎左衛門
　　　　　　　　尉通業
　弘長3・8・9　小野寺小次郎左衛門
　　　　　　　　尉

通　具　源
　文治2・1・7　因幡守源通具
　元久2・9・2　通具
　承久2・12・20　源大納言通具

通　景　山内
　嘉禎1・6・29　山内藤内
　暦仁1・2・17　山内藤内
　　　1・6・5　山内藤内通景
　寛元2・8・15　山内藤内通景

通　憲　藤原
　建暦1・11・4　通憲入道

通　広　→山内通廉
　康元1・8・15　山内三郎左衛門尉通
　　　　　　　　広
　正嘉1・12・29　山内三郎左衛門尉通
　　　　　　　　広〈光〉
　　　2・6・4　山内三郎左衛門尉通
　　　　　　　　広

通　光　久我(源)
　建保1・3・6　大納言通光
　　　6・5・5　右大将
　宝治1・6・5　冷泉太政大臣殿
　　　1・6・14　冷泉大政大臣殿

通　行　土御門(源)
　建保6・2・4　土御門侍従通行朝臣
　建長3・7・4　別当通成(マヽ)

通　行　河野
　弘長3・4・16　河野四郎通行

通　綱　→小野寺道綱
　元暦1・2・5　小野寺太郎通綱

通　綱　河辺
　文治3・9・22　河辺平太通綱

通　国　大江
　建久3・4・11　大学頭大江通国

通　資　久我(源)
　文治1・4・24　頭中将通資朝臣

通　時　小内
　元久1・5・6　同(山内須藤)滝口六
　　　　　　　　郎

通　時　唐橋(源)
　建保1・3・6　近衛次将左通時

通(道)時　小野寺
　嘉禎1・6・29　同(小野寺)四郎左衛
　　　　　　　　門尉
　　　2・8・4　小野〈小野寺〉四郎左衛
　　　　　　　　門尉
　暦仁1・1・3　同(小野寺)四郎左衛
　　　　　　　　門尉
　　　1・2・17　同(小野寺)四郎左衛
　　　　　　　　門尉
　寛元1・7・17　小野寺四郎左衛門尉
　　　2・6・13　小野寺四郎左衛門尉
　　　2・8・15　小野寺四郎左衛門尉
　　　　　　　　通時
　　　2・8・16　小野寺四郎左衛門尉
　　　3・8・15　小野寺四郎左衛門尉
　　　　　　　　通時

― 374 ―

第Ⅰ部　人名索引（つ）

宝治1・5・14	小野寺四郎左衛門尉	
建長2・3・25	小野寺四郎左衛門尉	
2・8・18	小野寺四郎左衛門尉	
4・4・3	小野寺四郎左衛門尉通時	
4・6・21	小野寺四郎左衛門尉通時	
4・8・6	小野寺四郎左衛門尉道時	
4・8・14	小野寺四郎左衛門尉道時	
4・9・25	小野寺左衛門尉通時	
4・11・11	小野寺四郎左衛門尉道時	
4・11・20	小野寺四郎左衛門尉道時	
4・12・17	小野寺左衛門尉道時	
5・1・3	小野寺四郎左衛門尉通時	
5・1・16	小野寺左衛門尉時通（マヽ）	
5・8・15	小野寺四郎左衛門尉道〈通〉時	
6・1・1	小野寺四郎左衛門尉道時	
6・1・22	小野寺次郎左衛門尉道時(マヽ)	
6・6・16	小野寺四郎左衛門尉	
6・8・15	小野寺四郎左衛門尉道時	
康元1・1・1	小野寺四郎左衛門尉	
1・1・5	小野寺四郎左衛門尉通時	
1・6・29	小野寺四郎左衛門尉	
1・7・17	小野寺四郎左衛門尉通時	
1・8・15	小野寺四郎左衛門尉通時	
文応1・1・1	小野寺四郎左衛門尉	
1・4・3	小野寺四郎左衛門尉道時	
弘長3・1・1	小野寺四郎左衛門尉道〈通〉時	
3・1・23	小野寺四郎左衛門尉	
3・8・8	小野寺四郎左衛門尉	
3・8・9	小野寺四郎左衛門尉通時	

通　時　河野
建長3・1・8	河野右衛門四郎
4・4・14	河野左衛門四郎通時
正嘉2・1・1	河野左〈右〉衛門四郎

通　時　北条
正嘉1・8・15	駿河五郎通時
1・12・29	駿河五郎通時
2・1・1	駿河五郎
2・6・17	同(駿河)五郎
文応1・1・1	駿河五郎
1・4・1	同(駿河)五郎
弘長1・1・1	駿河五郎
1・7・2	駿河五郎
1・8・7	駿河五郎
1・8・10	駿河五郎
1・8・15	駿河五郎通時
3・1・1	駿河五郎通時
3・4・21	駿河五郎
3・4・26	駿河五郎通時
3・7・13	駿河五郎
文永3・7・4	駿河式部大夫通時

通　重　山内
寛元1・7・17	山内藤内左衛門尉
建長3・1・20	山内藤内左衛門尉
6・6・16	山内藤内左衛門尉
康元1・6・29	山内藤内左衛門尉
1・7・17	山内藤内左衛門尉通重
正嘉2・3・1	山内藤内左衛門尉通重
2・6・4	山内藤内左衛門尉通重
2・6・5	山内藤内左衛門尉通重

通　重　山田
建長3・1・20	山田四郎通重

通　信　河野
養和1・②・12	河野四郎
1・9・27	河野四郎
文治1・2・21	河野四郎通信
5・7・19	河野四郎通信
5・10・1	河野四郎通信
正治1・10・28	河野四郎通信

— 375 —

第Ⅰ部　人名索引（つ・て）

　　　　建仁3・4・6　　河野四郎通信
　　　　元久2・⑦・29　河野四郎通信
　　　　承久3・6・28　河野入道

通　信　　大須賀
　　　　建久5・2・2　　大須賀四郎通信

通　信　　大町
　　　　仁治2・5・23　大町次郎通信

通　親　　久我（源）
　　　　治承4年首　　　内大臣通親公
　　　　文治1・6・2　　源中納言通親
　　　　　　1・12・6　　通親卿
　　　　　　2・1・7　　源中納言通親
　　　　　　4・4・9　　権中納言源朝臣
　　　　　　4・12・11　権中納言源朝臣
　　　　　　5・5・17　源中納言親通〈マヽ〉
　　　　建久1・8・13　別当通親卿
　　　　　　1・11・24　別当通親卿
　　　　　　2・12・24　右衛門督通信〈親〉
　　　　　　3・7・26　左衛門督通親
　　　　正治1年首　　　内大臣通親公
　　　　建仁3年首　　　内大臣源通親公
　　　　天福1・12・12　通親卿
　　　　建長4・4・1　　土御門内大臣通親公

通　成　　→土御門通行
　　　　建長3・7・4　　別当通成

通　清　　越智
　　　　養和1・②・12　越智通清

通　清　　唐橋（源）
　　　　寛喜3・1・14　唐橋中将

通　盛　　平
　　　　養和1・2・27　中宮亮通盛朝臣
　　　　　　1・3・10　越前守通盛朝臣
　　　　　　1・8・16　中宮亮通盛朝臣
　　　　　　1・9・4　　通盛朝臣
　　　　　　1・11・21　中宮亮通盛朝臣
　　　　元暦1・2・7　　越前三位通盛
　　　　　　1・2・13　通盛卿
　　　　　　1・2・15　通盛卿
　　　　　　1・2・27　越前三位通盛
　　　　文治1・6・25　越前三位通盛

　　　　文治1・12・17　越前三位通盛卿
　　　　承元3・12・19　三位通盛卿

通　定　　多々良
　　　　安貞2・7・23　多々良次〈二〉郎
　　　　仁治2・1・2　　同（多々良）次郎
　　　　　　2・5・23　多々良次郎通定
　　　　寛元1・7・17　多々良次〈二〉郎左衛
　　　　　　　　　　　　門尉
　　　　宝治1・6・22　多々良次郎左衛門尉

通　能　　戸村
　　　　建久1・11・7　戸村小三郎

通　方　　土御門（源）
　　　　建保1・3・6　　通方
　　　　暦仁1・6・24　土御門大納言通方卿
　　　　　　　　　　　　薨
　　　　建長4・4・1　　大納言通方卿

通　廉　　山内
　　　　建長6・8・15　山内藤内左衛門通廉
　　　　康元1・1・11　山内藤内左衛門三郎
　　　　　　　　　　　　通廉
　　　　　　1・8・13　山内三郎左衛門尉
　　　　　　1・8・15　山内三郎左衛門尉通
　　　　　　　　　　　　広〈マヽ〉
　　　　正嘉1・10・1　山内三郎左衛門尉通
　　　　　　　　　　　　廉〈兼〉
　　　　　　1・12・29　義山内三郎左衛門尉
　　　　　　　　　　　　通広〈光〉〈マヽ〉
　　　　　　2・1・1　　山内三郎左衛門尉
　　　　　　2・1・7　　山内三郎左衛門尉
　　　　　　2・1・10　山内三郎左衛門尉通
　　　　　　　　　　　　広〈廉〉
　　　　　　2・3・1　　山内三郎左衛門尉通
　　　　　　　　　　　　廉
　　　　　　2・6・4　　山内三郎左衛門尉通
　　　　　　　　　　　　広〈マヽ〉
　　　　弘長3・8・8　　山内三郎左衛門尉
　　　　　　3・8・15　山田三郎左衛門尉通
　　　　　　　　　　　　廉〈マヽ〉

て

定　員　　藤原

第Ⅰ部　人名索引（て）

安貞1	・3・27	藤内左衛門尉定員	仁治1	・10・19	兵庫頭
2	・2・3	藤内左衛門尉	1	・12・23	兵庫頭定員
2	・6・25	藤内左衛門尉定員	2	・3・27	前兵庫頭定員
2	・7・23	藤内左衛門尉	2	・8・15	兵庫頭
2	・7・26	藤内左衛門尉定員	2	・8・25	兵庫頭定〈家〉員
2	・10・15	藤内左衛門尉	2	・11・4	但馬守
寛嘉1	・1・13	藤内左衛門尉定員	寛元1	・7・17	但馬前司
3	・10・16	藤内左衛門尉定員	1	・8・16	但馬前司
3	・10・20	藤内左衛門尉定員	1	・12・10	但馬前司
貞永1	・6・7	藤内左衛門尉定員	2	・1・2	但馬前司定員
1	・11・29	左衛門尉定員	2	・3・12	但馬前司定員
天福1	・6・27	藤内左衛門尉	2	・3・17	但馬前司定員
文暦1	・3・5	藤内左衛門尉定員	2	・4・21	定員
1	・7・26	廷尉定員	2	・5・5	但馬前司定員
嘉禎1	・6・30	藤内判官定員	2	・5・18	但馬前司定員
1	・7・11	藤内判官定員	2	・8・15	但馬前司定員
1	・8・16	定員	2	・9・19	但馬前司定員
1	・12・30	藤内判官定員	3	・2・2	但馬前司定員
2	・4・4	藤内大夫判官定員	3	・2・10	但馬前司定員
2	・5・24	藤内大夫判官定員	3	・6・27	但馬前司定員
2	・7・10	藤内大夫判官定員	3	・8・15	但馬前司定員
2	・8・4	藤内大夫判官	3	・12・24	但馬前司
2	・8・16	廷尉定員	4	・2・4	但馬前司定員
3	・2・8	大夫判官定員	4	・2・28	但馬前司定員
3	・5・15	大夫判官定員	4	・5・25	但馬前司定員
3	・5・19	定員			
3	・6・23	藤内大夫判官定員	定　　円		
3	・8・15	大夫判官定員	建長6	・6・3	定円
3	・9・15	大夫判官定員	6	・6・15	中納言律師定円 光俊朝臣子
3	・10・25	大夫判官定員	6	・6・23	中納言律師定円
3	・12・2	伊勢守定員			
暦仁1	・②・13	伊勢前司定員	定　　遠		
延応1	・5・5	兵庫頭定員	文治1	・1・6	雑色定遠
1	・5・24	兵庫頭定員			
1	・6・19	兵庫頭	定　　家　藤原		
1	・7・20	兵庫頭	元久2	・9・2	定家
1	・9・30	兵庫頭	承元3	・7・5	定家朝臣
1	・10・13	兵庫頭	3	・8・13	京極中将定家朝臣
1	・10・20	兵庫頭	建暦2	・9・2	定家朝臣
1	・11・20	兵庫頭	建保1	・8・17	京極侍従三位定家
仁治1	・1・2	定員	1	・11・23	京極侍従三位定家卿
1	・4・10	兵庫頭定員	3	・1・20	参議定家卿
1	・4・27	兵庫頭	天福1	・10・19	京極中納言定家卿
1	・5・12	兵庫頭			
1	・6・22	兵庫頭定員	定　　雅		
1	・8・2	兵庫頭	承久3	・9・29	大蔵卿僧都定雅 改教
1	・9・7	兵庫頭定員			

― 377 ―

第Ⅰ部 人名索引（て）

```
			雅				文治 4・10・4		右衛門権佐定経
	貞応 1・ 8・20	鶴岡別当法印			4・10・25	蔵人右衛門権佐藤原
		2・ 7・25	当宮(若宮)別当					朝臣定経
	嘉祿 2・ 8・ 7	若宮別当僧正			4・12・11	右少弁兼左衛門権佐
	安貞 1・ 4・29	若宮別当僧都					藤原朝臣
		1・11・15	若宮別当			5・ 4・22	蔵人大輔定経
		2・10・30	若宮別当			5・ 5・17	右〈左〉少弁定経
	寛喜 1・ 6・25	定雅		建久 1・11・ 9	(経房)子息権弁定綱
	嘉禎 1・ 6・29	大蔵卿律師定雅				〈経〉朝臣
	仁治 1・ 1・17	定雅僧都
							定　　経　　和気
定　　雅　　藤原					嘉祿 1・ 7・ 6	定経
	建長 3・ 7・ 4	左大将定雅
							定　　景　　長尾
定　　基　　和気					治承 4・ 8・23	同(長尾)新六定景
	嘉祿 1・ 7・ 6	前権侍医和気定基 定			4・10・23	同(岡崎)新六定景
				経男			養和 1・ 7・ 5	長尾新六定景
							建保 1・ 5・ 3	長尾新六定景
定　　基						承久 1・ 1・27	長尾新六定景
	嘉禎 1・ 6・29	帥僧都定基
	寛元 3・ 2・25	帥法印			定　　景　　→梶原景定
		3・12・24	帥僧正			文治 5・ 7・19	同(梶原)兵衛尉定景
							建久 4・11・27	同(梶原)刑部左衛門
定　　暁									尉定景
	正治 1・11・19	若宮三位房
	建仁 1・10・21	若宮三位房		定　　兼
	建永 1・ 1・ 8	三位法橋定暁		治承 4・12・ 4	阿闍梨定兼
		1・ 6・16	若宮別当
		1・ 7・ 3	三位法橋定暁		定　　賢
	承元 1・ 1・ 9	別当法橋定暁		寛元 4・ 5・14	定賢
		4・ 8・ 7	(鶴岡)別当		建長 4・ 5・ 7	定賢
	建暦 1・ 9・15	定暁僧都
		1・ 9・22	定暁僧都		定　　賢　　島津
		2・ 3・ 9	鶴岳別当		弘長 3・ 1・ 1	周防七郎，嶋津周防
	建保 4・ 8・19	別当定暁僧都					七郎定賢
		4・10・29	三位僧都定暁			3・ 1・ 7	嶋津周防七郎定賢
		5・ 5・11	鶴岡八幡宮別当三位			3・ 4・26	周防七郎定賢
				僧都定暁(入滅)		文永 2・ 6・23	嶋津周防七郎定〈重〉
										賢
定　　恵
	建久 6・ 5・20	長吏法親王			定　　憲
							安貞 1・ 3・24	越後阿闍梨
定　　経　　藤原				嘉禎 1・ 6・29	越後阿闍梨定憲
	文治 1・ 8・13	勘解由次官兼皇后宮		正嘉 2・ 6・ 4	権少僧都定憲
				権大進藤原朝臣		弘長 1・ 2・20	定憲
		4・ 4・ 9	左〈右〉衛門権佐藤原
				朝臣			定　　憲

				— 378 —
```

第Ⅰ部　人　名　索　引（て）

寛元3・10・28　熊野河頬尼子息定憲	文治4・5・20　定綱
定　　高　　佐々木	建久1・4・19　定綱
建久2・5・8　同(佐々木)小三郎定	1・4・20　佐々木左衛門尉定綱
高	1・5・10　佐々木左衛門尉定綱
	1・6・10　佐々木左衛門尉定綱
定　　高　　藤原	1・6・22　定綱
承久3・9・10　権中納言定高卿	1・10・9　佐々木左衛門尉定綱
	1・10・12　定綱
定　　康　　橘	1・11・8　佐々木左〈右〉衛門尉
文治2・7・8　院庁官定康	定綱
3・2・9　大夫属定康	1・11・9　佐々木左衛門尉定綱
建久2・5・12　(大夫尉)橘定康	1・11・11　佐々木左衛門尉定綱
	1・12・2　佐々木左衛門尉定綱
定　　康　　波多野	1・12・13　佐々木左衛門尉定綱
建長6・1・3　同(波多野)兵衛次郎	2・4・5　定綱
定康	2・4・6　定綱
正嘉1・12・24　波多野兵衛次〈二〉郎	2・4・11　定綱
文永3・2・10　波多野兵衛次郎定康	2・4・26　定綱
	2・4・30　定綱
定　　綱　　佐々木	2・5・2　左衛門尉定綱
治承4・8・9　(秀義)賢息佐々木太	2・5・3　定綱
郎	2・5・8　佐々木左衛門尉定綱
4・8・10　(秀義)嫡男佐々木太	2・5・20　左衛門尉定綱
郎定綱	3・12・29　越〈趣〉前左衛門尉定
4・8・11　定綱	綱
4・8・13　定綱	4・4・29　佐々木左衛門尉定綱
4・8・17　佐々木太郎定綱	4・10・28　佐々木左衛門尉定綱
4・8・20　佐々木太郎定綱	4・11・27　佐々木左衛門尉定綱
4・8・26　佐々木太郎定綱	4・12・20　佐々木左衛門尉定綱
4・10・23　定綱	5・7・28　定綱
4・11・4　佐々木太郎定綱	5・12・26　佐々木左衛門尉定綱
4・12・12　佐々木太郎定綱	6・3・9　佐々木左衛門尉定綱
養和1・3・7　定綱	6・3・10　佐々木左衛門尉
寿永1・4・5　佐々木大郎	6・3・12　佐々木左衛門尉定綱
1・10・17　佐々木太郎定繩〈綱〉	6・4・15　佐々木左衛門尉定綱
文治1・8・4　佐々木太郎定綱	正治2・1・15　佐々木左衛門尉定綱
1・9・10　佐々木太郎左衛門尉	2・7・6　佐々木左衛門尉定綱
定綱	2・11・1　佐々木左衛門尉定綱
1・10・11　佐々木太郎左衛門尉	建仁1・2・3　佐々木左衛門尉定綱
定綱	1・5・17　佐々木左衛門尉定綱
1・10・24　佐々木太郎左衛門定	3・6・24　佐々木左衛門
綱	3・10・19　佐々木左衛門尉定綱
2・9・5　定綱	元久2・4・7　佐々木判官定綱
3・2・9　(近江国)守護定綱	2・4・9　検非違使左衛門少尉
3・10・7　佐々木定綱	源朝臣定綱法師卒
4・2・2　佐々木太郎	弘長1・5・13　佐々木判官定綱

— 379 —

第Ⅰ部 人名索引（て）

定　　豪
　建久 4・3・13　法橋定〈宣〉豪
　　　 5・⑧・2　 法橋定豪
　　　 5・⑧・8　 法橋定豪
　　　 6・2・11　 弁法橋定豪
　正治 1・6・2　 法橋定豪（補勝長寿院別当職）
　　　 1・6・30　定豪法橋
　　　 2・2・26　弁法橋定豪
　建暦 1・12・28　定豪法橋
　建保 1・4・28　勝長寿院別当法橋定豪
　承久 1・1・29　弁法橋定豪
　　　 2・1・21　弁法印定豪（補鶴岳別当職）
　　　 2・1・29　定豪法印
　　　 2・6・12　別当法印定豪
　　　 3・5・20　鶴岡別当法印定豪
　　　 3・5・27　弁法印定豪
　　　 3・9・29　定豪法印
　　　 3・⑩・1　弁法印定豪
　貞応 1・12・12　弁法印定豪
　　　 2・8・20　弁僧正定豪
　　　 2・9・10　弁僧正定豪
　元仁 1・6・6　 弁僧正定豪
　　　 1・6・11　 弁僧正
　　　 1・7・30　 弁僧正
　　　 1・8・22　 弁僧正
　　　 1・10・16　弁僧正
　嘉禄 1・5・1　 弁僧正定豪
　　　 1・5・22　弁僧正定豪
　　　 1・6・13　弁僧正定豪
　　　 1・8・27　弁僧正定豪
　　　 1・9・8　 弁僧正
　安貞 1・11・24　弁僧正
　　　 1・11・28　弁僧正定豪
　　　 1・12・13　弁僧正
　寛喜 1・6・25　定豪僧正
　貞永 1・5・18　弁僧正定豪
　　　 1・10・14　弁僧正定豪
　　　 1・12・27　弁僧正定豪
　天福 1・6・25　弁僧正定豪
　　　 1・12・12　弁僧正定豪
　文暦 1・7・27　弁僧正定豪
　嘉禎 1・2・18　弁僧正定豪
　　　 1・6・29　弁僧正定豪
　　　 1・12・21　忍辱山僧正

　嘉禎 2・1・9　 弁僧正定豪
　　　 2・4・20　弁僧正
　　　 2・4・23　僧正坊
　　　 2・9・13　弁僧正
　　　 2・11・15　鶴岡別当僧正定豪
　　　 2・11・25　弁僧正定豪
　　　 2・12・6　 弁僧正
　　　 2・12・7　 弁僧正
　暦仁 1・9・24　弁僧正定豪入滅（去年補東寺長者）
　延応 1・2・16　弁僧正定豪
　宝治 1・6・20　弁僧正坊定豪

定　　西
　正嘉 1・10・1　大法師定西

定　氏　一条
　正嘉 1・2・2　 一条侍従定氏
　　　 1・6・1　 一条侍従定氏
　　　 1・6・24　侍従定氏
　　　 1・12・24　一条少将
　　　 2・6・4　 一条少将定氏

定　　時　→北条実時
　正嘉 2・8・15　越後守定時

定　　修
　嘉禎 1・2・15　定修阿闍梨

定　重　佐々木
　建久 2・4・5　 佐々木小太郎兵衛尉定重
　　　 2・4・16　定重
　　　 2・4・26　定重
　　　 2・5・8　 左兵衛尉定重
　　　 2・5・20　佐々木小二郎兵衛尉定重（梟首）

定〈実〉俊
　嘉禎 1・6・29　宰相律師定〈実〉俊

定　　昌
　嘉禎 2・7・10　定昌
　　　 2・8・5　 権暦博士定昌
　仁治 1・1・17　権暦博士定昌朝臣
　　　 1・6・22　権暦博士定昌朝臣
　　　 1・8・2　 権暦博士定昌朝臣

— 380 —

第Ⅰ部　人名索引（て）

仁治 1・8・15　暦博士定昌朝臣
　　 2・6・9　定昌
　　 2・7・8　定昌
　　 2・7・27　定昌朝臣
寛元 1・3・2　定昌

定　親
建保 1・3・6　近衛次将左_{定親}

定　親
元仁 1・7・16　左大臣律師
寛喜 1・6・25　左大臣法印定親（補鶴岳別当職）
　　 1・7・7　若宮新別当法印定親
　　 1・9・18　若宮別当法印定親
　　 1・12・10　別当
　　 2・2・6　鶴岳別当法印
　　 3・1・20　鶴岡別当法印
　　 3・4・11　若宮別当
　　 3・9・27　鶴岡別当
天福 1・12・12　内大臣僧都定親
嘉禎 1・2・15　定親僧都
　　 1・6・29　大納言僧都定親
　　 1・12・22　内大臣僧都定親
仁治 1・1・17　内大臣法印
　　 1・6・1　若宮別当法印定親
　　 1・6・2　若宮別当法印
　　 1・7・4　法印定親
　　 2・6・9　鶴岡別当僧都定親
寛元 2・6・3　定親
　　 2・7・16　内大臣法印
　　 2・9・15　定親法印
　　 3・12・24　鶴岡別当法務定親
宝治 1・6・14　鶴岳別当法印定親
　　 1・6・18　鶴岳別当法印定親
文永 2・7・25　法印定親入滅

定　清
安貞 1・11・15　加賀律師
　　 1・11・24　加賀律師
　　 1・12・13　加賀律師
　　 2・5・22　加賀律師
貞永 1・⑨・10　加賀律師
嘉禎 1・2・15　定清律師
　　 1・6・29　加賀律師定清
仁治 1・1・17　定清僧都
寛元 2・6・3　定清

建長 2・8・7　加賀法印定清
　　 4・5・7　加賀法印定清〈晴〉
　　 5・5・23　定清
正嘉 1・6・23　加賀法印定清
　　 1・7・1　加賀法印
　　 1・9・18　加賀法印
弘長 3・1・15　加賀法印定清

定　宣
正嘉 2・6・4　大法師定宣

定　撰
正嘉 2・6・4　権律師定撰

定　宗
嘉禎 1・6・29　宰相内供定宗
正嘉 2・6・4　権大僧都定宗

定　村〈時〉　長尾
宝治 1・6・22　同(長尾)新左衛門尉定村〈時〉

定　仲　荻〈萩〉原
正嘉 2・1・1　萩原左〈右〉衛門尉
文応 1・11・27　荻〈萩〉原右衛門尉定仲
弘長 1・1・1　萩原右衛門尉
　　 3・8・8　荻〈萩〉原右衛門尉
　　 3・8・15　萩原右衛門尉定仲

定　忠
正嘉 2・1・1　備中判官代
　　 2・1・10　備中判官代定忠

定　長　藤原
元暦 1・2・11　右衛門権佐定長
　　 1・2・14　右衛門権佐定長
　　 1・2・16　定長
文治 1・8・13　右少弁藤原朝臣
　　 1・10・21　右少弁定長
　　 1・11・26　定長朝臣
　　 2・1・7　左少弁藤定長元右少
　　 2・2・9　左少弁定長
　　 2・3・1　定長朝臣
　　 2・3・3〈2〉左少弁
　　 2・3・7　左少弁
　　 2・5・9　左少弁定貞〈長〉

— 381 —

第Ⅰ部　人名索引（て）

　　文治2・5・25　左少弁定長
　　　　2・⑦・26　左少弁定長
　　　　2・11・24　左少弁定長
　　　　3・3・18　権右中弁長朝〈定朝〉
　　　　　　　　　朝臣（マ、）
　　　　4・6・4　権右中弁定長朝臣
　　　　4・7・11　権右中弁
　　　　4・12・11　造東大寺長官左中弁
　　　　　　　　　藤原朝臣
　　　　5・3・13　頭弁
　　　　5・3・20　頭弁
　　　　5・7・9　左中弁
　　建久1・2・25　右大弁宰相定長
　　　　1・3・14　右大弁定長
　　　　1・5・13　右大弁
　　　　1・8・9　右大弁宰相
　　　　1・8・28　右大弁宰相定長
　　　　1・9・17　右大弁定長
　　　　1・9・20　右〈左〉大弁宰相
　　　　1・11・13　左大丞定長
　　　　2・12・24　左大弁定長
定　長　　→藤原
　　正治2・4・8　保季父少輔入道
定　長　　→長定
　　建保1・5・3　出雲守定長
定　朝　　（南都大仏師職）
　　文治2・3・3〈2〉定朝
定　通　　土御門（源）
　　建暦2・7・8　定通
　　建保6・10・19　大納言定通
　　承久3・6・8　定通
　　　　3・⑩・10　土御門大納言定通卿〈公〉
定　度〈広〉葛西
　　寛元3・8・16　香〈葛〉西又太郎
　　正嘉2・1・1　葛西又太郎
　　文応1・11・27　葛西又太郎定度〈広〉
定　任
　　文治4・9・14　尊南坊僧都定任
定　能　　藤原
　　文治4・4・9　権中納言藤原朝臣
　　　　4・12・11　権中納言藤原朝臣

　　建久2・12・24　藤中納言定能
　　延応1・8・8　大納言定能卿
定　範　　宮崎
　　承久3・6・3　宮崎左衛門尉定範
　　　　3・6・8　宮崎左衛門尉
定　範　　藤原
　　嘉禎2・8・16　（定員）子息定範
　　仁治2・6・17　左衛門大夫定範
　　　　2・11・4　但馬左衛門大夫
　　　　2・11・21　但馬左衛門大夫定範
　　寛元1・7・17　但馬左〈右〉衛門大夫
　　　　2・1・2　但馬左衛門大夫
　　　　2・8・15　但馬兵衛大夫定範
　　　　3・8・15　但馬兵衛大夫定範
　　　　4・5・25　兵衛大夫定範
定　範
　　正嘉1・10・1　大法師定範
定　平
　　貞応2・12・20　定平
定　遍
　　建久6・3・12　当寺（東大寺）別当法
　　　　　　　　　務僧正定遍
定　弁
　　嘉禎1・6・29　因幡阿闍梨定弁
定　輔　　藤原
　　文治4・2・2　修理大夫
　　　　4・4・9　修理大夫藤原朝臣
　　　　4・12・11　修理大夫藤原朝臣
　　建久1・12・3〈1〉内蔵頭定輔朝臣
　　　　2・12・24　定輔修理大夫
　　承久3・6・8　定輔
定　宝
　　正嘉2・6・4　権律師定宝
定　房　　堀河（源）
　　文治2・3・12　前堀河源大納言
　　　　4・4・9　大納言源朝臣
定　瑜

— 382 —

第Ⅰ部 人名索引（て）

嘉禎1・6・29　少納言阿闍梨定瑜

定　祐
　文治2・6・15　定祐

定　融
　正嘉2・6・4　大法師定融

定　頼　藤原
　建久3・7・26　宮内少丞藤原定頼

定　隆　中臣
　養和1・10・20　（親隆）嫡男神祇少副定隆

貞　家
　文治3・5・20　貞家

貞　義　多々良
　寿永1・8・12　多々良権守貞義

貞　暁
　文治2・2・26　二品若公
　承久1・1・27　貞暁僧都
　　　1・1・30　禅師師範三位僧都貞暁
　寛喜3・3・9　仁和寺法印御房貞暁、四十六（入滅）
　　　3・6・22　高野法印貞暁（去二月廿二日入滅）

貞　慶
　元久1・4・10　笠置解脱上人
　　　1・11・7　笠置解脱上人

貞　慶
　嘉禎1・5・27　仏師肥後法橋

貞　兼
　文治5・9・6　貞兼

貞　兼　桂
　建久6・6・14　桂兵衛尉貞兼

貞　弘　下毛野
　建久1・11・26　幡摩〈播磨〉貞弘
　　　1・12・3〈1〉幡〈播〉磨貞弘本府生敦

助男

貞　光
　文治4・2・2　貞光

貞　幸　春日
　文治1・10・24　春日三郎
　建久6・3・10　春日三郎
　承久3・5・26　春日刑部三郎貞幸
　　　3・6・14　春日刑部三郎貞幸
　　　3・6・17　春日刑部三郎貞幸

貞　恒
　治承4・8・28　貞恒

貞　綱　木村
　暦仁1・2・17　同（木村）小次郎

貞　次　柏木
　承元2・11・14　柏木伴五家〈郎〉次男貞次

貞　重　岡
　元久1・4・21　岡八郎貞重

貞　親　春日
　文治5・7・19　春日小次郎貞親
　建久1・11・7　春日小次郎
　建長2・3・1　春日刑部丞跡

貞　政　荏原
　暦仁1・2・17　荏原七郎三郎
　　　1・6・5　荏原三郎貞政

貞　盛　平
　文治4・9・14　貞盛朝臣
　宝治1・9・11　貞盛

貞　盛　小川
　弘長3・4・26　小川左近将監

貞　沢
　建久1・12・1　院御厩舎人貞沢

貞　直
　建保6・6・27　播磨貞直

— 383 —

第Ⅰ部 人名索引（て・と）

貞　　任　安倍
　治承4・10・12　安倍貞任
　元暦1・11・23　貞任
　文治5・9・2　貞任
　　　5・9・6　貞任
　　　5・9・18　貞任
　　　5・9・27　厨河次郎貞任
　建久3・4・11　貞任
　　　4・3・25　貞任
　宝治1・3・17　貞任

貞　　能　平
　治承4・12・2　肥後守貞能
　寿永1・4・11　貞能
　文治1・5・8　貞能
　　　1・7・7　前肥後守貞能
　　　2・9・25　貞能法師

貞　　文
　承久1・1・27　播磨貞文

貞　　保　舘
　養和1・8・16　舘太郎貞保

貞　　房
　元暦1・9・19　仲行事貞房

禎　　兼
　寛喜3・5・17　三位僧都禎兼

天智天皇
　文治1・6・21　天智天皇

天武天皇
　治承4・4・27　天武皇帝〈天皇〉
　文治1・6・21　天武天皇
　　　3・12・7　天武天皇
　建保2・4・23　天武天皇

典〈豊〉沢　藤原
　承元3・12・15　下野少掾典〈豊〉沢

田村麿　坂上
　元暦1・1・10　按察使兼陸奥守坂上田村麻呂卿
　文治5・9・21　田村麿将軍
　　　5・9・28　田村麿，坂上将軍

　承久2・4・3　大納言田村麻呂

と

土御門天皇
　治承4年首　土御門院
　正治1年首　土御門院諱為仁
　建仁3年首　土御門院諱為仁
　承元2・10・21　天子
　建保4・3・24　上皇
　承久3・5・21　土御門院
　　　3・6・8　土御門院
　　　3・6・10　土御門院
　　　3・6・15　両院土御門
　　　3・6・20　土御門院院（マヽ）
　　　3・⑩・10　土御門院
　貞応2・5・27　土御門院
　安貞1・2・13　阿波院
　寛喜3・10・28　土御門院（去十二日崩御，春秋丗七）

度　　光　平
　元久1・3・9　中宮長同（平）〈司〉度光

棟　　基　平
　建長4年首　蔵人勘解由次官棟基

棟　　範　平
　文治4・4・9　蔵人左衛門権佐平棟範
　　　4・6・4　棟範
　　　4・12・11　左少弁平朝臣
　　　5・④・1　左〈右〉少弁棟範
　　　5・12・26　権右中弁棟範朝臣
　建久1・12・2　右中弁棟範朝臣
　　　3・3・26　右中弁棟範朝臣
　　　3・7・26　近江守平棟範
　　　3・12・14　右中弁棟範朝臣

藤　　一　藤原
　建久4・2・7　（邦通）子息藤一

藤〈瓠〉実　菅原
　文治2・6・15　藤〈瓠〉実是綱子

— 384 —

第Ⅰ部　人名索引（と）

藤　成　藤原
建長2・12・28　伊勢守藤成朝臣

道　為
安貞1・5・23　道為

道　家　九条(藤原)
建仁3年首　　後法性寺入道前関白
建保1・3・6　内大臣
承久1・7・19　左大臣道家公
　　2・6・10　左府
　　2・6・12　左府
　　3・5・21　摂政
　　3・7・8　接〈摂〉政道家
　　3・10・12　前殿下
元仁1・4・27　前殿下若君厳閣，家君
嘉禄2・3・23　一条殿
寛喜2・6・14　当摂録
　　3・5・4　殿下
貞永1・2・20　一条殿
天福1・4・15　大殿
嘉禎1・4・1　摂録大殿
　　2・2・28　殿下
　　2・11・15　殿下
暦仁1・2・22　一条殿
　　1・2・23　一条殿
　　1・2・28　大殿
　　1・3・19　一条殿
　　1・3・22　大殿
　　1・4・10　一条殿，大殿
　　1・4・24　一条大殿
　　1・4・25　一条大殿
　　1・6・23　禅定殿下
　　1・7・17　禅定殿下
　　1・7・25　法性寺禅定殿下
　　1・10・12　一条殿
　　1・12・24　法性寺殿
延応1・5・23　法性寺禅閣
　　1・5・24　禅閣
　　1・6・3　禅定殿下
　　1・6・19　禅定殿下
　　1・7・2　禅定殿下
　　1・7・25　禅定殿下
仁治1・3・6　法性寺禅定殿下
　　1・⑩・3　道長(マヽ)
　　2・2・30　一条殿禅定殿下
　　2・3・20　禅定殿下

　　仁治2・5・10　禅定殿下
　　寛元2年首　　光明峯寺殿
　　宝治1・6・8　禅定殿下
　　建長4・2・27　(去廿一日)法性寺禅
　　　　　　　　　　定殿下薨
　　弘長3・10・25　光明峯寺禅閣

道　寛
貞応2・9・10　道寛

道　鏡
建保6・4・29　道鏡

道　継
嘉禄2・11・2　道継
　　2・11・3　道継
安貞1・3・27　散位道継
　　1・4・13　道継
　　1・4・29　散位道継
　　1・11・20　道継
　　1・11・23　道継

道　継　小野寺
弘長1・10・4　小野寺新左衛門尉道
　　　　　　　綱(マヽ)
　　3・1・1　小野寺新左衛門尉道
　　　　　　　継
　　3・1・7　小野寺新左衛門尉道
　　　　　　　継
　　3・1・23　小野寺新左衛門尉
　　3・8・8　小野寺新左衛門尉

道　慶
仁治2・1・8　常住院僧正坊道慶，後
　　　　　　　京極殿御子
　　2・1・11　常住院大僧正
寛元1・4・8　岡崎僧正坊
　　2・1・8　常住院僧正
　　2・3・30　常住院大僧正坊
　　2・6・13　岡崎僧正道慶
　　2・7・16　岡崎僧正

道(通)綱　小野寺
養和1・②・23　小野寺太郎道綱
元暦1・2・5　小野寺太郎通綱
　　1・8・8　小野寺太郎道綱
文治1・1・26　小野寺太郎道綱

— 385 —

第Ⅰ部　人名索引（と）

```
           文治4・3・15  小野寺太郎
              5・7・19  小野寺太郎道綱
           建久1・2・12  小野寺大郎
              1・11・7  小野寺太郎
              2・2・4   小野寺太郎
              2・7・28  小野寺太郎道綱
              4・5・8   小野寺太郎
              5・⑧・1   小野寺大郎道綱
              6・3・10  小野寺太郎
              6・5・20  小野寺太郎道綱
道　綱    →小野寺道継
           弘長1・10・4  小野寺新左衛門尉道
                        綱
道　氏    →足立元氏
           建長4・9・25  足立三郎左衛門尉道
                        氏
道　氏
           貞永1・⑨・10  道氏
           嘉禎1・12・21  大膳権亮道氏
              2・8・3   道氏
道　時    →小野寺通時
           建長4・8・6   小野寺四郎左衛門尉
                        道時
              4・8・14  小野寺四郎左衛門尉
                        道時
              4・11・11 小野寺四郎左衛門尉
                        道時
              4・11・20 小野寺四郎左衛門尉
                        道時
              4・12・17 小野寺左衛門尉道時
              5・8・15  小野寺四郎左衛門尉
                        道〈通〉時
              6・1・1   小野寺四郎左衛門尉
                        道時
              6・1・22  小野寺次郎左衛門尉
                        道時〈ﾏﾏ〉
              6・8・15  小野寺四郎左衛門尉
                        道時
           文応1・4・3   小野寺四郎左衛門尉
                        道時
           弘長3・1・1   小野寺四郎左衛門尉
                        道〈通〉時
```

```
道　法
           承元1・6・22  仁和寺御室
           建保2・12・2  仁和寺御室道御入滅
                        御年四十九
道　助
           承久3・5・21  仁和寺宮道助
              3・7・8   御室道助
              3・7・11  御室道助
道　昌
           建保5・8・25  前陰陽博士道昌
           暦仁1・②・13  道昌朝臣
道　性
           文応1・7・29  道性僧正
道　信    大須賀
           建保1・8・20  大須賀太郎道信
              2・7・27  大須賀太郎道信
              4・1・28  大須賀太郎道信
              6・6・27  大須賀大郎道信
              6・7・8   大須賀太郎道信
           承久1・1・27  大須賀太郎道信
道　真    菅原
           文治1・6・21  右大臣菅原公
道　成
           建長2・3・1   刑部大輔入道〈入道跡〉
              2・3・26  刑部大輔〈夫〉入道成
                        獻〈道成〉
              2・5・9   刑部大輔入道
              2・12・29 刑部大輔入道
           康元1・8・15  刑部大輔入道成獻
                        〈ﾏﾏ〉
道　清
           建久3・2・14  法眼道清
道　禅
           承久3・5・27  信濃法橋道禅
           貞応2・9・10  信濃法眼道禅
           元仁1・1・21  信濃法眼
              1・7・4   信濃法眼道禅
              1・10・16 信濃法眼
           嘉禄1・6・8   信濃僧都道禅
```

— 386 —

第Ⅰ部　人名索引（と）

嘉禄1・10・22　信濃僧都道禅〈祥〉
安貞1・2・15　信濃法眼道禅
　　1・3・24　信濃法眼
　　1・4・29　信濃僧都
　　1・9・9　信濃法印
　　1・11・24　信濃法印〈師〉
　　1・12・13　信濃法印
　　2・2・14　信濃法印
　　2・5・22　信濃法印
　　2・10・30　信濃法印
寛喜1・3・1　信濃法印
　　1・5・15　信濃法印
　　3・4・11　信濃法印
　　3・12・5　信濃法印
　　3・12・26　信濃法印道禅
貞永1・⑨・10　信乃法印
嘉禎1・12・21　信濃法印道禅
　　3・6・22　信濃法印道禅
延応1・7・15　信濃法印道禅
仁治1・1・8　道禅法印
　　1・1・20　道禅法印
寛元1・6・15　信濃法印道禅
　　1・12・25　信濃法印道禅
　　2・1・8　信濃法印
　　2・6・3　信濃法印
　　3・2・25　信濃僧正
建長2・7・15　法印道禅
　　5・5・23　道禅
　　6・6・15　信濃僧正道禅
康元1・8・8　信濃僧正道〈通〉禅入
　　　　　　　滅年八十八
弘長1・9・4　道禅僧正

道　長　藤原
　貞永1・1・23　左大臣御堂

道　長　→九条(藤原)道家
　仁治1・⑩・3　道長

道　徳
　文治1・11・29　道徳〈多武峰悪僧〉

道　曜
　弘長1・2・20　権少僧都道曜

道　隆
　建長5・11・25　宋朝僧道隆禅師

康元1・11・23　宋朝道隆禅師
正嘉2・3・20　道隆禅師
文永2・10・25　道隆禅師

蔦　光
　治承4・9・10　当宮(諏方上宮)大祝
　　　　　　　　蔦光
　　　4・10・18　蔦光

篤　時
　文永3・7・4　尾張四郎篤時

敦　家　下毛野
　建保6・6・27　下毛野敦家

敦　季　下毛野
　建久1・12・3〈1〉下毛野敦季敦助男

敦　基　藤原
　建仁2・1・14　上野介敦基

敦　久
　承元2・9・29　敦久

敦　継　下毛野
　建保6・6・27　下毛野敦継

敦　光　下毛野
　承久1・1・27　下毛野敦光

敦　氏　下毛野
　承久1・1・27　同(下毛野)敦氏

敦　種　美気
　文治1・2・1　美気三郎敦種
　　　1・8・24　美気三郎

敦　秀　下毛野
　建保6・6・27　下毛野敦秀
　承久1・1・27　下毛野敦秀

敦　助　下毛野
　建久1・12・3〈1〉本府生敦助

敦　盛　平
　元暦1・2・7　大夫敦盛
　　　1・2・13　敦盛

— 387 —

第Ⅰ部　人名索引（と・な・に・ね・の）

元暦1・2・15　敦盛

敦　　通
　建保1・3・6　近衛次将右敦通

な

南　　光
　治承4・8・25　南光房，南光

楠　　鶴　（笘根児童）
　文治5・2・21　楠鶴

に

二条天皇
　建保2・4・23　二条院

日　　胤
　養和1・5・8　園城寺律静房日胤
　　　1・12・11　園城寺律静房日胤

日　　恵
　養和1・5・8　日恵号帥公
　　　1・12・11　帥公日恵入滅

入　　鹿　蘇我
　文治1・6・21　大臣入鹿大臣蝦夷子

仁　　慶
　元暦1・11・23　権都維那大法師仁慶

仁　　俊
　建長2・3・26　仁俊
　　　4・4・24　下野法橋仁俊

仁　　助
　建長4・3・17　法親王仁助

仁明天皇
　建暦2・10・11　仁明

任　　憲　藤原
　文治2・7・18　任憲大徳
　　　4・11・9　僧任憲

建久2・8・7　僧任憲

任　　賢
　文治1・6・5　（石清水）少別当任賢

ね

寧　　王
　承元3・3・21　寧王

念　　行
　安貞2・5・22　念行

の

能　　因
　文治5・7・29　能因法師

能　　員　比企
　養和1・②・27　比企四郎能員
　寿永1・10・17　比企四郎能員
　元暦1・5・1　能員
　　　1・8・8　比企藤四郎能員
　文治1・1・26　同(比企)藤四郎能員
　　　1・2・16　同(比企)藤四郎
　　　1・3・11　同(比企)藤四郎能員
　　　1・6・7　比企四郎能員
　　　1・9・1　比企四郎
　　　1・10・24　比企藤四郎能員
　　　4・3・15　比企四郎
　　　4・7・10　比企四郎能員
　　　5・6・9　比企四郎能員
　　　5・7・17　比企藤四郎能員
　　　5・7・18　能員
　　　5・8・13　比企藤四郎
　　　5・9・4　能員
　建久1・1・3　比企藤四郎能員
　　　1・1・8　比企藤四郎能員
　　　1・11・11　比企四郎能員
　　　1・12・3〈1〉比企藤四郎能員
　　　1・12・11　（右衛門尉）同(藤原)能員
　　　2・1・2　比企右衛門尉能員
　　　2・3・4　比企右衛門尉
　　　2・7・28　比企四郎右衛門尉能

— 388 —

第Ⅰ部　人名索引（の）

建久 2・8・1	比企右衛門尉
3・7・26	比企左衛門尉能員
3・11・25	比企左〈右〉衛門尉能員
4・11・8	比企左〈右〉衛門尉能員
5・2・2	比企右衛門尉義員（マヽ）
6・2・12	比企藤四郎右衛門尉能員
6・3・10	比企右衛門尉
6・3・12	比企右衛門尉能員
6・4・15	比企左〈右〉衛門尉能員
6・5・20	比企右衛門尉能員
6・7・9	比企右衛門尉能員
6・8・15	比企右衛門尉能員
6・10・1	右衛門尉能員
6・10・26	比企右衛門尉能員
正治 1・2・4〈6〉	比企右衛門尉能員
1・4・12	比企右衛門尉能員
1・10・28	比企右衛門尉能員
1・11・18	比企右衛門尉能員
1・11・19	能員
2・2・26	新判官能員
2・8・1	比企新判官能員
建仁 1・6・28	能員
1・9・15	新判官能員
1・12・3	能員
2・3・8	比企判官能員，廷尉
3・8・27	比企判官能員
3・9・2	廷尉能員
3・9・3	能員
3・9・4	能員
3・9・5	能員
3・9・6	能員
3・9・19	故比企判官能員
元久 2・6・21	能員
文応 1・10・15	比企判官
1・11・27	比企判官能員

能　円
治承 4 年首	法印能円
文治 1・4・11	法眼能円
1・6・2	法眼能円
5・5・17	前法眼能円
正治 1 年首	法印能円
建仁 3 年首	法印能円

能　海
| 正嘉 2・6・4 | 已溝能海 |

能　季　→海老名義季
| 文治 2・6・25 | 海老名四郎能季 |

能　基　一条（藤原）
正嘉 1・10・1	一条中将能基朝臣
2・1・10	一条中将能基朝臣
2・6・4	一条中将能基朝臣
文永 2・3・4	一条中将能基

能　継　一条（藤原）
建保 6・3・16	右近少将藤能継
6・5・25	右少将能継朝臣
6・6・27	一条少将能継
承久 1・1・27	一条少将能継

能　兼　藤原
| 仁治 2・2・25 | 藤内左衛門尉能兼 |

能　広　大江
正治 2・2・26	江左近将監能広
建仁 1・1・15	江左近将監能広
1・9・15	右近将監能広

能　行（範）　大江
建久 3・5・19	江内能範
5・8・8	江兵衛尉能範
5・⑧・1	江兵衛尉能範
5・12・26	江兵衛尉能範
建仁 3・6・24	江兵衛尉
建保 1・2・2	江兵衛尉
1・8・26	江兵衛尉能範
2・7・27	江兵衛尉能範
承久 3・6・18	大〈久〉江兵衛尉
安貞 1・3・24	江兵衛尉
1・8・18	江兵衛尉能行
2・7・23	江兵衛尉
2・10・15	江兵衛尉
暦仁 1・2・17	江判官
1・4・16	廷尉能行
1・6・5	江大夫判官能〈範〉行
仁治 2・8・25	江石見前司能行

— 389 —

第Ⅰ部　人名索引（の）

　　寛元1・7・17　江石見前司
　　　　2・1・2　石見前司能行
　　　　2・6・13　江石見前司能行
　　　　2・8・15　江石見前司能行
　　　　3・8・15　江石見前司能範
　　　　3・8・16　石見前司能行
　　　　3・11・10　石見前司
　　　　4・7・11　前石見守能行
　　建長2・3・1　石見前司
　　正嘉1・10・1　石見前司能行
　　　　2・1・1　江石見前司
　　　　2・1・7　江石見前司
　　　　2・6・4　石見前司能行
　　　　2・6・17　江石見前司
　　　　2・8・15　江石見前司能行
　　弘長3・10・10　正五位下行石見守大
　　　　　　　　江朝臣能行卒

能　　国　　藤田
　　元暦1・3・5　（行康）男小三郎能国
　　建久3・6・3　藤田小三郎能国
　　　　6・3・10　藤太〈田〉小三郎
　　承久3・6・15　藤田三郎

能　　氏　　一条
　　建保1・1・26　一条侍従能氏
　　　　1・5・2　侍従能氏〈高能卿子〉
　　　　6・6・17　花山院侍従能氏
　　　　6・6・27　花山院侍従能氏
　　　　6・7・5　花山院侍従能氏
　　承久1・1・27　一条侍従能氏
　　　　3・7・20　花山院少将能氏朝臣

能　　資〈員〉　藤原
　　元暦1・9・19　同（資光）子息新大夫
　　　　　　　　能資〈員〉

能　　尚
　　建保1・9・8　兵衛尉能尚（尚友子息）

能　　親　　大中臣
　　養和1・3・6　大中臣能親

能　　親　　大江
　　建保1・8・26　江左衛門尉能親

能　　成　　藤原

　　文治1・12・29　侍従藤原朝臣能成
　　建久3・3・26　能成入道周防守

能　　成　　中野
　　文治5・7・19　同（中野）五郎能成
　　建久1・11・7　中野五郎
　　　　6・3・10　中野五郎
　　正治1・4・20　中野五郎
　　　　1・7・20　中野五郎能成
　　　　1・7・26　中野五郎能成
　　　　1・8・19　中野五郎
　　　　2・2・26　中野五郎能盛〈成〉
　　　　2・8・21　中野五郎能成
　　建仁1・1・12　中野五郎能成
　　　　1・9・18　中野五郎
　　　　1・9・22　中野五郎能成
　　　　1・10・2　能成
　　　　2・9・18　中野五郎能成
　　　　2・9・21　中野五郎能成
　　　　2・9・29　能成
　　　　3・9・4　中野五郎
　　　　3・9・19　中野五郎義成
　　　　3・11・7　中野五郎

能　　清　　一条
　　嘉禎2・8・4　一条大夫能清
　　仁治1・5・12　一条少将
　　建長3・1・11　一条少将能清
　　　　4・11・11　一条少将能清朝臣
　　正嘉1・2・2　一条少将能清朝臣
　　　　1・10・1　一条前少将能清朝臣
　　　　2・6・4　一条前少将能清朝臣
　　文応1・2・20　一条中条
　　弘長1・1・7　一条中条能清朝臣
　　文永2・7・16　一条中将
　　　　3・2・10　一条中将能清

能　　清
　　正嘉1・4・9　仁和寺三位能清朝臣

能　　盛　　藤原
　　元暦1・9・20　能盛法師
　　文治2・7・8　左衛門尉能盛入道
　　　　4・4・12　能盛法師
　　　　4・7・13　能盛入道
　　建久1・3・9　能盛法師

— 390 —

第Ⅰ部　人名索引（の）

能　盛
　文治1・2・19　伊勢三郎能盛
　　　1・3・24　伊勢三郎能盛
　　　1・4・26　伊勢三郎能盛
　　　1・5・17　伊勢三郎能盛
　　　1・11・3　伊勢三郎能盛

能　宗　藤原
　建久2・5・12　藤能宗

能　忠
　文治1・4・15　馬允能忠

能　直　大友
　文治4・12・17　式部大夫親能男一法
　　　　　　　　師冠者能直 任右〈左〉近
　　　　　　　　将監
　　　5・7・19　大友左近将監能直
　　　5・8・9　左近将監能直
　建久3・8・9　左近将監能直
　　　4・3・13　左近将監能直
　　　4・5・16　大友左近将監能直
　　　4・5・28　左近将監能直
　　　4・5・29　大友左近将監
　　　5・5・24　大友左近将監能直
　　　6・3・10　大友左近将監
　　　6・3・29　左近将監能直
　　　6・4・15　大友左近将監能直
　　　6・5・20　左近将監能直
　　　6・6・3　左近将監能直
　　　6・10・21　左近将監能直
　正治1・5・7　左近将監能直
　　　2・2・26　大友左近将監能直
　建保1・5・22　左衛門尉能直
　　　1・7・23　大友左衛門尉
　　　1・8・20　大友左衛門尉義直
　　　　　　　　（マヽ）
　　　1・8・22　大友左衛門尉能直
　　　1・11・30　大友左衛門尉能直
　　　6・9・29　能直
　貞応2・11・27　豊前守従五位下藤原
　　　　　　　　朝臣能直卒年年五十二
　宝治1・12・29　大友豊前々司跡
　　　2・10・24　豊前々司能直
　建長2・3・1　大友豊前々司跡

能　直　古庄

　建久1・1・13　古庄左近将監能直
　　　1・2・23　能直
　　　1・4・9　古庄左近将監能直
　　　1・9・9　古庄左近将監能直

能　定　九条（藤原）
　建長3・7・4　九条中将能定

能　範　→大江能行
　建久3・5・19　江内能範
　　　5・8・8　江兵衛尉能範
　　　5・⑧・1　江兵衛尉能範
　　　5・12・26　江兵衛尉能範
　建仁3・6・24　江兵衛尉能範
　建保1・8・26　江兵衛尉能範
　　　2・7・27　江兵衛尉能範
　寛元3・8・15　江石見前司能範

能　範　大江
　建保1・5・3　江戸左衛門尉能範
　　　3・9・21　江左衛門尉能範
　　　4・7・29　江左衛門尉能範
　　　6・6・27　江判官能範
　　　6・7・22　江判官能範
　承久3・7・2　江検非違使従五位下
　　　　　　　　行左衛門少尉大江朝
　　　　　　　　臣能範（梟首）

能　保　一条（藤原）
　元暦1・4・4　大〈中〉宮亮能保朝臣
　　　1・4・11　新典厩能保, 去月廿七日任
　　　1・5・19　右典厩
　　　1・6・1　右典厩
　　　1・6・20　讃岐守藤能保
　文治1・5・11　右典厩能保
　　　1・5・17　左典厩能保
　　　1・5・21　左典厩
　　　1・10・3　左馬頭
　　　1・10・14　右馬頭
　　　1・10・22　右〈左〉馬頭能保
　　　1・10・24　左典厩, 左馬頭能保
　　　1・11・10　左典厩
　　　1・11・15　左典厩能保
　　　1・12・7　左典厩

― 391 ―

第Ⅰ部　人名索引（の）

文治2・1・3	左典厩
2・1・10	左馬頭能保
2・1・28	左典厩
2・2・1	左典厩能保
2・2・6	左典厩能保
2・2・27	左典厩
2・3・12	左典厩
2・3・23	左馬頭
2・4・15	左典厩
2・5・9	左典厩
2・5・15	左典厩
2・5・25	能保朝臣，左典厩
2・5・28	左馬頭
2・5・29	左典厩能保
2・6・9	能保朝臣
2・6・22	左馬頭
2・6・28	左馬頭能保
2・7・8	左馬頭
2・7・27	左馬頭
2・⑦・10	左馬頭
2・⑦・26	左典厩
2・8・3	左典厩
2・9・25	左馬頭
2・9・29	左典厩
2・11・29	右武衛
2・12・15	左〈右〉武衛
3・1・19	右武衛能保
3・3・5	右武衛能保
3・3・18	右武衛
3・7・4	右武衛能保
3・7・19	右武衛，右兵衛督
3・8・12	右武衛能保
3・10・3	能保朝臣
3・10・7	右武衛
4・2・29	右武衛
4・4・21	右武衛
4・6・4	能保朝臣
4・6・17	右武衛能保，左〈右〉兵衛督
4・7・17	右武衛，右兵衛督
4・8・9	右武衛
4・8・17	右兵衛督能保
4・12・6	右武衛
5・1・13	右武衛
5・2・12	右武衛
5・3・20	右武衛，右兵衛督
5・④・1	右武衛，能保
文治5・④・4	武衛
5・6・24	右武衛
5・7・12	左兵衛督
5・7・16	右武衛
5・8・23	右武衛
5・9・9	右武衛
5・10・24	右武衛〈右衛門督〉
5・11・3	右武衛，武衛
5・11・6	武衛
5・11・7	右武衛
建久1・1・13	右武衛
1・2・2	右兵衛督能保
1・3・14	右兵衛督能保
1・4・19	右兵衛督
1・4・20	右武衛
1・4・22	一条殿
1・5・3	一条殿
1・5・10	右武衛
1・5・19	右武衛
1・6・10	一条殿
1・8・13	右武衛
1・9・13	右武衛
1・11・8	左武衛能保
1・11・19	左武衛能保
1・12・3〈1〉	左兵衛督能保卿
1・12・10	左武衛
2・1・15	右兵衛督能保卿
2・1・24	左武衛
2・3・20	大理能保卿
2・4・5	大理能保卿
2・5・2	大理
2・6・9	大理
2・7・11	大理
2・12・24	大理
3・6・28	一条殿能保卿
3・7・20	大理
3・9・17	一条黄門
3・12・14	一条前黄門
4・1・26	一条殿
4・4・29	一条前黄門
4・9・7	前黄門
5・5・10	一条前中納言能保卿
5・7・28	一条前中納言能保卿
5・⑧・16	一条前黄門
6・5・18	一条二品禅室
6・5・20	一条二品禅室
建暦1・11・4	一条二品能保

― 392 ―

第Ⅰ部　人名索引（の・は）

承久1・10・20　一条入道二品能保卿
元仁1・10・29　入道前中納言能保卿
建長5・11・29　入道中納言能保卿

能　　茂
　承久3・7・6　左衛門少尉能茂
　　　3・7・13　左衛門尉能茂入道
　宝治1・6・14　左衛門尉能茂法師

能　　隆　　大中臣
　文治2・1・19　能隆朝臣
　　　2・6・7　能隆朝臣
　建久6・6・21　神祇大副能隆朝臣
　建永1・5・6　従二位能隆卿
　　　1・5・24　能隆卿

は

白河天皇
　治承4・10・21　白河院
　文治3・10・3　白河院
　建久1・5・13　白河法皇
　　　3・3・16　白河法皇
　元久1・9・15　白河院
　建保2・4・23　白河院
　建長5・11・29　白河法皇

伯　楽　孫
　承久3・6・18　伯楽

範　胤　　大須賀
　暦仁1・2・17　大須賀八郎
　宝治1・6・13　大須賀八郎左衛門尉
　　　　　　　　範胤
　　　1・6・22　大須賀八郎左衛門尉

範　雅　　藤原
　建保1・5・2　熱田大宮司範雅

範　快
　建長6・6・3　範快

範　覚
　治承4・9・7　栗田寺別当大法師範
　　　　　　　　覚

範　季　　藤原
　元暦1・1・10　藤原範季
　文治1・8・13　木工頭藤原朝臣
　　　2・3・12　木工頭
　　　2・8・26　範季朝臣，木工頭範
　　　　　　　　季
　　　2・9・29　木工頭範季
　　　2・10・16　木工頭範季朝臣
　　　2・11・5　範季朝臣
　　　2・11・17　木工頭兼皇后宮亮範
　　　　　　　　季
　　　4・4・9　木工頭藤原朝臣
　　　5・11・3　前木工頭範季朝臣
　建仁3年首　　贈左大臣藤範季

範　経
　建久4・12・1　（熱田）大宮司範経
　　　6・7・1　（熱田）大宮司範経

範　経
　承久3・7・20　左衛門〈兵衛〉佐範経

範　兼　　伴
　嘉禄1・12・21　伴範兼

範　元　　押垂〈立〉
　弘長1・1・1　安芸掃部助
　　　1・1・26　掃部助範元
　　　1・3・25　掃部助範元
　　　1・4・23　掃部助範元
　　　1・8・10　範元
　　　3・2・8　掃部助範元
　　　3・2・10　掃部助範元
　　　3・5・9　掃部助範元
　　　3・6・25　掃部助範元
　　　3・7・23　範元
　　　3・8・6　掃部助範元
　　　3・8・9　範元
　　　3・8・11　掃部助範元
　文永2・3・7　押立〈垂〉掃部助
　　　2・5・10　押立〈垂〉掃部助
　　　2・12・14　掃部助範元
　　　2・12・16　範元

範　高　　藤原
　建暦1・4・29　範高
　　　2・1・19　安芸権守範高

— 393 —

第Ⅰ部　人名索引（は）

　　建暦2・10・11　範高
　　建保1・2・2　安芸権守
　　　　1・5・2　安芸権守範高熱田大宮
　　　　　　　　　司範雅子
　　　　6・3・16　安芸権守範高
　　　　6・6・27　安芸権守範高
　　　　6・12・2　安芸権守範高

範　綱　猪俣
　　元暦1・2・5　猪俣平六則綱
　　文治1・10・24　猪俣平六
　　建久1・11・7　猪俣平六
　　　　1・11・11　猪俣平六範綱〈經〉
　　　　6・3・10　伊〈猪〉俣平六

範　綱　藤原
　　建久3・3・26　若狭守範綱, 範綱入
　　　　　　　　　道若州

範　氏
　　建保1・8・20　前右馬助範氏
　　　　1・8・26　前右〈左〉馬助範氏

範　重
　　文治3・4・29　民部大夫範重
　　嘉禄2・1・1　民部丞範重

範　俊
　　建保2・7・27　右馬助範俊
　　　　6・6・27　右馬助範俊
　　　　6・7・8　右〈左〉馬助範俊
　　承久1・1・27　左馬権助範俊

範　乗
　　嘉禎1・6・29　三位阿闍梨範乗
　　寛元2・5・29　三位僧都
　　文永2・5・1　三位僧都範乗

範　信　藤原
　　文治1・10・24　前上野介範信

範　親　大江
　　建保1・7・23　江右〈左〉衛門尉
　　　　2・7・27　江衛門尉範親
　　　　6・6・27　江衛門尉範親
　　承久1・1・27　江右門尉範親
　　嘉禎3・3・8　江右衛門尉

範　政　猪俣
　　承久3・6・18　猪俣右〈左〉衛門尉
　　暦仁1・2・17　猪俣左衛門尉
　　　　1・6・5　猪俣左衛門尉範政

範　清　星野
　　建久1・12・1　七条院非蔵人範清

範　智
　　建保6・5・9　越後法橋範智
　　貞永1・⑨・10　越後法橋

範　忠
　　正嘉1・4・9　範忠朝臣
　　文永2・10・18　兵部大輔範忠朝臣
　　　　2・11・13　兵部大輔範忠朝臣

範　朝　藤原
　　建保6・5・9　前中納言範朝

範　定
　　延応1・10・17　範定

範　能　藤原
　　文治1・4・24　右少将範能朝臣

範　輔　平
　　建保6・3・16　勘解由次官平範輔
　　貞永1・8・13　左大弁宰相

範　方
　　正嘉1・4・9　範方

範　邦　橘
　　承元2・5・29　橘範邦

範　茂　源
　　承元2・5・29　中将範茂朝臣
　　　　3・3・21　越後少将範茂
　　承久3・6・8　範茂
　　　　3・6・12　甲斐宰相中将
　　　　3・6・14　宰相中将範茂卿
　　　　3・6・18　甲斐中将
　　　　3・6・24　宰相中将範茂卿
　　　　3・7・18　甲斐宰相中将範茂

範　有　藤原

— 394 —

第Ⅰ部　人名索引（は）

建保6・3・16　侍従藤範有

範　頼　源
養和1・②・23　蒲冠者範頼
元暦1・1・20　蒲冠者範頼
　　1・1・27　蒲冠者範頼
　　1・2・1　蒲冠者範頼
　　1・2・5　蒲冠者範頼
　　1・2・7　蒲冠者
　　1・2・8　関東両将
　　1・2・11　範頼
　　1・2・15　蒲冠者範頼
　　1・3・6　範冠者
　　1・5・21　範頼
　　1・6・20　参河守源範頼
　　1・6・21　範頼，蒲冠者
　　1・8・6　参河守
　　1・8・8　参河守範頼
　　1・8・17　範頼
　　1・9・2　参州
　　1・9・12　参河守範頼朝臣
　　1・10・12　参州
文治1・1・6　参河守範頼
　　1・1・12　三川守〈参州〉
　　1・1・26　参州
　　1・2・1　参州
　　1・2・14　参州
　　1・2・16　参州
　　1・2・29　三州
　　1・3・2　参州
　　1・3・6　三州
　　1・3・9　参河守
　　1・3・11　参州
　　1・3・13　参河守
　　1・3・14　参州
　　1・4・12　参河守〈参州〉
　　1・4・21　参河守
　　1・4・24　範頼朝臣
　　1・5・5　参州
　　1・5・7　三州
　　1・5・8　参州
　　1・5・9　参州
　　1・5・12　参州
　　1・5・23　参河守範頼
　　1・6・14　参河守範頼
　　1・7・12　参州
　　1・8・24　参州

文治1・9・21　参河守範頼
　　1・10・20　参河守範頼朝臣
　　1・10・24　駿河守範頼(マヽ)
　　3・5・13　参州
　　3・8・15　参河守範頼
　　4・1・20　三州
　　4・2・23　三河守
　　4・3・2　三州
　　4・3・15　三河守
　　5・4・18　参河守範頼
　　5・6・9　参川守範頼
　　5・7・19　参川守範頼
建久1・8・28　三河守範頼
　　1・11・7　参河守
　　1・11・11　参河守範頼
　　1・12・1　前参河守範頼
　　1・12・2　範頼
　　2・7・28　参河守
　　2・11・22　参州
　　2・11・27　参州
　　3・7・27　三河守
　　3・11・25　参川守頼範(マヽ)
　　3・11・29　参州
　　4・8・2　参河守範頼
　　4・8・10　参州
　　4・8・17　参河守範頼朝臣
　　4・8・18　参州
　　4・8・20　参州

樊　噲
元暦1・2・7　樊噲

繁　雅　藤原
元暦1・2・30　式部大夫繁雅

繁　成　城(平)
文治4・9・14　出羽城介繁成〈茂〉
建仁1・5・14　出羽城介繁成資盛曩祖

繁　政　平
文治1・10・24　平式部大夫繁政
建久5・12・26　民部大夫繁政

繁　盛　平
建保6・3・16　平繁盛

繁　茂

— 395 —

第Ⅰ部　人名索引（は・ふ）

文永3・3・29　繁茂

ふ

不　比　等　　藤原
　貞永1・8・10　淡海公

武　　衡　　　清原
　治承4・10・21　将軍三郎武者〈衡〉
　養和1・9・3　将軍三郎清原武衡
　建保1・5・2　武衡

武　　重　　　渋谷
　寛元1・7・17　渋谷次〈二〉郎大郎
　　　3・8・15　渋谷次郎太郎武重
　宝治2・1・3　渋谷次郎大郎
　建長2・12・27　渋谷次郎太郎
　　　3・1・20　渋谷二郎太郎武重
　　　4・4・14　渋谷次〈二〉郎大郎武重
　　　4・8・1　渋谷左衛門尉
　　　4・9・25　渋谷左衛門尉武重
　　　4・11・11　渋谷左衛門尉武重
　　　4・11・12　渋谷左衛門尉
　　　4・12・17　渋谷左衛門尉武重
　　　5・1・16　渋谷左衛門尉武重
　　　5・8・15　渋谷左衛門尉武重
　　　6・⑤・1　渋谷太郎左衛門尉
　康元1・6・29　渋谷左衛門尉
　正嘉1・2・2　渋谷左衛門尉武重
　　　1・8・15　渋谷左衛門尉武重
　　　2・1・1　渋谷大郎左衛門尉
　　　2・1・7　渋谷左衛門尉
　弘長1・5・13　渋谷太郎左衛門尉武重

武　　則　　　清原
　文治5・9・23　鎮守府将軍武則
　建久4・3・25　清原武則

武　　貞　　　清原
　文治5・9・23　清衡継父武貞号荒河太郎、鎮守府将軍武則子

武　　文　　　佐伯
　建久1・12・3〈1〉佐伯武文近文男

武　　隆〈澄〉
　承元2・5・29　武隆〈澄〉

武　　廉
　文治5・6・6　御厩舎人武廉
　　　5・6・11　武廉

副将丸　　　平
　文治1・4・11　内府（宗盛）子息六才童字副将丸

福　　王　　　藤原
　暦仁1・4・10　一条殿（道家）御息若君福王公
　　　1・5・16　若君福王公
　　　1・6・23　若君御前福王公

福　　寿　　→北条宗政
　建長5・2・3　相州新誕若公、福寿
　　　5・3・21　相州新誕若公

仏厳上人
　文治1・7・29　仏厳上人

文　　学（覚）
　寿永1・4・5　高雄文学上人
　　　1・4・26　文学上人
　文治1・8・30　文学上人
　　　1・12・17　神護寺文学上人
　　　1・12・24　文学上人
　　　2・1・3　神護寺文学上人
　　　4・2・2　高雄上人
　建久2・2・21　文学聖人
　　　2・6・24　神護寺文学上人
　　　4・1・14　高雄文学上人、文学房
　　　4・3・14　文学上人
　　　4・6・25　文学上人
　　　4・7・28　文学上人
　　　5・4・21　高雄上人文学
　正治2・2・6　高雄文覚
　承元4・2・10　高雄文学房

文　　元
　貞応1・4・26　文元
　　　2・9・10　文元
　元仁1・10・16　文元

— 396 —

第Ⅰ部 人名索引（ふ・へ）

嘉禄 1・12・17　文元
　　 2・ 8・ 7　文元
　　 2・11・ 3　文元
安貞 1・ 2・19　文元
　　 1・ 4・13　文元
　　 1・ 4・22　文元
　　 1・11・16　文元
　　 1・11・23　文元
　　 1・12・13　文元
　　 2・ 1・19　文元
　　 2・ 6・25　文元
寛喜 3・10・19　文元
貞永 1・10・22　文元
嘉禎 1・ 1・20　文元
　　 1・ 2・10　文元
　　 1・ 3・18　文元
　　 1・ 6・28　文元朝臣
　　 1・ 7・11　大監物文元
　　 1・12・20　縫殿助文方(マヽ)
　　 1・12・21　文元朝臣
　　 1・12・27　文元朝臣
　　 2・ 3・20　文元
　　 2・ 4・ 4　文元
　　 2・ 8・ 4　前大監物元文(マヽ)
　　 2・12・ 6　文元朝臣
　　 3・ 3・ 8　前縫殿頭文元朝臣
　　 3・ 3・10　文元
仁治 1・ 4・27　文方(マヽ)
　　 2・ 7・26　文元朝臣
寛元 2・ 2・24　文元
　　 2・ 3・14　文元
　　 2・ 3・17　文元
　　 2・ 5・18　文元
　　 2・ 5・26　文元
　　 2・ 6・ 3　文元
　　 2・10・ 3　文元
　　 3・12・24　前縫殿頭文元
　　 4・ 5・14　文元朝臣
建長 4・ 4・ 5　文元
　　 4・ 5・ 5　文元
　　 4・ 8・ 6　文元
　　 6・ 9・ 4　文元
正嘉 1・ 8・12　文元
　　 1・ 9・24　文元
　　 1・11・22　前縫殿頭文元
文応 1・ 2・10　文元
弘長 1・ 2・ 2　文元

弘長 3・ 5・17　文元
文永 2・ 5・23　縫殿頭，文元

文　幸(章)　皆吉
建長 3・ 6・ 5　皆吉大炊助文〈久〉幸
　　 3・ 6・20　皆吉大炊助
　　 4・ 4・30　皆吉大炊助文幸
　　 5・12・21⟨22⟩　皆吉大炊助文章〈幸〉
　　 6・12・ 1　皆吉大炊助
正嘉 1・③・ 2　皆吉大炊助文章
　　 2・ 1・ 1　皆吉大炊助
弘長 1・ 1・ 1　皆吉大炊助
　　 1・ 3・20　皆吉大炊助文幸
文永 2・ 5・23　(文元子息)大炊助文幸

文　実
文治 1・11・29　文実(多武峰悪僧)

文殊丸　毛利
宝治 1・ 6・22　毛利文殊丸

文　親
寛喜 3・11・ 9　文親
　　 3・11・10　文親
貞永 1・⑨・10　文親
嘉禎 3・ 6・22　文親

文　親
文永 2・ 5・23　(文元)子息大蔵少輔文親

文　方　→文元
嘉禎 1・12・20　縫殿助文方
仁治 1・ 4・27　文方

文　妙
文治 1・11・29　文妙(多武峰悪僧)

へ

閇　房　(筥根児童)
文治 5・ 2・21　閇房

遍　曜

— 397 —

第 I 部 人名索引 (へ・ほ)

建暦1・11・16 円〈門〉如房阿闍梨遍曜
建保6・12・2 円如房阿闍梨遍曜
承久1・3・1 円如房阿闍梨遍曜

卞〈官〉照
文治5・9・27 堤〈堺〉講師卞〈官〉照

弁　覚
建保1・5・3 日光山別当法眼弁覚
　　　　　　　俗名大方余一
　　1・5・10 日光山別当但馬法眼弁覚
　　1・9・19 日光山別当法眼弁覚

弁　慶
文治1・11・3 弁慶法師
　　1・11・6 武蔵房弁慶

弁　勝
建久2・4・5 延暦寺所司
　　2・4・30 延暦寺所司弁勝
　　2・5・1 延暦寺所司
　　2・5・3 弁勝

弁　盛
正嘉1・10・1 内供奉弁盛
文永2・5・5 (権律師)弁盛

弁　誉
文永2・5・5 (権律師)弁誉

弁　朗
治承4・11・19 法乗坊弁朗

ほ

保　家　藤原
建久3・7・26 若狭守藤原保家 元安房

保　家　藤原
建久1・12・3〈1〉右少将保家
　　2・5・12 右少将保家朝臣
承元2・5・29 別当

保　季　藤原
正治2・4・8 若狭前司保季
　　2・4・10 若狭前司保季

保　教
承元2・10・21 保教

保　業　平
元暦1・6・20 河内守同(平)保業

保　恵
建長5・2・25 保恵

保　経　藤原
正嘉2・3・1 伊豆藤三郎保経

保　行　清久
建長5・8・30 清久弥次郎保行

保〈泰〉高　天野　〔則景参照〕
文治5・7・19 天野右馬允保高
建久6・3・10 天野右馬允
建仁2・1・9 天野左〈右〉馬允
建保1・8・20 天野右馬允泰高
　　1・8・26 天野右馬允泰高

保　信
承久3・6・13 兼伏〈室伏〉六郎保信

保　忠　古郡
建仁2・8・15 古郡左衛門尉保忠
　　2・8・24 古部〈郡〉左衛門尉保忠
　　2・8・27 保忠
建保1・4・27 保忠
　　1・5・2 古郡左衛門尉保忠
　　1・5・3 古郡左衛門尉保忠
　　1・5・4 古郡左衛門尉
　　1・5・5 保忠
　　1・5・6 古郡左衛門

保　房　藤原
文治4・4・9 出羽守藤原保房

保　房
建久1・4・18 保房

— 398 —

第 I 部　人名索引（ほ）

保　茂　源
　　嘉禎 1・5・16　　下総守源保茂
　　　　2・3・7　　下総前司源保茂
　　　　2・10・29　下総前司保茂

輔　通
　　養和 1・7・8　　輔通

輔仁親王
　　寿永 1・9・20　輔仁親王

邦　業　源
　　文治 2・2・2　　散位源邦業
　　建久 1・11・7　　下総守邦業
　　　　1・12・1　　前下総守邦業
　　　　1・12・2　　邦業
　　　　3・6・21〈20〉前下総守源朝臣
　　　　3・8・5　　前下総守源朝臣邦業
　　　　3・9・12　　下総守源朝臣
　　　　5・12・26　下総守邦業

邦　綱　藤原
　　建久 1・8・9　　邦綱卿

邦　忠
　　承久 1・1・27　蔵人大夫邦忠

邦　通(道)　藤原
　　治承 4・6・23〈22〉大和判官代邦道
　　　　4・7・5　　判官邦通
　　　　4・8・4　　邦通
　　　　4・8・6　　邦通〈道〉
　　　　4・8・19　　邦通〈道〉
　　　　4・12・14　邦通
　　寿永 1・11・14　判官代邦通
　　元暦 1・1・1　　藤判官代邦通
　　　　1・1・8　　藤判官代
　　　　1・1・17　藤判官代邦通
　　　　1・3・17　判官代邦通
　　　　1・4・20　藤判官代邦通
　　　　1・10・6　藤判官代邦通
　　　　1・11・21　邦通
　　文治 1・4・11　藤判官代
　　　　1・4・13　判官代邦通
　　　　1・9・1　　藤判官代邦通
　　　　1・9・5　　藤判官代邦通
　　　　1・10・24　藤判官代邦通

　　文治 1・12・6　邦通
　　　　1・12・28　邦通
　　　　2・1・3　　藤判官代邦通
　　　　2・1・8　　邦通
　　　　2・5・1　　邦通
　　　　2・5・14　藤判官代邦通
　　　　2・5・29　邦通
　　　　2・6・15　藤判官代邦通
　　　　2・9・9　　藤判官代邦通
　　　　3・2・23　藤判官代邦通
　　　　3・10・29　藤原
　　　　3・11・25　邦通
　　　　4・3・15　藤判官代
　　　　5・1・19　藤判官邦通
　　　　5・6・9　　藤判官代邦通
　　　　5・7・17　藤判官代
　　建久 1・7・21　邦通
　　　　3・8・5　　藤判官代邦通
　　　　3・8・14　藤判官代
　　　　3・11・25　藤判官代邦通
　　　　4・2・7　　判官代
　　　　4・3・13　藤判官代邦通
　　　　5・⑧・8　　藤判官代邦通

邦　房　広田
　　文治 4・3・15　広田次郎
　　建久 2・3・3　　広田次郎邦房
　　　　2・3・4　　邦房
　　　　4・3・13　広田次〈二〉郎

宝　寿
　　宝治 2・5・28　宝寿
　　　　2・7・9　　宝寿

峯　王　丸
　　承元 2・5・29　峯王童, 峯王丸

豊　成　藤原
　　文治 1・6・21　右大臣豊成

房　覚
　　元暦 1・5・12　園城寺長吏僧正房覚

房　玄　→房源
　　建長 6・6・23　宮内卿法印房玄

房　源

— 399 —

第I部 人名索引（ほ・ま）

　　寛元2・5・29　宮内卿法印
　　　　3・2・19　宮内卿法印
　　建長6・6・3　房源
　　　　6・6・23　宮内卿法印房玄
　　正嘉1・10・1　法印権大僧都房源
　　弘長1・2・20　房源
　　　　3・8・25　法印房源

房　盛
　　文永2・5・5　（権律師）房盛

房　朝
　　文永2・5・5　（権律師）房朝

房　名　　四条（藤原）
　　建長3・7・4　左兵衛督

房　誉
　　文永2・5・5　（権律師）房誉

本　月
　　養和1・3・1　浄如房本月

本性上人
　　文治1・6・21　大原本性上人
　　建久3・3・16　大原本成〈城〉房上人
　　　　3・3・26　本成〈城〉房

ま

馬　子　　蘇我
　　建保2・6・5　馬子大臣

摩尼珠　　大江
　　建久4・2・7　（広元）子息摩尼珠

摩尼珠丸
　　仁治2・9・13　摩尼珠丸

末　友
　　建久1・4・4　末友

万　歳
　　文永2・3・9　万歳

万　寿　　→源頼家

　　文治4・7・10　若公万寿公,七歳

満月上人
　　安貞2・11・9　満月上人

満　氏　　足利
　　建長4・4・1　上総三郎満氏
　　　　4・4・3　上総三郎満氏
　　　　4・11・11　上総三郎満氏
　　　　6・1・1　足利上総三郎満氏
　　　　6・1・2　上総三郎満氏
　　　　6・1・22　上総三郎満氏
　　　　6・6・16　上総三郎
　　康元1・1・1　足利上総三郎
　　　　1・1・11　足利上総三郎満氏
　　　　1・6・29　上総三郎
　　　　1・8・15　足利上総三郎
　　正嘉1・12・24　上総三郎
　　　　2・1・1　上総三郎
　　　　2・1・2　足利上総三郎満氏
　　　　2・1・7　上総三郎
　　　　2・6・17　足利上総三郎
　　文応1・1・20　足利上総三郎
　　　　1・2・20　足利上総三郎
　　弘長1・8・15　足利上総三郎満氏
　　　　3・7・13　足利上総三郎
　　　　3・8・9　足利上総三郎満氏

満　仲　　多田（源）
　　文治2・3・26　多田新発備中（マヽ）

満　定　　清原
　　仁治1・1・22　清左衛門尉満定
　　　　1・11・23　清左衛門尉
　　　　2・2・26　満定
　　　　2・4・16　清左衛門尉満定
　　　　2・4・29　清左衛門尉満定
　　寛元1・2・26　清右〈左〉衛門尉
　　　　2・4・21　左衛門尉満定,清左衛門尉
　　　　2・6・27　清左衛門尉
　　　　3・5・7　清左衛門尉
　　　　3・6・7　清左衛門尉
　　　　3・11・10　清左衛門尉
　　宝治1・6・27　清左衛門尉
　　　　1・7・2　清左衛門尉
　　　　2・1・7　清左衛門尉

— 400 —

第Ⅰ部　人名索引（ま・み・め）

宝治2・10・21	清左衛門尉満定	
2・12・5	清左衛門尉満定	
2・12・20	清左衛門尉	
建長2・2・23	清左衛門尉	
2・4・16	清左衛門尉満定	
2・4・25	清左衛門尉	
2・5・1	清左衛門尉	
2・12・9	清左衛門尉	
2・12・20	清左衛門尉	
2・12・29	清左衛門尉	
3・6・5	清左衛門尉満定	
3・6・20	清左衛門尉	
3・9・5	清左衛門尉	
3・⑨・1	清左衛門尉	
4・4・14	清左衛門尉清定（ﾏヽ）	
4・4・30	清左衛門尉満定	
4・5・26	清左衛門尉満定	
4・6・19	清左衛門尉満定	
4・8・6	清左衛門尉満定	
4・10・14	満定	
5・12・21〈22〉	清左衛門尉満定	
6・6・25	清左衛門尉満定	
6・12・1	清左衛門尉	
6・12・20	清左衛門尉	
康元1・7・26	清左衛門尉満定	
1・9・1	清左衛門尉満定	
正嘉1・③・2	清左衛門尉満定	
1・8・17	清左衛門尉満定	
1・8・18	満定	
1・8・21	清左衛門尉	
2・1・1	清左衛門尉	
弘長1・3・20	清左衛門尉満定	
3・11・2	左衛門少将清原真人満定頓死年六十九	

み

弥　陀　王　（舞童）
　建久3・8・15　弥陀王

弥　　誉　→珍誉
　貞応2・9・10　助法眼弥誉

弥　　勒　（笠根児童）
　文治5・2・21　弥勒

め

明　胤　坂上
　暦仁1・5・11　故左兵衛尉坂上明定子息左兵衛尉明胤

明　　雲
　建久2・5・3　座主明雲，貫首

明　　季
　弘長1・9・4　法橋明季

明　基　中原
　養和1・2・9　右衛門志中原明基
　文治1・6・23　志明基

明　義　長江
　建久2・7・28　長江太郎明義
　5・8・8　長江四郎明義
　6・3・10　長江四郎
　正治1・10・28　長江四郎明義
　2・5・5　長江四郎明義
　2・9・2　長江四郎
　建暦2・3・16　長江四郎
　建保2・2・14　長江四郎明義
　6・6・27　長江四郎明義
　6・7・8　長江四郎明義
　承久3・6・14　長江四郎
　安貞2・6・26　長江四郎
　2・7・23　長江四郎
　寛元3・8・16　長江四郎入道
　建長2・3・1　長江四郎入道跡

明　　恵
　建久6・4・5　明恵上人

明　景　安西
　元暦1・8・8　同(安西)太郎明景
　文治1・1・26　同(安西)太郎明景

明　　政
　建暦2・7・8　官人明政
　建保1・3・6　検非違使明政

明　　禅

— 401 —

第Ⅰ部 人名索引 (め・も・や・ゆ)

承久 1・12・27 明禅法印

明　宗　　多々良
　治承 4・8・22 同(多多良)四郎明宗
　文治 1・10・24 多々良四郎
　建久 1・11・7 多々良四郎
　元久 1・2・12 多々良四郎
　　　 1・10・14 多々良四郎

明　定　　坂上
　元久 1・4・1 明定
　天福 1・4・16 左衛門尉明定
　暦仁 1・5・11 故左衛門尉坂上明定

明　弁
　嘉禎 1・12・26 法印明弁

妙珠丸
　仁治 2・9・13 妙珠丸

も

茂　光　　工藤
　治承 4・8・6 工藤介茂光
　　　 4・8・20 工藤介茂光
　　　 4・8・23 茂光
　　　 4・8・24 茂光

茂　氏
　建長 4・8・23 広〈茂〉氏
　弘長 1・2・2 茂氏
　　　 1・2・7 茂氏
　　　 1・6・7 茂氏
　　　 1・8・10 茂氏

茂　泰　　→大曾禰義泰
　正嘉 1・12・29 上総三郎右〈左〉衛門
　　　　　　　　尉茂泰

茂　通　　高倉
　建長 3・7・4 高倉少将茂通

茂仁王　　→以仁王
　治承 4・5・15 茂仁王

茂　能
　暦仁 1・2・23 皇后宮権大夫茂俊
　　　　　　　　〈能〉
　　　 1・2・28 皇后宮権大夫茂能

茂　範
　建長 5・11・25 前大内記茂範朝臣
　　　 6・4・4 前大内記茂範朝臣

茂　範
　康元 1・7・26 右京権大夫義〈茂〉範
　　　　　　　　朝臣
　正嘉 1・8・21 茂範朝臣
　　　 2・6・4 右京権大夫茂範朝臣
　文応 1・4・26 右京権大夫範武〈茂
　　　　　　　　範〉朝臣
　　　 1・5・10 右京権大夫茂範朝臣
　弘長 3・6・26 右京権大夫茂範朝臣

茂　平　　小早河
　建長 2・3・1 小早河美作前司入道

茂　平　　戸田
　文永 2・1・2 戸田兵衛尉茂平

や

夜　叉　　(舞童)
　建久 3・8・15 夜叉

夜刃王
　文永 2・3・9 夜刃王

薬師丸
　弘長 1・1・1 備後薬師丸

ゆ

又鶴丸
　正嘉 2・3・1 又鶴丸

友　家　　→八田知家
　文治 1・4・15 右衛門尉友家

友　景　　→梶原朝景

— 402 —

第Ⅰ部 人名索引（ゆ）

	文治1・4・15	刑部丞友景
	建久3・11・25	梶原刑部丞友景
	正治2・1・25	景時弟刑部丞友景
友　景	石岡	
	建久1・1・18	石岡三郎友景
友　景		
	承久1・7・19	四郎左衛門尉友景
友　兼	吉香(河)	
	文治1・10・24	吉河二郎
	4・3・15	吉河次郎
	5・7・19	吉香小次郎
	建久1・11・7	吉香小次郎
	2・2・4	吉香次郎
	4・5・28	吉香小次郎
	6・3・10	吉香小次郎
	正治2・1・20	吉香小次郎(討死)
	2・1・23	吉香小次郎
友　行		
	元暦1・7・18	雑色友行
友　国		
	建久2・1・18	神人友国
友　実	藤原	
	文治1・11・2	大夫判官友実
	2・7・27	友実
	2・11・5	大夫尉友実
右　宗	安藤	
	正治2・2・6	安藤右馬大夫右宗
	建仁1・9・15	右馬大夫右宗
有　家	六条	
	元久2・9・2	有家
有　家	平井	
	弘長1・1・9	平井又次郎
	1・1・14	平井又次郎有家
有　雅	源	
	承元2・5・29	有雅朝臣
	建保1・3・6	中納言有雅
	承久3・6・8	有雅
	承久3・6・12	二位兵衛督
	3・6・14	二位兵衛督有雅卿
	3・6・24	入道二位兵衛督有雅卿
	3・7・29	入道二位兵衛督有雅, 去月出家, 年四十六
有　季	糟屋(谷)	
	元暦1・2・5	糟屋藤太有季
	文治1・10・24	糟屋藤太有季
	2・9・22	糟屋藤太有季
	2・9・29	糟屋藤太有季
	5・7・19	糟屋藤太有季
	建久1・8・3	糟屋藤太有季
	1・11・7	糟屋藤太
	1・11・11	糟屋藤太有季
	1・12・1	糟屋藤太有季
	2・8・6	糟屋藤太兵衛尉
	4・5・8	糟屋藤太兵衛尉
	6・3・10	糟屋藤太兵衛尉
	6・5・20	糟屋藤太兵衛尉有季
	正治2・1・20	糟谷藤太兵衛尉
	2・1・25	糟屋兵衛
	2・1・26	糟屋藤太兵衛尉有季
	2・2・26	糟屋藤太兵衛尉有季
	建仁2・1・3	糟屋太郎
	3・9・2	糟屋藤太兵衛尉有季
有　義	武田	
	治承4・10・13	兵衛尉有義
	元暦1・2・5	武田兵衛尉
	1・8・6	武田兵衛尉有義
	1・8・8	武田兵衛尉有義
	文治1・1・26	武田兵衛尉有義
	2・1・3	武田兵衛尉有義
	4・3・15	武田兵衛尉有義
	5・6・9	武田兵衛尉有義
	5・7・19	武田兵衛尉有義
	建久1・11・7	武田兵衛尉
	1・11・11	武田兵衛尉有義
	2・2・4	武田兵衛尉
	4・8・9	武田兵衛尉有義
	5・10・9	武田兵衛尉有義(時)
	5・12・26	武田兵衛尉有義
	6・3・10	武田兵衛尉
	6・5・20	武田兵衛尉有義
	正治2・1・28	武田兵衛尉有義

第Ⅰ部　人名索引 (ゆ)

有　久　糟屋
　承久3・6・3　　糟屋右衛門尉有久
　　　3・6・8　　糟屋乙石左衛門尉,
　　　　　　　　　乙石左衛門尉(討死)

有　経　波多野
　治承4・10・17　(義常)子息有常
　文治1・4・15　馬允有経
　　　4・4・3　　義経嫡男馬允有経

有　経
　文治2・3・26　紀伊権守有経
　　　5・6・9　　紀伊権守有経

有　経　豊島
　建久1・5・29　豊島権守有経
　　　1・11・7　豊嶋権守
　　　2・10・2　豊嶋権守有経

有　経〈綱〉　松田
　元久2・6・22　松田次郎有経〈綱〉

有　弘　小越
　文治5・7・19　小越右馬允有弘
　建久1・11・7　小越右馬允

有　光
　治承4・10・1　同(醍醐禅師)有光

有　行
　正嘉1・9・24　有行

有　高　小山
　文治1・4・13　小山太郎有高
　　　1・9・5　　小山太郎有高
　建久1・11・7　相模小山太郎
　建保1・5・6　　小山太郎

有　綱　足利
　養和1・②・23　足利七郎有綱
　　　1・②・28　有綱

有　綱　源
　寿永1・11・20　伊豆左〈右〉衛門尉有綱
　文治1・5・19　伊豆冠者有綱(伊豆守仲綱男)
　　　1・11・3　伊豆右衛門尉有綱
　　　1・11・6　伊豆右衛門尉
　　　2・6・28　伊豆右衛門尉源有綱
　　　　　　　　義経聟, 右金吾(自殺)
　建久2・11・14　故伊豆右衛門尉, 金吾

有　綱　山口
　建久6・3・10　山口兵衛次郎
　建仁2・10・29　山口次〈二〉郎有綱

有　時　北条
　承久3・5・22　(泰時)弟陸奥六郎有時
　　　3・6・6　　陸奥六郎有時
　　　3・8・2　　陸奥六郎有時
　貞応2・10・13　陸奥六郎
　元仁1・6・18　同(陸奥)六郎
　嘉祿1・5・12　大炊助有時
　　　1・10・28　大炊助
　　　1・12・20　大炊助
　　　2・1・1　　前大炊助有時
　　　2・1・3　　前大炊助
　　　2・9・2　　大炊助
　　　2・9・9　　大炊助有時
　安貞2・1・1　　大炊助有時
　　　2・2・3　　大炊助
　　　2・7・23　大炊助
　　　2・10・15　大炊助有時
　寛喜1・1・1　　大炊助有時
　　　1・1・2　　大炊助
　　　1・1・3　　大炊助
　　　1・9・17　大炊助有時
　　　2・1・4　　大炊助有時
　　　2・1・10　大炊助
　　　2・1・20　大炊助有時
　　　2・1・25　大炊助
　　　2・2・17　大炊助有時
　　　2・12・9　大炊助有時
　　　3・8・15　大炊助有時
　貞永1・7・15　民部少輔
　　　1・7・23　民部少輔
　　　1・8・15　民部少輔有時
　　　1・⑨・20　民部少輔
　天福1・1・1　　民部権少輔
　　　1・8・15　民部少輔

― 404 ―

第Ⅰ部 人名索引 (ゆ)

嘉禎 2・3・14 民部少輔
　　 2・6・5 民部少輔
　　 2・8・4 民部権少輔
　　 3・6・23 駿河守有時
暦仁 1・1・20 駿河守有時
　　 1・2・17 駿河守
　　 1・2・28 駿河守有時
　　 1・12・28 駿河守
仁治 1・1・2 駿河守有村(ママ)
　　 1・8・2 駿河守
　　 2・1・23 駿河守
　　 2・11・4 駿河守
　　 2・11・30 駿河守有時
寛元 1・1・5 駿河守
　　 1・1・19 駿河守
　　 1・3・19 駿河守有時

有　慈
弘長 3・3・17 覚地房有慈

有　秀　　惟宗
嘉禄 1・7・12 宗大夫有秀

有　重　　小山田
治承 4・9・28 有重
元暦 1・6・16 小山田別当有重
文治 1・7・7 有重

有　俊
建保 6・6・27 蔵人大夫有俊
　　 6・7・8 蔵人大夫有俊
承久 1・1・27 蔵人大夫有俊

有　俊
嘉禄 1・1・14 美濃法橋有俊

有　常　　→波多野有経
治承 4・10・17 (義常)子息有常

有　尋
文治 2・2・3 僧有尋

有　成　　菅原
建保 3・11・24 時賢子息有成

有　盛　　平
元暦 1・2・5 小松少将有盛朝臣
文治 1・3・24 前少将有盛朝臣
　　 1・4・11 小松少将有盛

有　村　　三浦
暦仁 1・2・17 三浦次郎
　　 1・6・5 三浦次郎有村
仁治 1・1・2 駿河守有村〈有時の誤〉

有　忠　　三野
元暦 1・9・19 三野九郎有忠

有　忠　　大宮
仁治 2・4・25 大宮有忠

有　長　　平子
文治 1・4・15 馬允有長
建久 1・11・7 野平右馬允
　　 4・5・28 平野〈平子〉平馬允〈右馬允〉
　　 6・3・10 平子左〈右〉馬允

有　長
承久 3・6・3 筑後左衛門尉有長
　　 3・6・5 有長
　　 3・6・8 有長

有　直　　勅使河原
文治 1・8・28 勅使河原後三郎
　　 1・10・24 勅使河原三郎
　　 3・8・15 勅使河原後三郎有直
　　 5・7・1 勅使河原三郎
　　 5・7・19 勅使河原三郎有直
建久 1・11・7 勅使河原次〈三〉郎
　　 2・2・4 勅使河原三郎
　　 3・11・25 勅使河原三郎有直
　　 6・3・10 勅使河原三郎

有　道
元仁 1・6・6 有道
嘉禄 1・11・15 有道
　　 1・12・17 有道

有　範　　藤原
元久 2・⑦・26 五条判官有範
　　 2・10・13 五条判官有範
建保 1・5・3 有範

― 405 ―

第Ⅰ部　人名索引（ゆ）

建保 1・5・22　五条大夫判官有範
　　 1・8・14　検非違使有範
　　 2・7・27　筑後守有範
　　 3・1・1　筑後守有範
承久 2・5・7　有範
　　 3・7・2　五条筑後守従五位下
　　　　　　　行平朝臣有範（裏首）

有　平　　小越
建久 1・11・7　小越四郎

祐　家　　伊東
弘長 3・8・8　薩摩左衛門尉
　　 3・8・15　薩摩左衛門尉〈左衛門
　　　　　　　四郎〉祐家

祐　義　　小河
元暦 1・2・5　小河小次郎祐義
文治 1・10・24　小河小次〈二〉郎
建久 2・2・4　小河小三〈二〉郎

祐　教　　伊東
弘長 3・1・7　薩摩七郎左衛門尉祐
　　　　　　　教（祐能の誤ならむ）
文永 2・6・23　薩摩左衛門四郎祐教
　　 2・7・16　薩摩左衛門四郎

祐　経　　工藤
元暦 1・4・20　工藤一﨟祐経
　　 1・6・16　工藤一﨟祐経
　　 1・8・8　工藤一﨟祐経
文治 1・1・26　工藤一﨟祐経
　　 1・3・9　工藤一﨟
　　 1・3・11　工藤一﨟祐経
　　 1・10・24　工藤一﨟祐経
　　 2・4・8　左衛門尉祐経
　　 2・5・14　左衛門尉祐経
　　 3・4・29　工藤左衛門尉助経
　　 4・3・15　工藤左衛門尉祐経
　　 5・7・19　工藤左衛門尉祐経
建久 1・5・3　左衛門尉祐経
　　 1・7・20　工藤左衛門尉祐経
　　 1・7・21　祐経
　　 1・11・7　工藤左衛門尉
　　 1・11・9　工藤左衛門尉祐経
　　 1・12・3〈1〉左衛門尉祐経
　　 2・7・28　工藤左衛門尉祐経

建久 3・7・27　左衛門尉祐経
　　 3・11・25　工藤左衛門尉祐経
　　 4・1・5　工藤左衛門尉祐経
　　 4・4・19　工藤左衛門尉祐経
　　 4・5・8　工藤左衛門尉
　　 4・5・16　工藤左衛門尉祐経
　　 4・5・28　工藤左衛門尉祐経
　　　　　　　（祐継男）
　　 4・5・29　祐経
　　 4・6・1　祐経
　　 4・8・6　故左衛門尉祐経
　　 5・3・15　故祐経

祐　継　　工藤
建久 4・5・28　工藤滝口祐継（祐経父）

祐　兼　　伴
承元 1・9・24　伴四郎嫌伏祐兼

祐　広　　伊東
建保 1・2・16　伊東八郎祐広

祐　広　　工藤
建長 4・11・18　薩摩十郎
　　 4・11・21　薩摩十郎藤原祐広
　　 5・1・1　同（薩摩）十郎祐広
　　 5・1・9　薩摩十郎
　　 6・1・4　薩摩十郎
　　 6・1・22　薩摩十郎祐広
正嘉 1・10・1　同（薩摩）十郎祐広
　　 1・12・24　薩摩十〈七〉郎
　　 2・1・10　薩摩十郎公員（マヽ）
文応 1・1・1　薩摩十郎
　　 1・1・2　同（薩摩）十郎左衛門
　　　　　　　尉祐広
　　 1・4・1　同（薩摩）十郎左衛門
　　　　　　　尉
　　 1・11・27　同（薩摩）十郎左衛門
　　　　　　　尉
弘長 1・1・1　同（薩摩）十郎左衛門
　　　　　　　尉祐広
　　 1・1・7　薩摩十郎左衛門尉

祐　光　　市河
承久 1・1・27　市河左衛門尉祐光

祐　光　　工藤

— 406 —

第Ⅰ部　人名索引（ゆ）

寛元4・1・6　工藤六郎
　　4・10・16　工藤六郎
宝治2・1・1　工藤六郎左衛門尉
建長2・5・10　工藤六郎左衛門尉
　　3・8・24　工藤六郎左衛門尉

祐　光　伊東
建長2・12・27　伊東八郎左衛門尉
　　4・4・3　伊東八郎左衛門尉
　　6・1・1　伊東八郎左衛門尉祐光
　　6・1・22　伊東八郎左衛門尉祐光
康元1・6・29　伊東八郎左衛門尉
正嘉2・6・17　伊東八郎右〈左〉衛門尉
　　2・8・15　伊東八郎左衛門尉祐光
弘長1・8・5　伊東八郎左衛門尉
　　3・1・1　伊東八郎左衛門尉祐光
　　3・1・7　伊東八郎左衛門尉祐光
　　3・8・15　伊藤〈東〉八郎左衛門尉祐光

祐　高　工藤
建保1・2・26　工藤々三祐高

祐　綱　曾我
文治1・10・24　曾我小太郎
　　4・3・15　曾我小太郎
建久1・11・7　曾我小太郎
　　2・2・4　曾我小大郎
　　6・3・10　曾我小太郎
正治1・10・28　曾我小大郎祐綱
建保1・1・2　曾我小大郎

祐　綱　伊東
文暦1・7・26　伊東三郎左衛門尉
嘉禎1・6・29　伊東三郎左衛門尉祐綱
　　3・4・22　伊東三郎左衛門尉
　　3・6・23　伊東三〈次〉郎左衛門尉祐綱
暦仁1・2・17　伊藤三郎左衛門尉
　　1・2・28　伊藤三郎左衛門尉祐綱
暦仁1・6・5　伊東三郎左衛門尉祐綱
寛元1・7・17　伊東三郎左衛門尉

祐　氏　玉村
元久2・6・22　玉村太郎

祐　氏
建長4・4・3　河内三郎祐氏
　　4・4・14　河内三郎祐氏
　　6・8・15　河内三郎左衛門尉祐氏
康元1・6・29　同(河内)三郎左衛門尉
　　1・7・17　河内三郎右〈左〉衛門尉祐氏
　　1・8・15　河内三郎左衛門尉祐氏
弘長1・8・15　河内三郎左衛門尉祐氏

祐　氏　伊東
建長4・12・17　薩摩八郎祐氏
康元1・1・1　同(薩摩)八郎祐氏
正嘉2・6・4　同(薩摩)八郎左衛門尉

祐　持　→祐村
仁治2・6・16　内記兵庫允祐持

祐　時　伊東
建保4・7・29　伊東〈豆〉兵衛尉祐時
　　6・6・27　伊東左衛門尉祐時
承久1・1・27　伊東左衛門尉祐時
　　1・7・19　伊藤左衛門尉
　　3・6・12　伊藤左衛門尉
安貞1・5・10　伊東左衛門尉
　　1・6・15　伊藤左衛門尉
　　1・6・18　伊東左衛門尉祐時
　　2・7・23　伊東左衛門尉
　　2・8・13　伊藤左衛門尉
寛喜1・8・15　伊東判官祐時
　　3・1・9　伊東判官祐時
貞永1・4・11　(大夫判官)祐時
　　1・7・15　伊東大夫判官
　　1・8・15　(廷尉)祐時

— 407 —

第Ⅰ部　人名索引（ゆ）

　　嘉禎1・2・9　　伊東大夫判官
　　　　2・8・4　　大和守
　　　　2・11・15　大和前司
　　　　3・6・23　大和守祐時
　　暦仁1・1・1　　大和守祐時
　　　　1・2・28　大和前司祐時
　　　　1・6・5　　大和前司祐時
　　延応1・4・14　大和前司
　　仁治2・1・14　大和前司
　　　　2・11・4　伊東大和前司
　　　　2・12・21　大和前司
　　寛元1・7・17　大和前司
　　宝治1・12・29　伊東大和前司
　　　　2・1・3　　大和前司
　　建長2・3・1　　伊東〈藤〉大和前司
　　　　4・6・17　大和守従五位上藤原
　　　　　　　　　朝臣祐時卒

祐　重　　工藤
　　弘長1・8・15　薩摩新左衛門尉祐重

祐(助)信　　曾我
　　治承4・8・23　曾我太郎助信
　　　　4・10・18　曾我太郎祐信
　　　　4・11・17　曾我太郎祐信
　　元暦1・2・5　　曾我太郎祐信
　　文治1・10・24　曾我太郎祐信
　　　　5・1・9　　曾我太郎祐信
　　　　5・6・9　　曾我太郎祐信
　　　　5・7・19　曾我太郎助信
　　建久1・9・7　　(祐成)継父祐信
　　　　4・5・16　曾我太郎祐信
　　　　4・6・1　　曾我太郎祐信
　　　　4・6・7　　曾我太郎祐信
　　　　5・8・8　　曾我大郎祐信
　　　　5・10・9　曾我大郎祐信
　　　　5・11・21　曾我大郎祐信
　　　　5・12・15　曾我太郎

祐　親　　伊東
　　治承4・8・23　伊東二郎祐親法師
　　　　4・8・24　祐親法師
　　　　4・10・19　伊東次郎祐親法師
　　寿永1・2・14　伊東次郎祐親法師,
　　　　　　　　　禅門(自殺)
　　　　1・2・15　祐親法師
　　建久1・9・7　　故祐親法師

　　　　4・5・28　故伊豆〈東〉次郎祐親
　　　　　　　　　法師
　　　　4・5・29　(時致)祖父祐親法師
　　　　5・3・25　祐親法師

祐　成　　曾我
　　建久1・9・7　　故祐親法師孫子祐成
　　　　　　　　　号曾我十郎
　　　　4・5・28　曾我十郎祐成
　　　　4・5・29　祐成
　　　　4・5・30　祐成
　　　　4・6・1　　曾我十郎祐成
　　　　4・6・3　　祐成
　　　　4・6・5　　祐成
　　　　4・6・7　　祐成兄弟
　　　　4・6・18　故曾我十郎,祐成
　　　　4・6・22　祐成
　　　　4・7・2　　曾我十郎祐成
　　　　4・8・20　故曾我十郎祐成

祐　政　　宇佐美
　　建保1・8・26　宇佐美右〈左〉衛門尉
　　　　　　　　　祐政
　　承久1・1・27　宇佐美左衛門尉祐政
　　安貞2・7・23　宇佐美左衛門尉
　　寛喜3・8・15　宇佐美判官祐政
　　貞永1・4・11　(大夫判官)祐政
　　　　1・7・15　宇佐美大夫判官
　　　　1・8・15　(廷尉)祐政

祐　清　　伊東
　　治承4・10・19　祐親二男九郎祐泰
　　　　　　　　　(マヽ)
　　寿永1・2・15　伊東九郎祐親子
　　建久4・6・1　　伊東九郎祐清

祐　盛　　伊賀(藤原)
　　仁治2・8・25　伊賀三郎左衛門尉祐
　　　　　　　　　盛

祐　盛　　伊東
　　仁治1・1・2　　伊東六郎左衛門尉祐
　　　　　　　　　盛
　　　　1・8・2　　伊東六郎左衛門尉
　　寛元2・8・15　伊東六郎左〈右〉衛門
　　　　　　　　　尉祐盛
　　　　4・8・15　伊東六郎左衛門尉祐

— 408 —

第Ⅰ部 人名索引 (ゆ)

　　　　　　　　　盛
祐　建長4・4・3　伊東六郎左衛門尉祐
　　　　　　　　　盛〈頓平〉
　　　4・4・14　伊東六郎左衛門尉祐
　　　　　　　　　盛

祐　村　　宇佐美
　　元久2・6・23　宇佐美与一
　　嘉禎3・4・22　宇佐美与一左衛門尉
　　暦仁1・2・17　宇佐美与一左衛門尉
　　　　1・2・28　宇佐美与一左衛門尉
　　　　　　　　　祐村〈時〉
　　　　1・6・5　宇佐美与一左衛門尉
　　　　　　　　　祐村〈時〉
　　寛元2・8・16　宇佐美与一左衛門尉

祐　村
　　仁治2・6・16　内記兵庫允祐持(マ
　　　　　　　　　、)
　　建長3・6・5　内記兵庫允祐村
　　　　3・6・20　内記兵庫允
　　　　4・4・30　内記兵庫允祐村
　　　　5・12・21〈22〉内記兵庫允祐村
　　　　6・12・1　内記兵庫允
　　　　6・12・17　内記兵庫允

祐　村
　　建長4・4・1　河内守祐村
　　　　4・4・3　河内前司祐村
　　康元1・6・29　河内守

祐　泰　　河津
　　治承4・10・19　祐親二男 九郎祐泰
　　　　　　　　　(祐清の誤ならむ)
　　建久4・5・29　河津三郎祐泰祐親法師
　　　　　　　　　男〈嫡子〉
　　　　4・6・1　河津三郎

祐　泰　　宇佐美
　　嘉禎1・6・29　宇佐美藤内左衛門尉
　　　　　　　　　祐泰
　　　　2・8・4　宇佐美藤内左衛門尉
　　　　2・8・9　宇佐美藤内左衛門尉
　　　　3・6・23　宇佐美藤内左衛門尉
　　　　　　　　　祐泰〈秀〉
　　暦仁1・2・23　宇佐美藤内左衛門尉
　　　　　　　　　祐泰

　　仁治1・8・2　宇佐美左衛門尉
　　　　2・8・25　宇佐美左衛門尉
　　　　2・11・4　宇佐美左衛門尉
　　寛元1・7・17　宇佐美藤左衛門尉
　　　　2・8・15　宇佐美左衛門尉祐泰
　　　　3・8・15　宇佐美藤内左衛門尉
　　　　　　　　　祐泰
　　宝治1・11・15　宇佐美藤内左衛門尉
　　　　2・1・3　宇佐美藤内左衛門尉
　　　　2・⑫・10　宇佐美藤内左衛門尉
　　　　　　　　　祐泰
　　建長2・1・16　宇佐美藤内左衛門尉
　　　　　　　　　祐泰
　　　　2・11・20　宇佐美左衛門尉祐泰
　　　　2・12・27　宇佐美藤内左衛門尉
　　　　3・10・7　宇佐美判官
　　　　4・4・14　宇佐美大夫判官祐泰
　　康元1・1・1　日向守
　　　　1・1・17　日向守祐泰
　　　　1・6・29　日向守
　　正嘉1・8・15　日向守祐泰
　　　　1・10・1　日向守祐泰
　　　　2・1・1　日向守
　　　　2・1・10　日向前司祐泰
　　　　2・6・17　日向守
　　　　2・7・22　日向守祐泰
　　　　2・7・23　祐泰
　　　　2・7・29　祐泰
　　　　2・8・6　日向前司祐泰
　　　　2・8・15　日向前司祐泰
　　文応1・1・1　日向前司祐泰
　　　　1・1・11　日向前司祐泰
　　　　1・1・20　日向前司祐泰
　　　　1・4・3　日向前司祐泰
　　弘長1・1・1　日向前司
　　　　1・1・7　日向前司
　　　　1・2・7　日向前司祐泰
　　　　1・8・15　日向前司
　　　　3・1・1　日向前司祐泰
　　　　3・1・7　宇佐美日向前司祐泰
　　　　3・8・15　日向前司祐泰

祐　泰　　早河
　　宝治2・1・15　早河次郎太郎
　　建長3・1・8　早河次郎太郎
　　　　3・1・10　早河二郎太郎祐泰
　　　　4・1・14　早河次郎太郎祐泰

— 409 —

第Ⅰ部　人名索引（ゆ）

建長4・4・14　早河次郎大郎祐泰
　　 4・11・18　早河次郎大郎
　　 4・11・21　早河次郎大郎藤原祐泰
　　 5・1・9　早川次郎太郎
　　 5・1・14　早河次郎太郎
康元1・1・4　早河次郎太郎
　　 1・1・9　早河次郎太郎
　　 1・1・13　早河次郎太郎祐泰
文応1・1・12　早河次郎太郎
　　 1・1・14　早河次郎太郎祐泰
　　 1・1・20　早河次郎大郎祐泰
弘長3・1・8　早河次郎大郎
　　 3・1・12　早河次郎大郎祐泰
文永3・1・11　早河次郎大郎

祐　長　伊東
建保1・2・16　伊東六郎祐長
貞応1・7・3　伊東六郎兵衛尉
　　 2・10・13　伊東六郎兵衛尉

祐　長　安積(伊東)
嘉禎2・8・4　安積六郎左衛門尉
　　 3・4・22　安積六郎左衛門尉
暦仁1・2・17　安積左衛門尉
　　 1・2・22　安積六郎左衛門尉祐長
　　 1・2・28　安積六郎左衛門尉祐長
仁治2・8・25　安積六郎左衛門尉
寛元1・7・17　安積六郎左衛門尉
　　 2・8・15　安積六郎左〈右〉衛門尉祐長
宝治1・6・6　薩摩前司祐長
　　 2・12・10　薩摩前司祐長
　　 2・⑫・10　薩摩前司祐長
建長2・1・16　薩摩前司祐長
　　 2・3・1　安積薩摩前司
　　 2・3・25　薩摩前司
　　 3・1・1　薩摩前司祐長
　　 3・10・19　薩摩前司
　　 5・1・3　薩摩前司祐長
　　 5・1・16　薩摩前司祐長
　　 6・1・1　薩摩前司祐長

祐　朝　伊東
貞応1・1・7　伊東左衛門次郎祐朝

寛元3・8・15　伊東次〈二〉郎祐朝

祐　朝　伊東
宝治2・1・20　薩摩九郎
建長2・3・25　薩摩九郎
　　 2・3・26　薩摩九郎祐朝
　　 2・5・10　薩摩九郎
　　 2・8・18　同(薩摩)九郎
　　 2・12・27　薩摩九郎
　　 3・1・8　薩摩九郎
　　 3・8・21　薩摩九郎
　　 3・8・24　薩摩九郎
　　 6・1・1　同(薩摩)九郎祐朝
正嘉2・1・7　薩摩九郎
　　 2・6・17　同(薩摩)九郎
文応1・1・11　薩摩九郎左衛門尉
　　 1・4・1　薩摩九郎左衛門尉

祐　通
元仁1・12・2　外記大夫祐通

祐　能　伊東
寛元3・8・15　薩摩七郎祐能
　　 4・10・16　薩摩七郎
宝治1・2・23　薩摩七郎
　　 2・8・15　薩摩七郎左衛門尉秋〈祐〉能
　　 2・12・10　薩摩七郎祐能
建長2・8・18　薩摩七郎左衛門尉
　　 2・12・27　薩摩七郎左衛門尉
　　 3・8・21　薩摩七郎左衛門尉
　　 3・10・19　薩摩七郎左衛門尉
　　 4・4・3　薩摩七郎左衛門尉祐能
　　 4・4・14　薩摩七郎左衛門尉祐能
　　 4・9・17　薩摩七郎左衛門尉
　　 4・11・11　薩摩七郎左衛門尉祐能
　　 4・11・12　薩摩七郎左衛門尉祐能
　　 5・1・1　薩摩七郎左衛門尉祐能
　　 5・1・16　薩摩七郎左衛門尉祐能
　　 6・1・1　薩摩七郎左衛門尉祐能

第Ⅰ部　人名索引（ゆ）

建長6・6・16　薩摩七郎
　　6・8・15　薩摩七郎左衛門尉祐能
康元1・1・1　薩摩七郎左衛門尉祐能
　　1・1・5　薩摩七郎左衛門尉祐能
　　1・1・11　薩摩七郎左衛門尉祐能
　　1・6・29　薩摩七郎左衛門尉
　　1・7・17　薩摩七郎左衛門尉祐能
　　1・8・15　薩摩七郎左衛門尉祐能
　　1・8・23　薩摩七郎左衛門尉祐能
正嘉1・1・1　薩摩七郎左衛門尉祐能
　　1・4・9　薩摩七郎左衛門尉祐能
　　1・6・23　薩摩七郎左衛門尉祐能
　　1・8・15　薩摩七郎左衛門尉祐能
　　1・10・1　薩摩七郎左衛門尉祐能
　　1・12・24　薩摩七郎左衛門尉
　　1・12・29　薩摩七郎左衛門尉祐能
　　2・1・1　薩摩七郎左衛門尉
　　2・1・2　薩摩七郎左衛門尉祐能
　　2・1・10　薩摩左衛門尉祐能
　　2・3・1　薩摩七郎左衛門尉祐能
　　2・6・4　薩摩七郎左衛門尉祐能
　　2・6・11　薩摩七郎左衛門尉祐能
　　2・6・17　薩摩七郎左衛門尉
　　2・8・15　薩摩七郎左衛門尉祐能
文応1・1・1　薩摩七郎左衛門尉祐能
　　1・1・2　薩摩七郎左衛門尉祐能
　　1・1・11　薩摩七郎左衛門尉祐能
　　1・1・20　薩摩七郎左衛門尉祐能
　　1・2・20　薩摩七郎左衛門尉
　　1・3・14　薩摩七郎左衛門尉祐能
　　1・4・3　薩摩七郎左衛門尉祐能
　　1・6・26　薩摩七郎左衛門尉祐能
　　1・7・25　薩摩七郎左衛門尉
　　1・9・5　薩摩七郎左衛門尉祐能
　　1・11・21　薩摩七郎左衛門尉祐能
　　1・11・27　薩摩七郎左衛門尉祐能
　　1・12・26　薩摩七郎左衛門尉祐能
弘長1・1・1　薩摩七郎左衛門尉祐能
　　1・1・7　薩摩七郎左衛門尉
　　1・2・7　薩摩七郎左衛門尉祐能
　　1・4・24　薩摩七郎左衛門尉
　　1・7・12　薩摩七郎左衛門尉
　　1・7・13　薩摩七郎左衛門尉
　　1・8・15　薩摩七郎左衛門尉
　　1・10・4　薩摩四郎左衛門尉祐能
　　3・1・1　薩摩七郎左衛門尉
　　3・1・7　薩摩七郎左衛門尉祐教(マヽ)
　　3・8・9　薩摩七郎左衛門尉祐能
文永2・6・23　薩摩七郎左衛門尉
　　3・2・10　薩摩七郎左衛門尉祐能

祐　範　　藤原
文治4・11・9　故祐範(季範息)
建久2・8・7　故祐範任憲父

祐　明　　宇佐美
弘長1・8・15　宇佐美三郎兵衛尉祐明

— 411 —

第Ⅰ部 人名索引（ゆ・よ・ら）

祐(助)茂　宇佐美
　治承4・8・6　　宇佐美三郎助茂
　　　4・8・20　宇佐美三郎助茂
　　　4・8・24　祐茂
　　　4・10・23　祐茂
　　　4・12・12　宇佐美三郎助茂
　養和1・1・1　　宇佐美三郎祐茂
　　　1・2・28　宇佐美三郎祐茂
　　　1・②・17　祐茂
　文治1・3・11　宇佐美三郎祐茂
　　　1・10・24　宇佐美三郎祐茂
　　　3・4・29　宇佐美三郎
　　　5・4・18　宇佐美三郎祐茂
　　　5・6・9　　宇佐美三郎祐茂
　　　5・7・19　宇佐美三郎祐茂
　建久1・11・7　宇佐美三郎
　　　2・2・4　　宇佐美三郎
　　　4・3・21　宇佐美三郎
　　　4・8・6　　宇佐美三郎祐茂
　　　4・8・10　宇佐美三郎祐茂
　　　4・8・15　宇佐美三郎祐茂
　　　4・8・17　宇佐美三郎祐茂
　　　5・2・2　　宇佐美右衛門尉祐茂
　　　5・10・9　宇佐美右衛門尉祐茂
　　　6・3・10　宇佐美三郎
　　　6・3・12　宇佐美三郎
　　　6・3・27　宇佐美三郎祐茂
　　　6・3・30　宇佐美三郎祐茂
　　　6・5・20　宇佐美三郎祐茂
　正治2・2・26　宇佐美左衛門尉祐茂
　元久1・10・14　宇佐美三郎
　　　2・6・22　宇佐美右衛門尉祐茂
　建暦2・9・15　祐茂
　建保4・7・29　宇佐美右衛門尉祐茂

祐　茂　工藤
　元暦1・8・8　　同(工藤)三郎祐茂
　文治1・1・26　同(工藤)三郎祐茂

祐　頼　伊東
　弘長3・1・8　　伊東余〈与〉一
　　　3・1・12　伊東与一祐頼
　文永2・7・16　伊東余一
　　　3・1・11　伊東刑部左衛門尉
　　　3・2・10　伊東刑部左衛門尉祐頼
　　　3・7・3　　伊東刑部左衛門尉祐

頼
　文永3・7・4　　伊東刑部左衛門尉祐頼

祐　頼　早河
　弘長3・1・8　　早河六郎
　　　3・1・11　早河六郎祐頼
　　　3・1・12　早河六郎祐頼
　文永2・1・12　早河六郎祐頼

猷　尊
　寛元2・6・8　　三位法印猷尊

熊　王
　宝治2・9・26　熊王
　建長2・3・26　熊王丸

融　源
　延応1・12・15　源朝臣融

よ

用明天皇
　文治1・6・21　用明天皇

ら

羅睺丸
　仁治2・9・13　羅睺丸

頼　意
　文永2・5・5　　(権律師)頼意

頼　胤　千葉
　宝治1・12・29　千葉介
　建長2・11・28　千葉介
　　　3・12・26　千葉介
　　　5・8・15　千葉介頼胤
　　　6・7・20　千葉介
　康元1・6・29　千葉介
　正嘉1・8・15　千葉介頼胤
　　　1・10・1　千葉介頼胤
　　　2・6・17　千葉介
　　　2・8・15　千葉介頼胤
　文応1・11・27　千葉介頼胤

— 412 —

第Ⅰ部　人名索引（ら）

　　弘長 1・8・15　千葉介頼胤

頼　員
　　承元 2・5・29　頼員

頼　員　南条
　　正嘉 1・1・1　南原〈条〉新左衛門尉
　　　　1・2・26　南条新左衛門尉頼員
　　　　2・1・1　南条新左衛門尉
　　文応 1・1・1　南条新左衛門尉

頼　益
　　嘉禄 1・12・23　験者頼益

頼　円
　　正嘉 1・10・1　大法師頼円

頼　宴
　　正嘉 1・10・1　阿闍梨頼宴

頼　家　源
　　寿永 1・8・12　男子
　　　　1・8・13　若公
　　　　1・8・14　若君
　　　　1・8・16　若公
　　　　1・8・20　若君
　　　　1・10・17　若公
　　文治 1・12・11　二品若君
　　　　1・12・15　若公
　　　　2・4・21　若公
　　　　2・11・12　若公
　　　　3・1・1　若公
　　　　3・1・12　若公
　　　　3・12・24　若公
　　　　4・1・26　若公
　　　　4・7・4　若公
　　　　4・7・10　若公万寿公, 七歳
　　　　5・1・9　若君
　　　　5・1・19　若君
　　　　5・1・25　若君
　　　　5・④・2　若公
　　　　5・10・11　若公
　　　　5・11・8　若公
　　　　5・12・1　二品若公
　　建久 1・4・7　若君
　　　　1・4・11　若君
　　　　2・4・8　若公

建久 3・1・11　若公
　　3・3・3　若公
　　3・12・23　若公万寿
　　4・3・1　若君〈公〉万寿
　　4・5・16　将軍家督若君
　　4・5・22　若公
　　4・10・1　家督若公
　　5・6・17　将軍家若公
　　5・⑧・1　若君
　　5・12・28　若公
　　6・2・14　男女御息
　　6・3・9　若公
　　6・4・15　若公
　　6・5・10　若公
　　6・6・3　将軍家若公万公, 歳十四
　　6・6・24　若公
　　6・7・20　若公
　　6・10・26　若公
　　6・10・27　若公
正治 1 年首　征夷大将軍従二位行左衛門督源朝臣頼家
　　1・2・4〈6〉羽林殿下
　　1・3・6　中将家
　　1・3・23　中将家
　　1・4・12　羽林
　　1・5・17　中将家
　　1・6・8　中将家
　　1・6・26　中将家
　　1・7・20　中将家
　　1・7・25　羽林
　　1・8・15　中将家
　　1・8・19　羽林
　　1・8・20　羽林
　　1・9・23　中将家
　　1・10・27　羽林
　　1・11・12　中将家
　　1・11・18　中将家, 羽林
　　2・1・15　羽林
　　2・1・18　中将家
　　2・1・28　二代将軍家
　　2・2・2　羽林
　　2・2・26　中将家
　　2・②・8　羽林
　　2・②・16　羽林
　　2・②・29　羽林
　　2・3・3　羽林

第Ⅰ部 人名索引（ら）

正治 2・3・14 羽林	建仁 2・4・13	左金吾
2・5・5 羽林	2・4・27	左金吾
2・5・12 羽林	2・5・10	左金吾
2・5・25 羽林	2・6・25	左金吾
2・5・28 羽林	2・6・26	金吾
2・6・15 羽林	2・7・17	左金吾
2・6・16 羽林	2・7・23	左金吾
2・6・17 羽林	2・8・2	左金吾(補征夷大将軍)
2・7・1 羽林	2・8・15	将軍家
2・7・8 羽林	2・8・16	将軍家
2・8・1 羽林	2・8・18	将軍家
2・8・15 羽林	2・9・9	将軍家
2・8・16 羽林	2・9・15	将軍家
2・9・2 羽林	2・9・18	将軍
2・9・9 羽林	2・9・21	将軍家
2・10・22⟨21⟩ 羽林	2・9・29	将軍家
2・11・3 羽林	2・10・3	将軍家
2・11・7 中将家(任左衛門督)	2・10・8	将軍家
2・12・28 金吾	2・⑩・13	将軍家
建仁 1・1・4 左金吾	2・11・9	将軍家
1・1・12 金吾	2・11・21	将軍家
1・1・15 左金吾	2・12・19	将軍家
1・2・1 左金吾	3・1・1	将軍家
1・3・3 左金吾	3・1・2	将軍家
1・6・1 左金吾	3・1・3	将軍家
1・6・2 金吾	3・1・20	将軍家
1・6・28 左金吾	3・2・4	将軍家
1・6・29 金吾	3・2・11	将軍家
1・7・6 左金吾	3・3・3	将軍家
1・9・7 左金吾	3・3・4	将軍家
1・9・9 左金吾	3・3・10	将軍家
1・9・11 左金吾	3・3・14	将軍家
1・9・15 左金吾	3・3・15	将軍家
1・9・16 左金吾	3・3・26	将軍家
1・9・18 左金吾	3・4・3	将軍家
1・12・2 左衛門督	3・5・5	将軍家
1・12・3 左金吾	3・5・18	将軍家
2・1・9 左金吾	3・5・20	将軍家
2・1・10 左金吾	3・5・26	将軍家
2・1・29 金吾	3・5・28	将軍家
2・2・2 左金吾	3・6・1	将軍家
2・2・21 左金吾	3・6・3	将軍家
2・2・27 左金吾	3・6・10	将軍家
2・3・8 金吾	3・7・20	将軍家
2・3・14 金吾	3・8・7	将軍家
2・3・15 左金吾	3・8・15	将軍家
2・4・3 左金吾	3・8・27	将軍家

第Ⅰ部 人名索引（ら）

建仁3・8・29 将軍家
　3・9・1 将軍家
　3・9・2 将軍
　3・9・5 将軍家
　3・9・7 将軍家
　3・9・21 入道前将軍
　3・9・29 左金吾禅室前将軍
　3・11・6 左金吾禅室
　3・11・7 入道左金吾
　3・12・3 金吾将軍
元久1・7・19 左金吾禅閤昨日薨,年〈卅〉三
　1・7・24 左金吾禅閤
　2・6・21 金吾将軍
　2・12・2 故左金吾将軍
建永1・6・16 左金吾将軍
　1・10・20 左金吾将軍
承元3・3・21 左金吾将軍
　4・7・8 金吾将軍
建暦1・9・15 金吾将軍
建保1・2・16 故左衛門尉〈嘗〉
　1・11・10 故左金吾将軍家
　2・11・25 故金吾将軍家
　4・3・5 故金吾将軍
　5・6・20 頼家卿
承久1・1・27 金吾将軍頼家
嘉禄1・7・11 二代将軍
貞永1・7・27 故左金吾将軍
文暦1・7・27 正治将軍
嘉禎3・4・19 左金吾将軍
宝治1・5・29 左金吾
正嘉2・10・12 三代将軍

頼　家　→藤原親家
　文応1・1・1 木工桃〈権〉頭頼家

頼　幹　鹿島
　文治5・8・12 鹿島六郎
　建久1・11・7 鹿嶋六郎
　2・12・26 鹿嶋六郎
　6・3・10 鹿嶋六郎

頼　季　浅海
　元久2・⑦・29 頼季浅海大郎

頼　基　岡
　建久5・9・25 岡冠者頼基

　建久5・10・17 頼基朝臣
　6・9・18 岡冠者頼基

頼　義　源
治承4・9・11 予州禅門
　4・10・12 伊与守源朝臣頼義
元暦1・11・23 伊予入道
文治5・7・8 入道将軍家頼義
　5・9・6 入道将軍家頼義
　5・9・18 入道将軍家頼義
建仁1・9・18 曩祖将軍
　3・4・11 伊予守源頼義朝臣
　4・3・25 曩祖将軍
承元3・10・15 予州刺史禅室
建保2・5・7 予州刺史禅室頼義朝臣

頼　業　宇都宮
承久1・7・19 宇都宮四〈六〉郎
安貞2・7・23 宇都宮四郎左衛門尉
　2・7・24 宇都宮四郎左衛門尉
　2・10・15 宇都宮四郎左衛門尉頼業
寛喜1・6・27 宇都宮四郎左衛門尉頼業
嘉禎1・2・9 宇都宮四郎左衛門尉
　1・6・29 宇都宮四郎左衛門尉頼業
　2・8・4 宇都宮四郎左衛門尉
　3・4・22 宇都宮四郎左衛門尉
　3・6・23 宇都宮四郎左衛門尉頼業
暦仁1・2・17 宇都宮四郎左衛門尉
　1・2・23 宇都宮四郎左衛門尉頼業
　1・4・16 頼業
　1・6・5 宇都宮判官頼業
仁治2・8・25 宇都宮大夫判官
寛元1・7・17 宇都宮大夫判官
　4・8・15 越中守
宝治2・1・3 越中前司
建長3・1・1 越中前司頼業
　3・1・5 越中前司頼業
　3・11・13 越中前司
　4・4・3 越中前司頼業
　4・7・8 前越中守頼業
　4・8・14 越中前司頼業
　4・11・11 越中前司頼業

— 415 —

第Ⅰ部 人名索引(ら)

建長4・11・20 越中前司頼業
　　5・8・15 越中前司頼業
康元1・1・1 越中前司
　　1・1・11 越中前司頼業
　　1・6・29 越中前司
　　1・8・15 越中前司業
正嘉1・10・1 越中前司頼業
　　2・1・1 越中前司
　　2・6・4 越中前司頼業
　　2・6・17 越中前司
弘長1・8・15 越中前司頼業
　　3・1・1 越中前司頼業
　　3・1・7 越中前司頼業
　　3・6・26 越中判官頼業
　　3・8・15 越中前司頼業

頼　業　　落合
弘長3・1・8 落合四郎左衛門尉

頼　暁
元仁1・6・13 丹後律師
　　1・6・19 丹後律師
嘉祿1・1・14 丹後阿闍梨頼暁
安貞1・4・29 丹後律師
　　1・11・15 丹後僧都
　　1・11・24 丹後僧都
　　1・12・13 丹後僧都
　　1・10・30 丹後僧都
寛喜1・1・27 丹波律師頼暁
　　2・7・15 丹後律師
　　3・4・11 丹後僧都
　　3・5・17 丹後律師頼暁
貞永1・⑨・10 丹後僧都
嘉禎1・12・22 丹後僧都頼暁
暦仁1・1・28 丹後〈頼暁〉律師
　　1・10・4 当(東大)寺前別当頼暁得業

頼　経　　藤原
文治1・11・10 刑部卿頼経
　　1・12・6 刑部卿頼経
　　2・1・7 刑部卿藤頼経
　　2・4・1 刑部卿
　　2・4・2 前刑部卿頼経
　　2・5・9 前刑部卿
　　5・2・22 泰〈頼〉経
　　5・3・20 前刑部卿泰〈頼〉経卿

文治5・4・19 頼経卿
建保1・5・3 刑部卿頼経朝臣

頼　経　　藤原
承久1・1・27 藤兵衛佐頼経

頼　経　　九条(藤原)
承久1・3・15 将軍
　　1・7・19 左大臣 道家公 賢 息二歳, 若君
　　1・7・25 若君
　　1・9・22 若君
　　1・12・24 若公
　　2・11・23 若君
　　2・12・1 若君
　　3・10・13 関東若公
貞応1・1・1 若君
　　1・2・6 若君
　　1・3・8 若君
　　2・1・2 若君
　　2・1・6 若君
　　2・1・20 若君
　　2・1・24 若君
　　2・1・25 若君
　　2・4・11 若君
　　2・4・24 若君
　　2・4・28 若君
　　2・4・29 若君
　　2・5・4 若君
　　2・5・5 若君
　　2・5・14 若君
　　2・5・24 若君
　　2・5・27 若君
　　2・9・16 若君
　　2・9・25 若君
　　2・10・4 若君
　　2・10・5 若君
　　2・10・6 若君
　　2・11・29 若君
　　2・12・20 若君
元仁1・1・1 若君
　　1・1・21 若君
　　1・2・29 若君
　　1・3・14 若君
　　1・3・18 若君
　　1・4・27 若君
　　1・4・28 若君

— 416 —

第Ⅰ部　人名索引（ら）

元仁	1・5・8	若君
	1・5・16	若君
	1・6・10	若君
	1・6・13	若君
	1・⑦・1	若君
	1・⑦・28	若君
	1・9・15	若君
	1・12・14	若君
	1・12・15	若君
	1・12・17	若君
	1・12・19	若君
	1・12・20	若君
嘉禄	1・1・8	若君
	1・2・24	若君
	1・10・27	若君
	1・10・28	若君
	1・12・8	若君
	1・12・20	若君
	1・12・21	若君
	1・12・29	若君御年八，頼経
	2・3・20	将軍家
	2・9・2	将軍家
	2・10・27	将軍家
	2・11・2	将軍家
	2・11・13	将軍家
安貞	1・1・9	将軍家
	1・2・4	将軍家
	1・2・14	将軍家
	1・3・27	将軍
	1・4・2	将軍家
	1・4・4	将軍家
	1・4・16	将軍家
	1・4・22	将軍家
	1・4・24	将軍家
	1・4・27	将軍家
	1・5・8	将軍家
	1・5・10	将軍
	1・8・13	将軍家
	1・8・30	将軍家
	1・11・18	将軍家
	1・11・23	将軍家
	1・12・5	将軍家
	1・12・28	将軍家
	2・1・1	将軍家
	2・1・19	将軍家
	2・1・23	将軍家
	2・1・29	将軍家
安貞	2・2・3	将軍家
	2・2・7	将軍家
	2・3・3	将軍家
	2・3・9	将軍家
	2・3・25	将軍家
	2・4・16	将軍家
	2・4・22	将軍家
	2・4・25	将軍家
	2・4・26	将軍家
	2・4・28	将軍家
	2・5・1	将軍家
	2・5・8	将軍家
	2・6・22	将軍家
	2・6・23	将軍家
	2・6・26	将軍家
	2・7・5	将軍家
	2・7・23	将軍家
	2・7・24	将軍家
	2・8・5	将軍
	2・8・15	将軍家
	2・9・23	将軍家
	2・10・10	将軍家
	2・10・15	将軍家
	2・12・29	将軍家
	2・12・30	将軍家
寛喜	1・1・3	将軍家
	1・1・8	将軍
	1・1・9	将軍家
	1・1・15	将軍家
	1・1・16	将軍家
	1・2・24	将軍家
	1・3・15	将軍家
	1・4・17	将軍家
	1・5・5	将軍家
	1・5・23	将軍家
	1・6・20	将軍家
	1・6・27	将軍家
	1・6・28	将軍家
	1・7・4	将軍家
	1・7・7	将軍家
	1・8・15	将軍家
	1・8・16	将軍家
	1・9・4	将軍家
	1・9・17	将軍家
	1・9・18	将軍家
	1・10・22	将軍家
	1・10・26	将軍家

— 417 —

第I部　人名索引（ら）

寛喜1・12・27	将軍家
2・1・4	将軍家
2・1・7	将軍家
2・1・10	将軍家
2・1・14	将軍家
2・1・16	将軍家
2・①・23	将軍家
2・①・29	将軍家
2・2・6	将軍家
2・2・7	将軍家
2・2・19	将軍家
2・3・14	将軍家
2・3・15	将軍家
2・3・16	将軍家
2・3・19	将軍家
2・5・21	将軍家
2・5・22	将軍家
2・6・14	将軍家
2・6・22	将軍家
2・11・7	将軍家
2・11・8	将軍家
2・11・13	将軍家
2・12・9	将軍家御年十三
2・12・25	将軍家
3・1・8	将軍家
3・1・9	将軍家
3・1・10	将軍家
3・2・12	将軍家
3・2・21	将軍家
3・2・23	将軍家
3・3・2	将軍家
3・3・3	将軍家
3・3・15	将軍家
3・4・5	将軍家
3・4・17	将軍家
3・5・4	将軍家
3・6・15	将軍家
3・7・9	将軍家
3・8・15	将軍家
3・8・16	将軍家
3・9・23	将軍家
3・10・12	将軍家
3・11・10	将軍家
3・11・18	将軍家
貞永1・1・1	将軍家
1・1・4	将軍家
1・2・20	将軍家

貞永1・3・3	将軍家
1・3・15	将軍家
1・3・19	将軍家
1・4・11	将軍家
1・4・15	将軍家
1・5・14	将軍家
1・5・15	将軍家
1・5・26	将軍家
1・7・12	将軍家
1・7・15	将軍家
1・7・23	将軍家
1・8・15	将軍家
1・8・16	将軍家
1・9・13	将軍家
1・⑨・5	将軍家
1・⑨・11	将軍家
1・⑨・18	将軍家
1・⑨・20	将軍家
1・10・2	将軍家
1・10・22	将軍家
1・11・21	将軍家
1・11・29	将軍家
天福1・4・17	将軍家
1・8・15	将軍家
1・9・24	将軍家
1・12・12	将軍家
1・12・28	将軍家
文暦1・1・1	将軍家
1・1・3	将軍家
1・3・5	将軍家
1・12・28	将軍家
嘉禎1・1・5	将軍家
1・1・9	将軍家
1・1・12	将軍家
1・1・20	将軍家
1・2・9	将軍家
1・2・10	将軍家
1・2・18	将軍家
1・3・3	将軍家
1・4・2	将軍家
1・4・3	将軍家
1・5・5	将軍家
1・6・10	将軍家
1・6・29	将軍家
1・⑥・23	将軍家
1・7・5	将軍家
1・7・7	将軍家

第Ⅰ部 人名索引（ら）

嘉禎 1・7・11 将軍家
1・8・14 将軍家
1・8・15 将軍家
1・8・18 将軍
1・8・21 将軍
1・9・24 将軍家
1・10・17 将軍家
1・11・14 将軍家
1・11・15 将軍家
1・11・18 将軍家
1・11・26 将軍家
1・12・18 将軍家
2・1・9 将軍家
2・1・17 将軍家
2・3・14 将軍家
2・4・4 将軍家
2・4・8 将軍家
2・4・14 将軍家
2・5・5 将軍家
2・6・11 将軍家
2・6・26 将軍家
2・8・4 将軍家
2・8・6 将軍家
2・8・9 将軍家
2・8・15 将軍家
2・8・16 将軍家
2・11・22 将軍家
2・11・23 将軍家
2・12・3 将軍家
2・12・6 将軍家
2・12・19 将軍家
2・12・26 将軍家
3・1・8 将軍家
3・1・17 将軍家
3・2・15 将軍家
3・2・21 将軍家
3・4・19 将軍家
3・4・22 将軍家
3・4・23 将軍家
3・6・11 将軍家
3・6・23 将軍家
3・7・11 将軍家
3・8・15 将軍家
3・8・16 将軍家
3・8・18 将軍家
3・11・1 将軍家
3・12・10 将軍家

嘉禎 3・12・12 将軍家
暦仁 1・1・4 将軍家
1・1・15 将軍家
1・1・18 将軍家
1・1・20 将軍家
1・1・28 将軍家
1・2・6 将軍家
1・2・10 将軍家
1・2・16 将軍家
1・2・22 将軍家
1・2・23 将軍家
1・2・26 将軍家
1・2・28 将軍家
1・2・29 将軍家
1・2・30 将軍家
1・②・3 将軍家
1・②・15 将軍
1・3・2 将軍家
1・3・7 将軍家
1・3・19 将軍家
1・4・6 将軍家
1・4・7 将軍家
1・4・9 将軍家
1・4・10 将軍家
1・4・11 将軍家
1・4・16 将軍家
1・4・18 将軍家
1・4・25 将軍家
1・5・4 将軍家
1・5・16 将軍家
1・5・20 将軍家
1・6・5 将軍家
1・6・6 将軍家
1・6・9 将軍家
1・7・16 将軍家
1・7・23 将軍家
1・8・2 将軍家
1・8・19 将軍家
1・8・25 将軍家
1・9・19 将軍家
1・10・3 将軍家
1・10・12 将軍家
1・10・13 将軍家
1・11・28 将軍家
1・11・29 将軍家
1・12・22 将軍家
1・12・23 将軍家

— 419 —

第I部　人名索引（ら）

暦仁1・12・26	将軍家
延応1・1・3	将軍家
1・1・11	将軍家
1・1・17	将軍家
1・4・25	将軍
1・5・4	将軍家
1・5・11	将軍家
1・5・12	将軍家
1・5・23	将軍家
1・7・20	将軍家
1・7・25	将軍家
1・8・8	将軍家
1・8・11	将軍家, 征夷大将軍正三位藤原朝臣
1・8・15	将軍家
1・8・16	将軍家
1・12・5	将軍家
1・12・21	将軍家
仁治1・1・1	将軍家
1・1・14	将軍家
1・1・17	将軍家
1・1・18	将軍家
1・1・19	将軍家
1・1・27	将軍家
1・2・29	将軍家
1・3・6	将軍家
1・3・7	将軍家
1・4・1	将軍家
1・4・27	将軍家
1・5・11	将軍家
1・6・8	将軍家
1・6・24	将軍家
1・7・1	将軍家
1・7・26	将軍家
1・7・27	将軍家
1・8・2	将軍家
1・8・15	将軍家
1・12・16	将軍家
2・1・8	将軍家
2・1・14	将軍家
2・1・17	将軍
2・1・23	将軍家
2・2・5	将軍家
2・2・10	将軍家
2・2・22	将軍家
2・3・15	将軍家
2・3・16	将軍家

仁治2・4・2	将軍家
2・4・27	将軍家
2・5・5	将軍家
2・6・12	将軍家
2・6・17	将軍家
2・7・3	将軍家
2・7・4	将軍家
2・7・26	将軍家
2・7・27	将軍家
2・8・15	将軍家
2・8・16	将軍家
2・8・25	将軍家
2・9・9	将軍家
2・10・22	将軍家
2・11・4	将軍家
2・11・21	将軍家
2・11・27	将軍家
2・12・11	将軍家
2・12・21	将軍家
2・12・29	将軍
寛元1・1・5	将軍家
1・1・19	将軍家
1・2・23	将軍家
1・3・19	将軍家
1・3・23	将軍家
1・4・21	将軍家
1・5・28	将軍家
1・6・18	将軍家
1・7・15	将軍家
1・7・29	将軍家
1・⑦・2	将軍家
1・8・15	将軍家
1・8・16	将軍家
1・8・26	将軍家
1・9・5	将軍家
1・11・18	将軍家
1・12・2	将軍家
1・12・25	将軍
1・12・29	将軍家
2・1・1	将軍家
2・1・4	将軍家
2・1・5	将軍家
2・1・16	将軍家
2・1・17	将軍家
2・1・23	将軍家
2・3・1	将軍家
2・4・21	将軍家

第Ⅰ部　人名索引（ら）

寛元2・4・26　将軍家
　　2・5・5　前大納言家
　　2・5・11　大殿
　　2・5・15　前大納言家
　　2・5・18　前大納言家
　　2・5・20　大殿
　　2・5・21　両御所
　　2・6・3　前大納言家，大殿
　　2・6・4　前大納言家
　　2・6・13　前大納言家
　　2・7・13　大殿
　　2・7・16　大殿
　　2・7・20　大殿
　　2・8・15　大殿
　　2・8・29　大殿
　　2・9・1　前将軍家
　　2・9・3　前大納言家
　　2・9・13　大納言家
　　2・9・19　大殿
　　2・10・3　大殿
　　2・12・8　大納言家，大殿
　　2・12・18　大殿
　　2・12・24　大殿
　　2・12・27　大殿
　　3・1・21　大納言家
　　3・1・28　大殿
　　3・2・7　大殿
　　3・2・9　大納言家
　　3・2・10　大殿
　　3・2・24　大殿
　　3・2・25　大殿
　　3・3・16　大納言家
　　3・3・19　大納言家
　　3・4・21　大殿
　　3・5・26　大納言家
　　3・6・14　大納言家
　　3・6・20　大納言家
　　3・7・5　前大納言家頼経
　　3・7・6　入道大納言家
　　3・8・5　入道大納言家
　　3・8・16　入道大納言家
　　3・9・14　入道大納言家
　　3・9・29　入道大納言家
　　3・10・9　入道大納言家
　　3・10・11　大殿
　　3・10・12　大納言家
　　3・10・30　入道大納言家

寛元3・11・4　入道大納言家
　　3・12・24　入道大納言家
　　4・1・4　入道
　　4・1・10　入道大納言家
　　4・1・12　大殿
　　4・1・19　入道大納言家
　　4・2・13　大殿
　　4・2・22　入道大納言家
　　4・3・3　入道大納言家
　　4・3・25　入道大納言家
　　4・3・27　大殿
　　4・4・8　入道大納言家
　　4・4・14　大殿
　　4・5・14　入道大納言家
　　4・6・27　入道大納言家
　　4・7・1　入道大納言家
　　4・7・11　入道大納言家
　　4・8・12　入道大納言家
　　4・12・12　入道大納言家
宝治1・5・28　入道大納言家
　　1・6・8　入道〈頼経〉御料
建長4・4・16　前々将軍
康元1・8・15　前将軍入道前大納言
　　　　　　　家(去十一日薨)
文永2・5・23　七条入道大納言家

頼　経
承久1・7・19　権侍医頼経
　　2・8・6　医師頼経
貞応1・2・12　医師権侍医頼経朝臣
　　1・12・12　医師頼経朝臣
嘉禄1・7・6　頼経朝臣

頼　経　　神地(源)
承久3・6・3　神地蔵人入道
　　3・6・20　神地蔵人頼経入道

頼　景　　安達
仁治2・1・23　城次郎
　　2・11・4　城次郎
寛元1・7・17　城次〈二〉郎
　　2・8・15　城次郎頼景
　　2・8・16　(義景)子息次郎
　　4・8・15　城次郎
宝治1・5・14　城次郎
　　2・1・3　城次郎
　　2・4・20　城三〈次〉郎

― 421 ―

第Ⅰ部　人名索引（ら）

宝治 2・⑫・10	城次郎頼景	文治 1・5・27	源蔵人大夫頼兼
建長 2・3・26	城次郎頼景	1・6・9	源蔵人大夫頼兼
2・5・10	城次郎	1・10・21	源蔵人大夫頼兼
2・8・18	城次郎	1・10・24	源蔵人大夫頼兼
2・12・27	城次郎	2・1・3	散位頼兼
3・1・1	城二郎頼景	2・3・8	源蔵人大夫頼兼
3・8・15	城次郎頼景	4・1・20	源蔵人大夫
3・8・21	城二郎	4・6・4	頼兼
3・8・24	城次郎	5・5・19	源蔵人大夫
3・10・19	同(城)次郎	建久 1・6・26	散位頼兼
4・4・1	城次郎頼景	4・11・27	蔵人大夫頼兼
4・4・2	城次郎頼景	5・4・7	源蔵人大夫頼兼
4・4・3	城次郎頼景	5・12・20	源蔵人大夫頼兼
4・7・23	城次郎頼景	5・12・26	源蔵人大夫頼兼
4・8・1	城次〈二〉郎頼景	6・3・9	源蔵人大夫頼兼
4・11・12	城次郎	6・3・10	源蔵人大夫
4・11・20	城次郎頼景	6・3・12	蔵人大夫頼兼
4・12・17	城四〈次〉郎頼景	6・5・20	源蔵人大夫頼兼
5・12・21〈22〉	城次郎頼景	頼　兼	
6・6・16	城次郎	貞永 1・12・18	三位僧都頼兼
6・8・15	城次郎頼景	嘉禎 1・2・15	頼兼僧都
6・12・1	城次郎	延応 1・8・11	三位法印頼兼
康元 1・6・29	城次郎	仁治 1・6・1	三位僧都頼兼
1・7・17	城次郎頼景	寛元 2・5・29	三位法印頼兼
1・8・15	城次郎頼景	2・6・3	頼兼
1・8・23	城次郎頼景	3・6・3	三位法印頼兼
正嘉 1・1・1	城次郎頼景	3・6・10	三位法印頼兼
1・③・2	丹後守頼景	建長 6・6・3	頼兼
1・6・23	丹後守頼景	6・6・23	三位法印頼兼
1・10・1	丹後守頼景	正嘉 1・8・21	三位僧正頼兼
1・11・23	丹後守頼景	1・8・28	三位僧正頼兼
2・1・1	丹後守	1・10・1	三位僧正頼兼
2・1・2	丹後守頼景	弘長 1・7・18	三位権僧正頼兼入滅
2・1・20	丹後守頼景		年七十七
2・6・17	丹後守	頼　光　工藤	
文応 1・11・22	丹後守頼景	建長 5・1・1	工藤次郎左衛門尉頼光
弘長 3・6・2	丹波守頼景	弘長 1・4・25	工藤次郎右衛門尉
3・11・22	丹後守頼景〈章〉	頼　行　源	
頼　景　尾藤(景頼，景氏子)	建暦 2・1・11	丹後守源頼行	
建長 2・1・1	尾藤兵衛尉	頼　行(幸)	
4・1・1	尾藤二郎	延応 1・11・21	医道女医博士頼行
頼　継　小国(源)	寛元 1・10・1	医師頼行	
建暦 2・1・11	小国源兵衛三郎頼継	2・6・1	医師頼幸
承久 3・6・8	小国源兵衛三郎頼継	3・2・10	(結番医道)頼行
頼　兼　源		3・3・14	(医師)頼幸

— 422 —

第Ⅰ部 人名索引（ら）

頼幸
　寛元3・6・19　（医師）頼幸
　　　3・10・13　頼行

頼　行
　寛元4・7・11　主計頭頼行

頼　行　小泉
　正嘉1・8・15　小泉左衛門四郎頼行
　　　1・10・1　小泉左衛門四郎頼行
　弘長1・1・1　小泉四郎左衛門尉
　　　1・8・5　小泉四郎左衛門尉
　　　1・8・15　小泉四郎左衛門尉頼
　　　　　　　　行

頼　幸　→頼行
　寛元2・6・1　医師頼幸
　　　3・3・14　（医師）頼幸
　　　3・6・19　（医師）頼幸

頼　恒
　元久2・⑦・29　頼恒太郎

頼　高
　元久2・⑦・29　頼高別宮新大夫

頼　高　→藤原頼隆
　嘉禄1・6・12　藤勾当頼高

頼　康　庄司（紀）
　文治4・5・20　庄司大郎

頼　綱　吉見
　文治3・10・13　吉見次郎頼綱
　　　5・7・10　吉見次郎頼綱
　　　5・7・19　吉見次郎頼綱
　建久6・3・10　吉見次〈二〉郎

頼　綱　宇都宮
　文治5・7・25　（小山政光）猶子頼綱
　建久4・5・29　宇都宮弥三郎
　　　5・2・2　宇都宮弥次〈三〉郎頼
　　　　　　　　綱
　　　5・7・28　（朝綱）孫弥三郎頼綱
　　　　　　　　生
　正治1・6・30　宇都宮弥三郎
　　　1・10・28　宇都宮弥三郎頼綱
　元久2・6・22　宇都宮弥三郎頼綱

　元久2・8・7　宇都宮弥三郎頼綱
　　　2・8・11　宇都宮弥三郎頼綱
　　　2・8・16　宇都宮弥三郎頼綱 法
　　　　　　　　名蓮生
　　　2・8・17　蓮生法師
　　　2・8・19　宇都宮弥三郎入道蓮
　　　　　　　　生
　建保2・5・7　宇都宮入道蓮生
　　　4・12・8　宇都宮弥三郎頼〈朝〉
　　　　　　　　綱入道
　承久3・5・23　宇都宮入道蓮生
　建長2・3・1　宇津〈都〉宮入道

頼　綱　佐々木
　建長2・12・3　三郎頼綱（泰綱子息，九
　　　　　　　　歳）
　　　3・11・13　佐々木壱岐三郎
　　　4・1・1　壱岐三郎
　正嘉1・12・24　壱岐三郎右衛門尉
　　　1・12・29　壱岐三郎左衛門尉頼
　　　　　　　　綱
　文応1・2・20　壱岐三郎左衛門尉
　弘長1・1・1　佐々木壱岐三郎左衛
　　　　　　　　門尉
　　　1・7・12　佐々木壱岐三郎左衛
　　　　　　　　門尉
　　　1・8・13　壱岐三郎左衛門尉
　　　3・1・1　佐々木壱岐三郎左衛
　　　　　　　　門尉頼綱
　　　3・1・7　同（佐々木壱岐）三郎
　　　　　　　　左衛門尉頼綱
　　　3・7・13　同（佐々木）壱岐三郎
　　　　　　　　左衛門尉
　　　3・8・9　佐々木壱岐三郎左衛
　　　　　　　　門尉
　　　3・8・15　壱岐三郎左衛門尉頼
　　　　　　　　綱

頼　綱　平
　康元1・1・4　平新左衛門三郎
　　　1・1・9　平新左衛門三郎
　正嘉2・1・11　平新左衛門三郎頼綱
　弘長3・1・1　平新左衛門尉頼綱

頼　綱
　正嘉2・7・10　安房四郎頼綱

— 423 —

第I部 人名索引(ら)

頼　綱　　二階堂
　文応1・1・1　同(伊勢)三郎左衛門
　　　　　　　　尉頼綱
　　　1・1・11　伊勢三郎左衛門尉頼
　　　　　　　　綱
　　　1・1・20　伊勢三郎左衛門尉頼
　　　　　　　　綱
　　　1・4・1　伊勢三郎左衛門尉
　弘長1・1・1　伊勢三郎左衛門尉
　　　1・8・2　(行綱子息)頼綱 三郎
　　　　　　　　　　　　　　左衛門尉
　　　1・8・13　伊勢三郎左衛門尉
　　　1・8・14　伊勢二郎左衛門尉頼
　　　　　　　　綱
　　　3・1・1　伊勢三郎左衛門尉
　　　3・1・7　伊勢三郎左衛門尉頼
　　　　　　　　綱

頼　国　　平
　承久1・7・25　前刑部丞平頼国

頼　氏　　一条
　建保6・6・27　一条大夫頼氏
　承久1・1・27　一条大夫頼氏
　　　3・5・21　一条大夫頼氏

頼　氏　　源
　承久1・7・25　(頼茂)子息下野守頼
　　　　　　　　氏

頼　氏　　藤原
　嘉禎3・3・9　左兵衛督頼氏朝臣
　仁治1・8・2　左兵衛督頼氏卿

頼　氏　　佐々木
　寛元1・1・10　対馬大郎
　　　2・1・2　対馬太郎
　　　2・1・5　対馬太郎
　正嘉1・12・29　対馬大郎頼氏
　文応1・11・22　佐々木対馬大郎左衛
　　　　　　　　門尉頼氏
　弘長3・7・13　佐々木対馬大郎左衛
　　　　　　　　門尉
　　　3・8・15　佐々木対馬太郎左衛
　　　　　　　　門尉頼氏

頼　氏　　新田

　寛元2・8・15　三河守頼氏
　　　4・8・15　参河守
　宝治2・1・3　新田参河前司
　建長2・1・16　新田参〈三〉河前司頼
　　　　　　　　氏
　　　2・3・25　新田参〈三〉河前司
　　　2・12・27　新田参河前司
　　　3・1・1　新田三河前司頼氏
　　　3・1・3　新田三河前司頼氏
　　　3・1・5　新田三河前司頼氏
　　　3・1・11　新田三河前司頼氏
　　　3・1・20　新田三河前司
　　　3・8・15　新田三河前司頼氏
　　　3・10・19　新田三河前司
　　　4・4・3　参河前司頼氏
　　　4・4・14　参河前司頼氏
　　　4・7・8　前参河守頼氏
　　　4・8・1　参河前司頼氏
　　　4・8・14　参河前司頼氏
　　　4・11・11　新田参河前司頼氏
　　　4・11・20　参河前司頼氏
　　　4・12・17　参河前司頼氏〈行義〉
　　　5・1・3　参河前司頼氏
　　　5・1・16　新田参河前司頼氏
　　　5・8・15　参河前司頼氏
　　　6・1・1　参河前司頼氏
　　　6・1・22　参河前司頼氏
　　　6・6・16　新田参河前司
　　　6・8・15　参河前司頼氏
　康元1・1・1　新田参河守
　　　1・1・5　参川前司頼氏
　　　1・1・11　三川前司頼氏
　　　1・6・29　新田参河前司
　　　1・7・17　新田参河守〈前司〉頼
　　　　　　　　氏
　　　1・8・15　三河前司頼氏
　　　1・8・23　参河前司頼氏
　正嘉1・12・24　新田参河前司
　　　2・1・1　新田参河前司
　　　2・1・2　参河前司頼氏
　　　2・1・10　参河前司頼氏
　　　2・3・1　参河前司頼氏
　　　2・6・11　参河前司頼氏
　　　2・6・17　新田参河前司
　文応1・1・1　新田三河前司,参河
　　　　　　　　前司頼氏
　　　1・1・11　参河前司頼氏

— 424 —

第Ⅰ部　人名索引（ら）

　　文応1・1・20　新田参河前司頼氏
　　　　1・2・20　新田参河前司
　　　　1・4・3　参河前司師連〈頼氏〉
　　弘長1・1・1　新田参河前司頼氏
　　　　1・7・12　新田参河前司
　　　　1・7・13　斯田三河前司
　　　　1・10・4　参河前司頼氏
　　　　3・1・10　三河前司頼氏
　　　　3・8・8　新田三河前司

頼　　氏　　→足利利氏
　　康元1・8・23　同(足利)三郎頼氏
　　正嘉1・12・29　足利三郎頼氏

頼　　氏
　　文応1・2・20　治部権大輔
　　弘長1・1・1　治部権大輔頼氏
　　　　1・1・7　治部権大輔
　　　　1・7・29　治部大輔

頼　　資
　　承久2・12・20　右中弁頼資

頼　　嗣　　藤原
　　延応1・11・21　若君
　　　　1・12・13　若君
　　　　1・12・21　若君
　　仁治1・1・2　若君御前
　　　　1・3・7　若君
　　　　1・4・10　若君
　　　　2・2・23　若君
　　　　2・6・17　若君御前
　　　　2・11・17　若君
　　　　2・11・21　若君
　　　　2・12・21　若君
　　　　2・12・29　若宮御前
　　寛元1・1・5　若君
　　　　1・2・15　若君
　　　　1・2・27　若君
　　　　1・3・2　若君
　　　　1・9・19　若君
　　　　1・10・1　若君
　　　　2・1・1　若君
　　　　2・2・23　若君御前
　　　　2・2・24　若君
　　　　2・3・12　若君御前
　　　　2・3・13　若君

　　寛元2・3・14　若君
　　　　2・3・15　若君
　　　　2・3・17　若君
　　　　2・3・18　若君
　　　　2・3・27　若君
　　　　2・3・30　若君御前
　　　　2・4・3　若君御前
　　　　2・4・21　若君六歳，御名字頼嗣
　　　　2・4・26　若君
　　寛元2年首　征夷大将軍従三位行
　　　　　　　　左近衛権中将藤原朝
　　　　　　　　臣頼嗣
　　　　2・5・5　冠者殿(征夷大将軍)
　　　　2・5・11　将軍
　　　　2・5・18　新将軍
　　　　2・5・20　将軍家
　　　　2・5・21　両御所
　　　　2・6・1　新将軍
　　　　2・6・3　将軍家
　　　　2・6・13　将軍家
　　　　2・7・13　将軍家
　　　　2・7・16　将軍家
　　　　2・7・23　将軍家
　　　　2・8・15　将軍家
　　　　2・9・3　将軍
　　　　2・12・7　新将軍
　　　　2・12・8　将軍家
　　　　3・1・20　将軍家
　　　　3・2・7　将軍家
　　　　3・3・5　将軍家
　　　　3・3・6　将軍家
　　　　3・3・14　将軍家
　　　　3・4・21　将軍家
　　　　3・5・23　将軍家御歳七
　　　　3・5・26　将軍
　　　　3・7・6　将軍家
　　　　3・7・26　将軍家
　　　　3・8・1　将軍家
　　　　3・8・15　将軍家
　　　　3・8・16　将軍家
　　　　3・8・18　将軍家
　　　　3・8・26　将軍家
　　　　3・9・9　将軍家
　　　　3・9・14　三位中将
　　　　3・9・29　将軍家
　　　　3・10・9　将軍家
　　　　3・10・10　将軍家

— 425 —

第Ⅰ部　人名索引（ら）

寛元3・10・11	将軍
3・10・13	将軍家
3・12・24	将軍家
4・1・2	将軍家
4・1・4	将軍
4・1・10	将軍家
4・1・12	将軍家
4・3・25	将軍家
4・4・14	将軍家
4・5・14	将軍
4・6・20	将軍家
4・8・15	将軍家
4・8・17	将軍家
4・10・8	将軍家
4・10・16	将軍
4・10・19	将軍家
4・11・10	将軍家
4・12・2	将軍家
4・12・7	将軍家
4・12・27	将軍家
宝治1・1・3	将軍家
1・2・20	将軍家
1・2・23	将軍家
1・3・28	将軍家
1・7・27	将軍家
1・8・1	将軍家
1・8・13	将軍家
1・8・18	将軍家
1・8・22	将軍家
1・11・15	将軍家
1・11・16	将軍家
1・12・10	将軍家
2・1・3	将軍家
2・1・20	将軍家
2・3・3	将軍家
2・4・3	将軍家
2・4・20	将軍家
2・7・3	将軍家
2・8・15	将軍家
2・10・6	将軍家
2・10・25	将軍家
2・12・10	将軍家
2・12・11	将軍家
2・⑫・10	将軍家
建長2・1・16	将軍家
2・2・26	将軍家
2・3・3	将軍家

建長2・3・25	将軍家
2・3・26	将軍家
2・5・9	将軍家
2・5・20	将軍家
2・5・27	将軍家
2・6・15	将軍家
2・8・15	将軍家
2・8・16	将軍家
2・8・18	将軍家
2・9・18	将軍家
3・1・1	将軍家
3・1・8	将軍家
3・1・11	将軍家
3・1・15	将軍家
3・1・20	将軍家
3・3・10	将軍家
3・7・4	将軍家,藤原頼嗣
3・7・8	将軍家
3・8・15	将軍家
3・8・16	将軍家
3・8・21	将軍家
3・8・24	将軍家
3・10・19	将軍家
3・10・20	将軍家
3・11・12	将軍
3・11・18	将軍家
3・11・22	将軍家
3・12・17	将軍家
4・1・3	将軍家
4・1・8	将軍家
4・2・20	将軍
4・3・21	三位中将
4・4・3	前将軍
4・4・14	三位中将軍
4・4・16	前将軍三位中将軍
4・4・29	前将軍
4・8・6	三位中将
康元1・10・2	前将軍三位中将家
正嘉1・10・1	三位中将家

頼　次　　金田
治承4・8・24　金田小大夫頼次
　　4・8・26　金田大夫頼次

頼　時　　那古谷
治承4・8・20　那古谷橘次頼時
文治1・10・24　那古谷橘次
建久3・5・26　奈古谷橘次

— 426 —

第Ⅰ部　人名索引（ら）

頼　　時　　村上（源）
　文治1・10・24　村上左衛門尉頼時
　建久1・11・7　村上左衛門尉
　　　1・11・11　村上左衛門尉頼時
　　　2・7・28　村上左衛門尉頼時
　　　4・11・27　村上左衛門尉頼時
　　　6・3・10　村上左衛門尉
　建暦2・3・20　頼時
　　　2・9・2　筑後前司頼時
　建保1・8・20　筑後守頼時
　　　1・8・26　筑後守頼時
　　　2・7・27　前筑後守頼時
　　　4・3・16　筑後前司頼時
　　　6・6・27　前筑後守頼時
　　　6・7・8　前筑後守頼時
　　　6・12・2　源筑後前司頼時
　承久1・1・27　前筑後守頼時

頼　　時　　安倍
　文治5・9・27　安倍頼時 本名頼義

頼　　時　　→北条泰時
　建久5・2・2　太郎頼時
　正治2・2・26　江間大郎頼時

頼　　実　　大炊御門（藤原）
　文治4・4・9　権中納言兼左〈右〉衛
　　　　　　　　門督藤原朝臣
　　　4・12・11　権中納言兼右衛門督
　　　　　　　　藤原朝臣
　建久2・12・24　右大将頼実
　正治1年首　太政大臣頼実
　承元2・4・27　太〈左〉相国

頼　　秀
　弘長3・8・15　長江〈門〉左衛門八郎
　　　　　　　　頼秀

頼　　重
　元久2・⑦・29　頼重 弥熊〈能〉三郎

頼　　重　　佐々木
　嘉禎1・2・9　近江三郎左衛門尉
　　　2・8・4　近江三郎左衛門尉
　　　2・8・9　近江三郎左衛門尉
　宝治2・1・3　佐々木三郎左衛門尉
　弘長1・8・15　近江三郎左衛門尉
　　　3・4・14　近江三郎左衛門尉
　　　3・4・26　近江三郎左衛門尉頼
　　　　　　　　重
　　　3・8・9　近江三郎左衛門尉頼
　　　　　　　　重
　　　3・8・15　近江三郎左衛門尉頼
　　　　　　　　重

頼　　俊　　藤原
　文暦1・7・6　藤原頼俊

頼　　助　　（南都大仏師職、僧）
　文治2・3・3〈2〉頼助

頼　　尚　　清原
　延応1・3・5　清大外記頼尚

頼　　承
　正嘉1・10・1　権律師頼承
　　　2・6・4　権律師頼承

頼　　章　　名越（北条）
　建長6・8・15　尾張三郎頼章
　康元1・1・2　同（尾張）三郎頼章
　　　1・6・8　尾張三郎平頼章卒 時
　　　　　　　　章二男

頼　　乗
　建長6・6・3　頼乗
　　　6・6・23　治部卿律師頼乗

頼　　親
　建久6・11・19　権大僧都頼親

頼　　親　　→武藤景頼
　仁治2・10・22　武藤左衛門尉頼親

頼　　親
　建長3・7・4　丹波守少将頼親

頼　　政　　源
　治承4・4・9　入道源三位頼政卿
　　　4・5・10　入道三品
　　　4・5・15　入道三品
　　　4・5・19　源三位入道

― 427 ―

第Ⅰ部　人名索引（ら）

治承4・5・24　入道三品
　　4・5・26　三位入道、三品禅門
　　4・6・24　入道源三位
養和1・②・23　入道三品頼政卿
　　1・11・11　故入道源三位卿，三品禅門
元暦1・11・23　頼政卿
文治2・3・8　入道源三位卿頼政

頼　盛　平
治承4・5・16　池中納言頼盛
元暦1・4・6　池前大納言
　　1・5・19　池亜相
　　1・5・21　池前大納言
　　1・6・1　池前亜相
　　1・6・5　池前大納言
　　1・6・20　権大納言平頼盛
文治1・6・18　池亜相頼盛〈法名重蓮〉
　　2・6・18　入道前池大納言頼盛
　　　　　　　〈去二日薨卒〉
　　3・7・3　池亜相禅門
建久1・9・20　故池大納言
　　1・11・7　故大納言頼盛卿

頼　盛　三浦
康元1・7・17　三浦介六郎頼盛
　　1・8・16　三浦介六郎頼盛
正嘉2・6・17　三浦介六郎左衛門尉
　　2・8・15　三浦介六郎頼盛
文応1・11・22　三浦六郎左衛門尉頼盛
弘長1・4・25　三浦六郎左衛門尉
　　1・7・2　三浦介六郎左衛門尉
　　1・8・15　三浦六郎左衛門尉頼盛
　　3・7・13　三浦介
　　3・8・9　三浦介頼盛
文永2・1・3　三浦介頼盛

頼　全　源
建仁3・6・24　頼全全成子
　　3・7・25　幡〈播〉磨公頼全〈全成法橋息〉〈去十六日誅戮〉

頼　村　武藤〔兼頼参照〕
正嘉1・1・1　武藤右近将監頼村
　　2・8・15　武藤右近将監頼村

文応1・1・1　武藤右近将監頼村
弘長1・1・1　武藤右近将監，武藤右近将監頼村

頼　泰　大友
寛元2・12・20　大友式部大夫頼泰
建長4・4・3　大友式部大夫頼泰

頼　泰　武藤
宝治2・12・10　武藤次郎頼泰
建長3・1・11　武藤次郎兵衛尉頼泰
　　3・1・20　武藤二郎兵衛尉頼泰
　　3・8・15　武藤次郎兵衛尉頼泰
　　3・10・19　武藤次郎兵衛尉
　　4・4・3　武藤次郎兵衛尉頼泰
　　4・7・23　武藤次郎兵衛尉頼泰
　　4・8・1　武藤次郎兵衛尉
　　4・8・6　武藤次郎兵衛尉頼泰
　　4・9・25　武藤次郎兵衛尉頼泰
　　　　　　〈景〉
　　4・11・11　武藤次郎兵衛尉頼泰
　　5・8・15　武藤次郎兵衛尉頼泰
　　6・1・1　武藤次郎兵衛尉頼泰
　　6・1・22　武藤次郎兵衛尉頼泰
康元1・1・1　武藤次郎兵衛尉〈武藤左近将監〉
　　1・1・5　同（武藤）次郎左衛門尉頼泰
　　1・6・29　同（武藤）次〈二〉郎兵衛尉
　　1・8・15　武藤次郎兵衛〈左衛門〉尉頼泰
　　1・8・23　武藤次〈二〉郎左衛門尉頼泰
正嘉1・1・1　武藤次郎兵衛尉頼泰
　　1・2・2　武藤次〈二〉郎兵衛尉頼泰
　　1・6・1　武藤左衛門尉
　　1・6・23　武藤左衛門尉頼泰
　　1・8・15　武藤左衛門尉頼泰
　　1・10・1　武藤次郎左衛門尉頼泰
　　1・12・24　武藤〈蔵〉左衛門尉
　　1・12・29　武藤三〈次〉郎左衛門尉頼泰
　　2・1・1　武藤次郎左衛門尉
　　2・1・2　武藤次郎左衛門尉頼

— 428 —

第Ⅰ部 人名索引（ら）

	泰
正嘉2・1・10	武藤次郎左衛門尉頼泰
2・3・1	武藤左衛門尉頼泰
2・6・4	武藤左衛門尉頼泰
2・6・17	同(武藤)次⟨二⟩郎左衛門尉
2・8・15	武藤次郎左衛門尉景泰(マヽ)
文応1・1・11	武藤左衛門尉頼泰
1・1・20	武藤左衛門尉頼泰
1・4・3	武藤左衛門尉頼泰
1・7・29	武藤左衛門尉頼泰
	⟨時盛⟩
1・11・21	武藤左衛門尉頼泰
弘長1・1・1	武藤二郎左衛門尉, 武藤左衛門尉頼泰
1・1・7	武藤左衛門尉
1・4・24	武藤左衛門尉
1・7・12	武藤左衛門尉
1・8・15	武藤左衛門尉
1・9・20	武藤左衛門尉
1・10・4	武藤左衛門尉頼泰
3・8・9	武藤左衛門尉頼泰
3・8・15	武藤左衛門尉頼泰
文永2・1・3	武藤左衛門尉頼泰
2・1・15	武藤左衛門尉頼泰
2・6・23	武藤左衛門尉頼泰

頼　泰　周(須)枳
建長5・1・9	周枳兵衛四郎
5・1・14	須枳兵衛四郎
6・1・4	周枳兵衛四郎
6・1・14	周枳兵衛四郎頼泰
正嘉2・1・6	周枳兵衛四郎
2・1・11	周枳兵衛四郎頼泰
2・1・15	周枳兵衛四郎頼泰
弘長1・1・9	周枳兵衛四郎
1・1・14	周枳兵衛四郎頼泰

頼　忠　藤原
| 貞永1・1・23 | 大殿 |

頼　長　武田
| 暦仁1・2・17 | 武田四⟨六⟩郎 |

頼　朝　源

治承4年首	征夷大将軍正二位源朝臣頼朝
4・4・9	前右兵衛佐頼朝
4・4・27	前武衛将軍
4・5・10	武衛
4・6・19	武衛
4・6・23⟨22⟩	武衛
4・6・27	武衛
4・7・5	武衛
4・7・23	武衛
4・8・4	武衛
4・8・9	前武衛
4・8・10	武衛
4・8・13	武衛
4・8・16	武衛
4・8・17	武衛
4・8・18	武衛
4・8・19	武衛
4・8・20	武衛
4・8・23	武衛
4・8・24	武衛
4・8・25	武衛
4・8・26	武衛
4・8・28	武衛
4・8・29	武衛
4・9・1	武衛
4・9・2	武衛
4・9・7	前武衛
4・9・9	武衛
4・9・10	武衛
4・9・11	武衛
4・9・17	武衛
4・9・19	武衛
4・9・30	武衛
4・10・1	武衛
4・10・2	武衛
4・10・11	武衛
4・10・12	武衛
4・10・15	武衛
4・10・16	武衛
4・10・18	兵衛佐殿, 武衛
4・10・19	武衛
4・10・20	武衛
4・10・21	武衛
4・10・22	武衛
4・11・4	武衛
4・11・5	武衛

— 429 —

第Ⅰ部　人名索引（ら）

治承4・11・8	武衛	
4・11・19	武衛	
4・11・26	武衛	
4・12・11	前武衛	
4・12・12	前武衛	
4・12・16	武衛	
4・12・22	武衛	
4・12・24	武衛	
4・12・25	武衛	
養和1・1・1	前武衛	
1・1・6	武衛	
1・2・12	源武衛	
1・2・18	武衛	
1・②・7	武衛	
1・②・10	前武衛	
1・②・15	前武衛	
1・②・17	前武衛	
1・②・20	武衛	
1・②・23	武衛	
1・②・27	武衛	
1・②・28	武衛	
1・3・1	武衛	
1・3・7	武衛	
1・3・12	武衛	
1・4・1	前武衛	
1・5・8	前武衛	
1・5・16	武衛	
1・6・19	武衛	
1・7・5	武衛	
1・7・8	武衛	
1・7・20	武衛	
1・7・21	武衛	
1・8・13	武衛	
1・8・15	武衛	
1・8・16	武衛	
1・9・7	武衛	
1・10・12	源頼朝	
1・10・20	武衛	
1・12・11	武衛	
寿永1・1・1	武衛	
1・1・3	武衛	
1・1・23	武衛	
1・2・8	前右兵衛佐従五位下源朝臣頼朝	
1・2・15	武衛	
1・3・9	武衛	
1・3・15	武衛	

寿永1・4・5	武衛	
1・4・20	武衛	
1・5・12	武衛	
1・5・16	武衛	
1・5・25	鎌倉殿	
1・6・1	武衛	
1・6・7	武衛	
1・6・8	武衛	
1・7・14	武衛	
1・8・11	武衛	
1・8・18	武衛	
1・9・20	武衛	
1・9・23	武衛	
1・9・25	武衛	
1・9・26	武衛	
1・10・17	武衛	
1・11・12	武衛	
1・11・14	武衛	
1・12・7	武衛	
元暦1・1・1	前武衛	
1・1・3	武衛，前右兵衛佐源朝臣	
1・1・8	武衛	
1・1・17	武衛	
1・1・20	武衛	
1・1・23	武衛	
1・2・14	武衛	
1・2・18	武衛	
1・2・20	頼朝	
1・2・21	武衛	
1・2・25	武衛	
1・3・1	武衛	
1・3・9	武衛	
1・3・10	武衛	
1・3・18	武衛	
1・3・27	武衛	
1・4・8	武衛	
1・4・10	武衛	
1・4・15	武衛	
1・4・18	武衛	
1・4・20	武衛	
1・4・21	武衛	
1・4・23	鎌倉殿	
1・4・28	正四位下源朝臣	
1・5・3	武衛	
1・5・12	武衛	
1・5・15	武衛	

第Ⅰ部　人名索引（ら）

元暦1・5・19	武衛	
1・5・21	武衛	
1・6・1	武衛	
1・6・4	武衛	
1・6・5	武衛	
1・6・16	武衛	
1・6・18	武衛	
1・6・20	武衛	
1・6・21	武衛	
1・6・27	武衛	
1・7・2	武衛	
1・7・3	武衛	
1・7・20	武衛	
1・8・6	武衛	
1・8・8	武衛	
1・8・17	武衛	
1・9・9	武衛	
1・9・14	武衛	
1・9・19	鎌倉殿	
1・9・20	武衛, 兵衛権佐	
1・10・6	武衛	
1・10・12	武衛	
1・10・15	武衛	
1・10・28	頼朝	
1・11・6	武衛	
1・11・14	武衛	
1・11・21	武衛	
1・11・23	武衛	
1・11・26	武衛	
1・12・1	武衛, 前右兵衛佐源朝臣	
1・12・2	武衛	
1・12・3	鎌倉殿	
1・12・7	武衛	
1・12・16	武衛	
文治1・1・1	武衛	
1・1・6	鎌倉殿	
1・1・21	武衛	
1・1・26	武衛	
1・2・12	武衛	
1・2・13	武衛	
1・2・14	武衛	
1・2・16	武衛	
1・2・18	武衛	
1・2・19	武衛	
1・2・29	武衛	
1・3・2	武衛	
文治1・3・3	武衛	
1・3・4	頼朝	
1・3・6	武衛	
1・3・7	武衛, 前右兵衛佐源朝臣	
1・3・13	武衛	
1・3・18	武衛	
1・3・21	鎌倉殿	
1・3・27	武衛	
1・3・29	武衛	
1・4・11	武衛	
1・4・14	武衛	
1・4・15	鎌倉殿	
1・4・20	武衛	
1・4・21	関東	
1・4・28	武衛	
1・4・29	武衛	
1・5・1	武衛	
1・5・5	武衛	
1・5・7	武衛	
1・5・9	武衛	
1・5・11	武衛	
1・5・16	二品	
1・5・17	二品	
1・5・21	二品	
1・5・23	二品	
1・5・27	二品	
1・6・5	二品	
1・6・7	二品	
1・6・9	二品	
1・6・13	二品	
1・6・14	二品	
1・6・16	二品	
1・6・18	二品	
1・7・12	二品	
1・7・15	二品	
1・7・23	二品	
1・8・4	二品	
1・8・13	従二位源卿	
1・8・24	二品	
1・8・27	二品	
1・8・28	二品	
1・8・29	二品	
1・8・30	二品	
1・9・1	二品	
1・9・2	二品	
1・9・3	二品	

— 431 —

第Ⅰ部　人名索引（ら）

文治1・9・4	二品	
1・9・18	二品	
1・9・29	二品	
1・10・6	二品	
1・10・9	二品	
1・10・11	二品	
1・10・13	鎌倉二品〈位〉卿	
1・10・14	二品	
1・10・18	従二位源頼朝卿	
1・10・19	二品	
1・10・20	二品	
1・10・22	二品	
1・10・24	二品	
1・10・27	二品	
1・10・29	二品	
1・11・1	二品	
1・11・5	二品	
1・11・7	二品	
1・11・11	二品	
1・11・12	二品	
1・11・15	二品	
1・11・24	二品	
1・11・25	二品	
1・11・26	源二位卿	
1・11・29	二品	
1・12・4	二品	
1・12・6	頼朝	
1・12・7	二品	
1・12・11	二品	
1・12・17	二品	
1・12・23	二品	
1・12・28	二品	
2・1・2	二品	
2・1・3	二品	
2・1・17	二品	
2・1・19	二品	
2・1・23	二品	
2・1・24	二品	
2・1・26	二品	
2・1・28	二品	
2・2・2	二位家	
2・2・6	二品	
2・2・7	源二位	
2・2・9	源二品	
2・2・23	二品	
2・2・26	二品	
2・3・1	二位家	

文治2・3・3〈2〉	二位卿	
2・3・7	二位卿	
2・3・8	二品	
2・3・12	二品	
2・3・13	頼朝	
2・3・16	頼朝	
2・3・23	二品	
2・3・24	二品	
2・3・29	二品	
2・4・1	二位殿	
2・4・8	二品	
2・4・13	二品	
2・4・20	二品	
2・4・21	二品	
2・4・30	頼朝	
2・5・1	二品	
2・5・2	二品	
2・5・9	二位卿	
2・5・13	源二位殿	
2・5・14	鎌倉殿	
2・5・28	二品	
2・5・29	二品	
2・6・1	二品	
2・6・2	二品	
2・6・10	二品	
2・6・11	二品	
2・6・14	二品	
2・6・15	二品	
2・6・16	二品	
2・6・17	二品	
2・6・21	二品	
2・6・25	二品	
2・6・29	頼朝	
2・7・15	二品	
2・7・24	二品	
2・7・25	二品	
2・7・27	二品	
2・⑦・2	二品	
2・⑦・19	二品	
2・⑦・26	二位卿	
2・⑦・28	二品	
2・8・5	頼朝	
2・8・9	二品	
2・8・15	二品	
2・8・16	二品	
2・8・18	二品	
2・8・27	二品	

— 432 —

第Ⅰ部　人名索引（ら）

文治2・9・7	二品	文治4・1・6	二品
2・10・1	二品，頼朝	4・1・8	二品
2・10・24	二品	4・1・16	二品
2・10・27	二品	4・1・20	二品
2・11・24	源二位殿，源頼朝	4・2・28	二品
2・12・1	二品	4・3・2	二品
2・12・11	二品	4・3・15	二品
3・1・1	二品	4・3・17	二品
3・1・12	二品	4・3・21	二品
3・1・18	二品	4・4・3	二品
3・1・19	二品	4・4・9	二品
3・1・23	二品	4・4・12	源二位殿
3・2・1	二品	4・6・9	二品
3・2・20	二品	4・6・11	二品
3・2・25	二品	4・7・10	二品
3・2・28	二品	4・7・11	二品
3・3・2	頼朝	4・7・15	二品
3・3・4	二品	4・7・28	二品
3・3・8	二品	4・8・15	二品
3・3・10	二品	4・8・20	二品
3・3・18	二品	4・8・30	二品
3・3・19	二品	4・9・1	二品
3・3・21	二品	4・9・3	頼朝
3・4・19	二品	4・9・14	二品
3・4・23	鎌倉殿	4・9・22	頼朝
3・4・29	二品	4・10・4	頼朝
3・5・13	二品	4・10・20	二品
3・6・21	二品	4・11・1	二品
3・7・23	二品	4・11・9	二品
3・8・8	鎌倉殿	4・11・21⟨22⟩	頼朝
3・8・9	二品	4・12・6	二品
3・8・15	二品	4・12・11	二品
3・8・19	頼朝	4・12・12	二品家
3・8・27	頼朝	4・12・18	二品
3・9・4	二品	4・12・30	二品
3・9・9	二品	5・1・1	二品
3・10・2	二品	5・1・3	二品
3・10・4	二品	5・2・27	二品
3・10・9	二品	5・2・28	二品
3・11・21	二品	5・3・3	二品
3・11・25	二品	5・3・5	二品
3・11・28	源二位殿	5・3・13	二品
3・12・1	二品	5・4・3	二品
3・12・7	二品	5・4・18	二品
3・12・10	二品	5・4・21	頼朝
3・12・24	二品	5・④・8	二品
4・1・1	二品		

― 433 ―

第Ⅰ部　人名索引（ら）

文治5・④・30	二品
5・5・22	頼朝
5・6・6	二品
5・6・7	二品
5・6・8	二品
5・6・9	二品
5・6・20	二品
5・6・30	二品
5・7・1	二品
5・7・9	二品
5・7・14	二品
5・7・17	二品
5・7・19	二品
5・7・25	二品
5・7・26	二品
5・7・28	二品
5・8・7	二品
5・8・8	二品
5・8・9	二品
5・8・10	二品
5・8・11	二品
5・8・12	二品
5・8・13	二品
5・8・20	二品
5・8・21	二品
5・8・26	鎌倉殿
5・9・3	二品
5・9・4	二品
5・9・7	二品, 兵衛佐殿
5・9・8	頼朝
5・9・9	二品
5・9・10	二品
5・9・11	二品
5・9・14	二品
5・9・15	二品
5・9・16	二品
5・9・17	二品
5・9・18	頼朝
5・9・27	二品
5・9・28	二品
5・10・19	二品
5・10・24	鎌倉殿
5・11・3	二品
5・11・8	鎌倉殿
5・11・17	二品
5・12・1	二品
5・12・9	二品
文治5・12・18	二品
5・12・25	二品
5・12・28	二品
建久1・1・1	二品
1・1・15	二品
1・1・18	二品
1・2・10	二品
1・2・11	頼朝
1・2・22	頼朝
1・2・25	二品
1・3・3	二品
1・3・9	源二位殿
1・3・14	二位卿
1・3・20	二品
1・4・3	二品
1・4・4	二品
1・4・11	二品
1・4・18	二品
1・4・20	二位家
1・5・3	二位家
1・5・13	源二位殿
1・6・14	二位家
1・6・23	二品
1・6・26	二品
1・6・29	頼朝
1・7・15	二品
1・7・20	二品
1・7・27	頼朝
1・8・3	頼朝
1・8・9	二位卿
1・8・13	二品
1・8・15	二品
1・8・16	二品
1・8・19	頼朝
1・8・28	二品
1・9・3	二品
1・9・7	二品
1・9・17	頼朝
1・9・20	二品
1・10・9	二品
1・10・12	頼朝
1・10・25	二品
1・11・4	二品
1・11・6	鎌倉殿
1・11・7	二品
1・11・9	二品
1・11・11	新大納言家

第Ⅰ部　人名索引（ら）

建久1・11・13	新大納言家, 源頼朝
1・11・15	大納言家
1・11・16	大納言家
1・11・18	亜相
1・11・19	大納言家
1・11・22	大納言家
1・11・23	大納言家
1・11・24	右近衛大将源頼朝
1・11・26	右大将家
1・11・28	大将
1・11・29	右大将家
1・11・30	右大将家
1・12・1	右大将家
1・12・2	右大将家
1・12・3	右大将家
1・12・4	前右大将家, 右(大)将軍
1・12・5	前右大将家
1・12・7	前右大将家
1・12・8	前右大将家
1・12・9	前右大将家
1・12・10	幕下
1・12・11	前右大将家
1・12・14	前右大将家
2・1・1	前右大将家
2・1・11	前右大将家
2・1・15	羽林上将
2・1・23	幕下
2・1・28	幕下
2・2・4	前右大将家
2・2・15	幕下
2・2・17	幕下
2・3・3	幕下
2・3・6	幕下
2・3・8	幕下
2・4・8	幕下
2・4・9	幕下
2・4・11	幕下
2・4・26	幕下
2・5・3	頼朝
2・5・8	前右大将源朝臣
2・5・12	幕下
2・5・20	幕下
2・6・7	幕下
2・6・9	幕下
2・6・22	頼朝
2・7・23	幕下
2・8・7	頼朝

建久2・8・15	幕下
2・9・3	幕下
2・9・9	幕下
2・9・18	幕下
2・9・21	幕下
2・9・29	幕下
2・10・2	大将
2・11・14	幕府〈下〉
2・11・21	幕下
2・11・22	幕下
2・11・27	幕下
2・12・15	幕下
2・12・19	鎌倉殿
2・12・26	幕下
2・⑫・7	幕下
2・⑫・25	幕下
2・⑫・27	幕下
3・1・1	幕下
3・1・8	幕下
3・1・21	幕下
3・1・25	前幕下
3・2・4	幕下
3・2・5	幕下
3・2・12	幕下
3・2・13	幕下
3・3・3	幕下
3・3・4	鎌倉殿
3・3・16	幕下
3・3・19	幕下
3・3・23	幕下
3・4・2	幕下
3・5・12	幕下
3・5・19	幕下
3・5・26	幕下
3・6・13	幕下
3・6・18	幕下
3・6・21	前右大将家
3・7・20	征夷大将軍
3・7・24	幕下
3・7・26	征夷使大将軍源頼朝
3・7・27	将軍家
3・7・29	将軍家
3・8・5	将軍
3・8・15	将軍家
3・8・20	将軍家
3・8・24	将軍家
3・8・27	将軍家

— 435 —

第Ⅰ部　人名索引（ら）

建久3・9・11	将軍家		建久5・1・1	将軍前右大将家
3・9・12	将軍家		5・1・7	将軍家
3・9・25	将軍家		5・1・8	将軍家
3・11・25	将軍家		5・1・15	将軍家
3・12・5	将軍家		5・2・2	将軍家
3・12・11	将軍家		5・2・11	将軍家
3・12・14	将軍家		5・2・22	将軍家
3・12・20	前右大将家		5・3・3	将軍家
4・1・1	将軍家		5・3・15	将軍家
4・1・10	将軍家		5・4・3	将軍家
4・2・27	将軍家		5・4・7	将軍家
4・3・3	将軍家		5・5・2	将軍家
4・3・14	将軍家		5・5・5	将軍家
4・3・21	将軍家		5・5・20	将軍家
4・3・25	将軍家		5・6・15	将軍家
4・4・11	将軍家		5・6・17	将軍家
4・4・19	将軍家		5・6・26	将軍家
4・4・28	将軍家		5・6・28	将軍家
4・4・29	将軍家		5・7・3	将軍家
4・5・1	将軍家		5・7・8	将軍家
4・5・8	将軍家		5・7・14	将軍家
4・5・10	将軍家		5・7・20	将軍家
4・5・16	将軍家		5・7・28	将軍家
4・5・22	将軍家		5・7・29	将軍家
4・5・28	将軍		5・8・8	将軍家
4・5・29	将軍家		5・8・14	将軍家
4・5・30	将軍		5・8・15	将軍家
4・6・25	将軍家		5・8・16	将軍家
4・7・2	将軍家		5・8・22	将軍家
4・7・10	将軍家		5・⑧・1	将軍家
4・7・18	将軍		5・⑧・3	将軍家
4・7・24	将軍		5・⑧・15	将軍家
4・7・28	将軍		5・⑧・22	将軍家
4・8・2	将軍		5・9・6	将軍家
4・8・9	将軍家		5・10・9	将軍家
4・8・10	将軍		5・10・25	将軍家
4・8・15	将軍家		5・11・4	将軍家
4・8・16	将軍家		5・11・7	将軍家
4・9・11	将軍家		5・11・14	将軍家
4・9・18	将軍家		5・11・15	将軍家
4・10・10	将軍家		5・12・1	将軍家
4・10・28	将軍家		5・12・17	鎌倉殿
4・11・4	将軍家		5・12・26	将軍家
4・11・5	将軍家		5・12・28	将軍家
4・11・15	将軍家		6・1・1	将軍家
4・11・27	将軍家		6・1・4	将軍家
4・11・28	将軍家		6・1・13	将軍家

— 436 —

第Ⅰ部　人名索引（ら）

建久6・1・15　将軍家
　　6・1・25　将軍家
　　6・2・11　将軍家
　　6・2・13　将軍家
　　6・2・14　将軍家
　　6・3・4　将軍家
　　6・3・6　将軍家
　　6・3・7　将軍家
　　6・3・9　将軍家
　　6・3・10　将軍家
　　6・3・11　将軍家
　　6・3・12　将軍家
　　6・3・13　将軍家
　　6・3・14　将軍家
　　6・3・20　将軍家
　　6・3・29　将軍家
　　6・3・30　将軍家
　　6・4・3　将軍家
　　6・4・10　将軍家
　　6・4・12　将軍家
　　6・4・15　将軍家
　　6・4・17　将軍家
　　6・4・21　将軍家
　　6・4・24　将軍家
　　6・4・27　将軍家
　　6・5・3　将軍家
　　6・5・10　将軍家
　　6・5・15　将軍家
　　6・5・18　将軍家
　　6・5・20　将軍
　　6・5・22　将軍家
　　6・5・24　将軍家
　　6・5・29　将軍
　　6・6・3　将軍家
　　6・6・8　将軍家
　　6・6・21　将軍家
　　6・6・24　将軍家
　　6・6・25　将軍家
　　6・6・28　将軍
　　6・7・8　将軍家
　　6・7・14　将軍家
　　6・8・10　将軍家
　　6・8・14　将軍家
　　6・8・15　将軍家
　　6・8・19　将軍家
　　6・9・9　将軍家
　　6・10・7　将軍家

建久6・10・11　将軍家
　　6・10・15　将軍
　　6・10・21　将軍家
　　6・11・1　将軍家
　　6・11・6　将軍家
　　6・11・10　将軍家
　　6・12・22　将軍家
正治1年首　　　前右大将頼朝卿
　1・2・4〈6〉前征夷将軍源朝臣,故将軍
　1・3・2　故将軍
　1・3・5　幕下将軍, 故将軍
　1・3・11　幕下将軍
　1・3・22　幕下
　1・3・23　故右大将殿
　1・4・1　故将軍
　1・4・23　故将軍
　1・8・19　幕下
　1・8・20　幕下, 先人
　1・10・25　幕下将軍, 幕下, 右大将軍
　1・10・27　幕下
　1・11・8　故右大将軍
　1・11・10　右大将軍
　1・11・18　先君
　1・11・30　故将軍
　2・1・13　故幕下将軍
　2・1・28　二代将軍家
　2・②・2　故将軍
　2・6・29　故将軍
　2・8・10　故将軍
建仁1・9・22　幕下
　1・11・13　故将軍家
　2・2・29　幕下将軍
　2・3・8　将軍家
　2・6・26　先人
　3・4・6　幕下将軍
　3・5・19　幕下将軍
　3・9・2　幕下将軍
　3・9・6　幕下将軍
建仁3年首　　　前右大将頼朝卿
　3・9・15　幕下大将軍
　3・10・13　故大将軍
　3・11・15　右大将家
　3・12・13　故幕下将軍
元久1・2・20　右大将家
　1・4・20　故右大将軍
　1・5・19　故右大将家
　1・10・17　故右幕下
　2・5・12　故幕下将軍
　2・6・21　右大将軍
　2・9・2　故右大将

— 437 —

第I部　人名索引（ら）

建永1・1・27	故将軍
承元1・8・17	右大将軍
2・11・1	故〈右〉幕下
3・5・5	故将軍
3・5・12	故将軍
3・6・13	右大将軍
3・10・13	故右大将家
3・11・5	故将軍
3・12・15	右大将家
4・1・1	右大将家
4・2・5	右幕下
4・2・10	故右大将軍
4・3・14	右大将家
4・5・25	故右幕下
4・6・20	右大将家
4・8・12	故右大将軍
4・9・14	故将軍
建暦1・4・2	右大将家
1・5・10	故幕下将軍
1・10・13	幕下将軍
2・1・19	右大将家
2・2・28	故将軍
2・6・15	故右大将家
2・10・11	先君,幕下将軍
2・12・29	故右幕下
建保1・3・10	故右大将家
1・3・25	故将軍
1・4・27	右大将家
1・5・2	右大将軍家
1・5・3	右大将家
1・9・26	右大将軍家
2・5・7	幕下将軍
2・12・17	右大将軍
4・6・8	右大将軍〈家〉
4・⑥・29	故前幕下
4・9・18	右大将家
4・12・23	故右幕下
4・12・25	故右大将家
6・3・16	故右大将家
6・9・14	右大将家
6・12・26	右大将家
承久1・1・27	右大将軍
1・2・2	右大将家
1・7・19	故前右大将
1・9・22	右大将家
3・5・19	故右大将軍
3・6・8	故幕下将軍
承久3・7・2	右大将家
3・8・2	右幕下
3・8・10	幕下将軍
貞応1・4・27	故右大将軍〈家〉
2・8・20	故右大将家
元仁1・6・18	故右大将家
1・⑦・1	故将軍
1・10・28	故右大将家
嘉禄1・7・11	前大将軍
1・10・19	右大将家
1・10・20	右幕下
1・12・21	右大将軍
2・4・4	右大将家
2・11・8	右大将軍
安貞1・5・23	右大将軍
2・2・4	故右大将軍
寛喜2・6・14	故右大将家
3・3・9	幕下将軍
3・10・25	右大将家
3・11・18	右大将家
天福1・1・13	右大将家
1・5・27	故右大将家,幕下
文暦1・11・28	幕下将軍家
嘉禎1・9・1	右大将家
2・7・17	右大将家
3・7・19	幕下将軍,故右大将家
3・12・10	右大将家
暦仁1・10・11	故右幕下
1・12・28	右大将家
仁治1・12・21	右大将軍
2・1・23	右大将家
2・12・30	右幕下
寛元2・2・16	大将家
2・7・5	右大将軍
2・8・24	右大将軍家
3・2・16	右大将家
4・1・1	右大将家
4・10・13	右大将軍家
宝治1・1・13	右大将家
1・6・5	故右大将軍
1・6・23	右大将家
1・9・23	右大将家
2・2・5	右大将家〈軍〉
2・6・21	自〈右〉大将家
2・9・7	右大将軍家
2・⑫・13	右大将家
2・⑫・28	右大将家

― 438 ―

第Ⅰ部　人名索引（ら）

```
        建長 2・3・13    右大将家
           2・4・16    右大将家
           2・11・29   右大将家〈軍〉
           2・12・29   右大将家
           4・1・13    右大将家
           4・4・14    右大将家
           6・12・25   右大将家
        康元 1・12・11   右大将軍家
        正嘉 1・10・1    右大将家
           2・5・5     左〈右〉大将家
           2・10・12   三代将軍
        弘長 1・5・13    右大将軍
頼　澄
        文治 3・4・29    伊豆目代頼澄
頼　澄　秦
        建保 6・6・27    秦頼澄
頼　直　小笠原
        治承 4・9・7     小笠原平五頼直
頼　直　→村山義直
        養和 1・5・16    村山七郎源頼直
        建久 1・11・11   村山七郎頼直
頼　直　北条
        建長 6・8・15    武蔵八郎頼直
        康元 1・6・29    同(武蔵)八郎
           1・7・6     同(武蔵)八郎
        正嘉 1・12・24   武蔵八郎
           1・12・29   武蔵八郎頼直
           2・1・1     武蔵八郎
           2・1・2     同(武蔵)八郎頼直
        文応 1・2・20    武蔵八郎
           1・4・1     同(武蔵)八郎
        弘長 1・1・1     武蔵八郎
           1・8・15    武蔵八郎頼直
           3・1・1     武蔵八郎頼直
           3・1・7     同(武蔵)八郎頼直
頼　珍
        正嘉 1・10・1    大法師頼珍
頼　通　藤原
        正治 1・10・27   宇治殿
        貞永 1・1・23    宇治殿、宇治入道殿
```

```
頼　定　若槻(源)
        建保 1・8・26    伊豆左衛門尉頼定
           2・7・27    伊豆左衛門尉頼定
           4・7・29    伊豆左衛門尉頼定
           6・6・27    伊豆左衛門尉頼定
           6・7・8     伊豆左衛門尉頼定
           6・12・20   伊豆左衛門尉頼定
        承久 1・1・27    伊豆左衛門尉頼定
           1・7・19    伊豆左衛門尉
        安貞 2・7・23    伊豆左衛門尉
        嘉禎 2・8・4     伊豆判官
           3・8・16    伊豆判官頼定
        暦仁 1・2・17    伊豆守
        延応 1・8・15    伊豆守頼定
           1・11・5    伊豆前司頼定
        仁治 1・1・3     伊豆守頼定
           2・1・14    伊豆前司
           2・3・25    伊豆前司頼定
        寛元 1・7・17    伊豆前司
        建長 5・1・3     伊豆前司行方〈頼定〉
           5・1・16    伊豆前司頼定
           5・8・13    若槻伊豆前司
           5・8・15    伊豆前司頼定
           6・1・1     伊豆前司頼定
        康元 1・1・1     若槻伊豆前司
           1・6・29    伊豆守
           1・8・15    伊豆前司頼定
        正嘉 1・1・13    若槻前伊豆守従五位
                      下源朝臣頼定卒 年七
                      十九
頼　典　冷泉
        養和 1・2・12    冷水〈泉〉冠者頼典
頼　任　秦
        建久 1・12・3〈1〉同(秦)頼任〈頼文男〉
頼　範　→源範頼
        建久 3・11・25   参川守頼範
頼　武
        承久 3・6・15    頼武
頼　文　秦
        建久 1・12・3〈1〉頼文
頼　平　武藤
```

— 439 —

第 I 部　人名索引（ら）

建久 2・3・8　頼平
　　 4・10・3　頼平
　　 4・11・30　大蔵丞頼平
　　 4・12・5　大蔵丞頼平
　　 5・7・20　大蔵卿頼平
　　 5・12・2　武藤大蔵丞頼平
　　 6・5・20　武藤大蔵丞頼平
　　 6・9・23　頼平

頼　平　藤原
建長 4・4・3　出羽藤次左衛門尉頼平
　　 4・12・17　出羽藤次〈次郎〉左衛門尉頼平
　　 5・1・16　出羽藤次左衛門尉頼平
正嘉 2・6・17　出羽弥藤次左衛門尉
弘長 1・8・5　出羽藤次郎左衛門尉
　　 1・8・15　出羽弥藤二左衛門尉
　　 3・8・9　出羽弥藤次左衛門尉頼平

頼　弁
文永 2・5・5　（権律師）頼弁

頼　輔　藤原
文治 4・4・9　修理権大夫藤原朝臣
　　 4・12・11　修理権大夫藤原朝臣
　　 5・3・13　修理権大夫

頼　方　武藤
文治 5・1・19　監物太郎頼方

頼　房　藤原
建久 2・12・24　少納言頼房
　　 6・3・9　越後守頼房
　　 6・3・10　越後守
　　 6・3・12　頼房
　　 6・5・20　越後守頼房
建保 1・3・6　近衛次将右頼房

頼　房
弘長 3・5・17　頼房

頼　茂
建保 1・5・3　近江守頼茂
　　 1・8・14　近江守頼茂

頼　茂　源
建保 2・7・27　右馬権頭頼茂〈兼〉
　　 6・6・21　右馬権頭頼茂朝臣
　　 6・6・27　右馬権頭頼茂朝臣
　　 6・12・20　右馬権頭頼茂朝臣
承久 1・1・25　右馬権頭頼茂朝臣
　　 1・1・27　右馬権頭頼茂朝臣
　　 1・7・25　右馬権頭頼茂朝臣
　　　　　　　（誅さる）
　　 2・12・20　頼茂朝臣

頼　茂　武藤
建保 4・7・29　武藤左衛門尉頼茂
　　 6・6・27　武藤左衛門尉頼茂
承久 1・1・27　武藤左衛門尉頼茂

頼　隆　永江（大中臣）
治承 4・7・23　永江蔵人大中臣頼隆
　　 4・8・16　永江蔵人頼隆
　　 4・8・23　頼隆

頼　隆　毛利
治承 4・9・17　毛利冠者頼隆（義隆男）
養和 1・6・19　陸奥冠者
文治 1・9・3　陸奥冠者頼隆
建久 1・11・7　毛利三郎
　　 1・11・11　毛利三郎頼隆
　　 6・3・10　毛利三郎

頼　隆　藤原
建保 6・3・16　兵部権大輔藤頼隆

頼　隆　藤原
承久 1・1・27　藤勾当頼隆
貞応 1・4・26　藤勾当頼隆
　　 1・5・24　藤勾当頼隆
嘉禄 1・6・12　藤勾当頼高
　　 1・12・20　藤勾当頼隆

頼　隆　武藤
寛元 3・8・15　武藤四郎頼隆
宝治 2・1・1　武藤四郎（武蔵四郎北条時仲の誤ならむ）
　　 2・12・10　武藤四郎
建長 3・1・20　武藤四郎（武蔵四郎北条時仲の誤ならむ）

— 440 —

第Ⅰ部 人名索引（ら・り）

頼　　連　　佐原
　寛喜1・1・1　　同(佐原)十郎
　　　1・1・2　　同(佐原)十郎
　嘉禎2・1・1　　佐原十郎
　宝治1・6・22　 同(佐原)十郎頼連

頼　　連　　三浦（遠江守佐原盛連十男，三浦
　　　　　　　　介盛時弟）
　建長2・1・16　 遠江十郎頼連
　　　4・7・23　 遠江十郎頼連
　　　4・11・11　遠江十郎頼連
　　　5・1・1　　同(遠江)十郎頼連
　　　5・1・16　 三浦 遠江十郎頼連
　　　6・1・1　　同(遠江)十郎頼連
　　　6・1・2　　遠江十郎頼連
　　　6・8・15　 遠江十郎頼連
　康元1・1・1　　遠江十郎左衛門尉，
　　　　　　　　同(三浦)十郎左衛門
　　　　　　　　尉頼連
　　　1・1・3　　同(遠江)十郎左衛門
　　　　　　　　尉頼連
　　　1・1・4　　遠江十郎右〈左〉衛門
　　　　　　　　尉
　　　1・6・29　 遠江十郎左衛門尉
　　　1・7・29　 遠江十郎左衛門尉
　正嘉1・10・1　 三浦 遠江十郎左衛門
　　　　　　　　尉頼連
　　　1・10・13　遠江十郎左衛門尉頼
　　　　　　　　連
　　　1・12・17　遠江十郎左衛門尉頼
　　　　　　　　連
　　　1・12・24　遠江十郎左衛門尉頼
　　　　　　　　連
　　　1・12・29　遠江十郎衛門尉〈左衛
　　　　　　　　門尉〉頼連
　　　2・6・17　 三浦 遠江新左衛門尉
　文応1・1・11　 遠江十郎左衛門尉頼
　　　　　　　　連
　　　1・1・20　 遠江十郎左衛門尉頼
　　　　　　　　連
　　　1・4・3　　遠江十郎左衛門尉頼
　　　　　　　　連
　　　1・11・22　遠江十郎左衛門尉頼
　　　　　　　　連
　弘長1・1・1　　遠江十郎左衛門尉
　　　1・7・12　 遠江十郎左衛門尉
　　　1・8・15　 遠江十郎左衛門尉頼
　　　　　　　　連
　　　1・10・4　 遠江十郎左衛門尉頼
　　　　　　　　連
　　　3・7・13　 遠江十郎左衛門尉
　　　3・8・9　　遠江十郎左衛門尉頼
　　　　　　　　連
　　　3・8・26　 遠江十郎左衛門尉頼
　　　　　　　　連
　　　3・9・12　 遠江十郎左衛門尉

楽　　園
　文治1・11・29　楽園(多武峰悪僧)

楽　　遠〈達〉
　文治1・11・29　楽遠〈達〉(多武峰悪僧)

り

李　世　民
　建久3・10・30　唐国大宗

李　　瀍　　（唐の武宗）
　元暦1・11・23　会昌天子

里　　久
　文治3・3・19　 雑色里久

里　　長
　文治1・4・12　 (雑色里長)
　　　3・7・4　　雑色里長
　　　5・2・25　 雑色里〈黒〉長
　建久1・2・6　　雑色里長

利(頼)氏　　足利
　寛元3・8・15　 足利三郎家氏(マヽ)
　宝治2・1・1　　足利三郎
　　　2・4・20　 足利三郎
　　　2・⑫・11　 足利三郎
　建長2・8・15　 足利三郎家氏(マヽ)
　　　2・8・18　 足利三郎
　　　2・12・27　足利三郎
　　　3・1・3　　足利三郎家氏(マヽ)
　　　3・1・11　 足利三郎家氏(マヽ)
　　　3・1・20　 足利三郎
　　　3・8・15　 足利三郎家氏(マヽ)
　　　4・11・11　同(足利)三郎利氏

― 441 ―

第Ⅰ部　人名索引（り）

　　康元1・1・1　同(足利)三郎
　　　　1・1・3　足利三郎利氏
　　　　1・1・5　同(足利)三郎和〈利〉
　　　　　　　　氏
　　　　1・1・11　足利三郎利氏
　　　　1・6・29　同(足利)三郎
　　　　1・7・17　足利三郎利氏
　　　　1・8・11　足利三郎利氏後改頼氏
　　　　1・8・16　足利三郎利氏
　　　　1・8・23　同(足利)三郎頼氏
　　正嘉1・10・1　足利三郎
　　　　1・12・24　足利三郎
　　　　1・12・29　足利三郎頼氏

利　仁　藤原
　　文治5・9・28　利仁
　　建久3・4・11　鎮守府将軍利仁

利　定
　　建久1・2・5　(雑色)利定

隆　円
　　嘉禎2・3・21　武蔵得業隆円
　　　　2・10・5　武蔵得業隆円
　　　　2・12・29　武蔵得業隆円
　　暦仁1・10・4　武蔵得業隆円

隆　家　都幡
　　建久1・5・12　都幡小三郎隆家

隆　季　藤原
　　文治2・3・12　大宮大納言入道家

隆　義　佐竹
　　治承4・10・21　秀義父四郎隆義
　　　　4・11・4　四郎隆義
　　寿永1・6・5　佐汰毛四郎
　　文治5・7・26　佐竹四郎

隆　暁
　　建久3・5・19　仁和寺隆暁法眼
　　　　3・6・28　弥勒寺法印隆暁

隆　経
　　承久1・1・27　伊賀少将隆経朝臣

隆　慶

　　建暦1・4・2　僧隆慶

隆　兼　安野
　　建長2・3・1　安野中将
　　　　3・1・11　安野中将隆兼

隆　顕　藤原
　　建長3・7・4　藤原隆顕

隆　衡　→藤原高衡
　　文治5・9・17　同(秀衡)四男隆衡

隆　衡〈実〉　〔藤原高衡参照〕
　　文治5・12・6　隆衡〈実〉

隆　衡　本吉
　　建仁1・3・12　本吉冠者隆衡(誅さる)

隆　衡　藤原
　　建暦2・9・2　隆衡卿
　　建保4・⑥・14　正二位行中納言藤原
　　　　　　　　朝臣隆衡

隆　氏
　　建長3・1・11　前右兵衛佐隆氏

隆　修
　　承久3・5・26　民部卿律師隆修

隆　重　→能勢(源)高重
　　文治5・6・9　安房判官代隆重
　　正治2・1・26　安房判官代隆重

隆　俊　小〈木〉曾
　　弘長1・1・9　小〈木〉曾六郎
　　　　1・1・14　小〈木〉曾六郎隆俊

隆　職　小槻
　　文治1・6・23　大夫史隆職
　　　　1・12・6　左大史隆職
　　　　2・1・7　左大史小槻隆職
　　　　2・2・23　前大史隆職宿禰
　　　　2・6・15　大史小槻宿禰

隆　親　四条(藤原)
　　承久3・6・8　隆親
　　暦仁1・2・17　隆親卿

— 442 —

第Ⅰ部　人名索引（り）

隆　政
　弘長3・1・9　権律師隆政入滅 年廿三

隆　宣
　建仁2・1・9　日光別当真智房法橋隆宣
　　　2・8・18　真智房法橋
　　　3・10・13　真智坊法橋
　元久1・1・8　真智房法橋
　　　2・1・8　真智坊隆宣
　承元2・12・17　真智房法橋隆宣 八幡宮供僧一和尚，兼日光山別当也
　　　3・1・6　法橋隆宣
　　　3・5・20　真智房法橋隆宣
　　　4・11・22　真智房法橋隆宣
　　　4・12・1　法橋隆宣
　建暦1・12・18　隆宣法橋
　　　1・12・28　隆宣法橋
　　　2・2・25　隆宣法橋
　建保1・3・16　隆宣法橋
　　　1・6・3　隆宣法橋
　　　1・12・4　隆宣法橋

隆　禅
　正嘉1・10・1　権律師隆禅

隆　宗
　承久1・2・21　神祇大副隆宗朝臣
　　　3・4・17　神祇大副隆宗朝臣
　　　3・8・7　神祇大副隆宗朝臣

隆　澄　高田
　養和1・2・29　高田次郎隆澄

隆　直　菊池
　養和1・2・29　菊池次郎隆直
　寿永1・4・11　菊池次郎高直
　文治1・12・6　隆直

隆　通
　正嘉1・4・15　祭主隆通卿

隆　遍〈辺〉
　建久3・6・28　参川津師隆遍〈辺〉

隆　弁
　文暦1・3・22　大納言阿闍梨隆弁
　嘉禎1・6・29　大納言阿闍梨隆弁
　　　2・6・28　大納言阿闍梨隆弁
　　　3・11・8　大納言律師隆弁
　暦仁1・1・9　大納言律師隆弁
　　　1・1・28　大納言〈隆弁〉律師
　延応1・5・12　大納言僧都隆弁
　仁治1・1・17　隆弁僧都
　　　2・1・1　大納言僧都隆弁
　　　2・7・3　大納言僧都隆弁
　　　2・7・28　大納言僧都隆弁
　　　2・10・11　隆弁僧都
　寛元1・6・18　大納言僧都隆弁
　　　1・10・21　大納言法印隆弁
　　　2・1・1　大納言法印隆印〈弁〉
　　　2・1・4　大納言法印隆弁
　　　2・1・12　大納言法印隆弁
　　　2・1・16　隆弁
　　　2・3・14　隆弁法印
　　　2・3・15　大納言法印隆弁
　　　2・3・18　隆弁法印
　　　2・3・27　大納言法印隆弁
　　　2・3・30　大納言法印隆弁
　　　2・6・3　隆弁
　　　2・7・23　大納言法印隆弁
　　　2・11・3　大納言法印隆弁
　　　3・2・8　大納言法印
　　　3・6・14　法印隆弁
　　　3・7・19　大納言法印隆弁
　　　3・7・24　法印隆弁
　　　3・8・5　大納言法印隆弁
　　　3・8・15　大納言法印隆弁
　　　3・8・16　大納言法印隆弁
　　　3・8・18　大納言法印隆弁
　　　3・9・9　大納言法印
　　　3・9・14　阿闍梨隆弁
　　　4・9・27　大納言法印隆弁
　　　4・10・9　大納言法印隆弁
　宝治1・4・14　大納言法印隆弁
　　　1・4・28　法印隆弁
　　　1・5・5　阿闍梨
　　　1・5・9　大納言法印隆弁
　　　1・6・3　大納言法印隆弁
　　　1・6・13　大納言法印隆弁
　　　1・6・27　大納言法印隆弁（補鶴岳別当職）

— 443 —

第I部 人名索引（り）

宝治1・7・4 大納言法印隆弁
　　1・7・16 大納言法印
　　2・5・2 鶴岳別当法印
　　2・9・26 鶴岳別当法印
　　2・10・6 鶴岡別当法印
建長2・2・23 鶴岳別当法印隆弁
　　2・9・4 鶴岳別当法印隆弁
　　2・12・5 若宮別当法印隆弁
　　2・12・13 鶴岳別当法印隆弁
　　3・1・8 鶴岡別当法印
　　3・1・17 鶴岳別当法印
　　3・3・9 鶴岡別当法印
　　3・4・13 若宮別当法印
　　3・4・22 若宮別当法印
　　3・5・14 若宮別当法印隆弁
　　3・5・15 若宮別当法印隆弁
　　3・5・27 若宮別当法印
　　3・5・29 別当法印
　　3・8・24 鶴岡之別当法印隆弁
　　4・1・9 若宮法印
　　4・1・12 隆弁法印
　　4・6・19 鶴岳別当法印隆弁
　　4・6・23 若宮別当
　　4・7・10 鶴岳別当法印隆弁
　　4・8・6 鶴岳別当法印隆弁
　　4・8・7 法印隆弁
　　4・8・22 法印隆弁
　　4・9・7 若宮別当法印, 法印
　　　　　　隆弁
　　4・10・3 鶴岳別当法印
　　4・11・3 法印隆弁 補権僧正
　　4・11・9 鶴岳別当新僧正隆弁
　　5・1・28 若宮別当僧正隆弁
　　5・2・3 若宮僧正
　　5・4・26 若宮僧正隆弁
　　5・5・13 若宮僧正
　　5・9・14 若宮僧正隆弁
　　5・10・2 若宮別当僧正隆弁
　　5・12・28 若宮別当僧正
　　6・2・20 若宮別当僧正
　　6・3・7 別当僧正
　　6・4・18 若宮別当僧正
　　6・6・23 別当法印隆弁
　　6・10・6 若宮僧正隆弁
康元1・6・7 鶴岳別当僧正隆弁
　　1・7・6 若宮別当僧正隆弁
　　1・8・26 若宮別当僧正隆弁

康元1・9・1 若宮別当僧正
正嘉1・7・5 若宮別当僧正
　　1・8・21 若宮別当僧正隆弁
　　2・5・5 若宮別当僧正隆弁
文応1・3・1 若宮別当僧正隆弁
　　1・4・2 鶴岳別当
　　1・4・22 若宮別当僧正隆弁
　　1・9・5 若宮別当僧正
　　1・11・27 若宮別当僧正
弘長1・2・20 別当僧正隆弁
　　1・6・16 若宮僧正
　　1・6・25 若宮僧正
　　1・6・27 鶴岳別当僧正隆弁
　　1・7・3 若宮別当僧正
　　3・12・29 若宮僧正
文永2・3・7 別当僧正
　　2・3・9 別当僧正
　　2・3・13 別当僧正
　　2・④・25 若宮別当僧正
　　2・5・3 若宮僧正隆弁
　　2・6・3 若宮別当僧正隆弁
　　2・10・19 若宮別当僧正
　　2・11・19 若宮別当僧正
　　3・1・12 大僧正隆弁
　　3・3・30 若宮大僧正
　　3・5・24 若宮大僧正
　　3・5・26 大阿闍梨
　　3・6・1 阿闍梨

隆　保　源
建久6・3・7 右馬頭隆保朝臣
　　6・3・9 左馬頭隆保朝臣
　　6・3・12 隆保
　　6・6・3 左馬頭隆保朝臣

隆　邦　橘
承元2・8・16 橘判官代隆邦
　　2・12・17 橘判官代
承久2・1・29 進士判官代
　　3・5・27 進士判官代隆邦
　　3・6・23 進士判官代隆邦
　　3・10・13 進士判官代隆邦
　　3・12・3 進士判官代隆邦
貞応2・7・6 隆邦
　　2・8・20 進士判官代隆邦
安貞1・2・8 進士判官代澄〈隆〉邦
　　1・9・9 進士判官代

― 444 ―

第Ⅰ部　人名索引（り）

　　安貞1・11・20　進士判官代
　　嘉禎1・2・10　判官代大夫隆邦

隆　　房　　藤原
　　文治4・4・9　参議左兵衛督藤原朝
　　　　　　　　　臣
　　　4・5・17　非違別当
　　　4・12・11　参議左衛門督藤原朝
　　　　　　　　　臣(マヽ)
　　　5・7・12　左兵衛督
　　　5・12・26　別当隆〈雅〉房
　　建久2・12・24　右兵衛督隆房(マヽ)

隆　　茂　　冷泉
　　正嘉1・12・24　冷泉少将
　　　2・6・4　冷泉少将隆茂朝臣
　　弘長1・1・7　冷泉少将隆茂朝臣
　　　1・3・25　冷泉侍従隆茂
　　　3・1・10　冷泉中将隆茂朝臣

了　　行
　　建長3・12・26　了行法師
　　　6・6・25　了行法師

良　　睿〈叡〉
　　養和1・3・1　河内公良睿〈叡〉

良　　遠　　桜庭
　　文治1・2・18　桜庭介良遠 散位成良男

良　　快
　　承久3・5・21　良快僧正
　　暦仁1・4・25　飯室前大僧正良快, 九
　　　　　　　　　条殿御息
　　　1・7・17　飯室僧正良快

良　　覚
　　文治1・3・27　走湯山住僧良覚
　　　4・10・10　良覚

良　　基
　　貞応2・6・26　松殿法印
　　寛喜1・3・1　松殿法印
　　　3・9・25　松殿法印
　　貞永1・⑨・10　松殿法印
　　宝治1・3・28　松殿法眼
　　建長4・5・7　松殿法印良基

　　建長5・5・23　良基
　　康元1・9・3　松殿法印良基
　　正嘉1・8・21　松殿法印良基
　　　1・10・16　松殿法印良基
　　　2・5・5　松殿法印良基
　　　2・6・4　松殿法印良基
　　文応1・4・22　松殿法印
　　　1・8・8　松殿法印
　　　1・9・5　松殿法印
　　　1・12・27　松殿法印良基
　　弘長3・4・24　松殿僧正
　　　3・5・29　松殿法印
　　　3・11・8　松殿僧正良基
　　　3・11・13　松殿僧正
　　　3・11・15　松殿僧正
　　　3・11・16　大納言僧正良基
　　　3・11・23　大納言僧正
　　文永2・9・21　松殿僧正
　　　3・4・22　松殿僧正
　　　3・6・20　松殿僧正良基

良　　基　　丹波
　　安貞1・11・29　権侍医良基
　　　1・12・10　良基
　　寛喜1・1・27　医師〈権侍医〉良基
　　　2・7・15　医師良基朝臣
　　嘉禎1・7・11　施薬院使良基
　　　1・11・18　良基朝臣
　　　1・12・18　良基朝臣
　　　1・12・26　良基朝臣
　　　2・1・9　良基朝臣
　　　2・1・17　良基朝臣
　　　2・12・26　施薬院使丹波良基朝
　　　　　　　　　臣
　　暦仁1・1・28　施薬院使良基朝臣
　　　1・10・13　医師良基
　　延応1・5・11　医師良基朝臣
　　　1・6・12　医道施薬院使良基朝
　　　　　　　　　臣
　　　1・11・20　施薬院使良基朝臣
　　　1・12・13　施薬院使良基朝臣
　　仁治1・8・2　施薬院使良基朝臣
　　　1・9・8　施薬院使正四位上丹
　　　　　　　　　波朝臣良基卒年五十五

良　　喜
　　建保4・2・1　頓覚房良喜

— 445 —

第Ⅰ部　人名索引（り）

　　　建保6・12・2　頓覚房良喜
　　　承久1・1・29　頓覚坊良喜
　　　嘉禄1・1・14　頓覚房良喜
　　　寛喜3・5・17　頓覚房律師良吉〈喜〉
　　　貞永1・3・3　頓覚坊律師良喜

良　　経　　九条(藤原)
　　　文治1・5・6　右大将良経
　　　　　2・⑦・10　三位中将殿良経
　　　建久2・6・9　左大将良経卿
　　　　　2・7・11　左幕下
　　　　　2・12・24　左大将良経
　　　正治1年首　摂政左大臣良経
　　　建仁3年首　摂政左大臣良経
　　　建暦1・11・4　後京極接(摂)政殿
　　　建保6・10・19　故中御門関白
　　　寛喜2・6・14　後京極殿
　　　仁治2・1・8　後京極殿

良　　景
　　　元暦1・12・29　鹿島社司宮介良景

良　　慶
　　　正嘉1・10・1　大法師良慶

良　　賢
　　　嘉禎1・6・29　大夫律師良賢
　　　仁治1・7・4　良賢
　　　弘長1・6・22　大夫律師良賢
　　　　　1・6・25　大夫律師良賢

良　　顕
　　　正嘉2・6・4　権律師良顕

良　　弘
　　　文治1・6・2　法印大僧都良弘
　　　　　4・4・10　前法印大僧都良弘
　　　　　4・4・12　良弘

良　　光
　　　嘉禎3・5・19　良光
　　　延応1・3・5　良光〈元〉
　　　建長3・7・4　陰陽頭良光朝臣
　　　　　6・4・4　良光朝臣

良　　西
　　　元久1・10・17　肥後坊良西

良　　算
　　　寛喜2・11・22　清流法印良算
　　　嘉禎1・6・28　弁法印良算

良　　嗣　　松殿(藤原)
　　　建長3・7・4　松殿三位中将

良　　実　　二条(藤原)
　　　暦仁1・4・10　右府良実
　　　　　1・5・16　右府
　　　　　1・5・20　前右大臣家前普光園
　　　　　1・6・23　右府
　　　　　1・7・20　左大臣良実
　　　仁治2・1・19　左府
　　　寛元2年首　関白左大臣良実
　　　　　3・8・20　二条殿
　　　建長4年首　関白右大臣良実公
　　　文永2・4・25　執柄良実、二条殿
　　　　　2・5・2　二条殿

良　　実
　　　延応1・3・29　智蔵三郎法橋良実

良　　寿
　　　建久3・8・15　良寿

良　　将　　平
　　　治承4・9・19　陸奥鎮守府前将軍従
　　　　　　　　　　五位下平朝臣良将
　　　延応1・8・11　良将

良　　勝
　　　寛元2・6・3　(権僧正)良勝

良　　常
　　　寿永1・8・11　小権介良常

良　　心
　　　文治5・8・18　筑前房良心

良　　心
　　　弘長3・2・8　良心法師

良　　信
　　　承久3・5・27　大蔵卿法橋良信
　　　元仁1・8・8　大蔵卿僧都良信
　　　嘉禄1・5・1　大蔵卿法印良信

— 446 —

第Ⅰ部　人名索引（り）

嘉禄2・7・11	大蔵卿法印良信	
安貞1・2・15	大蔵卿法印良信	
1・12・13	大蔵卿法印	
寛喜2・12・25	当院(勝長寿院)別当卿法印良位〈信〉	
3・2・9	良信法印	
天福1・6・25	大蔵卿法印良信	
1・7・11	良信法印	
嘉禎1・2・18	大蔵卿法印良信	
1・12・30	法印良信	
延応1・5・5	大蔵卿法印	
1・8・11	大蔵卿法印良信	
仁治1・1・8	良信法印	
1・5・2	勝長寿院別当法印良信	
1・6・2	勝長寿院法印良信	
1・6・9	良信法印	
1・7・4	良信	
寛元1・6・16	卿僧上良信	
2・1・8	大蔵卿僧正	
2・5・29	大蔵卿僧正	
2・6・3	権僧正良信，大蔵卿僧正良信	
2・6・4	大蔵卿僧正良信	
2・7・16	大蔵〈大蔵卿〉法印	
3・6・3	卿僧正良信	
3・8・21	勝長寿院別当僧正良信	
4・3・14	大蔵卿法印良信	
4・4・19	大蔵卿法印良信	
建長5・5・23	勝長寿院前別当前権僧正良信入滅年八十一	

良　親
建長3・5・15　良親律師

良　尋
治承4・8・24　（行実）父良尋

良　成　　一条
文治1・11・3　侍従良成　義経同母弟，一条大蔵卿長成男
1・12・6　侍従良成

良　暹
治承4・8・25　智蔵房良暹
4・10・11　専光坊良暹
治承4・10・12　専光坊
4・12・25　専光房
養和1・1・1　専光房良暹
1・3・1　専光房良暹
寿永1・4・24　専光
1・8・12　専光坊阿闍梨良暹
文治1・8・20　専光房
1・9・3　専光房
4・3・2　専光房
5・7・18　専光房
5・8・8　専光房
建久3・12・11　専光房
3・12・29　専光房

良　全
嘉禎1・6・29　大納言法印良令〈全〉
寛元2・6・3　僧都良全

良　智
承久1・1・29　南禅房良智
嘉禄1・1・14　肥前阿闍梨良智
寛喜3・5・17　肥前阿闍梨

良　平　　藤原
仁治1・4・1　大相国良平薨五十六

良　輔　　九条(藤原)
建保4・2・19　左大臣
6・11・25　（去十一日）八条左大臣良輔薨給年三十四

良　明
正嘉1・9・16　三位律師良明
2・6・4　権律師良明

良　瑜
貞永1・10・17　安祥寺法印
嘉禎3・6・22　安祥寺僧正良瑜
延応1・5・11　安祥寺僧正
仁治1・1・17　安祥寺僧正
1・6・16　安祥寺僧正
正嘉1・8・21　安禅〈祥〉寺僧正良瑜
2・5・5　安祥禅寺僧正良瑜
文応1・6・9　安祥寺僧正良瑜
1・8・8　安祥寺僧正
弘長3・12・11　安祥寺僧正
文永2・9・21　安祥寺僧正

― 447 ―

第Ⅰ部　人名索引（り・れ・ろ）

　　　文永3・1・12　安祥寺僧正

良　　祐
　　　承久1・2・1　浄意坊堅者良祐

良　　祐
　　　弘長3・3・17　浄仏房良祐

倫　　兼
　　　承元2・1・16　散位倫兼

倫　　重　　矢野(三善)
　　　嘉禄1・10・13　矢〈天〉野外記大夫
　　　　　1・10・28　外記大夫
　　　　　1・11・17　外記大夫
　　　　　1・12・5　外記大夫
　　　貞永1・7・10　大和守三善倫重
　　　　　1・7・12　大和守
　　　天福1・11・3　大和前司倫重
　　　　　1・11・10　大和前司〈守〉倫重
　　　嘉禎1・7・8　外記大夫倫重
　　　仁治1・1・15　対馬前司
　　　　　2・2・16　対馬前司倫重
　　　寛元1・2・26　対馬前司
　　　　　2・6・4　前対馬守従五位上三善朝臣倫重死去　年五十五

倫　　忠　　三善
　　　文暦1・7・6　兵庫允三善倫忠

倫　　長　　矢野(三善)
　　　寛元2・4・21　外記大夫
　　　宝治2・1・7　天野外記大夫
　　　　　2・4・29　外記大夫倫長
　　　　　2・12・20　矢野外記大夫
　　　建長3・6・5　対馬守倫長
　　　　　3・6・20　対馬守
　　　　　4・4・14　対馬守倫長
　　　　　4・4・30　対馬前司倫長
　　　　　4・10・14　倫長
　　　　　5・9・26　倫長
　　　　　5・12・21〈22〉対馬前司倫長
　　　　　6・12・1　対馬前司
　　　康元1・6・29　対馬前司
　　　正嘉1・③・2　対馬前司倫長
　　　　　1・9・18　対馬前司倫長

　　　正嘉2・1・1　対馬前司
　　　弘長1・3・20　対馬前司倫長
　　　文永2・1・6　対馬前司倫長
　　　　　3・3・6　対馬前司倫長
　　　　　3・3・13　対馬前司

琳　　尊
　　　弘長3・3・17　尊明房琳尊

琳　　猷
　　　文治1・3・27　琳猷上人
　　　　　1・5・2　土佐上人琳猷
　　　　　3・1・19　琳猷〈猷〉上人
　　　　　3・5・8　琳猷〈猷〉上人
　　　　　3・8・20　琳猷〈猷〉上人

れ

冷泉天皇
　　　文治1・6・21　冷泉天皇

冷泉宮
　　　承久1・2・13　冷泉宮
　　　　　3・5・21　冷泉
　　　　　3・6・8　冷泉親王
　　　　　3・6・10　冷泉宮
　　　　　3・6・15　両親王
　　　　　3・6・20　冷泉宮
　　　　　3・7・25　冷泉宮

蓮　　仁
　　　文治1・4・28　僧蓮仁

鎌　　足　　藤原
　　　文治1・6・21　大織冠
　　　　　1・11・22　大織冠

ろ

朗　　誉
　　　正嘉2・3・23　寿福寺長老悲願文〈房〉朗誉

滝　　楠
　　　建久3・8・15　滝楠

― 448 ―

第 I 部 人名索引（ろ）

六　条　宮
　　承久1・2・13　六条宮
　　　 3・5・21　六条
　　　 3・6・ 8　六条親王
　　　 3・6・10　六条宮
　　　 3・6・15　両親王
　　　 3・6・20　六条宮
　　　 3・7・24　六条宮

六　代　平
　　文治1・12・17　権亮三位中将惟盛卿嫡男字六代
　　　 1・12・24　故維盛卿嫡男六代公
　　建久5・ 4・21　故小松内府孫子 維盛卿男六代禅師
　　　 5・ 5・14　六代禅師
　　　 5・ 6・15　六代禅師

— 449 —

第Ⅱ部　（1）通称・異称索引
　　　　（2）法名索引

―― 凡　　例 ――

1. 通称・異称の配列は，音読・訓読にかかわらず，通常の読み方に従い，50音順とした。
2. 「官職称」における「前」「新」「本」を冠するものは，原則として当該正員職称の次に配列した。（例えば，相模前司・前相模守は相模守の次に配列。本三位中将・新三位中将は，三位中将の次に配列，和田新左衛門尉は和田左衛門尉の次に配列）
3. 同一人と認められる官職称にあって，一字について相異のある場合は，一項目として扱い（　）を以てこれを補った。
    例．伊東左馬助 ｝ 伊東左(右)馬助
　　　伊東右馬助
4. 同一人について意味を同じくする二つ以上の称呼がある場合は，便宜，一項目として称呼を並列した。
    例．武蔵守 ｝ 武蔵守・武州　　左大臣 ｝ 左大臣・左府
　　　武州　　　　　　　　　　左府
5. 唐名は原則として，その音読による位置に配列したが，前項（4）にかかわるものは，前項の方式に従った。
6. 同一人について称呼が重なる場合は〔　〕を以て，二つの称呼のあることを示した。
    例．陸奥四郎　　　　　　｝ 陸奥四郎〔左衛門尉〕
　　　陸奥四郎左衛門尉

　　　三浦左衛門尉　　　　｝ 三浦〔駿河〕左衛門尉
　　　三浦駿河左衛門尉
7. 源・平・藤・橘・江・野・中・善など氏姓の省略称を冠する通称の場合，すべて音読に従って配列した。
8. 同一の通称・異称をもつ人物が二人以上ある場合は，原則としてその時代順に配列した。

（1） 通称・異称索引

あ

あいた〈あひこ〉の三郎	建保1・5・6	安(阿)保次郎	→実光	
あいた〈あひこ〉の四郎	建保1・5・6	安保次郎左衛門尉	文応1・1・1	
あいはら(粟飯原)小次郎	建保1・5・6	安保八郎	承久3・6・18	
あいはら(粟飯原)太郎	建保1・5・6	安房守	建久4・1・27	
あいはら(粟飯原)藤五郎	建保1・5・6	安房四郎	→頼綱	
あつま〈さ〉の新大夫	文治2・3・27	安房平太	文治4・3・15	
安芸右(左)近蔵人	→重親	安房判官代	→高重	
安芸右近大夫	→重親	安房又太郎	正嘉1・5・22	
安芸右馬助	嘉禎2・8・4	亜相	→頼朝	
安芸大炊助	正嘉2・3・1	吾妻四郎	→助光	
安芸掃部助	→範元	吾妻太郎	建久6・3・10	
安芸掃部〔助〕大夫	→親定	吾妻八郎	寿永1・1・28	
安芸守・安芸前司	→親光	足助太郎	建保2・3・1	
安芸前司	→仲兼	足立右馬允	→遠元	
安芸権守	→範高	足立九郎	建久1・1・3	
安芸左近蔵人	→重親	足立源三〔左衛門尉〕	→親長	
安芸左(右)近大夫	→親継	足立左(右)衛門五郎	→遠時	
安芸介	→広元	足立左衛門三郎	→元氏	
安芸宗内左衛門尉	→孝親	足立左衛門三郎	建長5・7・17	
安積新左衛門尉	宝治1・5・14		建長6・6・16	
安積薩摩前司	→祐長	足立左衛門四郎	建長6・1・22	
安積六郎左衛門尉	→祐長	足立左(右)衛門尉	→遠元	
安達右(左)衛門尉	→景盛	足立左衛門尉	→元春	
安達九郎	→景盛	足立左衛門尉	宝治1・12・29	
安達九郎右(左)衛門尉	→景盛		建長2・3・1	
安達源三〔左衛門尉〕	→親長	足立左衛門尉四郎	康元1・7・29	
安達新三郎	→清経	足立左衛門大夫	→直元	
安達藤九郎右衛門尉	→景盛	足立左衛門太郎	弘長3・1・23	
安達藤九郎入道	→盛長	足立左馬頭入道	宝治1・12・29	
安達弥九郎	→景盛	足立三郎〔左衛門尉〕	→元氏	
安野三郎入道	承久1・2・22	足立三郎	建長4・8・6	
安野次郎	承久1・2・22		建長6・6・16	
安野中将	→隆兼		康元1・6・29	
安保右馬允〈充〉	→実員		正嘉2・6・17	
安(阿)保刑部丞	→実光	足立三郎右衛門尉	→光氏	
安保左衛門次郎	承久3・6・18	足立三郎左衛門尉	宝治2・⑫・10	
安保左衛門太郎	正嘉1・1・1	足立十郎太郎	→親成	
安保三郎兵衛尉	嘉禎1・6・29	足立新三郎	→清経	
安保四郎	承久3・6・18	足立太郎	建久6・3・10	
		足立太郎左衛門尉	→直元	
		足立藤九郎入道	→盛長	
		足立藤内左衛門三郎	→政遠	
		足立八郎〔左衛門尉〕	→元春	

第Ⅱ部　(1)通称・異称索引（あ）

足立八郎兵衛尉	→元春	阿波四郎	→頼綱
足立木工権介	→遠親	阿波四郎左衛門尉	→政氏
足立木工助	→遠親	阿波四郎兵衛尉	→政氏
足達九郎右衛門尉	→景盛	阿波入道	弘長3・8・9
阿加田沢小太郎	建久1・11・7	按察卿	→泰通
阿願房	文治3・2・9	按察卿	→光親
阿佐美左近将監	弘長1・1・1	按察使	→朝方
阿佐美太郎	→実高	按察使	→光親
阿佐美六郎兵衛尉	暦仁1・2・17	按察使	文治2・3・12
阿佐利与一	→義遠	按察大納言	→朝方
阿坂余三	建久1・11・7	按察法印	→賢信
阿静房	→安念	粟飯原右衛門尉	弘長1・1・1
阿曾沼小太郎	康元1・7・6	粟飯原太郎	建保1・5・6
	正嘉2・6・17	合鹿大夫	→生倫
阿曾沼五郎	→景綱	合子太郎	建長2・3・1
阿曾沼四郎	→次綱	合田五郎	文永2・10・26
阿曾沼四郎	→広綱	会賀次郎大夫	→生倫
阿曾沼〔小〕次郎	→親綱	相鹿〔二郎〕大夫	→生倫
阿曾沼〔小〕次郎	→光綱	愛甲右(左)衛門	建保1・5・6
阿曾沼七郎	寛元3・8・16	愛甲小太郎	→義久
阿曾沼民部	→広綱	愛甲五郎	建保1・5・6
阿曾沼六郎太郎	承久3・6・18	愛甲三郎	→季隆
阿多〔平〕権守	→忠景	愛甲大郎	建保1・5・6
阿野冠者	→時元	藍沢二郎	文治1・10・9
阿〈河〉野四郎	承久1・9・22	青木丹五	→真直
阿野少将	→公仲	青木入道	建長3・7・10
阿野少輔公	→聖尊	青木兵衛五郎	→重元
阿野法橋	→全成	青木兵衛尉	→重元
阿部左衛門尉	弘長1・1・1	青栗四郎	建保1・2・16
阿保五郎	文治1・10・24	青栗七郎	建保1・2・15
	建久1・11・7	青根三郎	承久3・6・18
	建久2・2・4	蒼海平太	承久3・6・18
	建久6・3・10	赤木右(左)衛門尉	→忠光
阿保左衛門三郎	正嘉2・1・1	赤田次郎	文治5・8・10
阿保左衛門四郎	正嘉2・1・1		文治5・9・6
阿部左衛門次郎	正嘉2・1・7	赤塚蔵人〔大夫〕	→資茂
阿保三郎	安貞2・7・23	赤塚左近蔵人	→資茂
阿保次郎左衛門尉	→泰実	明石左(右)近将監	→兼綱
阿保次郎左衛門尉	正嘉2・1・1	明石左近大夫	→兼綱
阿保弥次郎	仁治2・1・2	県左近将監	承久3・6・18
阿保六郎	建久1・11・7	県佐藤四郎	承久3・6・18
	建久6・3・10	秋田九郎	→長景
阿美小次郎	嘉禄1・12・21	秋田三郎	→致文
阿波阿闍梨	→静空	秋田次郎	建長2・3・25
阿波院	→土御門天皇	秋田城介〔入道〕	→景盛
阿波前司	→朝村	秋田城介	→義景
阿波宰相中将	→信成	秋田城介	→泰盛

— 454 —

第Ⅱ部　(1)通称・異称索引（あ）

秋葉小三郎	暦仁1・1・20	足利左典厩	→義氏
	暦仁1・2・17	足利左馬頭〔入道〕	→義氏
秋庭(葉)小次郎	仁治1・1・6	足利三郎	→義兼
	仁治1・8・2	足利三郎	→義氏
秋庭又次郎	→信村	足利三郎	→利氏
秋元左衛門次郎	暦仁1・2・17	足利次郎	→兼氏
秋元左衛門入道	建長2・3・1	足利次郎	→顕氏
秋山太郎	→光朝	足利七郎	→有綱
悪阿闍梨	→公暁	足利七郎五郎	建久1・11・7
悪源太	→義平	足利七郎四郎	建久1・11・7
悪三郎	→信忠	足利七郎太郎	文治1・10・24
悪三郎丸入道	建長2・3・1		建久1・11・7
悪七〔郎〕兵衛尉	→景清	足利禅門	→義氏
悪別当	→公暁	足利大夫判官	→家氏
飽間太郎	元久2・6・22	足利大夫判官	寛元1・1・9
浅沼四郎	→広綱		寛元1・1・19
浅沼次郎	→親綱		寛元1・7・17
浅羽小三郎	→行光	足利太郎	→俊綱
浅羽五郎	→行長	足利太郎	→親成
浅羽左衛門四郎	寛元2・8・16	足利太郎	→家氏
浅羽左衛門次郎	文応1・4・3	足利丹後前司	→泰氏
浅羽左衛門尉次郎	建長3・1・2	足利判官代	→義房
浅羽三郎	文治2・4・21	足利又太郎	→忠綱
	建久1・11・7	足利武蔵前司・前武州	→義氏
	建久6・3・10	足利陸奥守	→義氏
浅羽次郎兵衛尉	建長2・1・3	足利木工助	正嘉2・3・1
浅羽庄司	→宗信	葦敷三郎	→重義
浅羽庄司三郎	建久6・3・10	葦野地頭	康元1・6・2
浅間四郎左衛門尉	→忠顕	梓刑部丞	建久4・8・18
浅見太郎	→実高	麻生太郎	→親幹
浅海太郎	→頼季	麻生平太	→胤国
浅利冠者	→遠義	熱田大宮司	→季範
浅利冠者	→長義	熱田大宮司	→範雅
浅利太郎	嘉祿2・5・4	熱田大宮司	→範経
	嘉祿2・5・16	天野和泉前司	→政景
朝夷奈三郎	→義秀	天野和泉五郎左衛門尉	→政泰
朝日冠者	→義高	天野和泉次郎左衛門尉	→景氏
朝日判官代	承久3・6・3	天野右衛門尉	→則景
朝山右馬大夫	建長2・3・1	天野右馬允	→保高
足洗四郎	建保1・5・6	天野右馬太郎	承久3・6・18
足洗藤内	承久3・6・18	天野外記大夫	→倫重
足利上総三郎	→満氏	天野外記大夫	→倫長
足利上総介・上総前司	→義兼	天野左衛門尉	→政景
足利冠者	→義兼	天野左衛門尉	正嘉2・3・1
足利宮内少輔	→泰氏	天野四郎左衛門尉	承久3・6・25
足利蔵人	→義兼	天野次郎左衛門尉	→景氏
足利五郎	→長氏	天野藤内〔左衛門尉〕	→遠景

— 455 —

第Ⅱ部 （1）通称・異称索引（あ・い）

天野肥後左衛門尉	→景氏	安西太郎	→明景
天野肥後新左衛門尉	→景茂	安祥寺僧正・法印	→良瑜
天野肥後三郎左衛門尉	弘長3・1・1	安東刑部左衛門尉	正嘉2・1・1
	弘長3・8・9	安東宮内左衛門尉	→景光
天野肥後四郎左衛門尉	弘長3・1・1	安東五郎太郎	宝治2・⑫・20
天野肥後次郎左衛門尉	→景氏		建長3・5・15
天野平内	→光家	安〈伊〉東左衛門五郎	寛元2・3・28
天野平内次郎	承久3・6・18	安東〔新〕左衛門尉	→光成
天野平内太郎	承久3・6・18	安東新左衛門尉	文応1・1・1
天野兵衛尉	承久1・7・19	安東四郎兵衛	建保1・5・6
天野民部丞	→遠景	安東次郎	→忠家
天野民部入道	→遠景	安東藤内	→光成
天野六郎	→政景	安東藤内	承久3・6・18
天野六郎	→則景	安東藤〔内〕左衛門尉	→光成
天羽庄司	→直胤	安東藤内左衛門尉	承久3・5・22
天羽次郎	→直常		承久3・6・18
甘糟小次郎	承久3・6・18	安東平次兵衛尉	承久3・6・18
甘糟小太郎	承久3・6・18	安藤右馬大夫	→右宗
甘糟野次	→広忠	安藤左近将監	承久3・5・22
余戸源三入道	→俊恒		寛喜2・5・27
綾小路三位	→師季	安藤三郎	正嘉1・10・15
鮎沢六郎	建保2・3・1	安藤次	文治5・8・10
荒四郎	文治5・1・13	安藤次郎	寛喜2・5・27
	建久5・⑧・16	安藤太郎	建長2・3・1
荒次郎	建久3・8・14	安藤兵衛尉	→忠家
荒河太郎	→武貞	安徳左衛門尉	→政尚
荒瀬五郎	建久3・8・14	安徳三郎右馬允	→政遠
荒作三郎	正嘉1・10・15	安楽寺別当	→安能
荒〈藤〉巻藤太	承久3・6・18	安楽房	→重慶
有棲河黄門	→国道	安楽房法橋	→重慶
有間左衛門尉	→朝澄	安楽房法眼	→重慶
淡路守	→清房	安楽房法眼	→行慈
淡路前司	→宗政		
淡路五郎左衛門尉	→宗義		い
淡路左衛門尉	嘉禎2・8・4		
淡路四郎左衛門尉	→時宗	いかの五郎	文治2・3・27
淡路四郎左衛〔尉〕	正嘉2・9・21	いかの四郎	文治2・3・27
	弘長3・7・13	いかの平三〈太〉	文治2・3・27
淡路式部大夫	寛元1・7・17	いさわ殿	→信光
淡路又四郎〔左衛門尉〕	→宗泰	いなの兵衛	建保1・5・6
淡路弥四郎	→宗員	いはなの次郎	文治2・3・27
粟沢太郎	建保1・2・16	いはなの太郎	文治2・3・27
安西三郎	→景益	いはなの平三	文治2・3・27
安西三郎	建長2・3・1	いや五郎	文治2・3・27
安西四郎	元久1・10・14	いや四郎	文治2・3・27
安西大夫	暦仁1・2・17	いや六郎	文治2・3・27
	建長2・3・1		

— 456 —

第Ⅱ部 （1）通称・異称索引（い）

井伊介	建久6・3・10	伊賀式部大夫〔入道〕	→光宗
井伊介	寛元3・1・9	伊賀式部入道	→光宗
井伊六郎	→真綱	伊賀式部八郎左衛門尉	→仲光
井門太郎	→重仲	伊賀式部八郎兵衛尉	→仲光
井田四郎	承久3・6・18	伊賀式部兵衛次郎	→光長
井田四郎太郎	→政綱	伊賀少将	→隆経
井田次郎	建久1・11・7	伊賀新平内	建仁1・5・6
	建久6・3・10	伊賀助	→仲能
井田太郎	建久1・11・7	伊賀大夫	建保2・12・17
井殿盲目	文治5・9・27	伊賀大夫判官	→光季
井上太郎	→光盛	伊賀太郎左衛門尉	→光季
井上太郎	建長2・3・1	伊賀太郎兵衛尉	→光季
伊加〈賀〉良目七郎	→高重	伊賀太郎兵衛尉	嘉禎3・1・3
伊賀阿闍梨	→光獣		嘉禎3・1・11
伊賀右衛門次郎	弘長3・1・2	伊賀廷尉	→光季
伊賀守	→義経	伊賀入道	→時家
伊賀守・伊賀前司	→仲教	伊賀判官	→光重
伊賀守・伊賀前司	→朝光	伊賀判官四郎	建長2・3・1
伊賀守・伊賀前司	→時家	伊賀〔右〕馬助	→仲能
前伊賀守	→義成	伊賀六郎	寛元3・8・16
伊賀前司	→朝行		文応1・2・2
伊賀前司	→光清	伊賀六郎右衛門尉	→光重
伊賀蔵人	嘉禄1・12・20	伊賀六郎左衛門二郎	弘長1・1・1
	安貞2・7・23	伊賀六郎左衛門尉	→朝長
伊賀左衛門三郎	→朝房	伊北小太郎	正嘉2・3・1
伊賀左衛門四郎	→景家	伊北三郎	正嘉2・3・1
伊賀左衛門次郎	→光清	伊北庄司	→常仲
伊賀左衛門尉	→光季	伊具四郎入道	正嘉2・8・16
伊賀左衛門尉	→光宗		正嘉2・8・17
伊賀左衛門大夫	→光重	伊具太郎	→盛重
伊賀左衛門太郎	→宗義	伊具〔右〕馬太郎	→盛重
伊賀左衛門太郎	→光盛	伊具六郎	承久3・6・18
伊賀左衛門六郎	文応1・2・2	伊古〈呂〉宇又太〈次〉郎	康元1・6・2
伊賀左近蔵人	→仲能	伊佐右衛門尉	→為家
伊賀三郎〔左衛門尉〕	→光資	伊佐三郎	→行政
伊賀三郎左衛門尉	→光泰	伊佐四郎蔵人	暦仁1・2・17
伊賀三郎左衛門尉	→祐盛	伊佐大進太郎	承久3・6・14
伊賀三郎左衛門尉	→実清	伊佐太郎	建仁3・10・26
伊賀四郎	→朝行	伊佐兵衛尉	安貞2・7・23
伊賀四郎	→季村	伊沢五郎	→信光
伊賀四郎	→景家	伊沢左近将監	→家景
伊賀四郎左衛門尉	→朝行	伊志良左衛門	建長2・3・1
伊賀四郎左衛門尉	→景家	伊豆右(左)衛門尉	→有綱
伊賀次郎〔左衛門尉〕	→光宗	伊豆守・前伊豆守	→仲綱
伊賀次郎左(右)衛門尉	→光房	伊豆守	→義範
伊賀次郎兵衛尉	→光宗	伊豆守・前伊豆守	→頼定
伊賀式部丞	→光宗	伊豆前司	安貞1・3・9

— 457 —

第Ⅱ部　(1)通称・異称索引（い）

伊豆冠者	→有綱	伊東(藤)四郎	→家光
伊豆五郎七郎	寛元3・8・16	伊東四郎	→成親
伊豆江四郎	養和1・1・5	伊東二郎	→祐親
伊豆左衛門尉	→頼定	伊東二郎	→祐朝
伊豆次郎左衛門尉	康元1・6・29	伊東次郎左衛門尉	→時光
伊豆太郎左衛門尉	→実保	伊東次郎左衛門尉	→盛時
伊豆藤三郎	→保経	伊東七郎	建保1・7・11
伊豆入道	→信光	伊東新左衛門尉	弘長3・1・8
伊豆八郎	→景実	伊東〔大夫〕判官	→祐時
伊豆判官	→頼定	伊東八郎	→祐広
伊豆目代	→頼澄	伊東八郎左衛門尉	→祐光
伊豆六郎左衛門尉	寛元2・6・13	伊東兵衛尉	→祐時
伊豆山専当	治承4・10・18	伊東大和次郎	仁治2・1・23
伊勢守	→清綱	伊東大和十郎	建長3・8・15
伊勢守・伊勢前司	→光員	伊東大和前司	→祐時
伊勢守・伊勢前司	→定員	伊東余(与)一	→祐頼
伊勢守	→藤成	伊東六郎	→祐長
伊勢前司	→清定	伊東六郎左衛門次郎	正嘉2・6・17
伊勢前司	→行綱	伊東(藤)六郎左衛門尉	→祐盛
伊勢加藤左衛門尉	寛元3・8・15	伊東六郎兵衛尉	→祐長
	宝治1・11・15	伊藤次	養和1・1・21
	宝治2・12・10	伊藤武者次郎	治承4・10・20
	建長3・8・15		治承4・10・22
	建長3・10・19	伊藤六郎左衛門三郎	弘長3・8・15
伊勢五郎左衛門尉	寛元2・8・16	伊南新介	→常景
伊勢三郎	→能盛	伊庭冠者	→家忠
伊勢三郎左衛門尉	→頼綱	伊庭彦三郎	→重親
伊勢四郎	弘長1・8・7	伊美太郎兵衛尉	建長2・3・1
伊勢次郎左衛門尉	→行経	伊予守	→頼義
伊勢藤内左衛門尉	暦仁1・2・17	伊予守	→義仲
伊勢入道	→行綱	伊予守・伊予前司	→義経
伊東刑部左衛門尉	→祐頼	伊予守	→季長
伊東九郎	→祐清	伊予守	→実雅
伊東左衛門次郎	→祐朝	予州	→義経
伊東左衛門尉	→祐時	予州刺史禅室	→頼義
伊東左衛門尉	嘉禎2・8・4	予州禅門	→頼義
伊東三郎	文治5・7・19	伊予五郎	正嘉1・10・15
	建久1・11・7	伊予三郎	正嘉1・10・15
	建久6・3・10	伊予少将	→実雅
伊東(藤)三郎	建長2・3・1	伊予大夫判官	→義経
	建長2・3・25	伊予中将	→実雅
	建長2・12・27	伊予中将	→公直
	建長3・1・11	伊予入道	→頼義
	建長4・4・3	伊予法眼	→教尊
	建長4・8・1	壱岐守	→清重
	康元1・1・2	壱岐守・壱岐前司	→光村
伊東三郎左衛門尉	→祐綱	壱岐守・壱岐前司	→基政

— 458 —

第Ⅱ部 （1）通称・異称索引（い）

壱岐前司	→泰綱	廬原左衛門入道	建長2・3・1
壱岐前司	寛喜2・1・4	生沢五郎	寿永1・2・2
壱岐小三郎左衛門尉	→時清		文治1・12・16
壱岐五郎左衛門尉	→為忠	池亜相〔禅門〕	→頼盛
壱岐五郎左衛門尉	→基隆	池前亜相	→頼盛
壱岐左衛門次郎	寛元2・8・16	池伊賀前司	文永3・1・12
壱岐新左衛門尉	→基頼	池次郎	養和1・②・23
壱岐三郎〔左衛門尉〕	→時清		文治5・9・20
壱岐三郎左(右)衛門尉	→頼綱	池〔前〕大納言	→頼盛
壱岐四郎	建保1・5・6	池前兵衛佐	→為盛
壱岐四郎左衛門尉	→長綱	池上左衛門尉	建長2・3・1
壱岐次郎左(右)衛門尉	→家氏	池上藤左衛門尉	建長6・6・16
壱岐七郎左衛門尉	→時重	池上藤七	→康親
壱岐大夫判官	→泰綱	池上藤兵衛尉	→康光
壱岐太郎右(左)衛門尉	建長2・12・27	池田五郎	宝治2・1・15
	建長3・1・1		建長3・1・8
壱岐入道	→定蓮(法名)	石井五郎	治承4・8・24
壱岐兵衛	建保1・5・6	石井次郎	建永1・6・21
壱岐判官	→知康	石岡三郎	→友景
壱岐六郎左衛門尉	→朝清	石河大炊助	建久6・3・10
威光寺院主	→長栄	石河三郎	→秀幹
威光寺院主	→円海	石河平五	承久3・6・18
猪熊摂政	→家実	石河〔兵衛〕判官代	→義資
猪俣右衛門尉	承久3・6・18	石河六郎	→高幹
猪俣左衛門尉	→範政	石黒三郎	承久3・6・8
猪俣平六	→範綱	石黒太郎	建長2・3・1
五十嵐小豊次	建保1・5・2	石大炊助	→重方
	建保1・5・6	石三郎	暦仁1・2・17
五十嵐小豊次太郎	→惟重	石次郎	→為久
飯田五郎	→家義	石太郎	暦仁1・2・17
飯田五郎	→家重	石手十郎兵衛尉	建長2・3・1
飯田左近将監	承久3・6・18	石戸衛門尉	寛元3・8・16
飯田次郎	文治4・6・5		寛元4・8・15
	正治2・1・20	石原源八	→経景
飯田太郎	治承4・10・20	石山侍従	→教定
	治承4・10・22	泉小次郎	→親平
飯田太郎	嘉禄1・12・21	泉三郎	→忠衡
飯高五郎	建長2・3・1	泉次郎	→秀〈季〉綱
飯高弥次郎左衛門尉	寛元2・8・16	泉次郎	養和1・3・10
飯沼三郎	→資行	泉太郎	→重光
飯野五郎三郎	仁治2・5・29	泉八郎	建久1・9・29
飯野兵衛尉	→忠久		建久1・11・7
飯野弥三郎	仁治2・5・29		建久6・3・10
飯室前大僧正	→良快	泉八郎	承久3・6・18
庵〈広〉原伴〈仲〉次	承久3・6・18	泉又太郎蔵人	→義信
廬原小次郎	正治2・1・20	泉六郎	→公信
	正治2・1・23	泉田兵衛尉	暦仁1・2・17

— 459 —

第Ⅱ部 （1）通称・異称索引（い）

	建長2・3・1	一条大殿	→道家
泉乃判官代	文治3・4・29	一条〔前〕黄門	→能保
和泉阿闍梨	→重賀	一条宰相中将	→信能
和泉守	→信兼	一条次郎	→忠頼
和泉守	→長房	一条侍従	→能氏
和泉守・和泉前司	→政景	一条侍従	→定氏
和泉前司	→行方	一条侍従	→公冬
和泉蔵人	嘉祿1・12・20	一条少将	→能清
和泉五郎左衛門尉	→政泰	一条少将	→能経
和泉左衛門尉	→行章	一条少将	→定氏
和泉新左衛門尉	嘉禎3・4・22	一条大夫	→頼氏
	暦仁1・2・17	一条大夫	→能清
	仁治1・8・2	一条太政大臣	→公経
和泉左近蔵人	建長3・1・11	一条大納言	文治2・3・12
和泉三郎	→行家	一条中将	→信能
和泉三郎左衛門尉	→行章	一条中将	→能基
和泉二郎左衛門尉	→景氏	一条中将	→能清
和泉次郎左衛門尉	→行章	一条中納言	→公持
和泉七郎左衛門尉	→景経	一条前中納言	→能保
和泉掾	→景家	一条殿	→能保
和泉〔大〕掾	→国守	一条殿	→道家
和泉藤内左衛門尉	文永3・7・4	一条殿	→実経
和泉入道	→行空（法名）	一条二品禅室	→能保
和泉六郎左衛門尉	→景村	一乗坊阿闍梨	仁治1・7・26
出雲守	→朝経	一品房	→昌寛
出雲守	→長定	一宮	建仁1・2・3
出雲国大社神主	→資忠	一宮〔善〕右衛門次郎	→康有
出雲五郎左衛門尉	→宣時	一宮〔善〕次郎左衛門尉	→康有
出雲公	→尊海	一宮善左衛門尉	→康長
出雲権守	→為政	一村小次郎	→近村
出雲三郎	正嘉2・1・1	一﨟判官	→重輔
出雲侍従	→朝経	市小七郎	建久1・11・7
出雲次郎〔左衛門尉〕	→時光	市三郎	喜禎1・12・21
出雲次郎左衛門尉	建長2・12・27	市河掃部助(亮)	→高光
出雲六郎	→義泰	市河五郎	→行重
磯野小三郎	建保1・2・16	市河左衛門尉	→祐光
板垣冠者	文治4・2・2	市河四郎	→義胤
板垣三郎	→兼信	市河次郎左衛門尉	寛元4・3・20
一院	→後白河天皇	市河庄司	建長2・3・1
一院	→後鳥羽天皇	市(一)河別当	→行房
一院	→後嵯峨天皇	市河別当五郎	→行重
一院第二宮	→以仁王	市河六郎別当	建長2・3・1
一院第二皇子	→以仁王	市村小次郎	→景家
一河五郎	文治3・4・29	市脇兵衛次郎	暦仁1・2・17
一色四郎左衛門尉	建長3・1・8	稲河左衛門尉	宝治1・6・22
一条羽林	→信能	稲河十郎	安貞2・7・23
一条大蔵卿	→長成		安貞2・7・25

— 460 —

第Ⅱ部 （1）通称・異称索引（い・う）

稲河〈毛〉十郎	宝治1・6・22	岩国三郎	→兼末
稲木五郎	建仁2・5・20	岩国二郎	→兼秀
	建仁2・6・25	岩国次郎	建長2・3・1
稲毛五郎	→行重	岩崎左衛門尉	嘉禎2・11・23
稲毛左近将監	弘長1・1・1	岩崎兵衛尉	宝治1・6・12
稲毛三郎〔入道〕	→重成		宝治1・6・23
稲毛四郎	→重朝		宝治1・11・11
稲毛兵衛大郎	正嘉2・1・1	岩瀬与一太郎	治承4・11・8
稲津左衛門尉	正嘉2・1・3	岩田三郎	建長2・3・1
因幡阿闍梨	→定弁	岩田七郎	→政広
因幡守	→正盛	岩田八郎五郎	承久3・6・18
因幡守	→通具	岩手〈平〉小四郎	承久3・6・18
因幡守・因州	→広元	岩手小中太	→光家
前因幡守	→師憲	岩手〈平〉五郎	承久3・6・18
因幡前司	→広元	岩手左衛門尉	天福1・8・18
因幡大夫判官	暦仁1・2・17	岩手〈平〉与〈余〉一	承久3・6・18
犬武五郎	建久3・8・14	岩原源八〔入道〕	→経直
今井四郎	→兼平	岩原平三	文治2・2・6
今泉五郎	承久3・6・18	岩平〈手〉左衛門太郎	康元1・6・2
今泉七郎	承久3・6・18	岩平〈手〉次郎	康元1・6・2
今泉須河五郎	承久3・6・18	岩間平左衛門尉	→信重
今泉須河次郎	承久3・6・18	岩本太郎	→家清
今泉太郎	嘉禎1・12・21	窟堂聖阿弥陀仏房	文治4・10・10
今泉提五郎	承久3・6・18	院	→御白河天皇
今泉弥三郎兵衛尉	承久3・6・18	院	→後鳥羽天皇
今出川相国禅閤	→公経	院	→後嵯峨天皇
今出川新大納言	→実藤	印東三郎	宝治1・6・22
今出川殿	→公経	印東四郎	文治1・10・24
今出川入道相国	→公経		建久1・11・7
今堀三郎	建久1・11・7		建久6・3・10
入野平太	文応1・4・18	印東次郎	→常義
色部右(左)衛門尉	建長4・8・1	印東次郎	寛元3・1・9
	正嘉1・12・24		宝治1・6・22
	弘長3・8・9	印東太郎	安貞2・7・23
色部進平内	寛喜3・6・15		宝治1・6・22
石清水権別当	建久2・1・18	印東八郎	安貞2・5・8
石清水八幡宮少別当	→任賢		安貞2・5・13
石清水別当法印	→成清		嘉禎2・10・5
石清水別当法印	→宗清	員部大領	→家綱
石清水別当法印	→幸清	員部郡司	→行綱
石見守	→経成		
石見守	→宗朝	**う**	
石見前司	→能行		
石見前司	→宗朝	うゑ〈へ〉はらの九郎	文治2・3・27
石見左衛門尉	→資能	内舎人	→実俊
石見次郎左衛門尉	弘長3・8・9	内舎人	正治2・2・6
石見六郎左衛門尉	弘長3・8・8	右衛門督	→清宗

第Ⅱ部　(1)通称・異称索引（う）

右(左)衛門督	→通親	右近大夫	→仲親
右衛門督	→顕方	右近大夫将監	→親広
新右衛門督	→顕方	右近大夫将監	→時定
右衛門権佐	→家実	右宰相中将	→実教
右衛門権佐	→朝政	前右宰相中将	→実雅
右衛門権佐	→朝俊	右少史	→仲康
右衛門権佐	→定長	右少将	→範能
右衛門権佐兼和泉守	→長房	右少将	→保家
右衛門志	→明基	右少将	→能継
右衛門少尉	→基広	右少将	→資氏
右衛門少尉	→資家	右少弁	→親経
右衛門尉・前右衛門尉	→知家	右少弁	→定長
右衛門尉	→信実	右少弁〔兼左衛門権佐〕	→定経
右衛門尉	→盛親	右少弁	→資実
右衛門尉	→遠政	右少弁	→光俊
右衛門大夫	→時広	右少弁	→経任
右衛門太郎	建久1・11・7	右丞相	→兼雅
右衛門府生	→兼康	右丞相	→実朝
右衛門兵衛尉	→忠久	右丞相	→公相
右京権亮	→経昌	右大将・前右大将	→頼朝
右京権大夫	→義時	右大将	→頼実
右京権大夫	→義範	右大将	→公継
右京権大夫	→茂範	右大将	→通光
右京権大夫	→範武	右大将	→兼平
前右京権大夫	→資親	右大将	→公相
右京進・前右京進	→仲業	右大将	→公基
右京進	→季時	前右大将	→宗盛
右京亮・前右京亮	→重宗	右大将家・前右大将家	→頼朝
右京亮	→業氏	右大将軍家	→頼朝
右京大夫〔兼因幡権守〕	→季能	右大将殿	→頼朝
右京兆	→義時	右大臣	→兼実
右金吾	→有綱	右大臣	→道真
右金吾	→顕方	右大臣	→豊成
右近衛次将	→雅信	右大臣	→実定
右近衛大将	→頼朝	右大臣	→忠経
右近衛大夫将監	→親広	右大臣〔家〕	→実朝
右近衛中将兼播磨守	→実明	右大臣	→良家
右近蔵人	→仲時	右大臣	→実親
右近権少将兼播磨守	→実明	前右大臣家	→良実
右近三郎	建長5・1・9	右大弁〔宰相〕	→定長
右近次将	→実時	右大弁	→資実
右近少将	→能継	右大弁	→経光
右近将監	→好方	右大弁兼皇后宮亮	→光雅
右近将監	→久家	右大弁禅門	→光俊
右近将監	→近仲	右大弁入道	→光俊
右近将監	→好節	右中将	→実教
右近将監	→時兼	右中将	→伊輔
右近将監	→光氏		

— 462 —

第Ⅱ部 （1）通称・異称索引（う）

右中将	→伊頼	前右馬允	→遠〈達〉式
右中弁	→兼忠	馬允	→有長
右中弁	→親雅	馬允	→有経
右中弁	→親経	馬允	→時経
右中弁	→棟範	右馬助	→以広
右中弁	→頼資	右馬助	→経業
右中弁	→希世	右馬助	→範俊
右中弁	→顕雅	右馬〔権〕助	→宗保
前〔右〕典厩	→政村	右馬助	→行光
右幕下	→頼朝	右馬助	→仲能
右幕下	→公経	右馬助	→光時
右兵衛督	→能保	右馬助	→時親
右兵衛督	→隆房	右馬〔権〕助	→親家
右兵衛督・右武衛	→高能	右馬助	→清時
前右兵衛督	→教定	前右馬助	→季高
右兵衛権佐	元暦1・9・20	前右馬助	→以広
前右兵衛権佐	→隆氏	前右馬助	→朝房
右兵衛尉	→義村	前右馬助	→範氏
右兵衛尉	→為成	馬助	→仲通
右兵衛尉	→貯	右馬大夫	→右宗
前右兵衛尉	→康盛	宇佐大宮司	→公房
右兵衛佐	→高望	宇佐大宮司	→公通
右兵衛佐	元暦1・11・23	宇佐那木上七	→遠隆
前右兵衛佐	→頼朝	宇佐美右(左)衛門尉	→祐茂
右府	→兼実	宇佐美右衛門尉	→祐政
右府〔将軍〕	→実朝	宇佐美右衛門尉	→実政
前右府	→実氏	宇佐美小平次	建久1・11・7
右武衛	→能保		建久2・2・4
右武衛	→高能	宇佐美五郎右衛門尉	建長4・8・1
右武衛	→教定	宇佐美左衛門尉	→祐政
右馬頭	→経仲	宇佐美左衛門入道	建長2・3・1
右馬頭	→公佐	宇佐美三郎	→祐茂
右馬頭	→資時	宇佐美三郎兵衛尉	→祐明
右馬頭	→信清	宇佐美三郎兵衛尉	貞応2・10・13
右馬頭	→隆保	宇佐美七郎左衛門尉	宝治1・5・14
右馬権頭	→業忠	宇佐美大夫判官	→祐政
右馬権頭	→公佐	宇佐美大夫判官	→祐泰
右馬権頭	→頼茂	宇佐美藤内左衛門尉	→祐泰
右馬権頭・前右馬権頭	→政村	宇佐美兵衛尉	嘉禄1・12・20
右馬権頭	→伊信	宇佐美平左衛門	建保1・5・6
右馬権助	→宗保	宇佐美平次	→実政
右馬権助	→仲能	宇佐美平三	文治1・10・24
右馬権助	→経衡	宇佐美平太	→政光
右馬允	→遠元	宇佐美平太郎左衛門	建保1・5・6
右馬允	→義常	宇佐美判官	→祐政
右馬允	→家村	宇佐美判官	→祐泰
右馬允	→式俊	宇佐美与一〔左衛門尉〕	→祐村

第Ⅱ部　（１）通称・異称索引（う）

宇治蔵人三郎	→義定	雅楽大夫	→泰房
宇治次郎	承久3・6・18	雅楽助	→維基
宇治殿	→頼通	雅楽助	→晴貞
宇治入道	→頼通	雅楽助三郎	→盛時
宇治民部卿	→忠文	雅楽允	→景光
宇田五郎	建久4・5・28	鵜沼次郎兵衛尉	→国景
宇田左衛門尉	嘉禎1・6・29	上田太郎	→重康
	嘉禎2・8・4	上田楊八郎	建久1・11・7
	嘉禎3・6・23	上田原平三	建保1・2・16
	暦仁1・2・22	上村左衛門尉	正嘉1・6・1
宇津幾三郎	建久1・11・7	植野次郎	承久3・6・18
宇津幾十郎	承久3・6・18	魚〈奥〉沼工〈二〉藤三郎	承久3・6・18
宇津幾平太	承久3・6・18	浮穴大夫	→高茂
宇都宮石見守・石見前司	→宗朝	潮田三郎	→実秀〈季〉
宇都宮上条四郎	暦仁1・2・17	潮田四郎太郎	承久3・6・18
宇都宮掃部助	→時村	潮田六郎	承久3・6・18
宇都宮五郎	→朝業	氏家五郎	→公頼
宇都宮五郎	宝治1・6・22	氏家左衛門尉	→経朝
宇都宮五郎左衛門尉	→宗朝	氏家太郎	→公頼
宇都宮五郎左衛門尉	→泰親	氏家太郎	→公信
宇都宮五郎兵衛尉	→泰親	氏家余一	建長3・8・24
宇都宮左衛門尉	→朝綱	氏家余三	→経朝
宇都宮新左(右)衛門尉	→朝基	臼井九郎	寛元3・8・2
宇都宮四郎〔左衛門尉〕	→頼業	臼井次郎	宝治1・6・22
宇都宮四郎〔兵衛尉〕	→朝業	臼井十郎	→親常
宇都宮次郎	→業綱	臼井太郎〔入道〕	→常忠
宇都宮次郎左衛門尉	康元1・6・29	臼井太郎	宝治1・6・22
宇都宮七郎	→経綱	臼井入道	建長2・3・1
宇都宮下野前司	→泰綱	臼井六郎	→常安
宇都宮下野七郎	→経綱	臼井余一	建久1・11・7
宇都宮修理亮	→泰綱		建久6・3・10
宇都宮修理亮	康元1・6・29	臼杵次郎	→惟隆
宇都宮大夫判官	→頼業	臼杵八郎	建久4・5・28
宇都宮藤四郎	→行綱	臼間野太郎	建長2・3・1
宇都宮所〔衆〕	→信房	内嶋右近入道	→盛経
宇都宮入道	→頼綱	内島左近大夫将監入道	→盛経
宇都宮八郎左衛門尉	康元1・6・29	内嶋三郎	承久3・5・22
宇都宮美作前司	→時綱		承久3・6・18
宇都宮弥三郎	→頼綱		建長2・3・1
宇間右衛門次郎〈右衛門尉〉	建長6・6・16	内嶋七郎	承久3・6・18
宇間左衛門尉	正嘉2・1・1	内田四郎	承久3・5・30
有〈久有〉志良左衛門三郎	→兼継	海上五郎	→胤有
羽林〔殿下〕	→頼家	海上次郎	→胤方
羽林上将	→頼朝	海上弥次郎	→胤景
雅楽頭	文治2・3・12	采女正・前采女正	→忠茂
雅楽衛門尉	→時景	浦四郎	承久3・6・18
雅楽左衛門太郎	正嘉2・1・1	浦太郎	承久3・6・18

— 464 —

第Ⅱ部　（1）通称・異称索引（う・え）

浦野太郎	建久1・11・7	海老名三郎	建久2・2・4
海野小太郎	→幸氏	海老名三郎	建保1・5・6
海野左衛門尉	→幸氏	海老名四郎	→義季
海野左衛門太郎	仁治2・9・14	海老名次郎	建久1・11・7
海野左衛門入道	→幸氏	海老名次郎	建保1・5・6
海野左近	建保1・5・6	海老名太郎	→季久
海野〔矢〕四郎	→助氏	海老名太郎兵衛	建保1・5・6
海野太郎	建久1・11・7	海老名藤〔内〕左衛門尉	→忠行
海野弥六	→泰信	海老名兵衛尉	→季綱
		枝兵衛入道	建長2・3・1
え		越後阿闍梨	→定憲
		越後右馬助	→時親
		越後守	→資永
江田小次郎	建久1・11・7	越後守	→頼房
江田五郎太郎	承久3・6・18	越後守	→義資
江田兵衛尉	承久3・6・18	越後守・越州	→朝時
江戸左衛門尉	→能範	越後守・越州	→時盛
江戸四郎	→重通	越後守	→時景
江戸四郎三郎	承久3・6・18	越後守	→光時
江戸次郎	→親重	越後守・越州	→実時
江戸次郎	→朝重	越後守	建久6・3・10
江戸七郎	→重宗	越州	建仁1・4・3
江戸七郎	→重保		建仁1・6・29
江戸七郎太郎	→長光	越後掃部助	→時景
江戸大郎	→重盛	越後五郎	→重信
江戸太郎	→重長	越後五郎	→時員
江戸太郎	→忠重	越後五郎	寛喜1・1・2
江戸高沢弥次〈四〉郎	暦仁1・2・17	越後左近大夫将監	→顕時
江戸入道	建長2・3・1	越後三郎	寛喜1・1・3
江戸八郎	建長3・1・20		天福1・1・3
江戸八郎太郎	→景益		寛元2・1・2
江戸六郎太郎	寛元4・8・15	越後四郎	→時方
江間〔小〕四郎	→義時	越後四郎	→顕時
江間太郎	→泰時	越後四郎	→時幸
江間殿	→義時	越後次郎	→重家
荏〈荻〉原小太郎	承久3・6・18	越後次郎	天福1・1・3
荏原〔七郎〕三郎	→貞政		文暦1・1・1
荏原七郎	承久3・6・18		寛元1・7・17
荏原弥三郎	承久3・6・18		寛元2・1・2
荏原六郎	承久3・6・18	越後少将	→範茂
荏原六郎太郎	承久3・6・18	越後介	→高成
恵心僧都	→源信	越後太郎	→光時
恵美次郎	→盛方	越後太郎	→親時
海老源八〈三〉	→季貞	越後入道	→時盛
海老名左衛門三郎	仁治2・1・5	越後法橋	→範智
海老名左衛門尉	→忠行	越後又三郎	正嘉2・1・1
海老名左衛門大夫	→忠行	越後又太郎	康元1・1・1

― 465 ―

第Ⅱ部 （1）通称・異称索引（え・お）

	康元1・1・3	遠藤大郎左衛門尉	宝治1・6・22
	正嘉1・1・3	遠藤兵衛尉	安貞2・7・23
	正嘉2・1・7		安貞2・7・25
	正嘉2・6・17		暦仁1・2・17
	文応1・1・1	遠藤武者	養和1・7・21
	弘長1・1・1		
越後六郎	→実政		
越前守	→通盛	**お**	
越前守	→高経		
越前守・越前々司	→時広	おきのの八郎	建保1・5・6
越前五郎	正嘉2・1・1	おしたかの三郎	建保1・5・6
越前左衛門尉	→定綱	おほちの三郎	建保1・5・6
越前三位	→通盛	をきのの大郎	建保1・5・6
越前四郎	→経成	をきのの弥八郎	建保1・5・6
越前兵庫助	→政宗	をしぬきの太郎	建保1・5・6
越中阿闍梨	安貞1・4・29	をしぬきの野三	建保1・5・6
	安貞1・11・15	小河原雲藤三郎	元暦1・7・25
越中右衛門尉	康元1・6・29	小鹿島橘次	→公業
	康元1・7・6	小鹿島〔橘〕左衛門尉	→公業
越中大田次郎左衛門尉	建長2・3・1	小笠原加々美太郎	文治5・7・19
越中守	→家隆	小笠原三郎	→時直
越中守・越中前司	→頼業	小笠原三郎	→政直
越中前司	→盛俊	小笠原四郎太郎	寛元3・8・16
越中五郎左衛門尉	→泰親	小笠原次郎	→長清
越〈城〉中左衛門次郎	建長2・3・1	小笠原七郎	→長村
越中四郎左衛門尉	→時業	小笠原十郎	→行長
越中次郎左衛門尉	→長員	小笠原入道	建長2・3・1
越中次郎左衛門尉	→朝景	小笠原彦次郎	→政氏
越中次郎兵衛尉	→盛継	小笠原平五	→頼直
越中七郎左衛門次郎	→政員	小笠原〔阿波〕弥太郎	→長経
越中八郎	→秀頼	小笠原余一	→長澄
越中判官	→頼業	小笠原余一太郎	建長4・4・14
越中判官	→時業	小笠原六郎	→時長
越中六郎左衛門尉	→時業	小笠原六郎三郎	→時直
円爾房	寛喜3・5・17	小川左近将監	→貞盛
円浄房	寿永1・4・20	小川法印	→忠快
円如房阿闍梨	→遍曜	小河右衛門尉	嘉禄2・7・1
延暦寺所司	→弁勝		寛元2・1・2
莚間三郎	文治3・4・29	小河馬允	文治1・4・15
遠藤右〈左〉衛門尉	暦仁1・2・17	小河馬大郎	建保1・5・6
遠藤右衛門尉	建長6・6・16	小河小次郎	→祐義
遠藤五郎左衛門尉	仁治2・1・3	小河高太入道	→直季
遠藤左〈右〉衛門尉	建長4・11・12	小河左衛門四郎	宝治2・12・10
遠藤左近将監	→持遠	小河左衛門次郎	暦仁1・2・28
遠藤左近将監	→為俊	小河〔新〕左衛門尉	→時仲
遠藤四郎	嘉禄1・2・24	小河左衛門尉	嘉禄2・7・1
遠藤次郎左衛門尉	宝治1・6・22		暦仁1・2・17

— 466 —

第Ⅱ部 （1）通称・異称索引（お）

	仁治1・8・2	小野沢修理亮	→実氏
	寛元1・1・10	小野沢次郎	→時仲
	寛元3・1・9	小野寺小次郎左衛門尉	→通業
小河三郎兵衛尉	→直行	小野寺左衛門尉	→秀通
小河次郎	→弘末	小野寺〔四〈次〉郎〕左衛門尉	→通時
小河次郎	→助義	小野寺新左衛門尉	→行通
小河次郎	宝治1・6・5	小野寺新左衛門尉	→道継
小河兵衛尉	→重清	小野寺左衛門入道	→秀通
小河兵衛尉	→直行	小野寺三郎左衛門尉	建長2・8・18
小河木工左衛門尉	→時仲	小野寺四郎左衛門尉	→通時
小岐法師	弘長3・5・29	小野寺太郎	→道綱
小串右馬允	建長6・3・10	小野寺太郎	→秀通
小串馬允	暦仁1・2・17	小野寺中務	建長2・3・1
小串五郎	承久3・6・18	小野寺中務丞	承久3・6・18
小国源兵衛三郎	→頼継	小野寺八郎左衛門尉	建長6・6・16
小熊紀太	建久3・8・14	小野宮少将	→俊具
小倉野三	建久1・11・7	小野宮殿	→実頼
	建久6・1・13	小見左衛門尉	→親家
小栗次郎	→重広	小見野四郎	建久1・11・7
小栗次郎	→重信	小物又大郎	→資政
小栗十郎	→重成	小山右衛門尉	→朝政
小栗弥二郎	→朝重	小山小四郎	→朝政
小越右馬允	→有弘	小山五郎	→宗政
小越右馬太郎	承久3・6・18	小山五郎〔左(右)〕衛門尉	→長村
小越四郎	→有平	小山五郎左衛門尉	→時長
小越四郎	承久3・6・18	小山左衛門尉	→朝政
小沢左近将監	→信重	小山〔新〕左衛門尉	→朝長
小沢三郎	建久1・11・7	小山三郎	建久3・11・5
小〔野〕沢次郎	→重政	小山四郎〔左衛門尉〕	→朝政
小沢太郎入道	承久3・6・18	小山四郎	建久1・11・7
小沢藤次大郎	承久3・6・18	小山四郎	建保1・5・6
小〈木〉曾六郎	→隆俊	小山四郎	寛元2・12・8
小田伊賀前司	→時家	小山四郎	文永3・7・4
小田左衛門尉	→時知	小山次郎	建保1・5・6
小田切奥太	承久3・6・18	小山七郎	→宗朝
小田切太郎	建久1・11・7	小山七郎〔左衛門尉〕	→朝光
	建久6・3・10	小山七郎〔左衛門尉〕	→宗光
小田島五郎左衛門尉	→義春	小山下野守・下野前司	→朝政
小高次郎	建保1・5・6	小山下野左衛門尉	→朝政
小高大郎	建保1・5・6	小山下野四郎	→長政
小沼五郎兵衛尉	→孝幸	小山下野大掾〔入道〕	→政光
小野蔵人	→時信	小山下野〔前司〕入道	→朝政
小野四郎	正嘉1・10・15	小山大夫判官	→長村
小野大夫判官	→義成	小山太郎	→有高
小野平七	文治4・3・15	小山太郎左衛門尉	正嘉1・10・1
小野沢蔵人	嘉禎1・7・11		正嘉2・6・4
小野沢左近大夫〔入道〕	→仲実	小山出羽前司	→長村

— 467 —

第Ⅱ部 (1)通称・異称索引（お）

小山出羽四郎	→時朝	隠岐左衛門入道	→行村
小山出羽次郎	文応1・6・18	隠岐三郎左衛門尉	→行義
小山兵衛尉	→朝政	隠岐三郎左(右)衛門尉	→行氏
小山判官	→朝政	隠岐三郎左衛門尉	→行景
小山判官	→長村	隠岐四郎	→行庭〈兼〉
小山又四郎	→朝長	隠岐四郎	嘉禄1・12・20
小山田五郎	→行重	隠岐四郎左衛門尉	→行久
小山田三郎	→重成	隠岐四郎左衛門尉	→行長
小山田四郎	→重朝	隠岐四郎兵衛尉	→行廉
小山田別当	→有重	隠岐四郎兵衛尉	→行長
尾前七郎	文治3・4・29	隠岐次郎左衛門尉	→泰清
尾張右衛門太郎	康元1・7・5	隠岐次郎左衛門尉	→時清
尾張右近大夫将監	→公時	隠岐式部丞	嘉禎3・1・6
尾張守	→忠明	隠岐式部大夫	嘉禎3・3・8
尾張守・尾張前司	→時章		嘉禎3・4・22
尾張守	→行有	隠岐大夫判官	→行久
尾張権守・前尾張権守	→仲国	隠岐大夫判官	→泰清
尾張権守	正嘉2・6・17	隠岐大夫判官	→行氏
尾張五郎	康元1・7・5	隠岐太郎左衛門尉	→政義
尾張左近大夫将監	→公時	隠岐太郎左衛門入道	→政義
尾張三郎	→頼章	隠岐出羽前司	→行義
尾張四郎	→篤時	隠岐入道	→行村
尾張次郎	→公時	隠岐判官	→泰清
尾張侍従	→清時	隠岐判官	→行氏
尾張少将	→清基	隠岐法皇	→後鳥羽天皇
尾張少輔	→清基	緒方三郎	→惟栄
尾張中将	→清親	飯富源太	→宗季〈長〉
尾張中将	寛元3・8・16	飯富源内〔左衛門尉〕	→長能
尾張藤兵衛尉	建長2・1・1	麻続〈おみ〉六郎	承久3・6・18
尾張中務丞	建保1・2・16	近江壱岐前司	→泰綱
尾張入道	→時章	近江守	→雅経
於呂小五郎	承久3・6・18	近江守	→棟範
於呂五郎	承久3・6・18	近江守	→頼茂
於呂左衛門四郎	承久3・6・18	近江前司	→仲兼
於呂七郎	承久3・6・18	近江前司	→信綱
隠岐院	→後鳥羽天皇	近江前司	→季実
隠岐院三宮	安貞1・3・9	近江前司	寛元2・9・5
隠岐前大蔵少輔	→行方		寛元2・10・2
隠岐守	→仲国	近江蔵人	弘長1・1・1
隠岐守	→行村	近江左衛門尉	弘長3・1・23
隠岐守	→義清	近江左衛門太郎	→長綱
岐岐守	→行氏	近江三郎左衛門尉	→頼重
隠岐五郎左衛門尉	→行方	近江三郎兵衛尉	天福1・1・2
隠岐左衛門四郎	寛元3・8・16		文暦1・7・26
隠岐左衛門尉	→基行	近江四郎左衛門尉	→氏信
隠岐新左衛門尉	→時清	近江次郎左衛門尉	→高信
隠岐〔次郎〕左衛門入道	→基行	近江権介〈守〉	安貞1・2・4

— 468 —

第Ⅱ部　(1)通称・異称索引（お）

近江聖人	→実禎	大方五郎	→政直
近江大夫	→親貞	大方十郎	文治2・3・27
近江大夫判官	→泰綱	大方大郎	→遠政
近江大夫判官	→氏信	大方余一	→弁覚
近江太郎左衛門尉	→重綱	大河次郎	→兼任
近江入道	→信綱	大河戸小四郎	承久3・6・18
近江弥(孫)四郎左衛門尉	→泰信	大河戸三郎	→行元
大ぬき五郎	建保1・5・6	大河戸四郎	→行平
大井〔紀〕右衛門尉	→実平	大河戸次郎	→秀行
大井五郎	建久1・11・7	大河戸大郎	→重澄
大井左衛門三郎	承久3・6・18	大河戸太郎〔兵衛尉〕	→広行
大井左衛門尉	建長2・3・1	大河戸兵衛尉	→広行
大井三郎	暦仁1・2・17	大河戸兵衛太郎	正嘉2・3・1
大井四郎	→実高	大河戸民部大夫	→俊義
大井四郎	建久1・11・7	大河戸民部太郎	暦仁1・2・17
大井四郎太郎	建久1・11・7	大河戸六郎	承久3・6・18
大井次郎	→実春	大河原太郎	建久1・11・7
大井次郎	→実久	大串〔小〕次郎	→重親
大井太郎	→光長	大倉小次郎	承久3・6・18
大井入道	承久3・5・23	大倉次郎左衛門尉	弘長1・1・1
大井兵衛二郎	→実春	大倉次郎兵衛尉	宝治1・6・6
大井兵三次郎	→実春	〔前〕大蔵卿〔兼備後〔権〕守〕	→泰経
大井平三次郎	建久6・3・10	大蔵卿〔兼備前(中)権守〕	→宗頼
大井田十郎	仁治2・1・2	大蔵卿	→頼平
大炊	建久1・10・29	大蔵卿	→為長
大炊助・前大炊助	→有時	大蔵卿僧正	→良信
大炊助	→文幸	大蔵卿僧都	→定雅
大炊助入道	安貞1・6・14	大蔵卿僧都	→良信
	嘉禎1・12・24	大蔵卿法印	→良信
大泉九郎	→長氏	大蔵卿法橋	→良信
大泉左衛門尉	→氏平	大蔵卿律師	→定雅
大泉次郎	→氏平	〔前〕大蔵権少輔	→朝広
大泉次郎兵衛尉	→氏村	大蔵権大輔	→晴賢
大内右衛門尉	→惟義	大蔵権大輔	→泰房
大内冠者	→惟義	前大蔵〔権〕大夫	→泰貞
大内小次郎	正治2・1・23	大蔵四郎	→則忠
大内三郎	→信家	大蔵少輔・前大蔵少輔	→行方
大内十郎	承久3・6・18	大蔵〔権〕少輔	→景朝
大内介	→弘成	大蔵少輔	→泰房
大内介	建長2・3・1	大蔵少輔	→文親
大内弥次郎	承久3・6・18	大蔵少輔	弘長1・1・1
大〈久〉江四郎	承久3・6・18	前大蔵少輔	→景朝
大〈久〉江兵衛尉	→能行	大蔵丞	→頼平
大岡備前守	→時親	大故掃部助太郎	正嘉2・3・1
大岡判官	→時親	大胡五郎	→光秀
大頭八郎房	→戒光	大胡左衛門次郎	暦仁1・2・17
大方小次郎	建保1・5・6		

— 469 —

第Ⅱ部　(1)通称・異称索引（お）

大胡〈炊〉左衛門尉	仁治1・8・2	大曾禰上総三郎〔右(左)衛門尉〕	→義泰
大胡(故)太郎	→重俊		
大胡弥次郎	暦仁1・2・17	大曾禰上総介	→長泰
大塩次郎	承久3・6・18	大曾禰上総前司	→長泰
大嶋八郎	建久6・3・10	大曾禰五郎	建長2・3・25
大須賀五郎左衛門尉	→信泰		建長2・12・27
大須賀左衛門四郎	建長5・8・15		建長3・1・1
	建長6・1・22		建長3・8・15
	建長6・⑤・1	大曾禰五郎兵衛尉	建長4・4・3
	正嘉1・8・15		建長5・5・13
	正嘉2・6・4		康元1・1・1
大須賀左衛門次郎	→胤氏		康元1・1・11
大須賀〔次郎〕左衛門尉	→胤秀		康元1・6・29
大須賀〔次郎〕左衛門尉	→胤氏	大曾禰左衛門七郎	→長頼
大須賀新左衛門五郎	弘長3・1・23	大曾禰左衛門尉	→盛経
大須賀新左衛門尉	→朝氏	大曾禰左(右)衛門尉	→長泰
大須賀左衛門太郎	建長4・8・1	大曾禰左衛門大郎	→長経
大須賀四郎	→胤信	大曾禰左衛門太郎	→長頼
大須賀四郎	→通信	大曾禰四郎左衛門尉	→盛種
大須賀四郎	正嘉1・10・1	大曾禰次郎左衛門尉	→盛経
	正嘉2・1・1	大曾禰次郎兵衛尉	→盛経
	正嘉2・1・7	大曾禰次郎兵衛尉	康元1・1・1
	正嘉2・6・17	大曾禰大郎	→長経
大須賀七郎左衛門尉	→重信	大曾禰太郎〔左衛門尉〕	→長頼
大須賀八郎〔左衛門尉〕	→範胤	大曾禰太郎左衛門尉	→長泰
大須賀六郎左衛門尉	→為信	大曾禰〔太郎〕兵衛尉	→長泰
大隅大炊助(亮)	正嘉2・1・1	大蘇我七郎左衛門尉	寛元3・10・16
	弘長1・1・1	太田冠者	→師衡
	弘長1・8・13	太田冠者	養和1・②・23
	弘長3・1・1	太田河北冠者	→忠衡
大隅前司	→忠時	太田五郎	承久3・6・18
大隅前司	→重澄	大田四郎左衛門尉	正嘉2・1・1
大隅前司	→親員		弘長1・1・1
大隅蔵人	文応1・1・1	大田次郎	嘉禎2・12・19
	弘長1・1・1	大田七郎	→康有
大隅〔太郎〕左衛門尉	→重村	太田小権守	→行朝
大隅四郎	正嘉2・1・1	大田太郎	建久1・11・7
大隅四郎左衛門尉	文応1・3・21	太田太郎兵衛尉	→康宗
大隅次郎	寛元2・12・8	大田兵衛尉	→之式
	宝治1・6・22	太田民部大夫	→康連
大隅式部丞	正嘉2・1・1	大田〔新〕民部大夫	→康宗
大隅式部大夫	正嘉2・1・1	太田六郎	承久2・6・18
大隅修理亮	→久時	大多和五郎	→義久
大隅大郎左衛門尉	建長4・4・1	大多和五郎	建保1・5・6
大瀬三郎左衛門尉	→惟忠	大多和左衛門尉	貞永1・10・5
大曽四郎	建久1・11・7	大多和左衛門尉	正嘉2・1・7
大曾禰上総左衛門尉	→長経		弘長1・1・1

― 470 ―

第Ⅱ部　(1)通称・異称索引（お）

	弘長1・1・6	大町次郎	→通信
	弘長1・1・7	大見小平次	建久4・5・28
大多和新左衛門尉	仁治2・1・14	大見左衛門尉	→実景
	仁治2・8・25	大見左衛門大郎	→長綱
	仁治2・11・4	大見肥後五郎	→忠景
	寛元1・7・17	大見肥後左衛門次郎	弘長1・1・1
	寛元2・8・16	大見肥後四郎左衛門尉	→行定
大多和新左衛門尉	正嘉2・1・1	大見肥後次郎左衛門尉	康元1・6・29
	弘長1・1・1		弘長3・8・8
大多和三郎	→義久	大見平次	→家秀
大多和三郎	→義成	大見平太	→政光
大多和四郎	建保1・5・6	大見平六〈三〉	文治1・10・24
大多和次郎	→義成	大宮権大夫	→光雅
大〈犬〉武	承元4・8・16	大宮三郎	→盛員
大谷中務入道	寛元1・11・10	大宮大進	→仲光
大舎人允	→泰頼	大宮大納言	→実宗
大舎人允	→行倫	大宮大納言	→公相
大舎人〔権〕助	→国継	大宮大納言	建保1・10・3
大舎人助	文治4・3・15	大宮大納言入道	→隆季
大舎人助	承久3・6・18	大宮中納言	→実氏
大殿	→頼忠	大矢中七	文治4・3・15
大殿	→道家	大矢中大	→家重
大殿	→頼経	大屋中三	→安資
大殿准后太政入道	→公経	大山弥藤次	承久3・6・18
大友大炊助	→親秀	王藤次	文治4・9・21
大友皇子	→弘文天皇	王藤内	建久4・5・28
大友左衛門尉	→能直	皇子	→以仁王
大友左近将監	→能直	皇子	→仲恭天皇
大友式部大夫	→頼泰	皇子	→後深草天皇
大友豊前前司	→能直	皇女	貞永1・9・13
大貫三郎	承久3・6・18	岡の次郎	建保1・5・6
大野右近入道	承久2・9・25	岡冠者	→頼基
大野新右近将監	貞応1・12・13	岡八郎	→貞重
大野藤八	建久3・5・19	岡崎左衛門尉	→政宣
	建久6・3・10	岡崎左衛門尉	→実忠
	建永1・6・21	岡崎〔平〕四郎	→義実
大野六助	→家基	岡崎次郎	建保1・5・6
大庭小次郎	→景兼	岡崎新六	→定景
大庭三郎	→景親	岡崎僧正	→成源
大庭平太	→景能	岡崎僧正	→道慶
大祝信濃権守	→保重	岡崎先次郎	→惟平
大原宿禰	→清広〈廉〉	岡崎先次郎	→政宣
大平左衛門尉	建長3・1・3	岡崎太郎	建保1・5・6
大平左衛門太郎	康元1・1・3	岡崎法印	→成源
大平太郎	嘉禎3・4・19	岡崎与一	→義忠
大平大(太)郎左衛門尉	建長2・1・2	岡崎与一太郎	→実忠
	建長6・1・2	岡崎余一左衛門尉	→実忠

— 471 —

第Ⅱ部　(1)通称・異称索引（お）

岡館次郎	建久1・11・7	奥田四郎	建保1・2・16
岡部右馬允	建久1・11・7	奥田太郎	建保1・2・16
	建久6・3・10	奥山三郎	建久1・11・7
岡部小三郎	建久1・11・7	長田五郎	建久1・11・7
	建久6・3・10	長田左衛門尉	→広雅
岡部(辺)〔小〕次郎	→忠綱	長田左衛門尉	正嘉2・1・1
岡部(辺)権守	→泰綱	長田四郎	建久1・11・7
岡部(辺)左衛門四郎	寛喜1・1・15	長田庄司	→忠致
	寛喜2・1・10	長田太郎	嘉禄1・12・21
	嘉禎1・2・9	長田入道	治承4・8・9
	暦仁1・1・20		治承4・10・13
	仁治2・1・5		治承4・10・14
	寛元1・1・10	長田兵衛尉	→実経
	寛元2・1・5	長田〈江〉兵衛太郎	→広雅
岡部(辺)左衛門尉	→時綱	長内左衛門尉	嘉禎3・6・23
岡部三郎	→好澄		暦仁1・2・17
岡部兵衛尉	建長2・3・1	長内左衛門尉	建長4・8・14
岡部平六	建久1・11・7		建長4・11・20
	承元4・8・16		建長6・6・16
岡部(辺)弥三郎	建久4・5・28		文応1・1・1
岡部与一太郎	建久1・11・7		弘長1・1・1
岡部六野太	→忠澄	忍五郎	建久1・11・7
岡村三郎兵衛尉	弘長3・1・1	忍三郎	建久1・11・7
岡村次郎兵衛尉	承久3・5・22	忍入道	建長2・3・1
	承久3・6・15	鴦三郎	建久6・3・10
	承久3・6・18	鴦四郎太郎	承久3・6・18
岡村太郎	文治1・10・24	押立〈垂〉掃部助	→範元
	建久1・11・7	押立〔蔵人〕大夫	→資能
	建久6・3・10	押立左近大夫	→資能
岡本新左衛門尉	→重方	押垂左衛門尉	→基時
岡本新兵衛尉	→重方	押垂斎藤左衛門尉	建長2・3・1
岡本兵衛太郎	→重方		建長2・12・29
岡屋禅定殿下	→兼経	押垂斎藤次郎	弘長1・11・22
岳本次郎	宝治1・6・22	押垂三郎左衛門尉	→時基
岳本次郎兵衛尉	宝治1・6・22	押垂三郎兵衛尉	→時基
興津紀太	承久3・6・18	落合蔵人	→泰宗
興津左衛門三郎	承久3・6・18	落合四郎左衛門尉	→頼業
興津四郎	承久3・6・18	落合太郎	仁治1・5・14
興津十郎	承久3・6・18	乙石左衛門尉	→有久
興津八郎大郎	承久3・6・18	鬼窪小四郎	→行親
興津六郎	承久3・6・18	鬼窪左衛門入道	正嘉2・3・1
荻窪六郎	承久3・6・18	鬼窪又太郎	正嘉2・3・1
荻野五郎	→俊重	鬼窪民部太郎	正嘉2・3・1
荻野三郎	→景継	織部正	→光重
荻野次郎	→景員	織部正	→晴賢
荻野大郎	承久3・6・18	恩小大郎	正嘉2・3・1
荻原右(左)衛門尉	→定仲	陰陽頭	→宗憲

— 472 —

第Ⅱ部 （1）通称・異称索引（お・か）

陰陽頭	→資元	甲斐二郎左衛門尉	弘長1・8・15
陰陽頭	→維範	甲斐太郎	→時秀
陰陽頭	→在親	甲斐太郎	寛元2・12・8
〔前陰陽〔権〕助	→親職	甲斐中将	→範茂
陰陽権助	→国道	甲斐二宮次郎	建長2・3・1
陰陽権助	→晴賢	加賀守	→俊隆
陰陽権助	→晴茂	加賀守	→雅家
陰〔権〕助	→忠尚	加賀守・加賀前司	→康俊
陰陽少(小)允	→親職	加賀守・加賀前司	→行頼
陰陽少允	→晴幸	加賀前司	→遠兼
陰陽少允	→以平	加賀前司・前加賀守	→康持
陰陽少允・前陰陽少允	→晴宗	加賀前司	→親清
陰陽少允	→晴弘	加賀前司	建長3・8・21
陰陽大允	→親職	加賀竪者	養和1・11・11
陰陽大允	→晴憲	加賀入道	→親願〈頼〉（法名）
〔前陰陽〔権〕大允	→晴茂		
前陰陽博士	→道昌	加賀兵衛大夫	→親氏
園城寺専当法師	元暦1・11・23	加賀法印	→定清
	元暦1・12・3	加賀房	→義印
	建保2・4・23	加賀民部大夫	→康持
園城寺長吏僧正	→房覚	加賀律師	→定清
園城寺長吏僧正	→公胤	加々美三郎	建久6・3・10
園城寺明王院僧正	→公胤	加々美次郎	→長清
		加久帳小次郎	正嘉2・1・11
		加地五郎左衛門尉	正嘉1・12・24
か		加地五郎次郎	→章綱
		加地七郎左(右)衛門尉	→氏綱
かうない	文治2・3・27	加地太郎〔左衛門尉〕	→実綱
かがみ次郎	→遠光	加地八郎左衛門尉	→信朝
かがみ太郎	→信義	加地〔五郎〕兵衛尉	→義綱
かがみ殿	→遠光	加地六郎	建保1・1・2
かせの弥次郎	建保1・5・6	加地六郎左衛門尉	→時基
かたひゐの三郎	建保1・5・6	加治小治郎	建久6・3・10
かたひゐの次郎	建保1・5・6	加治左衛門尉	仁治1・8・2
かたひゐの大郎	建保1・5・6	加治新左衛門尉	暦仁1・2・17
かたひゐの弥八	建保1・5・6	加治〈世〉次郎	→宗〈家〉季
甲斐一宮権祝	→守村	加治次郎兵衛尉	暦仁1・2・17
甲斐右馬助	→宗保	加治太郎	建久1・11・7
甲斐守・甲斐前司	→泰秀	加治丹内左衛門尉	暦仁1・2・17
甲斐守	→為時	加治中務左衛門尉	正嘉2・1・1
甲斐前司	→実景	加治六郎左衛門尉	文応2・1・1
甲斐前司	→宗国		弘長1・1・1
甲斐小〈中〉四郎	→秋家	加世五郎	→季村
甲斐五郎左衛門尉	→為定	加世左近将監	承久3・6・18
甲斐宰相中将	→範茂	加世次郎	建久1・11・7
甲斐三郎左衛門尉	→為成		建久6・3・10
甲斐四郎	→秋家	加世弥次郎	承久3・6・18

— 473 —

第Ⅱ部　(1)通称・異称索引 (か)

加藤右衛門尉	→時景		狩〈荻〉野新左衛門尉	建長5・6・25
加藤五	→景員			正嘉2・1・1
加藤五郎〔入道〕	→景員			弘長3・8・9
加藤五郎兵衛尉	→光資		狩野左衛門六郎	弘長1・1・1
加藤左衛門三郎	→景俊		狩野四郎	建長6・6・16
加藤左衛門三郎	→景経		狩野四郎左衛門尉	→景茂
加藤左衛門三郎	→泰種〈経〉		狩野七郎	→光広
加藤左衛門尉〔大夫〕	→光員		狩野介〔入道〕	→宗茂
加藤左衛門尉	→景長		狩野太郎	康元1・6・29
加藤左衛門尉	→景廉		狩野太郎	建長6・6・16
加藤左(右)衛門尉	→実長		狩野帯刀左衛門尉	文応1・1・1
加藤左衛門尉	→行景		狩野藤右衛門尉	安貞2・10・15
加藤左衛門尉	→景経		狩野藤次兵衛尉	→為光
加藤新左衛門尉	→光資		狩野入道	→宗茂
加藤三郎	→景経		狩野八郎左衛門尉	弘長1・1・1
加藤三郎	文永2・7・16		狩野兵衛尉	正治2・1・23
加藤次	→景廉		狩野又大郎	建保1・2・16
加藤次郎左衛門尉	嘉禎2・8・4		狩野民部大夫	→行光
加藤七郎左衛門尉	→景義		勘解由次官	親国
加藤大夫判官〔入道〕	→景廉		勘解由次官	→定経
加藤太	→光員		勘解由次官	→宗隆
加藤太郎	→景朝		勘解由次官	→清長
加藤判官	→光員		勘解由次官	→範輔
加藤判官	→景朝		勘解由次官	→知家
加藤判官次郎	承久1・1・28		勘解由判官	→康有
	承久1・2・9		勘解由判官	建久1・11・7
加藤兵衛尉	→光資		鹿島三郎	→政幹
加藤弥太郎	→光政		鹿島社司宮介	→良景
加藤六郎兵衛尉	→景長		鹿島六郎	→頼幹
加摩田兵衛尉	→種益		鹿嶋中務	建長2・3・1
花光坊	→尊念		鹿嶋田左衛門尉	→惟光
花山院右府	→忠経		葛西壱岐左衛門尉	嘉禎2・8・4
花山院侍従	→能氏			嘉禎2・8・9
花山院大納言	→師継		葛西壱岐入道	建長2・3・1
花山院〔宰相〕中将	→長雅		葛西左衛門尉	→清重
花山院中納言	→長雅		葛西新左衛門尉	→清時
花山院権中納言	→師継		葛西〔壱岐〕新左衛門尉	→清員
花山院新中納言	→通雅		葛西三郎〔左衛門尉〕	→清重
香河小五郎	承久3・6・18		葛西四郎	→重元
香河三郎	承久3・6・18		葛西四郎左衛門尉	仁治1・8・2
香西又太郎	弘長1・1・1		葛西四郎太郎	正嘉2・3・1
香山三郎左衛門尉	正嘉2・3・1		葛西七郎	→時重
狩野小大郎	建保1・2・16		葛西十郎	文治5・7・19
狩野〔工藤〕五郎	→親光			建久1・11・7
狩野五郎	→宣安			建久2・1・11
狩野五郎左衛門尉	→為広			建久2・2・4
狩野左衛門四郎	→景茂			建久6・3・10
				建久6・8・16

— 474 —

第Ⅱ部 （1）通称・異称索引（か）

	元久1・10・14	上総六郎	→秀景
	承元2・7・19	主計頭	→資元
葛西兵衛尉	→清重	主計頭	→師員
葛西伯耆前司	→清親	主計頭	→頼行
葛西又太郎	→定度〈広〉	主計允	→行政
葛西六郎	建保1・5・3	主計大夫	→知輔
葛西六郎	仁治2・1・23	主計大夫	→広資
歌官寮頭	文治3・4・29	春日刑部三郎	→貞親
賀島蔵人次郎	建久1・11・7	春日刑部三(二)郎太郎	承久3・6・18
賀摩兵衛尉	→種益	春日刑部丞	→貞幸
賀茂冠者	建暦2・1・1	春日小三郎	承久3・6・18
賀茂神主	文治4・2・2	春日小次郎	→貞観
	承久3・9・10	春日三郎	→貞幸
賀茂禰宜大夫	承久3・9・10	春日与一	建久1・11・7
賀茂六郎	→重長	春日部甲斐守・甲斐前司	→実景
上総国一宮神主	元暦1・1・8	春日部左衛門三郎	→泰実
上総五郎左衛門尉	→泰秀	春日部左衛門尉	嘉禎2・8・4
上総五郎兵衛尉	→忠光		暦仁1・2・17
上総三郎	→義氏	春日部三郎	宝治1・6・22
上総三郎	→満氏	春日部三郎兵衛尉	→実季
上総三郎左(右)衛門尉	→義泰	春日部次(二)郎	元久2・1・1
上総四郎	→景実	春日部次郎	寛元4・1・6
上総二郎左衛門尉	弘長1・1・7		宝治1・6・22
上総式部丞・式部大夫	→時秀	春日部次郎兵衛尉	寛元2・8・16
上総修理亮	→政秀		寛元4・8・15
上総〔権〕介	→広常	春日部太郎	安貞2・7・23
上総介	→忠清		宝治1・6・22
上総介・上総前司	→義兼	春日部兵衛尉	文治3・3・10
上総介	→広綱	春日部大和前司	→実平
上総介	→常秀	掃部頭	→季弘
上総〔権〕介	→秀胤	掃部頭・前掃部頭	→親能
上総介	→長泰	掃部頭	→広元
上総前司	→長泰	掃部頭	→広秀
上総介次郎	嘉禎3・1・3	掃部頭	文治4・5・17
	暦仁1・1・1	前掃部頭	建保3・11・24
上総介太郎	嘉禎1・2・9	掃部権助	→正重
	嘉禎1・6・29	掃部允	→行光
	嘉禎2・8・4	掃部允	寿永1・10・17
	嘉禎3・1・3	掃部助	→時盛
	暦仁1・1・1	掃部助	→実時
	暦仁1・2・17	掃部助	→範元
上総介八郎	建保1・2・16	掃部助太郎	→信時
上総太郎	安貞2・6・26	掃部大夫	→資俊
	安貞2・7・23	掃部〔頭〕入道	→親能
	安貞2・7・25	皆吉大炊助	→文幸
上総太郎左衛門尉	→長経	懐島平権守	→景能
上総太郎兵衛尉	→長経	鏡右衛門尉	→久綱

— 475 —

第Ⅱ部　（1）通称・異称索引（か）

垣生次郎	→時常	梶原次郎	→景衡
覚地房	→有慈	梶原七郎	→景宗
蔭沢次郎	養和1・②・23	梶原七郎	→景氏
籠山次郎	建保1・2・16	梶原大郎	→家茂
笠置解脱上人	→貞慶	梶原大郎	建長2・12・27
笠原高六	建久1・11・7	梶原太郎左衛門尉	→景綱
笠原十郎〔左衛門尉〕	→親景	梶原八郎	→景則
笠原六郎	建久6・3・10	梶原〔刑部〕兵衛尉	→景定
笠間左衛門尉・判官	→時朝	梶原〔平次〕兵衛尉	→景高
笠間前長門守	→時朝	梶原兵衛太郎	→家茂
風早四郎	→胤康	梶原平左衛門次郎	承久3・6・18
風早太郎〔左衛門尉〕	→常康	梶原平左衛門大郎	承久3・6・18
風早入道	建長2・3・1	梶原平次〔左衛門尉〕	→景高
栢間左衛門尉	仁治2・12・24	梶原平三	→景時
栢(柏)間左衛門次郎	→季忠	梶原六郎	→景国
柏〈狛〉江入道	→増西(法名)	梶原六郎	→朝景
柏木冠者	→義兼	糟江三郎	建久1・11・7
柏木伴五	→家次	糟屋乙石左衛門尉	→有久
柏原太郎	文治5・7・19	糟屋権守	→盛久
柏原弥三郎	正治2・11・1	糟屋左衛門三郎	→行村
	正治2・11・4	糟屋左(右)衛門尉	→有久
	正治2・12・27	糟屋三郎	承久3・6・18
	建仁1・5・17	糟屋四郎	承久3・6・18
柏間左衛門次郎	→行泰	糟屋四郎右衛門尉	→久季
柏間左衛門入道	建長2・3・1	糟屋太郎	→有季
梶原右(左)衛門三郎	→景氏	糟屋藤太〔兵衛尉〕	→有季
梶原右衛門尉	→景俊	糟屋兵衛	→有季
梶原刑部〔丞〕	→朝景	方穂六郎左衛門尉	建長2・3・1
梶原刑部左衛門尉	→景定	片岡次(八)郎	→常春
梶原九郎	→景連	片岡八郎	→弘綱〈誣〉
梶原源太〔左衛門尉〕	→景季	片切小八郎大夫	→景重
梶原小次郎	建保1・5・6	片切太郎	→為安
梶原上野前司	→景俊	片穂刑部四郎	承久3・6・18
梶原上野三郎	→景氏	片穂五郎	建久6・3・10
梶原上野次郎	建長6・8・15	片穂平五	建久1・11・7
梶原上野介	→景俊	片穂六郎左衛門尉	暦仁1・2・17
梶原上野太郎〔左衛門尉〕	→景綱	片山刑部太郎	建保1・5・6
梶原上野六郎	文応1・12・17	片山八郎大郎	建保1・5・6
梶原五郎	→景方	勝来(木)七郎	→則宗
梶原五〈三〉郎	寛喜1・1・2	勝田玄番助	→成長
梶原左衛門尉	→景季	勝田三郎	→成長
梶原左衛門尉	→景俊	勝田兵庫助	建長2・3・1
梶原左(右)衛門太郎	→景綱	勝田平三	→成長
梶原左衛門太郎	→景基	桂兵衛尉	→貞兼
梶原三郎〔兵衛尉〕	→景茂	葛山小次郎	承久3・5・22
梶原三郎	→景盛		承久3・6・18
梶原三郎左衛門尉	→景氏	葛山次郎	寛元2・8・15

— 476 —

第Ⅱ部 (1)通称・異称索引 (か)

葛山太郎	承久3・6・18	鎌田次郎兵衛尉	→行俊
門居弥四郎	→行秀	鎌田次郎兵衛尉	弘長1・1・1
門真太郎	文治1・10・9	鎌田七郎	→為成
門脇中納言	→教盛	鎌田新藤次	→俊長
金窪左衛門尉	→行親	鎌田図書左衛門尉	→信俊
金窪左衛門大夫	→行親	鎌田太郎	建久1・11・7
金窪太郎	→行親		建久2・2・4
金窪兵衛尉	→行親	鎌田藤内左衛門尉	寛元4・8・15
金津蔵人	→資義	鎌田入道	建長2・3・1
金津蔵人次郎	→資成	鎌田兵衛三郎	→義長
金持〈物〉左〈右〉衛門尉	建仁1・7・6	鎌田〔次郎〕兵衛尉	→正清
金持次〈二〉郎	建久6・3・10	鎌田兵衛尉	建保1・5・7
金持次郎左衛門尉	宝治1・6・5	鎌田平三	承久3・6・18
	宝治1・6・9	蒲冠者	→範頼
	宝治1・6・22	蒲判官代	→佐房
金持兵衛尉	承久3・6・18	上次郎兵衛尉	→行雄
金持兵衛入道	建長2・3・1	上嶋次郎	建長2・3・1
金持六郎	→広親	上条三郎	→時綱
金摩利太郎	暦仁1・2・17	上条修理亮	→長高
金子右近将監	承久3・6・18	上条美作前司	→行綱
金子大倉太郎	承久3・6・18	神西庄司太郎	承久3・6・18
金子大倉六郎	承久3・6・18	神沢次郎左衛門尉	建長2・3・1
金子奥次	建保1・5・6	神田三郎	建長2・3・1
金子小太郎	→高範	神地蔵人入道	→頼経
金子小太郎	承久3・6・18	神地四郎	寛喜1・1・15
金子三郎	承久3・6・18		嘉禎1・2・9
金子十郎	→家忠		延応1・1・5
金子太郎	建保1・5・4		仁治1・1・6
	建保1・5・6		寛元1・1・10
金子平次左衛門尉	正嘉2・1・1	神地六郎	→康信
金子余一	→近則	神野左近	建保1・5・6
金子与一太郎	→近吉	神林兵衛三郎	弘長3・1・8
金田〔小〕大夫	→頼次	神山弥三郎	→義茂
椛野四郎左衛門尉	→景氏	紙屋河二位	→顕氏
鎌倉将軍	→頼朝	紙屋河兵衛佐	→顕名
鎌倉殿	→頼朝	亀井六郎	→重清
鎌倉〔中将〕殿	→頼家	亀谷源次郎	文応1・4・18
鎌倉二品(位)卿	→頼朝		建久1・11・7
鎌田小次郎	建仁2・9・21	鴨志田十郎	建久6・3・10
鎌田左衛門尉	建長2・8・18	萱間左衛門二郎	正嘉2・1・6
	正嘉2・1・1	唐橋少将	→具忠
鎌田新左衛門尉	康元1・1・1	唐橋中将	→通清
	正嘉2・1・1	苅田右衛門三郎	→義行
	正嘉2・3・1	苅田右衛門尉	→義季
鎌田三郎〔左衛門尉〕	→義長	河井藤四郎	建保1・5・6
鎌田三郎入道	→西仏(法名)	河北冠者	→忠康
鎌田次郎左衛門尉	→行俊	河口八郎太郎	暦仁1・2・17

— 477 —

第Ⅱ部 （1）通称・異称索引（か・き）

河越掃部助	→泰重	河原口次郎兵衛尉	寛喜1・1・3
河越小二郎	弘長1・1・1	河原田四郎三〈太〉郎	承久3・6・18
河越小太郎	→重房	河原田次郎	建仁3・9・2
河越五郎	→重家	河原田太郎左衛門尉	天福1・1・3
河越三郎	→重員	河原田藤内左衛門尉	天福1・1・3
河越三郎	→重資	河平三郎	承久3・6・18
河越次郎	→重時	河平次郎	承久3・6・18
河越次郎	→経重	河辺太郎	→高綱
河越修理亮	→重資	河辺平太	→通綱
河越太郎	→重頼	河村小四郎	寛元2・8・16
河越遠江権守	→経重		寛元3・8・16
河尻太郎	建長2・3・1	河村五郎〈五郎四郎〉	承久3・6・18
河田刑部大夫	元久1・4・21	河村三郎	→義秀
河田次郎	文治5・9・3	河村三郎	寛元2・8・16
	文治5・9・6	河村四郎	→秀清
	文治5・9・7	河村四郎	承久3・6・18
河田七郎	承久3・6・18	河村太郎	承久3・6・18
河内守	→保業	河村藤四郎	承久3・6・18
河内守	→清長	河匂小太郎	承久3・6・18
河内守	→光輔	河匂左衛門四郎	弘長1・1・1
河内守	→広房	河匂三郎	→政成
河内守・河内前司	→光村	河匂三郎	→実政
河内守	→祐村	河匂七郎	→政頼
河内守・河内前司	→親行	河匂七郎三郎	建久1・11・7
河内前司	→光行	河匂平右衛門尉	寛元2・7・20
河内五郎	→義長	河匂野内	暦仁1・2・17
河内公	→良叡	官史生	→守康
河内公	→俊栄	関白〔左大臣〕	→実経
河内左衛門太郎	正嘉2・1・1	観法房	→栄俊
河内三郎〔左衛門尉〕	→祐氏	観養坊	建長5・4・26
河内式部大夫	→親行		
河内太郎	正嘉2・1・1		き
河内入道	→光行		
河内判官	→秀澄		
河内〈白河〉判官代八郎	安貞2・7・23	木内〔下野〕次郎	→胤家
河津伊豆守・伊豆前司	→尚景	木内下総前司	建長2・3・1
河津伊豆入道	→尚景	木曾冠者	→義仲
河津三郎	→祐泰	木曾左馬頭・左典厩	→義仲
河津八郎左衛門尉	→尚景	木曾滝口	建保1・2・16
河津〔大夫〕判官	→尚景	木曾殿	→義仲
河原右衛門尉	暦仁1・2・17	木〈小〉曾六郎	→隆俊
河原小三郎	建久1・11・7	木原次郎	→盛実
河原三郎	文治1・10・24	木村小次郎	→貞綱
河原次郎	→忠家	木村五郎	→信綱
河原次郎	承久3・6・18	木村四郎左衛門尉	正嘉2・3・1
河原太郎	→高直	木村太郎	→正綱
河原口三郎兵衛尉	寛喜1・1・3	木村弥次郎	暦仁1・2・17

— 478 —

第Ⅱ部　(1)通称・異称索引（き）

	仁治1・8・2	吉河三郎	建長2・3・1
木村六郎	→秀親	吉河藤太兵衛尉	建長2・3・1
吉良大舎人助	→政衡	吉〈告〉木三郎	→家平
吉良五郎	建久6・3・10	橘右馬権助	→次広
吉良三郎	建保1・1・3	橘右馬次郎	建久6・3・10
	寛喜1・1・1	橘右馬允	→公長
	寛喜1・1・2	橘右馬允	→公高
吉良次(二)郎	建保1・1・3	橘右馬助	→以広
	寛喜1・1・1	橘右馬大夫	→公長
	寛喜1・1・2	橘蔵人	宝治1・6・22
	寛喜2・1・10	橘五	→公仲
	嘉禎2・1・1	橘左衛門尉	→公業
	暦仁1・1・1	橘左衛門尉	承久1・7・19
杵築大社神主	→資忠	橘新左衛門尉	→公幸
紀右衛門尉	→実平	橘左近大夫	宝治1・6・22
紀権守	文治5・8・10	橘三	元暦1・12・7
	文治5・9・20	橘三蔵人	→惟広
紀滝口	→行宣	橘薩摩十郎	→公業
紀藤大夫	建久3・4・30	橘薩摩余一	→公員
	建久3・5・1	橘次	→公業
	建久3・5・12	橘次	→為茂
紀内〔所〕	→行景	橘次右衛門尉	仁治1・1・6
紀六太郎	元久2・⑦・29	橘贈納言	→広相
紀伊守	文治4・4・9	橘太〔左衛門尉〕	→公忠
紀伊権守	→有経	橘大夫	→盛資
紀伊刑部次郎	建保1・8・6	橘大夫尉	→定康
紀伊刑部丞	→為頼	橘大膳亮	→惟広
紀伊刑部入道	建長2・3・1	橘藤五	→実昌
紀伊五郎兵衛入道	→寂西(法名)	橘判官代	→以広
紀伊四〈次〉郎右衛門尉	建長6・8・15	橘判官代	→隆邦
紀伊四郎左衛門尉	建長3・8・15	橘六	→公久
紀伊次(五)郎左衛門尉	→為経	衣笠内府	→家良
紀伊次〈三〉郎左衛門尉	正嘉2・1・1	旧院	→後白河天皇
紀伊次郎兵衛尉	暦仁1・2・17	清原四郎	→家衡
紀伊七左衛門尉	→重綱	清久右〈左〉衛門尉〈次郎〉	康元1・6・2
紀伊七郎左衛門尉	→重経	清久五郎	→行盛
喜慶坊	元久2・10・28	清久左衛門〔尉〕	承久3・6・18
畿内次郎	建久1・1・6		建長2・3・1
義勝房	→成尋	清久弥二郎	→秀胤
菊太三郎	→家正	清久弥次郎	→保行
菊池次郎	→隆直	清水寺法師	建保1・10・29
菊池入道	建長2・3・1	京極侍従	→定家
岸本十郎	→遠綱	京極摂政	→基実
吉香左衛門次郎	承久3・6・18	京極太閤	→師実
吉香(河)〔小〕次郎	→友兼	京極中将	→定家
吉香次郎	建久1・11・7	京極中納言	→定家
吉河左衛門	建長2・3・1	京極殿	→師実

— 479 —

第Ⅱ部 （1）通称・異称索引（き・く）

教蓮房	寛喜3・5・17	くはゝらの次郎	文治2・3・27
郷〈卿〉公	→義円	九条関白	→忠通
行田兵衛尉	承久3・6・18	九条中将	→能定
刑部卿	→忠盛	九条帝	→仲恭天皇
刑部卿・前刑部卿	→頼経	九条殿	→兼実
刑部卿〔三位〕	→宗長	九条殿	→師輔
刑部卿	→宗教	九条入道大納言	→光頼
刑部次郎左衛門尉	→国俊	九郎大夫	文治5・8・21
刑部次郎兵衛尉	建長2・1・2	九郎藤次	→時長
刑部権少輔	→政茂	九郎判官	→義経
刑部権大輔	正嘉1・12・24	久有志良左衛門三郎	→兼継
刑部少輔	→家盛	久気次郎	文治3・4・29
刑部少輔	→教時	久下権守	→直光
刑部少輔	→時基	久下三郎	天福1・1・3
前刑部少輔	→忠正	久下次郎	→重光
刑部少輔三郎	正嘉1・1・3	久下掾源内	天福1・1・3
刑部少輔次郎	正嘉1・1・3	久野谷弥次郎	建保1・4・2
刑部丞	→義光	久万太郎	→永助
刑部丞	→成綱	久万太郎大夫	→高盛
刑部丞	→経俊	久美左衛門	建長2・3・1
刑部丞	→信親	久米六郎	→国真
刑部丞	→朝景	工藤一萬	→祐経
刑部丞	→景重	工藤右衛門次郎	寛元3・8・16
刑部丞	→忠季	工藤右衛門尉	承久2・1・29
刑部丞	→行継	工藤右近三郎	建長3・1・8
刑部丞	→綱		建長4・11・18
刑部丞	承久3・6・18	工藤右近次〈五〉郎	宝治2・1・15
前刑部丞	→頼国	工藤右馬允	→維清
刑部僧正	→長賢	工藤小次郎	→行光
刑部大輔入道	→道成	工藤五郎	→親光
刑部房	寛喜2・6・18	工藤五郎	建仁3・9・2
桐生六郎	養和1・②・25	工藤左衛門尉	→祐経
	養和1・9・13	工藤左衛門尉	→高光
	養和1・9・16	工藤三郎	→祐茂
	養和1・9・18	工藤三郎	→助光
金十郎	文治5・8・10	工藤三郎〔右(左)衛門尉〕	→光泰
金吾〔将軍〕	→頼家	工藤次郎右(左)衛門尉	→頼光
金吾	→景盛	工藤次郎左(右)衛門尉	→高光
金吾	→朝雅	工藤十郎	建仁1・9・18
金浄法師	嘉禄1・10・19		建保1・3・2
金蔵房	寛喜3・10・6	工藤庄司	→景光
	貞永1・10・5	工藤介	→茂光
	貞永1・10・22	工藤介	建久3・11・2
金蓮房	→勝賀	工藤大〈八〉郎	文応1・1・12
		工〈ニ〉藤太三郎	承久3・6・18
	く	工藤滝口	→祐経
		工藤藤三	→祐高

— 480 —

第Ⅱ部　(1)通称・異称索引（く）

工藤中務次郎	→長光	熊谷次郎〔入道〕	→直実
工藤中務丞	建長2・3・1	熊谷平三	→直宗
工藤八	正治2・1・20	熊谷又次郎	建久1・11・7
	正治2・1・23		建久6・3・10
工藤八郎	寛元3・1・9	熊野別当〔法印〕	→湛快
工藤八郎左衛門尉	承久2・9・25	熊野別当	→湛増
工藤八郎四郎	→朝高	熊野別当	文治5・9・18
工藤木工左衛門尉	弘長1・9・3		文治5・10・2
工藤弥三郎	→清光	熊野別当	建久6・5・10
工藤六	正治2・1・23	熊野前別当	→行明
工藤六郎〔左衛門尉〕	→祐光	熊野別当法眼	→行明
功徳院僧正	→快雅	熊野法印	→湛増
宮内卿・前宮内卿	→季経	熊野法印	→快実
宮内卿僧都	→承快	熊野法師	承久3・6・18
宮内卿入道	→禅恵（法名）	倉賀野三郎	→高俊
宮内卿法印	→房源	倉賀野兵衛尉	暦仁1・2・17
宮内卿律師	→征審	内蔵	→孝元
宮内卿律師	→親遍	内蔵頭	→経家
宮内左衛門尉	→公景	内蔵頭	→定輔
宮内少丞	→定頼	内蔵頭	→忠綱
宮内少輔・前宮内少輔	→泰氏	内蔵頭〔入頭〕	→清範
宮内丞	→舒国	内蔵頭	→顕氏
宮内〔権〕大輔(夫)	→重頼	前内蔵頭	→信基
宮内大輔	→家実	内蔵権頭	→国行
前宮内大輔	→光度	内蔵権頭	→資親
宮内権大輔	→時秀	内蔵権頭	→親家
宮内大郎	宝治1・6・22	内蔵允	→尚光
宮内兵衛尉	→公氏	新蔵人	→時広
宮内兵衛尉	寛元3・8・15	蔵人阿闍梨	→長信
宮仕〈主〉法師	建久2・5・3	蔵人右衛門権佐	→定経
弘誓院亜相	→教家	蔵人右少弁	→行隆
草野〔次郎〕大夫	→永平	蔵人右少弁	→家実
樟田小次郎	建久1・11・7	蔵人右佐	元暦1・2・20
葛貫三郎	→盛重	蔵人勘解由次官	→宗宣
葛浜左衛門尉	建長2・3・1	蔵人頭	→重衡
楠木四郎	建久1・11・7	蔵人頭右大弁	→光雅
国井五郎三郎	→政氏	蔵人頭右中弁	→兼忠
椥田五郎	建保1・5・6	蔵人頭大蔵卿兼中宮亮	→宗頼
椥田三郎	建保1・5・6	蔵人頭宮内卿	→時継
椥田次郎	建保1・5・6	蔵人頭左中弁	→光長
椥田大郎	建保1・5・6	蔵人頭民部卿	→資長
椥田又五郎	建保1・5・6	蔵人宮内権小輔	→親経
熊井小太郎	承久3・6・18	蔵人宮内大輔	→家実
熊谷小次郎	→直家	蔵人左衛門権佐	→親雅
熊谷小太郎	→忠直	蔵人左衛門権佐	→棟範
熊谷三郎	建仁3・10・26	蔵人左衛門権佐	→資定
熊谷四郎	元暦1・12・7	蔵人左衛門権佐	→経業

— 481 —

第Ⅱ部　（1）通称・異称索引（く・け）

蔵人左衛門尉	→時広	玄蕃允	→康連
蔵人次郎	→行頼	玄蕃助蔵人	→仲経
蔵人大夫	→朝親	玄蕃助大夫	→仲経
蔵人大夫	→国忠	源亜相	弘長3・12・10
蔵人大夫	→有俊		文永3・2・20
蔵人大夫	→以邦	源右馬助	→経業
蔵人大夫	→邦忠	源雅楽左衛門	建長2・3・1
蔵人大夫〔入道〕	→季光	源刑部丞	→為頼
蔵人大輔	→定経	源九郎	→義経
蔵人太郎	→光家	源蔵人大夫	→頼兼
栗田寺別当大法師	→範覚	源五馬允	文治1・3・24
栗林加藤次	建保1・5・6	源五七郎	建久5・6・10
厨河次郎	→貞任	源左衛門尉	暦仁1・2・23
黒柄次郎入道	元久2・12・24	源左近大夫	→家平
黒沢太郎兵衛尉	正嘉2・1・1	源左(右)近大夫将監	→親広
黒沢尻五郎	→正任	源三左衛門尉	→親長
黒田三郎入道	承久3・6・18	源宰相	→兼忠
黒田弥平太	建保1・5・6	源三位入道	→頼政
桑島二郎	→時村	源四郎右衛門尉	→季氏
桑原平内	→盛時	源式部大夫	→親行
		源七	→真延
け		源七刑部次郎	承久3・6・18
		源七三郎太郎	承久3・6・18
検非違使	→章貞	源進士	→実親
検非違使	→信盛	源進士左衛門尉	正治2・12・3
検非違使	→則清	源太左衛門尉	→景季
検非違使	→基清	源太左衛門尉	弘長1・1・1
検非違使	→章重	源大夫将監	→親広
検非違使左衛門少尉	→章貞	源大夫判官	→季貞
検非違使大夫尉	→知康	源太三郎	→遠定
外記左衛門尉	→俊平	源大納言	→通具
外記大夫	→祐通	源大納言	文永2・7・16
外記大夫	→倫重	源中納言	→通親
外記大夫	→倫長	源中納言	正嘉1・4・9
卿〈郷〉公	→義円	源廷尉	→義経
卿僧正	→快雅	源藤太	治承4・8・17
卿法印	→快雅	源内左衛門尉	→景房
検校権僧正法印	元暦1・11・23	源内十郎	宝治2・12・11
検牧中務三郎	建長6・⑤・1	源内八郎	承久3・6・18
俛伏三郎	康元1・8・16	源内民部大夫	→行景
兼伏六郎	→保信	源二位〔卿〕	→頼朝
俛伏大郎	建久3・8・14	源二位殿	→頼朝
俛伏太郎	建長3・1・20	源二品	→頼朝
監物大師	→頼方	源八	→兼頼
玄蕃頭	→知忠	源兵衛尉	→弘綱
玄蕃頭	→基綱	源兵衛尉	→季氏
		源武衛	→頼朝

— 482 —

第Ⅱ部　（1）通称・異称索引（け・こ）

源判官	嘉禎2・3・14	小林五郎	嘉禄2・5・23
源判官代	→高重	小林三郎	建久1・11・7
源民部大夫	→光行		建久6・3・10
源文章博士	→仲章	小林三郎	仁治1・8・2
源予州	→義経	小林次郎	→重弘
厳光房	→澄範	小林兵衛尉	建長4・4・5
厳閣	→信清	小松少将	→維盛
厳蓮房	→聖尊	小松少将	→有盛
		小松内府	→重盛
		小松法印	→快実
こ		小宮五郎	建久6・3・10
		小宮五郎左衛門尉	暦仁1・2・22
こがの三郎	建保1・5・6	小宮左衛門次郎	→直経
こさの五郎	建保1・5・6	小宮七郎	建久1・11・7
こさの禅師八郎	建保1・5・6	小村三郎	建久1・11・7
こさの入道	建保1・5・6	小室〈室〉次郎	建長2・3・1
こまの太郎	建保1・5・6	小諸小太郎	→実光
こもの次郎	建保1・5・6	小諸左衛門尉	仁治1・1・6
小伊手太郎左衛門尉	天福1・1・3	小諸(室)太郎	→光兼
小伊豆〈立〉五郎	寛喜1・1・3	小諸太郎次郎	建久1・11・7
小井豆〈之〉〈立〉左衛門尉	嘉禎3・1・3	小揚土藤三	文治2・2・6
	暦仁1・1・3	児玉刑部四郎	承久3・6・18
	仁治1・1・3	児浜相撲清四郎	建保2・4・23
	仁治2・1・3	高麓太郎	→実家
小井豆大郎兵衛尉	寛喜1・1・3	五条蔵人	→長雅
小泉五郎	正嘉2・1・1	五条七郎太郎	建保1・5・6
小泉左衛門四郎	→頼行	五条筑後守	→有範
小泉四郎左衛門尉	→頼行	五条〔大夫〕判官	→有範
小窪〈室〉次郎	建長2・3・1	五郎四郎	宝治1・5・27
小窪〈室〉太郎	→光兼	五郎殿	→実泰
小坂太郎	正治2・9・2	後京極〔摂政〕殿	→良経
小坂弥三郎	建仁2・9・21	後藤壱岐守・壱岐前司	→基政
小侍所別当	弘長3・3・13	後藤壱岐左衛門尉	→基頼
小嶋三郎	承久3・6・18	後藤壱岐新左衛門尉	→基頼
小嶋七郎	承久3・6・18	後藤壱岐次郎左衛門尉	→基広
小嶋弥(又)次郎	→家範	後藤小幡三郎左衛門尉	寛元1・7・17
小嶋六郎	承久3・6・18	後藤五郎左衛門尉	→基隆
小平〈手〉左近将監	承久3・6・18	後藤左衛門尉	→基清
小中太	→光家	後藤左衛門尉	→基綱
小早河次郎	→惟平	後藤〔内〕左衛門尉	→信康
小早河又三郎	文応1・10・8	後藤左衛門尉	→説尚
小早河美作前司入道	→茂平	後藤新左衛門尉	寛元1・7・17
小早河美作次郎兵衛尉	建長4・8・1	後藤佐渡守・佐渡前司	→基綱
小早河弥太郎	→遠平	後藤佐渡左衛門尉	→基政
小林小三郎	暦仁1・2・17	後藤三郎左衛門尉	→基村
小林小三郎	正嘉2・3・1	後藤四郎左衛門尉	→基時
小林小次郎	→時景〈重〉	後藤四郎左衛門尉	正嘉2・1・1

第Ⅱ部　（1）通称・異称索引〔こ〕

	正嘉2・1・7	高三位	→泰経
後藤次郎左衛門尉	→基親	高次郎大夫	→経直
後藤大夫判官	→基清	高太入道	文治4・12・6
後藤〔新〕大夫判官	→基綱	高太入道丸	文治2・9・25
後藤大夫判官	→基政	高太郎	正嘉2・8・18
後藤内太郎	建久1・11・7		正嘉2・9・2
後藤〔新〕兵衛尉	→基清	高弥太郎	仁治2・1・2
後藤兵衛尉	→実基	高野冠者	文治3・4・29
後藤兵衛尉	→基綱	高野小大夫	→兼恒
後藤兵衛太郎	暦仁1・2・17	高野大師	→空海
後藤弥次〈四〉郎左衛門尉	暦仁1・2・17	高野入道	→景盛
	正嘉2・1・1	高野法印	→貞暁
後平四郎	承久3・6・18	高野〈信乃〉弥太郎	承久3・6・18
後法性寺入道前関白	→道家	高麗国主	文治1・6・14
護念上人	→慈応	黄門	→実氏
公家	→後白河天皇	前黄門	→顕方
勾当八	文治5・8・10	興福寺権別当大僧都	→覚憲
弘法大師	→空海	興福寺東南院法印	→公宴
光明峯寺禅閣	→道家	興福寺別当僧正	→覚憲
光明峯寺殿	→道家	興福寺別当僧正	仁治2・10・19
河野五郎兵衛尉	→行真	興福寺別当権僧正	→信円
河野左衛門四郎	→通時	上野右衛門尉	→時光
河野左衛門入道	寛元1・7・18	上野大蔵〔権〕少輔	→朝広
河野四郎	→通信	上野九郎	→光範
河野四郎	→通行	上野五郎〔左衛門尉〕	→重光
河野入道	→通信	上野五郎兵衛尉	→重光
幸嶋小次郎	→時村	上野五郎兵衛尉	→広綱
幸嶋小三〈二〉郎左衛門尉	正嘉1・12・24	上野権三郎	建久1・11・7
幸嶋左衛門尉	正嘉1・6・1	上野左衛門五郎	→宗光
幸嶋四郎	→行時	上野左衛門尉	→重光
幸嶋次郎	→時村	上野三郎	→国氏
皇后宮権少進	→為宗	上野三郎	→景氏
前皇后宮権少進	→盛景	上野三郎左衛門尉	→広綱
皇后宮権大進	→定経	上野三郎左衛門尉	→重義
皇后宮権大夫	→茂能	上野三郎兵衛尉	→広綱
皇后宮少進	建保1・5・4	上野三郎兵衛尉	宝治2・1・3
皇后宮亮	→仲頼	上野四郎左衛門尉	→時光
皇后宮亮	→範季	上野七郎〔左衛門尉〕	→朝広
皇后宮大進	→親雅	上野七郎左衛門尉	建長4・7・20
皇后宮大進	→行清	上野十郎	→朝村
皇后宮〔権〕大進	→為宗	上野介	→直方
前皇后宮大進	→俊嗣	上野介	→憲信
皇后宮大夫	→実房	上野介	→敦基
皇后宮大夫	→為宗	上野介	→朝光
皇太后	承元4・4・19	上野介	→景俊
皇太子	→後深草天皇	上州	建久3・11・29
高三郎	→高綱	上野前司	→泰国

— 484 —

第Ⅱ部　(1)通称・異称索引（こ）

前上野介	→範信	近衛左府	→兼経
上野大夫判官	→広綱	近衛次将	→公赫〈清〉
上野大夫判官	→重光	近衛次将	→公賢
上野太郎〔左衛門尉〕	→景綱	近衛次将	→清信
上野入道	→朝光	近衛少将	→実藤
上野判官	→朝広	近衛少将	→公教
上野判官	→広綱	近衛少将	→実永
上野孫三郎	寛元3・8・16	近衛新少将	→公春
上野弥四郎〔左(右)衛門尉〕	→時光	近衛禅定殿下	→基通
上野六郎	弘長1・1・1	近衛中将	→実春
江石見前司	→能行	近衛中将	→公敦
江右衛門尉	→範親	近衛殿下	→家実
江右近次郎	→久家	近衛殿	→基通
江右(左)近将監	→久家	狛〈柏〉江入道	→増西(法名)
江左衛門尉	→景節	駒江平四郎	建久1・11・7
江衛門尉〈左衛門大夫〉	→成季	近藤刑部丞	嘉禄2・12・13
江左衛門尉	→能親	近藤左衛門尉	建保1・5・7
江左衛門尉	→能範	近藤七	→国平
江左(右)近次郎	→久康	近藤七	→親家
江左近将監	→能広	近藤太	寿永1・5・25
江四郎大夫	→安任	近藤太郎左衛門尉	建長2・3・1
江次郎大夫	→信任	近藤中務丞	建長2・3・1
江太新平次	治承4・8・17	金剛殿	→泰時
江滝口	建久4・8・18	金剛別当	→秀綱
江帯刀左衛門尉	暦仁1・2・17	紺戸先生	→義広
江廷尉	→公朝	権右中弁	→兼忠
江兵衛尉	→能行	権右中弁	→基親
江〔大夫〕判官	→公朝	権右中弁	→定長
江判官	→能範	権右中弁	→親経
江〔大夫〕判官	→能行	権守三郎	承久3・6・18
江新民部丞	寛元2・7・20	権五郎	→景政
江民部大夫	→以康	権左中弁	建保4・2・19
江民部大夫	→以基	権少外記	→重継
江民部大夫	→弘基	権少允	建長4・4・5
新江民〈式〉部大夫	→以基	権上座伝燈大法師	元暦1・11・23
合志太郎	養和1・2・29	権介(大江)	文治3・4・23
国分五郎	→胤道	権介(多々良)	文治3・4・23
国分二郎	→胤重	権亮三位中将	→維盛
国分彦五郎	正嘉2・3・1	権亮少将	→維盛
穀倉院別当	→親能	権大納言	→実房
極楽寺奥州禅門	→重時	権大納言	→忠親
苫田太郎	文治1・10・24	権大納言	→頼盛
腰滝口	→季賢	権大納言	→宗家
近衛右府	文応1・7・2	権大納言〔兼右近衛大将〕	→兼雅
近衛大殿	→兼経	権大納言	→実家
近衛源少将	→資平	権大納言	→実雄
		権大納言兼陸奥出羽按察	

— 485 —

第Ⅱ部 （1）通称・異称索引（こ・さ）

使	→朝方	左衛門尉	→忠行
権中納言	→実家	左衛門尉	→広光
権中納言〔兼大宰権帥〕	→経房	左衛門尉	→盛時
権中納言	→通親	左衛門尉	→泰秀
権中納言	→家通	左衛門尉	→能盛
権中納言	→兼光	前左衛門尉	元暦1・2・20
権中納言	→実宗	左衛門佐	→経長
権中納言	→泰通	左衛門佐	→範経
権中納言	→忠良	左衛門大夫	→光員
権中納言	→定能	左衛門大夫	→惟信
権中納言	→定高	左衛門大夫	→康光
権中納言	→親俊	左衛門大夫	→泰秀
権中納言兼右(左)衛門督	→頼実	左衛門大夫	→定範
権中納言兼陸奥出羽按察使	→朝方	左衛門大夫	→季教
権弁	→経高	左衛門入道	→盛綱
		左衛門府生	→経広
		左京権大夫	→光綱
さ		左京権大夫	→親綱
		左京権大夫・左京兆	→泰時
		左京権大夫・左京兆	→政村
さかを四郎	文治2・3・27	左京進	→仲業
さかを八郎	文治2・3・27	左京亮	→維範
さゝのふの六野太	建保1・5・6	左京大夫	→季能
さなたの〈佐奈田〉春八	建保1・5・6	左金吾〔将軍〕〔禅室〕〔禅門〕	→頼家
左衛門督	→知盛	左金吾	→基俊
左衛門督	→実家	左近衛権少将	→公国
左衛門督	→頼家	左近衛中将	→為家
左衛門督	→実氏	左近衛中将	→家行
前左(右)衛門督	→信頼	左近衛中将	→公棟
左衛門権佐	→親雅	左近衛中将	→資家
左(右)衛門権佐	→定経	左近衛中将	→忠宗
左衛門権佐	→経兼	左近衛中将	→通時
左〈右〉衛門四郎	正嘉1・6・1	左近衛中将	→定親
左衛門少志	→景弘	左近蔵人	→親実
左衛門少尉	→信盛	左近蔵人	→仲能
左衛門少尉	→行房	左近蔵人	→親光
左衛門少尉	→章職	左近少将	→維盛
左衛門少尉	嘉禎1・7・7	左近将監	→家景
左衛門尉	→兼衡	左近将監	→能直
左衛門尉	→定綱	左近将監	→好節
左衛門尉	→朝政	左近将監	→俊実
左衛門尉	→章清	左近将監	→景綱
左衛門尉	→朝重	左近将監	→季光
左衛門尉	→朝光	左近将監	→光助
左衛門尉	→清定	左近将監	→佐房
左衛門尉	→盛綱	左近将監	→景康
左衛門尉	→清基		

第Ⅱ部 （1）通称・異称索引（さ）

左近将監	→時頼	左大史	→国宗
左〈右〉近将監	→光上	左大史	→淳方
左〈右〉近将監	→光氏	左大将・左幕下	→良経
左近将曹	嘉禎1・7・7	左大将	→定雅
左近大将	→実朝	左大将家	→実朝
左近大夫	→朝親	左大丞	→定長
左近大夫	→時賢	左大臣	→赤兄
左近大夫〔将監〕	→親実	左大臣	→諸兄
左近大夫	→親賢	左大臣	→魚名
左近大夫	→政高	左大臣	→高明
左近大夫将監	→親広	左大臣	→信隆
左(右)近大夫将監	→佐房	左大臣・左府	→経宗
左近大夫将監	→時頼	左大臣	→良経
左近大夫将監	→公時	左大臣	→良輔
左近大夫将監	→長時	左大臣・左府	→道家
左近大夫将監	→政茂	左大臣・左府	→良実
左近大夫将監	→時連	左大臣	→兼平
左近大夫将監	→時茂	左大臣禅閤	→公定
左近大夫将監	→時仲	左大臣法印	→定親
左近大夫将監	→義政	左大臣法印	→兼盛
左近大夫将監	→顕時	左大臣法印	→厳恵
左近大夫将監	→時村	左大臣律師	元仁1・7・16
左近大夫将監	→宗政		元仁1・10・16
左近大夫入道	正嘉1・1・3	左大弁	→兼光
左近入道	→景綱	左大弁	→定長
左権中将	→親季	左大弁	→師能
左宰相中将	→実教	左大弁宰相	→親宗
左宰相中将	→信成	左大弁宰相	→範輔
左少史	正治2・11・24	左中将	→公時
左少将	→維盛	左中将・前左中将	→時実
左少将	→清経	左中将	→親能
左少将	→公経	左中将	→実光
左少将	→宗長	左中将	→基雅
左少将	→忠行	左中将権亮	→忠季
左少将	→為氏	左中太	→常澄
左少将弁	→親雅	左(右)中弁	→兼忠
左少弁	→基親	左中弁	→光長
左少弁	→定長	左中弁	→定長
左(右)少弁	→親経	左中弁	→顕雅
左少弁	→棟範	左典厩	→義朝
左親衛	→経時	左典厩	→義仲
左親衛	→時頼	左典厩	→能保
左親衛	→長時	左典厩	→時宗
左親衛	→時茂	新典厩	→能保
左親衛	→時村	左兵衛督	→知盛
左大史	→隆職	左兵衛督	→隆房
左大史	→広房	左兵衛督	→頼氏

— 487 —

第Ⅱ部　（1）通称・異称索引（さ）

左兵衛督	→房名	佐々木右衛門次郎	→信高
前左兵衛督	→教定	佐々木隠岐前司	→義清
左兵衛権佐	→行時	佐々木隠岐大夫判官	→泰清
左兵衛尉	→義光	佐々木隠岐入道	→義清
左兵衛尉	→広綱	佐々木近江四郎左衛門尉	→氏信
左兵衛尉	→時成	佐々木近江次郎左衛門尉	→高信
前左兵衛尉	→基清	佐々木近江入道	→信綱
左兵衛佐	→親朝	佐々木加賀守	→親清
前左兵衛佐	→為盛	佐々木加治太郎左衛門尉	→実綱
左府	→家通	佐々木加地三郎左衛門尉	安貞2・5・8
左府	→教実	佐々木加地八郎	→信朝
左府	嘉禄1・12・9	佐々木源三	→秀義
左府生	→兼峯	佐々木小三郎	→定高
左府生	→兼見	佐々木小三郎〔兵衛尉〕	→盛季
左府生	→兼平	佐々木小太(二)郎兵衛尉	→定重
左府禅閤	→実定	佐々木五郎〔左衛門尉〕	→義清
左武衛	→能保	佐々木左衛門	→定綱
左馬頭	→義朝	佐々木左衛門四郎	建長4・11・18
左馬頭	→行盛	佐々木左衛門尉	→高綱
左馬頭	→隆保	佐々木左衛門尉	→定綱
左馬頭	文治2・7・27	佐々木左衛門尉	→広綱
左馬頭〔入道〕	→義氏	佐々木左近将監	→信綱
左馬権頭	→盛長	佐々木三郎	→盛綱
左馬権頭	→景氏	佐々木三郎	→泰綱
左馬権頭入道	→昇蓮(法名)	佐々木三郎左衛門尉	→頼重
左馬権助	→政範	佐々木三郎兵衛尉	→盛綱
左馬権助	→範俊	佐々木三郎兵衛入道	→盛綱
左馬権助	→時宗	佐々木四郎	寛喜2・2・19
左馬助	→光時	佐々木四郎〔左衛門尉〕	→高綱
左馬助	→清時	佐々木四郎左(右)衛門尉	→信綱
左(右)馬助	嘉禎3・6・5	佐々木次郎	→経高
	嘉禎3・8・15	佐々木次郎左衛門尉	→高信
前左馬助	→成実	佐々木次郎〔兵衛尉〕	→実秀
佐伯左近将監	承久3・6・18	佐々木七郎左衛門尉	→氏綱
佐伯入道	建長2・3・1	佐々木太郎〔左衛門尉〕	→定綱
佐加江五〈九〉郎	承久3・6・18	佐々木太郎	→信実
佐加江四郎	承久3・6・18	佐々木太郎〔左衛門尉〕	→高重
佐加良江六	建長3・8・14	佐々木太郎左〈右〉衛門尉	承久3・6・18
佐加良三郎	→長頼	佐々木太郎左衛門尉	→重綱
佐久間(満)太郎	→家盛	佐々木太郎兵衛尉	→重綱
佐宇左衛門五郎	建長5・1・9	佐々木対馬守	→氏信
	建長5・1・14	佐々木対馬四郎左衛門尉	→宗綱
佐々宇左衛門三郎	→光高	佐々木対馬太郎左衛門尉	→頼氏
佐々木壱岐三郎〔左衛門尉〕	→頼綱	佐々木中務丞	→経高
佐々木壱岐四郎左衛門尉	→長綱	佐々木中務入道	→経高
佐々木壱岐前司	→泰綱	佐々木八郎〔左衛門尉〕	→信朝
佐々木壱岐入道	→泰綱	佐々木兵衛太郎〔入道〕	→信実
佐々木右衛門三郎	貞応2・10・13		

— 488 —

第Ⅱ部　（1）通称・異称索引（さ）

佐々木判官	→広綱	佐藤伊賀前司	→朝光
佐々木判官	→定綱	佐藤〈渡〉右京進	建長6・12・1
佐々木判官	→高重	佐藤左(右)京進	正嘉1・③・2
佐々木判官	→信綱	佐藤三郎	→秀員
佐々木判官三郎	安貞2・3・9	佐藤三郎兵衛尉	→継信
	安貞2・7・24	佐藤四郎兵衛尉	→忠信
佐々木法橋	宝治2・⑫・26	佐藤庄司	→基治
佐々木又太郎左(右)衛門尉	承久3・6・18	佐藤兵衛尉	→憲清
		佐藤民部次郎	→業連
佐々木孫(弥)四(三)郎左衛門尉	→泰信	佐藤民部大夫	→業時
		佐藤民部大夫	→行幹
佐々木弥太郎〔判官〕	→高重	佐奈田春八	建保1・5・6
佐々木山城守	→広綱	佐奈田豊三	建久1・1・20
佐々木六郎	暦仁1・1・2	佐奈田与一	→義忠
佐々木六郎左衛門尉	寛元3・8・16	佐貫右衛門五郎	承久3・6・18
佐々木六郎法橋	建長2・3・1	佐貫右衛門十郎	承久3・6・18
佐々目法印	→守海	佐貫右衛門尉	→広綱
佐志須〈源〉次	建長2・3・1	佐貫右衛門尉十郎	承久3・6・18
佐介越後四郎	→時治	佐貫右衛門六郎	→秀綱
佐田太郎	承久3・6・18	佐貫五郎	文治5・7・19
佐汰毛四郎	→隆義		建久1・11・7
佐竹冠者	→秀義	佐貫五郎	建暦2・1・11
佐竹蔵人	→義季	佐貫左衛門次郎	延応1・1・5
佐竹四郎	→隆義	佐貫左衛門尉	正嘉2・3・1
佐竹太郎	→義政	佐貫四郎〔大夫〕	→広綱
佐竹入道	建長2・3・1	佐貫七郎	→広胤
佐竹八郎	→助義	佐〈左〉貫次郎	承久1・7・19
佐竹〔常陸〕次郎	→長義	佐貫次郎	安貞2・7・23
佐竹別当	→義季		寛喜1・1・15
佐竹六郎	→義茂	佐貫次郎太郎	→泰経
佐竹六郎次郎	→義行	佐貫次郎太郎	承久3・6・18
佐渡守	→親康	佐貫次郎兵衛尉	寛元3・8・16
佐渡守・佐渡前司	→基綱		寛元4・1・6
佐渡前司	建長3・6・21〈20〉		寛元4・8・15
佐渡五郎左衛門尉	→基隆		宝治1・6・22
佐渡新左衛門尉	→基道	佐貫大夫	→広綱
佐渡左衛門太郎	→基秀	佐貫太郎	→時信
佐渡三郎左衛門尉	暦仁1・2・17	佐貫太郎次郎	承久3・6・18
佐渡二郎左衛門尉	→基親	佐貫中将	→時実
佐渡大夫判官	→基政	佐貫八郎	→時綱
佐渡大夫判官	→基隆	佐貫兵衛尉	→広綱
佐渡太郎左衛門尉	→基秀	佐貫兵衛太郎	→親綱
佐渡帯刀左衛門尉	→基政	佐貫弥四郎	→広信
佐渡入道	→基綱	佐貫六郎	→広義
佐渡〈治〉入道	弘長3・10・10	佐野小五郎	→宗綱
佐渡判官	→基政	佐野左衛門尉	→実綱
佐渡弥四郎	寛元2・8・16	佐野三郎左衛門尉	→実綱

— 489 —

第Ⅱ部　(1)通称・異称索引（さ）

佐野三郎入道	→雅綱		寛元1・8・16
佐野次郎入道	→為綱	佐原六郎〔兵衛尉〕	→時連
佐野七郎	養和1・9・16	佐山十郎	承久3・6・18
	建久6・3・10	座心房〔律師〕	→円信
佐野七郎入道	承久3・6・18	西郷三郎	承久3・6・18
佐野太郎	→基綱	西条四郎	承久3・6・18
佐野太郎	→成綱	西条四郎兵衛尉	暦仁1・2・17
佐野八郎	→清綱	西条与一	暦仁1・2・17
佐野又太郎	文治1・10・24	西面平内	承久3・6・18
	建久1・11・7	菜〈棻〉七郎	文治1・10・24
佐野木工助	→俊職	新宰相	建長3・7・4
佐原大炊助	→経連	宰相阿闍梨	→尊暁
佐原五郎左衛門尉	→盛時	宰相阿闍梨	→長令〈全〉
佐原左衛門四郎	寛喜1・9・17	宰相僧正	→縁快
佐原左衛門尉	→義連	宰相僧都	→円親
佐原新左衛門尉	→胤家	宰相中将	→泰通
佐原新左衛門尉	→光盛	宰相中将・新宰相中将	→公時
佐原三郎	→秀連	宰相中将	→国通
佐原三郎左衛門尉	→家連	宰相中将	→忠経
佐原四郎〔左衛門尉〕	→光連	宰相中将	→経通
佐原四郎兵衛尉	→光連	宰相中将	→範茂
佐原次郎	→信連	宰相中将	→信能
佐原次郎左衛門尉	嘉禎3・1・1	宰相中将	→実雅
佐原次郎兵衛尉	嘉禎3・1・3	宰相中将	→実雄
	嘉禎3・1・11	宰相中将	→顕方
佐原七郎	→光兼	新宰相中将	→成経
佐原七郎左衛門尉	→政連	宰相内供	→定宗
佐原七郎左衛門太郎	→泰連	宰相弁	→親輔
佐原十郎〔左衛門尉〕	→義連	宰相法印	→円親
佐原十郎	→頓連	宰相法印	→縁快
佐原十郎左衛門尉〈太郎〉	寛喜2・12・9	宰相法印	→信助
佐原十郎左衛門〔尉〕	→泰連	宰相法印	→最信
佐原十郎左衛門太郎	安貞2・7・23	宰相律師	→円親
	寛喜2・12・9	宰相律師	→定清
佐原太郎	→景連	宰相律師	→定〈実〉俊
佐原太郎	→経連	斎院次官・前斎院次官	→親能
佐原太郎左衛門尉	→胤家	斎藤右馬允	正嘉2・1・1
佐原太郎兵衛尉	→景連	斎藤五郎左衛門尉	正嘉2・1・1
佐原遠江前司	→盛連	斎藤左衛門尉	→基員
佐原肥前前司	→家連	斎藤左(右)衛門尉	→基時
佐原肥前太郎左衛門尉	→胤家	斎藤左衛門尉	→清時
佐原兵衛三郎	→光義	斎藤左兵衛尉	→長定
佐原兵衛尉	→景連	斎藤左近将監	寛元2・1・2
佐原又太郎	→景義	斎藤次	→朝俊
佐原又太郎兵衛尉	建暦2・1・11	斎藤兵衛入道	→長定
佐原六郎	→政連	斎藤六郎	正嘉2・1・1
佐原六郎左衛門尉	寛元1・7・17	最明寺禅室	→時頼

— 490 —

第Ⅱ部　(1)通称・異称索引（さ）

雑賀次郎	承久1・1・27	相模七郎	→宗頼
雑賀太郎	→尚持	相模禅師	→厳斉
坂田三郎	建久1・11・7	相模大掾	→業時
	建久6・3・10	相模太郎	→泰時
相模右(左)近大夫将監	→時定	相模太郎	→時宗
相模右親衛	→時定	相模入道	→時頼
相模小山四郎	建久6・3・10	相模八郎	→時隆
相模守・相州	→惟義	相模六郎	→時定
相模守	→重頼	相模六郎	→政頼
相模守・相州	→義時	相良三郎	→長頼
相模守・相州	→時房	相良弥五郎	寛元3・8・16
相模守・相州	→重時	指田左衛門尉	仁治2・12・24
相模守・相州〔禅室〕〔禅門〕	→時頼	堺兵衛太郎	承久1・7・19
相模守・相州	→政村	境兵衛尉	→常秀
相模守・相州	→時宗	境平次〔兵衛尉〕	→常秀
相模掃部助	→時盛	桜井五郎	建永1・3・12
相模小太郎	承久1・7・19		建永1・3・13
	安貞2・7・23	桜井次郎	→光高
相模五郎	→実泰	桜庭介	→良遠
相模五郎	→時直	薩摩守・前薩摩守	→忠度
相模国分八郎	承久3・6・18	薩摩守	→公成
相模権守	→仲章	薩摩前司	→祐長
相模権守	→経定	薩摩九郎〔左衛門尉〕	→祐朝
相模権守	→俊定	薩摩左衛門尉	→祐家
相模左近将監	→時定	薩摩新左衛門尉	→祐重
相模左近大夫将監	→長時	薩摩左衛門四郎	→祐家
相模左近大夫将監	→時村	薩摩左衛門四郎	→祐教
相模左近大夫将監	→宗政	薩摩七郎〔左衛門尉〕	→祐能
相州親衛	→宗政	薩摩十郎〔左衛門尉〕	→祐広
相模三郎〔入道〕	→資時	薩摩八郎〔左衛門尉〕	→祐氏
相模三郎	→時利	薩摩与一	→公員
相模三郎・新相模三郎	→時村	里見〔伊賀〕弥太郎	→義継⟨経⟩
相模三郎太郎	→時成	里見冠者	→義成
相模四郎	→朝直	里見蔵人三郎	→義貞
相模四郎	→宗房	里見小太郎	建久6・3・10
相模四郎	→宗政	里見太郎	→義成
相模次郎	→朝時	讃岐院	→崇徳天皇
相模次郎	建久3・11・5	讃岐羽林	→実雅
相模次郎入道	→時村	讃岐守	→能保
相模寺主	→行遍	讃岐守・前讃岐守	→親実
相模式部丞	→時弘	讃岐守・前讃岐守	→忠時
相模式部大夫	→朝直	讃岐守	→師平
相模式部大夫	→時直	讃岐守	養和1・3・10
相模式部大夫	→時弘	讃岐公	→俊昌
相模式部大夫	→為時	讃岐権守	→親宗
相模式部大夫	建保5・12・25	讃岐中将	→時実
相模七郎	→時弘	讃岐中将	→実雅

第Ⅱ部　(1)通称・異称索引（さ・し）

讃岐判官代	→惟繁	参議	→親宗
三郎先生	→義広	参議	→公頼
三郎法師	承久3・6・18	参議	→定家
鮫嶋小四郎	承久3・6・18	前参議	→経盛
鮫嶋四郎	→宗家	参議右衛門督	→忠文
猿渡藤三郎	建久6・3・10	参議左衛門督	→隆房
沢六郎	→宗家	参議左大弁兼丹波（後）権守	→親宗
沢井太郎	建久6・3・10		
山〈印〉東太郎入道	建長2・3・1	参議左兵衛督	→隆房
三位阿闍梨	→範乗	参議讃岐権守	→親宗
三位僧正	→頼兼	参議備前権守	→親信
三位僧都	→定暁	散位	→親能
三位僧都	→貞暁	散位	→宗輔
三位僧都	→頼兼	散位	文治3・4・23
三位僧都	→頑兼	散位	文治4・4・9
三位僧都	→範乗		
三位中将・本三位中将	→重衡	**し**	
三位中将	→良経		
三位中将	→実房		
三位中将	→公相	しさか小次郎	建保1・5・6
三位中将〔家〕	→頼嗣	しむらの平三	文治2・3・27
新三位中将	→資盛	四方田五郎	→弘綱
三位法印	→頼兼	四方田五郎左衛門尉	→資綱
三位法印	→猷尊	四方田左近将監	元久1・2・22
三位法橋	→定暁	四方田三郎	→弘長
三位律師	→兼伊	四方田三郎左衛門尉	→景綱
三位律師	→良明	四方田新三郎左衛門尉	→高政
三歳宮	→亀山天皇	四宮	→雅尊親王
三条蔵人	→親実	四宮三郎	建保1・5・6
三条皇后宮大夫	→実房	四宮太郎	建保1・5・6
三条左衛門尉	文治3・9・13	四宮但馬允	承久3・6・18
三条左近蔵人	→親実	四郎太郎	正嘉1・10・15
三条左近将監	建久3・7・8	志賀九郎	元暦1・12・7
三条左近大夫〔将監〕	→親実	志賀七郎	建久1・11・7
三条少将	→伊基	志賀七郎	建長2・3・1
三条新少将	→守資	志太三郎先生	→義広
三条大納言	→実房	志津田太郎	建久6・3・10
三条大納言	→公親	志水右近将監	承久3・6・18
三条〔高倉〕宮	→以仁王	志水冠者	→義高
三条中納言	→実宣	志水六郎	承久3・6・18
三（二）条中納言	建保6・4・29	志村小太郎	建久1・11・7
三条前民部権少輔	→親実	志村三郎	建久1・11・7
三ノ宮次郎	建久1・11・7	志村次郎	建久6・3・10
三品羽林	→重衡	志村次郎	建保1・5・7
三品親王	→宗尊親王	志村太郎入道	→寂円（法名）
三品禅門	→頼政	志村又太郎	承久3・6・18
三位入道	→頼政	志村弥三郎	承久3・6・18

— 492 —

第Ⅱ部　(1)通称・異称索引（し）

史大夫	→知親	塩屋兵衛入道	建長2・3・1
塩飽左衛門大夫	→信貞	塩屋〈谷〉民部六郎	暦仁1・2・17
塩飽左近大夫〔入道〕	→信貞	塩屋〈谷〉六郎左衛門尉	暦仁1・2・17
前治部卿	→光隆	式忍坊	→幸証
治部卿律師	→頼乗	式部右衛門次郎	文応1・1・3
治部権少輔	→経章	式部左衛門三郎	弘長1・1・1
治部権大輔	→兼康	式部次郎	→光泰
治部権大輔	→頼氏	式部二郎蔵人	寛元1・7・18
前治部少輔	→経章	式部次郎左衛門尉	→光長
治部丞	→宗成	式部丞	→時房
治部大輔	→頼氏	式部丞	→泰時
侍従	→能成	式部丞	→朝時
侍従	→公佐	式部丞	→光宗
侍従	→範有	式部丞	→朝直
侍従阿闍梨	建長6・6・23	式部丞	→時章
侍従僧正	→信恵	式部太郎	→宗義
持明院〔入道親王〕	→後高倉院	式部太郎左衛門尉	→光政
持明院少将	→相保	式部大丞	→朝時
持明院少将	→基盛	式部大夫	→光範
慈音坊	→観海	式部大夫	→繁政
慈教坊	→増円	式部大夫	→維時
慈恵〈慧〉大師	宝治1・3・2	式部大夫	→親能
	宝治1・3・28	式部大夫	→義国
椎名小次郎	承久3・6・18	式部大夫	→重清
椎名弥次郎	承久3・6・18	式部大夫	→泰時
椎名六郎	→胤継	式部大夫	→朝時
塩河中務丞	承久3・5・22	式部大夫	→政村
塩尻弥三郎	承久3・6・18	式部大夫	→時直
塩部小太郎	建久1・11・7	式部大夫	→時秀
塩部四郎	建久1・11・7	式部大夫	→親行
塩谷奥太	承久3・6・18	式部大夫	→時弘
塩谷小三郎	承久3・6・18	式夫大夫	→時章
塩谷五郎	→惟広	式部大夫入道	→義重
塩谷五郎	→経盛	式部大夫入道	→光宗
塩谷左衛門尉	承久3・6・18	式部大輔	→為長
塩谷四郎左(右)門衛尉	寛元1・7・17	式部八郎左衛門三郎	弘長1・1・1
塩谷周防前司入道	→朝親	式部八郎兵衛尉	宝治2・12・10
塩谷周防五郎	→親時		建長3・1・20
塩谷〔周防〕四郎兵衛尉	→泰朝		康元1・6・29
塩谷太郎	→家光	式部兵衛次郎	→光長
塩谷兵衛尉	→朝業	式夫兵衛次郎	→光泰
塩谷民部大夫	→家経	式部兵衛太郎	→光政
塩谷弥四郎	承久3・6・18	式部六郎左衛門尉	→朝長
塩谷六郎	建久1・11・7	直講	→教隆
塩谷六郎	承久3・6・18	完戸壱岐前司	→家周
塩屋三郎	→惟守	完戸壱岐左衛門太郎	→家宗
塩屋大郎	→家光	完戸〔壱岐〕次郎左衛門尉	→家氏

第Ⅱ部　(1)通称・異称索引（し）

完戸四郎	→家政	信濃民部大夫	→行泰
七条院非蔵人	→範清	信濃民部入道	→行盛
七条紀太	→守貞	信濃六郎左衛門尉	寛元2・8・16
七条入道大納言	→頼経	信夫佐藤庄司	→基治
七郎左衛門入道	建長2・3・1	篠山丹三	文治5・11・17
七郎武者	→宣親		文治5・11・18
実憲坊	文治1・4・28	芝田橘六	→兼義
品川小三郎	→実員〈貞〉	芝田次郎	正治2・8・21
品川四郎	承久3・6・18	芝原大郎	→長保
品川四郎三郎	承久3・6・18	柴江刑部丞	→綱
品川四郎太郎	承久3・6・18	柴江三郎	建久5・8・20
品川次郎	承久3・6・18	渋江五郎	→光衡
品川太郎	→実員	渋江太郎兵衛尉	康元1・6・2
品川六郎太郎	承久3・6・18	渋河刑部丞	建仁3・9・2
品河右馬允	正嘉2・3・1	渋河刑部六郎	→兼守
品河三郎〔入道〕	→清実	渋河小次郎	建保1・5・6
信乃〈高野〉弥太郎	承久3・6・18	渋河五郎	→兼保
信濃右馬允	寛元4・7・11	渋河左衛門	建保1・5・6
信濃守	→遠光	渋河左衛門太郎	建保1・5・6
信濃守	→遠義	渋河次郎	正治2・1・20
信濃守・信濃前司	→行光		正治2・1・23
信濃守・信濃前司	→泰清		建保1・5・6
信濃蔵人	正嘉2・1・1	渋河武者所	元久2・6・22
	文永2・3・7	渋河弥五郎	→兼保
信濃権守	寛元4・7・11	渋河弥次郎	寛元2・8・16
信濃〔次郎〕左衛門尉	→行泰	渋谷右衛門三郎	康元1・8・16
信濃〔次郎〕左衛門尉	→時清	渋谷右(左)衛門四(次)郎	→清重
信濃左近将監	天福1・1・2	渋谷小三郎	建保1・5・6
	天福1・6・27	渋谷小次郎	建保1・5・6
信濃三郎	→光行	渋谷五郎	→重助
信濃三郎左衛門尉	→行綱	渋谷五郎	文治3・4・29
信濃三郎左衛門尉	→行章		建保1・5・6
信濃四郎	建長6・6・16	渋谷権守五郎	承久3・6・18
信濃四郎左衛門尉	→行忠	渋谷権守太郎	→光重
信濃四郎左衛門尉	元仁1・5・6	渋谷権守六郎	承久3・6・18
信濃次郎左衛門尉	→行宗	渋谷左衛門	建長2・3・1
信濃次(二)郎兵衛尉	貞応2・10・13	渋谷〈渋谷善〉左衛門尉	建保1・11・23
信濃僧正	→道禅	渋谷左衛門尉	→武重
信濃僧都	→道禅	渋谷新左衛門尉	→朝重
信濃大夫判官	→行綱	渋谷左衛門大郎	→朝重
信濃〔大夫〕判官	→時清	渋谷三郎	建保1・5・6
信濃判官〔入道〕	→行忠		承久3・6・18
信濃判官二郎左衛門尉	→行宗		嘉禎2・8・4
信濃法印	→道禅		仁治1・8・2
信濃法橋	→道禅	渋谷三郎〔左衛門〕太郎	→重村
信濃法眼	→道禅	渋谷三郎入道	建長2・3・1
信濃民部大夫〔入道〕	→行盛	渋谷四郎	→時国

第Ⅱ部　(1)通称・異称索引（し）

渋谷次郎	→高重	下河辺四郎	→政義
渋谷次郎左衛門尉	建長6・6・16	下河辺庄司	→行平
渋谷二郎太郎	→武重	下河辺太郎	→行秀
渋谷七郎	承久3・6・18	下河辺藤三	建久6・3・10
渋谷庄司	→重国	下河辺六郎	→光侑
渋谷十郎	→経重	下嶋権守太郎	建久6・3・10
渋谷せんさの次郎	建保1・5・6	下条四郎	寛元2・8・16
渋谷大郎	→光重		寛元3・8・16
渋谷太郎左衛門尉	→武重		康元1・8・16
渋谷太郎兵衛尉	正嘉2・3・1	下須房太郎	→秀方
渋谷平太三郎	承久3・6・18	下野守	→頼氏
渋谷又太郎	承久3・6・18	下野守・下野前司	→泰綱
渋谷弥次〔五〕郎	建久1・11・7	下野国司	→義朝
	建久6・3・10	下野左衛門尉	→景綱
渋谷六郎	→盛重	下野四郎〔左衛門尉〕	→景綱
島田五郎〔左衛門尉〕	→親茂	下野七郎	→経綱
島楯三郎	建久1・11・7	下野少掾	→典沢
嶋津大隅前司	→忠時	下野大掾〔入道〕	→政光
嶋津大隅修理亮	→久時	下野入道	→朝政
嶋津権守	正嘉2・2・25	下野法橋	→仁俊
嶋津左衛門尉	→忠久	下妻四郎	→清氏
嶋津三郎左衛門尉	→忠直	下妻四郎	→弘幹
嶋津三郎兵衛尉	→忠義	下妻四郎	→長政
嶋津周防前司	→忠綱	下妻修理亮	→長政
嶋津周防七郎	→定賢	下宮次郎	建久1・11・7
嶋津大夫判官	→忠久	下山次郎入道	嘉禎1・5・27
嶋津豊後守・豊後前司	→忠久	下山入道	寛喜3・1・14
嶋津豊後左衛門尉	→忠綱	下山兵衛太郎	弘長3・1・8
嶋名刑部三郎	→親高	主典代織部正	文治4・4・9
下総守・下総前司	→保茂		文治4・12・11
下総守	→季衡	主典代織部正兼皇后宮大属	文治1・8・13
下総守・前下総守	→邦業	主上	→安徳天皇
下総前司	→行経	主上	→後鳥羽天皇
下総前司	→盛綱	主馬〔大夫〕判官	→家衡
下総前司	→常秀	寿王冠者	→光綱
下総前司	弘長1・1・1	寿福寺長老・方丈	→栄西
下総小太郎	寛元2・6・13	寿福寺長老	→行勇
下総権守	→重行	寿福寺長老悲願房	→郎誉
下総権守	→為久	修理右宮城使右中弁	→基親
下総三郎	宝治1・6・22	修理権大夫	→頼輔
下総次郎	→時常	修理権大夫	→長綱
下総十郎	暦仁1・2・17	修理権大夫	→惟義
下総介	→常秀	修理権大夫	→親信
下河辺左衛門三郎	寛元2・6・13	修理〔権〕大夫・匠作	→時房
下河辺左衛門次郎	→宗光	修理左宮城使	→光長
下河辺左(右)衛門尉	→行光	修理〔少〕進	→季長
下河辺四郎	→行時	修理少進	→景通

— 495 —

第Ⅱ部　(1)通称・異称索引（し）

修理少進	→経通	少輔公	→幸源
修理進三郎	→宗長	少輔左近大夫〔将監〕	→佐房
修理亮	→義盛	少輔二郎	弘長1・1・1
修理亮・匠作	→泰時	少輔大夫	→泰貞
修理亮・匠作	→時氏	少輔入道	→定長
修理亮	→泰綱	少輔判官代	→佐房
修理亮	→政秀	少輔房	承久3・6・18
修理亮	→久時	少輔木工助	→広時
修理亮	→晴秀	少輔木工助	暦仁1・2・17
修理大夫	→定輔	少輔木工助太郎	正嘉2・1・1
修理大夫	→信隆	庄五郎	承久3・6・18
十三歳宮	→宗尊親王	庄三郎	→忠家
十字坊	文治1・11・22	庄四郎	→弘季
	文治1・11・29	庄四郎	文治1・11・2
十郎蔵人	→行家		建久1・11・7
十郎大夫	→高久	庄太郎	→家長
十郎兵衛尉	寛元4・7・11	庄太郎三郎	→時家
俊乗坊	→重源	庄司五郎	→広方
所司三郎	建久3・8・14	庄司三郎	→忠家
所司次〈三〉郎	文治1・12・28	庄司大郎	→頼康
助教	→師員	庄田三郎	→佐房
助教	→師茂	庄田四〈二〉郎	→行方
助教	弘長1・1・1	庄田太郎	→家房
小卿入道	→景頼	青蓮院宮僧正	承久3・10・13
小権介	→良常	相公羽林	→実雅
小次郎	文治3・4・29	相公羽林	→顕方
小代右馬次郎	承久3・6・18	〔相国〕禅閤	→清盛
小代小次郎	承久3・6・18	〔故〕将軍〔家〕	→頼朝
小代八郎	→行平	〔入道前〕将軍〔家〕	→頼家
小代与〈与田〉次郎	承久3・6・18	将軍〔家〕	→実朝
小平太	建久1・11・7	〔前〕将軍〔家〕	→頼経
少将	→教成	〔新〕将軍〔家〕	→頼嗣
少将殿	→忠実	〔前〕将軍〔家〕	→宗尊親王
前少将	→時家	将軍前右大家	→頼朝
前少将	→有盛	将軍右大臣家	→実朝
前少将	→信時	将軍家若君	→頼家
少将阿闍梨	→実杲	将軍家若宮	→惟康親王
少将僧都	→公覚	将監	→成能
少将法眼	→観清	将曹	→景盛
少納言	→宗縄〈綱〉	勝長寿院別当	→恵眼
少納言	→重継	勝長寿院別当	→親慶
少納言	→信清	勝長寿院別当権少僧都	→最信
少納言	→頼房	勝長寿院別当法印	→良信
少納言兼侍従	文治4・12・11	勝長寿院別当法橋	→定豪
少納言阿闍梨	→定瑜	勝長寿院法印	→最信
少納言律師	→観豪	上宮太子	→聖徳太子
少内記	→信康	上皇	→後白河天皇

— 496 —

第Ⅱ部　(1)通称・異称索引(し・す)

上皇	→後鳥羽天皇	白河式部丞	宝治1・6・22
上皇	→後嵯峨天皇	白河七郎	宝治1・6・22
上皇第一宮	→宗尊親王	白河八郎	宝治1・6・22
上皇第三宮	→亀山天皇	白河判官代〔入道〕	→為親
上座法橋上人位	元暦1・11・23	白河〈河内〉判官代八郎	安貞2・7・23
成就院僧正房	元暦1・7・2	白鳥八郎	→行任
定蓮房律師	→観西	白根与三次郎	建保1・5・6
浄意坊竪者	→良祐	真善〈膳〉房	→家〈実〉蓮
浄円房	→智覚	真智房〔法橋〕	→隆宣
浄光房	暦仁1・3・23	真如院僧正	→真円
	寛元1・6・16	進三郎左衛門尉	→宗長
浄台房	文治5・11・23	進三郎入道	建長2・3・1
浄如房	→本月	進次郎左衛門尉	建長2・3・1
浄仏房	→良祐	進士三郎	→基度
浄蓮房	建保1・3・23	進士三郎	暦仁1・2・17
	元仁1・6・22	進士次郎蔵人	→光政
	元仁1・8・8	進士判官代	→隆邦
	寛喜1・2・11	新院	→順徳天皇
	寛喜1・2・21	新王(皇)	→以仁王
城九郎	→資国	新五郎	仁治2・3・25
城九郎	→泰盛	新太郎	承久3・6・18
城九郎	→長景	新藤次	→俊長
城小次郎	→資家	新平太	元暦1・6・16
城小太郎	→資盛	新平太郎	仁治2・10・19
城五郎〔左衛門尉〕	→重景	新平八郎	仁治2・10・19
城三郎	→資正	新開荒次郎	→実重
城三郎	→景村	新開左衛門尉	→泰重
城四郎	→長茂	新開兵衛尉	承久3・6・18
城四郎	→資国	新開弥次郎	承久3・6・18
城四郎〔左衛門尉〕	→時盛	新野左近将監	→景直
城次郎	→頼景	新野太郎	→景直
城十郎	→時景	新平馬允	建保1・5・6
城太郎	→資永	親衛	→経時
城太郎	→義景	親王〔家〕	→宗尊親王
城弥九郎	→長景	神祇小副	→定隆
城弥五郎	弘長3・1・1	神祇小副	→為定
城六郎〔左衛門尉〕	→顕盛	神祇大副	→公宣
城六郎兵衛尉	→顕盛	神祇大副	→隆宗
城介入道	→景盛	神保刑部少輔〈神保与一〉	承久3・6・18
城介入道	→義景	神保太郎	承久3・6・18
常住院僧正	→道慶	神保与三	承久3・6・18
白井太郎	嘉禄2・4・20		
白石三郎	→家員		
白石太郎	建長2・3・1		**す**
白河出雲権守	→為政		
白河黒法師	建久2・8・14	須恵太郎	建長2・3・1
白河左衛門尉	→義典	須賀五郎	承久3・6・18

第Ⅱ部 （1）通称・異称索引（す）

須賀左衛門太郎	暦仁1・2・17	周防判官	→忠景
須賀次郎	承久3・6・18	周防六郎〔左衛門尉〕	→忠頼
須賀弥太郎	承久3・6・18	周梨兵衛四郎	→頼泰
須久留兵衛次郎	承久3・6・18	周梨兵衛尉	寛喜2・5・27
須黒兵衛太郎	→恒高	周西二郎	→助忠
須細〔治部〕大夫	→為基	周東兵衛五郎	文応1・11・18
須田小大夫	建久1・11・7	図書頭	→忠茂
諏方大祝	→盛重	図書左衛門尉	嘉禎2・7・24
諏方大祝	→信重	図書允	→清定
諏方刑部左衛門入道	正嘉2・8・17	図書允	→清時
	正嘉2・8・18	前図書允	文治5・6・27
	正嘉2・9・2	図書助	→晴盛
諏方三郎〔左衛門尉〕	→盛経	図書助	→晴秀
諏方三郎左衛門入道	→盛経	菅冠者	治承4・9・10
諏方四郎左衛門尉	弘長3・1・1		治承4・10・18
諏方四郎兵衛尉	→盛頼	菅十郎左衛門尉	→周則
諏方大夫	→盛澄	菅〈藤〉名太郎	建長2・3・1
諏方太郎	→盛澄	宿屋左衛門尉	→光則
諏方入道	→盛重	宿屋次郎	→忠義
諏方祝	→盛澄	宿屋次郎	建保1・2・16
諏方兵衛四郎	→盛頼	宿〈岩〉屋太郎	建久6・3・10
諏方兵衛尉	→盛重	宿屋太郎	承久3・6・18
諏方兵衛入道	→盛重	佐宰相	建長3・7・4
諏訪部四郎左衛門入道	→定心（法名）	佐三位	建長3・7・4
諏訪上宮大祝	→蔫光	佐僧都	→寛耀
主藤三	→助忠	助僧正	→厳海
周防右(左)馬助	→光時	助法印	→珍誉
周防守	→能成	助法印	→厳海
周防守・周防前司	→親実	助法眼	→珍誉
周防守	→光時	亮僧正	→真円
周防守・周防前司	→忠綱	鈴置平〈下〉五	文治1・8・24
前周防守・周防前司入道	→朝親	住吉小太夫	→昌長
周防蔵人	嘉禄1・12・20	住吉小太夫	→昌泰
	安貞2・2・19	住吉神主	→昌助
周防五郎	正嘉2・1・1	隅田次郎左衛門尉	建長6・10・6
周防〔五郎〕左衛門尉	→忠景	駿河右(左)近大夫	→俊定
周防五郎兵衛尉	→忠景	駿河守	→宗朝
周防〔三郎〕左衛門尉	→忠行	駿河守・駿州	→広綱
周防四郎左衛門尉	→忠泰	駿河守・駿河前司	→季時
周防四郎兵衛尉	→泰朝	駿河守・駿河前司	→惟義
周防四郎兵衛尉	→泰朝	駿河守	→泰時
周防七郎	→定賢	駿河守・駿河前司	→義村
周防修理亮	→時幸	駿河守	→重時
周防修理亮	建長4・11・17	駿河守	→有時
	康元1・6・29	駿河掃部権助	→泰村
	正嘉2・1・1	駿河九郎	→重時
	弘長1・1・1		

— 498 —

第Ⅱ部 （1）通称・異称索引（す・せ）

駿河蔵人	安貞1・3・24	征夷大将軍	→頼経
	安貞2・7・23	征夷大将軍	→頼嗣
	安貞2・12・30	征夷大将軍一品中務卿	→宗尊親王
	嘉禎1・2・15	清右衛門志	安貞1・6・8
駿河蔵人次郎	→経親	清右(左)衛門大夫	→季氏
駿河源五左衛門尉	貞永1・9・11	清左衛門〔少〕尉	→満定
駿河小太郎兵衛尉	→朝村	清三郎左衛門尉	弘長1・1・1
駿河五郎〔左衛門尉〕	→資村	清図書允	→清定
駿河五郎	→通時	清大外記	→頼尚
駿河三郎	→光村	清大夫	正治1・2・4〈6〉
駿河三郎	→員村	清判官	→季氏
駿河左衛門大夫	→惟信	清流法印	→良算
駿河四郎〔左衛門尉〕	→家村	清六郎兵衛尉	弘長1・1・1
駿河四郎	→兼時	関五郎左衛門尉	宝治1・6・22
駿河四郎式部丞	→家村	関左衛門尉	→政綱
駿河〔四郎〕式部大夫	→家村	関左衛門尉	→政泰
駿河次郎	→泰村	関左衛門入道	→政綱
駿河次郎	文応1・2・20	関左近大夫将監	→実忠
	文応1・4・1	関四郎	建久1・2・12
駿河式部三郎	宝治1・6・22	関四郎	宝治1・6・22
駿河式部丞	→泰村	関二郎	→政平
駿河式部大夫	→通時	関出羽守	→信兼
駿河式部大夫	→家村	関判官代	→実忠
駿河新大夫	→俊定	関瀬修理亮	→義盛
駿河太郎	→朝村	関田太郎	承久3・6・3
駿河大夫判官	→光村	摂政	→道家
駿河入道	→季時	〔前〕摂政〔殿〕	→基通
駿河八郎〔左衛門尉〕	→胤村	摂政右大臣	→兼実
駿河八郎入道	→胤村	摂政左大臣	→良経
駿河判官	→光村	摂政左大臣	→兼平
駿河又太郎左衛門尉	→氏村	摂政殿	→兼実
駿河民部大夫	→行光	摂政殿	→教実
駿河六郎	弘長3・6・13	摂政殿	→兼経
		摂政〔前〕内大臣	→基通
せ		摂津大隅守・大隅前司	→親員
		摂津守藤原朝臣	文治4・12・11
		摂津守・摂津前司	→師員
世山三郎	承久3・6・18	摂津権守入道	正治2・4・8
瀬尾太郎	→兼保	摂津左衛門尉	→為光
瀬下奥太郎	建久6・3・10	摂津左衛門尉	寛元1・7・17
瀬下四郎	→広親		寛元2・8・16
瀬下太郎	寛元3・8・15		宝治1・5・14
成勝寺執行	→昌寛		宝治1・11・15
成勝寺太郎	文治4・3・15		宝治2・12・10
前征夷将軍	→頼朝		宝治2・⑫・10
征夷〔使〕大将軍	→頼朝		建長3・1・5
征夷大将軍	→頼家		建長3・1・11

— 499 —

第Ⅱ部　(1)通称・異称索引（せ・そ）

	建長3・8・15	善太左(右)衛門尉	→康定
摂津新左衛門尉	宝治2・1・3	善太左衛門尉	→康長
	宝治2・12・10	善太次郎左衛門尉	安貞2・7・23
	建長2・1・16	善太郎右〈左〉衛門尉	→康長
	建長2・8・18	善太郎左衛門尉	→康定
	建長2・12・27	善隼人介	→康清
	建長3・1・1	善隼人入道	→康清
	建長3・1・20	善兵衛尉	建久6・3・10
	建長3・10・19	善兵衛太郎	正嘉2・1・7
摂津四郎左衛門尉	嘉禎2・1・3	善又次郎	建長6・3・12
摂津入道	→師員	善又〈波〉太郎入道	建長6・3・12
摂津判官	→盛澄	善民部大夫	→康俊
摂津法眼	→行重	善六〔郎〕左衛門二〈次〉郎	→盛村
摂津民部大夫	→為光	善六〔郎〕左衛門尉	弘長1・1・1
摂録	→兼経		弘長1・7・30
摂録大殿	→道家	善六郎兵衛尉	建長6・6・16
千光〔房〕七郎	文治4・8・17	善光寺学頭	→維真
	文治5・3・20	善光寺勧進上人	文治3・7・27
千田判官代	→親政	禅閤	→清盛
千田判官代入道	→蓮性(法名)	禅閤	→道家
仙洞	→後白河天皇	禅師君	文治2・8・5
仙洞	→後鳥羽天皇	禅修房	文治5・9・9
仙洞	→後堀河天皇	禅定殿下	→基通
仙洞	→後嵯峨天皇	禅定殿下	→道家
仙波左衛門尉	承久3・6・18		
仙波次郎	→安家		**そ**
仙波太郎	→信恒		
仙波平太	→信平		
仙波弥次郎	→光時	そち山八郎	建保1・5・6
先次郎左衛門尉	→政宣	そめやの刑部	建保1・5・6
先法師冠者	文治4・8・23	そめやの大郎	建保1・5・6
専光坊	→良暹	祖達房	建仁2・8・24
専光坊	→覚淵		建仁2・8・27
専性房	→金〈全〉淵	祖父将軍	→義家
善右衛門	建長2・3・1	曽井入道	文治3・4・29
善右衛門五郎	→康家	曽我小太郎	→祐綱
善右衛門四郎	承久3・6・18	曽我五郎	→時致〈宗〉
善右(左)衛門次郎	→康有	曽我十郎	→祐成
善右(左)衛門尉	→康盛	曽我太郎	→祐信
善右(左)衛門尉	→康長	曽我太郎	承久3・6・18
善右衛門太郎	→康知	曽我八郎	承久3・6・18
善刑部丞	建長6・12・1	曽我八郎三郎	承久3・6・18
善五郎左衛門尉	→康家	曽加入道	建長2・3・1
善左衛門〔尉〕次郎	→盛村	曽祢太郎	建久1・11・7
善次郎左衛門尉	→康有		建久6・3・10
善式部大夫	→光衡	蘇公	→蘇秦
善進士	→宣衡	宗掃部允	→孝尚

— 500 —

第Ⅱ部 （1）通称・異称索引（そ・た）

宗掃部助	正嘉2・1・1	帥法橋	→快深
宗宮内左衛門尉	嘉禎3・4・22	帥六郎	寿永1・7・14
宗宮内五郎左衛門尉	暦仁1・2・28	園田淡路守・淡路前司	→俊基
宗監物	→孝尚	園田七郎	→成朝
宗左衛門尉	→孝親	園田弥三〈二〉郎	寛元1・7・17
宗左衛門大夫	寛元2・8・16	園田六郎	建保1・5・6
宗大夫	→有秀	薗田次郎	建保1・5・6
宗兵衛尉	→為泰	薗田大郎	建保1・5・6
宗民部十郎	弘長1・2・20	薗田又次郎	暦仁1・2・17
宗民部大夫	正嘉2・1・1		仁治1・8・2
	弘長1・1・1	薗田弥二郎左衛門尉	暦仁1・2・17
宗観房	弘長3・10・26	染屋刑部七郎	承久3・6・18
宗輪田右馬允	文治4・2・2	尊道房	建保1・4・24
荘厳房〔阿闍梨〕	→行勇	尊南房僧都	→定任
荘厳房僧都	→行勇		
荘厳房律師	→行勇		**た**
相馬九郎	→常清		
相馬小五郎	→胤村	たかへ左近	建保1・5・6
相馬五郎	→義胤	たしりの太郎	文治2・3・27
相馬五郎左衛門尉	→胤村	たなの大郎	建保1・5・6
相馬五郎左衛門尉	文応1・4・1	たなの兵衛	建保1・5・6
相馬衛門五郎	→胤村	たのみ兵衛	建保1・5・6
相馬衛門三郎	寛元3・8・16	田井十郎	仁治2・10・19
相馬左衛門尉	嘉禎2・8・4	田上六郎	建久1・11・7
	嘉禎2・8・9	田河太郎	→行文
	暦仁1・2・17	田窪太郎	→高房
	仁治1・8・2	田代冠者	→信綱
	正嘉2・3・1	田内左衛門尉	文治1・2・21
相馬三郎	承久3・6・18	田中右(左)衛門尉	→知継
相馬四郎兵衛尉	寛元3・8・15	田中太郎	仁治2・11・4
相馬次郎	→師常	多加谷小三郎	建久1・11・7
相馬次郎	承久3・6・18	多賀二郎	→重行
相馬次郎左衛門尉	→胤綱	多賀谷右衛門尉	暦仁1・2・17
相馬次郎左衛門尉	建長4・8・1	多賀谷五郎	→景茂
相馬次郎兵衛尉	→胤継	多賀谷太郎兵衛尉	暦仁1・2・17
相馬介	文治2・6・11	多賀谷兵衛尉	仁治2・12・24
相馬大郎	承久3・6・18	多賀谷弥五郎	→重茂
相馬弥(孫)五郎左衛門尉	→胤村	多気次郎兵衛尉	嘉禎1・6・29
造東大寺長官左中弁	→定長	多気太郎	→義幹
帥阿闍梨	→禅信	多久平太	建長2・3・1
帥卿	→経房	多胡宗太	文治1・10・24
帥君	→日恵		建久6・3・10
帥僧正	→定基	多胡宗内	→親時
帥僧都	→定基	多胡宗〈宮〉内左衛門太郎	暦仁1・2・17
帥中納言	→経房	多胡宮納左衛門尉	正嘉2・3・1
帥法印	→定基	多々良小次郎	→重基
帥法橋	→珍瑜		

第Ⅱ部 （1）通称・異称索引（た）

多々良小太郎	→重光	伊達八郎	建長5・10・23
多々良権守	→貞義	伊達八郎太郎	暦仁1・2・17
多々良三郎	→重春	伊達常陸入道	→朝宗
多々良四郎	→明宗	伊達判官代	暦仁1・2・17
多々良次郎〔左衛門尉〕	→通定	駄三郎八郎入道	→則俊
多々良次郎兵衛尉	→光連	大夫	→敦盛
多々良七郎	建久1・11・7	大夫	→泰宗
	建久6・3・10	大夫阿闍梨	→重慶
多田蔵人	→基綱	大夫公	→承栄
多田蔵人大夫	→行綱	大夫史	→隆職
多比良小次郎	正嘉2・3・1	大夫史	→広房
多和利山七太	養和1・②・23	大夫史	→国宗
工匠蔵人	建久5・10・25	大夫属	→定康
	建久5・12・26	大夫属	→重能
内匠頭	→経長	大夫属	文治2・3・1
内匠蔵人大郎	正嘉2・3・1		文治2・4・1
大宰権少貳入道	→景頼	大夫属入道	→康信
前大宰権少貳入道	→蓮佐（法名）	大夫将監	→親実
大宰権帥	→経房	大夫将監	→長時
大宰権帥	→季仲	大夫尉	→友実
大宰三郎左衛門尉	→為成	大夫尉	→信盛
大宰次郎左衛門尉	正嘉2・6・17	大夫尉	→盛国
大宰次郎兵衛尉	寛元4・8・15	大夫尉	→兼隆
大宰少貳	→種直	大夫尉	→広元
大宰〔権〕少貳	→景頼	大夫尉	→景廉
大宰〔権〕少貳	→為佐	大夫尉	→秀能
前大宰小貳	→為佐	大夫尉	→惟義
大宰肥後左衛門三郎	正嘉2・1・7	大夫尉	→惟信
大宰肥後三郎〔衛門尉〕	→為成	大夫尉	→光季
大宰肥後次郎左衛門尉	→為時	大夫尉	→泰綱
太上法皇	→後白河天皇	大夫尉	→基政
太上法皇	→後高倉院	大夫尉	→泰清
太政大臣	→師長	大夫進	→仲賢
太政大臣	→頼実	大夫僧都	→賢長
太政大臣	→公房	大夫殿	→義時
太政大臣	→公経	大夫判官	→景高
太政大臣	→実氏	大夫判官	→義経
前太政大臣	→忠雅	大夫判官	→仲頼
伊達右衛門尉	→為家	大夫判官	→知康
伊達蔵人大夫	文永3・1・12	大夫判官	→友実
伊達左(右)衛門蔵人	→親長	大夫判官	→広元
伊達四郎	→為家	大夫判官	→基清
伊達次郎	→為重	大夫判官	→光季
伊達次郎	建久4・8・1	大夫判官	→惟信
	建長4・8・6	大夫判官	→景廉
伊達〈中村〉太郎	寛元1・1・10	大夫判官	→行村
伊達入道	建長2・3・1	大夫判官	→広綱（佐々木）

— 502 —

第Ⅱ部　（1）通称・異称索引（た）

大夫判官	→広綱(結城)	大臣〈政〉法眼	→親源
大夫判官	→景朝	大膳権亮	→道氏
大夫判官	→定員	大膳権亮	→孝俊
大夫判官	→泰綱	大膳権亮	→仲光
大夫判官	→時連	大膳権大夫	→師員
大夫判官	→泰清	大膳権大夫	→維範
大夫判官	→行有	大膳進	→兼光
大夫法印	→忠遍	大膳進	→盛行
大夫法印	→賢長	大膳亮	→広仲
大夫法眼	→晴尊	大膳亮	→資俊
大夫房	→信救	大膳亮・前大膳亮	→泰貞
大夫律師	→良賢	前大膳亮	→為親
大学頭	→通国	大膳大夫	→業忠
大学頭	→仲章	大膳大夫・前大膳大夫	→広元
大学頭阿闍利大法師	元暦1・11・23	大膳大夫	→師員
大学允	正嘉2・1・1	前大膳大夫〔属〕入道	→広元
大学允	弘長1・1・1	大僧正御房	→恵良
大学助	→義清	大納言	→定房
大学助	→晴吉	大納言・前大納言	→時忠
大学助	→晴長	大納言	→師経
大学房	→行慈	大納言	→通光
大学法眼	→行慈	大納言	→定通
大官令	→広元	大納言・新大納言	→忠信
〔前〕大官令禅門	→広元	大納言	→清貫
大宮司(熱田)	→範経	大納言	→兼平
大外記	→師尚	大納言	→通方
大外記	→師重	大納言	→定能
大外記	→師記	大納言	→師頼
大外記	→師兼	大納言〔家〕	→頼朝
大監物	→宣賢	大納言兼右(左)近衛大将	→実房
大監物	→光行	前大納言	→顕方
大監物・前大監物	→文元	新大納言	→頼朝
大閤	→公経	新大納言	→忠良
大史小槻宿禰	→隆職	大納言阿闍梨	→隆弁
大相国	→頼実	大納言家・前大納言家	→頼経
大相国	→家実	大納言僧正	→良基
大相国	→良平	大納言僧都	→定親
大相国〔禅閤〕	→公経	大納言僧都	→隆弁
大将〔軍〕	→頼朝	大納言僧都	寛元2・5・29
大将家	→頼朝	大納言法印	→隆弁
大将殿	→忠実	大納言法印	→守海
大椽禅門	弘長3・2・9	大納言法印	→良全
	弘長3・2・10	大納言律師	→隆弁
大職冠	→鎌足	大内記	→長貞
大進僧都	→観基	前大内記	→茂範
大進法印	→観基	大貳	→親実
大臣法印	→証円	大貳阿闍梨	→覚玄

— 503 —

第Ⅱ部　(1)通称・異称索引（た）

大貳法印	→覚玄	高場次郎	寿永1・1・28
大貳律師	→円仙		寿永1・2・2
大僕卿	→義朝	高橋右馬允	→光泰
大輔房	→源性	高橋刑部入道	建長2・3・1
大麻藤太	→家人	高橋九郎	承久3・6・18
大理	→能保	高橋〈柳〉小次郎	建保1・5・6
大蓮房	→景盛	高橋次〈二〉郎	安貞1・6・18
当麻右馬五郎	康元1・8・16	高橋十郎	建長2・3・1
当麻太郎	建久4・8・10	高橋太九郎	承久1・7・19
	建久4・8・17	高橋太郎	建久1・11・7
題学房	→行慈	高橋判官	→盛綱
醍醐禅師	→全成	高橋六郎兵衛尉	寛元2・8・16
醍醐禅師	→有光	高畠太郎	→式久
平子太郎	建久1・11・7	高畠大和大郎	文治5・7・19
平子左衛門	建長2・3・1	高幡太郎	建久1・11・7
平子次郎入道	建長2・3・1	高〈庁〉鼻和左衛門尉	建長2・3・1
平子野平〔右〕馬允	→有長	高間三郎	建久1・11・7
高井小次郎	承久3・6・18	高水右(左)近三郎	正嘉2・1・1
高井小太郎	承久3・6・18		文永2・6・11
高井五郎	承久3・6・18	高屋太郎	建久1・11・7
高井三郎	→実泰	高柳四郎三郎	→行忠
高井三郎	承久3・6・18	高柳弥次郎	→幹盛
高井三郎兵衛尉	→重茂	高山小三郎	→重親
高井四郎太郎	→実村	高山五郎	嘉禄2・5・23
高井〔兵衛〕次郎	→実茂	高山五郎四郎	暦仁1・2・17
高井太郎	→時義	高山三郎	元暦1・12・7
高井兵衛	→重茂	高山弥三郎	暦仁1・2・17
高井室三郎	承久3・6・18	高山弥四郎	暦仁1・2・17
高井弥太郎	承久3・6・18	鷹司官者	建保1・5・2
高雄上人	→文学(覚)	滝口左衛門尉	正嘉2・3・1
高木大夫	文治4・3・15	滝口三郎	→経俊
高倉少将	→茂通	滝口兵衛尉	→行信
高倉中将	→公陰	滝瀬三郎	建久1・11・7
高倉宮	→以仁王	滝野小次郎	建久1・11・7
高田源次	文治4・3・15	宅磨左近将監	→為行
高田四郎	→重家	竹中法印	寛元2・8・22
高田次郎	→隆澄	武小次郎兵衛尉	仁治1・8・2
高田太郎	建久1・11・7	武次郎	建久1・11・7
	建久6・3・10	武石左衛門尉	→朝胤
高田大郎	建保1・5・6	武石新左衛門尉	→長胤
高田中八大郎	建保1・5・6	武石三郎	→胤盛
高田武者太郎	暦仁1・2・17	武石三郎〔左衛門尉〕	→朝胤
高田武者所	→盛員	武石四郎〔左衛門尉〕	→胤氏
高知尾太郎	→政次	武石四郎左衛門尉	→長胤
高梨次郎	建久1・11・7	武石次郎	建長4・4・1
	建久6・3・10	武石入道	建長2・3・1
高野小次郎	承久3・6・18	武内宿禰	文治1・6・21

— 504 —

第Ⅱ部　（1）通称・異称索引（た・ち）

武田〔伊豆〕入道	→信光			宝治1・6・22
武田冠者	建保1・5・7	弾正十郎		寛元2・12・8
武田小五郎	→信政			宝治1・6・22
武田五郎	→信光	弾正少弼		→業時
武田五郎	建長2・2・26	前弾正少弼		仁治1・8・2
武田五郎次郎	→信時	弾正大弼		→仲章
武田三郎	→信忠	前弾正大弼		→親実
武田〔五郎〕三郎	→政綱	弾正忠		→季氏
武田四郎	→頼長	弾正忠		→以基
武田七郎	寛元2・1・5	弾正忠		正嘉2・1・1
武田〔五郎〕七郎	→政平			
武田七郎次郎	→時隆		ち	
武田次〈小〉郎兵衛尉	仁治2・1・2			
武田太郎	→信義			
武田八郎	→信経	ちうた		文治2・3・27
武田兵衛尉	→有義	ちうはち		文治2・3・27
武田六郎	→信長	ちこん〈ちゝろ〉し五郎		建保1・5・6
但馬守・但馬前司	→経正	ちこん〈ちゝろ〉し次郎		建保1・5・6
但馬守・但馬前司	→定員	ちこん〈ちゝろ〉し太郎		建保1・5・6
但馬守	貞永1・1・23	千竈四郎		承久3・6・18
但馬左衛門大夫	→定範	千竈新太郎		承久3・6・18
但馬次郎左衛門尉	建長2・3・1	千葉小次郎		→師胤
但馬兵衛大夫	→定範	千葉小太郎		→胤政
立河〔三郎〕兵衛尉	→基泰	千葉五郎		→胤通
帯刀長	→惟信	千葉新左衛門尉		→長胤
帯刀左衛門尉	承久3・6・3	千葉三郎		→胤盛
帯刀先生	→義賢	千葉三郎次郎		→胤重
館太郎	→貞保	千葉四郎		→胤信
玉井小四郎	承久3・6・18	千葉次郎		→師常
玉井左衛門	建長2・3・1	千葉次郎		→泰胤
玉井四郎	→助重	千葉七郎次郎		→行胤
玉井太郎	建保1・11・7	千葉七郎太郎		→師時
玉井兵衛尉	承久3・6・18	千葉介		→常胤
玉〈平〉井法眼	安貞1・2・29	千葉〔新〕介		→胤正
玉村太郎	→祐氏	千葉介		→成胤
丹後阿闍梨	→頼暁	千葉介		→胤綱
丹後守	→頼行	千葉介		→時胤
丹後守	→頼景	千葉介		→頼胤
〔新〕丹後守・丹後前司	→泰氏	千葉大夫		→胤頼
丹後侍従	→忠房	千葉大夫		→常兼
丹後僧都	→頼暁	千葉太郎		→胤正
丹後（波）律師	→頼暁	千葉〔小〕太郎		→成胤
丹治部左〈右〉衛門尉	暦仁1・2・28	千葉大郎左衛門尉		正嘉2・3・1
丹波（後）守	→長経	千葉八郎		→胤時
丹波守少将	→頼親	千葉兵衛尉		→常秀
淡海公	→不比等	千葉平次〔兵衛尉〕		→常秀
弾正左衛門尉	寛元2・12・8	千葉六郎大夫		→胤頼

— 505 —

第Ⅱ部　(1)通称・異称索引（ち）

地平次	文治3・4・29	筑前次郎左衛門尉	→行頼
知久右(左)衛門五郎	→信貞	筑前〔権〕介	→兼能
知足院	→忠実	筑前太郎	→家重
知定房	→行秀	筑前入道	→行泰
智証大師	→円珍	筑前房	→良心
智蔵三郎法橋	→良実	秩父右〈左〉衛門太郎	暦仁1・2・17
智蔵房	→良暹	秩父権守	→重綱
近間太郎	建久1・11・7	秩父三郎	→重清
主税頭	→在宣	秩父次郎太郎	承久3・6・18
主税頭	→光遠	秩父大夫	→重弘
主税頭	→長衡	秩父出羽権守	→重綱
主税頭	→雅衡	秩父平五郎	承久3・6・18
筑後〔伊賀〕四郎左衛門尉	→景家	秩父平太	建久1・11・7
筑後伊賀前司	→時家	秩父武者四郎	→行綱
筑後守	→家貞	秩父弥五郎	建長6・1・4
筑後〔権〕守	→俊兼	中右衛門尉	→朝具〈定〉
筑後守	→知家	中右京進	→仲業
筑後守・前筑後守	→頼時	中左衛門尉	嘉禄1・12・20
筑後守	→有範	中三権守	→兼遠
筑後守	→正光	中三入道	承久3・6・18
筑後前司	→資頼	中四郎	→惟重
筑後九郎	→知氏	中次	正嘉1・10・15
筑後小次郎	→知景	中七左近	承久3・6・18
筑後権守	→遠義〈茂〉	中太丸	建久5・⑧・2
筑後左衛門次郎	→知定	中太弥三郎	承久3・6・18
筑後左衛門尉	→有長	中八	→維平
筑後左衛門尉	→朝重	中民部大夫	→仲業
筑後四郎兵衛〔尉〕	建保1・4・7	中民部大夫	→元業
	建保1・5・6	中民部太郎	嘉禎2・11・24
筑後次郎太郎	→重家	中山城前司	→盛時
筑後十郎	安貞2・7・24	中宮権少進	→知家
筑後介	→秀朝	中宮権亮	→信能
筑後図書助	→時家	中宮亮	→通盛
筑後太郎	→朝重	中宮大進	→兼隆
筑後入道	承長3・5・23	中宮大夫〔進〕	→朝長
筑後入道	建喜2・3・1	中宮大夫属〔入道〕	→康信
筑後房	寛喜3・5・17	中将〈村〉掃部丞	正治2・8・10
筑後六郎〔左衛門尉〕	→知尚	中将家	→頼家
筑前守	→時房	前中将	→時実
筑前前司	→行泰	新中将	→家房
筑前冠者	→家重	中禅寺奥次〔郎〕	→弘長
筑前五郎〔左衛門尉〕	→行重	中禅寺平太	文治1・10・24
筑前権守	→重輔	中尊寺経蔵別当大法師	→心運
筑前三郎	→孝尚	中納言	→経房
筑前三郎〔左衛門尉〕	→行実	中納言・新中納言	→知盛
筑前四郎〔左衛門尉〕	→行佐	中納言	→雅親
筑前七〈大〉郎左衛門尉	康元1・1・1	中納言	→実宣

— 506 —

第Ⅱ部　（1）通称・異称索引（ち・つ）

中納言	→忠房	鎮西中太	建久4・5・29
中納言	→隆衡	鎮西八郎	→為朝
中納言	→実氏		
中納言	→実有		つ
中納言	→親能		
新中納言	→通雅		
前中納言	→雅頼	つくゐのさい太郎	建保1・5・6
前中納言	→教盛	つくゐ〈津久井〉の七郎	建保1・5・6
前中納言	→光隆	つくし税所次郎	建保1・5・6
前中納言	→実教	つち屋のひやうゑ	→義清
前中納言	→範朝	津島〈十津〉大夫判官	嘉禄1・12・20
中納言阿闍梨	→忠豪	津戸新民部丞	正嘉2・1・1
中納言禅師	→増盛	都筑右(左)衛門尉	→経景
中納言入道	文治4・7・28	都筑九郎	→経景
中納言法橋	→観性	都筑九郎	建長4・4・3
中納言法眼	→円暁	都筑左近将監	暦仁1・2・17
中納言律師	→定円	都筑三郎	建久1・11・7
中納言律師	→忠快	都筑平太	文治1・10・24
長右衛門尉	暦仁1・2・17		建久1・11・7
長右衛門尉	弘長1・1・1		建久6・3・10
長右衛門入道	建長2・3・1	都幡小三郎	→隆家
長雅楽左衛門三郎	→政連	対馬守	→義親
長雅楽左衛門尉	→朝連	対馬守	→親光
長掃部左衛門尉	→秀達〈連〉	対馬守	→高行
長左衛門尉	→義連	対馬守・対馬前司	→氏信
長〔三郎〕左衛門尉	→朝連	対馬守・対馬前司	→倫長
長四郎左衛門尉	嘉禎1・6・29	対馬前司	→倫重
長次〔郎〕左衛門尉	→義連	対馬前司	寛元2・7・16
長次郎左衛門尉	→久連	対馬前司	寛元2・7・20
長兵衛三郎	暦仁1・2・17	対馬蔵人	→仲尚
	仁治1・8・2	対馬左衛門次郎	建久6・12・1
長兵衛尉	→信連		正嘉1・③・2
長兵衛入道	→信連		弘長1・1・1
長太右衛門尉	嘉禎2・8・4		弘長1・3・20
	暦仁1・2・17	対馬左衛門尉	→仲康
長又太郎左衛門尉	正嘉2・1・1	対馬三郎	正嘉2・1・1
	正嘉2・1・7	対馬四郎〔左衛門尉〕	→宗綱
長郷八郎	寛喜1・9・17	対馬次郎兵衛尉	→忠泰
長馬新大夫	→為連	対馬大郎	→頼氏
長法寺五郎	文治3・4・29	対馬太郎	→義信
長理法親王	→定恵	月輪関白殿	→兼実
鳥海三郎	→宗任	机井八郎	建久1・11・7
庁南太郎	建久1・11・7	筑井左衛門太郎	暦仁1・2・17
鎮守府将軍	→義家	筑井次郎	→義行
鎮守府将軍	→秀衡	筑井次郎	暦仁1・2・17
鎮守府将軍兼阿波守	→兼光	筑井太郎	→高重
鎮西安楽寺別当	→全珍	筑井八郎	建久2・2・4

— 507 —

第Ⅱ部　(1)通称・異称索引（つ・て）

	建久6・3・10	鶴岡別当阿闍梨	→尊暁
柘社〈杜〉(つげもり)左衛門	建長2・3・1	鶴岡別当三位僧都	→慶幸
土御門宰相中将	→顕方	鶴岡別当僧都	→定親
土御門侍従	→通行	鶴岡別当法印	→定豪
土御門少将	文永3・7・4	鶴岳別当法印	→定親
土御門大納言	→定通	鶴岳別当〔法印〕	→隆弁
土御門大納言	→通方	鶴田五郎	→馴
土御門大納言	→顕方	鶴〈鷁〉見平次	元久2・6・22
土御門中将	→顕実		
土御門中納言・黄門	→顕方		
土御門内大臣	→通親	**て**	
土持入道	建長2・3・1		
土屋左衛門三郎	→光時	勅使大夫〈左衛門尉〉入道	承久3・6・18
土屋左衛門尉	→宗光	勅使河原小三(次)郎	→則直
土屋新左衛門尉	建長2・12・27	勅使河原五郎兵衛尉	承久3・6・18
土屋左衛門入道	→宗光	勅使河原後三郎	→有直
土屋三郎	→宗遠	勅使河原三郎	文治1・10・24
土屋新三郎〔左衛門尉〕	→光時	勅使河原三郎〈小三郎〉	建長6・1・4
土屋三郎兵衛尉	承久3・6・18	勅使河原四郎	承久3・6・18
土屋四郎	建保1・5・6	勅使河原次〈三〉郎	建久1・11・7
土屋次郎	→義清	勅使河原復〈後〉四郎	建長2・3・1
土屋次郎	→時村	出羽守	→保房
土屋次郎	建保1・5・6	出羽守・出羽前司	→信兼
土屋大郎左衛門尉	→忠宗	出羽守・出羽前司	→家長
土屋大学助	→義清	出羽守・出羽前司〔入道〕	→行義
土屋入道	建長2・3・1	出羽前司	→長村
土屋兵衛尉	→義清	前出羽守	→重遠
土屋兵衛尉	→宗長	出羽九郎	→宗行
土屋新兵衛	建保1・5・6	出羽左衛門三郎	→行継
土屋弥三郎	→宗光	出羽左衛門尉	→家平
土屋弥三郎	→光時	出羽三郎〔左衛門尉〕	→行資
土屋弥三郎	康元1・1・1	出羽三郎左衛門尉	嘉禎2・1・2
土屋弥次郎	→忠光		宝治2・1・3
堤権守	→信遠		建長4・7・20
堤〈塀〉講師	→下〈官〉照	出羽三郎兵衛尉	→行藤
堤又四郎	文永3・1・11	出羽四郎左衛門尉	→光宗
綱島左衛門次郎	承久3・6・18	出羽次郎左衛門尉	→行有
綱嶋左衛門入道	建長2・3・1	出羽次郎兵衛尉	→行有
綱嶋三郎左衛門	→泰久	出羽七郎〔左衛門尉〕	→行頼
綱嶋次郎	→俊久	出羽十郎	→行朝
綱嶋兵衛尉	→俊久	出羽城介	→繁成
恒富兵衛尉	仁治2・12・24	出羽大夫判官	→行有
角田太郎	承久3・6・18	出羽藤次〔郎〕左衛門尉	→頼平
角田入道	建長2・3・1	出羽入道	→行義
鶴岳八幡宮別当法眼	→円暁	出羽八郎左衛門尉	→行世
鶴岡別当	→定暁	出羽判官	→家平
鶴岡別当	→公暁	出羽判官次郎兵衛尉	→行藤

— 508 —

第Ⅱ部 （1）通称・異称索引（て・と）

出羽六郎右衛門尉	→景経	土肥四郎〔左衛門尉〕	→実綱
出羽弥藤次左衛門尉	→頼平	土肥次郎	→実平
出羽留守所	文治5・10・24	土肥次郎	建保1・5・6
廷尉〔禅門〕・廷尉禅室	→為義		仁治2・11・4
廷尉・前廷尉	→知康	土肥次郎兵衛尉	→朝平
廷尉	寛元2・8・15	土肥七郎	建久6・3・10
前廷尉	→兼隆	土肥先次郎〔左衛門尉〕	→惟平
寺尾左衛門尉	承久3・6・18	土肥太郎	安貞2・7・23
寺尾三郎太郎	建久1・11・7	土肥兵衛尉	承久1・7・19
寺尾四郎兵衛尉	承久3・6・18	土肥木工助	建長2・3・1
寺尾大夫	→業遠	土肥弥太郎	→遠平
寺尾太郎	建久1・11・7	土岐左衛門尉	→光行
寺尾又太郎	承久3・6・18	土岐三郎	→光衡
寺島小次郎	→時村	土岐判官代	承久3・6・3
寺町小大夫	→時永	土佐守	→国基
寺町五郎大夫	→信忠	土佐守藤原朝臣	文治4・4・9
寺町十郎	→忠貞	前土佐守	→宗実
天台座主	→全玄	土佐冠者	→希義
天台座主	→顕真	土佐上人	→琳猷
天台座主	→明雲	土佐房	→昌俊
天台座主	→恵源	戸崎右馬允	→国延
天文博士	→惟範	戸田兵衛尉	→茂平
天文博士	→為親	戸戸小三郎	→通能
新典厩	→能保	戸村三郎	承久3・6・18
前典厩	→政村	都督	→経房
典膳大夫	→久経	鳥羽の四宮	→円恵法親王
伝教大師	→最澄	鳥羽法印	→光宝
殿下	→忠通	豊嶋右馬允	→朝経
殿下	→兼実	豊島冠者	文治1・11・5
殿下	→兼経	豊嶋〈田〉九郎小太郎	承久3・6・18
殿下・前殿下	→道家	豊嶋小大郎	建保1・1・3
		豊嶋小太郎	仁治1・8・2
と		豊嶋権守	→清元
		豊島権守	→有経
		豊嶋左衛門尉	建長2・3・1
とのおかの八郎	文治2・3・27	豊嶋四郎太郎	正嘉2・3・1
十津〈津島〉大夫判官	嘉禄1・12・20	豊嶋十郎	承久3・6・18
土肥荒次郎	建久1・11・7	豊嶋太郎	→朝経
	建久6・3・10	豊嶋太郎	安貞2・7・23
土肥小太郎	建保1・5・6	豊島八郎	建久1・11・7
土肥左衛門四郎	→実綱	豊嶋〈崎〉兵衛尉	建久1・11・7
土肥左衛門尉	→義綱		建久2・2・4
土肥左衛門尉	正嘉2・1・7		建久6・3・10
	弘長1・8・15	豊嶋兵衛尉	正嘉2・3・1
土肥左衛門大郎	→仲平	豊島平六	→経泰
土肥三郎	→泰祐	豊嶋又三〈十〉郎	建保1・1・3
土肥三郎左衛門尉	→維平	豊嶋又太郎	→時光

第Ⅱ部　(1)通称・異称索引（と）

主殿左衛門尉	→行兼	藤〔次〕左衛門尉	→泰経
主殿助	→泰房	藤左衛門尉	寛元4・3・18
主殿助	→業昌	藤宰相	→雅長
東四郎	→義行	藤宰相中将	→公時
東図書助	建長5・7・17	藤三〔郎〕	正治2・10・13
東太郎	→重胤		正治2・10・22
東中務少輔	→胤重		建保1・5・6
東中務丞	→胤行	藤三次郎	→吉助丸
東中務入道	→胤行	藤三大夫	→遠安
東兵衛尉	→重胤	藤三位	→雅隆
東兵衛入道	→重胤	藤三位	→基朝
東平太〔所〕	→重胤	藤四郎左衛門尉	→秀実
東六郎	→胤頼	藤次	→景廉
東六郎	→行胤	藤次五郎	承久3・6・18
東六郎大夫	→胤頼	藤次〈十〉郎	建保1・5・6
東光坊阿闍梨	文治2・2・18	藤次郎左衛門入道	正嘉1・11・22
東郷八郎入道	文永3・7・4	藤次郎大夫	→重次
東条次郎大夫	建長2・3・20	藤七	→資家
東大寺上人	建久1・11・2	藤少将	→実遠
東大寺別当	→頼暁	藤少納言	→基時
東大寺別当〔前〕権僧正	→勝賢	藤大夫	→資光
東大寺別当僧正	→勝賢	藤新大夫	→光高
東大寺別当法務僧正	→定遍	藤新大夫	→資重
東北院僧正	→円玄	藤新大夫	→能資
春宮	→順徳天皇	藤中将	→惟盛
前春宮権大進	→俊進	藤中納言	→実家
唐国大宗	→李世民	藤中納言	→兼光
頭大蔵卿	→宗頼	藤中納言	→資実
頭中宮亮	→宗頼	藤中納言	→定能
頭中将	→維盛	〔新〕藤中納言	→経房
頭中将	→通資	藤塚日	建久3・8・14
頭中将	→実明	藤肥前前司	建長2・3・1
頭中将	承久1・②・28		正嘉1・4・14
頭弁	→雅光		正嘉2・1・1
頭弁	→公定	藤肥前三郎左衛門尉	正嘉2・1・1
頭弁	→定長	藤平太	仁治2・5・6
頭〔大〕弁	→光雅	藤兵衛佐	→頼経
藤右(左)衛門尉	→景盛	藤判官代	→邦通
藤右馬助	→行光	藤民部丞	→行光
藤九郎〔右衛門尉〕	→景盛	藤民部大夫	→行光
藤九郎〔入道〕	→盛長	藤民部大夫	→行盛
藤九郎次郎	→時長	藤民部大夫入道	→道仏(法名)
藤五〔郎〕	文治5・8・10	藤内〔所〕	→朝宗
	正治2・10・13	藤内左衛門尉	→季康
	正治2・10・22	藤内左衛門尉	→忠行
	建保1・5・6	藤内左衛門尉	→定員
藤勾当	→頼隆	藤内左衛門尉	→能兼
藤左衛門尉	→光経		

— 510 —

第Ⅱ部 （1）通称・異称索引（と）

藤内所	→兼佐	遠江七郎	→時基
藤内兵衛尉	建保1・5・7	遠江七郎	→泰連
藤内〔大夫〕判官	→定員	遠江修理亮	→時幸
藤平	→国貞	遠江修理亮三郎	正嘉2・1・1
遠江右馬頭〈助〉	康元1・1・1		弘長1・1・1
遠江右馬助	→清時	遠江十郎〔左衛門尉〕	→頼連
遠江大炊助三郎	正嘉2・1・1	遠江掾	→遠保
遠江大炊助大郎	康元1・6・29	遠江僧都	→公朝
遠江大蔵少輔	→景朝	遠江大夫将監	→親広
遠江御目代	建久1・11・2	遠江太郎	→清時
遠江守	→義定	遠江入道	→朝時
遠江守	→朝房	遠江六郎	→教時
〔入道〕遠江守・遠州	→時政	遠江六郎左衛門尉	→時連
遠江守	→親広	遠江六郎左衛門尉	寛元2・8・16
遠江守・遠江前司	→朝時		寛元3・8・16
遠江守	→盛連	遠江六郎兵衛尉	→時連
遠江守	→朝直	遠山〔前〕大蔵少輔	→景朝
遠江守・遠江前司	→時直	遠山左衛門尉	→景朝
遠江守	→光盛	遠山判官	嘉禎2・8・4
前遠江守	→盛連	遠山孫大郎左衛門尉	→景長
遠州禅室(門)	→時政	遠山大和守	暦仁1・2・7
遠江五郎	→時兼	遠山六郎	弘長3・8・9
遠江五郎	元久1・4・18	道後小次郎	建久1・11・7
遠江五郎左衛門尉	→盛時	道智三郎太郎	承久3・6・18
遠〈近〉江五郎左衛門尉	康元1・1・2	道智次郎	建久1・11・7
	弘長3・7・13	常盤井入道太政大臣	→公経
	弘長3・8・4	得江蔵人	暦仁1・2・17
遠江権守	建久6・3・10	得江左近大夫	正嘉2・1・1
遠江新左衛門尉	→経光	得江三郎	暦仁1・2・17
遠江新左衛門尉	→頼連	得富小太郎	宝治1・6・22
遠江左(右)近大夫将監	→時兼	徳河三郎	→義秀
遠江左馬助	→政範	篤〈鳥〉子左衛門次郎	康元1・8・16
遠江左馬助	→清時	所右衛門尉	→朝光
遠江三郎	康元1・1・1	所右衛門尉	→行久
遠江三郎〔左衛門尉〕	→時長	所右衛門太郎	→光季
遠江三郎左衛門尉	→泰盛	所左衛門尉	正嘉1・6・1
遠江三郎左衛門尉	寛元2・1・3	所六郎	→朝光
遠江四郎	→時仲	殿岡五郎	建保1・5・6
遠江四郎	→政房	殿法印	→慈円
遠江四郎	建久1・11・7	富岡五郎	建保1・5・6
	建久2・2・4	富小路殿	→実氏
	元久1・4・18	富小太郎	承久3・6・18
遠江次郎	→時通	富田五郎	承久3・6・18
遠江次郎左衛門三郎	→泰盛	富田三郎	→基度
遠江次郎左衛門尉	→光盛	富田次郎兵衛尉	寛元2・8・16
遠江式部丞・式部大夫	→光時		寛元3・8・16
遠江式部丞・式部大夫	→時章	富田進士	→家助

— 511 —

第Ⅱ部 （1）通称・異称索引（と・な）

富田三郎	建保1・5・6	豊田兵衛尉(下総)	→義幹
	建保1・7・11	豊田兵衛尉(相模)	建久1・11・7
富田太郎	承久3・6・18	豊田兵衛尉	建久6・3・10
富所小次郎	建保1・5・6	豊田平太	建保1・5・6
富所左衛門尉	暦仁1・2・22		承久3・6・18
富所左衛門尉	康元1・8・16	豊田弥四郎	暦仁1・2・17
富所左近将監	暦仁1・2・28	豊西郡司	→弘元
富所次郎	建保1・5・6	豊福五郎	建長2・3・1
富所太郎	建保1・5・6	頓覚房〔律師〕	→良喜
富部五郎	正治1・11・18		
	正治2・6・16		な
	建仁1・7・6		
	建仁1・9・11		
	建仁1・10・1	ないとう四郎	→盛高
	建仁1・10・21	なへくふく)いの小次郎	建保1・5・6
	建仁2・1・10	なへくふく)いの七郎	建保1・5・6
	建仁2・4・13	名越尾張前司	→時章
	建仁2・5・20	名越遠江入道	→朝時
	建仁2・6・25	名取郡司	文治5・10・2
	建仁3・1・2	奈古又太郎	仁治2・9・3
	建仁3・3・4	奈胡蔵人	→義行
	建仁3・3・26	奈良五郎	→高家
	建仁3・5・29	奈良左近将監	承久3・6・18
	建仁3・7・18	奈良藤次	建久3・8・14
富部五郎兵衛尉	承久3・6・18	奈良兵衛尉	承久3・6・18
富部町野兵衛尉	承久3・6・18	奈良弥五郎	建久1・11・7
富山二郎大夫	→義良	那珂左衛門尉	→景通
友野右馬允	→遠久	那珂左衛門入道	→景通
友野大郎	宝治1・6・1	那珂中左衛門尉	建久6・3・10
豊三	→家康	那古谷橋次	→頼時
豊田〈嶋〉九郎小太郎	承久3・6・18	那須左衛門尉	正嘉2・1・1
豊田源兵衛尉	寛元1・7・17	那須左衛門太郎	嘉禎3・6・23
豊田源兵衛尉法師	宝治1・6・19		暦仁1・2・17
豊田五郎	→景俊	那須三郎	建久1・11・7
豊田四郎	承久3・6・18	那須次郎	寛元4・8・15
豊田次郎兵衛尉	嘉禎1・6・29	那須太郎	→光助
	暦仁1・1・3	那須肥前前司	→資村
	暦仁1・2・17	那波刑部〔権〕少輔	→政茂
	宝治1・6・19	那波五郎	弘長3・1・1
	宝治1・6・22	那波権少輔	→政茂
豊田太郎	→幹重	那波左近大夫〔将監〕	→政茂
豊田太郎	建長2・3・1	那波二郎	正嘉2・1・1
豊田太郎兵衛尉	嘉禎1・6・29		弘長1・1・1
	暦仁1・1・13	那波次郎蔵人	暦仁1・2・17
	暦仁1・2・17	那波太郎	建久6・3・10
	宝治1・6・19	那波太郎	康元1・6・29
	宝治1・6・22	那波弥五郎	建久6・3・10

— 512 —

第Ⅱ部 （1）通称・異称索引（な）

南無阿房	文治2・7・27	内藤兵衛尉	→知親
内記左衛門尉	文永2・1・15	内藤判官	→盛時
内記左近将監	承久3・6・18	内藤六	→盛家
内記四郎	承久3・6・18	中摂政	→基実
内記大夫	→行遠	中武州	→経時
内記太郎	延応1・4・14	中山城前司	→盛時
内記兵衛三郎	文永2・1・15	中河小太郎	建久2・2・4
内記兵庫允	→祐村	中郡太郎	建久6・3・10
内記平三	→真遠	中郡六郎次郎	建久1・11・7
内記平太	→政遠	中郡六郎太郎	建久1・11・7
内大臣	→伊周	中沢小次郎兵衛尉	暦仁1・2・17
内大臣・内府	→実定	中沢次郎兵衛尉	嘉禎1・6・29
内大臣	→道家	中沢十郎〔兵衛尉〕	→成綱
内大臣	→忠親	中沢兵衛尉	建久1・11・7
内大臣・内府	→実氏		建久6・3・10
内大臣	→家嗣		正治1・5・22
内大臣	→通親	中嶋左衛門尉	→宣長
前内大臣・前内府	→宗盛	中条右衛門尉	→家長
内大臣僧都	→親慶	中条右近大夫将監	仁治1・8・2
内大臣僧都	→定親	中条右馬允	→家長
内大臣法印	→定親	中条右馬助入道	建長2・3・1
内府	→重盛	中条左衛門尉	→家長
内府	→公経	中条左衛門尉	安貞2・7・23
内府若君	寛喜3・6・22		安貞2・10・15
内藤〔右〕馬允	→知親		寛喜2・1・10
内藤右馬允	→盛時		文暦1・7・26
内藤右馬允	→成国	中条次郎左衛門尉	嘉禄1・12・20
内藤九郎	→盛経	中条出羽四郎左衛門尉	→光宗
内藤権頭	→親家	中条出羽次郎	→家平
内藤左衛門尉	→盛家	中条出羽前司	→家長
内藤左衛門尉	→盛時	中条藤次	→家長
内藤左衛門六郎	寛喜2・1・10	中条藤次左衛門尉	宝治1・12・29
内藤左(右)近将監	→盛家	中条平六	建久1・11・7
内藤四郎	→盛高		建久2・2・4
内藤七郎左衛門尉	→盛継		建久6・3・10
内藤肥後三郎左衛門尉	建長5・1・16	中津河入道	建長2・3・1
	康元1・6・29	中務権少輔	→時長
	正嘉2・1・7	中務権少輔	→重教
	文応1・1・1	中務権少輔	→守教
内藤肥後前司	→盛時	中務〔権〕大輔	→家氏
内藤肥後六郎〔左衛門尉〕	→時景	中務〔権〕大輔	→教時
内藤豊後三郎	建長3・1・11	中務丞	→実景
	建長3・1・20	中務丞	→胤行
内藤豊後三郎左衛門尉	正嘉2・1・7	中務丞	→俊行
	弘長3・8・9	前中務丞	→宗資
内藤豊後次郎左衛門尉	康元1・6・29	中野小太郎	→助光
内藤豊後前司	→盛義	中野五郎	→能成
		中野五郎	貞応1・12・13

— 513 —

第Ⅱ部 （1）通称・異称索引（な）

中野左衛門尉	→時景	中山左(右)衛門尉	建長4・11・12
中野四郎	建久6・3・10		建長6・6・16
	建仁2・1・3		康元1・6・29
	建仁3・9・2	中山四郎	→重政
中野太郎	→助能	中山次郎	→重実
中御門関白	→良経	中山次郎	→重継
中御門三位〔侍従〕	→実直	中山太郎	→行重
中御門三位	→公寛	仲行事	→貞房
中御門侍従	→宗世	永江蔵人	→頼隆
中御門少将	→公仲	永野次郎太郎	正嘉2・3・1
中御門少将	→宗世	永野刑部丞	正嘉2・3・1
中御門少将	→実斉	長井宮内権大夫	→時秀
中御門〔新〕少将	→実隆	長井〔三郎〕蔵人	→泰元
中御門新少将	→光隆	長井左衛門大夫	→泰秀
中御門新少将	→実信	長井左衛門大夫	→泰重
中将門大納言	→宗家	長井斎藤別当	→実盛
中将門中将	→公寛	長井太郎	→時秀
中御門中納言	→家成	長井太郎	建久1・11・7
中御門入道前中納言	→宗行		元久1・10・14
中村右馬允	→時経		元久2・1・1
中村馬五郎	宝治1・6・5	長井判官代	→泰茂
中村馬三郎	寛元1・8・16	長井弥太郎	寛元4・1・6
中村馬亮〈允〉	→時経		寛元4・8・15
中村甲斐前司	正嘉2・3・1	長江小四郎	承久1・7・19
中村〈将〉掃部允	正治2・8・10		承久3・6・18
中村九郎左近将監	承久3・6・18	長江小次郎	寛元3・8・16
中村蔵人	文治3・4・29	長江左衛門八郎	→頼秀
中村小五郎兵衛尉	承久3・6・18	長江三郎左衛門尉	→義景
中村小三郎	→時経	長江四郎〔入道〕	→明義
中村五郎	文治1・10・24	長江四郎左衛門尉	→景秀
	建久1・11・7	長江次郎左衛門尉	→義重
	建久6・3・10	長江七郎	→景朝
中村五郎左衛門尉	暦仁1・2・17	長江太郎	→義景
中村三郎	承久3・6・18	長江太郎	→明義
中村三郎兵衛尉	暦仁1・2・17	長江八郎〔入道〕	→師景
中村四郎	建久1・11・7	長江八郎	→景泰
中村四郎	承久3・6・18	長江八郎四郎	→景秀
中村次郎	→盛平	長江余一	承久3・6・18
中村七郎	建久1・11・7	長尾五郎	→為宗
中村庄司	→宗平	長尾三郎	→為村
中村太郎	→景平	長尾三郎左衛門尉	→光景
中村縫殿助	建長2・3・1	長尾三郎兵衛尉	→光景
中村縫殿助太郎	暦仁1・2・17	長尾四郎	→景忠
中村八郎馬入道	建長2・3・1	長尾次郎〔左衛門尉〕	→胤景
中村兵衛尉	建久1・11・7	長尾次郎兵衛尉	→為景
	建久6・3・10	長尾次郎兵衛尉	宝治1・6・22
中山五郎	→為重	長尾新五〔郎〕	→為宗

— 514 —

第Ⅱ部　（1）通称・異称索引（な・に）

長尾新左衛門四郎	宝治1・6・22	南条左衛門尉	康元1・1・4	
長尾新左衛門尉	→定村	南条新左衛門尉	→時員	
長尾新六	→定景	南条次郎	→頼員	
長尾太郎	→景茂	南条七郎〔左衛門尉〕	建久6・3・10	
長尾平内左衛門尉	→景茂	南条七郎三〈二〉郎	→時員	
長尾寺院主	→円海	南条七郎次郎	寛喜1・1・15	
長佐(狭)六郎	→常伴		寛喜1・9・9	
長崎左衛門尉	弘長1・4・25	南条太郎兵衛尉	寛喜1・12・17	
長崎次郎左衛門尉	弘長3・11・20	南条八郎兵衛尉	嘉禎2・1・3	
長沢又太郎	承久3・6・18	南条兵衛次郎	→忠時	
長瀬判官代	承久3・6・12	南条兵衛尉	→経忠	
長門守	→信定	南条兵衛六郎	嘉禎2・1・2	
長門守・長門前司	→時朝		康元1・1・4	
長門守	正嘉2・1・1	南条平四郎	康元1・1・9	
長門江七	→景遠	南条平次	延応1・1・3	
長門江太	→景国	南禅房	元久1・10・14	
長門三郎〔左衛門尉〕	→朝景	南部三郎	→良智	
長沼淡路守	→時宗	南部次郎	→光行	
長沼淡路前司	→宗政	南部次郎	→光行	
長沼五郎	→宗政	南部又次郎	→実光	
長沼〔四郎〕左衛門尉	→時宗	難波刑部卿	→時実	
長野三郎	→重清	難波少将	→宗教	
長野太郎	養和1・2・29		→宗教	
長野六郎	→重宗			
長布施三郎	承久3・6・18			に
長布施四郎	承久3・6・18			
夏野左衛門尉	→盛時	二位卿	→頼朝	
棗右近三郎	建長3・1・8	二位家	→頼朝	
	建長3・1・10	二位僧都	嘉祿2・8・7	
	建長4・1・14	二位大納言	→兼房	
棗源太	寛元3・1・9	二位大納言	→宗家	
並木弥次郎兵衛門尉	承久3・6・18	二位殿	→頼朝	
行方太郎	正嘉2・3・1	二位兵衛督	→有雅	
行方中務五郎	正嘉2・3・1	二位法印	→尊長	
成田五郎	承久3・6・18	二階堂信濃民部入道	→行盛	
成田五郎太郎	承久3・6・18	二条左(右)兵衛督	→教定	
成田次郎	建保5・4・5	二条三位	→教定	
成田七郎	→助綱	二条侍従	→教定	
成田藤次	承久3・6・18	二条侍従	→雅有	
成田入道	建長2・3・1	二条侍従	→基長	
成田兵衛尉	承久3・6・18	二条少将	→教定	
成山四郎	建保1・5・6	二条少将	→兼教	
成山次郎	建保1・5・6	二条少将	→雅有	
成山太郎	建保1・5・6	二条中将	→雅経	
南光房	治承4・8・25	二条中将	→教定	
南郷大宮司	→惟安	二条中将	→兼教	
南条左衛門次〈四〉郎	建長6・1・4			

— 515 —

第Ⅱ部　（1）通称・異称索引（に・ぬ）

二条中納言	→忠高	錦織判官	→義広
二〈三〉条中納言	建保6・4・29	錦織判官代	承久3・6・19
二条殿	→良実	日記五郎	嘉禎3・4・19
二条法印	寛元2・6・3	日記三郎	建長6・1・2
二品	→頼朝	日光山別当	→隆宣
二品若公	→頼朝若公	日光山別当法眼	→弁覚
二品若公	→貞暁	日光別当〔法印〕	→尊家
二品若君	→頼家	入道関白	→基房
二宮小太郎	→光忠	入道源三位・三品	→頼政
二宮左衛門	建長2・3・1	入道左金吾	→頼家
二宮左衛門太郎	暦仁1・2・17	入道前池大納言	→頼盛
二宮三郎	承久3・6・18	入道将軍家	→頼義
二宮三郎兵衛尉	暦仁1・2・17	入道前将軍	→頼家
二宮四郎	正治1・10・28	入道〔平〕相国	→清盛
二宮四郎兵衛尉	暦仁1・2・17	入道太政大臣	→清盛
二宮太郎	→朝忠	入道〔前〕大納言家	→頼経
二宮弥次郎	→時光	入道中納言	→宗行
仁科次郎	→盛朝	入道〔前〕中納言	→能保
仁科次郎三郎	暦仁1・2・17	入道民部卿	→為家
仁田四郎	→忠常	入道陸奥守	→重時
仁田次郎太郎	承久3・6・18	如意寺法印	→円意
丹生右馬允	安貞1・7・12	仁和寺御室	→道法
新田大炊助	→義重	仁和寺御室	→道助
新田冠者	→義重	仁和寺三位	→顕氏
新田冠者	→経衡	仁和寺三位	→能清
新田蔵人	→義兼	仁和寺宮	→道助
新田五郎	建仁3・9・6	仁和寺法印	→貞暁
新田三郎	建久2・2・4	仁和寺法眼	→隆暁
新田三郎	寛元1・7・17	仁和寺法親王	→守覚
新田三郎入道	建久1・1・7	忍寂房	嘉禄2・5・4
新田四郎	→忠常	忍辱山僧正	→定豪
新田次郎	康元1・1・3		
新田参河守・参河前司	→頼氏		
新田太郎	→政義	**ぬ**	
新田入道	建長2・3・1		
新田六郎	→忠時	奴加沢左近将監	承久3・6・18
新津四郎	建仁1・3・4	奴加田太郎	建久6・3・10
西小大夫	建久1・11・7	縫殿頭	→師連
西大夫	→盛成	前縫殿頭	→文元
西太郎	文治1・10・24	縫殿助	→重俊
西木〈城〉戸太郎	→国衡	沼田小太郎	承久3・6・18
西郡中務丞	延応1・9・21	沼田佐藤太	承久3・6・18
西部中務入道	建長2・3・1	沼田四郎	嘉禄2・4・20
西山太郎	建保1・5・6	沼田次郎	建保1・5・6
西山大八	建保1・5・6	沼田七郎	建保1・5・6
錦織三郎	文治1・10・9	沼（治）田太郎	文治1・10・24
錦織僧正	→行観〈観〉		文治5・7・19

— 516 —

第Ⅱ部 （1）通称・異称索引（ぬ・ね・の・は）

	建久1・11・7		**は**
	建久2・2・4		
	建久3・11・2		
	建久4・5・8	波賀小太郎	承久3・6・18
	建久6・3・10	波賀次郎大夫	文治5・8・10
	建長2・3・1		文治5・9・20
		波賀太郎	建長2・3・1
ね		波多野出雲前司	→義重
		波多野出雲五郎	→宣時
根井太郎	→行親	波多野出雲〔二郎〕左〈右〉	
禰智次郎	建久1・11・7	衛門尉	→時光
禰津小次郎	→宗道	波多野右馬允	→義常
禰津次郎	→宗直	波多野小次郎	→宣経
		波多野五郎	→義景
の		波多野五郎	→義重
		波多野五郎〔兵衛尉〕	→秀頼
のいら〈よ〉の五郎	文治2・3・27	波多野三郎	→義定
のいら〈よ〉の五郎太郎	文治2・3・27	波多野三郎	→盛通
のいら〈よ〉の三郎	文治2・3・27	波多野四郎	→経家
の太の平三〈二〉	文治2・3・27	波多野次郎	→義通
能登阿闍梨	→斉円	波多野次郎	→経朝
能登右(左)近蔵人	→仲家	波多野〔小〕次郎	→忠綱
能登右(左)近蔵人	→仲時	波多野次郎	→朝定
能登右(左)近大夫	→仲時	波多野七郎	宝治1・6・22
能登右近大夫	→重教	波多野太郎	建保1・5・6
能登守	→教経	波多野中務次郎	→経朝
能登守	→秀康	波多野中務〔丞〕	→忠綱
能登守	→仲能	波多野八郎	→朝義
能登守・能登前司	→光村	波多野兵衛次郎	→定康
能登前司	→仲能	波多野弥次郎	→朝定
能登蔵人	→仲家	波多野弥次郎	建保1・5・6
能登左衛門大夫	→仲氏	波多野弥藤次	承久3・6・18
能登四郎左衛門尉	寛元2・8・16	波多野弥藤次〔郎〕左衛門	
野世五郎	仁治2・9・7	尉	→盛高
野瀬判官代	→国能	波多野余三	→実方
野田左近将監	→秀遠	波多野六〈小六〉郎	安貞2・7・23
野田与一	元久2・6・22	波多野六郎左衛門尉	寛元1・7・17
野中次郎	養和1・2・29		宝治1・6・22
野平右馬允	→有長	葉好〈山〉介	→宗頼
野部五郎左衛門尉	弘長1・1・1	土師宿禰	→安利
野本斎藤左衛門大夫尉	→基員	服部左衛門六郎	宝治2・8・10
野本次郎	→行時	服部〈肥後〉弥藤次	建長6・⑤・1
野本太郎	→時秀	馬場〔小〕次郎	→資幹
		萩生右馬允	建暦2・6・8
		萩蘭弥太郎	正嘉1・10・15
		萩野三郎	→景継

— 517 —

第Ⅱ部 (1)通称・異称索引 (は)

萩原右(左)衛門尉	→定仲	浜四郎	文治1・12・7
萩原九郎	→資盛		文治1・12・16
白山別当	文治3・4・29	浜名左衛門三郎	宝治2・12・10
莫〈真〉保次郎左衛門尉	建長2・3・1	浜名三郎	建長3・8・15
幕下・前幕下	→頼朝	早河次郎太郎	→祐泰
幕下〔大〕将軍	→頼朝	早河太郎	→遠平
筥田太郎	建久1・11・7	早河太郎	寛元2・1・5
	建久6・3・10	早河六郎	→祐頼
箱根山別当	→行実	隼人三郎左衛門尉	→光範
箱根山別当	→興実	前隼人正	→光重
荷〈蓮〉沼三郎	建久1・11・7	隼人佐・前隼人佐	→康清
蓮池権守	→家綱	隼人太郎左衛門尉	→光義
秦三郎	→清種	隼人太郎左衛門尉	→光盛
秦次〔郎〕府生	→兼種	隼人入道	→康清
畠山小次郎	→重秀	林次郎	承久3・6・8
畠山上野三郎	→国氏	林太郎	建保1・5・6
畠山上野前司	→泰国		元仁1・3・19
畠山三郎	嘉禎3・4・19	林内藤次	建保1・5・6
	仁治2・1・2	原右衛門尉	嘉禎2・1・1
畠山次郎	→重忠	原宮内左衛門入道	→西蓮(法名)
畠山六郎	→重保	原小三郎	建久1・11・7
八条院蔵人	→行家	原小次郎	建久4・8・20
八条左大臣	→良輔	原五郎	嘉禎2・1・1
八条前内府	→宗盛	原左衛門四郎	→泰綱
八条三位	→光盛	原左衛門尉	→忠康
八条三位	文永2・9・21	原三郎	→清益
	文永3・2・10	原三郎	嘉禎3・1・11
八条少将	→実清		延応1・1・5
八条少将	→公益	原四郎左衛門尉	→泰綱
八条中将	→信通	原次郎	文治1・10・24
八条入道相国	→清盛	原大夫	→高春
八条兵衛佐	→盛長	原田大夫	→種直
八幡宮供僧	→隆宣	原田藤内左衛門尉	→宗経
八幡太郎・八幡殿	→義家	原東左衛門	建長2・3・1
八田右(左)衛門尉	→知家	原宗三郎	→宗房
八田〔太郎〕左衛門尉	→朝重	原宗四郎	→行能
八田三郎	→知基	針博士	→時長
八田兵衛尉	→朝重	榛谷五郎	宝治1・6・22
八田武者〔所〕	→宗綱	榛谷四郎	→重朝
八田〔四郎〕武者	→知家	榛谷四郎	宝治1・6・22
八田武者所	→知家	榛谷次郎	→季重
八田六郎	→知尚	榛谷太郎	→重季
鳩井兵衛尉	康元1・6・2	榛谷弥四郎	宝治1・6・22
鳩谷兵衛尉	→重元	榛谷六郎	宝治1・6・22
埴生太郎	→清員	榛沢六郎	→成清
埴生弥太郎	→盛兼	播磨守	→義朝
祝部清太	→国次	播磨守	→経中

— 518 —

第Ⅱ部 （1）通称・異称索引（は・ひ）

播磨公	→頼全			建久6・7・20	
幡〈播〉磨僧都	→厳瑜	比企藤内		→朝宗	
春近兵衛尉	貞永1・11・13	比企兵衛〔尉〕		正治2・1・20	
般若坊律師	建長2・9・18			正治2・1・25	
伴四郎傔仗	→祐兼	比企判官		→能員	
伴藤八	文治5・8・9	比企判官四郎		→時員	
磐五	→家次	比企弥三郎		建仁2・9・21	
		比企弥四郎		→時員	
		比企余一兵衛尉		建仁3・9・2	
ひ		比田次郎		→広盛	
		肥後天野新左衛門尉		→景茂	
ひせん江三〈次〉	文治2・3・27	肥後守・前肥後守		→貞能	
ひたちばう	→昌明	肥後守		→資隆	
ひちかさ〈た〉の次郎	建保1・5・6	肥後守・肥後前司		→為佐	
ひろさわの次郎	文治2・3・27	肥後前司		→盛時	
日向右馬助	→親家	肥後前司		→為定	
日向守	→広房	肥後左衛門尉		→政氏	
日向守・日向前司	→祐泰	肥後新左衛門尉		→景茂	
日向権守	→清実	肥後三郎〔左衛門尉〕		→為成	
日向介	建暦1・12・17	肥後三郎右衛門尉		弘長1・1・1	
	嘉禄1・12・20	肥後四郎左衛門尉		→行定	
日向坊	→実円	肥後四郎左衛門尉		暦仁1・2・17	
日吉神主	建久2・5・8	肥後四郎左衛門尉		弘長1・8・15	
日吉禰宜	→成茂	肥後四郎兵衛尉		→行定	
日置宿禰	→高元	肥後次郎左衛門尉		→景氏	
日田四郎	→永俊	肥後次郎左衛門尉		→為時	
日野平五入道	→季長	肥後介		→景良	
日野六郎	→長用	肥後法橋		→貞慶	
比企右衛門尉	→能員	肥後坊		→良西	
比企掃部允	治承4・8・9	肥後房		安貞1・6・14	
	寿永1・10・17	肥後〈服部〉弥藤次		建長3・8・15	
比企五郎	建仁3・9・2			建長5・8・15	
比企三郎	正治1・4・20			建長6・1・22	
	正治1・7・25			建長6・⑤・1	
	正治1・7・26			建長6・8・15	
	正治1・8・19			康元1・1・1	
	正治1・11・19			康元1・1・11	
	建仁2・11・21	肥後六郎左(右)衛門尉		→時景	
	建仁3・9・2	肥前阿闍梨		→良智	
比企四郎〔右衛門尉〕	→能員	肥前守		→家連	
比企四郎	→時員	肥前前司		→久良	
比企藤四郎	→能員	肥前前司		→資村	
比企藤次	文治1・10・24	肥前前司		正嘉1・8・12	
	文治2・2・6	肥前四郎左衛門尉		→光連	
	建久1・11・7	肥前四郎左衛門尉		弘長3・5・29	
	建久2・2・4	肥前七郎		→助員	
	建久6・3・10	肥前太郎		→資光	

— 519 —

第Ⅱ部　(1)通称・異称索引（ひ）

肥前太郎左衛門尉	→胤家	常陸律師	安貞1・4・29
肥前房	承久3・6・18		安貞1・12・13
肥前六郎	→泰家	尾藤左衛門入道	→景綱
肥田三郎兵衛尉	寛喜1・1・1	尾藤左近将監〔入道〕	→景綱
	寛喜1・1・2	尾藤左(右)近入道	→景綱
肥田四郎左衛門尉	寛元1・1・10	尾藤〈張〉二郎	→頼景
	寛元2・1・5	尾藤次	→知景
肥田次郎	→景明	尾藤次郎兵衛尉	康元1・1・3
肥田次郎左衛門尉	→為時	尾藤太	→知宣
肥田(多)八郎	→宗直	尾藤太	→知平
肥田又太郎	貞応2・1・26	尾藤太〔郎〕	→景氏
飛騨左衛門尉	→経景	尾藤太平三郎左衛門尉	→景氏
飛騨三郎左衛門尉	→景綱	尾藤兵衛尉	→頼景
飛騨次郎	→景明	備後守・備後前司	→康持
樋口次郎	→兼光	備後前司	→広将
樋爪五郎	→季衡	備後三郎	弘長3・1・1
樋爪太郎	→俊衡	備後次郎	弘長3・1・1
常陸冠者	→為宗	備後次郎兵衛尉	宝治2・1・3
常陸左衛門尉	→行清		建長2・1・16
常陸三郎	→資綱		建長2・12・27
常陸四郎	→為家	備後竪者	寛喜3・5・17
常陸次郎	→為重	備後太郎	弘長1・1・1
常陸次郎左衛門尉	→行清		弘長3・1・1
常陸次郎兵衛尉	→行雄	備前守	→時親
常陸修理亮	→重継	備前守	→朝直
常陸介	→時長	備前守・備前前司	→時長
常陸介	→朝俊	備前前司	→行家
常陸介入道	→行久	前備前守	→義盛
常陸前司	文永3・1・13	備前前守	弘長1・4・24
常陸太郎	文治3・4・29	備前権守	→親信
常陸太郎	寛元1・7・17	備前左衛門三郎	→長頼
常陸太郎左衛門尉	建長6・6・16	備前三郎	→長頼
	康元1・6・29	備前太郎	→宗長
	正嘉2・6・17	備中阿闍梨	承久1・1・27
常陸大掾	→資盛		承久1・1・30
常陸大掾	→政村		承久1・2・4
常陸大掾	→朝幹	備中已講	→経幸
常陸入道	→朝宗	備中右近大夫〔将監〕	→景茂
常陸入道	→行久	備中右近大夫将監	→忠茂〈義〉
常陸八郎左衛門尉	康元1・6・29	備中守	→師盛
	正嘉2・6・17	備中守・備中前司	→行有
常陸兵衛尉	→行雄	備中前司	→信忠
常陸平四郎	文治1・10・24	備中蔵人	嘉禎3・8・15
	建久1・11・7	備中左近大夫	→重氏
	建久3・5・19	備中次郎兵衛尉	→行藤
常陸房	→昌明	備中大夫	→重氏
常陸目代	元暦1・4・23	備中判官代	→定忠
		備中法橋	→寛〈定〉尊

— 520 —

第Ⅱ部　(1)通称・異称索引（ひ）

東大夫	→盛方	兵部権大輔	→頼隆
彦次郎左衛門尉	建長3・10・19	兵部少輔	→尹明
土方右衛門次郎	宝治1・5・26	前兵部〔権〕少輔	→尹明
	宝治1・6・22	兵部大輔	→範忠
人見小三郎	→行経	平井紀六	→久重
人見八郎	承久3・6・18	平井七郎	寛元4・1・6
前兵衛督	→教定	平井八郎	→清頼
兵衛蔵人	→広光	平〈玉〉井法眼	安貞1・2・29
兵衛蔵人	→親季	平井又次郎	→有家
兵衛蔵人	→家教	平岡左衛門尉	→実俊
兵衛権佐	→親朝	平岡左衛門尉	嘉禎1・6・29
兵衛志	→為貞	平賀三郎	→朝信
兵衛志	→清方	平賀三郎左衛門尉	→惟(維)時
兵衛次郎	→景村	平賀三郎兵衛尉	嘉禎2・8・4
兵衛尉	→重経		嘉禎3・3・8
兵衛尉	→基清		嘉禎3・6・23
兵衛尉	→季綱		暦仁1・2・17
兵衛尉	→義廉		仁治1・8・2
兵衛尉	→政綱	平賀〔弥〕四郎	→泰定
兵衛尉	→朝政	平賀四郎左(右)衛門尉	→泰実
兵衛尉	→景員〈貞〉	平賀新三郎	→惟(維)時
兵衛尉	→景高	平賀兵衛尉	建長2・3・1
兵衛尉	→政綱	平河刑部太郎	承久3・6・18
兵衛尉	→朝重	平河兵衛入道	寛元2・6・29
兵衛尉	→兼経	平河又太郎	承久3・6・18
兵衛尉	→清綱	平〈手〉越平太	→家綱
兵衛尉	→能尚	平佐古太郎	→為重
兵衛尉	→景氏	平嶋蔵人太郎	→重頼
兵衛尉	→遠信	平〈手〉嶋太郎	承元3・1・6
兵衛尉(雑色)	寛喜2・5・27	平嶋弥五郎	→助経
前兵衛尉	→為孝	平田太郎	→俊遠
前兵衛尉	→忠康	平田太郎入道	→家継
新兵衛尉	→朝盛	平塚小次郎	宝治1・6・22
兵衛佐	→頼朝	平塚五郎	宝治1・6・22
兵衛佐・前兵衛佐	→忠時	平塚左衛門尉	→光広
前兵衛佐	→為盛	平塚三郎	宝治1・6・22
兵衛大夫	→季忠	平塚太郎	宝治1・6・22
兵衛大夫	→光広	平塚土用左兵衛尉	宝治1・6・22
兵衛判官代	嘉禄1・12・20	平塚兵衛尉	暦仁1・2・17
兵衛判官代	文応1・2・20	平出右〈左〉衛門尉	貞永1・11・13
兵庫頭	→章綱	平出弥三郎	承久3・5・22
兵庫頭	→広元		承久3・6・14
兵庫頭・前兵庫頭	→定員	平野与一	建保1・5・6
兵庫允	→倫忠	平山右(左)衛門尉	→季重
前兵庫助	寛元2・6・10	平山小次郎	建保1・5・6
兵庫大夫	→資範	平山小太郎	→重村
兵部卿阿闍梨	→親遍	平山次郎	建保1・5・6

— 521 —

第Ⅱ部　(1)通称・異称索引（ひ・ふ）

平山武者所	→季重	豊後守・豊後前司	→季光
蛭川刑部三郎	承久3・6・18	豊後前司	安貞1・2・13
蛭川三郎太郎	承久3・6・18	豊後公	→幸源
蛭河刑部丞	建長2・3・1	豊後〔四郎〕左衛門尉	→忠綱
蛭河四郎左衛門尉	暦仁1・2・17	豊後新左衛門尉	正嘉2・1・1
	弘長1・1・1	豊後三郎左衛門尉	→忠直
広河五郎	寛喜1・1・3	豊後十郎左衛門尉	寛元3・8・16
	嘉禎3・1・11		寛元4・8・15
	暦仁1・1・3	豊前大炊助	→親秀
	仁治1・1・6	豊前守	→為遠
広河五郎左衛門尉	仁治2・1・3	豊前守・豊前前司	→尚友
	寛元2・1・3	豊前守	→光秀
	正嘉2・1・3	豊前守・豊前前司	→能直
広河八郎	仁治2・1・3	豊前前司	→光季
	寛元2・1・3	豊前前司	建長2・3・1
広沢左衛門尉	→実高	豊前宮内左衛門太郎	正嘉2・1・1
広沢左衛門尉	→実能	豊前四郎左衛門尉	正嘉2・1・1
広沢左衛門入道	→実能	豊前介・前豊前介	→実俊
広沢三郎	→実高	豊前介	→実景
広沢三郎〔左衛門尉〕	→実能	豊前太郎左衛門尉	嘉禎1・6・29
広沢三郎兵衛尉	→実能	豊前弾正忠	正嘉2・1・27
広沢弥次郎	仁治2・2・26	豊前中務丞	→実景
広沢余(与)三	→実方	豊前八郎左衛門尉	正嘉2・1・1
広沢余三	建長6・⑤・1	豊前兵衛尉	建保1・9・12
広瀬四郎	→助弘	深草六郎	承久3・6・18
広田馬亮〈允〉	建長2・3・1	深沢三郎	→景家
広田次郎	→邦房	深沢山城前司	→俊平
		深栖四郎	文治4・3・15
ふ			建久1・11・7
		深栖太郎	建久1・11・7
			建久6・3・10
ふかさわの次郎	建保1・5・6	深栖兵庫助	文応1・11・8
布施右衛門次郎	承久3・6・18	深沼五郎	建保5・4・5
布施右衛門尉	→康定	深浜木平六	建久1・11・7
布施左衛門三郎	承久3・6・18	深利五郎	→為経
布施左衛門〔尉〕	→康高	深勾八郎	→家賢
布施左衛門尉	→康定	福原小太郎	康元1・6・2
布施左衛門太郎	→康高	福原五郎太郎	暦仁1・2・17
布施三郎	→行忠	伏見冠者	→広綱
布施弥三郎	康元1・1・4	伏見民部大夫	建久6・3・10
布施部宮内左衛門太郎	弘長1・1・1	藤倉三郎	→盛義
普賢寺入道前摂政	→基通	藤沢小四郎	建長4・11・18
富士三郎五郎	→員時	藤沢左衛門五郎	→光朝
富士四郎	建保1・5・6	藤沢左衛門尉	→清親
武衛・前武衛	→頼朝	藤沢左近将監	→時親
武衛	→能保	藤沢四郎	→清親
前武衛将軍	→頼朝	藤沢次(二)郎	→清親

— 522 —

第Ⅱ部 (1)通称・異称索引（ふ・へ）

藤沢余一	→盛景			寛元2・3・28
藤嶋三郎	建久2・6・22	平左衛門次郎		嘉禎2・1・3
藤田小三郎	→能国			宝治2・1・1
藤田新左衛門尉	正嘉2・1・1	平〔三郎〕左衛門尉		→盛綱
藤田三郎	→行康	平左衛門尉		→広光
藤田三郎	→能国	平〔三郎〕左衛門尉		→盛時
藤田二郎左衛門尉	弘長1・1・1	平新左衛門尉		→盛時
藤田兵衛尉	承久3・6・18	平新左衛門尉		→頼綱
藤田兵衛尉	建長2・3・1	平左〈右〉衛門入道		→盛綱
藤田新兵衛尉	承久3・6・18	平宰相		→経盛
船越右馬亮〈允〉	建長2・3・1	平三郎		正嘉1・10・15
船越三郎	→惟貞	平三郎兵衛尉		→盛綱
船所五郎	→正利	平四郎		→胤泰
古郡五郎	建保1・5・6	平四郎兵衛尉		建長5・1・2
古郡左衛門尉	→保忠	平次太郎		承久3・6・18
古郡〈郡〉左近	建長2・3・1	平次郎		宝治1・6・22
古郡四郎	承久3・6・18	平次郎		正嘉1・10・15
古郡次(二)郎	建久1・11・7	平式部大夫		→繁政
	建久6・3・10	平相国〔禅閣(門)〕		→清盛
	建保1・5・6	平庄司		文治2・9・15
古郡六郎	建保1・5・6	平太		元暦1・2・2
古庄左近将監	→能直	平太		安貞1・3・27
古庄次郎	承久3・6・18	前平大相国		→清盛
古庄太郎	承久3・6・18	平大納言・前平大納言		→時忠
古谷飯積三郎	承久3・6・18	平大納言		→信国
古谷十郎	承久3・6・18	平中納言		→親宗
古谷八郎	承久3・6・18	平内左衛門尉		→景茂
		平内左衛門尉		→俊職

へ

		平内尉		文治2・7・27
		平内兵衛尉		→清家
		平判官		→康頼
へいこの二郎	文治2・3・27	平〔九郎〕判官		→胤義
平一の三郎	文治2・3・27	平判官次郎		→高義
平右近太郎	宝治2・12・11	平判官太郎左衛門尉		→義有
	建長3・1・11	平民部丞		→盛時
	建長3・1・20	平民部大夫		→盛時
平右近入道	→寂阿(法名)	平六〔傔伏〕		→時定
平九郎右〈左〉衛門尉	→胤義	平六		承久3・6・18
平九郎滝口	→清綱	平六左衛門尉		→時定
平五〔郎〕	→盛時	平六兵衛尉		→時定
平五新藤二〈次〉	文治5・10・11	平六兵衛尉		→義村
平五郎	→季長	別宮七郎大夫		→吉盛
平勾当	→時盛	別宮大夫		→長員
平左衛門三郎	→盛時	別当		→保家
平新左衛門三郎	→頼綱	別当		→通行
平左衛門四郎	延応1・1・5	別当左大臣		→経宗
	仁治2・1・3	別当僧正		→隆弁

— 523 —

第Ⅱ部　(1)通称・異称索引（へ・ほ）

別当大僧都法印大和尚位	元暦1・11・23	北条武衛	→時頼
別当大納言	→実房	北条平六左衛門尉	→時定
別当法眼	→円暁	北条弥四(五)郎	→経時
別府左衛門	建長2・3・1	北条六郎	→時定
別府左近将監	→成政	判官〔代〕	→邦通
別府次郎太郎	承久3・6・18	判官代河内守	→清長
別府太郎	→義行	判官代宮内権少輔	→親経
逸見冠者	→光長	伯耆右衛門尉	建長3・6・20
逸見五郎	建保1・5・6	伯耆守	→時家
逸見三郎	建長2・3・1	伯耆守	→宗信
逸見次郎	建保1・5・6	前伯耆守	→親時
逸見太郎	建保1・5・6	伯耆前司	→清親
弁阿闍梨	貞永1・7・27	伯耆前司	→光平
	貞永1・10・5	伯耆蔵人	嘉禄1・12・20
弁僧正	→定豪	伯耆五郎	寛元2・8・16
弁僧都	→審範	伯耆左衛門五郎	→清氏
弁入道	弘長3・2・10	伯耆左衛門四郎	→清時
弁法印	→定豪	伯耆新左衛門尉	→清経
弁法印	→良算	伯耆新左衛門尉	建長2・8・18
弁法印	→審範	伯耆〔左衛門〕三郎	→清経
弁法橋	→定豪	伯耆三郎	康元1・6・29
		伯耆三郎左衛門尉	→時清
		伯耆四郎左衛門尉	→光清
ほ		伯耆少将	→済基
		伯耆大郎左衛門尉	建長4・4・1
保志黒次郎	文治5・9・20	伯耆兵衛尉	宝治2・1・3
保志秦三郎	養和1・②・23	法皇	→後白河天皇
保科次郎	建保1・2・16	法皇	→後鳥羽天皇
保科大郎	元暦1・7・25	法興院殿	→兼家
保土原三郎	承久3・6・18	法乗坊	→弁朗
北条小四郎	→義時	法蔵房	→円西
北条五郎	→時房	法務大僧正	→公顕
北条五郎〔兵衛尉〕	→時頼	法華堂別当	→尊範
北条五郎	承久3・5・22	法性寺関白	→忠通
北条五郎左衛門尉	→時頼	法性寺少将	→雅任
北条左近大夫将監・北条左親衛	→経時	法性寺禅閤	→道家
北条左近大夫将監・北条左親衛	→時頼	法性寺禅定殿下	→道家
		法性寺殿	→忠通
北条三郎	→宗時	法性寺殿	→道家
北条四郎	→時政	法勝寺前上座	→能円
北条四郎	→義時	俸〈禰〉曾禰小二郎	寛元3・8・16
北条四郎	→顕時	防鴨河使左衛門権佐	文治4・4・9
北条介	→時兼	坊城三品	承元2・11・1
北条大夫将監	→経時	坊城中将	→公敦
北条大夫将監	→時頼	坊門亜相	→信清
北条殿	→時政	坊門亜相	→忠信
		坊門三位	→清基

— 524 —

第Ⅱ部　(1)通称・異称索引（ほ・ま）

坊門三位	→基輔	本間源太	→忠貞
坊門少将	→清基	本間源内左衛門尉	→忠直
坊門太政大臣	承元2・④・25	本間[三郎]左衛門尉	→元忠
坊門大納言〔入道〕	→忠信	本間左衛門尉	寛元1・8・16
坊門中将	→基輔	本間三郎兵衛尉	寛元3・8・16
坊門中納言	→親信		寛元4・8・15
坊門中納言・坊門黄門	→忠信	本間四郎〔左衛門尉〕	→光忠
坊門殿	→信清	本間次郎左衛門尉	→信忠
坊門殿	→忠信	本間次郎兵衛尉	→信忠
坊門内府〔禅室〕	→信清	本間式部丞	→元忠
星崎判官代	安貞1・3・24	本間太郎左衛門尉	→忠貞
星野出羽前司	→季義	本間対馬次郎兵衛尉	→信忠
細河宮内丞	建長2・3・1	本間兵衛尉	承久1・7・19
細野四郎	正治1・7・26		承久3・6・20
	正治1・8・19	本間木工左衛門尉	→佐久
	正治1・11・18	本間弥四郎左衛門尉	→忠時
細野四郎兵衛尉	建仁2・5・20	本間山城前司	→元忠
細野兵衛尉	建仁1・9・18	本間山城次郎兵衛尉	宝治2・12・10
	建仁2・6・25		建長4・4・3
	建仁2・9・21	本馬三郎左衛門尉	→元忠
	建仁3・1・2	本馬太郎左衛門尉	→忠貞
	建仁3・9・4		
堀〔平〕四郎	→助政		
堀藤次	→親家		ま
堀藤太	文治1・10・24		
	文治5・7・19	万里小路右大将	→公基
	建久1・11・7	万里小路大納言	→公基
	建久4・3・13	麻弥屋四郎	承久3・6・18
	建久4・5・28	麻弥屋次郎	承久3・6・18
堀弥太郎	→景光	馬部入道	→浄賢(法名)
堀池八郎	→実員	真板五郎次郎	→経朝
堀河大納言・堀河亜相	→忠親	真板次郎	寛元3・1・9
堀河大納言	→具実	真壁紀内	正治2・2・6
堀河中納言	→親俊	真壁小次郎	→秀幹
本覚院〔宰相〕僧正	→公顕	真壁小六	建久6・3・10
本覚院僧正	寛元3・10・9	真壁太郎	建長2・3・1
	寛元3・10・12	真壁平六	建長6・6・16
	寛元3・10・30	真壁孫四郎	正嘉2・3・1
本成(城)房	→本性	真壁六郎	→長幹
本庄左衛門尉	→時家	真下右衛門三郎	暦仁1・2・17
本庄新左衛門尉	→朝次	真下太郎	建久1・11・7
本庄三郎左衛門入道	建長2・3・1	真〈奥〉保次郎左衛門尉	建長2・3・1
本庄四郎左衛門尉	→時家	摩尼房	→印尊
本田次郎	→近常	牧右衛門尉	寛喜3・1・19
本田太郎	→宗高	牧右近太郎	承久3・6・18
本〈稲〉間右〈左〉近将監	暦仁1・2・17	牧小太郎	建暦2・3・16
本間右馬允	→義忠	牧左衛門次郎	正嘉1・12・24

— 525 —

第Ⅱ部 （１）通称・異称索引（ま・み）

牧左衛門入道	正嘉2・8・17	松葉入道	→助宗
	正嘉2・9・2	松本九郎	元久1・4・21
牧三郎	→宗親		建保1・5・6
牧中次	承久3・6・18	松本三郎	→盛光
牧武者所	→宗親	松本四郎	元久1・4・21
牧六郎	→政親	松本判官代	→盛澄
牧野太郎兵衛尉	正嘉2・6・18	松浦執行	→授
	弘長3・1・3	丸五郎	→信俊
薪平太	暦仁1・8・19	丸太郎	文治1・10・24
益田権介	建長2・3・1	丸六郎太郎	暦仁1・2・17
益戸左衛門尉	建長2・3・1	丸嶋弥太郎	→久経
益戸三郎左衛門尉	寛元1・7・17	万年右馬允	元仁1・6・28
	建長4・8・1		嘉禎2・12・19
俣野小太郎	承久3・6・18	万年馬允	寛元2・3・28
俣野五郎	→景久	万年〔馬〕入道	寛元3・5・7
俣野弥太郎	暦仁1・2・17		宝治1・6・4
	仁治1・8・2		宝治1・6・5
町野加賀守	→康俊		宝治1・6・8
町野加賀前司	→康俊	万年九郎〔兵衛尉〕	→秀幸
町野次郎	承久3・6・18	政所次郎	→高氏
町野民部丞	→康俊		
町野民部大夫	→康俊		み
松岡小三郎	建長6・1・4		
松岡左衛門四郎	→時家	三浦右衛門尉	→胤義
松岡左衛門次郎	→時家	三浦前右兵衛尉	→義村
松岡（岳）四郎	→時家	三浦大炊助太郎	→経泰
松岡右衛門太郎	承久3・6・18	三浦大介	→義明
松田九郎	承久3・6・18	三浦九郎〔左(右)衛門尉〕	→胤義
松田小次郎	建保1・5・6	三浦小太郎	→朝村
	承久3・6・18	三浦五郎左衛門尉	→資村
松田五郎	承久3・6・18	三浦五郎左衛門尉	→盛時
松田三郎	建保1・5・6	三浦五郎左衛門尉	康元1・6・29
	承久3・6・18	三浦左衛門尉	→義連
松田四郎	建保1・5・6	三浦左衛門尉	→義村
松田次郎	→有経	三浦新左衛門尉	寛元3・8・16
松田七郎	建保1・5・6	三浦佐野太郎	暦仁1・2・17
松田平三郎	承久3・6・18	三浦三郎	→光村
松田六郎	建保1・5・6	三浦三郎	→員村
松田弥三郎	→常基	三浦三郎左衛門尉	→泰盛
松殿	→基房	三浦四郎	→家村
松殿〔禅定殿下〕	→師家	三浦次郎	→義澄
松殿三位中将	→良嗣	三浦次郎	→泰村
松殿僧正・法印・法橋	→良基	三浦次郎	→有村
松野左近将監	承久3・6・18	三浦次郎	宝治1・6・22
松葉（業）次郎	建暦2・3・16	三浦次郎兵衛尉	→盛連
	建保1・2・2	三浦式部大夫	→家村
松葉次郎〔入道〕	→助宗		

— 526 —

第Ⅱ部 (1)通称・異称索引（み）

三浦式部大夫	→氏村	三津藤次	仁治2・12・30
三浦七郎	文永2・1・3	三津〈沢〉藤次入道	嘉禎1・5・27
三浦庄司	→義継	三奈木次〈三〉郎	→守直
三浦十郎〔左衛門尉〕	→義連	三野九郎	→有忠
三浦十郎太郎	→景連	三野三郎大夫	→高包
三浦介	→義明	三野首領	→盛資
三浦介	→義澄	三野首領次郎	元暦1・9・19
三浦介	→盛時	三野首領太郎	元暦1・9・19
三浦介	→頼盛	三原太郎	暦仁1・2・17
三浦介六郎〔左衛門尉〕	→頼盛	三村左(右)衛門尉	→時親
三浦介六郎	建長3・8・24	三村新左衛門〔尉〕	→時親
三浦駿河前司	→義村	三村三郎兵衛尉	→親泰
三浦駿河三郎	→光村	三村二郎	建長3・1・3
三浦駿河三郎	→員村	三村兵衛尉	暦仁1・2・17
三浦駿河次郎	→泰村	三室戸大僧正	寛元4・7・11
三浦太郎	→景連	三輪寺三郎	建久1・11・7
三浦太郎兵衛尉	→重連		建久6・3・10
三浦高井太郎	建保1・5・6	壬生侍従	寛元1・9・5
三浦遠江守	→光盛	参河阿闍梨	→円勇
三浦遠江新左衛門尉	→頼連	参河守	→知度
三浦遠江三郎左衛門尉	→泰盛	参(三)河守	→範頼
三浦遠江大夫判官	→時連	参河守・参河前司	→教隆
三浦遠江六郎左衛門尉	→時連	参河守・三河前司	→頼氏
三浦能登守・能登前司	→光村	三河三郎左衛門尉	暦仁1・2・22
三浦兵衛尉	→義村	参河法橋	仁治1・9・7
三浦平九郎右衛門尉	→胤義	参河律師	→隆遍
三浦平太郎	→為継	美気大蔵大夫	文治1・5・8
三浦平六〔左衛門尉〕	→義村	美気三郎	→敦種
三浦平六兵衛尉	→義村	美源次〈二〉	正治2・10・22
三浦又太郎〔左衛門尉〕	→氏村	美濃前司	→則清
三浦又太郎式部大夫	→氏村	美濃前司	→親実
三浦六郎左衛門尉	→頼盛	美濃堅者	→観厳
三浦六郎兵衛尉	→時連	美濃公	→尊覚
三浦和田五郎	→義長	美濃権守	→親能
三(水)尾谷十郎	文治1・10・17	美濃左近大夫将監	→時秀
	文治5・7・19	美濃沢右近次郎	寛喜1・9・9
	建久1・11・7		寛喜1・12・17
	正治2・12・27	美濃藤次	→安平
	建仁1・5・17	美濃兵衛大夫	弘長1・1・1
水尾谷藤七	文治2・6・18	美濃法橋	→有俊
三上弥六	→家季	美八	承久3・6・18
三沢安藤四郎	文治5・8・10	美六	承久3・6・18
三沢小次郎	正治2・1・20	弥勒寺法印	→隆暁
	正治2・1・23	御堂左大臣	→道長
三田小太郎	正嘉2・3・1	御室戸大僧正	寛元1・11・2
三田五郎	正嘉2・3・1		寛元1・12・10
三田入道	建長2・3・1		寛元4・7・11

— 527 —

第Ⅱ部 （1）通称・異称索引（み・む）

美作守	→公明	民部卿法印	→尊厳
美作前司	→時綱	民部卿律師	→隆信
美作蔵人	→朝親	民部権少輔	→親広
美作蔵人	→朝賢	民部権少輔・民部少輔・	
美作蔵人入道	建長2・3・1	前民部少輔	→有時
美作左衛門蔵人	→家教	民部権少輔	→延俊
美作左衛門大夫	弘長3・1・1	前民部権少輔	→親実
美作左近大夫	→朝親	民部権大夫(輔)	→時隆
美作左近大夫	→泰朝	民部権大夫四郎	→宗房
美作兵衛蔵人	→長教	民部少丞	→行政
美作兵衛蔵人	→家教	民部少輔	→長房
造酒正	→宗房	民部少輔	→基成
甂尼小次郎	承久3・6・18	民部少輔・新民部少輔	→親実
水代六次〔郎〕	養和1・②・23	前民部少輔	→基成
	文治5・9・20	前民部少輔〔入道〕	→親広
水谷左(右)衛門大夫	→重輔	前民部少輔	→親実
水原兵衛尉	→孝定〈宣〉	民部丞	→盛時
三井左衛門尉	正嘉1・8・12	民部丞	→行政
三俣平次三郎	安貞2・2・19	民部丞	→行光
密蔵房	→賢□	民部丞	→康俊
皆尾太郎	暦仁1・2・17	民部丞	→広綱
皆河権六太郎	建久3・6・13	民部丞	→泰貞
皆河四郎	文治1・10・24	民部丞	→範重
	建久1・11・7	民部丞	→行幹
	建久6・3・10	民部太郎	正嘉2・3・1
皆河太郎	承久3・6・18	民部大丞	→康連
皆吉大炊助	→文幸(章)	民部大夫	→成良
南天竺波羅門僧正	建久6・3・12	民部大夫	→光行
莬〈菟〉浦冠者	→義明	民部大夫	→行景
箕勾太郎	→師政	民部大夫	→行政
宮	→以仁王	民部大夫	→繁政
宮	→宗尊親王	民部大夫	→行光
宮木小四郎	承久3・6・18	民部大夫	→康俊
宮城右衛門尉	康元1・6・2	民部大夫	→仲業
宮城四郎	→家業	民部大夫	→広綱
宮崎左衛門尉	→定範	民部大夫〔入道〕	→行盛
宮大夫	建久6・3・10	民部大夫	→康持
宮寺蔵人	→政員	民部大夫(輔)	→時隆
宮法印	文治4・10・4		
宮法眼	→円暁		
宮六儶伏	→国平	む	
民部卿	→成範		
民部卿	→経房	むかい四郎	建保1・5・6
民部卿〔入道〕	→為家	武佐五郎	建久1・11・7
民部卿禅師	文治3・3・18	武蔵守	→秀郷
	文治5・3・20	武蔵守・武蔵前司	→義信
民部卿僧都	→尊厳	武蔵守・武蔵前司	→朝政

— 528 —

第Ⅱ部　(1)通称・異称索引（む）

武蔵守	→知章	武藤新左衛門尉	→景泰
武蔵守・武州	→親広	武藤左近将監	嘉禎1・2・18
〔前〕武蔵守・武蔵前司	→義氏	武藤三郎	治承4・8・23
武蔵守・武州	→時房	武藤三郎	暦仁1・2・17
武蔵守・武州	→泰時	武藤三郎兵衛尉	文永2・1・1
武蔵守・武蔵前司	→朝直	武藤四郎	→頼隆
武蔵守・武州	→経時	武藤四郎	→時仲
武蔵守・武州	→長時	武藤次郎	→資頼
武州前史禅室	→泰時	武藤次郎〔兵衛尉〕	→頼泰
武州前刺〔史〕禅室	→泰時	武藤次郎左衛門尉	→頼泰
〔前〕武州禅室(門)	→泰時	武藤七郎	→兼頼
〔前〕武州禅室(門)	→経時	武藤少卿	→景頼
前武州禅門	→長時	武藤八郎	建長2・12・27
武蔵九郎	→朝貞	武藤又次郎兵衛尉	暦仁1・2・17
武蔵五郎	→時忠	武藤与一	元暦1・6・16
武蔵五郎	→宣時	陸奥右馬助	嘉禎2・3・14
前武蔵権守	→義基	陸奥守	→義家
武蔵左〈右〉衛門尉	建長6・11・1	陸奥守	→業宗〈盛実〉
	康元1・1・1	陸奥守	→秀衡
武蔵左近〔大夫〕将監	→時仲	陸奥守・奥州	→広元
武蔵三郎	康元1・1・1	陸奥守・〔前〕奥州	→義時
武蔵四郎	→時仲	陸奥守	→師信
武蔵次郎	→時実	陸奥守	→義氏
武蔵式部大夫	→朝房	陸奥守・〔新〕奥州	→政村
武蔵太郎	→時氏	陸奥守・奥州	→重時
武蔵〔蔵人〕太郎	→朝房	奥州禅室	→義時
武蔵得業	→隆円	奥州禅門	→重時
武蔵八郎	→頼直	陸奥掃部助	→実時
武蔵平間郷〈江〉地頭	康元1・6・2	陸奥冠者	→頼隆
武蔵房	→弁慶	陸奥五郎	→実泰
武蔵毛呂豊後守	→季光	陸奥五郎太郎	暦仁1・2・17
武蔵六郎	宝治1・2・23	陸奥国留守〔所〕兵衛尉	→恒家
武者次郎	建久1・11・7	陸奥権守	→国継
前武者所	→宗経	陸奥左近大夫将監	→長頼
武藤右〈左〉近将監	→兼頼	陸奥左近大夫将監	→時茂
武藤右近将監	→頼村	陸奥左近大夫将監	→義政
武藤大蔵丞	→頼平	陸奥左近大夫将監	→義宗
武藤小次郎	→資頼	陸奥左近大夫将監	→重時
武藤小次郎	暦仁1・2・17	陸奥三郎	→時村
武藤五	養和1・3・13	陸奥三郎	→政村
	養和1・3・14	陸奥四郎	建長2・8・18
武藤五郎	→宣時		建長2・12・27
武藤五郎	建久5・8・20		建長3・8・21
武藤左衛門尉	→頼茂		建長3・10・19
武藤左衛門尉	→資頼	陸奥次郎	→朝時
武藤左衛門尉	→景頼	陸奥式部大夫	→政村
武藤左衛門尉	→頼泰	陸奥七郎	→業時

― 529 ―

第Ⅱ部 （1）通称・異称索引（む・め・も）

陸奥七郎	→景時	妻〈男〉良藤二	建久5・12・22
陸奥修理亮	→重時	明王院僧正	→公胤
陸奥十郎	→忠時		
陸奥十郎	→行家		
陸奥太郎	→実時	**も**	
陸奥大郎	建長6・6・16		
陸奥入道	→理瑜（法名）	木工頭	→範季
陸奥入道	→重時	木工権頭	→仲能
陸奥孫四郎	→義宗	木工権頭	→親家
陸奥弥(孫)四郎	→時茂	木工左衛門尉	→宗教
陸奥留守〔所〕兵衛尉	→恒家	毛利田次郎	建久1・11・7
陸奥六郎	→義隆	毛呂冠者	→季光
陸奥六郎	→有時	毛呂五郎入道	→連〈蓮〉光（法名）
陸奥六郎	→義政	毛呂太郎	→季綱
向田小太郎	正嘉2・3・1	毛利冠者	→義隆
六浦三郎	建保1・5・6	毛利冠者	→頼隆
六浦七郎	建保1・5・6	毛利蔵人〔入道〕	→泰光
六浦平三	建保1・5・6	毛利〔三郎〕蔵人	→経光
六浦六郎	建保1・5・6	毛利蔵人大夫〔入道〕	→季光
宗像少輔	文治2・3・12	毛利小次郎	建保1・5・6
宗像六郎	文応1・8・25	毛利小大郎	建保1・5・6
村岡五郎	建保1・5・6	毛利左近蔵人	→親光
村岡三郎	建保1・5・6	毛利三郎	→頼隆
村岡四郎	建保1・5・6	毛利次郎蔵人〔入道〕	→泰光
村岡太郎	建保1・5・6	毛利太郎	→景行
村岡藤五太郎	文応1・4・18	毛利入道	→季光
村岡藤四郎	文応1・4・18	毛利兵衛大夫	→広光
村岡弥五郎	文応1・4・18	毛利もりへの〈森辺〉五郎	建保1・5・6
村岡弥三郎	康元1・8・16	望月左衛門尉	→重隆
村上右馬助	→経業	望月三郎	→重隆
村上左衛門尉	→頼時	望月四郎兵衛尉	建長2・3・1
村上判官代	→基国	望月太郎	→重義
村上余三判官	→仲清	望月余一	→師重
村櫛三郎兵衛尉	建長3・1・2	茂木左衛門尉	→知定
村山七郎	→義直	茂〈義〉木太郎左衛門尉	康元1・6・29
室平四郎	→重広	本吉冠者	→高衡
室伏六郎	→保信	本吉冠者	→隆衡
		桃園兵衛大夫	→宗頼
め		師岡兵衛尉	→重経
		諸次郎	→季綱
め〈と〉きかやの四〈七〉郎	建保1・5・6	諸岡次郎	建久6・3・10
女景四郎	承久3・6・18	文章博士	→仲章
女景太郎	承久3・6・18	文陽房	→覚淵
目黒小太郎	承久3・6・18	問注所入道	→康信
目黒弥五郎	建久1・11・7		
妻良五郎	承久3・6・18		

第Ⅱ部　(1)通称・異称索引（や）

や

やきゐ次郎	建保1・5・6	屋嶋次郎	承久3・6・18
やきゐ大〈七〉郎	建保1・5・6	屋嶋前内府	→宗盛
やしはらの十郎	文治2・3・27	八島六郎	建久1・11・7
やないの〈屋井〉六郎	建保1・5・6	屋嶋六郎	承久3・6・18
やわたの六郎	文治2・3・27	屋代兵衛尉	承久3・6・18
八木三郎	建長2・3・1	野五郎	文治4・3・15
八木四郎	建長2・3・1	野三郎大夫	→高包
八坂右馬亮〈允〉	建長2・3・1	野次郎左衛門尉	→成時
八町六郎	嘉禄1・12・21	野三刑部丞	→成綱
矢木式部大夫	→胤家	野三左衛門尉	→義成
矢口兵衛次郎	暦仁1・2・17	野内次郎	嘉禎1・2・10
矢古宇右衛門次郎	康元1・6・2	野内太郎兵衛尉	嘉禎1・2・10
矢坂次郎大夫	嘉禎1・2・10	大和右(左)衛門尉	→久良
矢田八郎	承久3・6・18	大和守・大和前司	→重弘
矢田六郎左衛門尉	貞永1・11・13	大和守	→維業
矢田六郎兵衛尉	寛喜3・3・19	大和守	→宣長
	貞永1・3・3	大和守・大和前司	→倫重
矢野和泉前司	→政景	大和守・大和前司	→祐時
矢野橘内	文治1・6・5	大和守	→景朝
矢野外記大夫	→倫重	大和前司	→光行
矢野外記大夫	→倫長	大和前司	承元4・9・13
矢作左衛門尉	建長3・12・26		建保1・9・12
矢部源次郎	承久3・6・18	大和次郎	→宗綱
矢部小次郎	正治2・1・20	大和次郎左衛門尉	建長3・8・21
	正治2・1・23	大和進士	建保1・1・3
矢部〈野〉二郎太郎	弘長1・2・20	大和大夫	貞応1・11・25
矢部十郎	→直澄	大和大郎左衛門尉	承久3・6・18
矢部平次	正治2・1・23	大和藤内	→久良
矢部平次馬二郎	弘長1・1・1	大和入道	建長2・3・1
矢僕〈作〉二郎	文治1・8・24	大和判官代	→邦通
弥源次	文治2・3・27	大和判官代	建保1・1・3
弥源大兵衛尉	承久1・1・27	大和判官代次郎	→宗綱
弥五郎右馬允	→盛高	楊梅少将	→経忠
弥新左衛門尉	康元1・6・29	楊梅新少将	→忠資
	康元1・7・29	薬師寺左衛門尉	→朝村
弥三郎	→守近	薬師寺新左衛門尉	→政氏
弥次郎左衛門尉	→親盛	薬師寺大夫判官	→朝村
弥善太〔郎〕左(右)衛門尉	→康義	安田冠者	→義清
弥平左衛門尉	→宗清	安田三郎	→義定
弥平太三郎	寛喜1・9・9	楊井左近将監	建長2・3・1
夜須七郎	→行宗	山の宮	文治1・1・6
夜又左衛門尉	嘉禎2・1・2	山家次郎	寛喜1・1・3
八島冠者	→時清	山上四郎	→時元
		山上太郎	→高光
		山上弥四郎	→秀盛
		山内新右衛門尉	→成道
		山内刑部丞	→経俊

— 531 —

第Ⅱ部　(1)通称・異称索引（や）

山内刑部大夫	→経俊		安貞1・8・13
山内左衛門	→政宣	山前権守	元久2・⑦・29
山内左衛門四郎	正嘉1・1・3	山崎次郎	養和1・2・29
山内〈田〉左衛門次郎〈尉〉	仁治2・1・23	山崎六郎	養和1・2・29
	仁治2・11・27	山階寺別当僧正	文治2・12・15
	寛元1・1・10	山城守	→維康
	寛元2・1・5	山城守	→実道
山内左衛門尉	→政宣	山城守	→広綱
山内新左衛門尉	→成通	前山城守	→秀朝
山内左衛門太郎	嘉禎1・6・29	前山城守	→盛長
	暦仁1・2・17	山城前司	→行政
山内三郎	→経俊	山城前司	→元忠
山内三郎左衛門尉	→通廉	山城前司	→盛時
山内三郎太郎	建長2・12・27	山城前司	→俊平
山内次郎	建保1・5・6	山城権守	→秀高
山内持寿丸	→通基	山城江次	→久家
山内首藤滝口六郎	→通時	山城左衛門尉	→行村
山内先次郎	建久1・11・7	山城〔次郎〕左衛門尉	→基行
	建久2・2・4	山城左衛門尉	承久3・6・18
山内先次郎左衛門尉	→政宣	山城三郎	→行村
山内大郎	建保1・5・6	山城三郎左衛門尉	→忠氏
山内大郎左衛門尉	建長6・6・16	山城三郎左衛門尉	→親忠
山内〔首藤〕滝口三郎	→経俊	山城四郎兵衛尉	建保1・5・7
山内藤内	→通景	山城次郎左衛門尉	建長3・10・19
山内藤内左衛門	→通廉		建長5・1・9
山内藤内左衛門尉	→通重	山城次郎兵衛尉	→信忠
山内中務三郎	寛元4・8・15	山城介	→久兼
山内兵衛三郎	寛元3・1・9	山城介	→盛兼
	寛元3・8・16	山城〔大夫〕判官	→行村
	正嘉2・1・1	山城廷尉	→行村
山内弥五郎	承久1・7・19	山城入道	→元西（法名）
	承久3・6・18	山城兵衛尉	建保1・2・2
山内六郎	→通基	山城判官〔次郎〕	→基行
山峨兵藤次	→秀遠	山田蔵人	承久3・6・18
山方介	→為綱		暦仁1・2・17
山形五郎	→為忠	山田五郎	暦仁1・1・20
山木判官	→兼隆		暦仁1・2・17
山北六郎	→種頼	山田左衛門尉	承久3・6・3
山口小次郎	建久1・11・7	山田四郎	→通重
山口小七郎	建久1・11・7	山田四郎	建久1・11・7
山口三郎兵衛尉	寛元3・8・16	山田次郎	→重隆
山口次郎兵衛尉	建久1・11・7	山田次郎	→重忠
山口太郎	→家任	山田次郎	建保1・5・6
山口兵衛次郎	→有綱		承久3・6・18
山口兵衛尉	承久3・6・18	山田太郎	→重澄
山口兵衛太郎	承久3・6・18	山田八郎	承久3・6・18
山口法眼	安貞1・4・29	山田彦次郎	弘長1・1・1

— 532 —

第Ⅱ部 （1）通称・異称索引（や・ゆ・よ・ら）

山田六郎	弘長1・8・14 暦仁1・2・17	葉上僧上	→栄西
山名伊豆守	→義範	葉上房〔律師〕	→栄西
山名冠者	→義範	葉上律師	→栄西
山名小太郎	→重国	横尾左近将監	寛喜1・9・9
山名三郎	→義範	横田右馬允〈亮〉	承久3・6・18
山名進次郎	→行直	横地(路)左衛門次郎	→長重
山名中務丞	→俊行	横地太郎	→長重
山名中務大夫	→俊長	横地太郎兵衛〔尉〕	→長直
山法師	承久3・6・18	横溝五郎	→資重
山村小太郎	元暦1・6・16	横溝七郎	寛元3・1・9
山本〔前〕兵衛尉	→義経	横溝七郎五郎	→忠光
		横溝弥七〔郎〕	→忠景
ゆ		横溝六郎	→義行
		横溝六郎	建久6・3・10
		横山右馬允	→時兼
弓削平次五郎	承久3・6・18	横山九郎	建保1・5・6
由井七郎	→家常	横山五郎	建保1・5・3 仁治2・9・7
由井太郎	建保1・5・6	横山権守	→時広
由利中八	→維平	横山三郎	建久1・11・7
由利中八太郎	→維久	横山七郎	建保1・5・6
湯庄司	→基治	横山太郎	→時兼
湯浅次郎	→国弘	横山野三	→成任
湯浅次郎入道	→宗業	横山野大夫	→経兼
湯浅兵衛尉	→宗光	横山六郎	建保1・5・6
唯観房	→唯観	吉井四郎	→長広
結城大蔵〔権〕少輔	→朝広	吉木三郎	→家平
結城五郎	→重光	吉敷三郎入道	建長2・3・1
結城上野三郎兵衛尉	→広綱	吉庄四郎	仁治2・1・5
結城上野十郎	→朝村	吉田右衛門志	→時方
結城上野入道	→朝光	吉田右馬允	→親清
結城左衛門尉	→朝光	吉田中納言	→経房
結城七郎	→朝光	吉田中納言	→為経
結城七郎〔兵衛尉〕	→朝広	吉田中納言阿闍梨	→忠豪
結城孫三郎	寛元3・8・16	吉野三郎	建久5・1・30 建久6・2・4
		吉野執行	文治1・11・17 文治1・11・18 文治1・12・8 文治1・12・15
よ			
与田小太郎	建保1・5・6		
与藤次	元久2・6・22	吉見二郎	→頼綱
与野太郎	元暦1・12・7	吉水僧正	承久3・⑩・10
余兵六	文治5・8・7		
永福寺別当三位僧都	→慶幸	**ら**	
永福寺別当荘厳房僧都	→行勇		
永福寺別当美作律師	→経玄	来光房	→永実
永福寺権少僧都	→道曜		

— 533 —

第Ⅱ部　(1)通称・異称索引（り・る・れ・ろ・わ）

		六条少将	→顕名
		六将摂政	→基実
り		六条廷尉〔禅門(禅室)〕	→為義
		六条二位	→顕氏
李部	→泰時	六条法印	→院円
理久房阿闍梨	→重実	六孫王	→経基
理乗房	→実円		
律静房	→日胤		
両金法師	貞応1・3・3	**わ**	
寮米〈未〉入道	寛元3・10・6		
		和賀五郎右衛門尉	康元1・6・2
る		和賀三郎兵衛尉	康元1・6・2
		和海三郎	→家真
新留守所(陸奥国)	建久1・2・6	和田石見入道	→仏阿(法名)
本留守(陸奥国)	建久1・2・6	和田右衛門尉	暦仁1・2・17
瑠璃王左衛門尉	承久3・6・18	和田宮内入道	建保1・5・6
		和田小四郎	→景長
れ		和田小次郎	建久1・11・7
			建久6・3・10
冷水(泉)冠者	→頼典	和田小太郎	→義盛
冷泉侍従	→隆茂	和田小太郎	→常盛
冷泉少将	→隆茂	和田五郎	→義長
冷泉太政大臣	→道光	和田五郎	建保1・5・6
冷泉中将	→隆茂	和田五郎兵衛尉	→義重
蓮月房律師	安貞1・4・29	和田左衛門尉	→義盛
	安貞1・12・13	和田新左衛門尉	→常盛
蓮乗坊	建保1・5・6	和田三郎	→宗実
蓮浄房	→浄遍	和田三郎	→朝盛
蓮浄房	→覚隆	和田三郎	→重茂
蓮明房	→善西	和田四郎	→義胤
		和田四郎〔左衛門尉〕	→義直
ろ		和田四郎左衛門尉	暦仁1・2・17
		和田四郎兵衛尉	建暦1・12・20
郎〈良〉橋太郎入道	寿永1・6・1	和田次郎	→義茂
六位尉	→章広	和田次郎	養和1・②・23
六位尉	→章清	和田七郎	→秀盛
六位尉	→能宗	和田太郎	→義盛
六位進	→盛景	和田八郎	建保1・5・6
六角侍従	→家基	和田〔新〕兵衛尉	→常盛
六角別当	→家通	和田新兵衛尉	→朝盛
六条三位	→経家	和田新兵衛入道	→朝盛
六条侍従	→公実	和田平太	→胤長
六条侍従	→公連	和田弥三郎	建保1・5・6
六条侍従	→顕教	和田弥二郎	建保1・5・6
		和田六郎兵衛〔尉〕	→義信
		若公	→経時
		若公	→宗政

— 534 —

第Ⅱ部　(1)通称・異称索引（わ）

若君(公)	→頼家	若狭次郎	→景村
若君(公)	→実朝	若狭次郎兵衛〈右衛門〉入道	承久3・6・18
若君(公)	→公暁	若狭兵衛尉	→忠季
若君(公)	→一幡	若狭兵衛入道	→忠季
若君(公)〔御前〕	→頼経	若槻伊豆前司・前伊豆守	→頼定
若君〔御前〕	→乙若	若菜五郎	元久1・5・6
若君	→頼嗣		元久1・5・8
若君(公)	→時宗	若宮	→惟康親王
若公(源頼朝息)	文治2・2・26	若宮	→後高倉院
	文治2・10・23	若宮(以仁王息)	治承4・5・16
	建久3・4・11	若宮伊与阿闍梨	→義慶
	建久3・5・19	若宮供僧	→禅睿
	建久3・6・28	若宮供僧	→義慶
若公(西園寺実氏息)	寛喜3・6・22	若宮三位房	→定暁
若公(北条時頼息)	建長2・12・23	若宮大僧正	→隆弁
若九郎大夫	文治5・8・7	若宮別当	→円暁
	文治5・8・21	若宮別当	→尊暁
若次郎	文治5・8・21	若宮別当	→定暁
若児玉小次郎	暦仁1・2・22	若宮別当	→定雅
	暦仁1・2・23	若宮〔別当〕僧正	→隆弁
若児玉次郎	建長2・3・1	若宮別当法印	→定親
若狭守	→経俊	若宮〔別当〕法印	→隆弁
若狭守	→範綱	若宮〔別当〕法眼	→円暁
若狭守	→保家	鷲栖禅師	→真遠
若狭守・若狭前司	→泰村	綿貫次郎三郎	承久3・5・22
若狭国司	文治4・6・3	渡辺右衛門四郎	寛元2・8・16
若狭四郎	→忠清	渡辺彌次〈三〉郎兵衛尉	承久3・6・18

第Ⅱ部 （2）法名索引 （あ・か・き・け・こ・さ・し）

（2）法名索引

あ

安楽	北条経時	

元西	山城入道 （本間元忠ヵ）	寛元4・7・11
見西	北条時章	
見西	市河高光	
源光	平真遠	

か

覚阿	大江広元	
覚崇	北条政村	
覚地〈智〉	安達景盛	
覚〈光〉澄	藤内	元暦1・4・26
覚蓮	加藤景廉	
勧湛		建長6・4・28〈29〉 建長6・5・1
観覚	北条重時	
観蓮	佐原（三浦）時連	
願智	安達義景	

と

光阿	窪寺左衛門入道	文永2・11・20
光西	伊賀光宗	
光心	藤原光重	
光蓮	武田信光	
光蓮	小野沢仲実	

き

虚仮	佐々木信綱	
行阿	二階堂基行	
行阿	中原季時	
行一	二階堂行忠	
行円	松葉助宗	
行願	二階堂行綱	
行空	二階堂行方	
行厳	中原師員	
行成	二階堂行盛	
行西	二階堂行村	
行日	二階堂行久	
行善	二階堂行泰	
行蔵〈成〉	二階堂行盛	
行忍		文暦1・7・6
行念	北条時村	
行然	二階堂行盛	

さ

西阿	毛利季光	
西行	佐藤憲清	
西親〈観〉	藤原光親	
西仁	佐々木信実	
西念	佐々木盛綱	
西仏〈行〉	鎌田三郎入道	寛元2・6・5 寛元2・7・20 寛元2・8・3 建長5・8・30
西蓮	原宮内左衛門入道	文永2・11・20
最信	宿屋光則	

け

経連	佐々木経高	
賢寂		正嘉2・7・4

し

慈浄	佐々木重綱	
寂阿〈心〉	平右近入道	寛元2・7・20 寛元2・8・3 建長6・4・28〈29〉 建長6・5・1 正嘉2・5・14
寂円	志村太郎入道	寛元3・12・25
寂西	紀伊五郎兵衛入道	仁治2・5・10
寂〈舜〉秀	大友親秀	
寂忍	中原親能	

— 536 —

第Ⅱ部 （2）法名索引 （し・せ・そ・と・に・ね・ふ・み・め・ゆ・り）

寂然	佐々木実秀		
寂蓮	藤原定長		
重蓮	平頼盛		
昇蓮	左馬権頭入道　寛元4・12・29		
勝円	北条時盛		
上西	新田義重		
定心	諏訪部四郎左衛門入道		
	文永2・11・20		
定蓮	壱岐入道　承久3・5・23		
	貞応1・5・24		
	元仁1・⑦・1		
浄円	斎藤長定		
浄賢	馬部入道　元久1・10・17		
浄心	尾藤景氏		
浄名〈仙〉	北条実泰		
心願	佐々木政義		
心蓮	武藤景頼		
信仏	結城朝広		
真観	葉室（藤原）光俊		
真昭〈明〉〈仏〉〈照〉	北条資時		
真理	近衛（藤原）兼経		
親願〈頼〉	加賀入道　弘長3・8・11		

せ

是仏	武藤資頼
生西	小山朝政
生西	名越朝時
生西	佐々木泰綱
正義	足利義氏
成献	道成
成猷	道成
盛阿	平盛綱
専阿	北条長時
善信〈心〉	三善康信
善清	三善康清
禅恵	宮内卿入道　文応3・3・30

そ

素暹	東胤行
増西	狛〈柏〉江入道　承元2・7・15

と

道円	小田時家
道願	那河景通
道空〈宜〉	二階堂行義
道崇〈宗〉	北条時頼
道忍	大友頼泰
道然	尾藤景綱
道仏	藤民部大夫入道　正嘉1・9・18

に

日阿	結城朝定

ね

念西	伊達朝宗　→藤原時長

ふ

仏阿	和田石見入道　文永2・11・20

み

妙法	加藤景廉
妙蓮	日野（平）季長

め

明静	京極（藤原）定家

ゆ

唯明	建長5・9・26
融覚	藤原為家

り

— 537 —

第Ⅱ部　(2)法名索引（り・れ）

理繆	陸奥入道	嘉禎2・2・22

れ

蓮胤	鴨長明	
蓮景	天野遠景	
蓮〈連〉光	毛呂五郎入道	仁治2・4・29
蓮佐	前太宰権少貳入道	弘長1・3・20
蓮西	安達盛長	

蓮生	宇都宮頼綱	
蓮性	千田判官代入道	寛元2・6・5
蓮性	沙弥	弘長3・3・17
蓮智	北条光時	
蓮忍	結城朝村	
蓮忍	北条有時	
蓮仏	相良長頼	
蓮仏	諏方盛重	
蓮祐	藤原為佐	
蓮葉	礼羽	建保1・5・2

第Ⅲ部　女子名索引

――凡　　例――

1. 人名は本名・通称の区別なくすべての女子名を網羅し，音読・訓読にかかわらず通常の読み方により50音順に配列した。但し，本名に限り音読に統一した。
2. 同一人が諸種の名称であらわれる場合，次の順序に従い，その優先する所に統一記載した。
　　㈠女院号　㈡本名　㈢通称　㈣○○室・妻・妾　㈤○○女
　　㈥○○母　㈦○○姉・妹
　　この場合，記載箇所以外の名称の項には「→」をもってその記載箇所の人名項目を示した。

第Ⅲ部　女子名索引（あ・い）

あ

安房上野局　　→上野局

亜相後室尼上　→時忠室

阿　光
　　文治2・3・3〈2〉　故前宰相光能卿
　　　　　　　　　　　後室比丘尼阿光

阿野全成妻　→阿波局

阿波局　　（阿野全成の妻, 時政の女）
　　建久3・8・9　河〈阿〉野上総妻室阿
　　　　　　　　　波局
　　　　3・11・5　阿波局
　　正治1・10・27　女房阿波局
　　建仁3・5・20　阿波局
　　　　3・9・10　女房阿波局
　　　　3・9・15　阿波局
　　安貞1・11・4　阿波局卒去

按察局
　　文治1・3・24　按察大納言局, 按察
　　　　　　　　　局
　　　　1・4・11　按察局

愛　寿
　　建仁1・6・2　遊君愛寿

尼御台所　→政子

網戸尼　→寒河尼

綾小路姫君　→師季女

有加一乃末陪　　（安倍頼時女）
　　文治5・9・27　有加一乃末陪

安嘉門院　邦子内親王
　　寛喜3・10・12　安嘉門院

安徳天皇御外祖母　→時子

い

伊賀守朝光母(女カ)　→義時室

為義女　→鳥居禅尼

昱子内親王　　（藤原宗兼女）
　　暦仁1・9・22　斎宮

池禅尼　　（藤原宗兼女）
　　元暦1・4・6　故池禅尼
　　　　1・6・1　池禅尼

石山禅尼　　（藤原宗兼女）
　　貞応2・4・11　石山禅尼
　　　　2・4・29　石山禅尼

石山局
　　寛喜2・3・16　石山局
　　　　2・3・17　石山局
　　嘉禎2・1・17　女房石山局
　　仁治2・7・26　石山局

礒禅師　　（静母）
　　文治2・3・1　礒禅師
　　　　2・5・14　礒禅師
　　　　2・⑦・29　礒禅師
　　　　2・9・16　静母子

一加一乃末陪　　（安倍頼時女）
　　文治5・9・27　一加一乃末陪

一条局
　　承久1・7・19　一条局

一条局　　（大納言通方卿女）
　　建長4・4・1　一条局
　　　　4・7・8　一条局
　　康元1・8・23　女房一条殿
　　文応1・3・21　一条局
　　　　1・3・27　女房一条局
　　文永2・3・7　一条局尼, 一条殿局
　　　　3・7・4　一条局

一品宮　　（四条天皇妹）
　　承久3・7・20　一品宮

— 541 —

第Ⅲ部　女子名索引（い・う・え・お）

嘉禎3・8・7　一品宮崩御

一　葉
　　建久5・⑧・2　遊女棹一葉

市河女子　　→高光妻

稲毛女房　　→重成妻

因　幡　局
　　建保1・5・7　女房因幡局

院　御　妹　→土御門天皇女

胤長（和田）女　　→荒鵙

殷富門院　　亮子内親王
　　建久2・12・24　殷富門院
　　建保4・4・15　殷富門院崩御

陰明門院　　藤原麗子
　　承元4・4・19　陰明門院

う

右衛門督
　　承久1・7・19　右衛門督局
　　文応1・4・26　女房〈尼〉左衛門督局
　　文永3・7・4　尼右衛門督局

右衛門佐局
　　康元1・8・23　右衛門佐局

右衛門佐御局　　（一条院女房）
　　文治2・3・12　左〈右〉衛門佐局
　　　　4・2・2　右衛門佐御局

右京兆後室禅尼　　→義時室

右京兆室　　→義時室

右京兆嫡女　　→実雅室

右京兆女　　→実雅室

右府将軍後室　　→西八条禅尼

右武衛室　　→能保室

右武衛能保姫君　　→良経室

有貴法音尼
　　治承4・8・18　伊豆国有貴法音之尼

え

栄　子　　高階（後白河天皇女房）
　　文治5・6・6　女房三〈二〉品局
　　建久2・12・24　女房二位局
　　　　2・12・29　女房二品局
　　　　3・3・26　二品局
　　　　6・3・29　尼丹後二品　宣陽門院御
　　　　　　　　　母儀唐院執権女房
　　　　6・4・17　丹後二品局
　　　　6・5・20　丹後二品局

越　後　　（女房）
　　文永3・7・4　越後

越後守室　　→実時室

越　後　局　　比企（御台所官女）
　　文治4・1・22　比企藤内朝宗妾〈妻〉
　　　　　　　　　号越後局

越後入道息女　　→長時室

榎本氏女
　　寛元3・10・28　榎本氏女

遠光（信濃守）女　　→大貮局

遠州室　　→牧方

遠州禅室御息女　　→実宣室

お

小沢女房
　　建長2・3・1　小沢女房

— 542 —

第Ⅲ部　女子名索引（お）

小山七郎朝光母	→寒河尼
御妹姫君御前	→道家女
御　　母	→松下禅尼
御　二　棟	→大宮局
御　母　儀	→家能室
御母儀二位殿	→大宮局
御母儀二品	→大宮局
奥州後室	→義時室
奥州室	→義時室
奥州禅門息女	→経綱妻
奥州女房	→重時室

大庭御厨庤一古娘
　　養和1・7・8　　大庭御厨庤一古娘

大　姫
　　養和1・5・23　姫君
　　元暦1・4・21　姫君
　　　　1・4・26　姫公
　　　　1・6・27　姫公
　　文治2・5・17　大姫君
　　　　2・5・27　大姫君
　　　　2・9・16　姫君
　　　　3・2・23　大姫君
　　　　4・6・1　　大姫公
　　建久2・10・17　大姫君
　　　　2・11・8　　大姫君
　　　　4・8・12　姫君
　　　　4・8・17　姫君
　　　　4・8・23　姫君
　　　　4・9・18　姫君
　　　　5・7・29　姫君
　　　　5・8・8　　姫君
　　　　5・8・18　姫君
　　　　5・⑧・1　　姫君
　　　　5・11・10　姫君
　　　　6・2・14　男女御息
　　　　6・3・29　姫君
　　　　6・4・3　　姫君
　　　　6・4・17　姫公
　　　　6・6・18　姫公
　　　　6・10・15　大姫公

大　宮　院　　藤原姞子(実氏女)
　　寛元2年首　　大宮院太政大臣従一位実
　　　　　　　　氏公嫡女
　　建長4年首　　大宮院太政大臣従一位実
　　　　　　　　氏公嫡女
　　　　6・2・12　大宮院
　　康元1・7・12　大宮院
　　弘長3・12・24　大宮院

大宮御局
　　文治4・2・2　　大宮御局

大　宮　局　　藤原（樋口中納言親能女，大納言
　　　　　　　定能孫頼嗣母）
　　延応1・8・8　　二棟御方号大宮殿
　　　　1・8・22　二棟御方
　　　　1・10・17　二棟御方
　　　　1・10・28　二棟御方
　　　　1・11・6　　二棟
　　　　1・11・20　二棟御方号大宮殿
　　寛元1・1・5　　御母儀号二棟御方
　　　　2・1・1　　二棟御方
　　　　2・4・21　中納言親能卿姫大宮
　　　　　　　　　局
　　　　3・9・9　　御母儀二品
　　　　3・9・14　母儀
　　　　4・1・4　　将軍御母儀
　　建長3・1・5　　二棟御方
　　　　3・1・7　　二棟御方
　　　　3・10・19　二品
　　　　3・10・20　二品
　　　　4・1・5　　二品
　　　　4・4・3　　御母儀二位殿
　　　　5・1・8　　御二棟

大　宮　殿　　→大宮局

落合家尼
　　仁治元・5・14　落合家尼

乙姫君　　→三幡

— 543 —

第Ⅲ部　女子名索引（か・き）

か

加　賀　　（藤原兼実母, 大宮大進仲光女）
　　治承4年首　　女房加賀

加　賀　　（女房）
　　文永3・7・4　　加賀

上総介義兼北方　　→義兼室

家恒女　　藤原(藤原朝臣実雅卿の母)
　　元仁1・10・29　従五位下行備前守藤
　　　　　　　　　　家恒女

家村(三浦)後家　（島津大隅前司忠時女）
　　宝治1・6・14　　家村後家

家能(藤原)室　　（藤原頼経の母）
　　寛元1・12・25　御母儀

家連(三浦三郎左衛門尉)女　→時直室

梶原源太左衛門尉景季妾　　→竜樹前

春　日　　女房
　　文永3・7・4　　春日

亀　菊
　　承久3・5・19　舞女亀菊

亀　鶴　　（遊女）
　　建久4・5・28　黄瀬河之亀鶴

亀　前　　（郎(良)橋太郎入道息女）
　　寿永1・6・1　　亀前
　　　　1・11・10　亀前
　　　　1・12・10　御籠女

烏丸御局
　　文治2・7・27　烏丸御局

き

木曾妹公　　→宮菊

季光(毛利)妻　　（泰村妹）
　　宝治1・6・4　　毛利入道西阿妻
　　　　1・6・5　　彼妻

季範女　　（源頼朝母）
　　治承4年首　　熱田大宮司散位藤原
　　　　　　　　　季範女
　　文治4・11・9　二品御母儀
　　建久2・8・7　　頼朝母堂

基衡妻　　安倍(安倍宗任女)
　　文治5・9・17　基衡妻

基実(藤原)室　　→盛子

基実室　　藤原(藤原忠隆女)
　　治承4年首　　従三位藤原忠隆卿女

基成女　　→秀衡室

基房室　　藤原(藤原忠雅女, 藤原師家母)
　　治承4年首　　前太政大臣忠雅公御女

宜秋門院　　藤原任子
　　元仁1・10・29　宜秋門院
　　延応1・1・19　宜秋門院崩御春秋六十
　　　　　　　　　　七

祇園女御　　（源仲宗の妻）
　　正治1・8・19　祇園女御

祇　光　　（舞女, 今出河殿白拍子）
　　寛元2・5・11　祇光

義景(秋田城介)妻　（堀内殿の母）
　　建長4・7・4　　秋田城介義景妻

義景(秋田城介)女　→堀内殿

義経妹
　　文治2・6・13　与州妹

義経(源)室
　　元暦1・9・14　河越太郎重頼息女
　　文治3・2・10　妻室
　　　　5・④・30　妻廿二歳

— 544 —

第Ⅲ部　女子名索引（き・く・け）

義経(源)女
　文治5・④・30　子女子四歳

義兼(足利三郎)室　（北条時政女，足利義氏母）
　養和1・2・1　北条殿息女
　文治3・12・16　上総介義兼北方

義時室
　元久2・6・22　相州室伊賀守朝光母(女)
　建暦1・10・22　室家
　建保4・8・19　相州室
　　　6・6・27　右京兆室家
　承久3・⑩・29　右京兆室
　　　3・11・3　右京兆室
　　　3・11・13　室家
　　　3・11・23　右京兆室
　　　3・12・11　右京兆室
　貞応1・11・25　前奥州室
　　　1・12・12　奥州室
　元仁1・6・28　奥州後室　伊賀守朝光女
　　　1・7・5　後室
　　　1・⑦・3〈8〉　奥州後室
　　　1・8・29　前奥州後室禅尼
　　　1・12・24　右京兆後室禅尼
　寛元2・2・3　故前右京兆禅室

義時女　→実雅室

義盛(和田)妻　（横山権守時広妹）
　建保1・5・4　義盛妻
　　　1・7・20　故和田左衛門尉義盛妻横山権守妹

義村(三浦)女　→禅阿

義忠(佐那田)母
　治承4・9・29　佐那田余一義忠母

義朝(源)室　中原(源朝長母)
　治承4・10・17　中宮大夫進朝長母儀典膳大夫久経為子

曦子内親王　→仙花門院

北白河院　藤原陳子
　天福1・9・29　北白河院
　暦仁1・10・3　北白河院禁裡御母御頓

　　　死
　1・10・9　女院

北政所
　建長3・2・1　北政所

姞子　→大宮院

京極局　（源頼朝官女，河村秀清母）
　文治5・8・12　京極局

亮子内親王　→殷富門院

卿局
　承久1・7・19　卿〈御〉局
　文永2・3・7　卿局

刑部卿典侍　藤原(藤原頼輔女)
　文治2・5・29　刑部卿典侍
　　　2・6・2　刑部卿典侍

業時(北条)室　北条
　文応1・10・15　相州政村息女
　　　1・11・27　姫君
　文永2・7・16　姫公
　　　3・3・11　弾正小弼業時朝臣室左京兆姫君

金吾将軍姫君　→頼家女

覲子内親王　→宣陽門院

く

熊野尼上　→鳥居禅尼

熊野河頬尼
　寛元3・10・28　熊野河頬尼

熊野鳥居禅尼　→鳥居禅尼

け

経綱(宇都宮七郎)妻　（北条重時女）
　康元1・6・27　奥州禅門息女宇都宮七

— 545 —

第Ⅲ部　女子名索引（け・こ）

　　　　　　　　　郎経綱妻卒去

経時(北条)室　　(宇都宮下野前司泰綱女)
　　寛元3・9・4　　武州室家卒去年十五

経俊(山内)母　　→山内尼

景久(俣野五郎)後家尼
　　建久6・11・19　景久後家尼

景高(梶原平次左衛門尉)妻
　　正治2・6・29　故梶原平次左衛門尉
　　　　　　　　　景高妻野三刑部丞成綱妻
　　　　　　　　　（女）

景盛(安達)女　　→松下禅尼

景盛(安達)妾
　　正治1・7・20　景盛妾女
　　　1・7・26　景盛妾

見西旧妻　　→高光妻

建礼門院　　平徳子(平清盛女)
　　治承4年首　　建礼門院
　　元暦1・2・20　主上国母
　　文治1・3・24　建礼門院
　　　1・4・11　建礼門院
　　　1・4・28　建礼門院
　　　1・5・1　建礼門院
　　　3・2・1　建礼門院

兼経(藤原)室
　　暦仁1・9・18　殿下北政所

兼経(藤原)女　　藤原
　　康元1・10・9　相国御息女

兼経(藤原)女　　→宰子

憲実法眼後家
　　建久4・9・26　憲実法眼後家

こ

小督局

康元1・8・23　小督局

小宰相局
　　文永3・7・4　小宰相局

小壺楠前
　　建久3・5・1　小壺楠前

小　町　　小野
　　建暦2・10・11　小野小町
　　　2・11・8　小野小町

故伊与守義仲朝臣妹公　　→宮菊

故稲毛三郎重成入道孫女　　→師季女

故皇太后
　　承元4・4・19　故皇太后宮

故左典厩御乳母　　→摩々局

故前右京兆禅室　　→義時室

故前右京兆禅室御孫女　　→富士姫

故前右大将後室二品禅尼　　→政子

故将軍姫君　　→三幡

五　条　局
　　建保1・3・25　女房五条局
　　　1・9・26　五条局

後　　家　　→泰村妻

後家藤原氏　　→時綱妻

後鳥羽院北面医五左衛門尉能茂法師女
　　　　　　　　　→光村後家

上　野　局
　　文治3・6・8　女房上野局
　　建久3・8・9　上野局
　　　5・3・5　女房上野局
　　　6・7・28　安房上野局
　　建仁3・12・13　上野局
　　貞応2・4・9　女房上野局

— 546 —

第Ⅲ部　女子名索引（こ・さ）

公経御台所　　　（将軍家(頼経)外祖母）
　　安貞1・8・13　太政大臣家御台所

行　快　妻　（前薩摩守平忠度朝臣に嫁す，湛
　　　　　　　快女）
　　文治1・2・19　女子

行　義　女　　大江
　　建久4・5・7　大江行義女子

行政(山城前司)女　　二階堂
　　建保5・2・19　山城前司行政女卒去

行　盛　妻
　　貞応1・9・21　藤民部大夫行盛妻

光村(三浦)後家　　（後鳥羽院北面医王左衛
　　　　　　　門尉能茂法師女）
　　宝治1・6・14　光村後家

河野上総妻室　　→阿波局

高光(市河)妻　　藤原
　　寛元2・7・20　市河女子藤原氏見西
　　　　　　　　　　　　　　　　　旧妻
　　　　2・8・3　市河女子藤原氏

高　陽　院　　藤原泰子
　　文治2・4・20　高陽院

皇嘉門院　　藤原聖子
　　文治2・5・18　皇嘉門院

荒　　　鵑
　　建保1・3・21　和田平太胤長女子
　　　　　　　　　字荒鵑年六

康　信　母　　三善(武衛乳母妹)
　　治承4・6・19　康信母

近　衛　局
　　文治2・7・27　近衛局
　　　　3・4・29　二品近衛局
　　建久3・12・5　女房大貳近衛
　　　　6・7・28　近衛局

近　衛　殿　　（藤原基氏女，安嘉門院女房）

　　康元1・8・23　近衛殿

さ

左衛門佐々局　　→右衛門佐御局

左京兆室　　→禅阿

左京兆姫君　　→業時室

左親衛妾　　→時頼妾

左典廐室家　　→能保室

左兵衛佐局
　　文治1・5・1　左兵衛佐局，禅尼

左馬頭義仲朝臣妹公　　→宮菊

西阿妻　　→季光妻

宰　　子　　藤原(宗尊親王御息所)
　　文応1・2・5　故岡屋禅定殿下 兼経
　　　　　　　　　公御息女御年二十
　　　　1・2・14　姫君御前
　　　　1・3・21　御息所
　　　　1・3・28　御息所
　　　　1・4・3　御息所
　　　　1・6・18　御息所
　　　　1・7・29　御息所
　　　　1・11・18　御息所
　　　　1・11・19　御息所
　　　　1・11・21　中御所
　　　　1・11・22　中御所
　　　　1・12・26　中御所
　　弘長1・1・1　御息所，中御所
　　　　1・1・25　御息所
　　　　1・1・26　御息所
　　　　1・2・7　御息所
　　　　1・4・24　御息所
　　　　1・7・12　中御所
　　　　1・7・13　中御所
　　　　1・8・14　中御所
　　　　1・8・15　御息所，中御所
　　　　1・9・19　御息所
　　　　1・9・20　中御所

— 547 —

第Ⅲ部　女子名索引（さ）

```
        弘長 1・10・ 4   中御所
           3・ 1・ 1   中御所
           3・ 8・14   御息所
           3・10・25   中御所
           3・11・16   御息所
           3・11・23   御息所
           3・12・17   御息所
           3・12・24   御息所
           3・12・28   御息所
           3・12・29   御息所
        文永 2・ 2・ 2   御息所
           2・ 2・ 7   御息所
           2・ 3・ 7   御息所
           2・ 3・13   御息所
           2・ 5・10   御息所
           2・ 6・13   御息所
           2・ 7・10   御息所
           2・ 8・15   御息所
           2・ 8・16   御息所
           2・ 9・ 1   御息所
           2・11・17   御息所
           3・ 1・29   御息所
           3・ 2・ 9   御息所
           3・ 6・ 5   中御所
           3・ 6・23   御息所

妻　　室      →実時室

斎　　院
        文治 4・ 6・ 4   斎院

斎　　宮      →昱子内親王

在　　子      →承明門院

前 奥 州 室    →義時室

前奥州後室禅尼  →義時室

前 斎 院      →令子内親王

前 斎 院      →式乾門院

前武州禅室御後室  →禅阿

前武蔵禅室後室禅尼 →禅阿
```

```
讃岐中将室    →実雅室

讃 岐 局
        文応 1・10・15   比企判官女讃岐局
           1・11・27   比企判官能員女子

寒 河 尼      小山（八田武者所宗綱女，小山左
                衛門尉朝光母，頼朝乳母）
        治承 4・10・ 2   八田武者宗綱息女
                      小山下野大掾政元〈光〉妻，
                      号寒河尼
        文治 3・12・ 1   小山七郎朝光母下野
                      大掾政光入道後家
        安貞 2・ 2・ 4   故下野大掾政光入道
                      妻尼 号綱戸尼，卒去，
                      年九十一

三 条 局
        文治 4・12・12   女房三条局

三 条 局      （越後法橋範智女）
        建保 6・ 5・ 9   女房三条局督典侍女
        承久 1・ 2・ 4   女房三条局
           3・11・ 3   三条局
           3・11・13   三条局
        寛元 2・ 9・28   尼三条局卒去

三　　品      →政子

三 幡 源
        正治 1・ 3・ 5   故将軍姫君 号乙姫君，
                      字三幡
           1・ 3・12   姫君
           1・ 5・ 7   姫君
           1・ 5・ 8   姫君
           1・ 5・29   姫君
           1・ 6・14   姫君
           1・ 6・25   姫君
           1・ 6・30   姫君三幡遷化 御歳十四
           1・ 7・ 6   姫君
           1・ 7・23   姫君
           1・ 8・19   姫君

三 位 局      （以仁王室）
        治承 4・ 5・16   八条院女房三位局
        建久 1・ 5・23   仙洞女房三位局
           1・ 6・22   女房三位局
```

― 548 ―

第Ⅲ部　女子名索引（さ・し）

　　建久1・11・16　御所女房三位局
　　　　1・12・7　御所女房三位局
　　　　3・3・26　女房三位局

三　位　殿
　　寛元2・5・18　三位殿

三　品　局　　→栄子

し

師　季　女　源　　（土御門侍従通行妻）
　　元久2・11・3　綾小路三位 師季息女
　　　　　　　　　二歳
　　　　2・11・4　綾小路姫君
　　建保6・2・4　故稲毛三郎重成入道
　　　　　　　　　孫 女年十六，綾小路二品
　　　　　　　　　師季卿女

侍　従　局
　　文永3・7・4　侍従局

持　蓮　　→微妙

時広(横山権守)妹　　→義盛妻

時兼(横山右馬允)妹　　→常盛妻

時綱(佐貫八郎)妻　　藤原
　　仁治2・6・28　後家藤原氏

時　子　平
　　文治1・1・6　二位殿
　　　　1・3・24　二品禅尼
　　　　1・4・11　二位尼上
　　建保6・4・29　安徳天皇御外祖母

時氏(北条)室　　→松下禅尼

時氏(北条)女　　→御台所(頼嗣室)

時政(北条)室　　→牧方

時政(北条)女　　→阿波局

時政(北条)女　　→義兼室

時政(北条)女　　→実宣室

時政(北条)女　　→重成妻

時政(北条)女　　→政子

時盛(北条)女　　→長時室

時宗(北条)室　　→堀内殿

時忠(平)室
　　建久6・7・19　亜相後室尼上

時忠(平)女　　→宣子

時長女　　→大進局

時直(相模五郎)室　　三浦
　　安貞2・5・16　相模五郎時直主女室
　　　　　　　　　三浦三郎左衛門尉家連女

時房(北条)室
　　寛喜3・3・1　同(両国司)室家

時　茂　室
　　弘長3・12・29　六波羅大夫将監室

時頼(北条)室
　　建長2・5・22　相州室家
　　　　2・8・27　相州室
　　　　2・9・19　相州室家
　　　　2・12・5　室家
　　　　2・12・13　相州室
　　　　2・12・18　相州室家
　　　　3・1・7　相州之室
　　　　3・1・21　相州室
　　　　3・1・28　相州御方
　　　　3・5・1　相州室家
　　　　3・5・29　相州室
　　　　3・7・8　相州室
　　　　4・1・9　室家
　　　　4・7・28　室家
　　　　4・9・16　相州室家
　　　　4・9・18　相州室
　　　　4・10・3　相州室家
　　　　5・1・28　相州室
　　　　5・3・21　御母

— 549 —

第Ⅲ部　女子名索引（し）

　　　　建長6・10・6　　相州室

時頼妾　　　→三河局

時頼女
　　　　康元1・9・16　　相州女子
　　　　　　1・10・13　相州姫君卒去

時利(相模三郎)室　　（小山長村女）
　　　　正嘉2・4・25　小山〈田〉出羽前司長
　　　　　　　　　　　　村娘

式乾門院　　利子内親王
　　　　天福1・7・21　前斎宮
　　　　建長3・2・1　　式乾門院崩御

静
　　　　文治1・11・6　　妾女字静
　　　　　　1・11・17　予州妾静
　　　　　　1・11・18　静
　　　　　　1・12・8　　静
　　　　　　1・12・15　予州妾
　　　　　　1・12・16　静
　　　　　　2・1・29　　静女
　　　　　　2・2・13　　静女
　　　　　　2・3・1　　予州妾静
　　　　　　2・3・6　　静女
　　　　　　2・3・22　静女
　　　　　　2・4・8　　与州妾，静女
　　　　　　2・5・14　静
　　　　　　2・5・27　静女
　　　　　　2・⑦・29　静
　　　　　　2・9・16　静母子

静母　　　　→磯禅師

七条院　　　藤原殖子(藤原信隆女，後鳥羽天
　　　　　　　　皇母)
　　　　治承4年首　　　七条女院，贈左大臣
　　　　　　　　　　　修理大夫信隆女
　　　　建久6・3・9　　七条院
　　　　建仁1・2・3　　七条院
　　　　承久3・2・26　七条院
　　　　　　3・7・8　　七条院
　　　　　　3・7・27　七条院
　　　　安貞2・9・26　七条院崩御

室　家　　→義時室
室　家　　→能保室
室　家　　→松下禅尼
室　家　　→禅阿
室　家　　→頼盛室

実雅(讃岐中将)室　　（母伊賀守朝光女，北条
　　　　　　　　　　　義時女）
　　　　承久1・10・20　右京兆嫡女 母伊賀守朝光女
　　　　　　2・8・6　　中将実雅朝臣妻家 右京兆女
　　　　　　3・12・3　讃岐中将室右京兆女
　　　　貞応1・1・16　讃岐中将室
　　　　　　1・2・9　　讃岐羽林室
　　　　　　1・2・12　讃岐中将室

実氏(藤原)女　　大宮院

実時室
　　　　康元1・9・28　越後守室
　　　　文応1・3・21　妻室

実時(掃部助)母
　　　　建長6・3・16　掃部助実時母儀卒去

実宣(三条中納言)室
　　　　建保4・3・30　三条中納言実宣室卒
　　　　　　　　　　　去，故遠州禅室御息
　　　　　　　　　　　女，相州妹

実朝室　　→西八条禅尼

信濃守遠光息女　　→大貳局

下総局
　　　　建久3・8・9　　下総局
　　　　建保1・9・26　下総局

下野大掾政光入道後家　　→寒河尼

下野局　　　（御台所〈政子〉御方祗候女房）
　　　　文治1・12・28　女房下野局

— 550 —

第Ⅲ部　女子名索引（し）

主上国母　　→建礼門院

姝子内親王　　→高松院

秀衡(藤原)妻　　(藤原基成女, 藤原泰衡母)
　　文治5・9・3　前民部少輔藤原基成女

修明門院　　藤原重子(藤原範季女, 順徳天皇母)
　　建仁3年首　　修明門院 贈左大臣藤範季女
　　承久3・7・20　修明門院
　　　3・7・27　修明門院

重　子　　→修明門院

重時室
　　建長6・10・6　奥州女房

重時(北条)女　　→経綱妻

重成(稲毛)妻　　北条(時政女)
　　建久6・6・28　稲毛三郎重成妻北条殿息女
　　　6・7・4　稲毛三郎重成妻他界
　　　6・7・9　稲毛女房
　　　6・8・9　故稲毛女房

重成(稲毛)女
　　元久2・11・3　稲毛三郎入道重成女

重長(賀茂六郎)女　　→頼家室

重頼(河越太郎)妻　　→比企尼

重頼(河越)女　　→義経妻

淑　子　　藤原(頼嗣祖母)
　　建長3・11・18　准后 将軍家祖母, 御年六十一
　　　3・11・22　准后
　　　3・11・27　准后

准　后　　→淑子

准　后　　→綸子

女　子　　→行快妻

少将局
　　文治2・9・20　女房少将局

正治将軍姫君　　→竹御所

相国御息女　　→兼経女

承明門院　　源在子(源通親女, 実は法印能円女, 土御門天皇母)
　　治承4年首　　承明門院 内大臣源通親公女, 実法印能円女
　　正治1年首　　承明門院 内大臣源通親公女, 実法印能円女
　　建仁3年首　　承明門院 内大臣源通親公女, 実法印能円女
　　建長4・1・9　承明門院
　　正嘉1・7・10　承明門院崩御
　　　1・7・12　女院

将軍家御姫君　　→頼経女

将軍御母儀　　→大宮局

将軍家室　　→西八条禅尼

将軍家御台所　　→御台所(実朝室)

将軍御台所　　→御台所(頼経室)

将軍御台所　　→御台所(頼嗣室)

暲子内親王　　→八条院

上西門院　　統子内親王
　　文治2・1・3　上西門院
　　　2・3・12　上西門院
　　建久2・8・7　上西門院

常盛(和田)妻
　　建保1・5・4　(横山時兼)妹, 嫁常盛

殖　子　　→七条院

白河殿　　→盛子

— 551 —

第Ⅲ部　女子名索引（し・す・せ）

信清(坊門)室
　　建保4・8・19　坊門内府禅室

信隆女　　→七条院

新左衛門督局
　　康元1・8・23　新左〈右〉衛門督局

親康(佐渡守)女　　(御台所官女)
　　建暦2・5・7　佐渡守親康女

親能(樋口中納言)女　　→大宮局

す

周防局
　　文応1・3・21　周防局

駿河次郎妻室　　→泰村妻

駿河次郎息女　　→野本尼

駿河次郎女房　　→泰村妻

駿河局
　　建仁3・9・15　女房駿河局
　　承元3・5・15　女房駿河局
　　建暦1・6・7　駿河局
　　元仁1・7・17　女房駿河局

せ

正清女　　鎌田
　　建久5・10・25　故鎌田兵衛尉正清息
　　　　　　　　　　女

政光(小山下野大掾)入道妻　　→寒河尼

政子　　北条
　　治承4・8・18　御台所
　　　　4・8・19　御台所
　　　　4・8・28　御台所
　　　　4・9・2　御台所
　　　　4・10・11　御台所
　　養和1・12・7　御台所

寿永1・2・14　御台所
　　1・3・9　御台所
　　1・3・15　御台所
　　1・7・12　御台所
　　1・7・14　御台所
　　1・8・11　御台所
　　1・8・12　御台所
　　1・10・17　御台所
　　1・11・10　御台所
　　1・11・12　御台所
　　1・12・10　御台所
　　1・12・16　御台所
元暦1・4・26　御台所
　　1・6・27　御台所
文治1・1・21　御台所
　　1・2・19　御台所
　　1・3・3　御台所
　　1・5・1　御台所
　　1・10・20　御台所
　　1・10・24　御台所
　　1・12・28　御台所
　　2・1・2　御台所
　　2・1・28　御台所
　　2・2・6　御台所
　　2・2・26　御台所
　　2・4・8　御台所
　　2・6・16　御台所
　　2・7・15　御台所
　　2・⑦・29　御台所
　　2・9・16　御台所
　　2・10・23　御台所
　　2・12・6　御台所
　　3・1・1　御台所
　　3・5・5　御台所
　　3・9・9　御台所
　　3・12・16　御台所
　　4・1・22　御台所
　　4・1・26　御台所
　　4・4・22　御台所
　　4・4・23　御台所
　　4・7・10　御台所
　　4・7・15　御台所
　　5・1・24　御台所
　　5・4・18　御台所
　　5・④・2　御台所
　　5・8・10　御台所
　　5・10・17　御台所

— 552 —

第Ⅲ部　女子名索引（せ）

文治5・12・18	御台所
建久1・5・3	御台所
2・1・23	御台所
2・4・8	御台所
2・6・9	御台所
2・9・3	御台所
3・4・2	御台所
3・4・11	御台所
3・7・3	御台所
3・7・8	御台所
3・7・18	御台所
3・7・23	御台所
3・8・9	御台所
3・8・15	御台所
3・10・19	御台所
3・11・20	御台所
4・5・22	御台所
4・5・30	御台所
4・8・29	御台所
5・1・29	御台所
5・2・3	御台所
5・2・6	御台所
5・7・8	御台所
5・8・18	御台所
5・⑧・1	御台所
5・⑧・2	御台所
5・⑧・8	御台所
5・10・25	御台所
5・11・15	御台所
5・12・28	御台所
6・2・14	御台所
6・3・9	御台所
6・3・29	御台所
6・4・3	御台所
6・4・17	御台所
6・5・20	御台所
6・6・18	御台所
6・7・9	御台所
6・8・9	御台所
6・8・17	御台所
正治1年首	従二位平政子遠江守時政女
1・3・5	尼御台所
1・6・30	尼御台所
1・7・6	尼御台所
1・7・25	尼御台所
1・8・19	尼御台所
正治1・8・20	尼御台所
2・1・13	御台所
2・②・2	尼御台所
2・②・12	尼御台所
2・3・14	尼御台所
2・5・25	尼御台所
2・6・29	尼御台所
2・7・6	尼御台所
2・7・15	尼御台所
2・11・3	尼御台所
建仁1・11・13	尼御台所
2・1・29	尼御台所
2・2・29	尼御台所
2・3・14	尼御台所
2・3・15	尼御台所
2・6・25	尼御台所
2・6・26	尼御台所
2・8・15	尼御台所
2・8・24	尼御台所
2・8・27	尼御台所
3・2・5	尼御台所
3・5・20	尼御台所
3・9・2	尼御台所
3・9・6	尼御台所
3・9・7	尼御台所
3・9・10	尼御台所
3・9・15	尼御台所
3・9首	従二位平政子，遠江守時政女
3・11・6	尼御台所
3・11・9	尼御台所
3・11・10	尼御台所
3・12・1	尼御台所
3・12・2	尼御台所
3・12・15	尼御台所
元久1・2・21	尼御台所
1・3・15	尼御台所
1・5・16	尼御台所
1・12・18	尼御台所
2・1・4	尼御台所
2・7・8	尼御台所
2・7・20	尼御台所
2・⑦・19	尼御台所
2・8・7	尼御台所
2・11・3	尼御台所
2・11・4	尼御台所
2・12・2	尼御台所

— 553 —

第Ⅲ部　女子名索引（せ）

建永1・2・8　尼御所
　　1・6・16　尼御台所
　　1・10・20　尼御所
承元2・1・11　尼御台所
　　2・3・2　尼御台所
　　2・3・3　尼御台所
　　2・7・19　尼御台所
　　2・8・16　尼御台所
　　2・10・10　尼御台所
　　2・12・20　尼御台所
　　3・5・12　尼御台所
　　3・10・10　尼御台所
　　3・10・13　尼御台所
　　3・12・13　尼御台所
　　4・6・8　尼御台所
　　4・8・16　尼御台所
建暦1・6・7　尼御台所
　　1・7・8　尼御台所
　　1・11・16　尼御台所
　　2・2・3　尼御台所
　　2・3・9　尼御台所
　　2・8・15　尼御台所
建保1・4・4　尼御台所
　　1・5・2　尼御台所
　　1・5・4　尼御台所
　　1・5・6　尼御台所
　　1・8・1　尼御台所
　　1・8・20　尼御台所
　　1・11・10　尼御台所
　　2・7・27　尼御台所
　　4・3・5　尼御台所
　　4・8・19　尼御台所
　　4・12・13　尼御台所
　　5・6・20　尼御台所
　　5・8・16　尼御台所
　　5・9・30　尼御台所
　　6・1・15　尼御台所
　　6・2・4　尼御台所
　　6・4・29　尼御台所，三品
　　6・5・4　三品
　　6・6・27　禅定三品
　　6・10・26　禅定三品
承久1・1・27　二位家
　　1・1・30　二位家
　　1・2・13　禅定二位家
　　1・2・15　二品
　　1・2・19　禅定二品

承久1・2・20　二位家
　　1・②・29　二品
　　1・3・9　禅定二品
　　1・3・12　二品
　　1・3・15　二位家
　　1・7・19　故前右大将後室二品
　　　　　　　禅尼
　　1・9・22　二品禅尼
　　1・12・17　二品禅尼
　　1・12・24　二品
　　1・12・27　二品
　　2・5・16　二品禅尼
　　2・12・1　二品
　　2・12・15　二品
　　3・1・27　二品
　　3・3・22　二品
　　3・5・19　二品
　　3・5・21　二品
　　3・7・29　二品禅尼
　　3・8・1　二品禅尼
　　3・8・7　二品禅尼
　　3・8・10　二品禅尼
　　3・10・13　二品禅尼
貞応1・10・15　二位家
　　1・10・26　二品
　　2・1・6　二品
　　2・1・23　二品
　　2・2・27　二位家
　　2・3・3　二品
　　2・3・28　二位家
　　2・5・5　二品
　　2・5・18　二品
　　2・5・19　二品
　　2・5・24　二品
　　2・6・12　二品
　　2・6・26　二品
　　2・6・28　二品
　　2・7・9　二品
　　2・7・26　二位家
　　2・8・27　二位家
　　2・9・5　二品
　　2・9・24　二品
　　2・10・5　二品
元仁1・1・4　二品
　　1・1・5　二品
　　1・5・4　二品
　　1・5・16　二品御方

— 554 —

第Ⅲ部　女子名索引（せ）

元仁 1・6・28　二位殿
　　 1・7・11　二品
　　 1・7・17　二位家，二品
　　 1・⑦・1　二位家
　　 1・⑦・3〈8〉二品
　　 1・⑦・28　二品
　　 1・⑦・29　二品
　　 1・8・1　二品
　　 1・8・29　二位家
　　 1・9・5　二品
嘉禄 1・1・8　二品
　　 1・1・14　二品
　　 1・5・1　二品
　　 1・5・3　二品
　　 1・5・29　二位家
　　 1・6・2　二位家
　　 1・6・8　二位家
　　 1・6・12　二位家
　　 1・6・16　二品
　　 1・6・21　二品
　　 1・7・6　二位家
　　 1・7・8　二品
　　 1・7・11　二位家薨御年六十九
　　 1・7・12　二位〈品〉家
　　 1・7・23　二品
　　 1・8・15　二品
　　 1・8・27　二品
　　 1・10・5　故二品
　　 1・10・22　二位家
　　 2・4・4　二品
　　 2・6・14　二位家
　　 2・6・20　二位家
　　 2・7・11　故禅定二位家
安貞 1・2・19　二位家
　　 1・3・19　二位家
　　 1・③・29　故禅定二品
　　 1・4・2　二位家，二品
　　 1・4・22　二位家
　　 1・7・11　二位家
　　 1・7・25　二位家
　　 2・2・4　禅定二位家
　　 2・10・14　故二位殿
寛喜 1・7・11　故禅定二品
　　 2・7・11　二位家
　　 3・7・11　二位家
　　 3・7・15　二位家
　　 3・10・16　故二位殿

天福 1・7・11　二位家
嘉禎 1・8・21　二位家
　　 3・3・10　故禅定二位家
　　 3・4・5　二位家
　　 3・6・11　二位家
　　 3・7・11　二位家
暦仁 1・5・5　故二品
　　 1・7・11　禅定二位家
　　 1・12・28　二位家
延応 1・5・26　禅定二位家
　　 1・7・15　二品禅尼
仁治 1・6・11　故禅定二位家
建長 2・7・15　故二位家
　　 2・12・29　二位家
　　 3・8・6　故禅定二位家
　　 3・11・13　禅定二位家
　　 5・11・25　二位家
正嘉 2・10・12　二位家

政子御祖母
　　 文治 4・4・23　御台所御祖母

政村（北条）女　→業時室

聖　　子　→皇嘉門院

盛　　子　平（藤原基実室）
　　 文治 2・4・20　中摂政殿後室白河殿

千手前　　（官女）
　　 元暦 1・4・20　千手前
　　 文治 4・4・22　千手前（御台所　御方女房）
　　 　　 4・4・25　千手前卒去　年卅〈廿〉四

仙花門院　　曦子内親王
　　 文応 1・7・26　仙花門院

仙花門院御婦　→土御門天皇女

宣　　子　平（平時忠女）
　　 建久 2・5・12　典侍平宣子　大納言時忠卿女

宜陽門院　　覲子内親王
　　 建久 6・3・16　宜陽門院
　　 　　 6・3・29　宜陽門院

— 555 —

第Ⅲ部　女子名索引（せ・そ・た）

　　建久6・4・21　宣陽門院
　　承元2・④・25　宣陽門院
　　建長4・6・19　宣陽門院崩御
　　　　4・6・21　女院

全　　子　　藤原（藤原忠実母）
　　建保6・4・29　知足院殿御母儀准后

禅　　阿　　（三浦義村女，北条泰時室）
　　建仁2・8・23　三浦兵衛尉女子
　　寛喜1・2・20　武州室
　　　　1・8・15　武州室
　　寛喜3・3・1　（両国司）室家
　　嘉禎3・6・1　矢部禅尼法名禅阿
　　暦仁1・1・20　室家
　　　　1・2・3　左京兆室
　　康元1・4・10　武州前刺史禅室後室
　　　　　　　　　禅尼卒去
　　　　1・7・6　前武蔵禅室後室禅尼
　　正嘉2・3・20　前武州禅室御後室

禅定三品　　→政子

禅定殿下北政所　　→輪子

禅定二位家　　→政子

禅定二品　　→政子

そ

素暹女　　→泰秀妻

相州妹　　→実宣室

相州室　　→義時室

相州室　　→時頼室

相州女子　　→時頼女

相州姫君　　→時頼女

宗兼（藤原）女　　→池禅尼

宗綱（八田）母　　（頼朝乳母）

　　治承4・10・2　武衛御乳母

宗綱（八田武者所）女　　→寒河尼

宗尊親王御息所　　→宰子

宗尊親王女　　倫子
　　文永2・9・21　姫宮
　　　　2・11・17　姫宮
　　　　3・1・29　姫宮
　　　　3・3・13　姫宮〈君〉
　　　　3・6・23　姫宮

藻壁門院　　藤原竴子（藤原道家女）
　　寛喜3・2・21　中宮将軍家御姉
　　　　3・4・17　中宮
　　貞永1・9・13　中宮
　　天福1・4・15　中宮（院号藻壁門）
　　　　1・9・18　藻壁門院
　　　　1・9・24　藻壁門院，女院崩御
　　　　1・9・27　女院
　　　　1・9・28　女院
　　　　1・9・29　女院
　　　　1・10・19　女院
　　文永3・3・29　藻壁門院

帥　　局
　　文治1・4・11　帥局

帥　　局
　　弘長1・9・4　女房帥局

帥典侍
　　文治1・4・11　帥典侍先帝御乳母
　　建久6・7・19　帥典侍尼

竴　子　　→藻壁門院

た

手越少将　　（遊女）
　　建久4・5・28　手越少将
　　　　4・5・29　手越少将

太政大臣家御台所　　→公経御台所

— 556 —

第Ⅲ部　女子名索引（た）

太政大臣家御台所　→公房御台所

伊達常陸入道念西息女　→大進局

泰　子　→高陽院

泰時（北条）室　→禅阿

泰時（北条）女　→朝直室

泰秀（上総五郎）妻
　宝治1・6・11　素暹息女

泰村後家　→泰村妻

泰村（三浦）妻　北条（北条泰時女）
　寛喜1・1・27　駿河次郎泰村妻武州御息女也
　　　1・9・4　武州姫公駿河次郎妻
　　　1・9・5　駿河次郎女房
　　　1・9・10　妻室武州御息女
　　　2・7・15　駿河次郎妻室
　　　2・8・4　武州御息女駿河次郎妻室逝年廿五
　　　2・10・24　武州御息女

泰村（三浦）妻　（鶴岳別当法印定親妹）
　宝治1・6・14　泰村後家
　　　1・6・15　後家

泰村（駿河次郎）女
　寛喜2・7・26　少児駿河次郎皇女卒去

泰村（若狭前司）女　→野本尼

大　進　局　（藤原時長女）
　文治2・2・26　女房，常陸介藤時長女
　建久2・1・23　女房大進局，伊達常陸入道念西息女
　　　3・12・10　女房大進局

大納言局
　承久3・6・8　大納言局大相国女
　嘉禄1・12・5　女房大納言局

大納言典侍　→輔子

大　貳　→近衛局

大　貳　局
　文治4・7・4　信濃守遠光〈元〉鐘愛息女
　　　4・9・1　信濃守遠光息女，其名大貳局
　建久3・8・9　女房大貳局
　　　3・11・5　女房太〈大〉貳局
　建保1・5・7　大貳房〈局〉

大理姫君　→良経室

高松院　姝子内親王（鳥羽天皇・藤原得子女）
　文治2・3・12　高松院

鷹　司　院　藤原長子
　嘉禎3・7・29　鷹司院

竹　御　所　頼経御台所
　嘉禄1・8・27　竹御所
　　　2・3・1　竹御所
　　　2・3・15　竹御所
　　　2・3・18　竹御所
　　　2・6・20　竹御所
　　　2・7・11　竹御所
　安貞1・2・8　竹御所
　　　1・7・11　竹御所
　　　1・7・25　竹御所
　　　1・12・14　竹御所
　　　2・5・8　竹御所
　　　2・5・10　竹御所
　　　2・10・14　竹御所
　　　2・10・26　竹御所
　寛喜1・2・20　竹御所
　　　1・2・22　竹御所
　　　1・2・23　竹御所
　　　1・8・15　竹御所
　　　1・9・4　竹御所
　　　2・1・10　竹御所
　　　2・1・17　竹御所
　　　2・①・17　竹御所
　　　2・①・29　竹御所
　　　2・4・17　竹御所
　　　2・7・11　竹御所
　　　2・12・9　竹御所御年廿八
　　　2・12・25　御台所

第Ⅲ部　女子名索引（た・ち）

寛喜3・1・19	御台所
3・1・24	御台所
3・3・3	御台所
3・3・6	御台所
3・3・9	御台所
3・3・15	御台所
3・7・9	御台所
3・7・11	御台所
3・8・16	御台所
3・10・6	御台所
3・11・9	御台所
貞永1・2・7	御台所
1・2・13	御台所
1・2・23	御台所
1・4・9	御台所
1・7・27	御台所
1・7・28	御台所
1・8・6	御台所
1・8・8	御台所
1・8・10	御台所
1・8・16	御台所
1・9・28	御台所
1・⑨・26	御台所
1・10・5	御台所
1・11・16	御台所
1・11・17	御台所
1・11・18	御台所
天福1・4・17	御台所
1・7・11	御台所
1・12・12	御台所
1・12・28	御台所
文暦1・3・1	御台所
1・7・26	御台所
1・7・27	正治将軍姫君，遷化
	御年卅二
1・8・1	竹御所
嘉禎1・5・27	故竹御所
1・7・18	故御台所
1・7・27	竹御所
1・8・14	御台所

竹御所姫君　→頼経女

但　馬　（女房）
　　文永3・7・4　但馬

丹　後　局

寿永1・3・9	丹後局
建久1・4・19	丹(日)後局
承元4・6・12	女房丹後局
4・6・13	丹後局

丹後内侍
文治2・6・10	丹後内侍
2・6・14	丹後内侍

丹後内侍　（安達景盛母）
宝治2・5・18	丹後内侍

丹後二品局　→栄子

湛　快　女　→行快妻

ち

知足院殿御母儀　→全子

中　　宮　→東一条院

中　　宮　→藻璧門院

中宮大進朝長母　→義朝(源)室

中将実雅朝臣妻家　→実雅室

忠雅公女　→基房室

忠時(島津大隅前司)女　→家村後家

忠度(前薩摩守平)妻　→行快妻

忠隆卿女　→基実室

長　子　→鷹司院

長時(北条)室　　北条(北条時盛女)
　　宝治1・3・27　越後入道息女

長村(出羽前司)女　→時利室

朝経(豊島右馬允)妻
　　治承4・9・3　豊島右馬允朝経之妻女

— 558 —

第Ⅲ部　女子名索引（ち・つ・て・と・な）

朝光(伊賀守)女　　→義時室

朝時(北条)妻
　　寛喜2・4・9　越後守朝直(ママ)妻
　　　　　　　　　室卒去

朝宗(比企藤内)妾(妻)　→越後局

朝直(相模四郎)室　北条(北条泰時女)
　　寛喜3・4・19　相模四郎朝直室武州御女

陳　子　　→北白河院

つ

通親(土御門)女　　→承明門院

通親(土御門)女　　→西御方

通方女　　→一条局

土御門天皇女　(後嵯峨上皇妹)
　　康元1・11・2　院御妹遷化

土御門天皇女
　　文応1・7・26　仙花門院御婦(ママ)，将軍家御状〈姑〉崩御

て

禎子内親王　　→陽明門院

殿下北政所　　→兼経室

と

土肥後家尼
　　建久6・7・13　土肥後家尼

統子内親王　　→上西門院

棟基女　　→棟子

棟　子　平(宗尊親王母)
　　建長4年首　准后平朝臣棟子蔵人
　　　　　　　　勘解由次官棟基女

藤平太妻女
　　仁治2・5・6　藤平太妻女

道家(藤原)妻　　→綸子

道家(藤原)女　　→藻壁門院

道家(藤原)女　　→佺子

道家(藤原)女　(藤原頼経妹，母綸子)
　　嘉禎2・6・11　御妹姫君御前准后御腹十二歳卒去

常　盤　(義経母)
　　文治2・6・13　与州母
　　　　5・④・30　九条院雑仕常盤

蔦光妻
　　治承4・9・10　当宮(諏方上宮)大祝蔦光妻

徳　子　　→建礼門院

虎
　　建久4・6・1　曾我十郎祐成妾大磯遊女号虎
　　　　4・6・18　故曾我十郎妾大磯虎

鳥居禅尼　源(源為義女源義朝姉)
　　建久1・4・19　熊野尼上
　　　　5・⑧・12　熊野鳥居禅尼
　　　　5・9・23　熊野鳥居禅尼故左典厩姉公
　　承元4・9・14　熊野鳥居禅尼
　　貞応1・4・27　鳥居禅尼

敦基(上野介)女　(源義重母)
　　建仁2・1・14　上野介敦基女

な

尚　侍　　→佺子

― 559 ―

第Ⅲ部　女子名索引（な・に・の・は）

中加一乃末陪　（安倍頼時女）
　　文治5・9・27　中加一乃末陪

中　御　所　　→宰子

中摂政殿後室白河殿　　→盛子

に

二位尼上　　→時子

二　位　家　　→政子

二　位　局　　→栄子

二　位　殿　　→時子

二　位　殿　　→御台所（頼嗣室）

二　位　殿　　→大宮局

二　　　品　　→大宮局

二　　　品　　→政子

二品御母儀　　→季範女

二品禅尼　　→時子

二品禅尼　　→政子

二　品　局　　→栄子

西　御　方　（土御門通親女）
　　建長4・4・1　西御方土御門内大臣通親公女

西八条禅尼　（実朝室）
　　承久3・8・1　西八条禅尼
　　寛喜2・5・21　将軍家室西八条禅尼

女　　院　　→北白河院

女　　院　　→宜陽門院

女　　院　　→藻壁門院

女　　房　　→大進局

任　　子　　→宜秋門院

の

野本尼
　　弘長1・6・22　野本尼若狭前司泰村娘

能員（比企判官）女　　→讃岐局

能保（一条）室　　源（頼朝妹）
　　文治1・10・24　左典厩室家
　　　　2・1・28　室家
　　　　2・2・1　室家
　　　　2・2・6　室家
　　　　2・5・15　左典厩室家
　　　　3・7・4　右武衛能保姫公（室家カ）
　　建久1・4・20　右武衛室卒去
　　　　1・5・10　右武衛室家
　　　　1・5・19　彼室家

能保（一条）女
　　文治2・2・6　姫君

能保（一条）女　　→良経室

は

八　条　院　　暲子内親王（鳥羽天皇・藤原得子女）
　　治承4・5・16　八条院
　　元暦1・4・6　八条院
　　文治2・3・12　八条院
　　　　4・3・17　八条院
　　建久1・5・29　八条院

八田武者宗綱息女　　→寒河尼

播磨局
　　文治2・3・12　播磨局

範季女　　→修明門院

範子内親王　　→坊門院

第Ⅲ部　女子名索引（は・ひ・ふ）

坂額女房　　（資盛姨母）
　　建仁1・5・14　資盛之姨母，号之坂
　　　　　　　　　　額之御前
　　　　1・6・28　坂額女房

ひ

比　企　尼　　比企(能員姨母)
　　寿永1・8・12　河越太郎重頼妻 比企
　　　　　　　　　　尼女
　　　　1・10・17　能員姨母号比企尼
　　文治2・6・16　比企尼
　　　　3・9・9　比企尼

比企尼女　　→比企尼

比企藤内朝宗息女　　→姫前

檜　皮　姫　　→御台所(頼嗣室)

微　　妙　　（舞女）
　　建仁2・3・8　微妙
　　　　2・3・15　微妙
　　　　2・6・25　微妙
　　　　2・8・5　舞女
　　　　2・8・15　微妙，持蓮
　　　　2・8・24　微妙

常陸入道姉
　　建久3・4・11　常陸入道姉

東一条院　　藤原立子
　　建保6・10・19　中宮故中御門関白御女
　　承久3・7・20　中宮

東　御　方
　　建長4・7・8　東御方
　　文応1・3・21　女房東御方
　　文永2・3・7　女房東御方

東御息所
　　正嘉2・2・19　東御息所

姫　　君　　→大姫

姫　　君　　→能保女

姫　　君　　→三幡

姫　　君　　→頼経女

姫　　君　　→業時室

姫　　君　　→宗尊親王女

姫　　前
　　建久3・9・25　姫前，比企藤内朝宗
　　　　　　　　　　息女

姫　　宮　　→宗尊親王女

姫　　宮　　九条院官女女
　　建久1・6・23　姫宮

兵衛督局
　　康元1・8・23　兵〈近〉衛督局
　　文永3・7・4　兵衛督局

兵衛佐局
　　文応1・3・21　兵衛佐局

ふ

富　士　姫　　（北条義時孫）
　　寛元2・2・3　故前右京兆禅室御孫
　　　　　　　　　　女号富士姫公
　　　　2・4・10　富士姫君

武衛御乳母　　→宗綱女(寒河尼)

武衛御乳母　　→山内尼

武州御息女　　→泰村妻

武州御女　　　→朝直室

武州前刺史禅室後室禅尼　　→禅阿

武　州　室　　→禅阿

武州室家　　→経時室

二　　棟　　→大宮局

— 561 —

第Ⅲ部　女子名索引（ふ・へ・ほ・ま・み）

二棟御方　　→大宮局

へ

別　当　局
　　建長4・4・1　　別当局
　　　　4・7・8　　別当局
　　康元1・8・23　別当殿
　　文応1・3・21　別当局
　　　　1・3・27　別当局
　　　　1・9・4　　女房別当局
　　文永3・7・4　　別当局

別　当　殿　　→別当局

ほ

輔　子　平
　　文治1・4・11　大納言典侍重衡卿妻

母　　儀　　→大宮局

北条殿室　　→牧方

北条殿息女　　→義兼室

北条殿息女　　→重成妻

邦　業　女　源
　　建保3・9・14　下総守邦業女

邦子内親王　　→安嘉院

坊　門　院　　範子内親王
　　承元4・4・19　坊門院
　　　　4・4・22　坊門院

坊門内府禅室　　→信清室

法性寺禅定殿下姫君　　→伶子

堀　内　殿　（秋田城介義景女，北条時宗室）
　　建長4・7・4　　堀内殿
　　弘長1・4・23　堀内殿

堀江禅尼　（美濃国地頭）
　　建久1・4・4　　堀江禅尼

ま

摩　　々　　→摩摩局

摩　摩　局
　　養和1・②・7　摩々
　　文治3・6・13　故左典厩御乳母
　　建久3・2・5　　故左典厩御乳母 字摩摩局

牧　　方　（北条時政室）
　　寿永1・11・10　北条殿室家牧御方
　　文治1・10・24　北条殿室
　　建久2・9・29　北条殿室家
　　　　2・11・12　北条殿室家
　　　　2・12・1　　同（北条殿）室家
　　建仁3・9・15　牧御方
　　元久1・11・13　牧御方
　　　　2・6・21　牧御方
　　　　2・6・23　牧御方遠州室
　　　　2・⑦・19　牧御方

松下禅尼　（安達景盛女，北条時氏妻）
　　宝治1・3・20　松下禅尼
　　建長3・5・1　　松下禅尼
　　　　6・10・6　　松下禅尼
　　文応1・5・10　松下禅尼

み

三浦兵衛尉女子　　→禅阿

三　河　局　（時頼女）
　　宝治2・5・28　左親衛妾幕府女房
　　建長2・12・23　相州妾三河局

美　濃　尼
　　建久1・4・18　美濃尼

美　濃　局
　　建長4・4・1　　美濃局
　　康元1・8・23　美濃局

第Ⅲ部　女子名索引（み）

御台所(実朝室)　　(坊門信清女)
　元久1・10・14　将軍家御台所，坊門
　　　　　　　　　前大納言信衡〈清〉卿息
　　　　　　　　　女
　　　1・11・13　御台所
　　　1・12・10　御台所
　　　1・12・22　御台所
　　　2・12・18　御台所
　承元1・1・9　将軍家御台所
　　　2・2・3　御台所
　　　2・3・30　御台所
　　　2・5・26　御台所
　　　2・5・29　御台所
　　　2・7・19　御台所
　　　3・12・1　御台所
　　　4・6・12　御台所
　　　4・8・16　御台所
　建暦1・2・4　御台所
　　　1・5・18　御台所
　　　1・6・18　御台所
　　　1・7・8　御台所
　　　2・3・9　御台所
　　　2・5・7　御台所
　　　2・8・15　御台所
　建保1・5・2　御台所
　　　1・5・6　御台所
　　　1・8・1　御台所
　　　3・1・20　御台所
　　　3・2・2　御台所
　　　3・6・7　御台所
　　　4・1・13　御台所
　　　4・3・5　御台所
　　　4・3・16　御台所
　　　4・3・25　御台所
　　　4・4・19　御台所
　　　4・7・15　御台所
　　　4・8・19　御台所
　　　4・10・29　御出(マヽ)台所
　　　5・1・11　御台所
　　　5・3・10　御台所
　　　5・5・29　御台所
　　　5・8・16　御台所
　　　5・9・30　御台所
　　　6・6・27　御台所
　承久1・1・24　御台所
　　　1・1・28　御台所

御台所(頼経室)　藤原
　仁治2・1・17　将軍御台所
　　　2・7・26　御台所
　寛元1・1・5　御台所
　　　1・2・23　御台所
　　　1・12・25　御台所
　　　2・5・18　二位殿
　　　2・6・1　御台所
　　　2・11・3　御堂〈台〉所
　　　4・1・4　御台所
　建長3・1・5　二位殿
　　　3・1・7　二位殿

御台所(頼嗣室)　　(檜皮姫，北条時氏女)
　寛元3・7・26　御台所，武州御妹 号
　　　　　　　　檜皮姫公年十六
　　　4・1・4　将軍家御台所 武州妹
　　　4・2・4　御台所
　　　4・2・15　御台所
　　　4・2・16　御台所
　　　4・2・17　御台所
　　　4・2・18　御台所
　　　4・5・14　将軍御台所
　宝治1・4・14　御台所
　　　1・4・26　御台所
　　　1・4・28　御台所
　　　1・5・13　御台所遷化年十八
　　　1・5・14　御台所

御台所(頼嗣室カ)
　建長4・1・5　御台所

御　台　所　→政子

御　台　所　→竹御所

御台所御乳母(実朝室乳母)
　建保5・1・11　御台所御乳母

御台所御祖母　→政子御祖母

御　息　所　→宰子

宮　菊
　文治1・3・3　左馬頭義仲朝臣妹公
　　　1・5・1　故伊与守義仲朝臣妹
　　　　　　　公宮菊

— 563 —

第Ⅲ部　女子名索引（み・や・ゆ・よ・ら・り）

1・5・3　木曾妹公,

民部卿局
　　文永3・7・4　民部卿局

や

矢部禅尼　　→禅阿

野三刑部丞成綱妻（女）　　→景高妻

山内尼　　山内（滝口三郎経俊老母か，武衛御乳母）
　　治承4・11・26　山内尼

ゆ

祐経（工藤）妻
　　建久4・6・1　祐経妻

祐清（伊東九郎）妻
　　建久4・6・1　伊東九郎祐清妻

よ

与州妹　　→義経妹

与州妾　　→静

与州母　　→常盤

養母尼　　有間左衛門尉朝澄の養母か
　　寛元4・3・13　養母尼

陽明門院　　禎子内親王
　　正嘉1・7・10　陽明門院

ら

頼家室
　　承久1・1・27　賀茂六郎重長女

頼家女
　　建保4・3・5　故金吾将軍姫君 年十四

頼経室　　→大宮局

頼経女
　　安貞2・5・8　竹御所姫君
　　　　2・5・10　竹御所姫君
　　　　2・5・14　姫君
　　嘉禎1・7・27　竹御所姫君

頼経女
　　嘉禎1・11・14　将軍家御姫君 御他腹, 年十五卒去

頼嗣母　　→大宮局

頼時（安倍）女　　→有加一乃末陪

頼時（安倍）女　　→一加一乃末陪

頼時（安倍）女　　→中加一乃末陪

頼盛（平）室
　　元暦1・4・6　室家

頼朝母堂　　→季範女

頼輔（藤原）女　　→刑部卿典侍

り

利子内親王　　→式乾門院

立子　　→東一条院

竜樹前
　　建久4・11・28　梶原源太左衛門尉景季妾 竜樹前

良経室　　（一条能保女）
　　文治3・7・4　右武衛能保姫君
　　建久2・6・9　大理姫君

寮米入道後家
　　寛元3・10・6　寮米〈未〉入道後家

— 564 —

第Ⅲ部 女子名索引（り・れ・ろ・わ）

綸　　子　（藻壁門院婥子の母，九条道家妻）
　　嘉禎 2・6・11　准后
　　暦仁 1・2・29　准后
　　　 1・3・22　准后
　　　 1・7・17　准后禅定殿下北政所

れ

令子内親王
　　貞永 1・1・23　前斎院令〈金〉子

伶　　子　藤原(藤原道家女)
　　仁治 1・3・6　法性寺禅定殿下姫君
　　　　　　　　　　　　　　将軍家妹
　　　 1・3・17　尚侍

麗子(藤原)　→陰明門院

ろ

呂　　后　（前漢の后）
　　嘉禄 1・7・11　呂后

郎(良)橋太郎入道息女　→亀前

六 条 院
　　文治 2・3・12　六条院

六波羅大夫将監室　→時茂室

わ

若 狭 局
　　文治 2・6・9　若狭局
　　建仁 3・9・2　息女 将軍之愛妾若公母儀
　　　　　　　　　　　　 也，号若狭局

— 565 —

```
吾 妻 鏡 人 名 索 引
```

昭和46年 3 月30日　第 1 刷発行
平成11年10月 1 日　第 6 刷発行

　　　　　　編　者　　御家人制研究会

　　　　　　発行者　　林　　英　男

発行所　株式会社　吉 川 弘 文 館
〒113-0033　東京都文京区本郷 7 丁目 2 番 8 号
電話03-3813-9151（代）・振替口座00100-5-244

印刷＝平文社　製本＝誠製本

© Yoriko Kimura 1971. Printed in Japan

吾妻鏡人名索引〈オンデマンド版〉

2019年9月1日	発行
編　者	御家人制研究会
発行者	吉川道郎
発行所	株式会社 吉川弘文館
	〒113-0033　東京都文京区本郷7丁目2番8号
	TEL　03(3813)9151(代表)
	URL　http://www.yoshikawa-k.co.jp/
印刷・製本	株式会社 デジタルパブリッシングサービス
	URL　http://www.d-pub.co.jp/

ISBN978-4-642-70175-4

© Yoriko Kimura 2019
Printed in Japan

JCOPY〈出版者著作権管理機構　委託出版物〉
本書の無断複写は著作権法上での例外を除き禁じられています．複写される場合は，そのつど事前に，出版者著作権管理機構（電話 03-5244-5088，FAX 03-5244-5089, e-mail: info@jcopy.or.jp）の許諾を得てください．